CAPUANI / PAPAROZZI · ATHOS

Massimo Capuani / Maurizio Paparozzi

ATHOS

DIE KLOSTERGRÜNDUNGEN
EIN JAHRTAUSEND SPIRITUALITÄT
UND ORTHODOXE KUNST

Aus dem Italienischen
von Doris Häusler

Wilhelm Fink Verlag

Titel der italienischen Originalausgabe:
Massimo Capuani, Maurizio Paparozzi
Athos

Die Deutsche Bibliothek – CIP-Einheitsaufnahme

Athos: Die Klostergründungen: ein Jahrtausend Spiritualität und orthodoxe Kunst / Massimo Capuani/Maurizio Paparozzi. – München: Fink, 1999
Einheitssacht.: Athos <dt.>
ISBN 3-7705-3409-3

ISBN 3-7705-3409-3

Satz: EDV-Fotosatz Huber/Verlagsservice G. Pfeifer, Germering

Inhalt

BERG ATHOS

Geschichte,
Kultur und Spiritualität

Maurizio Paparozzi

Seit altersher ist für Menschen aller Kulturen der Berg der bevorzugte Ort göttlicher Offenbarung: die menschliche Sprache kann nur durch Symbole, durch erhabene Metaphern, versuchen, das Unausdrückbare auszudrücken. Eine der symbolischen Formen, die sich dabei unmittelbar und unwillkürlich aufdrängen, ist die »Höhe«, die sich dem »Himmel« nähert. Im religiösen Glauben, in dem eine Gottheit dem wirklich existierenden Menschen begegnen kann, schafft sich die menschliche Seele einen Rahmen, einen Ort, an dem sich Gott den Menschen offenbart, die ihn suchen und die auf geheimnisvolle Weise von einem inneren Ruf getrieben werden. Das Alte und das Neue Testament sprechen immer wieder vom Berg. Auf Horeb und Sinai begegnet Moses Gott (Ex 3, 1-6) und nimmt die Gebote entgegen (Ex 19, 2-3.16-25; 20,1-21); Jahrhunderte später hat Elias ein ähnliches Gotteserlebnis (1 Kg 19, 8-13). Von einem Berg werden die Seligpreisungen verkündet (Mt 5,1ff). Mit Moses und Elias zeigt sich Jesus den drei vor Staunen benommenen Jüngern in seinem verklärten, göttlichen Licht auf einem »hohen Berg«. Auf dem Kalvarienberg vor der Stadtmauer von Jerusalem, der Schädelstätte, wird Christus gekreuzigt (Mk 15,22; Mt 27, 33; Lk 23, 33; Joh 19, 17), und schließlich ist es auf einem Berg, wo sich Jesus das letzte Mal von seinen Jüngern verabschiedet (Mt 28, 16; Apg 1, 12).

Die Götter der griechischen Antike wohnen auf einem Berg, dem Olymp, aber sie zeigen sich auch auf anderen Bergen. Hera, die Gemahlin des Zeus,

> ...schwang sich herab von dem Horn des Olymp;
> Über Piera fort und Emathias liebliche Landschaft
> Stürmte sie, über die schneeigen Berge der riesigen Thraker,
> Über die obersten Gipfel, und nie die Erde berührend,
> Schwebte sie nieder vom Athos und kam zu wogenden Meere;
> Lemnos erreichte sie dann, die Stadt des göttlichen Thoas.
>
> *Ilias* XIV, 225-230

Dies ist der älteste, von den Griechen überlieferte Text, der Athos nennt – und sicher ist es kein Zufall, daß jener Berg, der im östlichen Christentum der Berg der jungfräulichen Mutter Gottes, ja der Berg schlechthin werden sollte, schon bei seiner ersten Erwähnung mit einer weiblichen Gottheit in Zusammenhang gebracht wird: diese *Praeparatio evangelica* und die Vorherbestimmung beziehen wahrscheinlich auch die Berge mit ein, die der Glaube versetzen kann (Mt 17,20).

In der Nachfolge Homers ist es Äschylos (gest. 154/5 v.Chr.), der wieder von Athos spricht. Um so schnell wie möglich die erwartete Nachricht von Trojas Fall zu erhalten, ließ Klytemnästra, Agamemnons Frau, systematisch Leuchtfeuer auf den Bergen Griechenlands verteilen, die die Nachricht über den ruhmreichen Sieg von Gipfel zu Gipfel bis nach Mykene trugen.

> Hephaistos, der hellen Schein vom Ida aussandte!
> Brand auf Brand hierher vom Botenfeuer
> schickte er: der Ida zum Fels des Hermes
> auf Lemnos; den dritten großen Schein von dieser Insel
> empfing der Athos, Gipfel des Zeus.
>
> *Agamemnon,* 281-285

Diesmal wird Athos mit seiner Gottheit genannt, dem Göttervater Zeus; in der Nähe des Gipfels liegen noch Reste eines antiken Zeustempels. Bei Homer berührte Hera den Berg nicht einmal, sie schwebte über ihn hinweg – bei Äschylos beschreibt Klytemnästra den vom Schein der nächtlichen Flamme beleuchteten Athosgipfel. Zu diesem Zeitpunkt hatte der Berg an seinem stürmischen Südkap schon den Schiffbruch der Dariusflotte (492 v. Chr.) gesehen. Auch der berühmte Xerxeskanal (484-481 v.Chr.), dessen Verlauf noch heute sichtbar ist, war schon gelegt; er sollte während des zweiten persischen Feldzugs gegen Griechenland einen weiteren Schiffbruch verhindern.

Der östlichste der drei Finger, die die Halbinsel Chalkidiki ins Ägäische Meer hineinstreckt, das athonitische Vorgebirge, war in der klassischen Antike bewohnt. Schon Herodot berichtet davon, und Spuren antiker Niederlassungen bezeugen dies noch heute. Obwohl Athos von der Antike bis zum römischen Kaiserreich immer wieder in verschiedene politische und militärische Ereignisse verwickelt war, erlangte er erst zur Zeit des byzantinischen Reiches seine volle Bedeutung. Schon in der Spätantike war die Halbinsel wieder so gut wie unbewohnt.

Im Hochmittelalter rückte der Islam vor, Mönche aus den östlichen Gebieten des Reiches flohen vor den näherrückenden arabischen Eroberern, und die Kaiser von Konstantinopel verfolgten zur Zeit des Ikonoklasmus die Anhänger des Bilderkults. Diese Umstände machten Athos zu einem sicheren Hafen für Eremiten und vermutlich für kleine Mönchsgemeinschaften, die seit mindestens dem 7. oder 8. Jahrhundert in einzelnen Hütten (*Kellía*) um ein bescheidenes Oratorium (*Lavra*) herum lebten.

Obwohl historisch gesicherte Dokumente nicht mehr auffindbar sind, war die athonitische Überlieferung immer bestrebt, das Mönchs-, Einsiedler- und Koinobitentum möglichst früh beginnen zu lassen. Um ihren Behauptungen Gewicht zu geben, stellten die Mönche sogar »Urkunden« her, die eine ihnen so wichtige, lange Tradition dokumentieren sollten[1].

Wie auch immer man die nicht nachprüfbaren Legenden um die Anfänge auf Athos bewerten mag, Tatsache ist, daß hierher schon früh Christen kamen, die ein Einsiedlerleben auf der Suche nach Gott führen wollten. Die außerordentlich suggestive Natur dieses Ortes muß sie angezogen haben: zwischen Meer und Himmel, versunken in Stille und Einsamkeit, erstrecken sich waldige Hügel bis zum Athosgipfel (2033 m).

Über Jahrhunderte zeugen unzählige Texte von der Faszination, die von diesem Ort ausgeht. Der folgende Text stammt aus dem 14. Jahrhundert:

> Der Berg Athos so denke ich, verdient Bewunderung: sein Klima ist besonders mild und er ist mit üppiger und verschiedenartigster Vegetation geschmückt; um ihn gebührend zu würdigen, muß gesagt werden, daß er die Sinne der Besucher auf besonders angenehme Weise betört und ihnen sofort großen Genuß bereitet.
> Wie aus einer üppig gefüllten Speisekammer strömen von überall her die lieblichen Düfte und wunderschönen Farben der Blumen. Meist wird er von hellen Sonnenstrahlen beleuchtet, Baumkronen jeder Art decken ihn zu. Wälder und bunte, von Menschenhand kultivierte Wiesen sind reichlich vorhanden. Von Vogelgesang jeder Art hallt er wider; Bienenschwärme schwirren zwischen den Blüten umher und erfüllen die Luft mit ihrem Summen. All dies hüllt ihn in ein wundervolles, buntes, wie durchwobenes Gewand, nicht nur im Frühling, sondern das ganze Jahr über. Die Jahreszeiten reichen

sich reihum die Hand, um die menschlichen Sinne beständig zu erfreuen. Eine besondere Wonne aber ist es, wenn das Morgenlied der Nachtigall vom Wald her ertönt, sich mit dem Gesang der Mönche vor Ort vereint und als gemeinsamer Lobgesang an den Herrn zum Himmel emporsteigt. [...] Viele natürliche Quellen bewässern den Berg: aus den unzähligen Quellen erwachsen Bäche und fließen in alle Richtungen; sie vereinigen ihren Lauf, als ob sie sich gegenseitig sanft den Fluß rauben wollten; wie absichtlich schweigen auch diese Flüsse, wie feinfühlige Wesen verhalten sie sich mit Diskretion, um es den Mönchen vor Ort zu ermöglichen, ein ungestörtes Leben zu führen und die Flügel des Gebets in Stille zu Gott zu erheben; denjenigen, die schon auf Erden ein himmlisches Leben führen möchten, bietet dieser Ort die natürliche Voraussetzung für die Ruhe des Geistes.[2]

Der Text fährt noch lange in dieser Art fort; der Autor Nikephoros Gregoras (ca. 1295-1359/60) nutzt den *Topos* des *locus amoenus*, um dessen Stil und Preziosität er als erfahrener byzantinischer Gelehrter weiß. Aber auch hier wird man der Wahrheit nur gerecht, wenn man bedenkt, daß »wo Rauch ist, auch Feuer sein muß«.

Natürlich konnte die Natur auf Athos mit den georgischen Augen eines späten Schriftstellers gesehen werden. Ganz anders dagegen, wüst und öde, erschien sie den früheren Schriftstellern, dem Biografen des Eremiten Petros, der ersten berühmten Persönlichkeit des Berges, und dem Biografen des Athanasios, Gründer des Klosters, das noch heute »die« Lavra ist. Mehr als ein Jahrhundert vor Nikephoros Gregoras hatte Innozenz III. sich ebenso über den Athos geäußert, in typisch römischem, lakonischem Stil. Er schrieb über die athonitische Gemeinschaft:

Der Heiligste der Heiligen, der das Fundament der Kirche auf die heiligen Berge gelegt hat (siehe Ps 87[86], 1), hat für seine Gläubigen euer am Meer gelegenes Gebirge als Bleibe auserwählt; Athos trägt die Folgen seines Namens (*nomen*) und seines Schicksals (*numen*) in sich: obwohl es wüst und öde ist, auf die Schönheit eines fruchtbaren Bodens verzichten muß, wurde es doch unter den anderen Gebirgen der Welt auserwählt und befruchtet von der immensen Fülle des Geistlichen.[3]

Innozenz III. hatte Athos nicht persönlich besucht, aber schon lange Zeit beherbergte die Halbinsel im Kloster »der Amalfitaner« und auch anderswo lateinische Mönche; daher verfügte der Papst über genügend Informationen. In einer geglückten Synthese strich er das heraus, was das wirklich Wesentliche an dem Berg war und ist: die dort fest verwurzelte, spirituelle Kraft des Mönchslebens, und nicht die Landschaft, so schön sie einem romantisch veranlagten Menschen von heute (jedoch nicht nur von heute, sondern, wie es sich gezeigt hat, schon im 14. Jahrhundert) auch erscheinen mag. Obwohl die beiden Kirchen von Rom und Konstantinopel keine Einheit bildeten, erbat die Athos-Gemeinschaft in sehr schwierigen Zeiten Schutz vom Oberhaupt der römischen Kirche, und dieses zollte dem geistlichen Leben auf der Halbinsel ehrliche Anerkennung.

Idyllische Beschreibungen finden sich fortlaufend. Ein Beispiel ist der fast mit der Schilderung des Nikephoros Gregoras gleichlautende Auszug aus dem *Garten der Gnaden* (1768) von Konstantin/Kaisarios[4] Dapontes (1714 – 1784), Mönch auf Athos:

Voller Dankbarkeit auf den Herrn gerichtet,
empfand mein Herz unsagbaren Genuß,
wohlriechend die Erde, die Bäume duftend,
und die Vögelchen, die dich umkreisen!
du sprichst die Psalmen und sie zwitschern umher
mit allerlei Blüten schmückt sich die Erde;
das sind die Dinge, die die Augen erfreuen,
nach ihnen verzehrt sich meine Erinnerung,
andere erfreuen die Ohren, lassen dich feiern,
wirf dich nieder und danke dem Herrn in jeder Stunde.
Es genießt auch der Tastsinn und die Nase,
Ruhm und Dank darüber gebührt dem Herrn.
Du bist in der Zelle ermüdet? geh hinaus spazieren
genieß die Fülle des Schönen der einsamen Plätzen.
Geh zur Wasserquelle, geh zum Strand,

1. Berg Athos (Heiliger Berg). Östlichster Ausläufer der Halbinsel Chalkidiki mit seinen Klöstern und wichtigsten Skiten (Einsiedeleien)

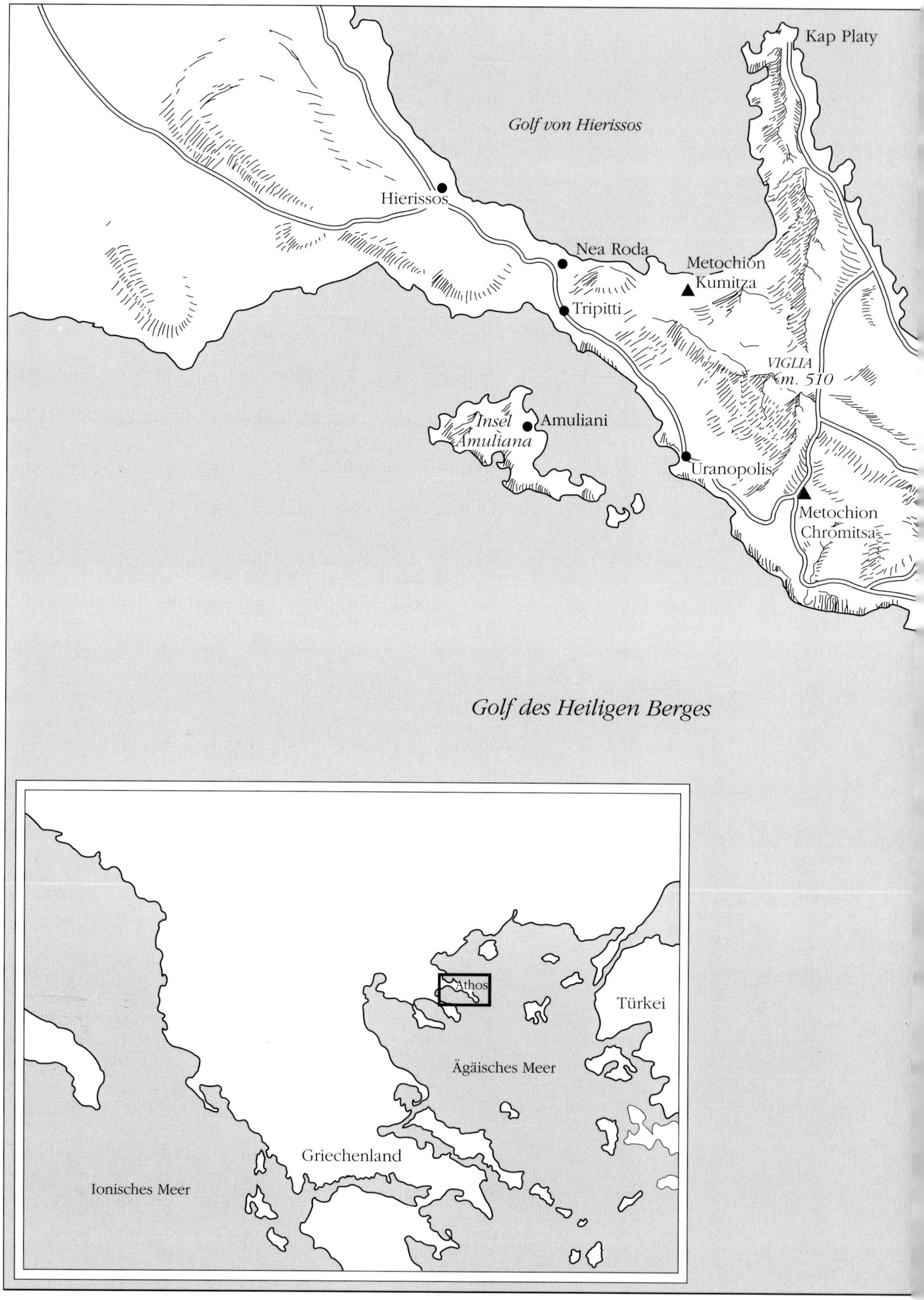

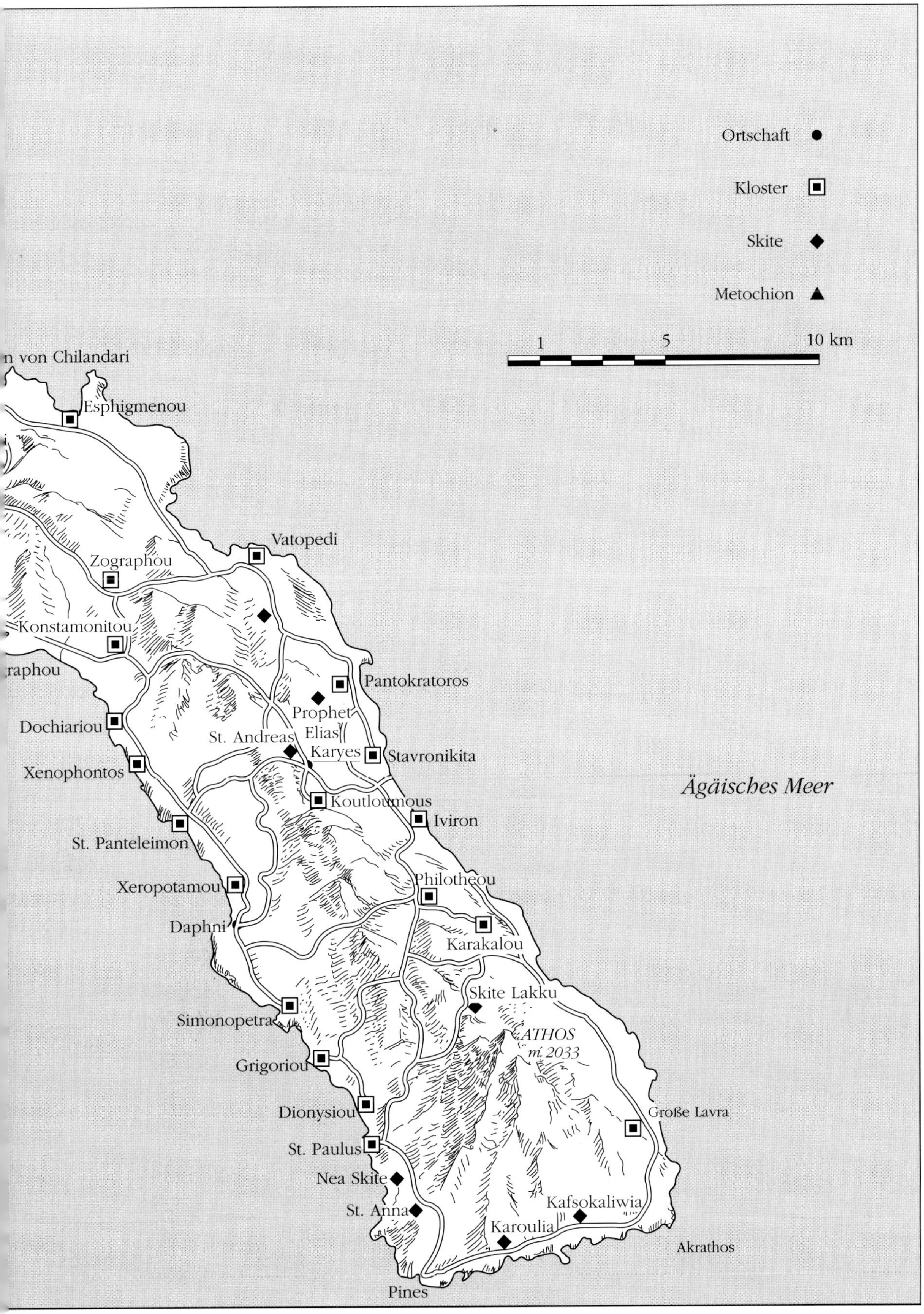
Ortschaft
Kloster
Skite
Metochion
1
5
10 km
n von Chilandari
Esphigmenou
Vatopedi
Zographou
Konstamonitou
raphou
Pantokratoros
Prophet
Elias
Dochiariou
St. Andreas
Karyes
Stavronikita
Xenophontos
Ägäisches Meer
Koutloumous
Iviron
St. Panteleimon
Xeropotamou
Philotheou
Daphni
Karakalou
Skite Lakku
Simonopetra
ATHOS
m. 2033
Grigoriou
Dionysiou
Große Lavra
St. Paulus
Nea Skite
St. Anna
Kafsokaliwia
Karoulia
Akrathos
Pines

voll von Schönheiten sind sie und wahrer Freude.
Geh auch zu den Höhlen, schau an die Zellen
der alten Eremiten: es sind göttliche Paläste.
Aber vergiß nie zu sagen »Erbarmen, Herr!«
wenn du willst, daß die Quelle des Erbarmens nicht versiegt.[5]

Nicht immer begeistert dagegen klangen verschiedene Äußerungen über die Qualität des geistlichen Lebens auf Athos: Das Geschenk der Gnade, das die Gottesmutter in einem alten, von Generation zu Generation überlieferten Versprechen zusicherte, wurde nicht zu allen Zeiten von den Bewohnern des Berges gebührend gewürdigt. Wie alle Institutionen, blieb auch Athos nicht von einer gewissen Dekadenz verschont: Eugenios Vulgaris (1716-1806) hielt sich im 18. Jahrhundert in seinen Aussagen noch etwas zurück – und das aus gutem Grund, auch wenn er nicht der einzige war. Noch im 20. Jahrhundert zeigte sich der Schriftsteller Zacharias Papantoniou (1877-1940) trotz seiner grundsätzlichen Bewunderung einigermaßen bestürzt[6]. Und dennoch: trotz aller Unzulänglichkeiten und Schwächen der menschlichen Natur widmen sich seit über tausend Jahren unzählige Mönche dem Gebet und der Askese. Man darf auch nicht vergessen, daß die Besucher aus jüngerer Zeit meist Intellektuelle, Forscher, Gebildete oder einfach Touristen waren, und nicht Pilger, die einen vom Hl. Geist beseelten Ort suchten. Sie wußten die Armut und die *Ignorantia docta* eines Wissens, das nichts mit unserem weltlichen Wissen gemein hat, nicht immer anzuerkennen und zu schätzen. Seit einigen Jahrzehnten bemerkt man auf Athos einen neuen Aufschwung des Klosterlebens: junge, engagierte Männer kommen aus allen Teilen der orthodoxen Welt, und nicht nur aus der orthodoxen. Nach wie vor wird der Besucher, der auf das *unum necessarium* achtet, von diesem Leben in Askese und Gebet zu einer inneren Entscheidung geführt, die sicher zur Spiritualität führt, wenn nicht sogar dazu, sich hier eine Bleibe zu wählen.

Dies beobachtete auch der katholische griechische Poet und Schriftsteller, Takis Papatsonis (1895-1976) in einem Reisetagebuch, das er 1927 während eines mehrmonatigen Aufenthalts auf Athos verfaßte und das zum tausendjährigen Bestehen des Athos 1963 herausgegeben wurde:

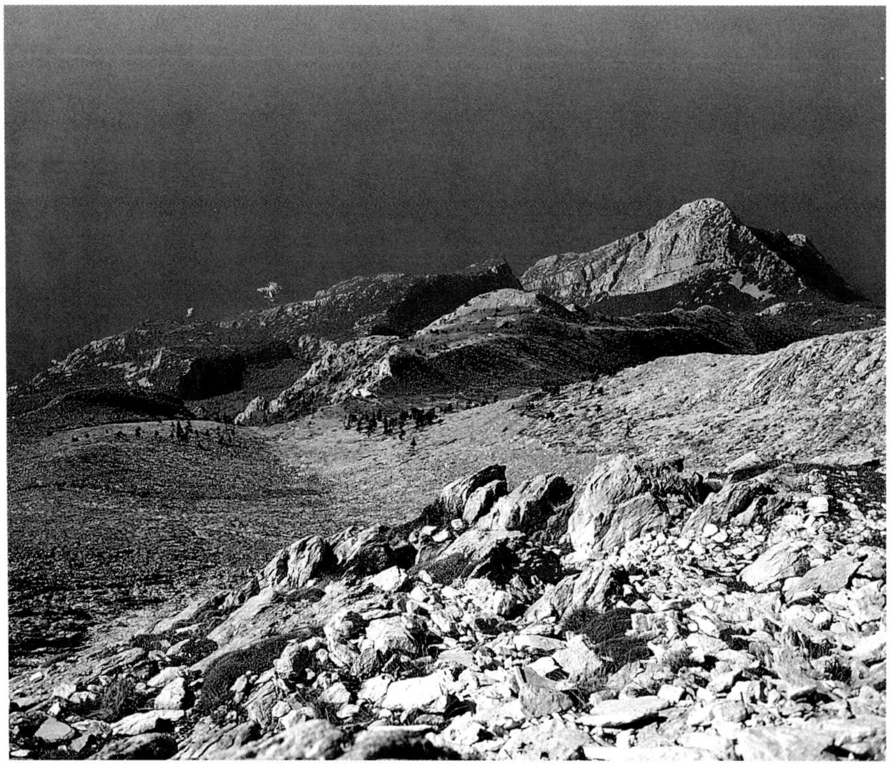

2. Ägäisküste vom Athosgipfel aus gesehen

> Jeder Laie – geradeso wie ich, Gott möge mich beschützen –, der den Mut hat und in diese engelsgleiche Republik fährt, kommt leicht und lebhaft an, denkt, eine Reise wie viele andere unternommen zu haben. Aber kaum hat er dort einen Tag und eine Nacht verbracht, spürt er, wie ihn Netze einfangen und umgarnen, die nicht von dieser Welt sind. Etwas später werden die Netze zu Flügeln und er sieht, daß sein ganzes Dasein, ob er will oder nicht, nach einer Wandlung verlangt, daß er sich dort unbedingt verwurzeln möchte. In wenigen Wochen verwandelt er sich in einen Asketen. Trotzdem bleibt ihm etwas von der weltlichen Schwere. Solange er sich nicht für das große Versprechen, für die Schere[7], für die Tonsur entscheidet, ist sein Aufenthalt an den heiligen Orten so unecht wie das Fasten »nach den Aposteln«[8]. Dieses Fasten ist anders als üblich (man ißt Fisch, weil die Apostel Fischer waren – so sagt man). [...] Trotz aller Frömmigkeit und Entrückung tauchen hier und dort weltliche Gedanken auf, nisten sich an einem Ort ein, der nicht zu ihnen paßt, und infizieren ihn. Es sind nicht Versuchungen wie »Weg von hier!«, sondern es ist, wie soll man sagen, eine Ohrfeige; sie plazieren sich wie ein Hindernis vor die Heiligkeit; es sind die Fische der Aposteln mitten im Trockenobst. Sie rufen dir zu: »Warum übst du Askese? Du bist kein Asket, fort mit dir!« Und solche unausgesprochenen Worte schmälern deinen Eifer. Früher oder später holt dich die Welt wieder ein, du warst nicht berufen zu einem völligen Verzicht, zu einer völligen Nacktheit[9].

Athos hat seine eigene, vielfältige und komplexe Geschichte, die aber auf vielfache Weise mit den politischen und religiösen Ereignissen in der Geschichte der Mittelmeerländer verwoben ist. Zuerst war da das Byzantinische Reich, dann die türkische Herrschaft, jüngere Staaten wie Griechenland, oder weiter entfernte Staaten wie die orthodoxen Länder im Balkan und in Osteuropa. Einige von ihnen haben seit Jahrhunderten auf Athos ein eigenes Kloster. »Nationalen« Charakter hatten oder haben immer noch folgende Klöster: Iviron, das mindestens bis zum 14. Jahrhundert von Gregorianern bewohnt war; das serbische Chilandari, das bulgarische Zographou und das russische St. Panteleimon; auch in Philotheou waren viele Serben und Bulgaren. Vom 10. bis 13. Jahrhundert hatten lateinische Mönche ein eigenes Kloster, das von den Amalfitanern unter der Leitung von Leo von Benevent erbaut wurde: anfangs florierte es (bis 1045 war es an zweiter Stelle in der athonitischen Hierarchie), aber schon bald begann der Verfall, und 1287 wurde das Kloster aufgelöst.

In all den Jahren erlebte das athonitische Mönchstum, wie Klöster entstanden, wie sich die Rechtsordnung veränderte, wie Klöster und kleinere Kommunitäten wieder verschwanden. Viele bedeutende historische Persönlichkeiten und auch weniger bekannte Männer bemühten sich, Maßnahmen und Regelungen einzuführen, um Gesetze, Wirtschaft, Verwaltung und Regierung festzulegen. Die jetzige, 1926 von Griechenland verfaßte Ordnung geht auf die Verfassung von 1924 zurück; sie wurde in der griechischen Verfassung von 1952 bestätigt und schließlich 1981 in die Europäische Gemeinschaft aufgenommen. In zwanzig große Klöster unterteilt, von denen jedes zusammen mit seinen Außenstellen seinen vor langer Zeit festgelegten Platz in der hierarchischen Rangordnung hat, ist das Territorium der Halbinsel Bestandteil des griechischen Staates, auch wenn es besondere Statuten genießt. Alle Mönche, die Einwohner von Athos sind, sind automatisch griechische Staatsbürger. In kirchlicher Hinsicht untersteht Athos theoretisch direkt dem Patriarchat von Konstantinopel. Die tatsächliche Autorität aber ist die Heilige Epistassia (Oberaufsicht), die zentrale Regierung, die einmal im Jahr aus den Vertretern aller Klöster gebildet wird.

Man kann, wie es öfter vortrefflich geschehen ist, die »äußere« Geschichte dieses einzigartigen Ortes aufzeichnen. Aber die wirkliche, wahre Geschichte des Athos liegt auf einer anderen Ebene, die, so paradox es sein mag, jeder Geschichtlichkeit entbehrt: Es ist die Geschichte der spirituellen Erlebnisse, der Gottesbegegnung in der vollkommenen Nachfolge des Evangeliums, die jeder Mönch auf Athos, von den berühmtesten Heiligen bis zu den unbekannten Einsiedlern, hier auf dem Berg immer gesucht hat.

Ob in einer koinobitischen, eremitischen oder idiorhythmischen[10] Lebensform – die eigentliche Bedeutung der Mönchsberufung war immer dieselbe, im Osten wie im Westen: nämlich ein radikaler Bruch mit der »Welt«, um sich ganz der Suche nach Gott zu widmen. Nach wie vor wird in dieser »Welt«, auch von vielen Christen, solch ein Entschluß aus verschiedensten Gründen abgelehnt.

Für das östliche Christentum war ein mönchisches Leben immer schon nicht *eine* mögliche Art geistlichen Lebens unter anderen, sondern *das* spirituelle Leben schlechthin, *sic et simpliciter*, Vorbild für alle. Denn jeder Christ, jeder Mensch soll in seinem Inneren einen Platz schaffen für die lebendige Gegenwart

Gottes. Das ist letztendlich der Sinn jeglichen Daseins. Man darf auch nicht vergessen, daß die Mehrzahl der Mönche auf Athos und im christlichen Osten allgemein nicht priesterliche Mönche, sondern »Laien«-mönche sind. Auch Antonius der Große, Benedikt und Franziskus waren keine Priester (ebensowenig Juliana von Norwich, Catherina von Siena oder Teresa von Avila). Was auf den folgenden Seiten daher versucht wird, ist, die »Geschichte« der mönchischen Spiritualität auf Athos aufzuzeigen. Sie soll den Leser natürlich informieren, aber mehr noch soll sie, wenn das nicht zu anmaßend ist, Gelegenheit zu persönlicher Reflexion bieten.

Wie schon gesagt gibt es zahlreiche, mehr oder weniger beeindruckende Legenden über die Ursprünge einzelner Klöster und des Mönchslebens auf Athos im allgemeinen. Ihre Glaubwürdigkeit ist sehr gering, um nicht zu sagen gleich Null; sie werden oft von historisch gesicherten Dokumenten widerlegt. Äußerst wenige Informationen hat man vor allem über die Art der Spiritualität und der Organisation zu Beginn des Mönchstums auf der Halbinsel – falls es organisiert war. Die überlieferten Legenden geben aber Aufschluß über das Gefühl und das Denken der Generationen, die sie ins Leben gerufen und weitergegeben haben, zeigen ihre religiösen und asketischen Ideale, ihre Werte und die Grundsätze ihres Mönchslebens auf.

Im Mittelalter wurde der Beiname »heilig« für verschiedene Berge im Osten üblich, auf denen das Mönchstum blühte: Aussenzius, Latmos, Olymp in Bithynien, Sinai und Athos. Nachdem die anderen Zentren verschwunden sind, gilt der Beiname nur noch für Sinai und Athos. Bei Sinai ist die Begründung offensichtlich in der Bibel zu suchen. Athos soll die schon im 10. Jahrhundert geläufige Bezeichnung offiziell von Kaiser Konstantinos IX. Monomachos in der ersten Hälfte des 11. Jahrhunderts bekommen haben. Eine Legende beruft sich sogar auf Konstantin den Großen im 4. Jahrhundert – nicht das einzige Mal, wenn es um Besonderheiten auf Athos geht. Aber die Heiligkeit des Athos rührt nicht von dem Abglanz der Heiligkeit seiner Mönche her; wenn überhaupt, glaubt man eher das Gegenteil. Der Berg ist heilig und macht heilig, weil die Gottesmutter selbst auf einer ihrer Pilgerfahrten auf See in Begleitung des Lieblingsjüngers dorthin gekommen ist. Von ihrem göttlichen Sohn hat sie Athos als ausschließlich ihr gehörendes »Eigentum« erhalten; sie ist die eigentliche Vorsteherin der Klöster. Neuere, aber eindrucksvolle Ikonen zeigen sie im Mantel byzantinischer Kirchenvorsteher (*Mandyas*) und mit dem Bischofsstab (*Pateritsa*), wie sie die Halbinsel beschützt, die sie vom Himmel aus beherrscht. Wie für die byzantinische Liturgie die vielen an die Gottesmutter gerichteten Lobgesänge typisch sind, so ist auch die Verbindung zwischen der Gottesmutter und dem Berg hochsymbolisch. Wie sie weiht auch der Mönch sein Leben ausschließlich Gott, damit sein ganzes Sein wie das göttliche Licht werde. Die Mönchsberufung wird also für zutiefst »marianisch« gehalten. Ihre Vollendung liegt nicht in der einen oder anderen Tätigkeit – obwohl auch diese notwendig und heilig sind –, sondern eben darin, ausschließlich Gott zu gehören, ein Geschenk des Schöpfers, dem das demütige und edle Geschöpf mit »Ja« antwortet. Das erste schriftliche Zeugnis über die Legende, daß die Gottesmutter Athos besuchte, wurde erst sehr spät, im 16. Jahrhundert verfaßt. Sehr alt aber ist die Überlieferung über den besonderen Schutz, den sie dem Heiligen Berg zukommen ließ. Der Biograf Nikolaus (10. Jh.) erzählt, daß sich dem ersten »historischen« Einsiedler auf Athos, dem hl. Petros (9. Jh.?), in einem Traum »die reinste Mutter Gottes in einem außergewöhnlichen Strahl« zeigte, zusammen mit dem hl. Nikolaus, Patron und Fürbitter dieses Einsiedlers. Der hl. Nikolaus fragte die Gottesmutter nach dem Ort, an dem sein Schützling den Rest seines Lebens verbringen könnte, worauf sie antwortete:

> Sein Ruheort wird der Berg Athos sein, den ich von meinem Sohn und Gott als mein Erbe erbeten und erhalten habe. Er soll für diejenigen sein, die sich aus dem weltlichen Trubel zurückziehen und mit ganzem Eifer dem geistlichen Leben widmen wollen. Sie sollen hier das diesseitige Leben furchtlos verbringen, meinen Namen gläubig und mit ehrlichem Herzen anrufen, und sich das jenseitige Leben durch gottgefällige Werke verdienen können.
>
> Ich erfreue mich sehr an diesem Berg, weil ich genau weiß, daß die Zeit kommen wird, wo er von dem einen zum anderen Ende mit Mönchsgemeinschaften bevölkert sein wird; und wenn sie sich strikt an die heilbringenden Gebote halten, wird ihnen das Erbarmen meines Sohnes und Gottes

immer gewiß sein. Ich werde dafür sorgen, daß sie sich im Süden und Norden des Berges ausbreiten; sie werden ihn von Küste zu Küste beherrschen (siehe Ps 72[71], 8) und ich werde diejenigen, die auf ihm ausharren, verteidigen[11].

Unter all denen, die die Wälder und Höhlen der Halbinsel für ihr Leben in Askese und Gebet wählten, ist der Eremit Petros, dem die Gottesmutter im Traum diese Zukunft des Athos voraussagte, die erste Person, über die Aufzeichnungen erhalten sind. Der hl. Gregorios Palamas (1296-1359) war in der Lavra des hl. Saba in der Nähe der athonitischen Großen Lavra, als er 1334/35 mit seiner schriftstellerischen Tätigkeit begann; er verfaßte eine *Vita* des ersten, legendären Eremiten, von dem man auf der Halbinsel weiß[12]. Über dessen Herkunft, Familie und Heimatstadt schrieb er: »Diese Dinge verachtete der edle Mann zu seinen Lebzeiten als seiner Tugend unwürdig; und so hielten auch diejenigen, die von Anfang an über sein Leben schrieben, diese Dinge für nicht erwähnenswert.«[13] Er fügte hinzu, daß seine »wahre« Heimat, wo er seine Berufung erhielt, der Athos sei, »der Berg, der in seinem Namen die Heiligkeit trägt«[14]. Tatsache ist, daß die palamitische Vita lediglich eine rhetorisch geschickte Wiederaufarbeitung einer einzigen Quelle ist, die dem zukünftigen Bischof von Thessaloniki zur Verfügung stand: Es ist das *Leben des hl. Petros von Athos*, das im 10. Jahrhundert (wahrscheinlich zwischen 970 und 980) von einem athonitischen Mönch verfaßt wurde, von dem nur der Name bekannt ist: Nikolaus. Es handelt sich um eine Lobrede, die höchstwahrscheinlich geschrieben wurde, um bei der liturgischen Feier dieses Heiligen gelesen zu werden. Von dieser älteren *Vita*, die erst 1909[15] veröffentlicht wurde, glaubte man anfangs, daß sie genauere biografische und chronologische Daten über Petros lieferte. Neuere Forschungen machten aber deutlich, daß diese mutmaßlichen Daten einfach ältere Quellen und hagiographische Themen aufnahmen, die dann auf Petros übertragen wurden. Es ist anzunehmen, daß man schon im 10. Jahrhundert nichts Genaues mehr über ihn wußte. Historisch glaubwürdig sind lediglich einige Aufzeichnungen zur Überführung seiner Reliquien und ein paar Ortsnamen – darunter das »Kloster des Klemens«, das sich bei Petros' Tod schon in der Nähe des jetzigen Iviron befunden haben soll. Dennoch reichen diese Angaben nicht aus, um die Zeit zu bestimmen, in der dieser Heilige gelebt hat. Man hat allerdings ein sicheres Datum, vor dem er gelebt haben muß, denn es ist ein Kanon überliefert, den der hl. Josef, der Hymnograph (816-886), zu Ehren des hl. Petros komponierte[16]. Außerdem sprechen verschiedene Anzeichen dafür, daß einige der hagiographischen Quellen, die Nikolaus in der zweiten Hälfte des 10. Jahrhunderts verarbeitete, auf die Mitte des 9. Jahrhunderts zurückgehen. Dem ersten Biografen standen also nur wenige historische Daten zur Verfügung. Eben deshalb – und wegen der festen Regeln, denen eine Heiligenbiographie folgen mußte – hat er nichts anderes getan, als eine Reihe von Motiven zusammenzustellen, die in der byzantinischen Hagiographie für Einsiedler und Mönche typisch waren, wenn auch in geschmeidiger und gewinnender Form. Einige dieser Motive sind sehr alt, wie die *Vita des hl. Antonios*, die der hl. Athanasios von Alexandria (4. Jh.) verfaßt hat. Es ist aber gerade die Wahl dieser traditionellen Themen, die Licht auf die spirituellen und mönchischen Werte wirft, die Nikolaus durch die Figur des Petros herausarbeiten will und die sein Publikum sicher teilt. Er zeichnet also die wichtigsten Züge eines Eremiten und Mönchs, wie er gegen Ende des 10. Jh. in bestimmten athonitischen Kreisen als Ideal angesehen wurde.

Zu Anfang seines gut 35 Jahre dauernden Eremitendaseins muß Petros den Versuchungen des Teufels widerstehen. Die erste ist der »physische« Angriff der Dämonen, dem als zweite Versuchung Angriffe von Reptilien und giftigen Tieren folgen: ein Topos seit der Zeit des hl. Antonios. Auch für die dritte Versuchung gibt es Parallelen, wenn auch seltene: damit wurden schon immer die Einsiedler und Mönche versucht, auch von den in der »Welt« lebenden Christen, für die die biblische Geschichte von Martha und Maria (Lk 10, 38-42) nach wie vor oft ein Stolperstein ist. Der Teufel erscheint Petros in Gestalt seines alten, treuen Dieners und bittet ihn, nach Hause zurückzukehren, um die Familie zu besuchen. Er fügt hinzu:

Was die kontemplative Ruhe (*Hesychia*) betrifft, sorge dich nicht: auch dort gibt es sehr viele Klöster und Orte der Kontemplation, wo du als »Hesychast« dein ganzes Leben verbringen kannst. Aber, um der Wahrheit willen, sag' selbst: Was schätzt der Herr mehr? Das Verlassen der Welt, dieses einsame und ruhige Leben, der Aufenthalt zwischen diesen steilen Felsen und diesen Abhängen, inmitten derer du recht wenig nutzen kannst, ja vielleicht nicht einmal dir selbst, oder das Unterrichten der Menschen, wenn du sie aus Irrtum zu Ihm führst? Ich, für meinen Teil, bin davon überzeugt, daß auch nur eine einzige Seele, die du vom falschen Weg zurückführst, mehr zählt als noch so viele einsame Kämpfe. Bestätigt wird mir das durch die Worte dessen, der da sagt: »Wer eine Person, die ihrer Unwürdigkeit würdig ist, zurückbringt, wird wie mein Mund sein« (Jer 15, 19). In unserem Land gibt es viele Leute, die unzähligen Lastern verfallen sind und die notwendig jemanden brauchen, der ihnen hilft und der sie zu Gott zurückführt: du wirst reich belohnt werden, wenn du kommst, um die Verirrten zu Gott zu bekehren.«[17]

Heute würde man, mit Hinweis auf die Hl. Schrift, die auch dem Teufel bekannt war, als er sich an Petros wandte, sagen: Warum soll man in Anbetracht so vieler pastoraler Notstände sein Leben in einem Kloster »fortwerfen«, oder schlimmer noch, in Klausur gehen?

Die Antwort des Petros ist klar und eindeutig; unter Tränen sagt er: »An diesen Ort hat mich kein Engel und kein Mensch gebracht, sondern Gott selbst und seine Mutter, die Unbefleckte, die Theotokos; und von hier werde ich nur weggehen, wenn sie es entscheidet und befiehlt.«[18] In Anbetracht der »vernünftigen« Einwände ist sich Petros nur einer Sache sicher, nämlich daß der Anstoß zum mönchischen Leben nicht von ihm, sondern von Gott ausging; und das ist eine nicht zu verachtende Wahrheit, der eigentliche und einzige Sinn seines Lebens, die Quelle seines Daseins; ein absoluter Wert, den nur derjenige wirklich verstehen kann, der dazu berufen wurde; der die Berufung entweder nach außen hin lebt, oder in seinem Inneren inmitten »weltlicher« – vielleicht auch kirchlicher – Beschäftigungen, weswegen sie nicht weniger echt ist (siehe Mt 19, 11-12). Der Biograph beeilt sich zu erklären: »Kaum hörte der Teufel den Namen der Theotokos, verschwand er sofort.«[19]. So wird die Frage der christlichen Legitimation solch unerhörter Entschlüsse – wie dem, ein eremitisch-mönchisches Leben zu führen – durch die Bibel entschieden, wie auch durch die beispielhaften Anfänge des athonitischen Abenteuers, das sich über Jahrhunderte hinzieht.

Die vierte und höchste Versuchung – es ist auch die vierte für den Thomas Becket von T.S. Eliot – ist die der Heiligkeit. Der Teufel kommt in Form des Engels des Lichts (siehe 2 Kor 11,14) und ergeht sich in Lobreden über Petros' Heiligkeit. Wieder zeigt er sich als Kenner der Hl. Schrift und vergleicht Petros in seinen asketischen Übungen mit Moses, Elias, Daniel und Hiob. Er fordert ihn schließlich auf – *in cauda venenum* –, sich zu den Klöstern in der Welt zu begeben, um gerade dort beispielhaft heilig zu dienen. Aber auch diesmal antwortet Petros: »Wenn nicht die Theotokos kommt, die mir immer beisteht, und Nikolaus, mein Beschützer in der Not, werde ich mich nicht von hier fortbegeben. Wisse das!«; und wieder, diesmal endgültig, verschwindet der Teufel[20].

Der wahre Einsiedlermönch ist also nicht der, der eine gewisse Zeit geistlicher Vorbereitung braucht, um dann andere Dinge zu tun, selbst wenn es heilige Dinge sind. Sein Leben ist – mit weltlichen Augen gesehen – verloren, ganz aufgegangen im *unum necessarium*, ein für allemal. Mehr noch als auf die äußerliche Treue will der Hagiograph auf das innere Nicht-Zurückkehren hinweisen, das die Treue in der

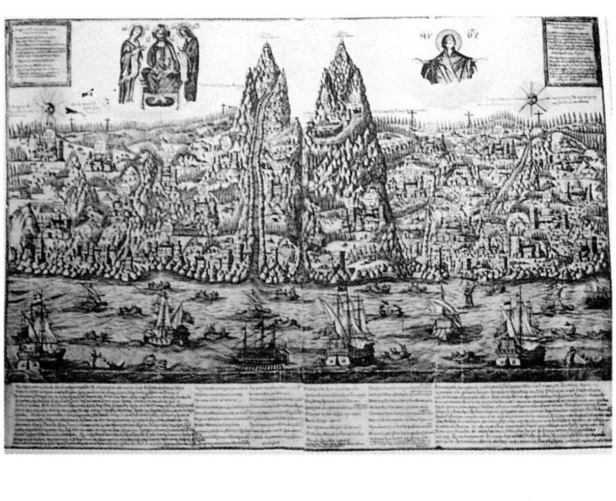

3. Athos und seine Klöster: Radierung (18. Jh.).

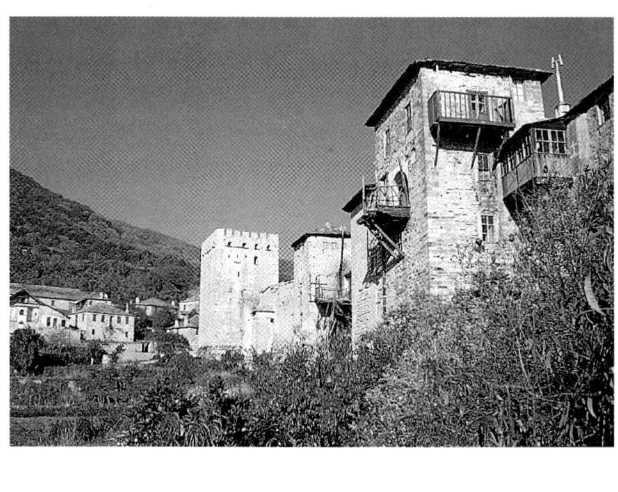

4. Südmauer des Klosters Große Lavra

Beziehung zwischen Gott und dem Menschen auszeichnet. Es ist auch kein Zufall, daß der Name der Theotokos in dieser Episode emblematisch zu Tage tritt. Nach Pfingsten wurde sie nicht beauftragt, um in einem »apostolischen« Leben zu predigen; sie wurde nicht beauftragt zu »tun«, sondern weiter lediglich zu »sein«. So wird Teresa von Lisieux ihre Berufung empfinden; so weiß der athonitische Mönch ohne Zweifel, daß er im Stillen und Verborgenen leben muß; so hat es jede wirklich christliche Seele, die zu einem Klosterleben berufen wurde, immer erfahren.

Die Werte, auf denen Nikolaus beharrt, sind nicht nur die allgemeinen Werte eines Mönchslebens, sondern spezifischer, die eines Einsiedler- und Hesychastendaseins: ein Abgeschiedensein, das sich nicht auf Gleichgültigkeit dem Nächsten gegenüber gründet und noch viel weniger auf ein bloßes Sichzurückziehen, nur um eigene vermeintliche (eher unwahrscheinliche) »Vollkommenheit« zu erlangen. Vielmehr geht es um ein ganz besonderes Gepacktsein, das nur durch göttliche Gnade kommen kann und offen macht für brüderliche Gemeinschaft, das aus der Quelle der Liebe selbst, aus Gott, schöpft. »Mönch ist derjenige, der, getrennt von allen, mit allen vereint ist. Mönch ist derjenige, der sich für eins hält mit allen, weil er fortwährend sich selbst in jedem zu sehen scheint«, sagte schon im 4. Jahrhundert Euagrios Pontikos. Diese Worte, dem mehr Vertrauen erweckenden hl. Nilus Sinaita in den Mund gelegt, wurden zu jeder Zeit im byzantinischen Mönchstum immer wieder gelesen und meditiert[21]. Solche Werte waren es, die die Einsiedler und die kleinen Lavren-Gemeinschaften teilten, die damals auf Athos wohnten. Zu der Zeit, als Nikolaus sein Lobgedicht schuf, veränderte sich gerade einiges auf dem Berg. Es ist nicht auszuschließen, daß Nikolaus das Einsiedlerdasein in der *Vita des hl. Petros* so stark herausstreicht, um Stellung zu beziehen, indirekt zwar, aber deswegen nicht weniger deutlich – Stellung zu den laufenden Veränderungen, die ganz andere christliche und mönchische Werte trugen, die ebenso wertvoll, aber von ganz anderer Art waren.

Gerade war 963 die Große Lavra gegründet worden, das erste große koinobitische Kloster der Halbinsel. Wie gesagt war Petros, aus Mangel an sicheren Daten, eine eher symbolische als konkrete Figur; von einer Symbolik, die den gesamten Lebensstil einer ganzen Epoche der Athosgeschichte, der ältesten nämlich, zusammenfaßt.

Der hl. Athanasios dagegen, der Gründer der Lavra, ist eine sehr bekannte Persönlichkeit. Über ihn gibt es relativ viele Informationen; seine Verbindungen mit der Geschichte und mit den Mächtigen seiner Zeit waren eng und wichtig.

Über die Persönlichkeit und das Werk des Athanasios geben umfangreiche Dokumente Aufschluß; einige davon wurden von ihm selbst geschrieben, wie das *Typikon* (Regel), die *Diatyposis* (Testament) und das *Hypotyposis* (Ermahnung). Abgesehen von den Informationen aus den drei athanasianischen Schriften stammen die biografischen Angaben aus einer älteren *Vita A*. Sie wurde wenige Jahrzehnte nach dem Tod des Protagonisten von einem athonitischen Mönch geschrieben, einem ehemaligen Anwalt aus Konstantinopel, der ebenfalls den Mönchsnamen Athanasios trug. Er bezog seine Informationen aus glaubwürdigen Quellen und aus erster Hand, nämlich von Schülern und Freunden des Athanasios, so zum Beispiel von Antonios, dessen Nachfolger in der Leitung der Lavra. Von dieser Biographie wurde dann anonym eine Zusammenfassung geschrieben, die *Vita B*, die die *Vita A* um einige nebensächliche Geschichten bereichert, die fast alle von Wundern handeln oder bisweilen in ihrem Versuch, die Erzählung auf Mönchsleben zu trimmen, ganz auffällig tendenziös sind[22].

Abraamios, so sein Taufname, wurde um 925 in einer angesehenen Familie in Trapezunt geboren. Sehr bald wurde er Waise und daraufhin im Haus einer adligen Dame erzogen, die mit seiner Mutter entfernt verwandt war, wo er eine gute Ausbildung erhielt, die er in der Hauptstadt abschloß. Dort ragte er durch seine bestechende Persönlichkeit und Bildung heraus und machte sehr bald eine glänzende Karriere als Dozent, kam aber auch durch den hl. Michail Maleinos mit dem Mönchsleben in Berührung – die *Vita A* läßt ihn schon als Kind das Mönchstum anstreben. Maleinos war der energische Hegumen der Kommunität des Berges Kyminas, von adliger Geburt und durch Verwandtschaft und enge Freundschaft mit einigen der mächtigsten Familien des Reiches verbunden, wie zum Beispiel den Phokas. Abraamios ließ alles hinter sich, um Michail Maleinos nach Kyminas zu folgen. Er wurde von diesem als Mönch aufgenommen und erhielt bei seiner Profeß den Namen Athanasios. In kürzester Zeit wurde er für seine Askese und seine Heiligkeit berühmt, die auch von Michael in höchstem Maße geschätzt wurden. Um den Versuchungen des Berühmtseins zu entgehen, entschloß sich Athanasios, Kyminas zu verlassen und nach Athos zu gehen, das ihn schon Jahre vorher beeindruckt hatte, als er einen General, bei dem er in Konstantinopel zu Gast war, auf einen Militärzug dorthin begleitet hatte.

Der Athos, den Athanasios vorfand, war noch ganz einsiedlerisch, auch wenn schon verschiedene kleine lavriotische Gemeinschaften und einige kaum größere Klöster vorhanden waren: Die *Vita A* erwähnt, daß schon Generalversammlungen der athonitischen Mönche bei der Lavra von Karyai (heute Karyes) dreimal im Jahr (zu Weihnachten, zu Ostern, am 15. August) üblich waren; außerdem schreibt sie von der Anwesenheit eines *Protos*, eines Obervorstehers der Kommunität der Halbinsel.

Nach verschiedenen Wechselfällen – Prüfungen in Demut, eremitischer Askese und Standhaftigkeit, die seine Fortschritte in dem Fach »Heiligkeit« zeigen – beschloß Athanasios schließlich, eine große Lavra zu bauen, um die zahlreichen Schüler, die sich um ihn gesammelt haben, unterzubringen. Die 963 begonnenen Arbeiten wurden durch Protektion und finanzielle Hilfen von seiten des Kaisers begünstigt. Nikephoros II. Phokas (963-969), der neue Kaiser, war seit langem ein Freund und Bewunderer des Athanasios, den er durch seinen Vetter Michail Maleinos kennengelernt hatte. Schon seit der Zeit, als er als General des Reiches siegreiche Feldzüge geführt hatte, hegte der Monarch den Wunsch, ein Mönchsleben führen zu können, und hatte sich in gewissem Sinne Athanasios verpflichtet. Dieser Verpflichtung konnte er wegen Anforderungen politischer Art nicht nachkommen. Seine Hochzeit mit der Witwe Romanos' II., der Kaiserin Theophanu, hatte ihn auf den Thron geführt. Athanasios war über die »Untreue« des Nikephoros sehr enttäuscht, auch wenn er sich nach Momenten großer Reibungen wieder mit ihm versöhnte. Der Kaiser versuchte ihn auch durch Geldmittel, die er seinem geistlichen Lehrer für den Bau der Großen Lavra zur Verfügung stellte, zu entschädigen.

Athanasios organisierte die Gemeinschaft, die sich um ihn versammelt hatte; diese Organisation erwies sich als solide und effizient. Sein Vorbild war das Studion-Kloster in Konstantinopel, das schon mehrere hundert Jahre existierte und das der hl. Theodoros (759-826) in einem bedeutenden Werk endgültig strukturiert hatte. Kennzeichnend für das studitische Mönchstum ist der Hegumen, geistliches Oberhaupt und Leiter der Kommunität; ebenso wesentlich ist auch das Gleichgewicht zwischen persönlicher Askese und Kommunitätsleben, das durch gemeinsame liturgische Gebete betont wurde: eine gelungene Verbindung, die an die westliche Benediktinerregel erinnert.

Aber gerade die Größe dieser Kommunität mit ihren vielfältigen Tätigkeiten im Dienst eines geordneten Klosterlebens, das streng von der starken Persönlichkeit eines Hegumenen geführt wird, war eine Innovation, die für den traditionell asketischen Athoniten schwer zu verstehen war. Was das spirituelle

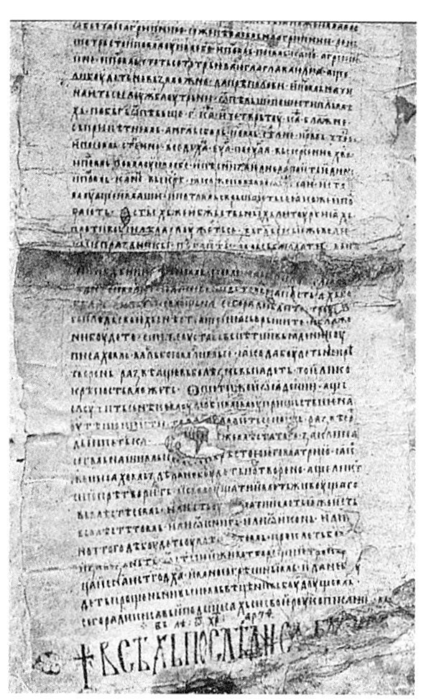

5. Älteste serbische Urkunde im Kloster Chilandari: das Typikon von 1199

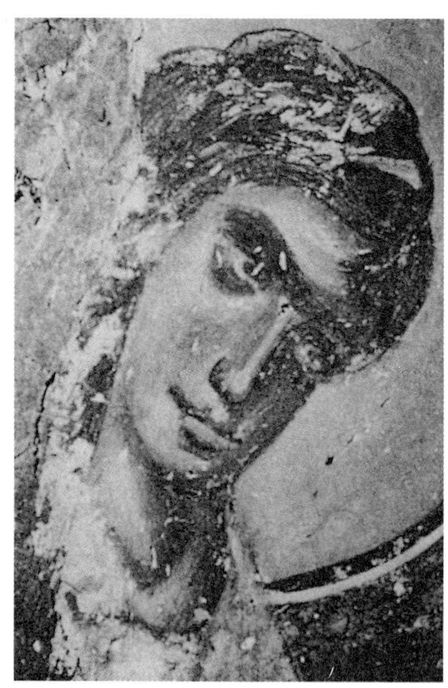

6. Engelskopf, Fresko in Chilandari (1260).

Leben der einzelnen Asketen betraf, war die Asketik vorher sicher »erfinderischer«, aber auch viel schwieriger in die Form eines geregelten Kommunitätslebens zu bringen. Es kamen also Spannungen und Unverständnis auf. Selbst eine Person von so anerkannter, persönlicher Heiligkeit wie der hl. Paulos von Xeropotamou bezog gegen die Linie des Athanasios Position. Paulos war auf der ganzen Halbinsel geachtet; das Kloster, dessen Ursprünge die Legende auf die Kaiserin Pulcheria (5. Jahrhundert) zurückgehen läßt, war damals viel kleiner[23]. Bei Paulos vereinigten sich die Fäden der Opposition gegen die »Neuerungen« des Athanasios. Man darf den zugrundeliegenden Konservatismus nicht vergessen, der typisch für die byzantinische Kultur war, und sich auf verschiedenen Ebenen, vor allem im Religiösen, zeigte – und für einen Konservativen ist schon der Begriff »Neuerung« nie frei von negativer Konnotation. Im Kontext dieser Streitigkeiten zwischen dem Alten und dem Neuen ist es sehr wahrscheinlich, daß Nikolaus' *Vita des hl. Petros von Athos*, von der oben gesprochen wurde, als Verdeutlichung eines Standpunktes zu verstehen ist. Die Werte, die dieser Text herausarbeitet, liegen im Einsiedlerleben und in der individuellen Askese. Sie werden implizit aber entschieden der »neuen« Spiritualität entgegengesetzt, die sich um das Gemeinschaftsleben, den Gehorsam, das gemeinsame liturgische Gebet und die Arbeit dreht.

Die politischen Verbindungen erhöhten die Spannung. Ende 969 wurde Nikephoros Phokas durch eine Verschwörung im Palast ermordet, die von Theophanò angezettelt worden war. Ihr Liebhaber, der Armenier Johannes Tzimiskes war Mitwisser, er bestieg den Thron und entledigte sich sehr bald der unbequemen Komplizin, indem er sie ins Exil schickte. Die politische Richtung hatte sich geändert; davon profitierte die Opposition, die sich gegen Athanasios zusammengetan hatte und wandte sich an den neuen Kaiser. Johannes Tzimiskes schickte 971 den Studiten Euthymios als kaiserlichen Besucher. Dieser würdigte – auch wegen der Ähnlichkeit des Stils des Athanasios mit der Tradition, der Euthymios selbst angehörte – das grundlegend Positive des neuen Mönchstums, das in der Lavra des Athanasios eingeführt worden war. Gleichzeitig erkannte er die verehrungswürdige hesychastisch-eremitische Tradition an. Der Gegensatz Einsiedler- und Gemeinschaftsleben war übrigens schon für die Anfänge des christlichen Mönchstums charakteristisch. Im Ägypten des 4. Jahrhunderts kennt man sowohl große Einzelgänger (um die sich aber auch, wie bei Antonios, Jünger sammeln konnten) als auch streng koinobitische Organisationen, wie die des Pachomios. Auch der lateinische Westen kannte und kennt Formen des Mönchslebens, die beide Werte vereinigen. So ist es der Fall bei Camaldoli – Eremitei und Koinobium – oder bei den Kartäuserklöstern, deren Anlage an die östliche Lavra erinnert. Im Grunde waren das Eremitentum und das Koinobitentum oft zwei Stadien, die im Leben vieler Mönche und Gründer aufeinanderfolgten. Athanasios zum Beispiel war lange Eremit, bevor er die große Lavra organisierte. Der hl. Benedikt machte dieselbe Erfahrung; seine Regel sieht trotz des strengen Koinobitentums noch die Möglichkeit des Einsiedlertums vor, das man nach langer Schulung im Koinobium wählen kann (*Regula Benedicti* 1,3-5). Der berühmteste, aber sicher nicht einzige italo-griechische Eremit im byzantinischen Süditalien, der hl. Nilus von Rossano, beschloß zur Zeit des Athanasios sein Leben (1004) mit der Gründung des Klosters Grottaferrata vor den Toren Roms.

Auf Grund des gewogenen Berichts seines Gesandten sanktionierte Johannes Tzimiskes den athonitischen Koinobitismus 972 mit dem *Typikon*, einer Bestimmung, die die eigenhändige Unterschrift der höchsten kaiserlichen Autorität trägt und deswegen unanfechtbar war. Das auf Ziegenhaut (*Tragos*) geschriebene Originaldokument existiert noch heute; es wird als eines der wertvollsten geschichtlichen Dokumente des Berges angesehen und im Protaton in Karyes aufbewahrt. Es handelt sich dabei um das erste von mehreren, verschiedenen *Typika*, die von politischen und religiösen Autoritäten im Laufe der Jahrhunderte zum Athos geschickt wurden, um das Gemeinschaftsleben dort zu regeln. Ihm folgten drei weitere kaiserliche *Typika*; eines davon wurde von Konstantinos IX. Monomachos 1045 erlassen, zwei von Manuel II. Paläologos, nämlich 1394 das »Typikon des Antonios« (so genannt nach dem damaligen Patriarchen) und 1406. Zwei patriarchalische *Typika*, von Jeremias II. (1574/5) und von Gabriel (1783, bestätigt 1793), beschließen diese Art von Dokumenten.

Die offizielle Anerkennung der koinobitischen Form des Mönchslebens auf Athos, das Athanasios eingeführt hatte, hatte in jeglicher Hinsicht eine signifikante Wende in der Geschichte des Berges zur Folge.

Aus geistlicher Sicht gesehen, folgte auf die Zeit, in der das Einsiedlerleben und dessen Werte vorherrschten, eine Zeit, in der sich das klösterliche Leben und seine Art der Spiritualität stark machten, um in den folgenden Jahrhunderten die Hauptform zu sein. Das Eremitendasein hörte nicht auf, es existierte nach wie vor; aber es war sicher nicht die häufigste Form des Mönchstums auf Athos, auch wenn es nach wie vor als Ideal betrachtet wurde. Die Zeit des Athanasios ist der Anfang einer Blütezeit, in der koinobitische Klöster erbaut oder erweitert werden. Charakteristisch dafür ist die Gründung von Iviron, eines der wichtigsten Klöster der Halbinsel. Zur Lavra des Athanasios waren bedeutende Persönlichkeiten verschiedenster Herkunft gekommen. Unter ihnen waren georgianische Adelige, von denen einige eine wichtige Rolle im politischen und militärischen Leben des Reiches innehatten: General Johannes Tornikios, Johannes Waraswatze, dessen Sohn Euthymios und sein Neffe Georg. In der Schule des Athanasios machten sie alle große Fortschritte in ihrer Spiritualität, woraufhin Athanasios ihnen erlaubte, ein eigenes Kloster zu gründen[24]. Sie errichteten es in der Nähe des Gebiets der Großen Lavra, wo vorher das Kloster »des Klemens« war, das schon zu der Zeit, als der hl. Petros Athonites starb, existierte, Ende des 10. Jahrhunderts aber in Ruinen lag. So entstand das Kloster »der Georgianer« (auf griechisch *ton Iviron*); bis zum 14. Jahrhundert war es für alle, die aus Georgien (unabhängiges Königreich bis zum 18. Jahrhundert) kamen, das »Nationalkloster« auf Athos mit Georgianisch als Sprache der Liturgie und der Kommunität. Obwohl man aus Mangel an neuen georgianischen Mönchen gezwungen war, es zu einem griechischen Kloster zu machen, waren bis in unser Jahrhundert immer auch Georgianer dort. Durch die Heiligkeit seiner Gründer und wegen der intensiven Kulturarbeit, die vor allem der hl. Euthymios (gest. 1028) betrieb, wurde Iviron bald zu einem der größten Zentren auf Athos und zu einer der Hauptwerkstätten für georgianische Kirchenlektüre im Mittelalter[25].

Wie Iviron entstanden und vergrößerten sich viele der heute noch wichtigen Klöster zwischen dem 11. und dem 12. Jahrhundert; eine letzte Blüte war im 13. und 14. Jahrhundert. Die Rangordnung der verschiedenen Klöster, die auch heute noch in Kraft ist, wurde in den ersten Jahrhunderten der mit Dokumenten belegten Athosgeschichte eingerichtet und festgelegt. Mit der Zeit entstanden viele kleinere Ansiedlungen, die von den größeren Klöstern abhängig waren. In diesen *Skiten* (seit dem 16. Jahrhundert) wohnten manchmal nur zwei oder drei Mönche; es handelte sich um eine Mischung aus dem weiterhin bestehenden Eremitentum und dem Klosterleben im weitesten Sinne. Bald war der Berg in der ganzen christlichen Welt bekannt. Nicht nur aus dem Byzantinischen Reich, auch aus verschiedenen orthodoxen Gebieten Europas und sogar aus dem Mittleren Orient kam man hierher auf der Suche nach Gott. Auch Männer der westlichen Kirche spürten sehr schnell die Anziehungskraft des Athos. Noch zur Zeit des Athanasios, in der zweiten Hälfte des 10. Jahrhunderts, gründeten sie, mit Unterstützung und Hilfe des Johannes und des Euthymios von Iviron, das Kloster der Amalfitaner. An der Straße, die von der Lavra nach Karakalou führt, nahe am Meer in der Ortschaft Morphonou, sind noch heute die Ruinen zu sehen, aus denen der mächtige Turm besonders hervorsticht.

Die politischen und militärischen Ereignisse um das Mittelmeer bezogen vom 13. bis zum 15. Jahrhundert auch die Halbinsel mit ein, die den wechselnden Herrschaften unterworfen wurde. Bis 1204 war Athos Bestandteil des Byzantinischen Reichs, dem Athos politisch unterstand. Die *Basileis* zeigten beständiges Interesse und kümmerten sich um den Heiligen Berg. Schon vor der Zeit des Athanasios sind wichtige Urkunden verschiedener Kaiser bekannt, die die Halbinsel betreffen; so die Goldbullen des Basileios I. (875), des Leon VI. (900) und des Romanos I. Lakapenos (942). Mit dem – menschlich und christlich gesehen verheerenden – vierten »Kreuzzug« wurde das Byzantinische Reich für eine gewisse Zeit von der geopolitischen Karte des 13. Jahrhunderts ausradiert. Zu den religiösen Unterschieden zwischen West und Ost (das Schisma 1504 erzeugte wachsende Uneinigkeit) kam bei den Byzantinern noch die Unterdrückung durch Menschen hinzu, die doch auch Christen waren; die Erinnerung daran konnte nie ganz ausgelöscht werden. Athos unterstand zuerst dem Lateinischen Reich von Thessaloniki, dann dem Bischof von Epiros und somit dem Reich von Nizäa (1246-1261). Als es wieder Teil des neugegründeten Byzantinischen Reiches wurde, hatte dieses wesentlich an geographischer Ausdehnung verloren und war deutlich geschwächt. Es war die Machtlosigkeit Konstantinopels, die es Stephan Duschan (1331-1355) erlaubte, die Herrschaft des Königreichs Serbien, wenn auch nur für kurze Zeit, auch über die athonitische Halbinsel auszudehnen. Noch bevor Athos in das geschwächte Reich zurückkehrte, war es von 1387 bis 1403 von den Türken belagert und fiel 1430 endgültig an die türkische Herrschaft, noch bevor das byzantinische Reich 1453 durch Mohammed II. ausgelöscht wurde, was einen zweihundertfünfzig Jahre dauernden Todeskampf auslöste.

Insofern sie sich überhaupt ausmachen lassen, sind die einzelnen Etappen der geistlichen Geschichte nicht, oder zumindest nicht notwendigerweise, eine Folge der politischen, militärischen und sozialen Geschichte im allgemeinen. In der Natur des Mönchstums liegt die Entscheidung zu einem Leben, das sich von dem gewöhnlichen zutiefst unterscheidet. Typisch für diesen Entschluß ist die grundlegende, sehr starke Neigung zum Jenseitigen. Die letzten Jahrhunderte von Byzanz waren von unaufhaltsamem Niedergang geprägt. Trotzdem brachten gerade das 13. und 14. Jahrhundert im Byzantinischen Reich im allgemeinen, und auf Athos im besonderen, die Epoche mystischen und geistlichen Lebens hervor, in der die jahrhundertelang angestrebte Spiritualität zu ihrer vollen Reife gelangte und zum Grundstein für eine bis heute andauernde Entwicklung der Spiritualität des byzantinischen Ostchristentums wurde. Es ist die Rede vom Hesychasmus – oder, wie ihn einige Historiker aus Gründen, zu denen ich gleich noch kommen werde, nennen wollen, um den Neo-Hesychasmus. Auch die westliche Christenheit wendet sich ihm heute in steigendem Maße zu; das Klima zwischen den beiden christlichen Kirchen ist entspannt, der Wille zum Dialog und zum gegenseitigen Verständnis herrscht vor, und das ist eines der positiven Merkmale unserer Zeit. Noch bis in die 60er Jahre unseres Jahrhunderts beschränkte sich die Kenntnis des Hesychasmus auf eine kleine Gruppe spezialisierter Wissenschaftler. Seit ungefähr vierzig Jahren interessieren sich immer mehr Christen für den Hesychasmus, nicht nur für das Historische an ihm, sondern auch und vor allem für das Spirituelle. Sie finden in ihm eine unverfälschte, ursprüngliche Schule, die inneres Wachstum bietet und gleichzeitig der in Wandlung begriffenen religiösen Empfindsamkeit entspricht, deren Notwendigkeit immer stärker zu spüren ist.

Seit Beginn des Mönchstums bezeichnet die Sprache der Geistlichen mit den Termini *hesychia* (griechisch) und *quies* (lateinisch) einen Zustand innerer und äußerer Sammlung und Ruhe, der durch Askese und durch aufmerksames und inbrünstiges Beten vorbereitet wird. Nur in diesem Zustand ist die Seele bereit für den Besuch Gottes, den der Mönch zwar so sehr erbittet und erhofft, der aber gleichzeitig immer gänzlich unverdient und überraschend zu kommen scheint. Gott erscheint in einem unerforschlichen »Licht«, auch wenn es in einer sogenannten »spirituellen Wahrnehmung« (*aisthesis noera*) als ganz real empfunden wird. In den Wüsten und Klöstern von Ägypten, Syrien und dem antiken christlichen Osten entwickelte sich neben dem liturgischen Gebet eine Gebetspraktik, die relativ viel Zeit im Tagesablauf eines Mönchs beansprucht: man konzentriert sich auf kurze Gottesanrufungen, die fast immer aus den Psalmen stammen oder auf ähnlich prägnante Weise formuliert sind. Es geht dabei zwar in erster Linie um eine geistige Konzentration, aber immer ist der ganze Mensch miteinbezogen, auch seine Körperlichkeit. Der Rhythmus des Herzschlags und des Atems diktiert das Stoßgebet; so kann sich der Betende leichter jeglicher Zerstreuung entledigen, die den Geist (*nous*) daran hindert, sich in einem formlosen »Gedanken« des Undenkbaren nur auf Gott zu richten. Die spirituellen Meister geben in verschiedenen und sich ergänzenden Formen seit Jahrhunderten diese Praktik und Lehre weiter, von Euagrios Pontikos (4. Jh.) zu Diadochus (5. Jh.), von Makarios/Simeon aus Mesopotamien (5. Jh.) zu den palästinensischen Gazamönchen Johannes, Barsanuphios und Dorotheos (6. Jh.), zu Johannes Scholastikus, Hegumen von Sinai (genannt »Klimakos« nach dem Titel seines Werkes: die Paradiesleiter – griech. *klimax* = Leiter), zu Maximus Confessor und Isaak von Ninive (7. Jh.). Durch die umfangreichen und ausführlichen Schriften des hl. Johannes Cassianus (5. Jh.), Mönch der Ostkirche, der nach seiner Übersiedlung in den Westen auf lateinisch schrieb, lernte auch das westliche Mönchstum das hesychastische Stoßgebet kennen. Diese Lehre des Cassianus wird von Benedikt ein Jahrhundert später lebhaft angeraten; in den Schlußzeilen seiner Regel spielt er auf die Titel der cassianischen Werke an (73,5). Am meisten Anklang von allen Stoßgebeten fand eines der ältesten, das schon im 4. bis 5. Jahrhundert bestätigt ist, das sogenannte »Gebet Jesu«: »Herr Jesus Christus, Sohn Gottes, erbarme dich meiner!« (oder »mir armen Sünder«, wie es im Slawischen üblich ist).

Seit dem 4. Jahrhundert stießen unzählige Generationen von Mönchen, Eremiten und Koinobiten dieses Gebet in ihrer Zelle und ihrem »Herzen« verborgen aus. Das mystische Erlebnis eines byzantinischen Geistlichen stand immer in Zusammenhang mit dieser Art Gebet, das – von *Hesychia* – hesychastisches Gebet genannt wird.

Der Hesychasmus ist daher seit jeher praktischer Teil der christlichen Spiritualität, der jedem Christen zur Verfügung steht, nicht nur denen, die »berufsmäßig« beten. Das gilt auch dann, wenn sich die Geistlichen nicht ausdrücklich auf seine Techniken und Formeln beziehen.

Das glänzendste Beispiel dafür ist Simeon, der neue Theologe (949-1022), Zeitgenosse des Athanasios Athonites und nur etwas jünger als dieser. Er war zweifellos der originellste und unverwechselbarste byzantinische Mystiker. Als einziger hatte er das Bedürfnis, sein mystisches Erlebnis auch in Versen (*Verlangen nach göttlichen Hymnen*) mitzuteilen. In seinen Schriften bezieht sich Simeon bei dem kontemplativen Gebet nie auf eine Methode psychophysischer Konzentration. Trotzdem wurde sein angesehener Name unter ein fast dreihundert Jahre später erschienenes Werk (von Nikephoros Athonites?) über die *Methode des heiligen Gebets und der Inbrunst* gesetzt, einer der wichtigsten Texte zur Wiedergeburt des Hesychasmus im 13. und 14. Jahrhundert.

Von Athos ausgehend war diese Epoche in der ganzen byzantinischen Welt eine ausgeprägte Blütezeit der Mystik im Zeichen einer tiefgreifenden Erneuerung der hesychastischen Tradition: dieser eigentliche »Neo-Hesychasmus«, aber einfacher »Hesychasmus« genannt, leitet eine Epoche ein, die bis heute andauert.

Die zweite Hälfte des dreizehnten Jahrhunderts war für den byzantinischen Staat eine schwierige Zeit. Kaum war er, nach der langen Zeit verschiedener lateinischer Herrschaften, die mit dem vierten Kreuzzug einsetzten, wiedereingesetzt, versuchten die Kaiser, ihre wiedererlangte Macht zu stärken und aus dem Westen Unterstützung gegen den bevorstehenden Türkeneinfall zu bekommen. Zu diesem Zweck verfolgten sie in verschiedenen Bereichen eine Politik der Annäherung, einschließlich des Versuchs, die Einheit der Kirchen wiederherzustellen. So kam man zur Union von Lyon (1274), die von Michael VIII. Paläologos und vom Patriarchen Johannes Bekkos unterstützt wurde. Die Union wurde aber vom Volk nicht getragen und die Opposition war so stark, daß sie sie zunichte machte. Athos war eines der Zentren des Widerstands gegen die »lateinfreundliche« Politik des Kaisers und bezahlte dafür mit Unterwerfung, Gewalt und Toten. Viele der Mönche wurden getötet oder, wie im Fall von Nikephoros Athonites, vertrieben. Auch in Kleinasien setzte sich der Widerstand durch, angetrieben von Theoleptos, dem späteren Metropoliten von Philadelphia. Es ist bezeichnend, daß zwei der größten Lehrer des ausgehenden Jahrhunderts, Nikephoros und Theoleptos, sich aktiv an der Verteidigung der Orthodoxie beteiligten. Die Union hielten sie für nicht wirklich gewollt, sondern lediglich aus politischer Berechnung beschlossen. Das schließt natürlich den guten Willen von Personen wie Johannes Bekkos nicht aus, der der Union treu blieb und es am eigenen Leib zu spüren bekam, als der politische Wind seine Richtung änderte.

Wie Athos im Kampf gegen die unionistische Richtung Michaels VIII. in vorderster Linie stand, so kam vom Berg auch die Erneuerung des Hesychasmus. Ihr Initiator war Gregorios Sinaites (Ende 13. Jahrhundert – 1346), Mönch auf Zypern und in Sinai – daher der Beiname –, in Palästina und auf Kreta. Gregorios war ein überzeugter Verfechter des hesychastischen Gebets und repräsentierte den mystischen Asketismus, dessen großer Meister, Jahrhunderte zuvor, Johannes Klimakos war.

Als er auf Athos ankam, stellte er fest, daß man spirituelle Übungen dort vernachlässigte: nur wenige Mönche kannten und praktizierten »das Gebet« – so zumindest berichtet der Biograf, Patriarch Kallistos (1350-1353; 1355-1363). Gregorios war daher eifrig darum bemüht, auf Athos die Tradition der Kontemplation wiederzubeleben, aus der er kam; er ließ sich in dem Gebiet nieder, wo später sein gleichnamiger Schüler das Kloster Grigoriou gründete.

Innerhalb weniger Jahre blühte der Hesychasmus auf der Halbinsel wieder auf und verbreitete sich in den Klöstern und Einsiedeleien. Wegen einer Reihe mehr oder weniger zufälliger Umstände wurde aus einer Gebetserfahrung, die *per definitionem* im Verborgenen und in der Stille stattfindet, eine bittere und laute Polemik, auch wenn sie sich letzten Endes klärend und positiv auswirkte.

Solange die spirituelle Erfahrung, die auch regelrechter Mystizismus sein kann, im Inneren dessen verschlossen bleibt, der sie erlebt, bleibt sie naturgemäß unaussprechlich. Das Problem beginnt, wenn sie, aus welchem Grund auch immer, überdacht und beschrieben werden muß – auch von dem, der sie erlebt. Die Erfahrung der Mystiker ist dem, der sie nicht persönlich kennt, nur durch expressive Formen – rhetorische und begriffliche – zugänglich, mit denen der Mystiker versuchen kann, das Erlebte zu beschreiben. Wenn die Beschreibung so treffend wie möglich erfolgen soll, ist es zwar sicher nicht unerheblich, ob sie von einer allgemein und theologisch ungebildeten Person oder einem erfahrenen Theologen gemacht wird; dadurch aber, daß in der Natur der mystischen Erfahrung die Unmöglichkeit einer erschöpfenden Beschreibung liegt, werden diese beiden Extreme viel mehr vereint, als sie durch technische Fertigkeiten getrennt werden, über die der eine verfügt und der andere nicht.

Es hätte nie einen Streit gegeben, wenn das mystische Erlebnis der athonitischen Hesychasten in ihren Herzen verschlossen geblieben wäre, oder innerhalb der Mönchsgemeinschaften, wo man durchaus darüber sprach. Der Streit entflammte, weil die sich verbreitenden Beschreibungen von einfachen und theologisch ungebildeten Männern ausgingen und daher jeder theoretischen Grundlage entbehrten. Anfang der dreißiger Jahre des 14. Jahrhunderts befand sich der Philosoph und Mönch Barlaam auf der Durchreise in Thessaloniki, der Stadt, die Athos am nächsten und sehr bedeutend für die byzantinische Kultur war. Er stammte aus Kalabrien und war geschickt worden, um zu erkunden, ob politisch-religiöse Verhandlungen zwischen dem lateinischen Osten und dem Byzantinischen Reich möglich wären. In Thessaloniki lernte Barlaam durch einige unbedachte, begeisterte Bewunderer des athonitischen Hesychasmus die psychophysische Methode der hesychastischen Meditation kennen. Die Methode war natürlich nur ein Mittel und keinesfalls das Wesentliche; aber die Ungebildetheit und Naivität seiner Informanten führte dazu, daß Barlaam sie für eine Art Automatismus hielt, der den Anspruch erhob, von selbst zum mystischen Erlebnis zu führen. Barlaam wurde gesagt, daß die Hesychasten, wenn sie sich in zusammengekauerter Stellung konzentrierten, das Herz als physisches Organ mit dem in der Bibel gemeinten Herz verwechselnd, sehr schnell zur »Vision« (mit physischen Augen?) des göttlichen Lichts gelangten, des Lichts, das auf dem Berg Tabor vom verklärten Körper des Herrn ausging und die drei Jünger blendete. Barlaam nahm diese Auskünfte für bare Münze – und in bester Absicht verstanden es wahrscheinlich auch seine Informanten wörtlich. Barlaam hielt diese Erscheinung für eine gefährliche (Selbst)täuschung, brandmarkte die Hesychasten mit dem Beinamen *omphalopsychoi* (die den Sitz der Seele im Nabel glauben) und setzte sie mit den alten messalianischen Häretikern (4.-5. Jh.) gleich, denen ähnliche Lehren und Praktiken nachgesagt wurden.

Der Widerhall der Streitigkeiten von Thessaloniki erreichte bald Athos. Die Verteidigung und Klarstellung der hesychastischen Anschauung übernahm der hl. Gregorios Palamas (1296-1359). Mit zwanzig Jahren wurde er Mönch, zuerst in der Nähe von Vatopedi, dann bei der Lavra. 1325 mußte er vor den türkischen Überfällen nach Thessaloniki fliehen; nach einer Zeit eremitischen Lebens in Verria kehrte er nach Athos zurück und ließ sich in der Klause des hl. Saba, in der Nähe der Lavra, nieder. Dort begann er seine schriftstellerischen Tätigkeiten, überarbeitete die *Vita des hl. Petros von Athos* aus dem 10. Jahrhundert und schrieb Traktate über die Heilig-Geist-Prozession, die Gegenstand jahrelanger Streitigkeiten zwischen Ost- und Westkirche war und bei jedem Einigungsversuch wieder aufgegriffen wurde. Bald wurde der Eremit dazu berufen, das Amt des Hegumen von Esphigmenou zu übernehmen. Zwischen 1338 und 1341 verfaßte er sein Hauptwerk, die drei *Triaden zur Verteidigung der Heiligen Hesychasten.*

Palamas mußte einen ganzen Komplex von Problemstellungen klären, angefangen bei den anthropologischen Grundlagen der mystischen Erfahrung bis hin zur umfassenden Reflexion über die Gottheit, die sich in der mystischen Erfahrung dem Menschen offenbart. Einerseits ist sich Palamas der Authentizität des mystischen Erlebens der Hesychasten sicher, auch aufgrund seiner eigenen Erlebnisse; andererseits läßt er – als überlegter Theologe, als der er sich erweisen wird – all die naiven Bemerkungen über das Psychophysische, das so eifrig wie unbedacht verbreitet wurde, beiseite. Ohne oberflächlich wie die *omphalopsychoi* zu werden, mußte er eine Lehre vom Menschen entwickeln – natürlich in Übereinstimmung mit der Bibel und den christlichen Grundsätzen –, die den Menschen nicht auf den abstrakten »Geist« reduzierte, sondern seine Körperlichkeit und Leiblichkeit nicht nur positiv miteinbezog, sondern sogar vergöttlichte, indem er sich auf die Inkarnation stützte, und damit mit keiner Philosophie vergleichbar war.

Das so subtile, im byzantinischen Sinne des Wortes »theologische« (Gott betreffende) Problem war folgendes: Wie kann sich Gott real dem Geschöpf offenbaren und es so vergöttlichen, wo doch seine Göttlichkeit absolut transzendent ist?

Die Gegner des Hesychasmus kamen aus verschiedenen philosophischen Schulen: einige hatten, wie Barlaam, eine vor allem aristotelische Bildung; andere tendierten eher zu den platonischen und neoplatonischen Theorien, wie Nikephoros Gregoras, der sich später an der Spitze der antipalamitischen Opposition fand. Einem Erlebnis, das sich jedem Verstehen entzieht, konnte man mit keinem dieser philosophischen Mittel gerecht werden, nicht auf anthropologischer, und noch weniger auf streng theologischer Ebene.

Die Situation an sich war nicht neu: die großen christlichen Lehrmeister mußten sich jahrhundertelang mit der Aufgabe auseinandersetzen, den Glauben in *Termini* auszudrücken, die aus philosophischem Denken kamen. Sie empfanden diese *Termini* immer als äußerst unangemessen und gebrauchten sie sehr frei, immer auf der Suche nach einem theologischen Denken, das einem wissenschaftlichen Niveau in der theoretischen Argumentation gerecht werden konnte und das gleichzeitig der nicht zu unterschätzenden Neuheit »Christus« treu blieb.

Der Erfolg war unterschiedlich, je nach Epoche, Persönlichkeit und den Anlässen, die nach und nach von einer Theologie geboten wurden, die durch Beiträge einzelner Gelehrter und der großen Konzilien immer mehr gereift war.

Origenes (3. Jh.) hatte eine Theologie ausgearbeitet, die sich späteren, weniger geschichtsbewußten Betrachtungen in gewissen Aspekten als fragwürdig erwies. Lehrmeister wie Gregor von Nazianz und Gregor von Nyssa (4. Jh.) oder Maximus Confessor (7. Jh.) dagegen waren wegweisend und erhellend für die ganze nachfolgende byzantinische Theologie.

Palamas nahm wichtige Anregungen der Kirchenväter auf, vertiefte sie, und konnte so eine tragfähige theologische Grundlage für das von den Hesychasten Erlebte liefern. Für seine Gegner war das »Licht«, das die Mystiker erlebten, wie auch jenes, das die Apostel auf dem Berg Tabor gesehen hatten, eine Form der *erschaffenen* Gnade (weil es einen zeitlichen Anfang und Ende besitzt) und deshalb nicht »Gott«. Palamas ist sich der Metaphorik jeder »Erleuchtung« bewußt und gibt seinen Ausführungen Gewicht, indem er Aussagen von Kirchenvätern zu Hilfe nimmt, vor allem von Basileios, Gregor von Nyssa, Dionysius Aeropagita und Maximus: Was Gott betrifft, muß unterschieden werden zwischen seiner *ousia*, dem Wesenskern, der dem Menschen absolut nicht mitteilbar ist, und seinen wirkenden Kräften, die zwar auch ewig und nicht erschaffen sind, die aber mitteilbar sind und das Geschöpf heilig machen können. Das Erlebnis des Mystikers, seine reale Begegnung mit Gott, ist eine Teilhabe an dessen wirkenden Kräften, die zwar göttlich, aber mitteilbar sind. Er erfährt also für die Dauer seines Erlebnisses das, was von Gott aus gesehen, wenn man so sagen kann, ewig ist. In diesem Kontext besteht das hesychastische Gebet nicht aus einer Art Automatismus, auf den sich die Gegner zu sehr versteiften, sondern es ist die – bescheidene und sorgfältig im »Herzen« verschlossene – Vorbereitung des Menschen auf die mystische Offenbarung Gottes, die immer und ausschließlich Geschenk und nicht »Errungenschaft« ist.

Das Hin und Her in dieser Streitfrage dauerte lange und sah sich oft in die politischen Verhältnisse jener Zeit verwickelt, in der ein Bürgerkrieg (1341-1347) entbrannte und in der auch die Kirche einer wechselhaften Geschichte unterworfen war. Es wurden sogar einige Patriarchen von den weltlichen Herrschern abgesetzt.

1340 schrieb Palamas den *Tomo agioritico*, eine Zusammenfassung der hesychastischen Lehre, die von allen Autoritäten des Berges unterzeichnet wurde; 1341 wurde Barlaam in Konstantinopel von zwei Konzilien (Juni und August) verdammt; während des Bürgerkrieges wurde Palamas exkommuniziert und eingesperrt. Mit der Thronbesteigung Johannes VI. Kantakuzenos (1347), Freund und Förderer von Palamas, änderte sich die Lage noch einmal. Ein letztes Konzil, auch dieses von Konstantinopel (1351), verdammte die Hauptgegner, Nikephoros Gregoras und Gregorios Akindynos, und sanktionierte endgültig die Lehre des Palamas, der inzwischen Erzbischof von Thessaloniki war. Kurz nach seinem Tod (1359) wurde Palamas von dem Patriarchen Philotheo Kokkinos, seinem Freund und Förderer der ersten Stunde, heiliggesprochen (1368). Er legte den Gedenktag an ihn auf den zweiten Sonntag in der Fastenzeit. Am ersten Sonntag der Fastenzeit gedachte man schon seit Jahrzehnten der Wiedereinführung der Ikonenverehrung nach der langen und stürmischen ikonoklastischen Zeit. Symbolisch bedeutsam ist, daß des hl. Gregors Palamas am darauffolgenden Sonntag gedacht wird: die Ikonenverehrung und das hesychastische Gebet sind – mit ihrem theologischen Hintergrund – Kennzeichen der byzantinisch-orthodoxen Kirche, mit denen sie sich von anderen Kirchen unterscheiden.

Die Freude, die Athanasios verwehrt wurde, nämlich seinen kaiserlichen Freund Nikephoros Phokas als Mönch auf Athos aufnehmen zu können, wurde Gregor gewährt: Johannes Kantakuzenos, sein großer Bewunderer und Verteidiger, verließ 1354 den Thron und widmete sich der Mönchsberufung, auch wenn er nicht nach Athos kam, sondern in Konstantinopel blieb; er nahm den Namen Joasaph an und förderte bis zu seinem Tod 1383 mit seinem Werk und seinen Schriften die palamitische Theologie.

Die hesychastische Spiritualität, die das Wesen einer ganzen Tradition ausdrückte, blieb nicht auf das Mönchstum beschränkt, auch wenn sie in ihm immer ihren Hauptsitz hatte, sondern wurde auf allen Ebenen in die byzantinische Religion einbezogen, ohne daß der Einzelne eine tiefergreifende Kenntnis darüber haben mußte. Das innere Leben, das der Hesychasmus aufzeigt, hat nichts ausschließlich Mönchisches an sich oder etwas, das nicht jeder Christ teilen könnte, ob er nun »in der Welt« lebt oder nicht. Nicht anders war das schon im 10. und 11. Jahrhundert, als der hl. Simeon der neue Theologe dieses Leben verkündete. Mit anderen Worten: Das innere Mönchstum ist nicht »eine« Form der christlichen Spiritualität, sondern ihr Wesenskern. Jeder Christ – welche Art von äußerem Leben er auch immer führen mag – wird, wenn er sich ernsthaft um die Nachfolge Christi bemüht, daher ein mönchisches Wesen in sich finden, ein mit Gott eins gewordenes Geschöpf, das durch die verwandelnde und befreiende göttliche Gnade geschaffen wird.

Auf dieser Grundlage konnte der zeitgenössische Freund und Nachfolger von Gregorios Palamas, der hl. Nikolaus Kabasilas, das *Leben in Christus* schreiben, eine der schönsten Meditationen über das christliche Dasein, das durch die Sakramente verwirklicht wird, »wirkende Kräfte«, die dem Menschen als Ganzen – Körper, Geist und Seele – die Gnade des göttlichen Lebens zuteil werden lassen. Für das innere Mönchstum interessieren sich zur Zeit viele Christen, die Gott wirklich suchen: und das hat, auf fast prophetische Weise, der Starez Zosima schon vor mehr als einem Jahrhundert dem jungen Alesa Karamazov beigebracht.

Mit der türkischen Besatzung, die fast 500 Jahre (1430-1912) dauerte, änderten sich die Verhältnisse auf Athos entscheidend, was sich sowohl auf die Lebensumstände als auch auf die Spiritualität auswirkte. Gerade in dieser langen Zeit aber wurde der Berg für das griechische Volk ein idealer Ort, auf dem es natürlich seine religiöse, aber auch auf seine ethnische und kulturelle Identität finden konnte. In jener Zeit und selbst später, als es immer mehr verfiel, war Athos, auf Wunsch Gregors XIII., neben Konstantinopel, Venedig und dem *Collegio Greco* in Rom, einer der wenigen Orte, an denen man die griechische Kultur pflegte. Vom Berg her strahlte weiterhin tröstend der orthodoxe Glaube, dem man trotz aller Schwierigkeiten und des starken Drucks durch die Türken weiterhin anhing und der unter großem Einsatz am Leben erhalten wurde.

Theoretisch waren die Christen für die islamischen Herrscher ein »Volk des Buches«, wie die Juden, und hatten daher ein Recht auf ihr religiöses Dasein, wenn auch *minoris iuris*. Die Praxis aber war ganz anders: Beständig gab es Mißhandlungen, Folter und Morde. Die griechische Kirche gedenkt in ihren liturgischen Büchern vieler »Neumärtyrer«, die in der Zeit der türkischen Herrschaft für ihre Treue im Glauben an Christus ihr Leben hingaben. Immer wieder wurden Patriarchen von Konstantinopel abgesetzt und hingerichtet. Der Patriarch war »Ethnarch« der griechisch-orthodoxen Nation, der sich persönlich für jeden wirklichen oder vermuteten Rebellionsversuch vor der türkischen Macht verantworten mußte. Der Steuerdruck war sehr stark, auch und vor allem für Athos.

Jahrhundertelang versuchten die Klöster zu überleben. Sie ersuchten um finanzielle Unterstützung in den Balkanländern, die orthodox geblieben und mehr oder weniger unabhängig waren, oder auch der türkischen Macht unterstanden, wie die rumänischen Fürstentümer. Sie wandten sich an Rußland, in dessen Expansionsplänen – auch aus aufrichtigen religiösen Gründen – die Protektion der athonitischen Halbinsel vorgesehen war. Das erregte allerdings jahrelangen Verdacht bei der türkischen Regierung, die ein gespanntes Verhältnis zum russischen Reich hatte. Ihrer Besitztümer beraubt, die über das ehemalig byzantinische Reich verstreut waren, kamen die Klöster in große finanzielle Schwierigkeiten. Mit den dürftigen Mitteln, die zum Beispiel das Almosensammeln und Zurschaustellen von Reliquien in den orthodoxen Ländern brachten oder die von Herrschern und einflußreichen Persönlichkeiten gespendet wurden, konnten die wachsende Armut und das Elend nicht wirklich aufgehalten werden. Selbst die Intelligenzia des athonitischen Mönchstums wurde oft auf anstrengende Reisen geschickt, um Geldmittel aufzutreiben. Maximus der Grieche verbrachte aus diesem Grund zwei Jahre (1514-1515) in der Walachei, weit weg von seinem Kloster Vatopedi. Zweihundert Jahre später war Kaisarios Dapontes fast ein Jahrzehnt (1757-1765) nicht in Xeropotamou, weil er aus den nämlichen Gründen in Griechenland und Moldau unterwegs war.

Der wirtschaftliche Abstieg hatte zweierlei Auswirkungen. Erstens wurde die Mönchsbevölkerung auf der Halbinsel zunehmend kleiner. Die Anzahl der Mönche ging in vielen Klöstern kontinuierlich zurück; einige Klöster waren damals sogar eine Zeitlang fast unbewohnt: Von 1821 bis 1830, in der Zeit des griechischen Unabhängigkeitskrieges, an dem die Mönche aus Liebe zu ihrem Vaterland teilnehmen wollten, waren St. Paulus und Simonopetra auch aus Sicherheitsgründen praktisch verlassen. Erst im 19. Jahrhundert konnte man vor allem aus Rußland wieder einen Zustrom nach Athos vermerken, der allerdings von den politischen Ereignissen, die ab 1917 zuerst in Rußland und dann in allen orthodoxen slawischen Ländern und im Balkan stattfanden, wieder abgeschnitten wurde. Die zweite Folge der wirtschaftlichen Katastrophe war, daß sich eine neue Form mönchischen Lebens durchsetzte und verbreitete: die Idiorhythmie. Ohne die Ideale des alten, verbreiteten Eremitentums wiederaufzunehmen, stand sie *de facto* im Widerspruch mit den Idealen des Koinobitentums, das seit der Zeit des Athanasios die vorherrschende Form mönchischen Lebens auf dem Berg war. Ihre Anfänge findet man schon Ende des 14. Jahrhunderts; mit Beginn der türkischen Herrschaft verbreitete sich die Idiorhythmie immer mehr, und für lange Zeit war sie sogar die Hauptform des Mönchstums auf Athos. Die Unterschiede sind deutlich: die Mönche leben in kleinen »Familien« mit wenigen Personen in einer eigenen Behausung. Sie behalten sowohl ihre Besitztümer in der »Welt«, deren Erträge sie bekommen, als auch den Verdienst aus ihrer eigenen Arbeit. Jeder Mönch lebt nach seinem »eigenen Rhythmus« (*idios rhythmos*), sowohl was Gebet und Arbeit, als auch was die Askese betrifft.

Den kleinen, so gestalteten Gemeinschaften, steht der Obere vor, der von allen Mitgliedern gewählt wird. Alle Oberen der kleinen Gemeinschaften, die innerhalb der ehemaligen Klöster existieren, bilden zusammen die *Synaxis*, die das Kloster regiert. Immer gibt es auch einen Hegumenen, der aber rein liturgische Funktion innehat. Außerdem gibt es einen offiziellen Vertreter (*Proistamenos*) für die Beziehungen nach außen. Selten sind die Treffen aller kleinen Gemeinschaften und beschränken sich im Grunde auf den liturgischen Bereich. Anfang des 16. Jahrhunderts wurden in der Nähe der Klöster zahlreiche Skiten gebaut, Gebäude, die eine »Familie« von idiorhythmischen Mönchen beherbergen. Mit der Zeit gewannen einige dieser Skiten immer mehr an Bedeutung und nahmen ansehnliche Ausmaße an. Diese Lebensform stand ganz offensichtlich in starkem Gegensatz zur koinobitischen Form, da unter solchen Umständen die persönliche Askese an Qualität verlieren kann und Armut und Gehorsam auf ein Minimum reduziert sind. Viele der großen Koinobien wurden in idiorhythmische Gemeinschaften umgewandelt.

Es kamen Stimmen auf, die diese Entwicklung sehr mißbilligten: Pachomios verfaßte um 1530 eine Schrift gegen die Idiorhythmie; der Eremit Dionysios richtete in der ersten Hälfte des 17. Jahrhunderts einen Brief an die Kommunität des Berges; Jeremias' II. wünscht sich in seinem Typikon (1574) die athonitischen Klöster wieder zurück – den wirklichen Koinobitismus; aber es blieben erfolglose Versuche. Erst Ende des 18. Jahrhunderts, teilweise in Verbindung mit der Wiederentdeckung der Spiritualität, wurden die Klöster, angefangen mit Xenophontos (1784), langsam wieder zu wirklichen Koinobien. Diese Entwicklung wird erst in unseren Tagen langsam abgeschlossen (Stavronikita, Philotheou, Xeropotamou,

Große Lavra, Dochiariou, Iviron), ein weiteres Zeichen einer neuen Blüte, die die Halbinsel zur Zeit erlebt.

Trotz dieser veränderten Situation bot Athos seinen Einwohnern nach wie vor Gelegenheit zu spirituellem Leben, das natürlich schwächer geworden war, das aber nie ganz aufgehört hatte. In dem Maße, wie das intellektuelle Leben dem spirituellen Leben entsprechen *kann*, natürlich in begrenztem Maße und nicht automatisch, zeichnet sich bis zur ersten Hälfte des 18. Jahrhunderts auch ein absinkendes Niveau im kulturellen Bereich ab: herausragende Persönlichkeiten gibt es auf Athos immer seltener.

Ein Mann wie Michael Trivolis (um 1470-1556) war die Ausnahme und wird es vielleicht auch bleiben. Er hatte in Italien studiert, war auch kurze Zeit neben Savonarola Dominikaner in Florenz gewesen. Mit einem reichen Schatz humanistischer Bildung kehrte er in den Osten zurück und wurde unter dem Namen Maximos Mönch in Vatopedi. Auf Wunsch des Großfürsten von Moskau, Wasilij III. (1515-1533), ging er nach Rußland und verbrachte dort ab 1518 den Rest seines Lebens. Inmitten der Unterschiede und Schwierigkeiten arbeitete er intensiv als Übersetzer und Schriftsteller. Maximos »dem Griechen« verdankt Rußland die vertiefte Kenntnis in der Tradition der orthodoxen Theologie und Spiritualität. In dem Streit um die Armut der Klöster, der zwischen den Anhängern des Nil Sorskij und des Iosif Volockij andauerte, vertrat er nicht zufällig ganz entschieden die strengere Position des Nil.

Auf seine Art ist auch Kaisarios Dapontes noch im 18. Jahrhundert eine Ausnahme mit seiner ergiebigen, vielfältigen schriftstellerischen Tätigkeit. Nach umfangreicher Erfahrung in der »Welt« gelang es ihm, sein spirituelles Leben mit verschiedenen kulturellen Interessen zu vereinigen, einschließlich desjenigen für die zeitgenössische Geschichte der Balkanstaaten.

Im 17. und 18. Jahrhundert wurde den Mönchen der Halbinsel die Notwendigkeit bewußt, die Inhalte ihrer Ausbildung auf einen neueren Stand zu bringen. Erste Versuche erfolgten 1635 und 1640. Dank der Atmosphäre konstruktiver Zusammenarbeit zwischen den beiden Kirchen in jener Zeit konnten die Katholiken in Karyes, dem Zentrum von Athos, unter der Leitung von Nicola Rossi eine Schule eröffnen, die eine allgemeine kulturelle und theologische Ausbildung zum Ziel hatte. Dieses Experiment sollte aber nicht gelingen. Erst im darauffolgenden Jahrhundert entstand in der Nähe des Klosters Vatopedi die Athonitische Akademie (*Athonias*), die nicht viel länger bestand als die katholische Schule, aber auf wesentlich mehr Widerstand stieß. Die Initiative dazu ging von der höchsten geistlichen Autorität der orthodoxen Kirche aus, dem Patriarchen Kyrillos V. (1748-1751; 1752-1757). Der erste Rektor, Neophytos Kafsokaliwit, war kein besonders herausragender Gelehrter. Sein Nach-

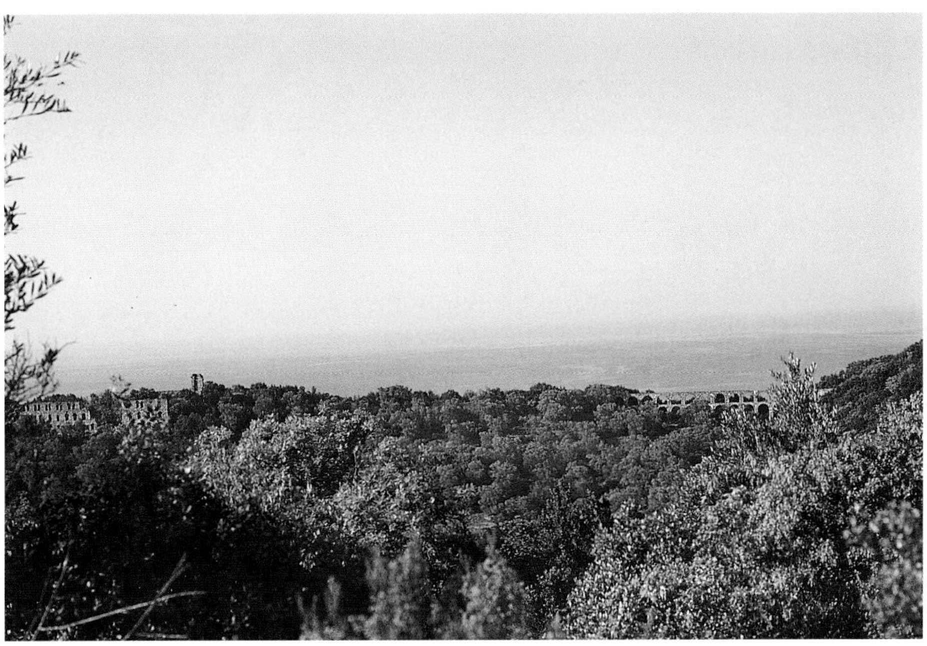

7. Ruinen der Athonias und ihres Aquädukts auf den Hügeln östlich von Vatopedi

folger dagegen war einer der größten und weltoffensten Geister, die die orthodoxe Welt des 18. Jahrhunderts vorweisen kann, Eugenios Vulgaris (1716-1806). Er leitete die Athonias von 1753 bis 1758, verfolgte aufmerksam die moderne westliche Bildung in Wissenschaft und Philosophie und verwandelte die Akademie in ein weithin bekanntes Zentrum, das angesichts der kurzen Dauer, in der die Schule in Betrieb war, umso mehr geschätzt wird. Neben den traditionellen Fächern – Vulgaris war ein gläubiger, tief in der Orthodoxie verwurzelter Mensch – führte er Lehrfächer ein, die auch eine Verbindung zur modernen Bildung herstellten: Latein, Mathematik, Physik, Naturwissenschaften, zeitgenössische Philosophie.

Schüler kamen aus ganz Griechenland, nicht nur vom Athos. Viele der auf geistlichem Gebiet bedeutenderen Männer der zweiten Hälfte des Jahrhunderts hatten an der Athonias, unter der Leitung des Vulgaris, studiert. Die Mehrheit der athonitischen Mönchsbevölkerung war aber traditionalistisch und konnte diese Modernität in ihrer konservativen Geisteshaltung nicht akzeptieren, geschweige denn sich aneignen. Die wachsende Opposition wurde stärker, bis Vulgaris nach einer Reihe von Verleumdungen und persönlichen Angriffen 1758 sein Amt niederlegte. Für kurze Zeit übernahm Nikolaus aus Matsovo die Leitung, bis die Athonias 1759 schließlich geschlossen werden mußte. Aber das war nicht genug: in ihrer Wut zerstörten die Gegner auch die »teuflischen« Gebäude.

Heute zeugen nur wenige Ruinen von dieser historischen Tragödie. Für die konservativen Mönche der Zeit waren Bildung und Wissen des Menschen mit dem Leben nach dem Evangelium und der christlichen Demut unvereinbar; sie verwechselten die *docta ignorantia* mit der *ignorantia*, der Ungebildetheit.

Das Hauptproblem war, daß diese Ungebildetheit sich nicht mehr auf die »weltliche« Bildung beschränkte, sondern sich bald auch auf den geistlichen Bereich erstreckte. Nur wenige Mönche waren gut unterrichtet und wußten von der Tradition der Askese und Mystik, die eines ihrer größten Zentren auf dem Berg gehabt hatten. Der Hesychasmus war zwar noch in einigen lebendig, hatte aber nicht mehr die Kraft, sich als angemessene geistliche Schule durchzusetzen. Das mußte schon bald ein junger Ukrainer, der hl. Paisij Welitschkowskij (1722-1794), erfahren. Nachdem er wenige Jahre als Mönch in Rußland und Moldavien verbracht hatte, kam er nach Athos, um hier *die* Lehrmeister der Gebetsformen zu finden. Die Suche war vergeblich, und als sich um ihn eine große Gruppe von Schülern geschart hatte, beendete er seinen Aufenthalt auf Athos (1746-1763). Er kehrte wieder nach Moldavien zurück und brachte zahlreiche Handschriften antiker und byzantinischer Kirchenväter über das Gebet und über die Askese mit. In den Moldau-Klöstern, deren Reformator er war, förderte er eine umfangreiche und organisierte Übersetzung. All jene Schriften, die der Spiritualität nutzen konnten, ließ er vom Griechischen ins Kirchenslawische übersetzen. Aus Mangel an lebenden Lehrern hatte sich Paisij an die größten Mystiker der Vergangenheit gewandt und das Charisma der geistigen Vaterschaft, den *starcestvo* (*starec* – alt, entspricht dem griechischen *gheron*), wiederentdeckt, das er selbst im Überfluß besaß.

Dem Beispiel und der Schule des Paisij folgend, fand man in der rumänischen und slawischen Welt, vor allem in Rußland, zu einer tiefen Hingabe an die Spiritualität zurück, die sich während des ganzen 19. Jahrhunderts ausbreitete und erst von der russischen Revolution beendet wurde.

Ohne den Einfluß des *Starcestvo*, der bis Anfang des 20. Jahrhunderts von verschiedenen Klöstern (berühmt war das Kloster Optino) ausstrahlte, wären Leben und Werk vieler großer russischer Schriftsteller und Denker gar nicht verständlich, von A.S. Chomjakow bis F. Dostojewskij, von V.S. Solovev bis zu den Theologen P. Florenskij und S. Bulgakov.

Das, was Paisij Welitschkowskij für die slawische und rumänische Welt geschaffen hat, findet ihre Entsprechung – ein Zeichen der sich verändernden Zeiten – in dem, was der hl. Nikodemos (1749-1809), genannt »der Hagiorit«, schuf. Er wurde 1775, zur Zeit des Nikolaus Kallivurtsis, Mönch im Kloster Dionissiou, lebte dann an verschiedenen Orten auf Athos als Einsiedler oder mit sehr wenigen Begleitern. Seine schriftstellerische Tätigkeit war sehr umfangreich und erstreckt sich von der Hagiographie zum kanonischen Recht, von der Askese bis zur Liturgie. Das Werk, das zweifellos am meisten in die Geschichte der christlichen Spiritualität eingegriffen hat, ist seine Sammlung *Philokalie*. Er beschloß sie zusammen mit seinem Freund, dem hl. Makarios Notaras (1737-1805), dem ehemaligen

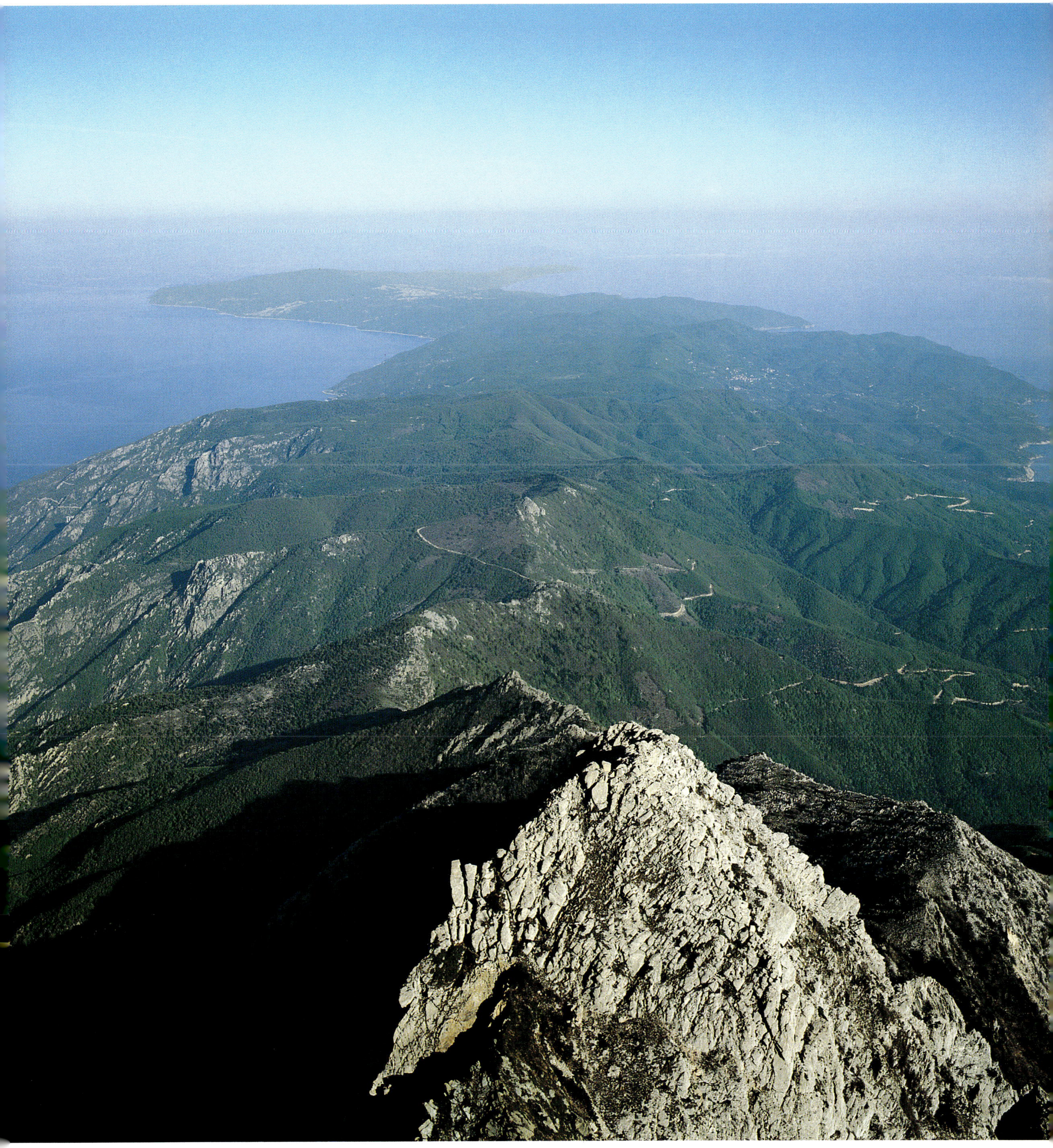

afel 1. Athonitische Halbinsel vom Gipfel des Heiligen Berges aus gesehen

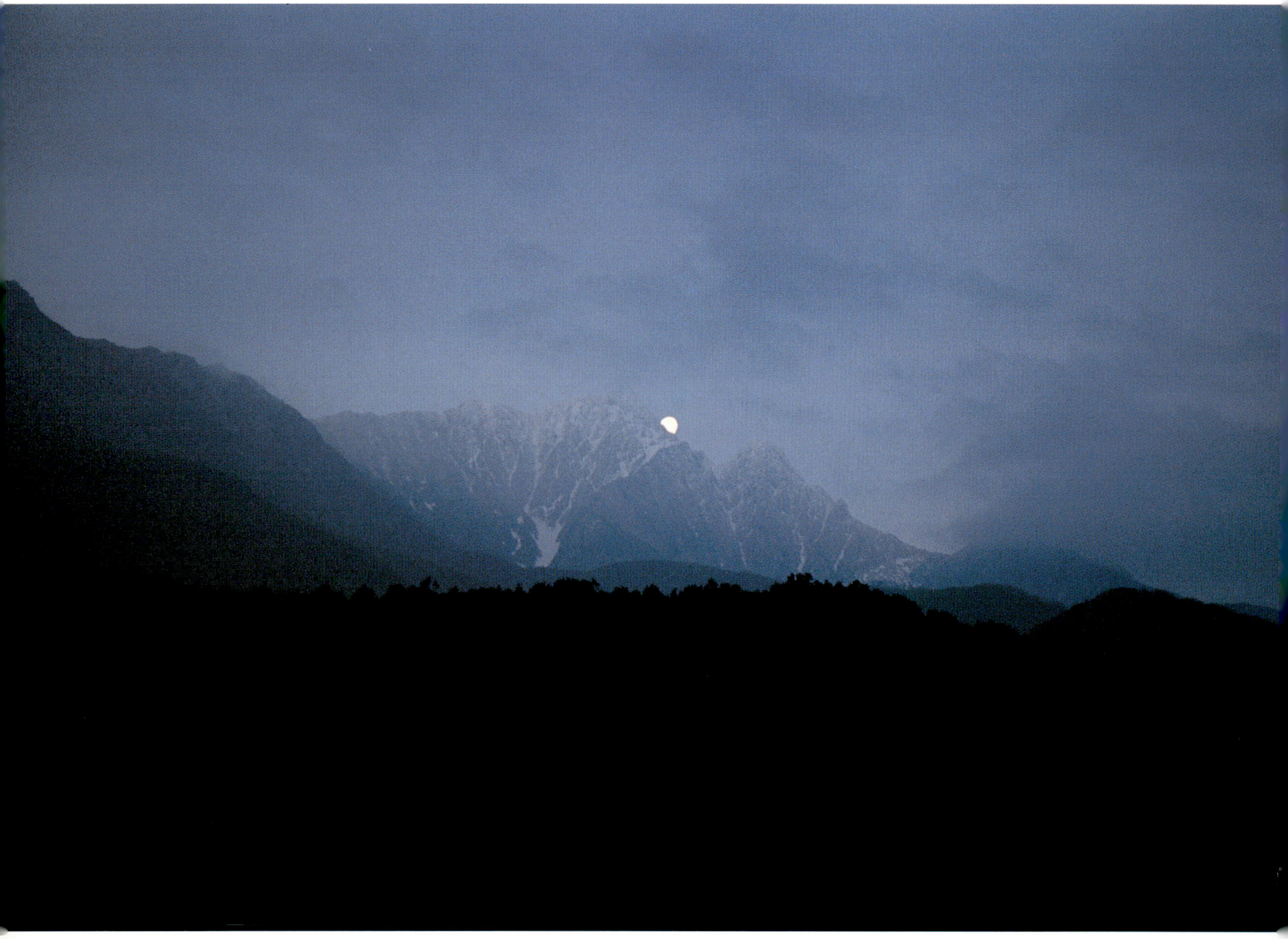

Tafel 2. Athosgipfel in einer Nachtaufnahme

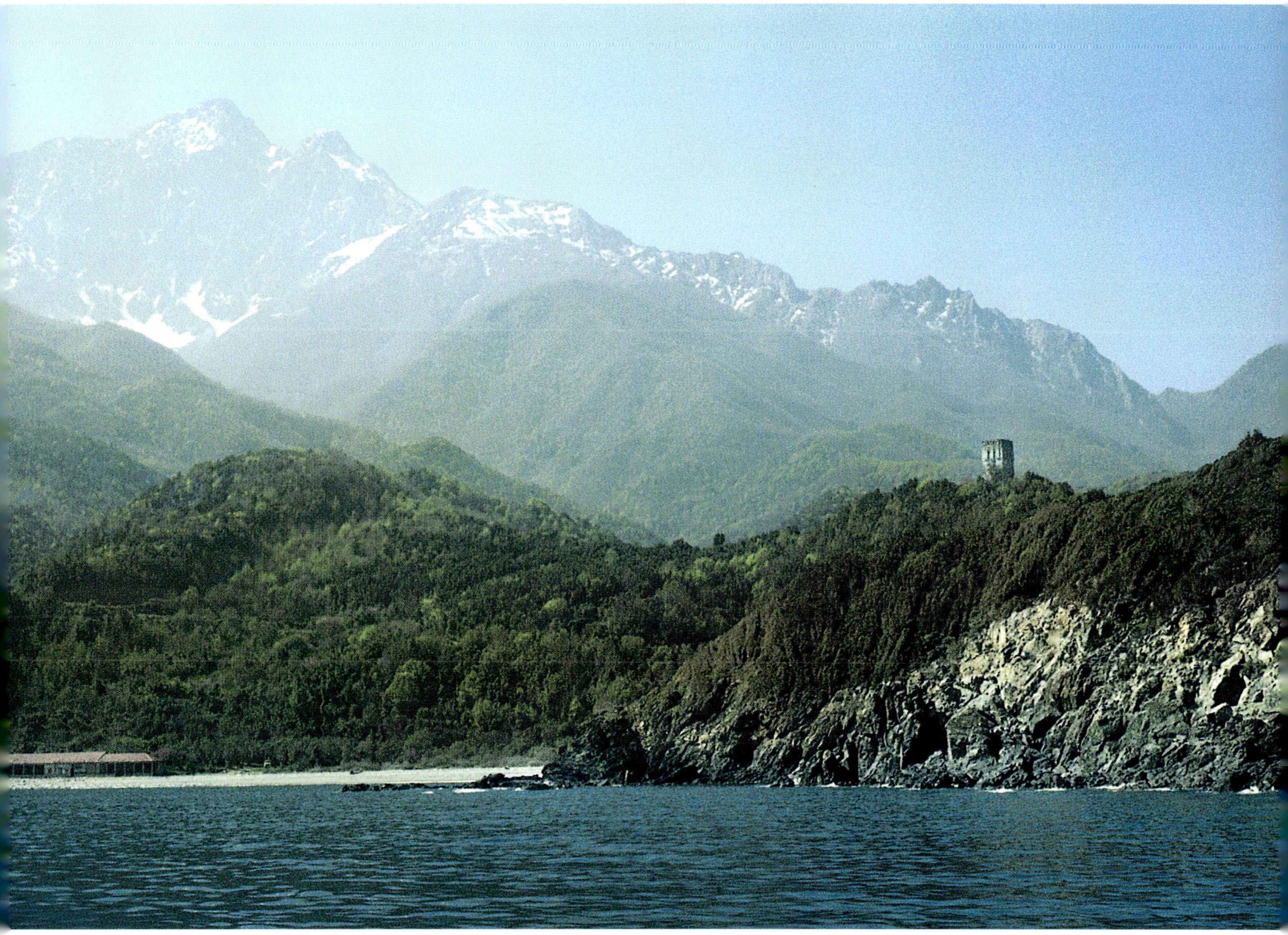

afel 3. Berg Athos und Turm der Amalfitaner

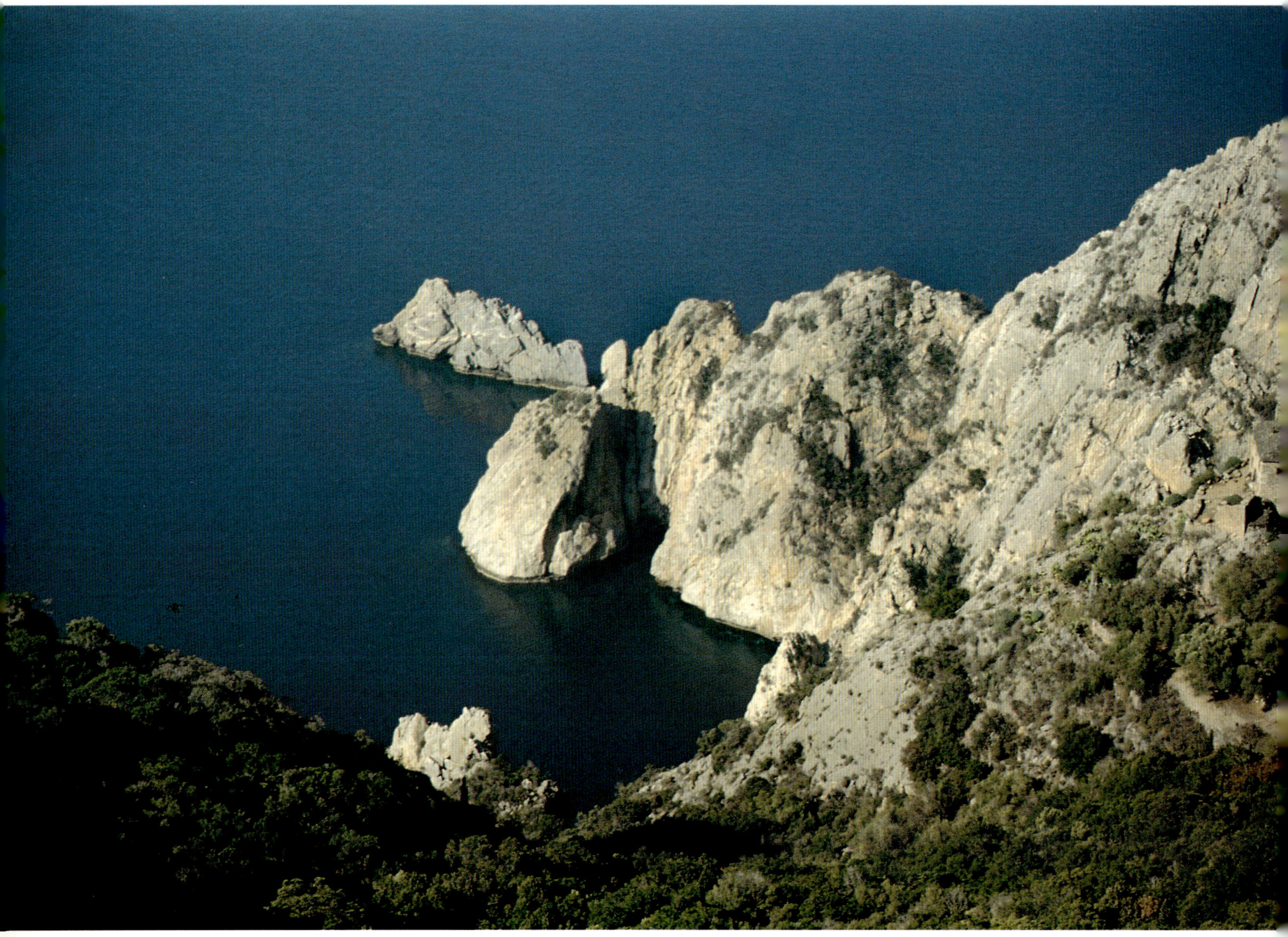

Tafel 4. Unwegsame, steile Ausläufer des Athos. Ort der Asketen und Eremiten

Tafel 5. Einsiedeleien (Skiten) von Karoulia, a
äußersten Ende der athonitischen Halbins

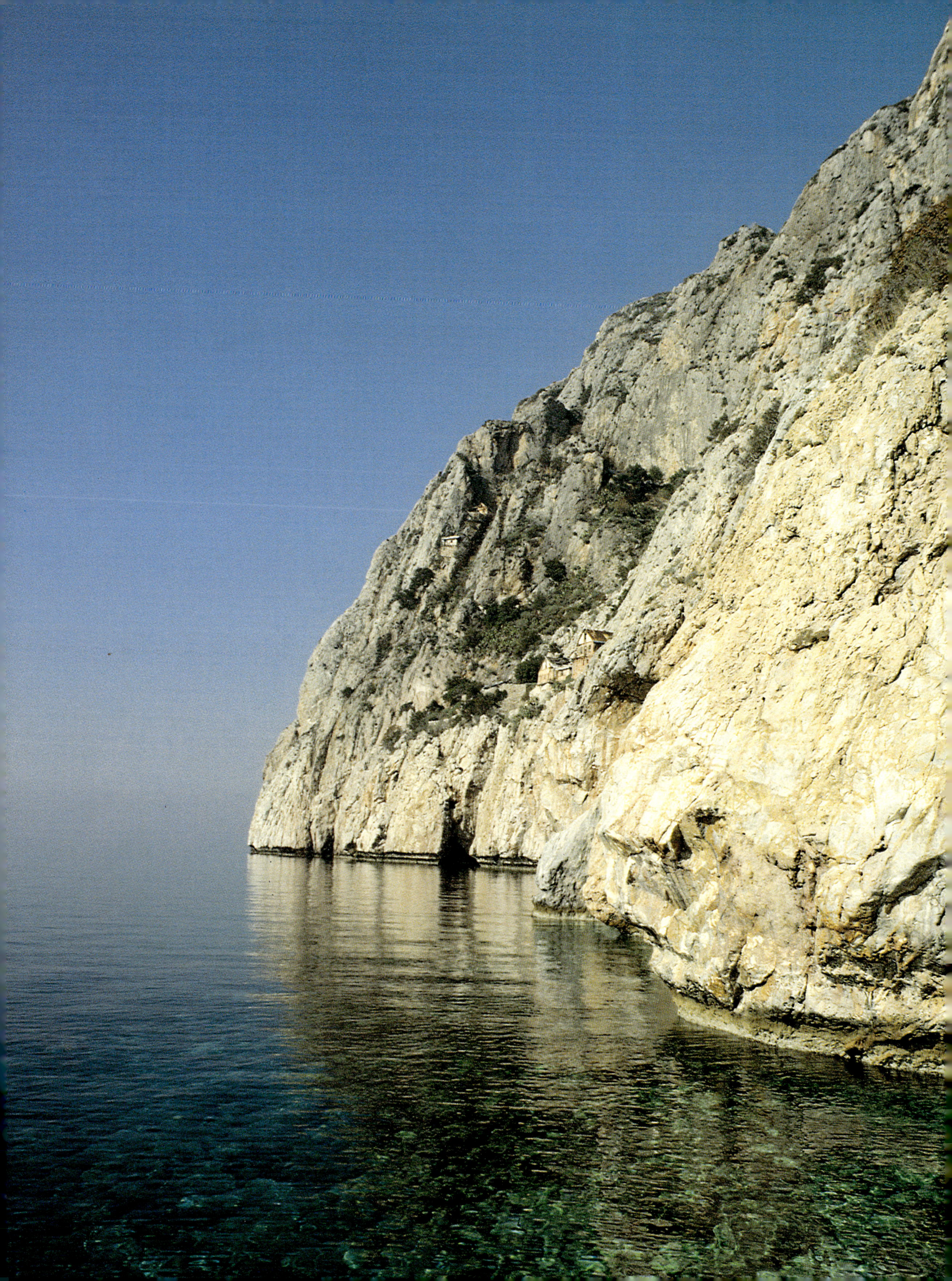

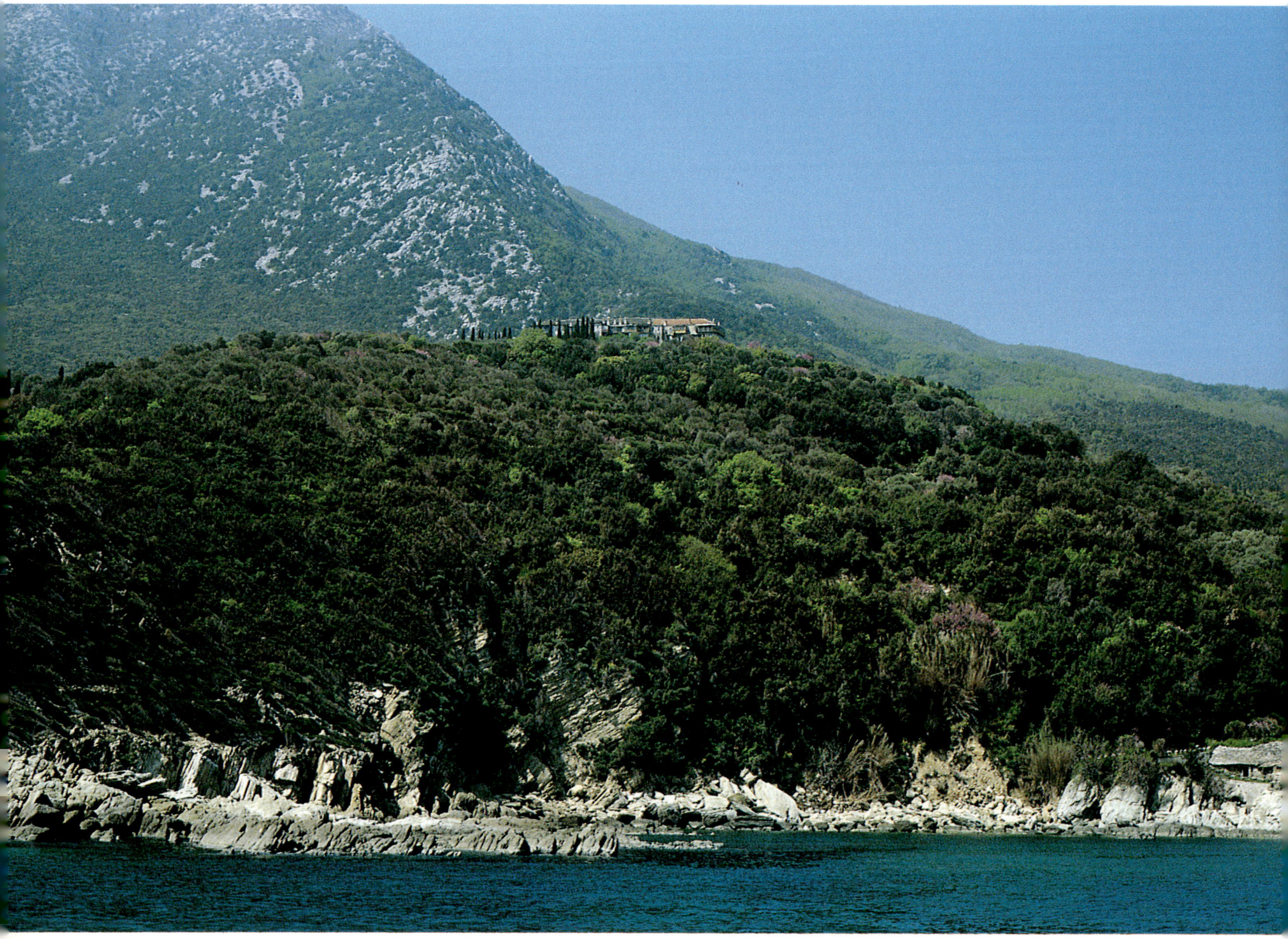

Tafel 6. Kloster Große Lavra auf einem Hügel über dem Meer

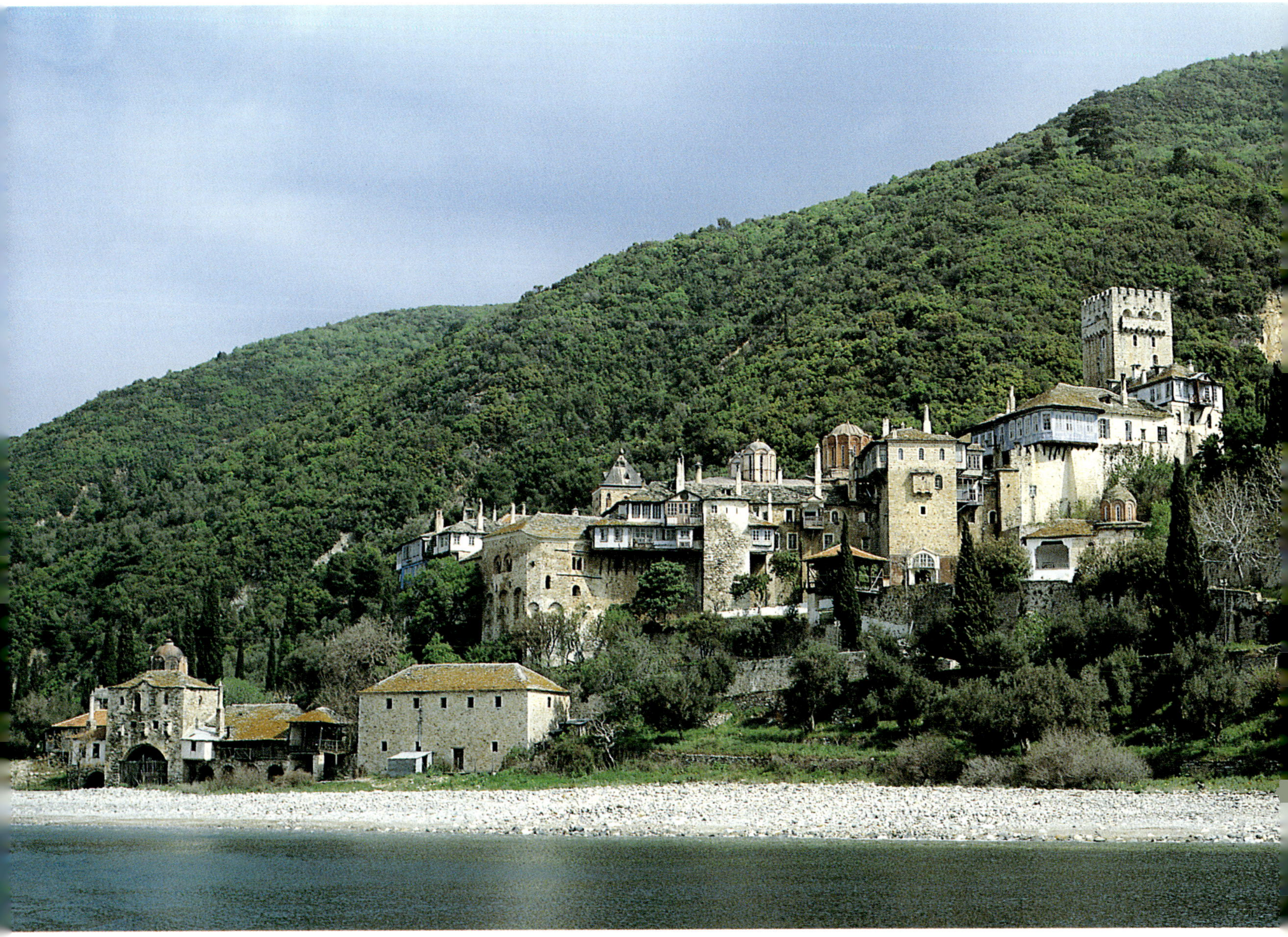

Tafel 7. Kloster Dochiariou

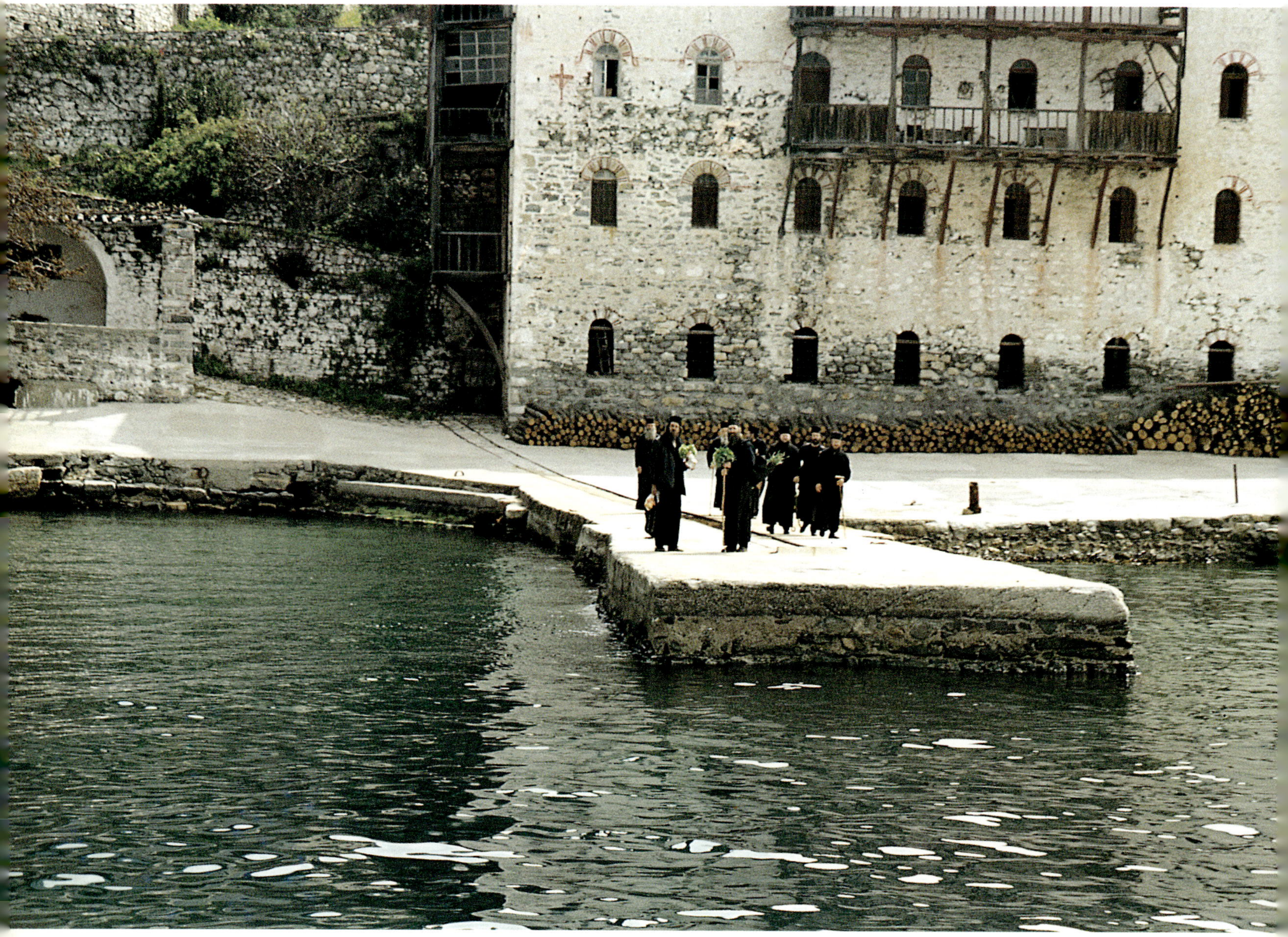

Tafel 8. Mönche warten an der Mole auf den Kaik

Tafel 9. Kloster Simonopetr
mit Hafen (Arsanas

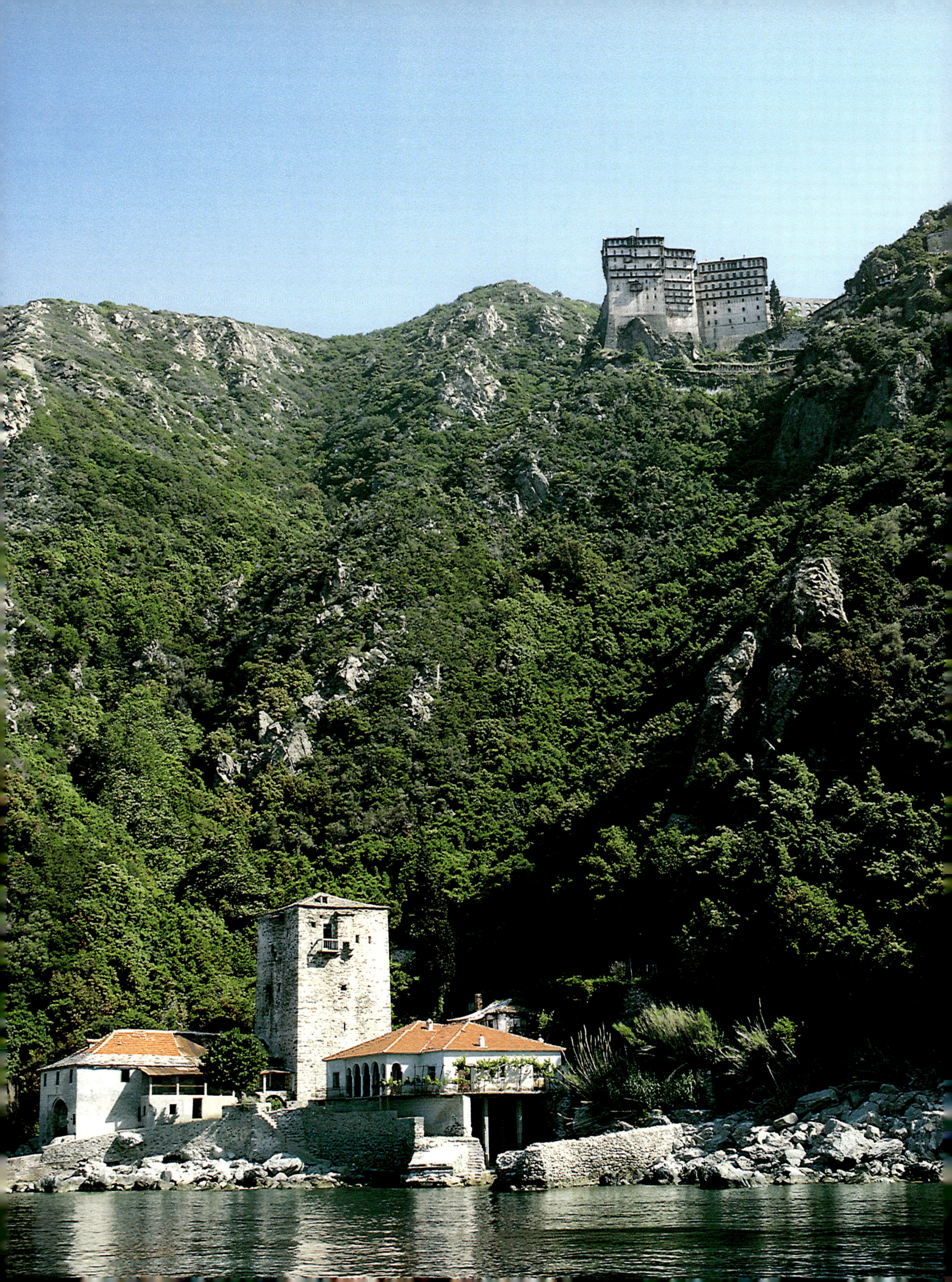

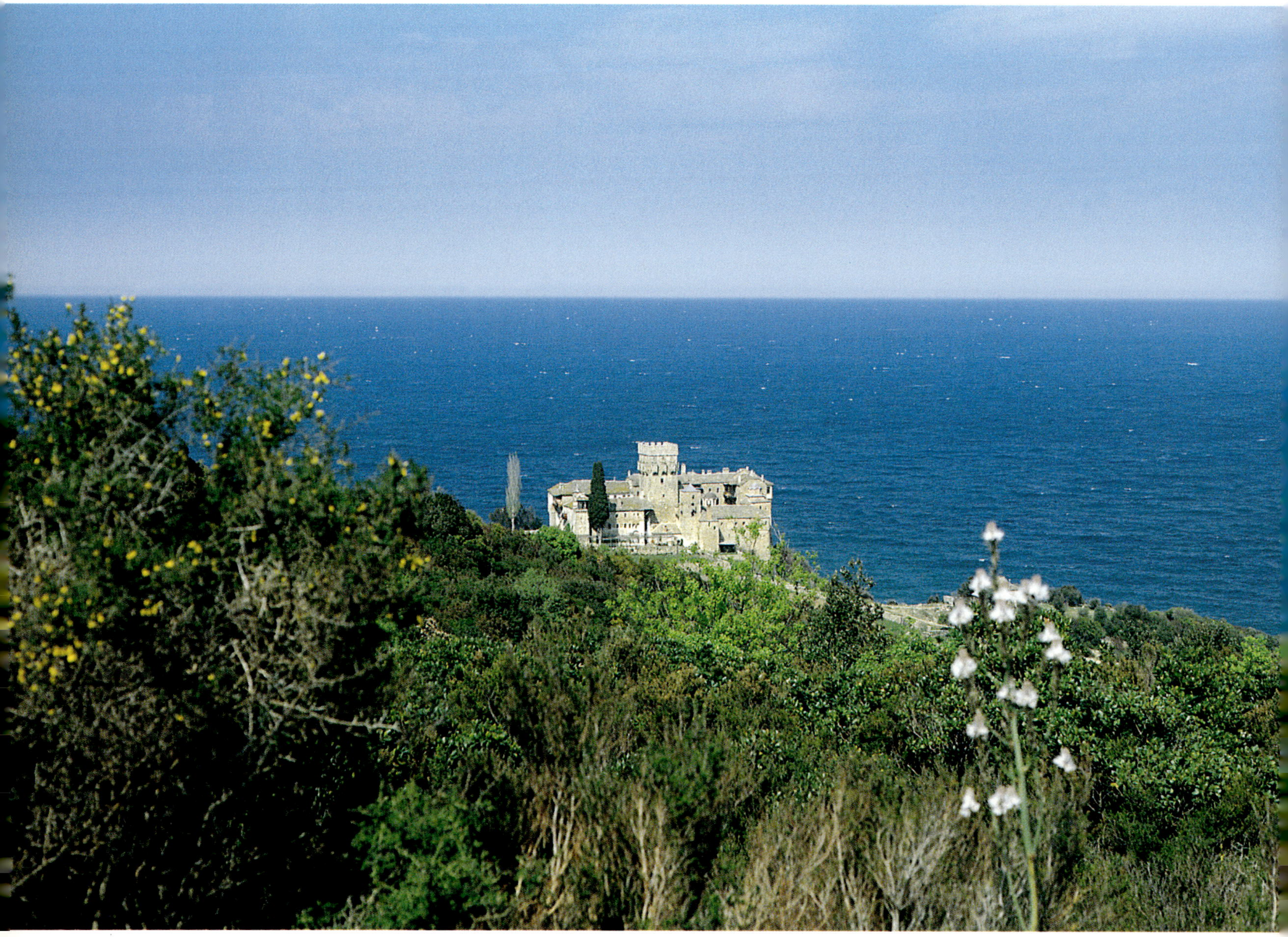

Tafel 10. Kloster Stavronikita

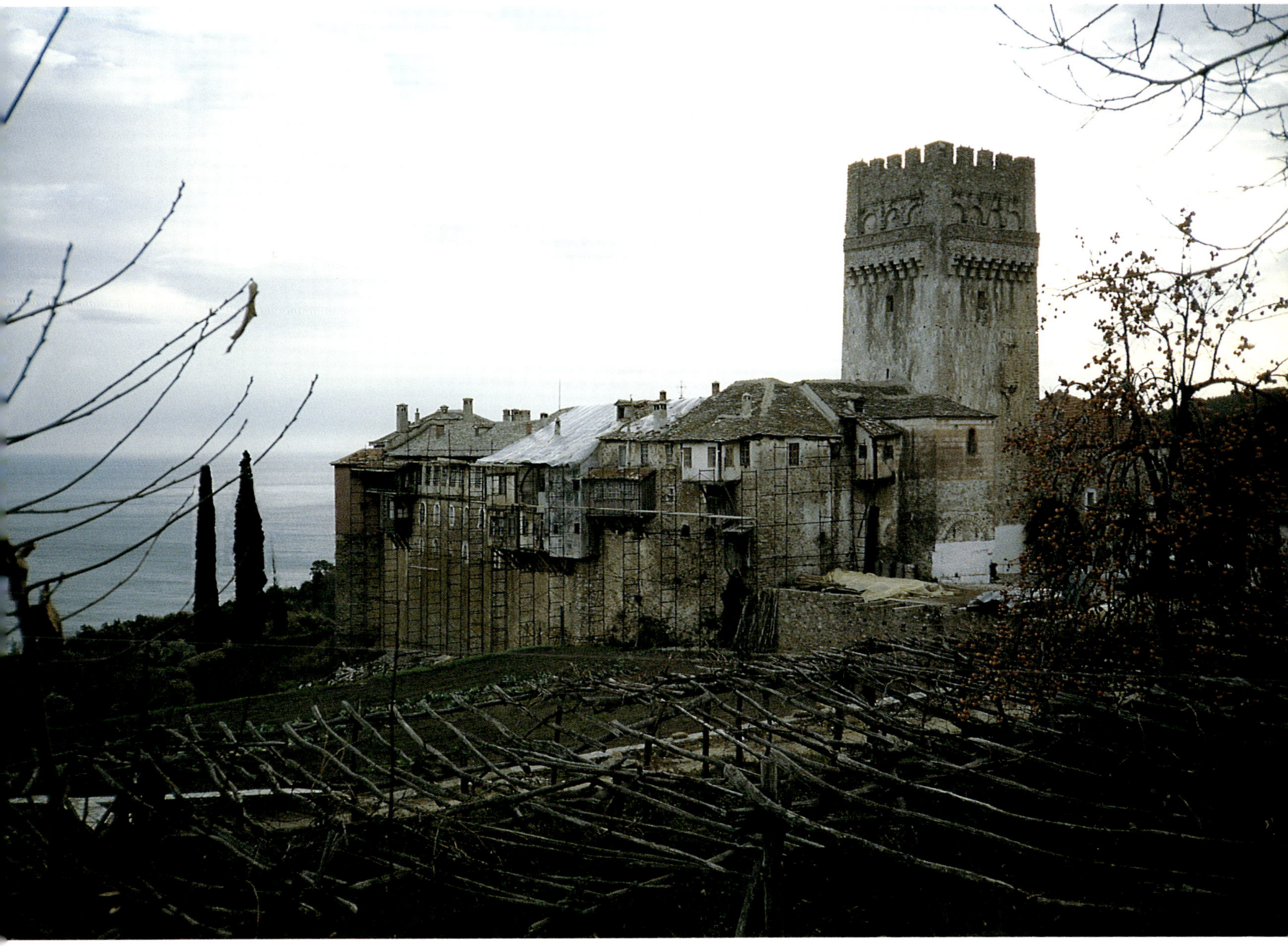

Tafel 11. Kloster Karakalou

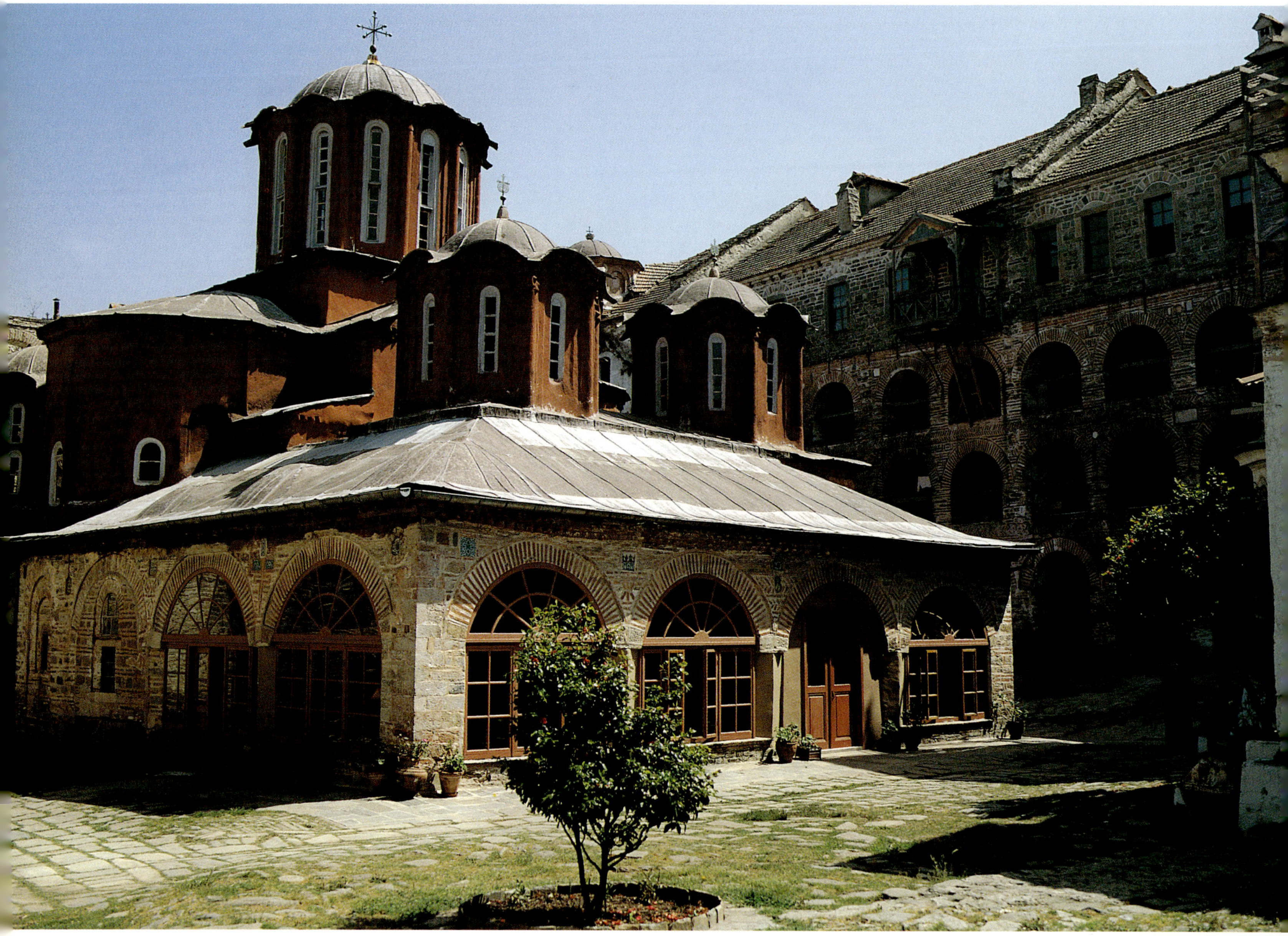

Tafel 12. Katholikon von Koutloumous, erbaut 1540 durch Hegumen Maximos

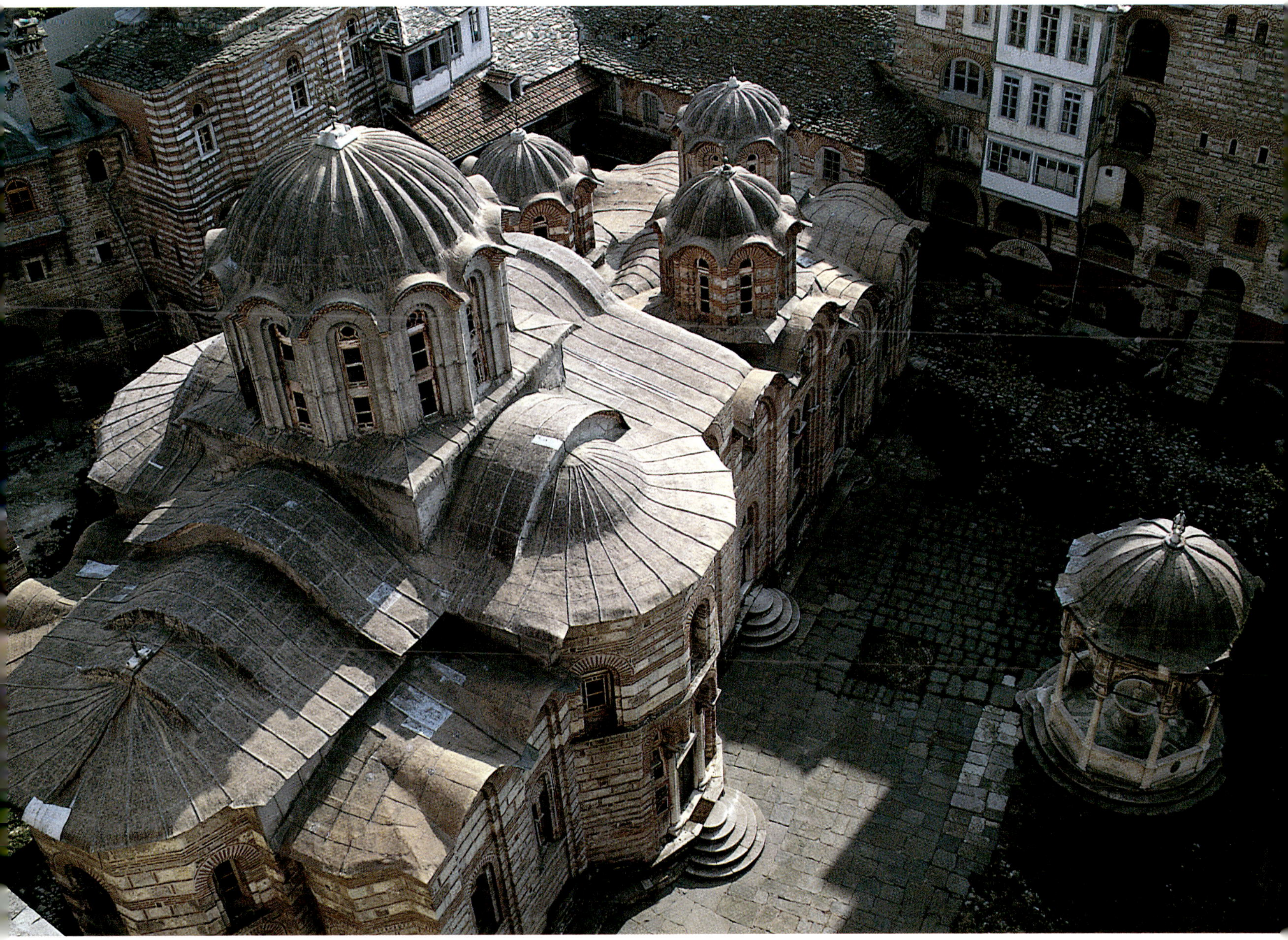

afel 13. Katholikon von Chilandari und Phiale (rechts)

(folgende Seiten)
Tafel 14 und 15. Phialen in den Klöstern Philotheou und Zographou

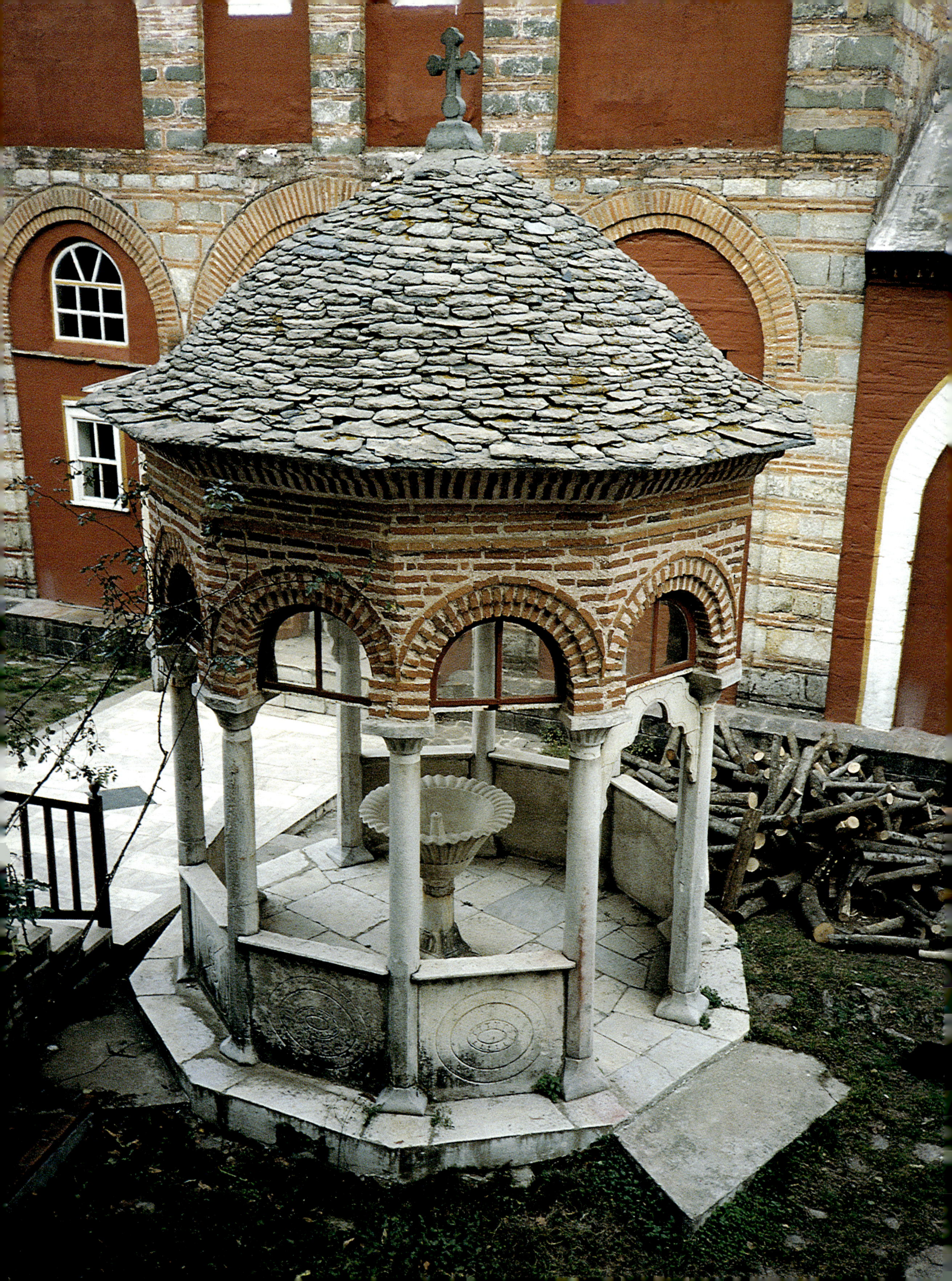

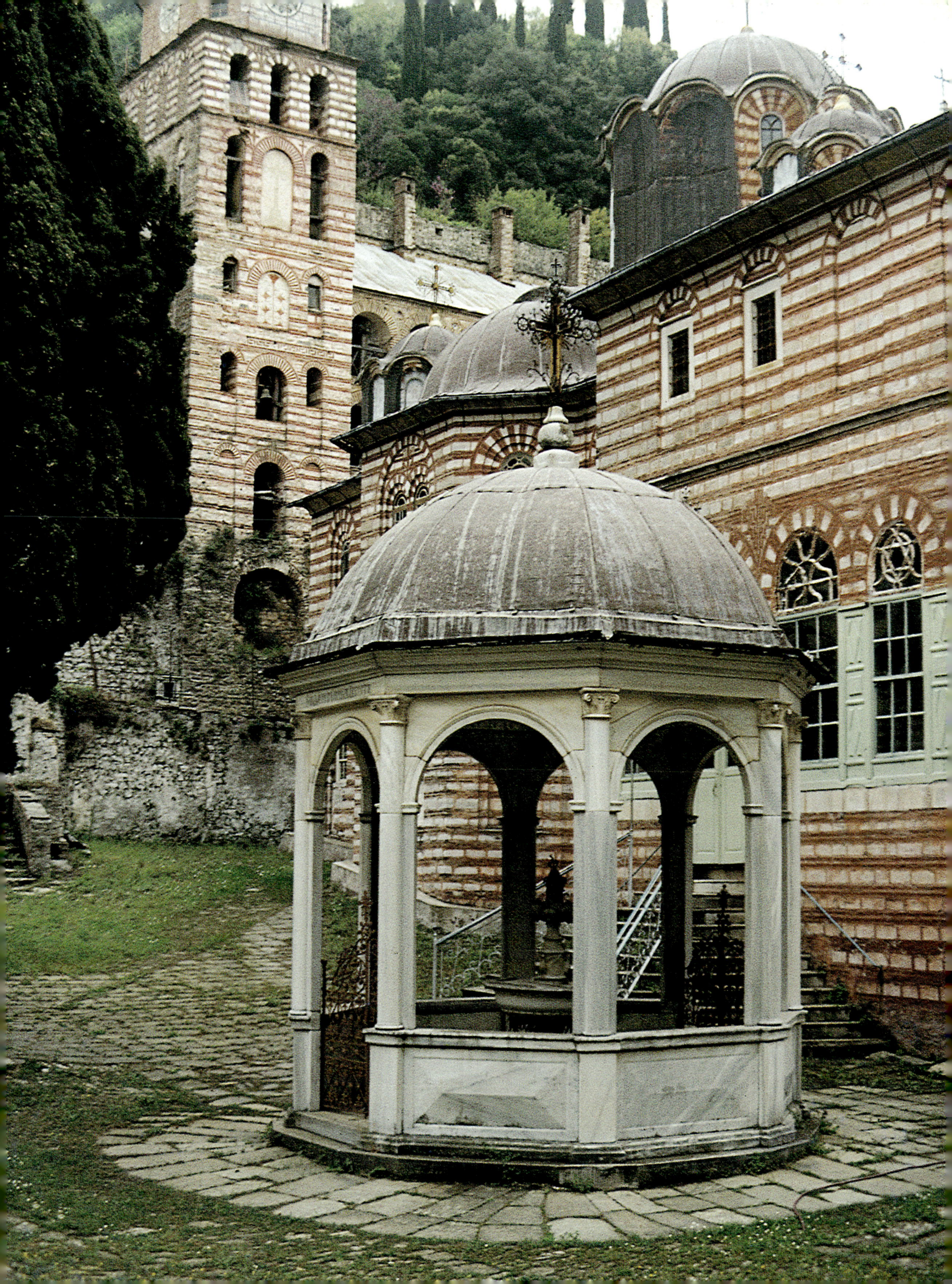

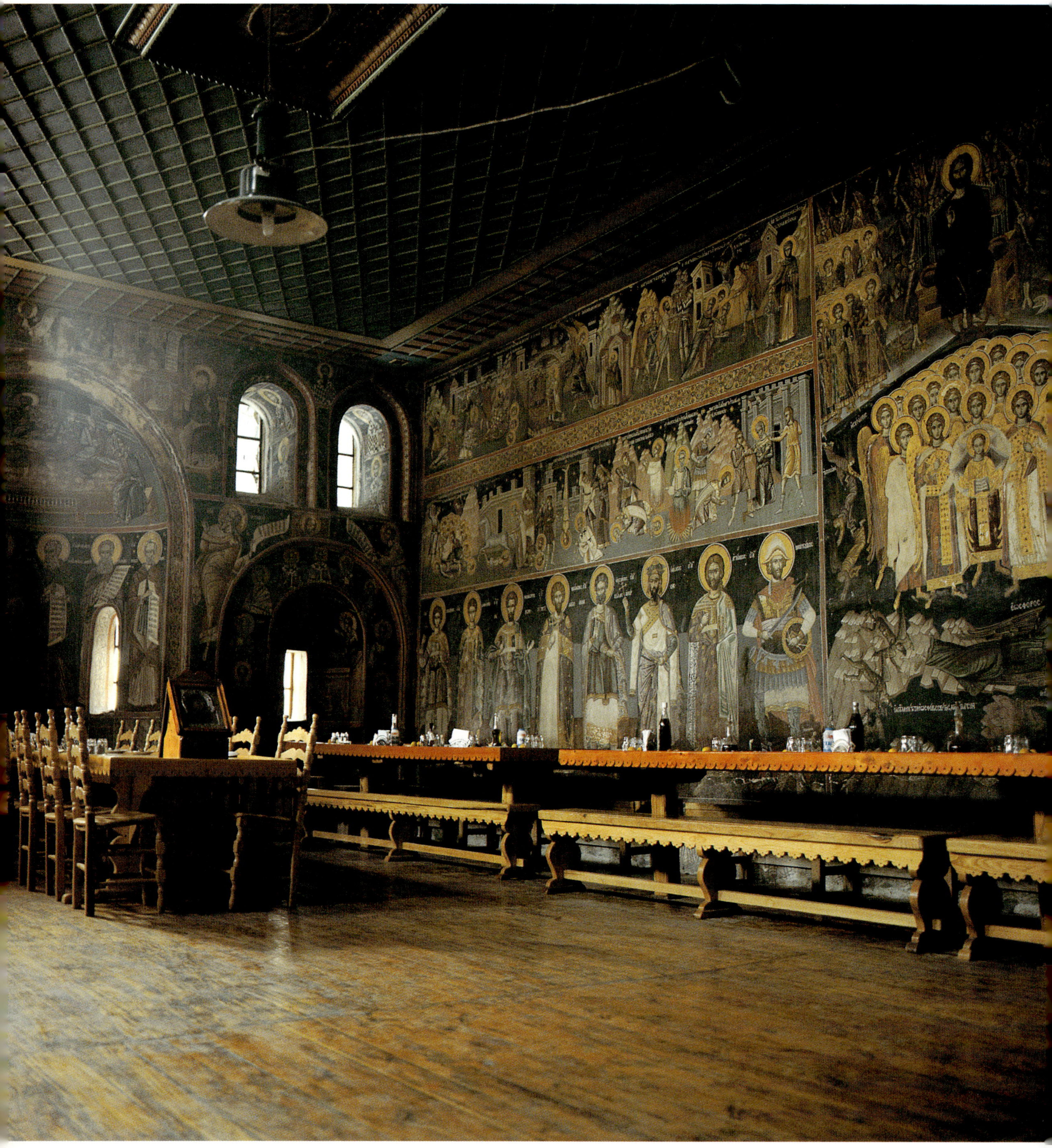

Tafel 16. Refektorium in Dionysiou (innen)

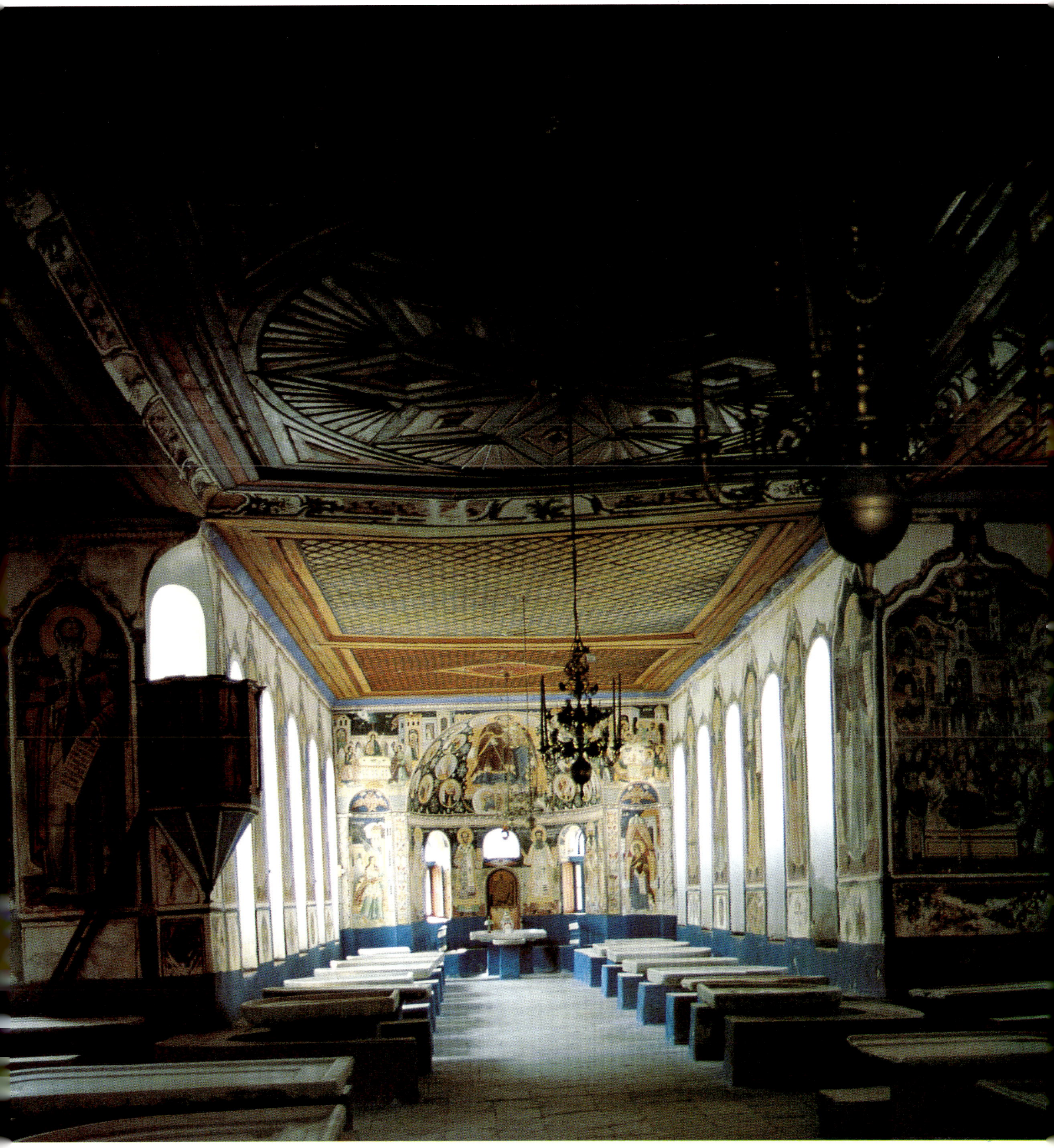

afel 17. Refektorium in Vatopedi (innen, 18. Jh.);
armortische aus dem alten Refektorium (12. Jh.)

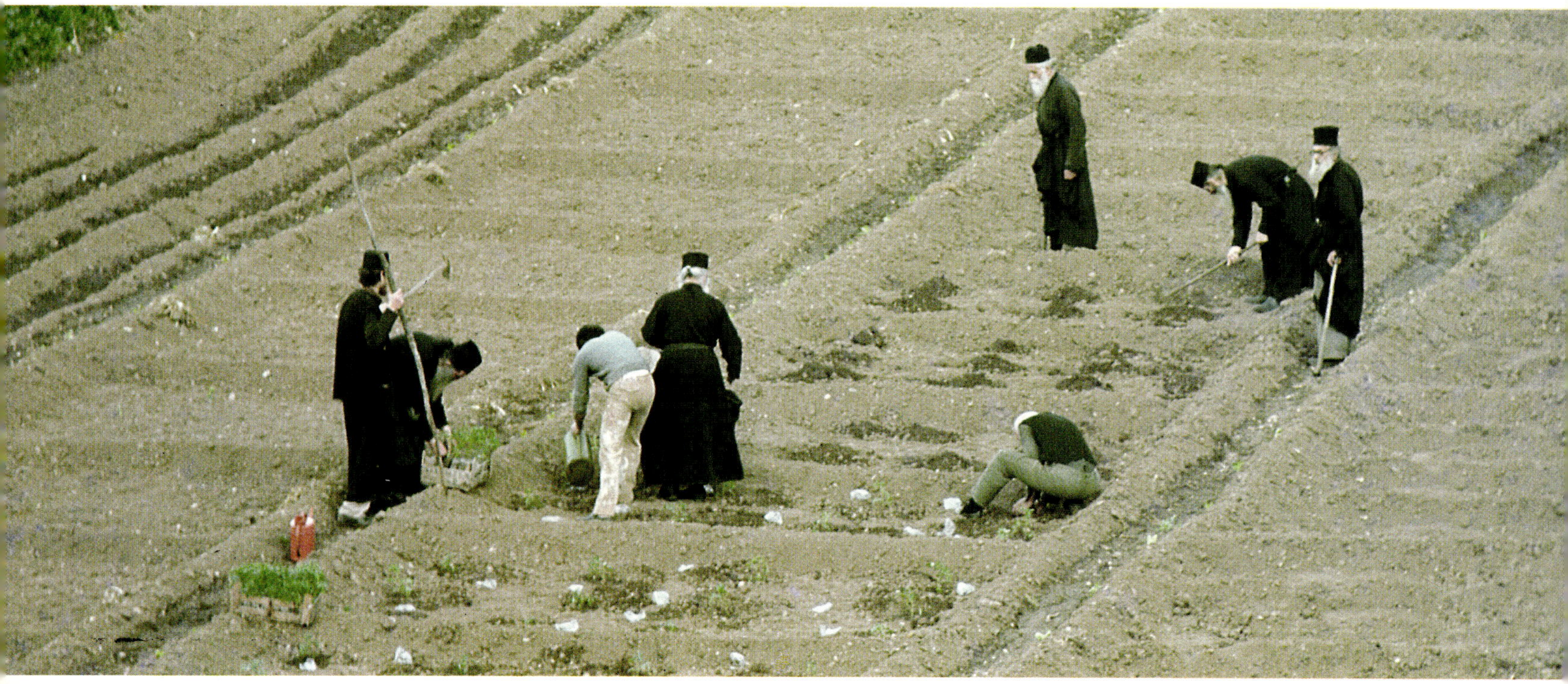

Tafel 18. Mönche der großen Lavra bei der Feldarbeit

Tafel 19. Mönch mit Simandron (Holzschlaginstrumen
das zum Gottesdienst ru

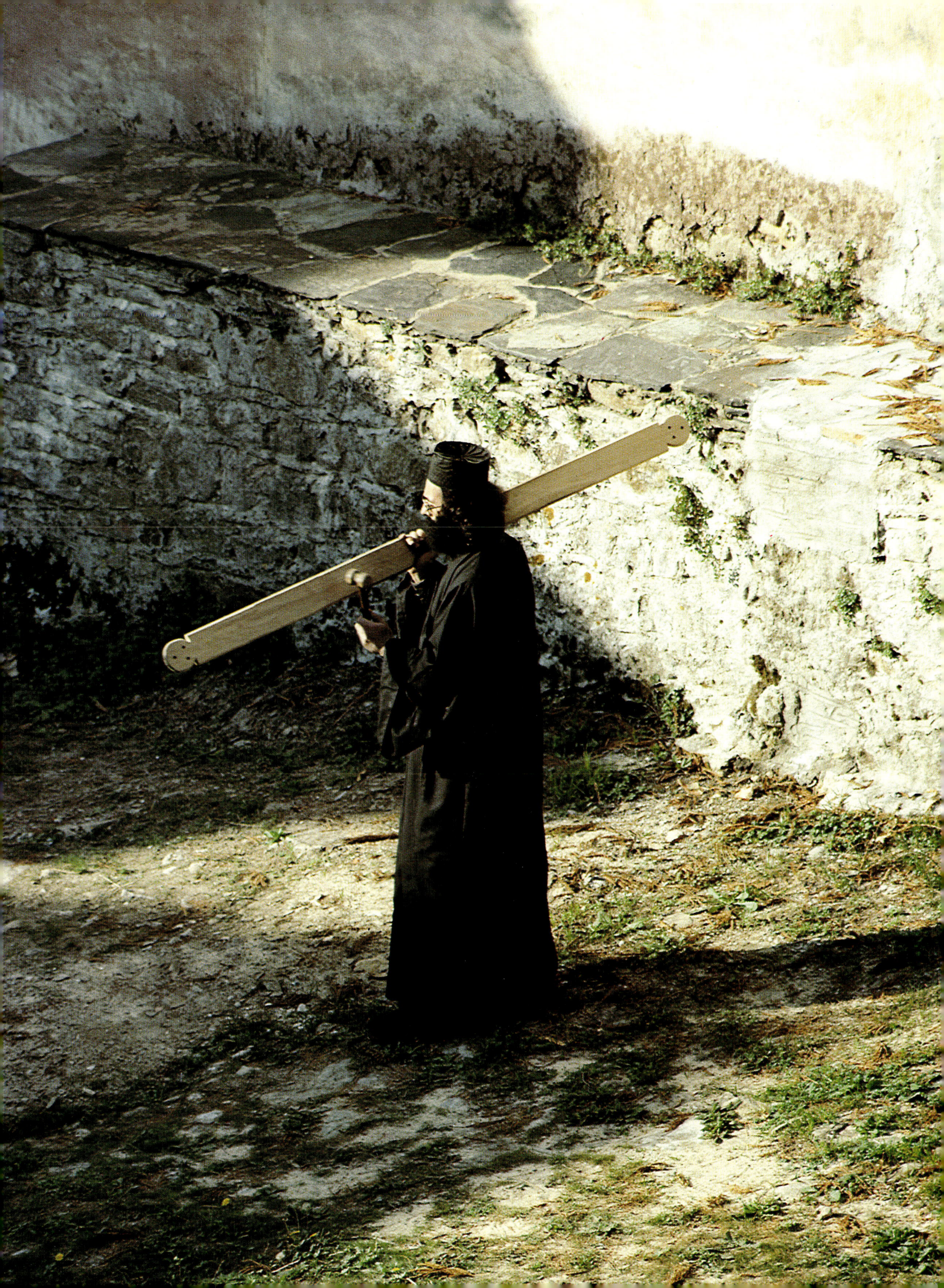

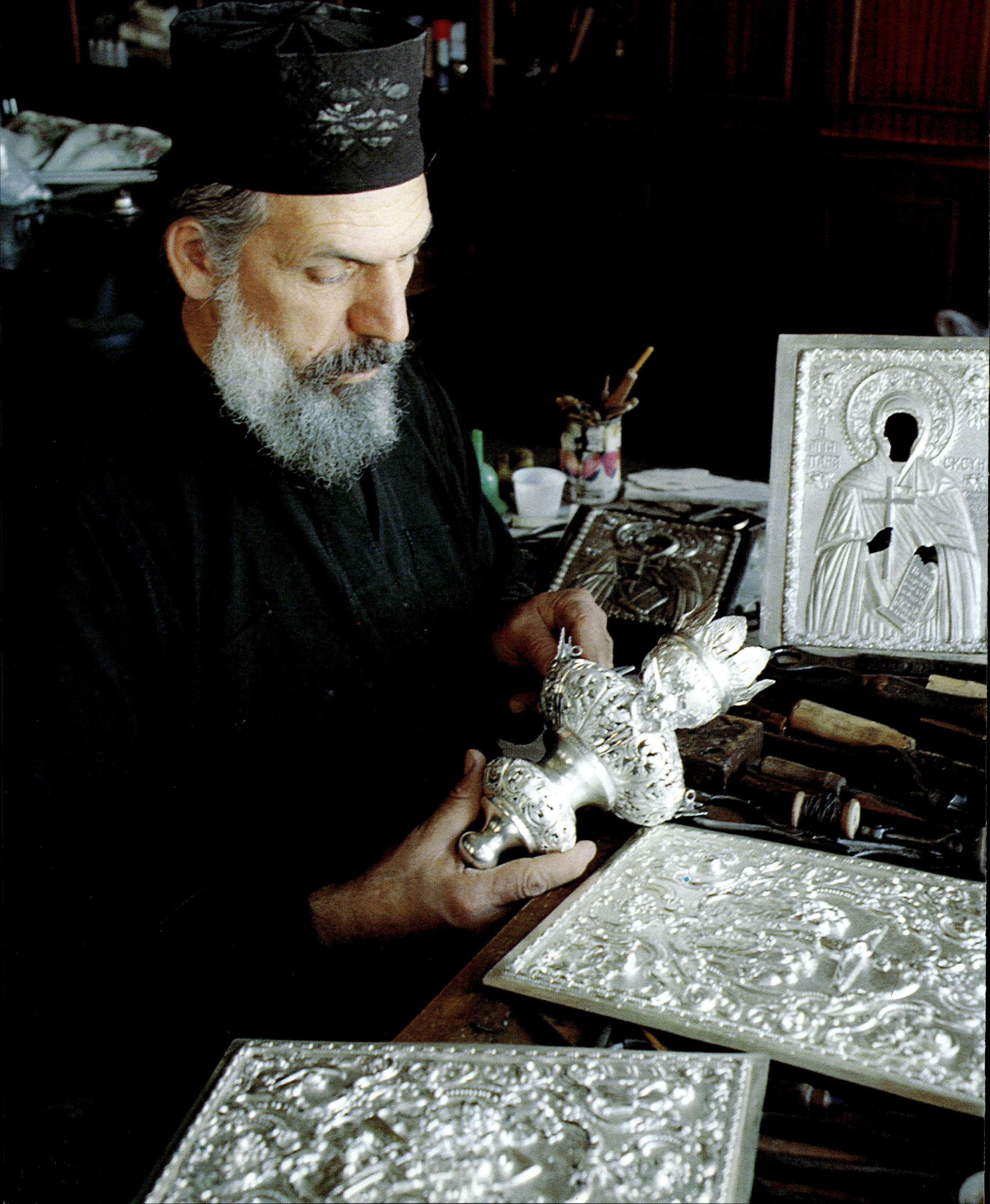

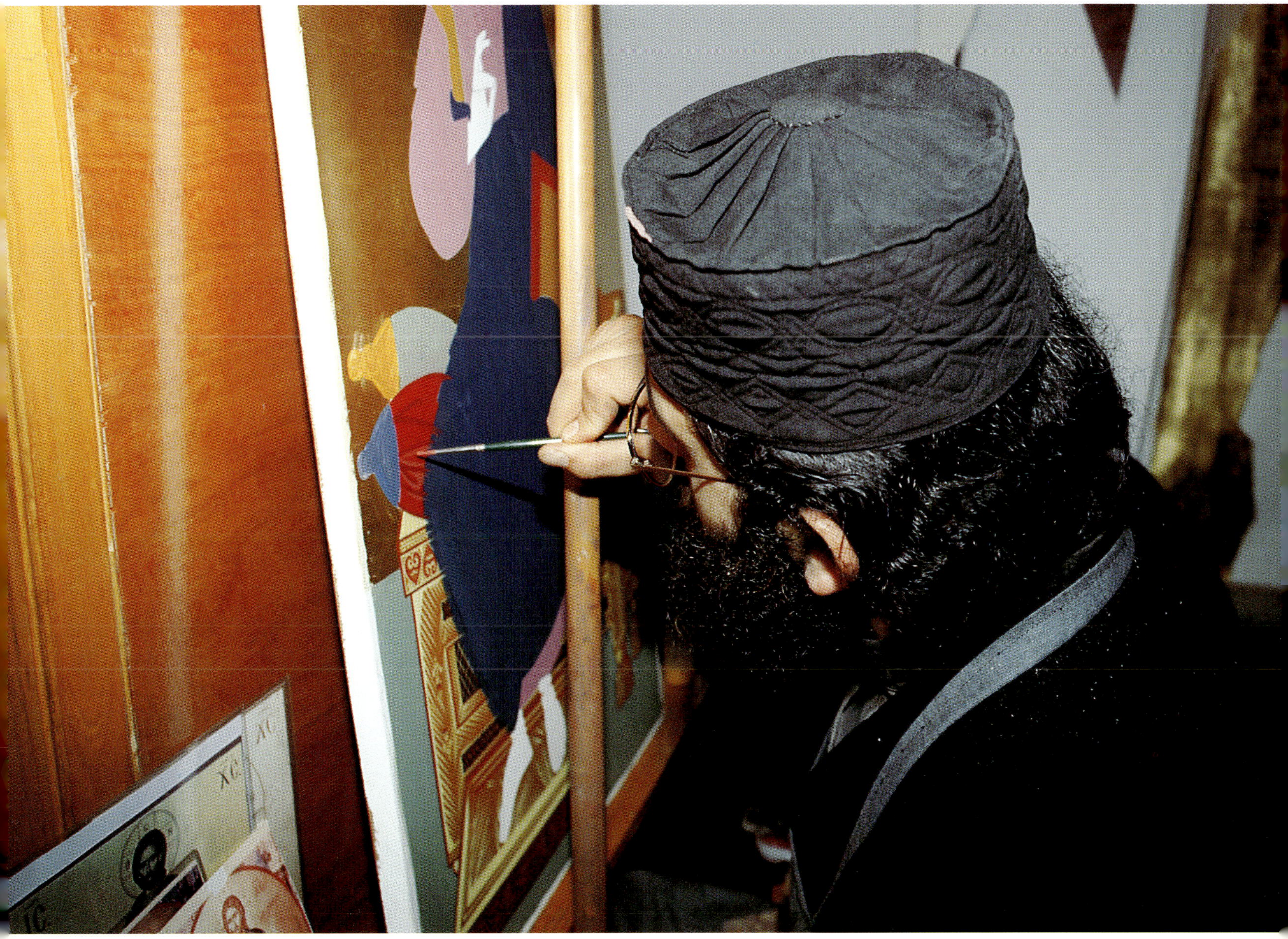

afel 21. Malermönch

afel 20. Herstellung von Devotionalien und Silberüberzügen
ür Ikonen in den Kunsthandwerkstätten der Skiten

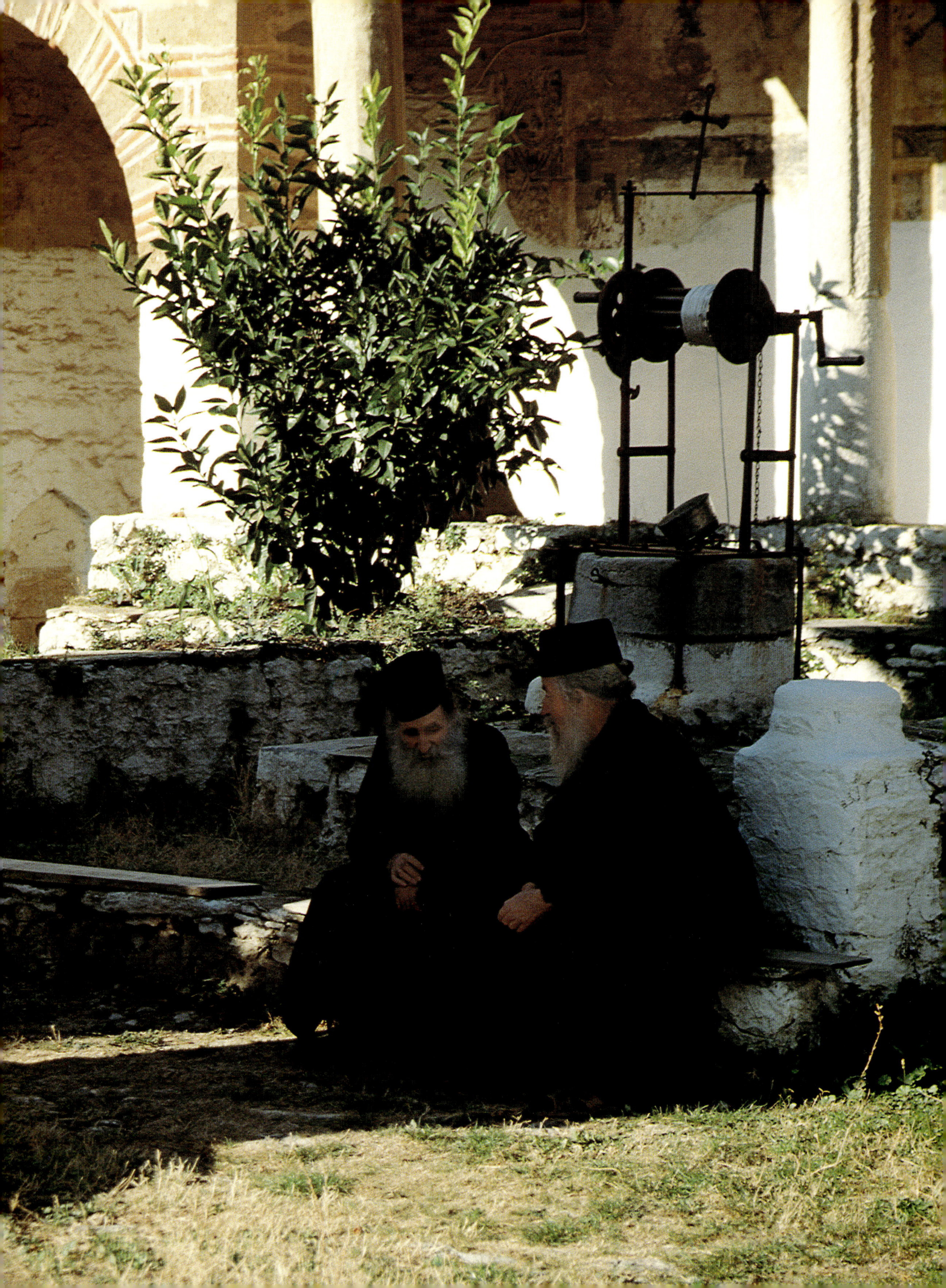

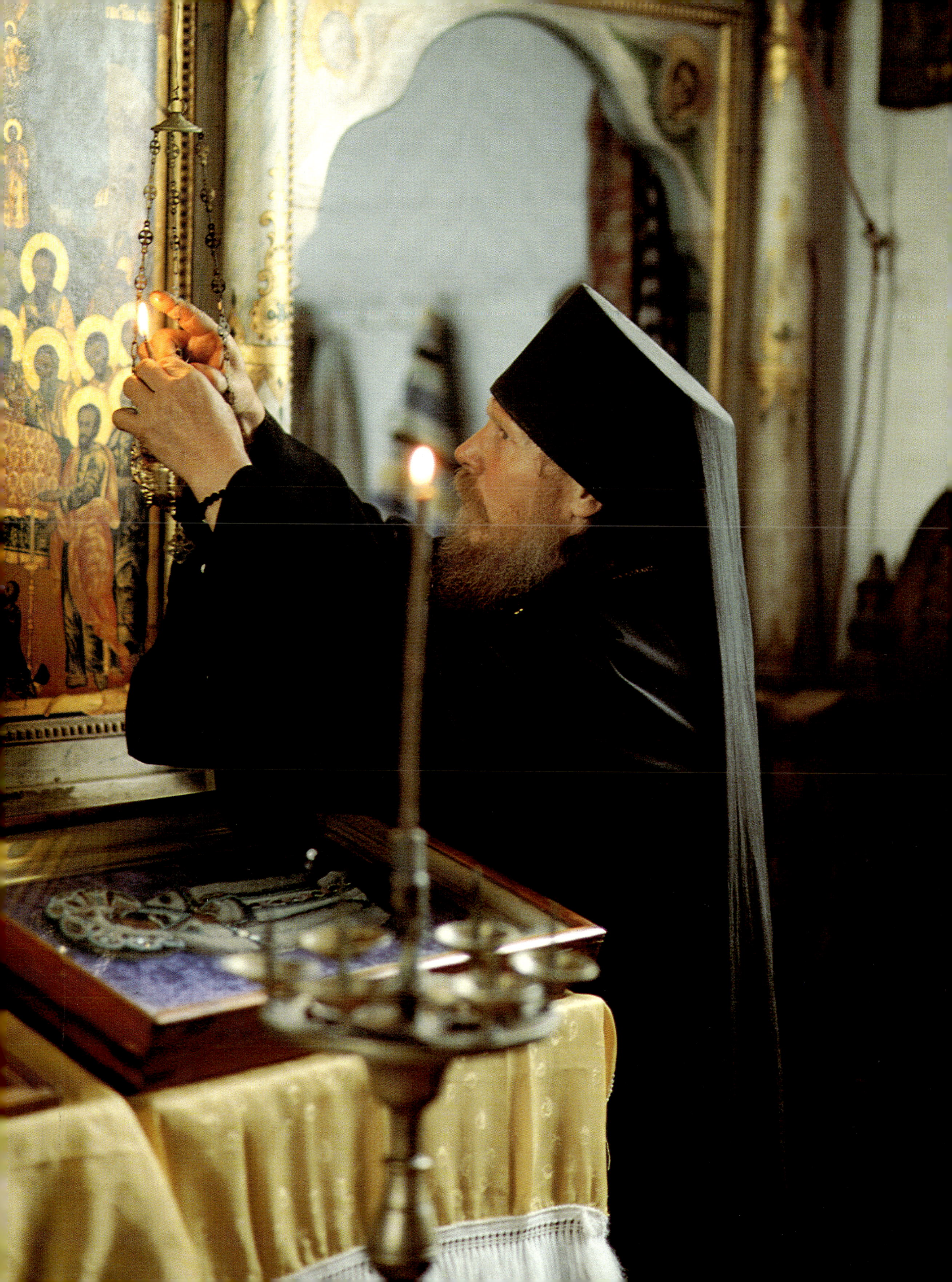

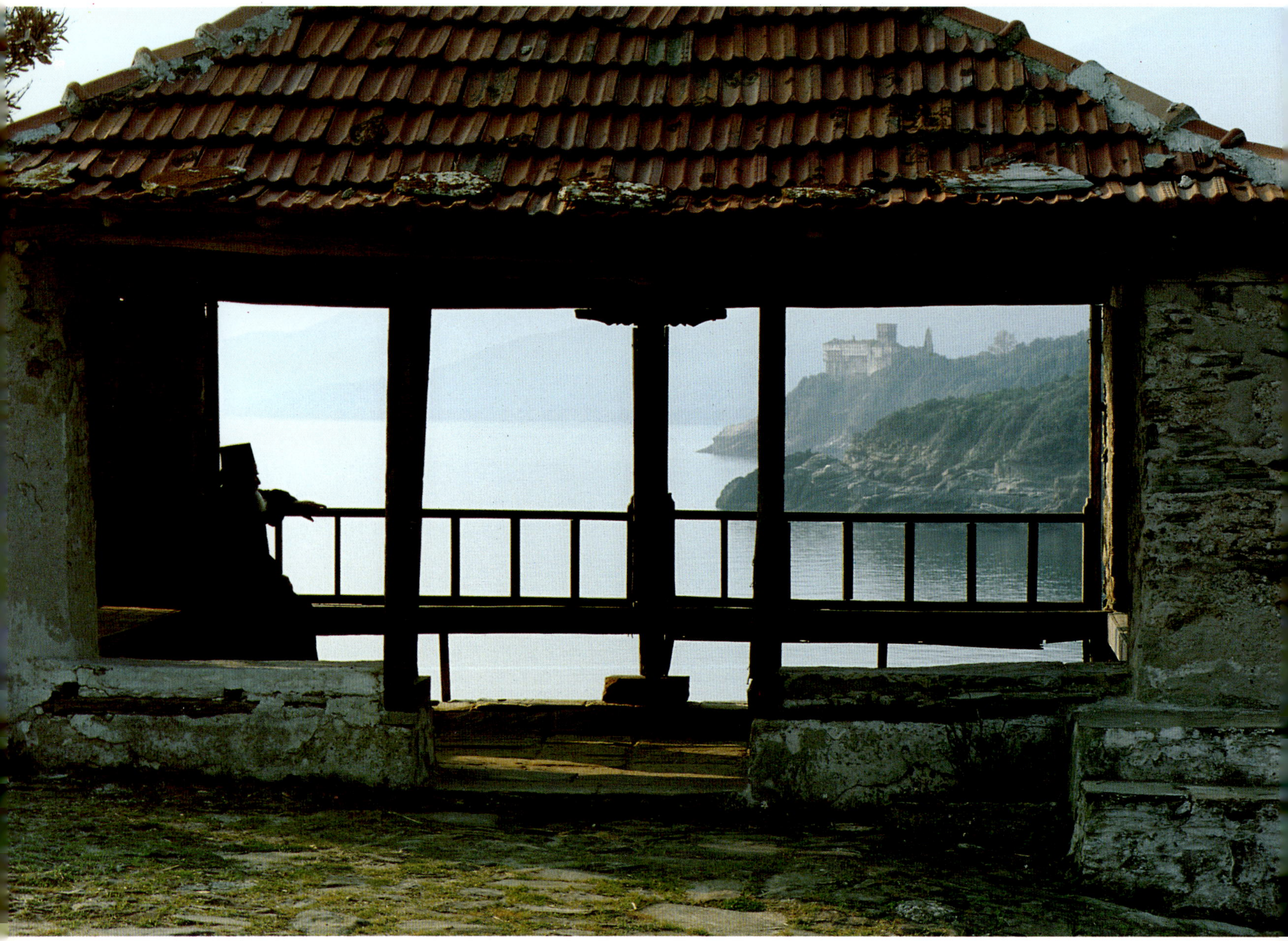

Tafel 24. Sonnenuntergangsstimmung, im Hintergrund das Kloster Stavronikita

(vorhergehende Seiten)
Tafel 22 und 23. Alltagsszenen

Bischof von Korinth, und fertigte sie vielleicht teilweise sogar mit diesem zusammen an. Den Titel »Liebe zur Schönheit« übernahmen sie von Basileios und Gregor von Nazianz, die schon im 4. Jahrhundert ihre Sammlung von Schriften des großen Origenes über das spirituelle Leben so genannt hatten. Makarios und Nikodemos stellten eine umfangreiche Sammlung von Texten über das Gebet und das kontemplative Leben zusammen, die von den Kirchenvätern vom 4. bis zum 14. Jahrhundert verfaßt wurden. Die Philokalie ist eine nichtversiegende Quelle von Unterweisungen, die direkt aus athonitischen Handschriften zusammengetragen wurden. Nikodemus berücksichtigte jene Kirchenväter nicht, deren Werke schon gedruckt zur Verfügung standen, wie zum Beispiel Johannes Klimakos oder Isaak der Syrer (Isaak wurde erstmals 1770 von Nikeforos Theotokis in Leipzig herausgegeben, in einer alten griechischen Übersetzung). Der mehr als 1000 Seiten umfassende Band erschien 1782 in Venedig dank der finanziellen Unterstützung des Fanarioten Johannes Mavrogordato. Paisij Welitschkowskij brach ein ähnliches Projekt ab, für das schon die Materialien in Moldavien gesammelt worden waren, und übersetzte den griechischen Text der *Philokalie* ins Slawische, unter dem Titel Dobrotoljubie (Moskau, 1793). Sowohl in der griechischen als auch in der slawischen Welt – hier vielleicht noch stärker – wurde die *Philokalie / Dobrotoljubie* (weitere slawische Versionen im 19. Jh.; rumänische Version im 20. Jahrhundert) zur Anleitung für spirituelles Leben von Mönchen und Laien schlechthin; man kann sogar von einer regelrechten »philokalischen« Spiritualität sprechen. Eines der anschaulichsten und bewegendsten Zeugnisse davon liefern die anonymen *Erzählungen eines russischen Pilgers*, kurz nach 1860 in Kasan erstmals publiziert und danach mehrmals an anderen Orten. Zum Teil ist es ihnen zu verdanken, daß die *Philokalie* auch im Westen berühmt geworden ist, wo die Erzählungen seit den 30er Jahren des 20. Jahrhunderts in verschiedene Sprachen übersetzt wurden. Seine Reise unternimmt der fromme Pilger zu Fuß; er besucht die Pilgerstätten auf der Suche nach dem wahren Leben im Gebet; und die einzigen Schätze, die er in seinem Rucksack trägt, sind die Bibel und die *Philokalie*, die er als Geschenk erhalten hat.

Der Ausgang des 18. Jahrhunderts bringt weitere Hinweise auf eine spirituelle Wiedergeburt auf Athos. Die 1784 begonnene stufenweise Rückkehr der Klöster zum koinobitischen Leben ist ein bezeichnender Auftakt. Das Typikon von 1783/1793, erlassen vom Patriarchen Gabriel V. (1780-1785), bestätigte die Regierung durch die heilige Epistasia, die von den Vertretern der 20 Klöster gebildet wird, was *de facto* schon seit langer Zeit praktiziert wurde. Dies zeigte schon die mögliche Entwicklung zur Gemeinschaft hin, die Tendenz, über die noch herrschende Idiorhythmie hinauszugehen.

Noch bezeichnender war die Streitfrage um die *Kollive*, Süßigkeiten, die in den Samstagsmessen zum Gedenken an die Verstorbenen geweiht und verzehrt wurden. Da die Samstagsmessen schon von sich aus besonders lang sind, schlugen einige Reformatoren Anfang der 70er Jahre vor, die Zeremonie auf den Sonntag zu verlegen, der im Vergleich zum Samstag weniger mit liturgischen Ämtern überfüllt ist. Der Sonntag aber ist gänzlich der Auferstehung des Herrn geweiht, der jedes andere liturgische Gedenken weichen muß. Es kam zu lebhaften Reaktionen auf seiten derer, die die Tradition und damit die korrekte Bewertung des theologischen Sinns der Liturgie, der Hauptquelle der Orthodoxie, verteidigen wollten.

Die Streitigkeiten dauerten ungefähr 10 Jahre an, mit Veröffentlichungen und Polemiken, aber auch mit schweren Maßnahmen, die gegen die »Traditionalisten« (*Kollyvades*) getroffen wurden, bis schließlich die patriarchalische Autorität dem Streit ein Ende bereitete, indem sie die traditionelle Haltung als die richtige anerkannte. Es ist auch signifikant, daß einige der *Kollyvades* zur gleichen Zeit glühend die Wiedereinführung der häufigen Kommunion verfochten (auch auf der Grundlage katholischer Veröffentlichungen, die angesichts ihres Alters gebilligt wurden). Daß der Einfluß der Athonias und des Eugenios Vulgaris schließlich doch nicht so schädlich gewesen sein konnte, ließe sich zur Not mit der Tatsache belegen, daß nicht wenige der unverfrorenen Verteidiger der traditionellen Position in der »gefährlichen« athonitischen Akademie studiert hatten, so zum Beispiel der Volksprediger und Märtyrer hl. Kosmas von Etolien (gest. 1779) und der hl. Athanasios von Paros (1721-1813), Freund des hl. Makarios Notaras und des hl. Nikodemos der Hagiorit, auch diese beiden auf der Seite der *Kollyvades*.

Die letzten Jahrzehnte des 18. Jahrhunderts bereiteten also auf verschiedenen Ebenen eine Wiedergeburt des athonitischen Mönchstums vor und damit auch des wohltuenden Einflusses, den sie auf die orthodoxe Spiritualität allgemein ausüben sollte. Die Auswirkung der Bewegung der *Kollyvades* auf die griechische Kultur war noch mehrere Generationen lang, ja bis in unser Jahrhundert zu spüren.

An der Revolution von 1821, dem Aufstand des griechischen Volks gegen die jahrhundertelange türkische Fremdherrschaft, nahmen die athonitischen Mönche griechischer Nationalität leidenschaftlich teil. Um so härter war der türkische Eingriff für die Männer und Klöster des Berges. Athos wurde erst 1912 nach einer geglückten Operation der Marine mit dem wiederhergestellten griechischen Staat vereint. Aber schon im 19. Jahrhundert mußte sich die Türkei mit Rußland über die Mönche einigen, die aus den Gebieten des Zaren kamen. Der den russischen Mönchen international garantierte Schutz wirkte sich auch auf die übrige athonitische Kommunität positiv aus.

Zum Teil erklärt das die wachsende Bedeutung, die das große Kloster St. Panteleimon im 19. Jahrhundert und bis 1917 hatte. Es war schon seit Jahrhunderten Anlaufpunkt für die russischen Mönche, die nach Athos gingen. Auch der anonyme Pilger der Erzählungen suchte den Berg. Der Bekanntheitsgrad von St. Panteleimon wurde um 1912 bis 1913 durch die »Verehrer des Namens« noch gesteigert, angeführt von dem Mönch Hilarion und von dem Priestermönch Antonij Bulatowitsch. Sie vertraten die These, daß der Name Jesus an sich göttlich sei, sowohl hinsichtlich seiner phonetischen als auch seiner graphischen Ausprägung, was allerdings eine nur sehr schwache theologische Grundlage hatte. Die Auseinandersetzung um dieserart Vorstellungen ging von Athos aus und verbreitete sich in Rußland, wo Theologen und Bischöfe eingriffen. Die Bewegung der »Onomolatri« wurde von den ökumenischen Patriarchen Joakim III. und Germanos V. wie von der hl. russischen Synode verdammt. Die Verdammung führte aber leider auch dazu, daß gut sechshundert Mönche Athos verlassen mußten, die auf verschiedene russische Klöster verteilt wurden. Kurz vor der Oktoberrevolution stand der Beginn des Jahrhunderts damit schon unter einem negativen Vorzeichen.

Der politische Umsturz in Rußland 1917 schnürte jahrzehntelang den Zustrom von Mönchen nach Athos ab; dasselbe galt für die totalitären Regimen unterstehenden Balkanländer im 20. Jahrhundert – Serbien, Rumänien, Bulgarien. Aber gerade in dieser trostlosen Zeit brachte das russische Mönchstum auch eine Größe wie den hl. Silvanos von Athos hervor. Semen Ivanovic Antonov stammte aus einer Bauernfamilie; er wurde 1866 unter der Regierung des Tambov geboren, kam 1892 zum Berg, war sein Leben lang Laienmönch und erfüllte bis zu seinem Tod (11. oder 24. September 1938) für die Gemeinschaft von St. Panteleimon verschiedene Aufgaben. Wie ein Jahrhundert vorher der hl. Serafinos von Sarov, so empfing auch Silvanos, der das »Dunkel« der Einsamkeit und inneren Verlassenheit kannte, in tiefster Askese und Demut in seinem spirituellen Erlebnis die helle Botschaft des Heils für jedes Geschöpf, auf das er in Anbetracht der Auferstehung des Herrn und der Fürsprache der Gottesmutter vertrauen sollte. In den 20er und 30er Jahren unseres Jahrhunderts wurde Athos von vielen, z. T. gelehrten, Besuchern durchwandert; und oft sprachen sie in ihren Berichten vom Verfall des Athos, der zumindest äußerlich mit Sicherheit stattgefunden hat; doch niemand wußte von dem geheimnisvollen, erleuchteten Bauern, der sich in dem verfallenden St. Panteleimon versteckte, und wahrscheinlich nicht der einzige war. Wenn nicht die Heiligkeit von Männern wie Silvanos gewesen wäre, wäre dann ein erneutes Aufleben des Athos, wie man es seit den 60er Jahren bemerkt, überhaupt möglich gewesen? Als der ökumenische Patriarch Demetrios 1988 Silvanos heiligsprach, zeigte er den Mönchen auf Athos und allen Christen auch einen Weg, dem sie folgen konnten, einen alten und doch außerordentlich neuen Weg. In einer Welt, die für den Geist immer unempfänglicher zu werden scheint, findet das Mönchstum auf dem Berg, dem die Heilige Jungfrau ihren unablässigen Schutz versprochen hatte, einen neuen Impuls. Wer sich nicht mit der oberflächlichen Neugier eines Touristen nach Athos begibt, sondern von dem Wunsch nach starker spiritueller Erfahrung getrieben wird, erfährt in ruhigen und längeren Gesprächen mit den Mönchen, daß es immer mehr junge Leute gibt, die sich auf der Suche nach dem Wesentlichen dorthin zurückziehen. Sehr oft handelt es sich nicht einfach um »Bauern« von bescheidener Herkunft, sondern um Personen, die wichtige Positionen innehatten und eine glänzende Karriere vor sich hatten. Mit der Mönchsberufung entstehen so neue, große spirituelle Lehrer.

Die Worte eines dieser Meister sollen diese Aufzeichnungen beschließen:

Als du gelernt hast, dich mit deinem ganzen Sein vor der Ikone Christi, der Allheiligen und aller Heiligen niederzuwerfen, erkanntest du den Weg, der dich zur Quelle des ewigen Lebens führt. [...] Wir Armen, wenn es nicht so wäre. Dann wären wir die Ärmsten aller Menschen (siehe Kor. 15, 19) Alle wir Mönche wären elend und zu bemitleiden. So aber ist es uns möglich, glücklich zu sein, denn für uns gibt es die Aussicht auf Heil. Der Herr hat die menschliche Natur angenommen und vergöttlicht. Und die Geretteten sind nicht diejenigen, die uns überragen (und wir die von ihnen Überragten), sondern sie sind unser wahrestes Ich. Durch ihre Fürsprachen führen sie uns zum Leben. In ihnen ist es uns möglich zu überwinden[26].

ANMERKUNGEN

1 Auf dem Athos waren und sind viele Legenden im Umlauf, die bis auf das 4. Jahrhundert (Konstantin) oder das 5. Jahrhundert zurückgehen. Darin heißt es zum Beispiel, daß Xeropotamou und Esphigmenou von der hl. Pulcheria gegründet wurden, Tochter Theodosios' II. (408-450) und Frau des Markianos (450-457). Die Gründung wird von einem ebenso berühmten wie falschen Dokument »bewiesen«, das in F. Dölgers Buch *Aus den Schatzkammern des Heiligen Berges*, München 1948, auf den Seiten 132-136 veröffentlicht ist. Die Absicht, Athos zu einem alten Mönchsort zu machen, wie es die berühmten ersten Stätten des christlichen Mönchstums in Ägypten, in Syrien und im Mittleren Orient sind, ist offensichtlich.

2 Nikephoros Gregoras (um 1295-1359/60), *Antirrhetika I.* (Wiener Studien, 12), Wien 1976, S. 123-125

3 Innozenz III., *Registrorum lib.* XVI, S. 168: Sancti Athanasii ceterisque abbatibus et monachis Montis Sancti (PL 216, 956 D-957 A). Der Ausdruck *spiritualium ubertas* im lateinischen Text kann auch als »Fruchtbarkeit der Geistlichen« verstanden werden. Das Wortspiel *nomen* und *numen* bezieht sich auf die Bezeichnung »Heiliger Berg«, die zu Zeiten des Innozenz III. schon mehrere Jahrhunderte geläufig war und noch heute sehr oft gebraucht wird (auf griechisch Haghion Oros).

4 Ein sehr verbreitete, alte byzantinische Tradition, wenn auch keine Vorschrift, will, daß der Mönchsnamen, den man bei der Profeß annimmt, denselben Anfangsbuchstaben wie der Taufnamen hat.

5 ital. Übersetzung von B. Lavagnini, *La letteratura neoellenica*, Florenz 1969, S. 115

6 Z. Papantoniou, *Haghion Oros*, Athen 1934. Auf Seite 189 gibt Papantoniou einen Brief von Eugenios Vulgaris über den Athos wieder: dieser hatte auf Athos eine sehr enttäuschende Erfahrung gemacht.

7 Gemeint ist die Schere, mit der bei der Einkleidung dem neuen Mönch die Tonsur geschnitten wird.

8 Die byzantinische Kirche kennt verschiedene »Fastenzeiten« im liturgischen Jahr: die »große Fastenzeit«, die auf Ostern vorbereitet; die Fastenzeit der Apostel, die vom Sonntag aller Heiligen (erster Sonntag nach Pfingsten) bis zum 29. Juni (Peter und Paul) geht; die Fastenzeit der Heimholung Mariä (15. August) von 1. bis 14. August; die Fastenzeit der Kreuzabnahme vom 23. August bis zum 14. September; die weihnachtliche Fastenzeit vom 15. November bis zum 24. Dezember. In diesen Zeiten wird mehr oder weniger stark gefastet, aber normalerweise ist der Verzehr von Tieren (Fleisch und Fisch) immer ausgeschlossen und oft beschränkt man sich auf Trockenobst (*xirofaghìa*)

9 T. Papatsonis, *Askisi ston Atho*, Athen 1963, S. 192-93

10 »Idiorhythmisch« (von *idios* »eigen« und *rhythmos* »Rhythmus, Regel«) heißt eine Art des Mönchslebens, das später näher beschrieben wird.

11 *Vita di s. Pietro dell'Athos* (BHG^3 1505) in: K. Lake, *The early days of monasticism on Mount Athos*, Oxford 1909, S. 25

12 Die *Vita des hl. Petros von Athos* (BHG3 1506) von Gregorios Palamas wurde von C. Jannig in den *Acta Sanctorum* (II, S. 538-556) am 12. Juni herausgegeben, liturgischer Gedenktag des Heiligen. Sie wurde in die *Patrologia Graeca* von Migne (PG 150, Sp. 996-1040) aufgenommen und wartet auf die endgültige kritische Edition in der vollständigen Ausgabe der Werke des Palamas, die in Thessaloniki herausgegeben wird.

13 PG 150, Sp. 997

14 ebd., Sp. 1000

15 siehe oben, Anmerkung 11

16 Herausgegeben von D. Papachryssanthou in »Analecta Bollandiana« 88 (1970), S. 27-41. Der Kanon ist eine lyrische Komposition für die Morgenmesse, der normalerweise aus 8 Oden besteht.

17 *Vita di S. Pietro dell'Athos*, Ausgabe Lake, S. 28-29

18 ebenda, S. 29

19 ebenda

20 ebenda, S. 29-30

21 Evagrio, *Sulla preghiera*, S. 124-125, in: *La Filocalia*. Traduzione, introduzione e note di MB. Artioli e M.E. Lovato, I, Turin 1982, S. 286

22 Beide *Viten* gibt es in kritischer Ausgabe im griechischen Text: *Vitae duae antiqua snactii Athanasii Athonitae*, herausgegeben von J. Noret (Corpus Christianorum, Series Graeca 9), Turnhout-Leuven 1982.

23 In der Person des hl. Paulos von Xeropotamou fließen mehrere Legenden zusammen, die über Persönlichkeiten vor seiner Zeit bestehen: siehe S. Binon, *Les origines legendaires de l'histoire de Xeropotamou et de Saint-Paul de l'Athos*. Etude diplomatique et critique (Bibliothèque du Muséon, 13), Louvain 1942.

24 Die Schenkungsurkunde des Athanasios existiert noch und ist herausgegeben von Doelger, *Aus den Schatzkammern*, siehe oben, S. 292-295 (Dokument Nr. 108, Dezember 984)

25 Zur Übersetzer- und schriftstellerischen Tätigkeit des hl. Euthymios siehe M. Tarchnisvili / J. Assfalg, *Geschichte der kirchlichen georgischen Literatur* (Untersuchungen und Texte,185), Vatikanstaat 1955, S. 126-154. Zur allgemeinen Bedeutung Ivirons als Brutstätte der georgianischen Kultur siehe E. Chintibidize, *Ajonskaja gruzinskaja literaturnaja skola*, Tbilisi 1982

26 Basileios von Iviron, *Canto d'ingresso* (trad. it. a cura di A. Ranzolin), Cernusco-Schio 1992, S. 131-132

BIBLIOGRAPHIE

Die Bibliographie über den Athos ist unermeßlich: Die Sammlung von Irénée Doens bis 1963 erstreckt sich über 133 eng bedruckte Seiten (*Le millénaire du Mont Athos*, II, S. 337-495, mit Einführung und Index); eine nur wenige Jahre später erschienene Bibliographie, die nur einen Teilaspekt behandelte, nämlich Athos und die russische Kirche, umfaßt weitere 60 Seiten (A. Prosvirnin, *Afon i russkaja Cerkov. Bibliografia*, »Bogoslovskije Trudy« 15, 1976, S. 185-256). In der hier folgenden Bibliographie finden sich daher Quellenangaben und Empfehlungen für eine vertiefende Lektüre.

1. Quellen

K. Lake, *The early days of monasticism on Mount Athos*, Oxford 1909.
Ph. Meyer, *Die Haupturkunden für die Geschichte der Athosklöster*, Leipzig 1894 (vor der eigentlichen Sammlung der Urkunden enthält es eine klare und genaue Geschichte des Athos bis zum 19. Jahrhundert).
F. Doelger, *Aus den Schatzkammern des Heiligen Berges*, München 1948.
Archives de l'Athos, fondées par G. Millet, publiées par P. Lemerle, Paris 1937 (P. Lemerle und zahlreiche Mitarbeiter publizieren seit sechzig Jahren methodisch die Dokumente aus den Archiven der einzelnen Klöster).

2. Geschichte

Le millénaire du Mont Athos 963-1963. Études et mélanges, I-II, Chevetogne 1963 (weitreichende Sammlung von Texten über die Geschichte, die Spiritualität und die Kunst der Halbinsel).
Nê Athônikê Politeia. Epi tê chilietêridi tou Hagiou Orous, Thessaloniki 1963.
I. Mamalakes, *To Hagion Oros dia mesou tôn aiônôn* (Makedonikê Bibliothêkê, 33), Thessaloniki 1971 (es ist die größte und ausführlichste Abhandlung über die Geschichte des Athos).
S. Runciman, *The Great Church in captivity*. A study of the patriarchate of Constantinople from the eve of the Turkish conquest to the Greek war of independence, Cambridge 1968.
A. Bryer, H. Lowry, *Continuity and change in late Byzantine and early Ottoman society*, Birmingham-Washington 1986.
G. Podalsky, *Griechische Theologie in der Zeit der Türkenherrschaft 1453-1821*, München 1988.
P.S. Nasturel, *Le Mont Athos et les Roumains*. Recherches sur leurs relations du milieu du XIVe siècle à 1654 (»Orientalia Christiana Analecta«, 227), Rom 1986.
A. Bryer, M. Cunningham (Hrsg.), *Mount Athos and Byzantine monasticism*, London 1996.
A.-E. Tachiaos, *Mount Athos and the European Community*, Thessaloniki 1993.

3. Orthodoxie und mönchische Spiritualität; Persönlichkeiten und Einzelaspekte

P. Evdokimov, *L'ortodossia*, Bologna 1965.
J. Meyendorf, *La teologia bizantina*, Casale Monferrato 1984.
Théologie de la vie monastique. Études sur la tradition patristique (»Théologie«, 49), Paris 1961.
V. Lossky, *La teologia mistica della Chiesa d'Oriente. La visione di Dio*, Bologna 1967.
P. Evdokimov, *Le età della vita spirituale*, Bologna 1981.
Theokletos Dionysiates, *Metaxy ouranou kai ges. Hagioreitikos monachismos*, Athenai 1956 (Abhandlung über die athonitische Mönchsspiritualität, »von innen« geschrieben: der Autor, Mönch in Dionysiou, war eine bedeutende Persönlichkeit auf Athos in der zweiten Hälfte unseres Jahrhunderts).
J. Meyendorff, *Introduction à l'étude de Grégoire Palamas* (»Patristica Sorbonensia«), 3, Paris 1959.
G. Podskalsky, *Theologie und Philosophie in Byzanz*, München 1977.
A. Rigo, *Monaci esicasti e monaci bogomili*, Florenz 1989.
B. Schultze, *Maksim Grek als Theologe* (»Orientalia Christiana Analecta«, 167), Rom 1959.
P. Velickovskij, *Autobiografia di uno Starets* (»Scritti Monastici«, 10), Praglia 1988.
I. Citterio, *L'orientamento ascetico-spirituale di Nicodemo Aghiorita*, Alessandria 1987.
T. Spidlik u.a., *Amore del bello. Studi sulla Filocalia*, Magnano 1991.
R. von Walter (Hrsg.), Aufrichtige Erzählungen eines russischen Pilgers, Freiburg i. Br. 1959.
B. Schultze, *Der Streit um die Göttlichkeit des Namens Jesu in der russischen Theologie*, »Orientalia Christiana Periodica«, 17 (1951), S. 321-394.
Archimandrita Sofronio, *Silvano del Monte Athos. La vita, la dottrina, gli scritti*, Turin 1978.

4. Beschreibungen und Reisetagebücher

R.M. Dawkins, *The monks of Athos*, London 1936.
E. Amand de Mendieta, *La presqu'île des caloyers. Le Mont Athos*, Bruges 1955.
E. Benz, *Patriarchen und Einsiedler*. Der tausendjährige Athos und die Zukunft der Ostkirche. Düsseldorf 1964.
J.J. Norwich, R. Sitwell, *Mount Athos*, London-New York 1966.
C. Cavarnos, *The Holy Mountain*, Belmont-Mass 1973.
E. Grassi, *Berg Athos. Eine Pilgerfahrt zum Berg der Asketen*, München 1981.
E.R. Galbati, *Monte Athos. La repubblica della fede*, Mailand 1982.
J. Blot, *La Montagne Sainte*, Paris 1984.
M.A. Wittig, Athos. *Der Heilige Berg von Byzanz*, Würzburg 1985.
S. Kadas, *Mount Athos*, Athen 1991.

Die Kunstschätze

Massimo Capuani

Architektur

Die Klostergebäude

Obwohl bei einzelnen Klöstern charakteristische Eigenheiten auftreten, sind die geographische Lage und die Architektur der Athosklöster, die von feststehenden, streng befolgten Regeln geprägt sind, doch im wesentlichen einheitlich.

Die Standortwahl der Klostersiedlungen ergab sich aus der Notwendigkeit der Versorgung und Verteidigung. Die Verteilung der zwanzig Klöster scheint zwar zufällig und planlos – zehn liegen an der Küste (Dochiariou, Xenophontos, St. Panteleimon, Grigoriou, Dionysiou, Iviron, Stavronikita, Pantokratoros, Vatopedi, Esphigmenou), fünf relativ nah am Meer (Simonopetra, St. Paulus, Große Lavra, Karakalou, Chilandari), und fünf im Landesinnern (Zographou, Konstamonitou, Xeropotamou, Koutloumous, Philotheou). Bei genauerer Untersuchung treten jedoch Parallelen zutage: die Nähe zu Wasserläufen und zu Brennholz liefernden Wäldern, bequemer Zugang zum Meer und möglichst großer Schutz bei Pirateneinfällen.

Der Charakter der Klosterarchitektur ist außen und innen vollkommen unterschiedlich. Nach außen dominiert der strenge Verteidigungscharakter. Das Kloster ähnelt dem byzantinischen *Castellum,* mit zinnengekrönten Mauern, Türmen und Wällen; bei der Großen Lavra und in Vatopedi finden sich sogar Gräben. Die Notwendigkeit der Verteidigung bestimmt den Charakter der Klöster. Die Strenge der Gebäude wird allerdings von auskragenden Holzbalkons aus osmanischer Zeit abgeschwächt. Sie zeigen zum Land oder Meer hin und verleihen den Klöstern oft ein besonders pittoreskes Aussehen.

Im Gegensatz dazu ist die Architektur der Gebäude im Klosterinneren anmutiger und lebhafter in der Farbgebung; sie variiert in Proportionen und Größen. Die Außenarchitektur entspringt einem Bedürfnis nach Sicherheit, die innere Architektur dagegen dem Bedürfnis nach »Funktionalität« eines Klosterlebens; daher sind einzelne Gebäude, wie Kirche (*Katholikon*), Refektorium (*Trapesa*), die Kapelle für die Wassersegnung (*Fiàli*), Mönchszellen, Bibliothek und Gästehaus einheitlich verteilt.

Mittelpunkt der üblicherweise rechteckigen Anlage ist ein großer, von Gebäuden umgebener Innenhof; darin thront die Klosterkirche, das *Katholikon,* Wahrzeichen und Stolz des Klosters. Durch die Form des Grundstücks oder durch spätere Erweiterungsbauten ergaben sich in einigen Fällen Grundrisse dreieckiger (Vatopedi, Chilandari), polygonaler (Große Lavra, Iviron) oder unregelmäßiger Außenform (Simonopetra, Dionysiou, Grigoriou, Xenophontos).

Im Laufe der Jahrhunderte erweiterte man das Kloster in der Regel dadurch, daß man einen Klosterflügel abriß und mit größeren Außenmaßen (Chilandari, Xenophontos) wieder aufbaute. Wenn die Grundstücksform jedoch keine Erweiterungen in der Horizontalen erlaubte, ging man in die Vertikale, baute zusätzliche Stockwerke auf die schon vorhandenen Gebäude (Simonopetra), oder man baute, teilweise virtuos ausgeführt, vorspringende Hängegallerien an, die in Dionysiou sogar dreistöckig sind.

Der Eingang und der Hof

Der Klostereingang ähnelt dem einer mittelalterlichen Festung oder eines befestigten Weilers; er besteht aus einem Doppelportal, einer Innen- und Außentür mit *Diavatikon*, einem meist überdachten Zwischenraum. Die massiven Türflügel sind mit dicken Metallblättern und großen Nägeln beschlagen; im Inneren wird mit einem mächtigen Holzbalken (*Sigos*) geschlossen, den man wie einen Riegel horizontal vor- und zurückschiebt.

Die Klöster haben normalerweise keinen zweiten Eingang; nur die Große Lavra, Esphigmenou, Xenophontos, und Grigoriou besitzen eine Schlupftür namens *Paraplis*.

Der Innenhof folgt meist der Form der Außenmauern. Bei manchen Klöstern ist der Hof besonders groß, wie bei der Großen Lavra mit 6.000 qm und bei Vatopedi mit 5.000 Quadratmetern. Andere Klöster haben wegen der geologischen Formation der Umgebung einen äußerst kleinen Innenhof, der dann fast vollständig vom *Katholikon* eingenommen wird, wie bei Dionysiou und Stavronikita.

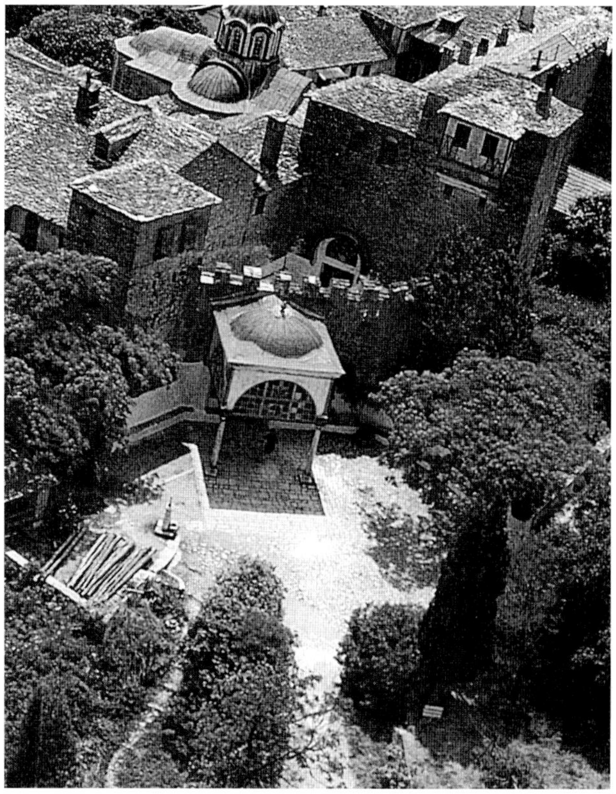

8. Kleiner Innenhof am Eingang der Großen Lavra

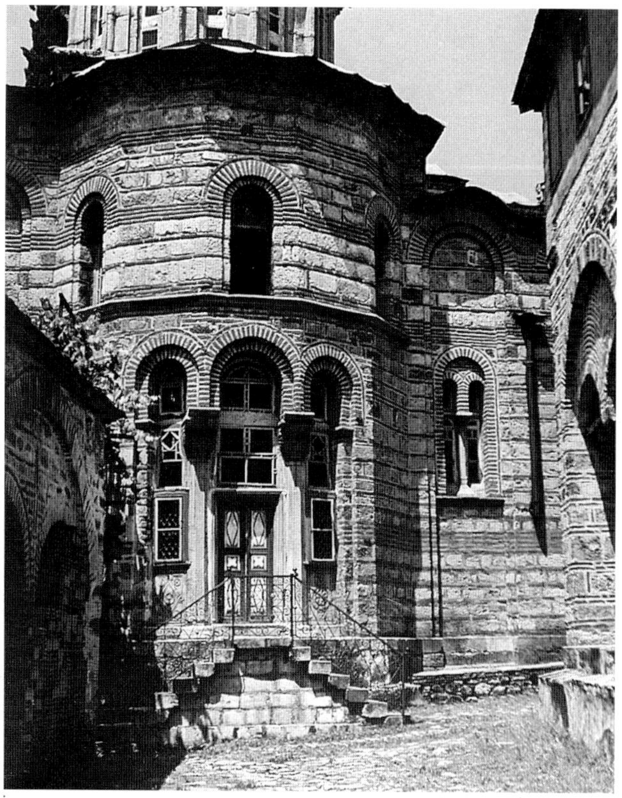

9. Südfassade des Katholikons in Chilandari (Detail).

Das Katholikon

Die Hauptkirche wird auf dem Berg Athos *Katholikon* (universell) genannt, da sie für alle Mönche bestimmt ist. Sie ist sowohl vom architektonischen als auch vom liturgischen Gesichtspunkt her das wichtigste Klostergebäude; durch die Lage im Zentrum des Hofes, streng west-östlich orientiert, wird ihre Funktion als Herzstück des Klosters, als Anziehungspunkt und Zentrum des Mönchslebens noch unterstrichen.

Die architektonische Typologie der athonitischen *Katholika* ist eine ganz eigene und wird »hagioritisch« genannt. Im Prinzip kommt die Form von den Kirchen in Konstantinopel, hat also den Grundriß eines eingeschriebenen griechischen Kreuzes und wird von einer Kuppel überragt. Dazu kommen die drei für Athos charakteristischen Eigenheiten: die Dreikonchenanlage, die *Lite* und die Seitenkapellen (*Parekklissia*).

Die Dreikonchenanlage, oder Trikonchos, macht den besonderen dreiapsidialen Grundriß (*Konchi* = Apsiden) aus; neben der Hauptapsis sind, entsprechend den zwei Transsepten, zwei Seitenapsiden. Dieses Charakteristikum ist allen *Katholika* auf Athos zueigen, abgesehen vom *Katholikon* in Stavronikita, und hier nur aus Platzgründen.

Die Dreikonchenanlage wird den besonderen liturgischen Bedürfnissen einer Mönchsgemeinschaft insofern gerecht, als sich die Mönche während des Gottesdienstes in den zwei Seitenapsiden, oder Chören, im Halbkreis auf den an die Wände gelehnten Sitzen (*Stassidia*) verteilen. Dadurch können sie besser am Gottesdienst teilnehmen und sich eingebunden fühlen, wie es dem koinobitischen Ideal des Gottesdienstes entspricht. Die Größe der Chöre läßt das Schiff extrem klein wirken; das ist vollkommen in Einklang mit der Natur und der Funktion einer Klosterkirche, in der Laien nicht vorgesehen sind.

Von der Statik her gesehen kann die Dreikonchenanlage im Vergleich zur traditionellen, gradlinigen Außenmauer außerdem den seitlichen Schub der Kuppel besser abfangen. Die Hauptapsis im Osten ist ihrerseits von zwei kleineren Apsiden flankiert, von denen die eine als *Prothesis* für eucharistische Vorbereitungen und die andere als *Diakonikon* für die Aufbewahrung der liturgischen Gewänder und Bücher fungiert.

Die *Lite* ersetzt in den athonitischen *Katholika* den Narthex, oder besser gesagt den Esonarthex (innerer Narthex); *Lite* bedeutet »Prozession« und weist so auf die speziellen Zeremonien hin, die dort zelebriert werden. Es handelt sich um einen großen, rechteckigen, vor dem *Naos* liegenden Raum, der

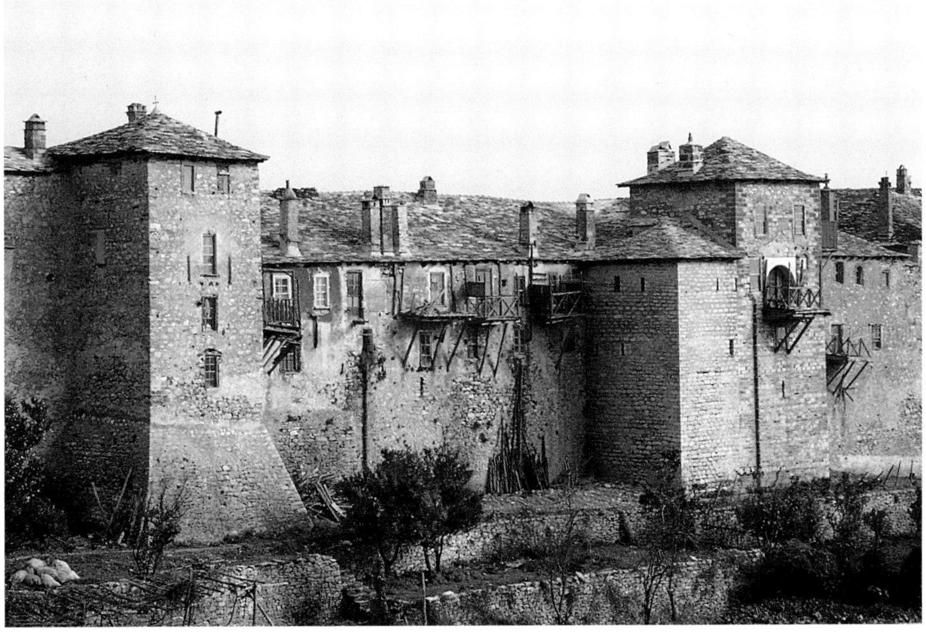

10. Südmauer des Klosters Große Lavra

gewöhnlich von zwei Säulen getragen wird und in sechs Joche aufgeteilt ist; eine Ausnahme bildet die besonders weiträumige *Lite* in Dochiariou mit vier Säulen und neun Jochen. Auf Athos erscheint die *Lite* erstmals Ende des 13. Jahrhunderts in Chilandari, und seither ist sie ein charakteristisches Element der athonitischen *Katholika.* Ihre Architektur weist auffallende Analogien zu der des armenischen *Gavit* auf, eines Raumes, der dort im 12. und 13. Jahrhundert vor den Basiliken lag und nicht nur liturgische Funktion hatte, sondern auch Unterrichtsraum und Sitzungsort für Versammlungen war.

Die dritte Besonderheit der Klosterkirchen auf Athos sind die *Parekklissia,* Kapellen, die sich an den Nord- und Südseiten des Katholikons öffnen. Üblicherweise kommt man von der *Lite* oder vom Atrium aus in die Kapellen, die in der Regel den Grundriß in Form eines eingeschriebenen griechischen Kreuzes haben und von einer Kuppel überragt sind.

Das Äußere des *Katholikons* ist besonders prächtig und elegant. Die Wände sind meist verputzt und mit dunkelroter Farbe getüncht (byzantinisches Rot), die an das Blut Christi und der Märtyrer erinnern soll; es paßt auch zum griechischen Inselgeschmack, der kräftige Farben bevorzugt. Mancherorts wird dagegen durch das Spiel mit Bauelementen (Ziegeln und Steine) oder dekorativen Elementen (Keramiken und Majolika) Farbenfreudigkeit erzielt.

Auch die *Skiten* haben eine Kirche, um die sich Zellen und andere Klostergebäude gruppieren; sie wird *Kiriakon* genannt (wörtlich: des Herrn; oder auch: Sonntag), weil man dort sonntags und an Feiertagen Gottesdienst feiert.

In der Hauptstadt Karyes befindet sich die metropolitische Kirche, genannt Protaton. Sie unterscheidet sich in ihrer Architektur gänzlich von den *Katholika* der Klöster. Obwohl sie den Grundriß eines eingeschriebenen griechischen Kreuzes hat, hat sie weder eine Kuppel noch die charakteristischen halbrunden Seitenchöre der *Katholika.* Die Verbindung eines kreuzförmigen Grundrisses mit basilikalem Äußeren macht diese Kirche besonders originell und einzigartig.

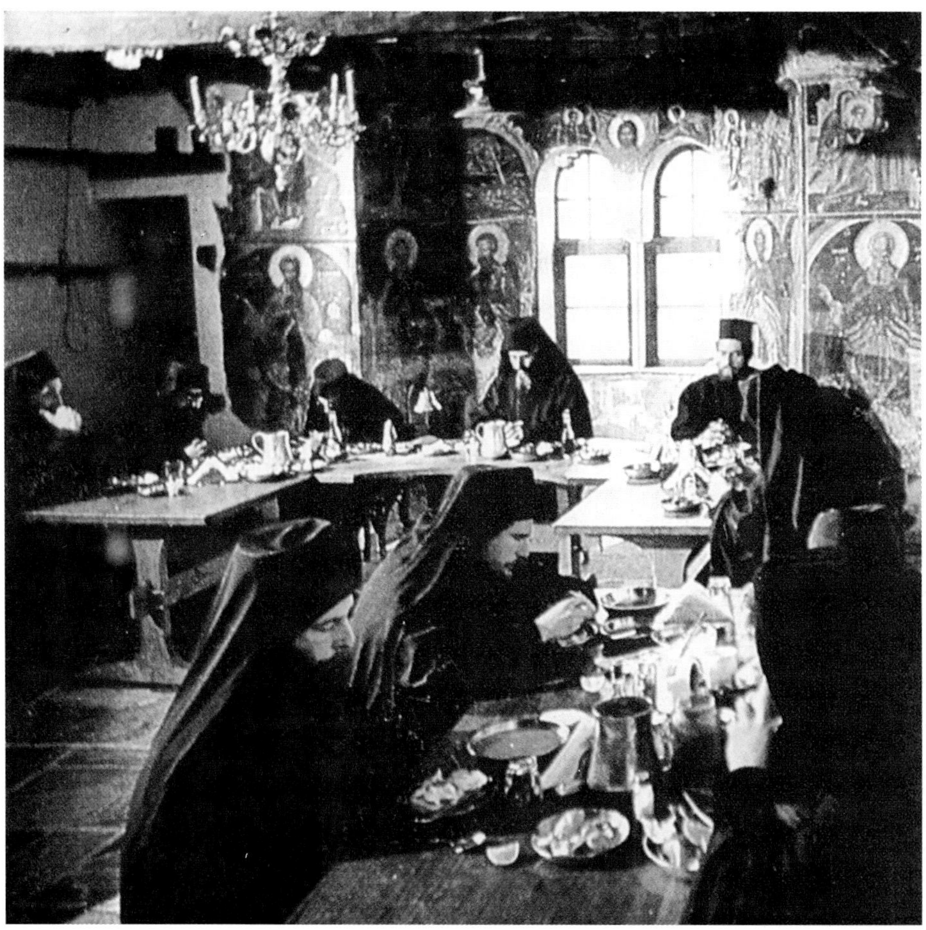

11. Mahlzeit im Refektorium zu Stavronikita

Das Refektorium

Das Refektorium (*Trapesa*) liegt in der Regel westlich vom *Katholikon*, dem Eingang gegenüber. Manchmal besteht es aus einem eigenen Gebäude (Große Lavra, Vatopedi, Iviron, Koutloumous, Esphigmenou, St. Panteleimon), in Klöstern mit weniger Platz ist es in einem Klosterflügel untergebracht. Die Lage hat ihren Grund, denn das Speisen stellt den letzten liturgischen Akt dar, auf den sich die Mönche vorbereiten, wenn sie in Reih und Glied zum Refektorium gehen. Während sie sich im Katholikon von dem Brot nähren, das ewiges Leben gibt, nähren sie sich im Refektorium vom Brot, das irdisches Leben gibt.

Alles im Inneren des Refektoriums soll eine geistliche Atmosphäre schaffen: sowohl die Nüchternheit der Marmor- oder Holztische, als auch die Darstellungen an den Wänden: die nüchternen Bildnisse der heiligen Asketen und die berührenden Szenen aus dem *Meneloghion* und dem *Hymnus Akathistos.*

Je nach Grundriß unterscheidet man drei verschiedene Typen athonitischer *Trapesa*: rechteckig (Esphigmenou, Philotheou, Pantokratoros, Stavronikita, Chilandari, Xenophontos), in Form eines lateinischen Kreuzes (Große Lavra, Vatopedi, Xeropotamou) oder in T-Form (Dionysiou, Dochiariou, St. Paulus).

Am Ende des Saals, wo sich der Tisch des Hegumenen befindet, wölbt sich eine Apsis, gewöhnlich von zwei Apsiden flankiert. Während der Mahlzeiten liest ein Mönch (*Viavastis* oder *Anaghnostis*) von einem Lesepult herab Auszüge aus der Heiligen Schrift, Homilien der Kirchenväter oder Heiligenlegenden.

Die Küchen (*Estia* oder *Maghirion*) und der Brotbackofen (*Maghipion* oder *Artopion*) liegen normalerweise in Räumen neben dem Refektorium, die Vorratslager dagegen oft in unterirdischen Räumen, die wegen ihres Klimas besser für die Konservierung der Lebensmittel geeignet sind.

Die Phiale

Die *Phiale* ist ein kleines, meist rundes Kuppelgebäude, mit oktogonalem oder dekagonalem Peristyl; in der Mitte schießen aus einem Marmorbrunnen ein oder mehrere Wasserstrahlen.

Die meisten Klöster besitzen eine *Phiale*; Ausnahmen sind Stavronikita, Karakalou, Dionysiou, Grigoriou, Simonopetra, Pantokratoros und Konstamonitou. In Vatopedi hat die *Phiale* ein doppeltes Peristyl, in Dochiariou hat sie einen rechteckigen Grundriß.

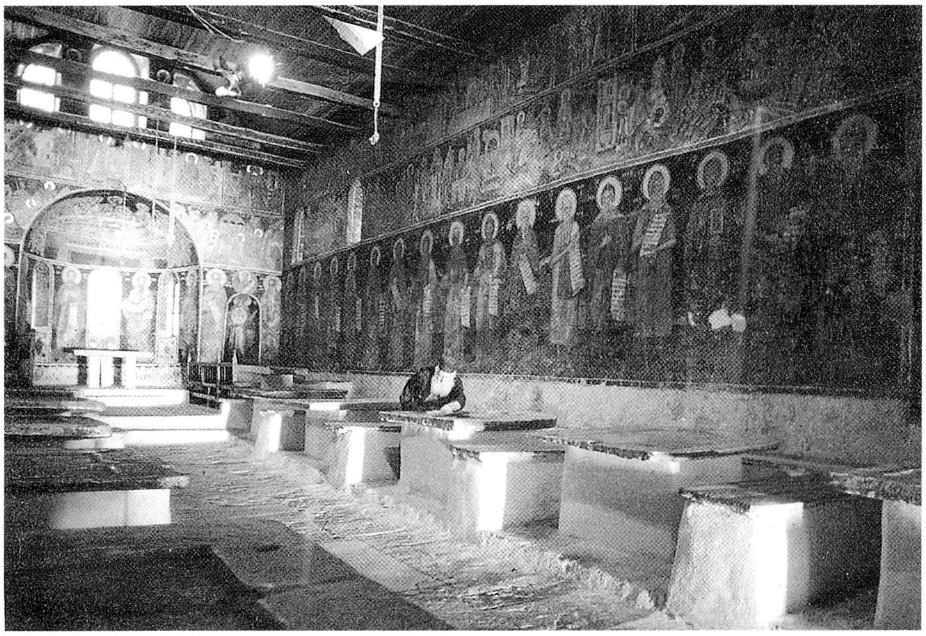

12. Refektorium der Großen Lavra, aus der Gründerzeit des Klosters

Normalerweise liegt die *Phiale* im Klosterhof zwischen dem *Katholikon* und der *Trapesa.* Früher wusch man dort Hände, Unterarme und Gesicht vor dem Betreten der Kirche. Dieses überlieferte Ritual unterließ man mit der Zeit im Christentum; von den Muslimen wurde es dagegen aufgegriffen und übernommen.

Außerhalb des Athos wurde das Brunnenwasser auch für die Taufe benutzt. Daher beziehen sich die Themen der Kuppelfresken darauf: Die Taufe Christi, die Geschichten aus dem Alten Testament, die als Vorläufer der Taufe angesehen werden, und die Propheten, die die Taufe vorhergesagt hatten.

Jedes Jahr am Tag der Epiphanie wird in den athonitischen Klöstern das Wasser in den *Phialen* feierlich geweiht, und diese Zeremonie wird, in weniger feierlicher Form, jeden ersten Sonntag im Monat wiederholt; das geweihte Wasser wird dann in allen Klostergebäuden versprengt.

Der Verteidigungsturm

Die meisten athonitischen Klöster haben einen Wach- und Verteidigungsturm (*Ochirotikos Pirgos*), der mit seiner Massivität und seinen Zinnen dem gesamten Klosterkomplex einen mittelalterlichen und militärischen Eindruck verleiht. Erbaut an besonders strategischen Punkten, wie am Eingang des Klosters (Stavronikita, Karakalou) oder an einem erhöhten Platz (Große Lavra, Vatopedi, Dionysiou, Dochiariou, Chilandari, Pantokratoros, St. Paulus), sollten vom Turm aus schon von weitem die Piraten bei ihren Überfällen auszumachen sein; außerdem war er letzter Zufluchtsort für die Mönche. Daher befindet sich im Erdgeschoß normalerweise eine Trinkwasserzisterne. Im vorletzten Geschoß ist der Raum mit den Pechnasen; im obersten Stock liegt eine dem Schutzpatron geweihte Kapelle.

Die in glattem Stein und auf quadratischem Grundriß erbauten Türme sind oft beachtlich hoch: Karakalou (25,80 m), Dionysiou (23,90 m), Dochiariou (20,00 m), Große Lavra (21,00 m), Hafen von Zographou (23,70 m) und Iviron (22,50 m).

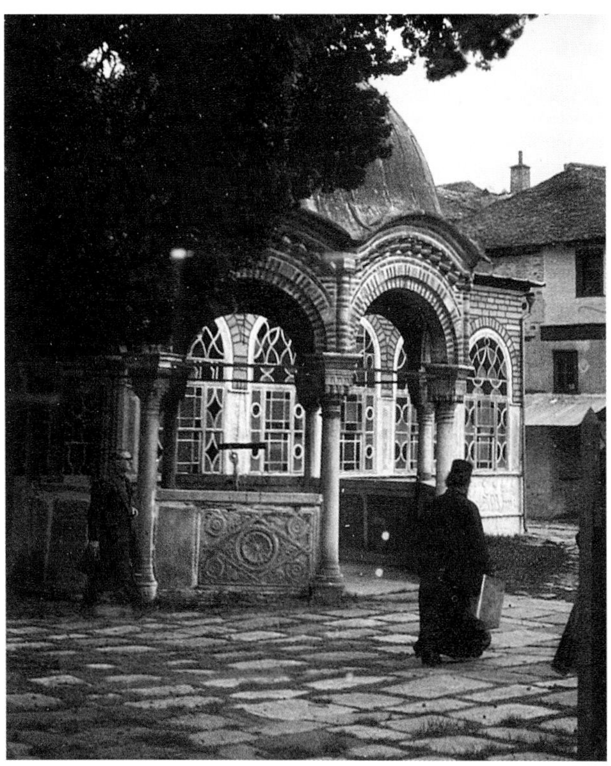

13. Gepflasterter Innenhof und Phiale in der Großen Lavra

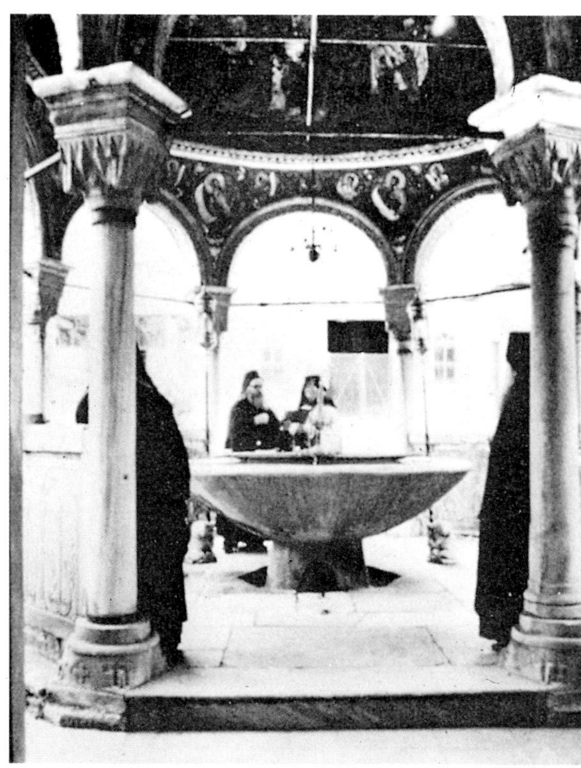

14. Monolithisches Becken in der Phiale der Großen Lavra

Der älteste ist höchstwahrscheinlich der im 16. und 17. Jahrhundert restaurierte Turm der Großen Lavra, der, so die Überlieferung, auf den byzantinischen Kaiser Johannes Tzimiskes zurückgehen soll, der ihn angeblich gegen Ende des 10. Jahrhunderts errichten ließ.

Der Glockenturm

Die Glockentürme (*Kampanaria* oder *Kodostassia*, im Singular *Kampanario* und *Kodonostassion*) sind aus eher jüngerer Zeit, da es auf Athos erst seit dem 13. Jahrhundert Glocken gibt. Man bevorzugte das traditionelle *Simandron* aus Holz oder Metall, ein beeindruckendes Schlaginstrument, das mit einem Hammer rhythmisch geschlagen wird.

Die Türme liegen an verschiedenen Plätzen: manchmal sind sie Teil des *Katholikons*, über dem Narthex und in einer Achse mit dem *Naos* (Karakalou, Philotheou); in anderen Fällen handelt es sich um eigene Gebäude (Vatopedi, Xenophontos), oder sie sind in einen Klosterflügel integriert (Xeropotamou, Zographou, Esphigmenou, Grigoriou).

Die Klosterzellen

Die Klosterzellen werden *Kellia* oder *Kelle* genannt und bilden mehrstöckige Gebäude, *Korde*, die etymologisch von dem lateinischen Wort *Chorda* und dem griechischen *Chordi* kommen (»Kreisschnur«). In der Tat liegen sie wie Schnüre um den Kreismittelpunkt, das *Katholikon*.

Die *Korde* öffnen sich zum Innenhof hin in einer Loggia, *Iliakos* oder *Emvolos*. Die ältesten Loggien (Große Lavra, Xenophontos, Dochiariou) sind aus Stein mit Architraven und Säulen aus Holz; von der zweiten Hälfte des 18. Jh. an (Xeropotamou, Koutloumous, Pantokratoros, Stavronikita, Zographou)

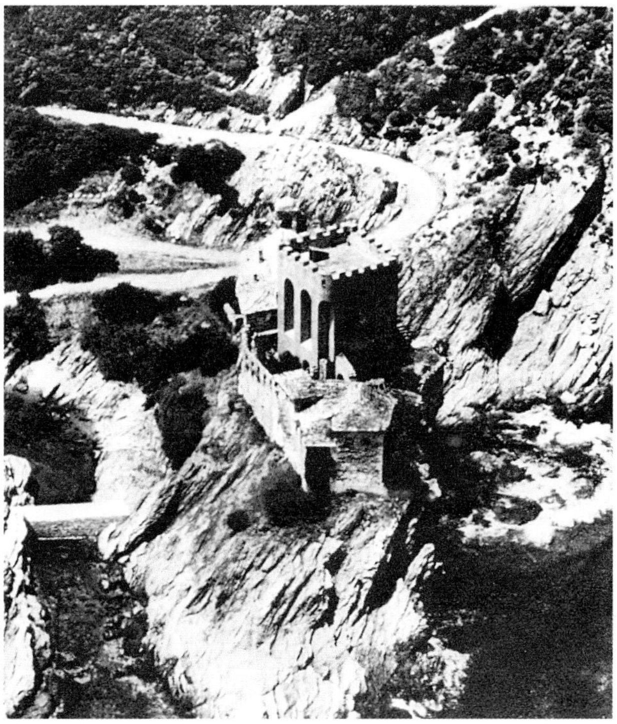

15. Luftansicht des Hafens mit Verteidigungsturm unterhalb der Großen Lavra

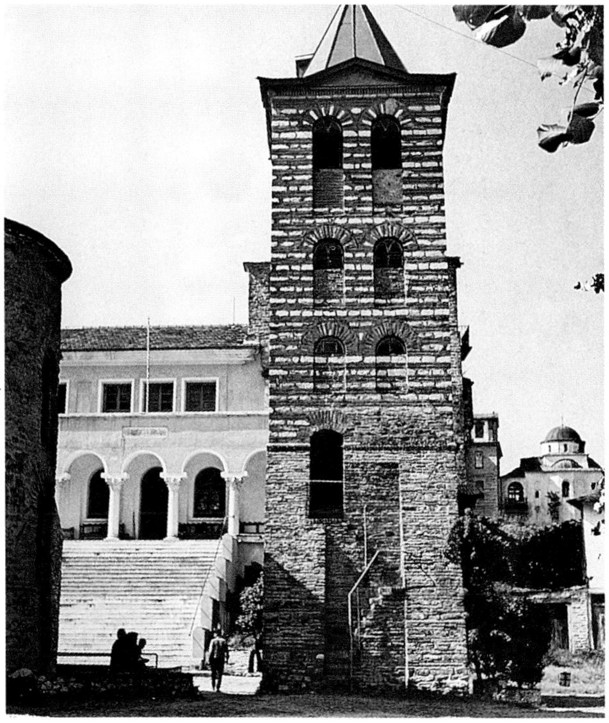

16. Gebäude der Heiligen Gemeinschaft in Karyes und Turm des Protaton

baute man hauptsächlich offene Arkaden aus Stein, der, abgesehen vom besonders charakteristischen Baustil, im Brandfall größere Sicherheit bot. Besonders malerisch sind die Keramikdekors in den Arkadenzwickeln.

Der Hafen und die Mole

Jedes Kloster hat einen kleinen Hafen oder eine Mole, *Arsanas*, wo die Boote liegen; er ist Anlegestelle für das Auf- und Abladen der Waren, die aus dem oder zum Kloster kommen.

Die *Arsanas* wird durch einen Wehrturm geschützt, der manchmal erstaunliche Maße annimmt (Zographou, Iviron) und der in Karakalou und bei der Großen Lavra eine regelrechte Festung mit Zinnenmauern und Zugbrücke ist.

Malerei

Die wichtigsten Merkmale der athonitischen Malerei

Der Berg Athos ist bis zur Zeit der Paläologen (1259-1453) eines der wichtigsten künstlerischen Zentren im byzantinischen Reich. Auch unter der türkischen Herrschaft (1453-1912) setzte sich die künstlerische Tradition fort; man brachte Meisterwerke sowohl in der Fresken- als auch in der Ikonenmalerei hervor.

Die athonitische Malerei will das Wesen des Mönchstums ausdrücken und somit die Erregungen einer gläubigen Christenseele, die in Kontemplation über die göttlichen Mysterien versunken ist. Sie ist also eine Kunst, die Spiritualität ausdrückt und interpretiert. Sie will den spirituellen Kontakt zwischen dem Mönch, dem leidenschaftlichen Verfechter der Tugend, dem Gottsuchenden, und Gott selbst unterstützen und schaffen.

Daher geht es nicht primär darum, durch harmonisch einwandfreie Figuren Ergebnisse von besonders ästhetischem Wert zu schaffen, sondern vielmehr darum, eine innere Lebendigkeit der Gestalten, Härte und Ernsthaftigkeit bei den Asketen oder den Liebreiz der *Panaghia* zu erreichen.

Die Mosaiken, Fresken und Ikonen zeigen besonders eindringlich die Ehrfurcht vor Gott, die Liebe zu Christus, die Verbundenheit mit der Gottesmutter und die nacheifernde Verehrung der heiligen Asketen.

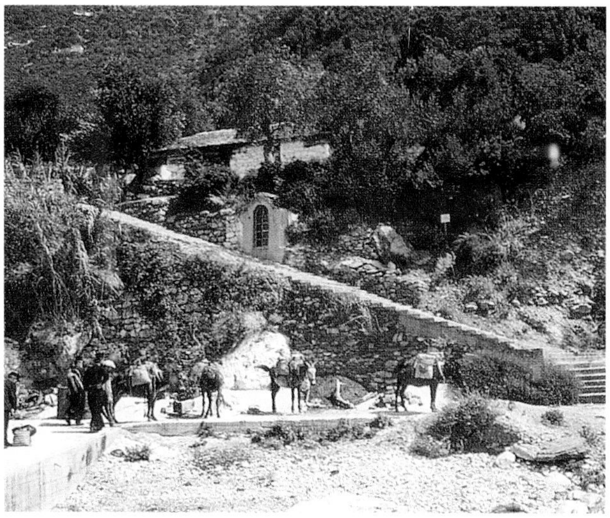

17. Hafen (Arsanas) eines Klosters

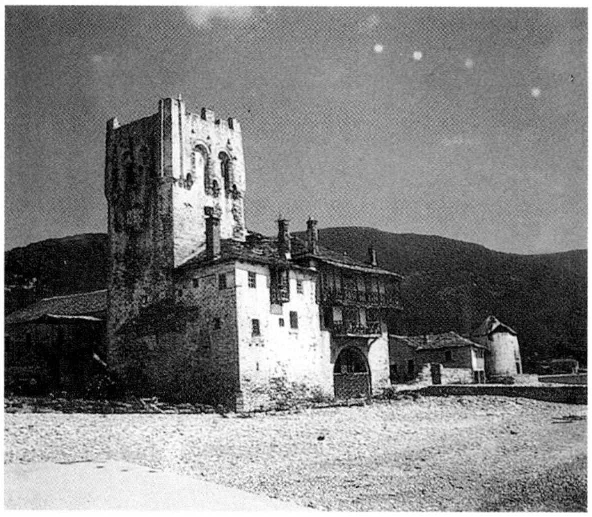

18. Hafen des bulgarischen Klosters Zographou

Die Mauermosaike

Die einzigen Mauermosaike, die heute noch auf dem Berg Athos existieren, befinden sich im *Katholikon* von Vatopedi. Es handelt sich um zwei Verkündigungszyklen vom Anfang des 11. und Ende des 13. Jahrhunderts, eine *Deesis* vom Anfang des 12. Jahrhunderts, und eine Büste des hl. Nikolaus vom Ende des 13. Jahrhunderts.

Im neuen *Katholikon* in Xenophontos findet man außerdem zwei jetzt tragbare Mosaikikonen, die die heiligen Soldaten Georg und Demetrios darstellen. Sie sind aus dem 12. Jahrhundert und waren wahrscheinlich Teil der Mauerdekoration im alten *Katholikon.*

Daß es nur so wenige Mosaike auf Athos gibt, scheint nicht so sehr daran zu liegen, daß sie in darauffolgenden Zeiten zerstört worden wären, als vielmehr daran, daß eine so raffinierte und teure Technik nicht den mönchischen Idealen entsprach. Im Gegensatz zum Fresko, das eine mit einfachen Mitteln auszuführende Maltechnik ist, werden beim Mosaik nach einem Schema bunte Steine, Glaspasten und mit Gold- oder Silberfolie überzogene Steinchen verlegt. Die zu Hunderten an die Wand geklebten Steinchen verleihen den Darstellungen mit ihren warmen und leuchtenden Tönen eine außergewöhnliche Intensität.

Die Fresken

Das Fresko repräsentiert die klassische Form der Mauermalerei auf Athos. Hunderte von Fresken schmücken Kirchen, Kapellen und Refektorien und spiegeln die künstlerischen Strömungen seit dem 12. Jahrhundert wider.

Die ältesten Fresken auf Athos gehen auf das Ende des 12. Jahrhunderts zurück. Aus jener Zeit gibt es allerdings nur wenige Exemplare, wie in der Kirche des alten, heute zu einem *Kellion* herabgesetzten Klosters Ravdouchou. Sie zeigen den Petrus und Paulus in aufrechter und frontaler Stellung; den linearen und dekorativen Stil findet man bei gleichzeitig entstandenen Werken in Makedonien. Daher nimmt man an, daß sie nicht von Athosmönchen, sondern von Künstlern von außerhalb, vielleicht aus Thessaloniki oder Konstantinopel, ausgeführt wurden.

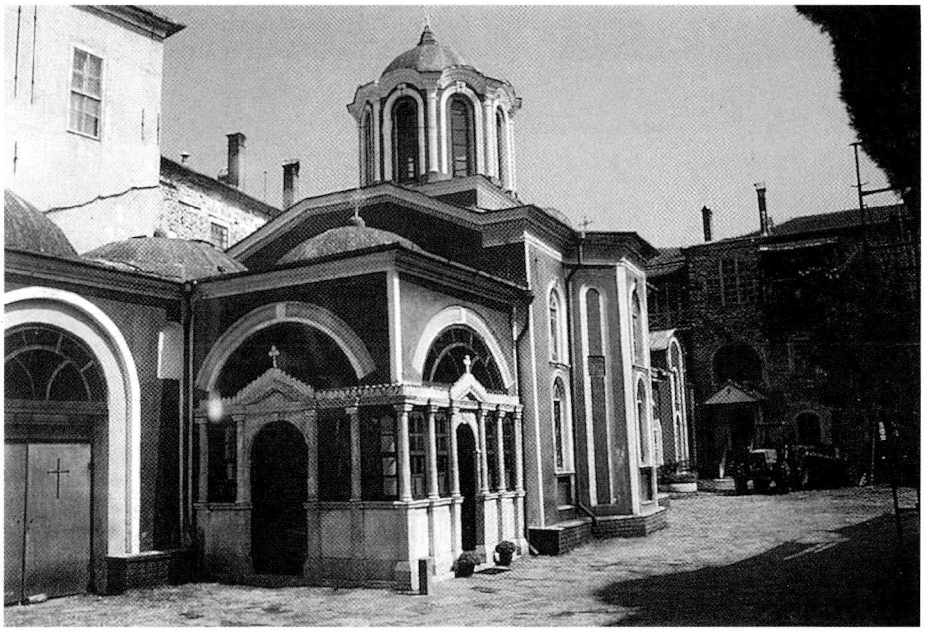

19. Kapelle der Panaghia Portaitissa im Kloster Iviron

Aus dem 13. Jahrhundert ist lediglich ein Freskofragment bekannt; es befindet sich in der Apsis der Kapelle im Turm der Verklärung in Spasova Voda bei Chilandari. Dieses ungefähr auf 1260 datierbare Fragment ist besonders wertvoll: es stellt die Gottesmutter mit Christus Immanuel auf der Brust dar, außerdem einen Engel, den hl. Johannes Chrysostomos und den hl. Gregor von Nazianz.

Das 14. Jahrhundert war für die mit der sogenannten »makedonischen Schule« gleichzusetzende byzantinische Malerei eine besonders glanzvolle Zeit, die zur Zeit der Paläologen in Makedonien und in Serbien ihre Blütezeit hatte. Die Charakteristika der »makedonischen« Schule sind ihr energischer Realismus und ihr Gefühl für Lebendigkeit und Bewegung, das dennoch den Idealen der Perfektion und der eigenen griechischen Schönheit treu bleibt. Die »makedonischen« Künstler versuchen, Lebendigkeit der Bewegung, Lebhaftigkeit der Gebärden, Dynamik und Sinn für Dramatik mit hellenistischer Anmut und Eleganz zu verbinden.

Die »makedonische Schule« hat ihren Ursprung in Thessaloniki, ihre wichtigsten Vertreter sind Manuel Panselinos und Georg Kalierghi. Auf dem Athos ist sie mit den Freskenzyklen im Protaton zu Karyes (erstes Viertel des 14. Jh.) und mit Fresken in den Katholika zu Vatopedi (1312), Chilandari (1319-1320) und Pantokratoros (zweite Hälfte des 14. Jh.) vertreten. Die Fresken im Protaton sind von Manuel Panselinos selbst, einem Künstler mit starker Persönlichkeit, der außergewöhnlich meisterhaft die Zyklen des Lebens Christi und der Jungfrau sowie Bildnisse der heiligen Soldaten, Asketen und der Vorfahren Christi auszuführen wußte. Seine Kunst ist zwar elegant und anmutig, hat aber realistische Züge; trotz ihrer Würde und Vornehmheit imponieren seine Heiligenfiguren in ihrer vibrierenden, expressiven Intensität. Der Schule des Panselinos werden die Fresken im *Katholikon* zu Vatopedi zugeschrieben; die lebhafte Gestik der Personen und der intensive Ausdruck in der Mimik verleihen besonders den Szenen der Passion Christi einen expressiven Realismus mit ungewöhnlicher Kraft und Suggestion.

Einige Fragmente der makedonischen Schule sind in der Großen Lavra und in St. Paulus aufbewahrt. Man nimmt an, daß die ursprüngliche, heute verlorene Dekoration des *Katholikons* in der Großen Lavra auch ein Werk von Manuel Panselinos war.

In der zweiten Hälfte des 15. Jahrhunderts und Anfang des 16. Jh. entwickelte sich auf Kreta eine neue Schule byzantinischer Malerei. Die sogenannte »kretische« Schule – idealistisch, konservativ, traditionalistisch und mönchisch – sandte ihre aus Kreta stammenden Meister zuerst zu den Meteorerklöstern, dann zum Berg Athos und schließlich in alle orthodoxen Länder aus.

Gerade wegen ihres konservativen und idealistischen Charakters, wegen der dunklen Tonalität und der Atmosphäre der Andacht, die sie schafft, schien die kretische Kunst bestens für eine strenge Kirche geeignet zu sein und für Mönche, die ein Leben in Andacht und Buße führen. Die Künstler dieser Schule waren stark beeinflußt von der feinen und genauen Ikonen- und Miniaturtechnik. Die weitschweifigen ikonographischen Themen und großen Kompositionen der makedonischen Schule wurden aufgegeben, um einer Vielfalt von Szenen Platz zu machen; diese wirken wie einzelne Darstellungen, sozusagen ein Ensemble aus Ikonen und Miniaturen.

Der höchste Vertreter und Vater der kretischen Schule ist der Mönch Theophanes aus Kreta (Theofanis Stralitzas); außer den Fresken im Kloster St. Nikolaus in Meteore verdankt man ihm auch die Ausschmückung des *Katholikons* (1525) der Großen Lavra und wahrscheinlich auch des Refektoriums (nach 1535), die er mit Hilfe seines Sohns Symeon ausmalte.

Schülern und Nacheiferern von Theophanes sind die Malereien in zahlreichen *Katholika*, Refektorien und Kapellen auf Athos zuzuschreiben: einem gewissen Antonios das *Bema* und der *Naos* im *Katholikon* zu Xenophontos; dem kretischen Zorzis das Katholikon von Dionysiou (1547); dem aus Boötien stammenden Frangos Katelanos die Kuppel des hl. Nikolaus in der Großen Lavra (1560); einem zweiten Theophanes der Narthex im *Katholikon* zu Xenophontos (1563); unbekannten Künstlern die Kapelle im *Kellion* Molywoklisia (1536), die Johannes-Evangelist-Kapelle im *Kellion* St. Prokopios (1537), das *Katholikon* in Koutloumous (1540), das Refektorium in Philotheou (1540), die Georgskapelle im Kloster St. Paulus (1555), das *Katholikon* von Dochiariou (1568) und das Refektorium und der Apokalypsezyklus in Dionysiou (Ende 16. Jh.).

Gegen Ende des 16. Jahrhunderts beginnt mit einem allgemeinen Verfall der athonitischen Klöster auch eine langsame, schrittweise Dekadenz in der Malerei. Die Künstler sind in ihrer allzutreuen Abhängigkeit von den kretischen Meistern unfähig, sich weiterzuentwickeln. Im 17. und 18. Jahrhundert läßt selbst die Qualität der Imitationen nach und läßt eine Kunst entstehen, die keinerlei Lebendigkeit mehr zeigt, die immer stärker volkstümliche und barocke Züge annimmt.

Erst Anfang des 18. Jahrhunderts entsteht eine neue künstlerische Bewegung; sie knüpft an die Malerei des 14. Jahrhundert der makedonischen Schule an und interpretiert sie neu. Ihr bedeutendster Vertreter ist der Mönch Dionysios aus Phourna, einer griechischen Ortschaft auf dem Festland. Er war ein mittelmäßiger Maler, der seine Künstlerausbildung auf Athos erhielt, aber ihm fällt der Verdienst zu, in Karyes, zwischen 1728 und 1733, eine »Malanleitung« geschrieben zu haben. Das Werk handelt nicht nur von Maltechniken, sondern auch und vor allem von den ikonographischen Kanones für die Darstellungen in den Kirchen und Refektorien. Diese künstlerische Bewegung, die sich zum Ziel nahm, zur Lebendigkeit und Natürlichkeit der makedonischen Malerei der Paläologenzeit zurückzukehren, ist leider nur ein kurzes Zwischenspiel, das mit Dionysios von Phourna endet; nur drei Jahre lang war der Verfallsprozeß unterbrochen.

Die Ikonen

Der Ausdruck »Ikone« (von *ikón* = Bildnis) bezeichnet das religiöse Tafelbild, das gewöhnlich auf Holz gemalt wird. Die Tafel wird vor dem Farbauftrag sorgfältig mit einem Untergrund aus Kreide und Alabasterstaub überzogen. Manchmal sind Ikonen auch in »Mosaik«-Technik ausgeführt.

Die Themen sind dieselben wie die der Fresken, nämlich Christus, die Gottesmutter, die Apostel, die Evangelisten, Heilige, Märtyrer, Asketen, Bischöfe und die unter einem heilsgeschichtlichen Gesichtspunkt wichtigsten Szenen aus dem Alten und Neuen Testament. Aus dem Neuen Testament werden immer wieder die zwölf großen Feste der byzantinischen Jahresliturgie (*Dodekaorton*), die Wunder, Parabeln, Leben, die Passion und Auferstehung Christi, das Leben der Heiligen und der Märtyrer und theologische Kompositionen gezeigt.

Die Lehre der orthodoxen Kirche besagt, daß die Ikonen die Heiligkeit und die spirituelle Kraft der dargestellten Personen ausdrücken und daß sie denjenigen, der davor betet, zu den Archetypen der dargestellten heiligen Bildnisse erhebt: zu Christus, zur Gottesmutter und zu den Heiligen. Die religiösen Bildnisse ihrerseits schenken demjenigen, der sie verehrt, Gnade und Tugend. Die auf Athos sehr zahlreichen, sogenannten »thaumaturgischen« Ikonen, werden besonders verehrt, weil sie, so die Überlieferung, Wunder vollbringen können.

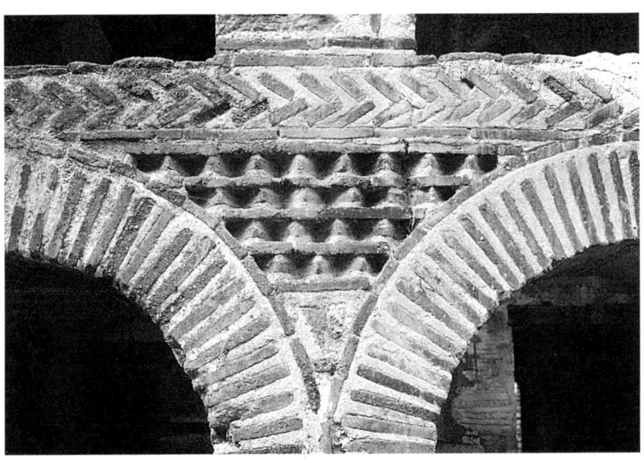
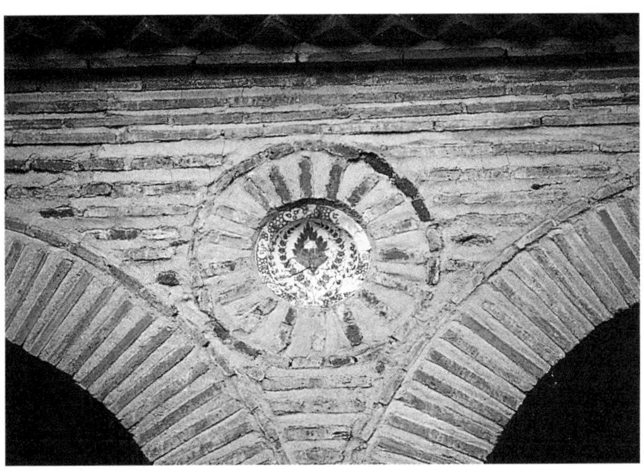

20. und 21. Zwei Ziegeldekorationen der athonitischen Korde

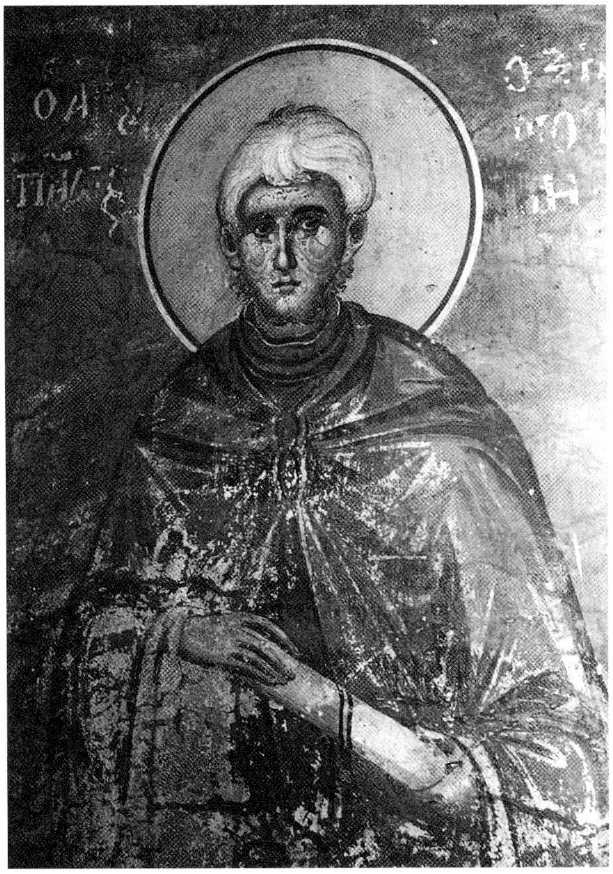

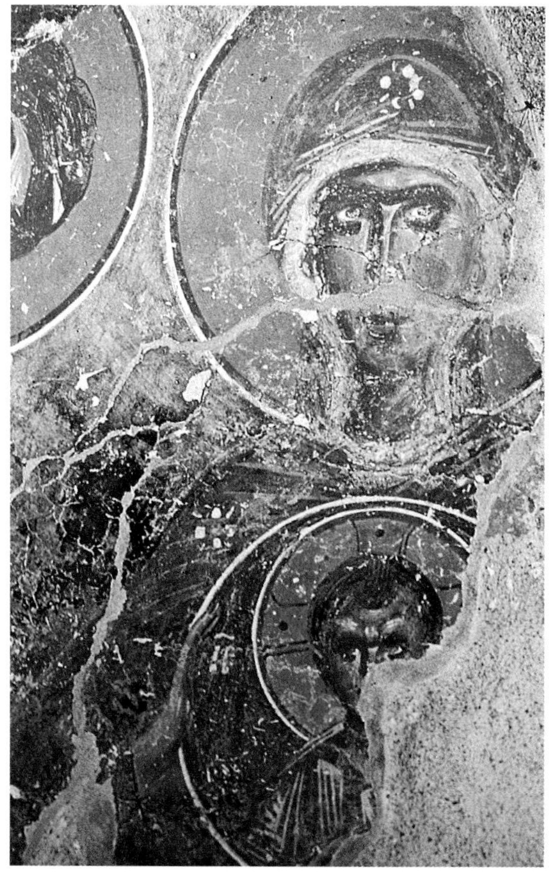

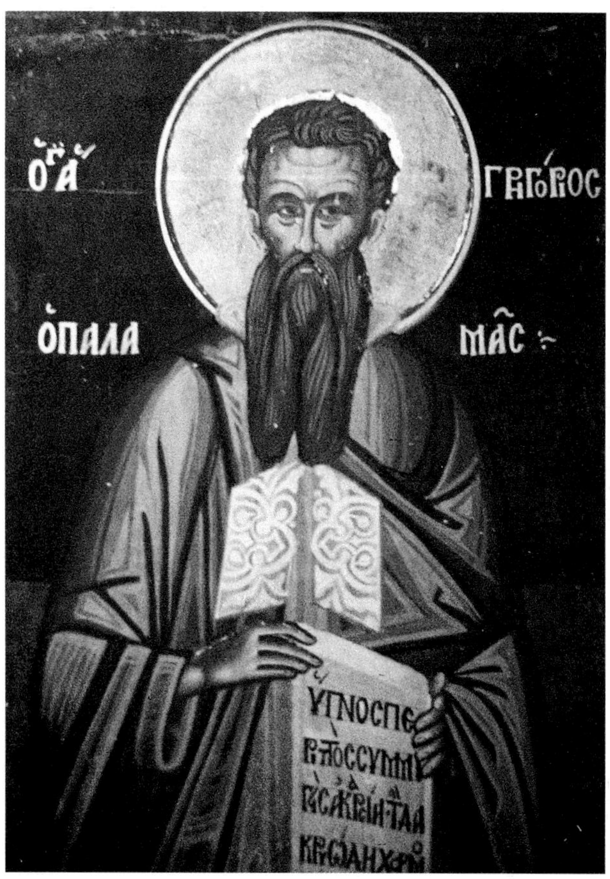

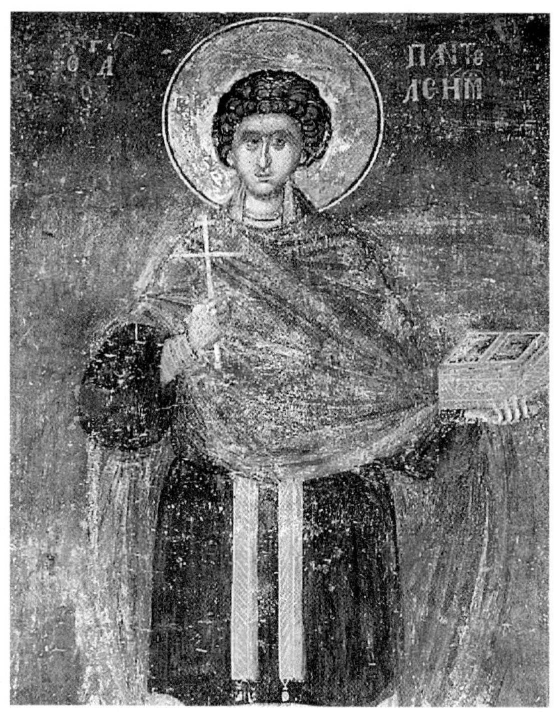

22-25. Hl. Paulos Xiropotaminos, Fresko im Protaton zu Karyes (Anfang 14. Jh.), Gottesmutter mit Kind, Fresko in Spasova Voda bei Chilandari (13. Jh.), Gregorios Palamas, Fresko im Refektorium von Dionysiou (16. Jh.), hl. Panteleimon, Fresko in Chilandari

Die Ikonen sind im Gegensatz zur Wandmalerei – Fresken und Mosaike – in der Regel weniger konkret und »historisch«. Während letztere biblische und hagiographische Geschichten erzählen, sind die Ikonen ausschließlich Kultbildnisse, die eine übernatürliche Kraft in sich bergen. Im Gegensatz zum Freskenmaler ist daher der Ikonenmaler, der um den heiligen Charakter seiner Werke weiß, weniger an der Phänomenologie, der Natur und der Anatomie interessiert; die Farben haben symbolische Bedeutungen und sollen nicht die dargestellten Objekte wiedergeben.

Die sogenannte »umgekehrte Perspektive«, die von der byzantinischen Malerei eingeführt wurde, verstärkt die »Anwesenheit« des im Bild Dargestellten. Es handelt sich um die Umkehrung der Zentralperspektive; die Fluchtlinien treffen sich nicht in einem Punkt hinter dem Bildnis, sondern in einem Punkt davor. Daraus ergibt sich, daß sich die Räume vom Inneren des Bildnisses in Richtung auf den Betrachter zubewegen. Die Ikone ist also nicht ein Fenster zur Welt, sondern selbst ein Anwesenheitsort, Anziehungspunkt für denjenigen, der sich öffnet, um sich darin zu versenken.

Der bei den byzantinischen Ikonografen beliebte Goldgrund spiegelt in der Kostbarkeit seines Materials das Paradies wider; er bewirkt, daß die Figuren entmaterialisiert wirken und schafft besondere illusionistische Effekte.

Die Mosaikikone war, vor allem wegen ihrer Kostbarkeit, beim byzantinischen Adel seit dem 11. Jahrhundert besonders beliebt; vom 11. bis zur Mitte des 13. Jahrhunderts sind die Mosaikikonen, wie auch die farbigen Steinchen, relativ groß. Sie schmückten die Ikonostasen und die *Proskinitaria*, an denen sie von den Gläubigen verehrt wurden, und zeigten meistens Heiligenbüsten.

Ein bedeutendes Exemplar der Mosaikikonen jener Zeit auf Athos ist die Ikone der Gottesmutter *Odighitria* in Chilandari (57 x 38cm), die vom Ende des 12. Jahrhunderts stammt; dieselben technischen und stilistischen Merkmale findet man bei der Ikone des hl. Nikolaus Stavronikita (42,5 x 34 cm), obwohl sie aus jüngerer Zeit, wahrscheinlich vom Ende des 13. oder Anfang des 14. Jahrhunderts stammt.

Ab der zweiten Hälfte des 13. Jahrhunderts verändert sich die Mosaikikone deutlich: das Format wird kleiner, die Steinchen werden klein wie Nadelköpfe, und die Technik ist außergewöhnlich virtuos.

In der Paläologenzeit (1260-1350) wird die Mosaikikone für ungefähr ein Jahrhundert zu einem sehr gefragten Luxusobjekt, oft mit einem prunkvollen Silberrahmen, der mit Edelsteinen und Email dekoriert ist.

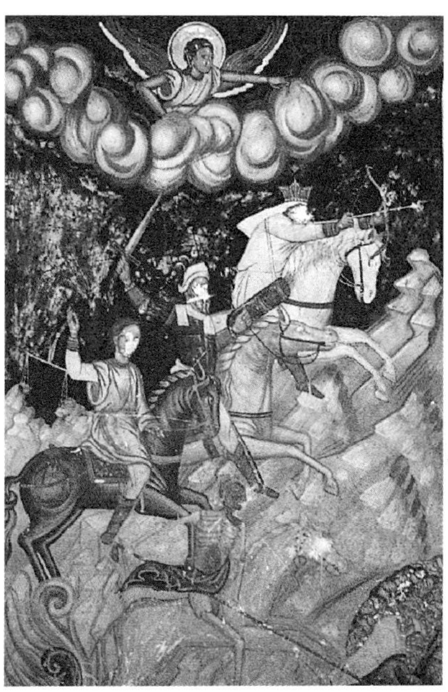
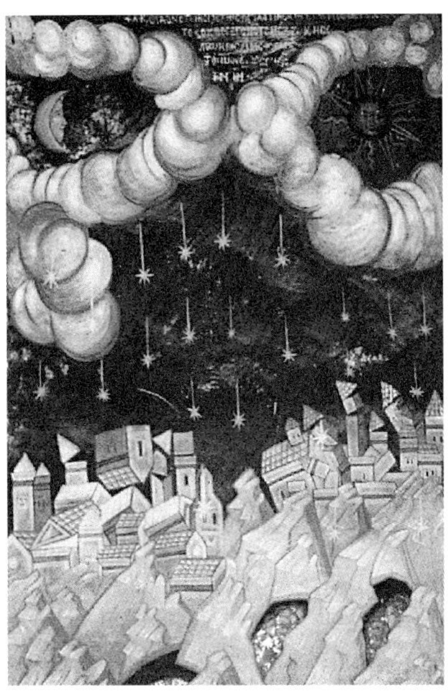
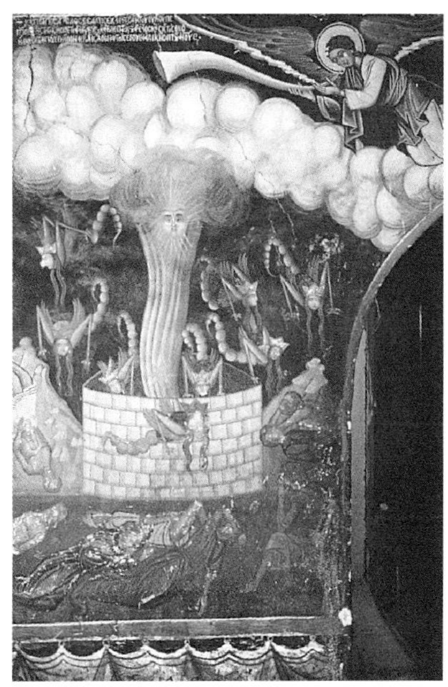

26-28. Fresken aus dem Apokalypsezyklus in der Vorhalle zum Refektorium in Dionysiou (16. Jh.)

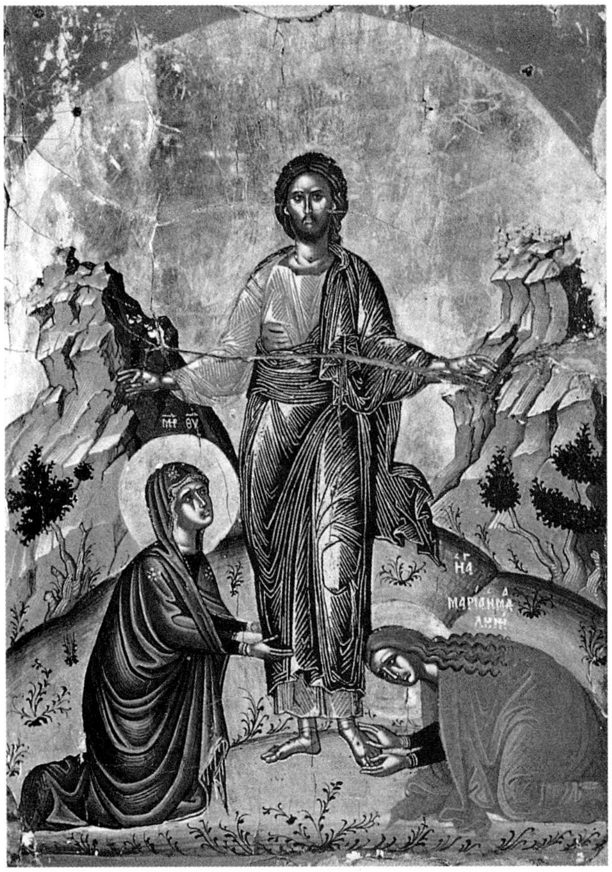

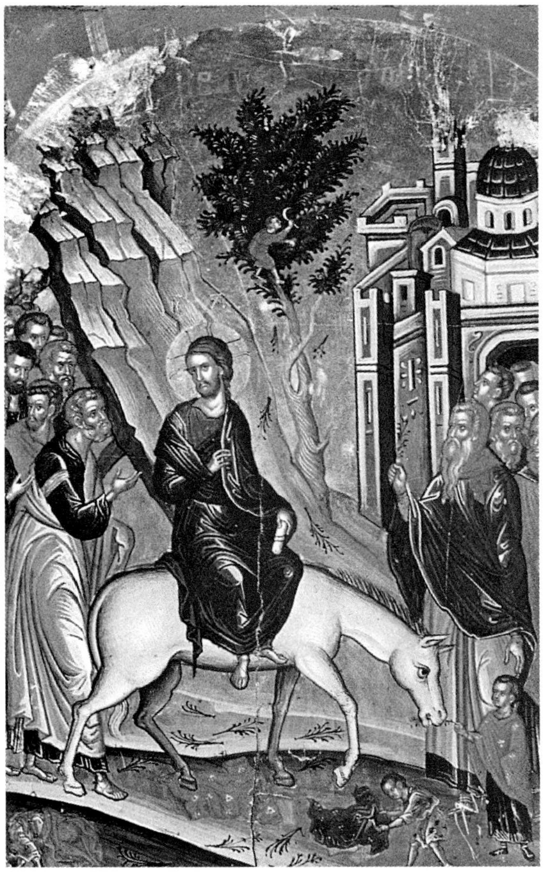

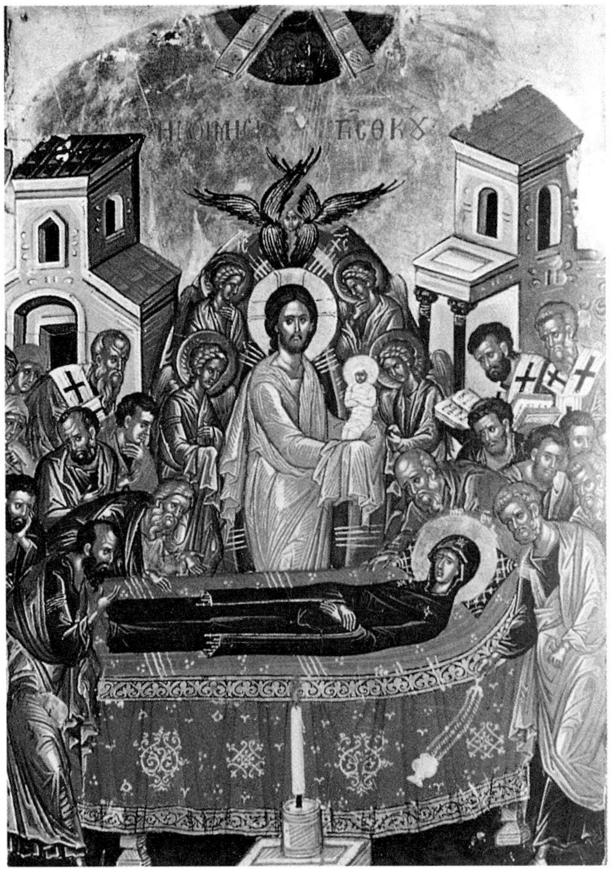

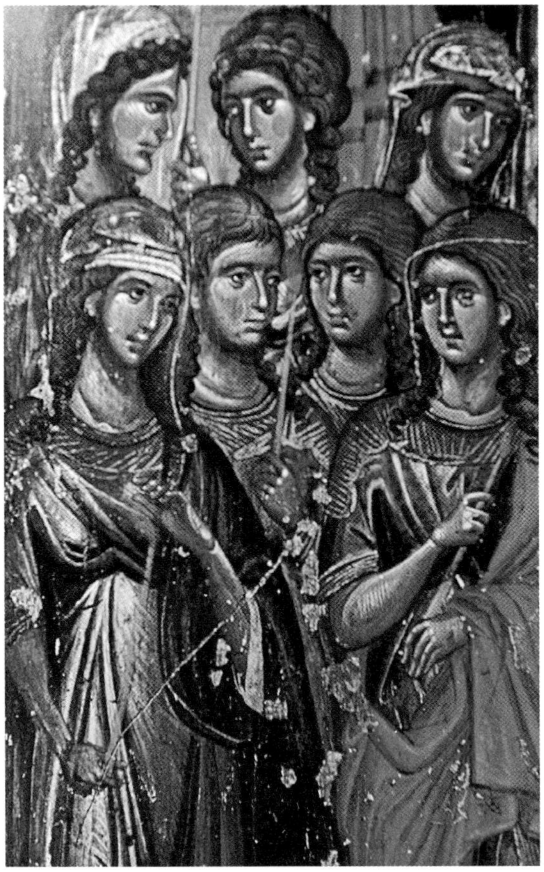

29-31. Oben und unten links: Ikonen aus kretischer Schule im Katholikon zu Stavronikita (16. Jh.); unten rechts: Darbringung der Gottesmutter im Tempel (Detail der Ikone), Chilandari (14. Jh.)

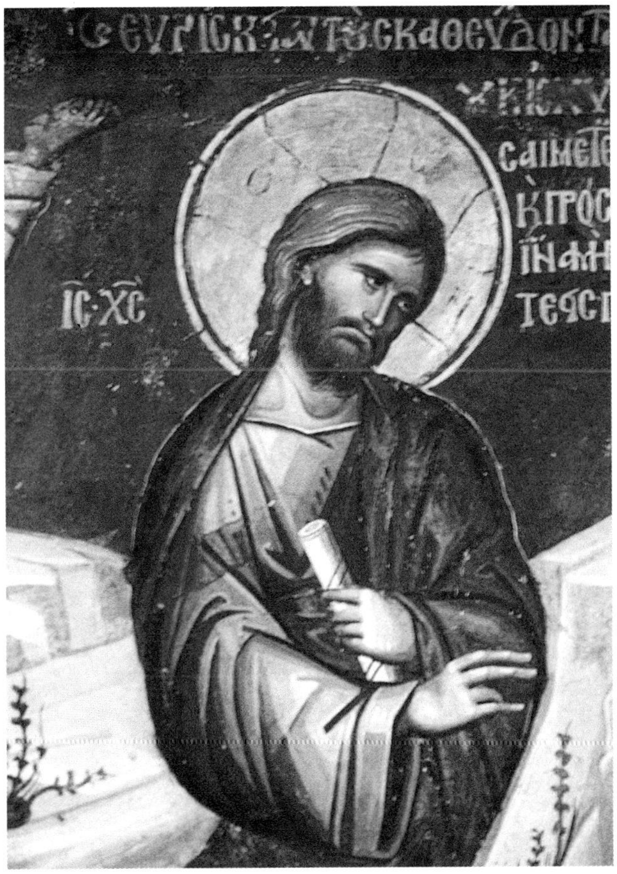
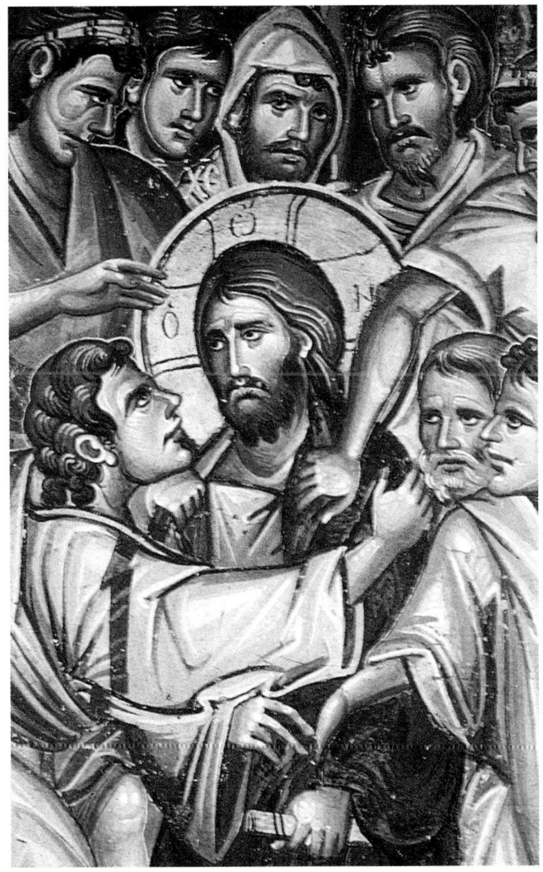
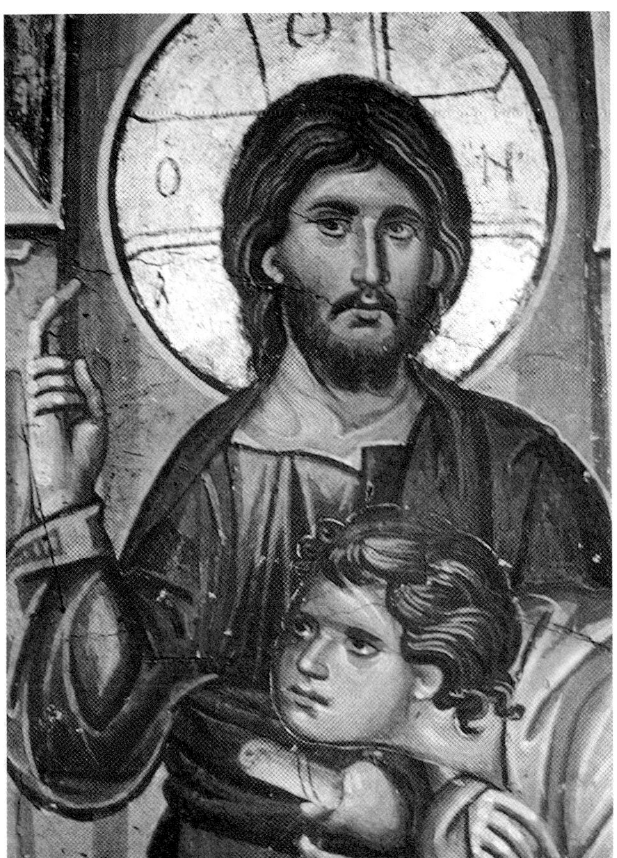
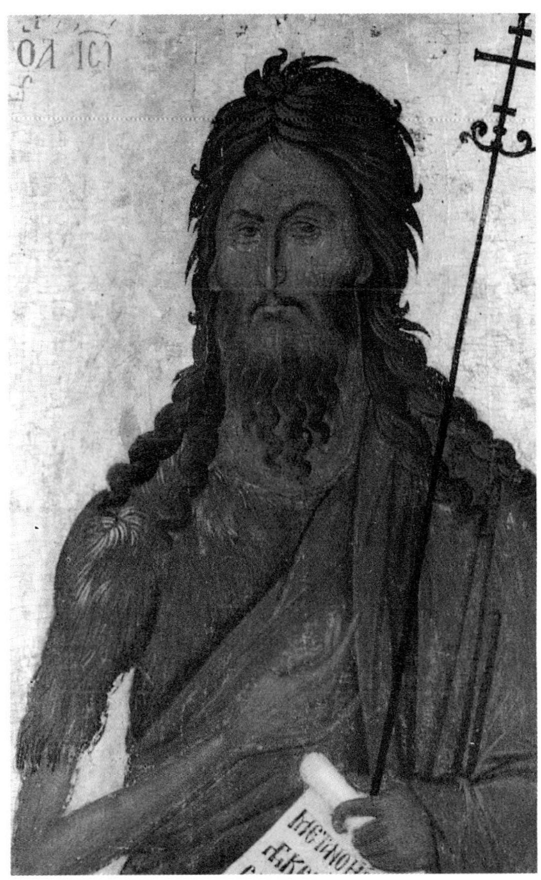

33-36. oben und unten links: Details von Fresken aus der makedonischen Schule im Katholikon zu Vatopedi (Anfang 14. Jh.); unten rechts: hl. Johannes der Täufer, Ikone in Chilandari (14. Jh.)

Auf dem Berg Athos finden sich einige repräsentative Beispiele aus dem 14. Jahrhundert: Christus Pantokrator in Esphigmenou (22 x 15 cm), die Kreuzigung in Vatopedi (19 x 16 cm), die hl. Anna in Vatopedi (15,5 x 10 cm) und Johannes der Täufer in der Großen Lavra (17,5 x 12 cm). Aus Athos, und zwar aus Vatopedi, stammt auch die Ikone des hl. Christoph Chrysostomos, die sich heute in der Sammlung Dumbarton Oaks in Washington befindet.

In den Kirchen und Kapellen des heiligen Bergs ist eine Fülle von Ikonen vorhanden, die in Tempera auf Holz gemalt wurden. Der Großteil geht auf nach-byzantinische Zeit zurück und muß deswegen nach dem 16. Jahrhundert datiert werden. Die Temperaikonen werden, je nach ihrer Funktion, in zwei Kategorien unterteilt: die »tragbaren« Ikonen und die Ikonen »der Ikonostase«.

Die sogenannten »tragbaren« Ikonen sind Kultbildnisse, die in den Katholika und in den Kapellen ausgestellt oder in einer Prozession getragen werden; die Ikonen »der Ikonostase« dagegen sind der Andacht gewidmet und schmücken die Ikonostase, den architektonischen Schirm, der den *Naos* von der *Bema* trennt und meist aus Holz ist.

Einer jüngeren Statistik zufolge sind auf dem Berg Athos mehr als 20.000 Ikonen erhalten; um viele von ihnen ranken sich jahrhundertelang überlieferte Legenden über ihr Entstehen, über ihr Eintreffen auf Athos und über ihre wunderwirkenden Kräfte. Einige Klöster verwahren voller Stolz die sogenannten *Achiropitos*-Ikonen (nicht von Menschenhand gemacht), die durch ein Wunder von Gott oder der Gottesmutter geschickt worden sein sollen; einige Ikonen werden dem Evangelisten Lukas zugeschrieben, der – so die Überlieferung – siebzig an der Zahl gemalt haben soll. Einige Ikonen sollen aus ikonoklastischer Zeit stammen. Um sie vor den Bilderzerstörern zu schützen, seien ihre Besitzer gezwungen gewesen, sie den Wellen des Meeres anzuvertrauen, die sie unversehrt bis zu den Ufern der athonitischen Halbinsel getragen haben sollen.

Tatsache ist, daß die ältesten Holzikonen auf Athos aus dem 12. Jahrhundert stammen. Eine vollständige wissenschaftliche Untersuchung des Malereibestands auf Athos konnte bisher allerdings noch nicht

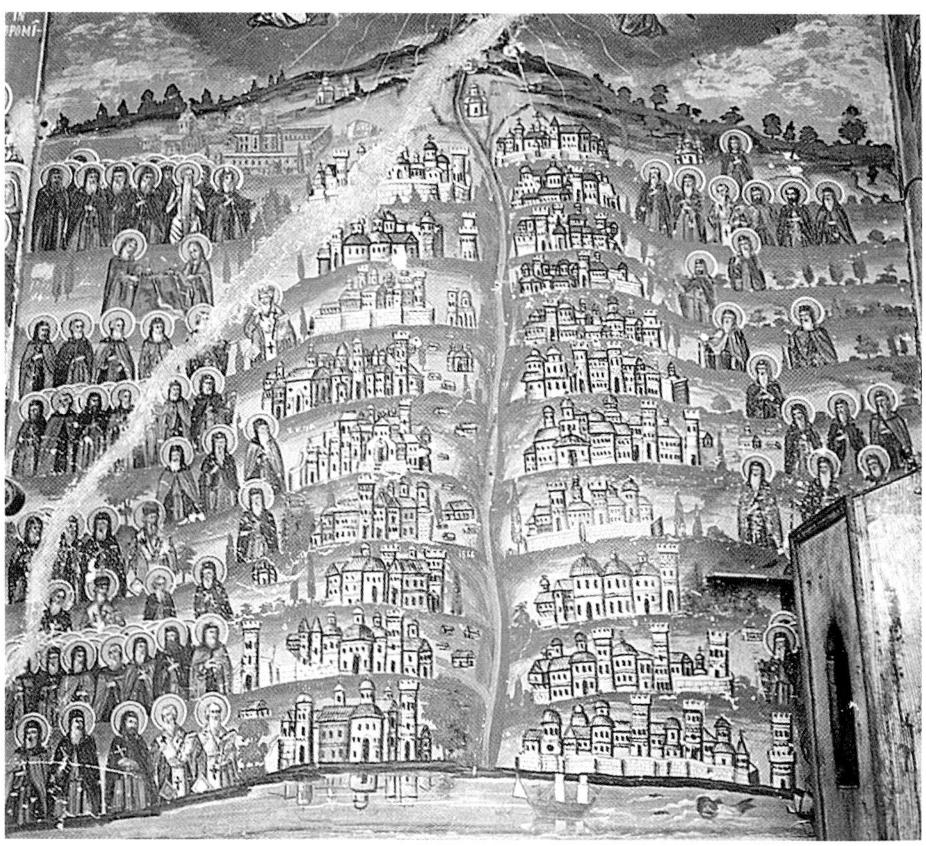

37. Athosklöster auf einem Fresko im Kiriakon der rumänischen Skite Prodromos, 19. Jh.

durchgeführt werden, auch und gerade weil die Mönche aus Eifersucht und Mißtrauen den wissenschaftlichen Zugang zu den »wundertätigen« Ikonen versperren.

Die wertvollsten Ikonen sind in den *Katholika*, in den Kapellen und den Schatzkammern der Klöster Große Lavra, Vatopedi, Iviron, Chilandari, Dionysiou, St. Paulus und Pantokratoros und nicht zuletzt im Protaton in Karyes zu finden.

Noch heute ist die athonitische Maltradition in vielen Werkstätten lebendig, wo sich hagiographische Mönche (Maler von Heiligen) der Herstellung dieser heiligen Bilder widmen und den Stil und die Technik der antiken Ikonographen fortführen. Die wichtigsten Zentren sind in Karyes, Kafsokaliwia, Katounakia, St. Anna, Nea Skite und in der Skite Xenophontos.

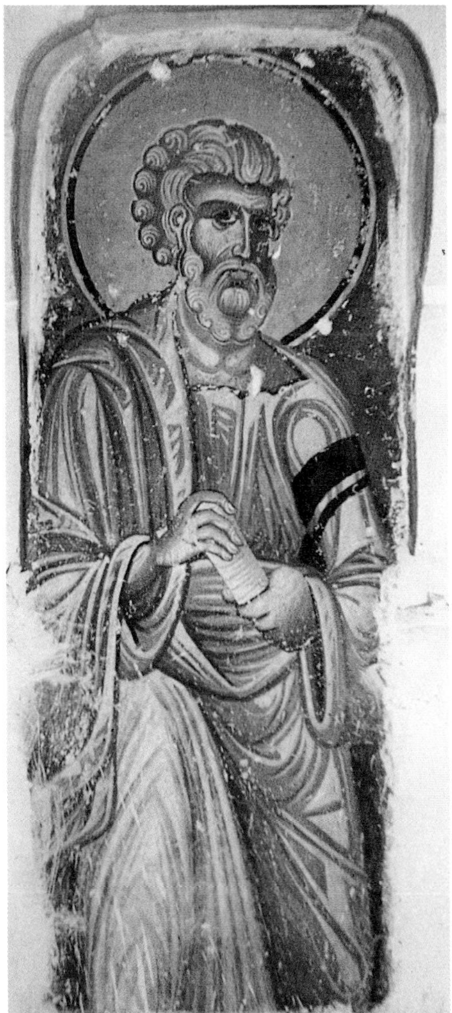
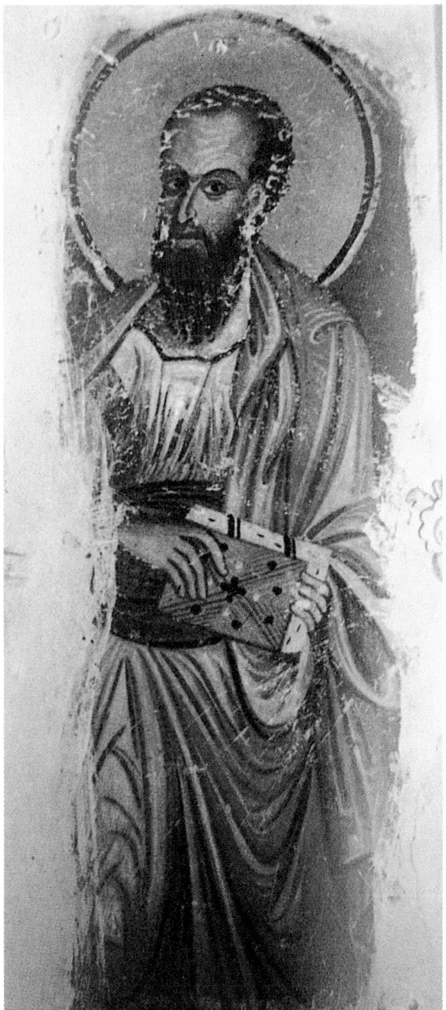

38. und 39. Hl. Petrus und hl. Paulus, Fresken im Kellion Ravdouchou, in der Nähe von Koutloumous

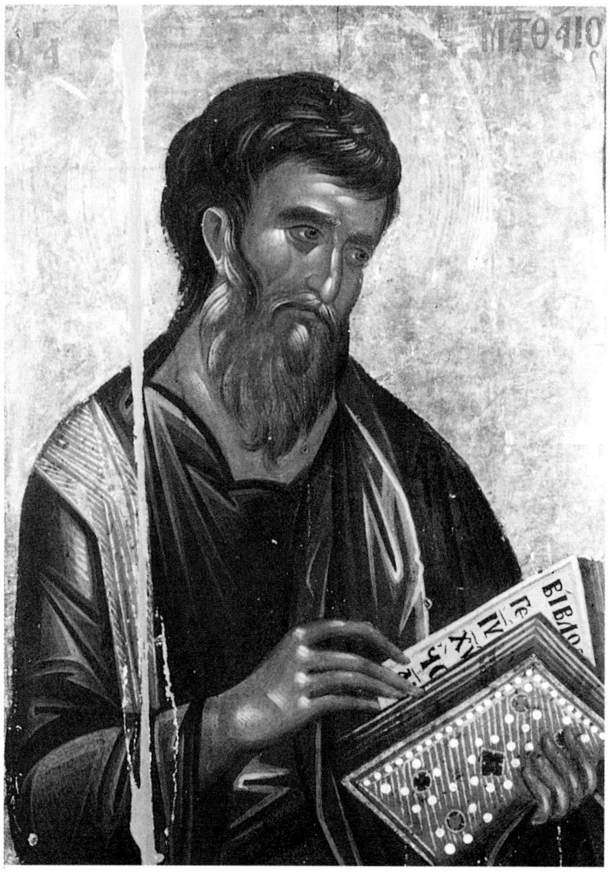

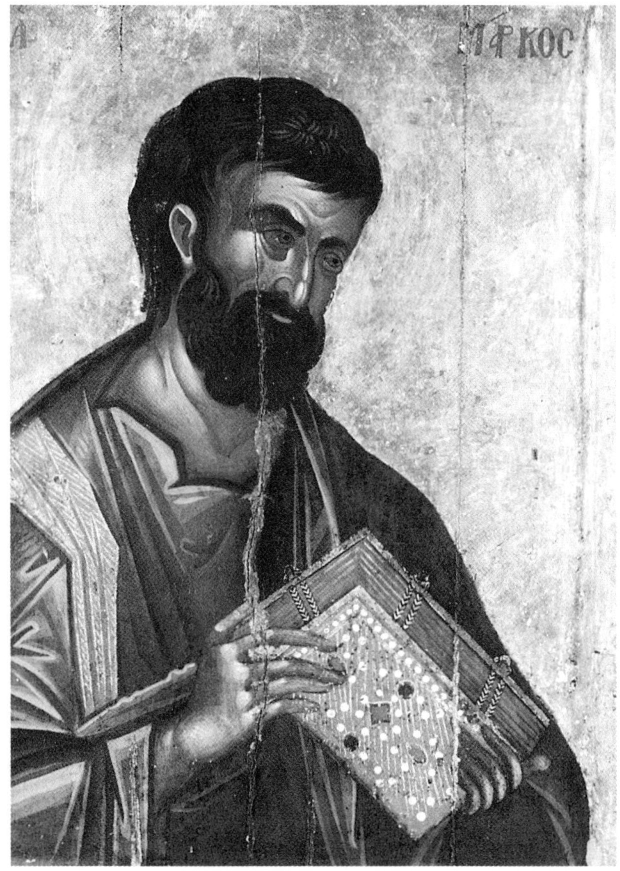

40-42. Evangelisten Matthäus und Markus, Apostel Petrus. Ikonen der Deesis im Katholikon zu Chilandari (14. Jh.)

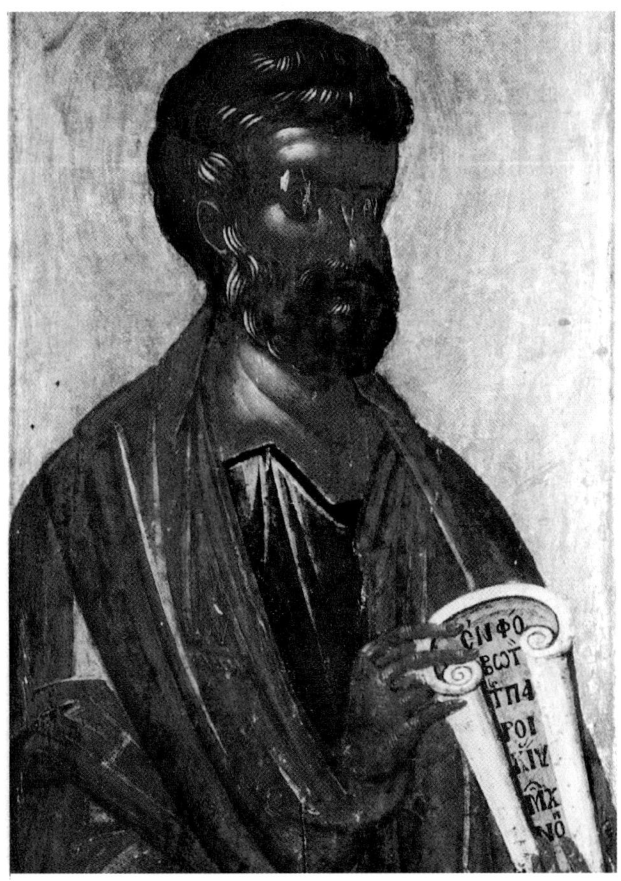

(gegenüberliegende Seite)
43-46. Ikonen im Kloster Chilandari (14. Jh.): Gottesmutter Eleussa, Gottesmutter Odighitria, Erzengel Michael und Gabriel

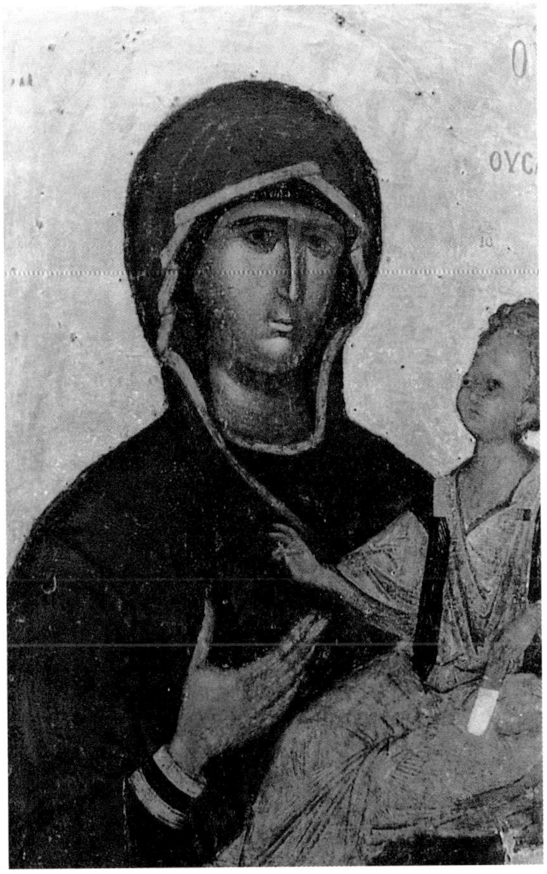

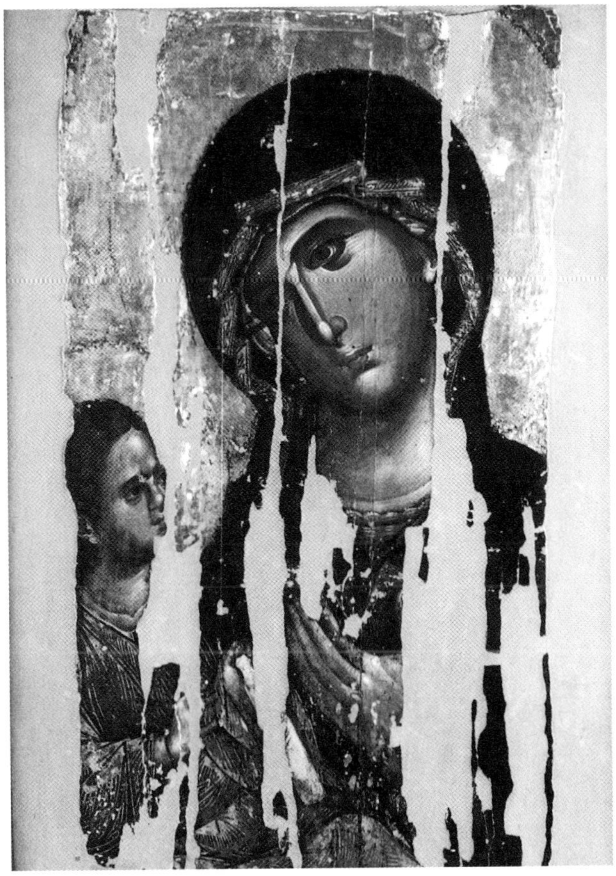

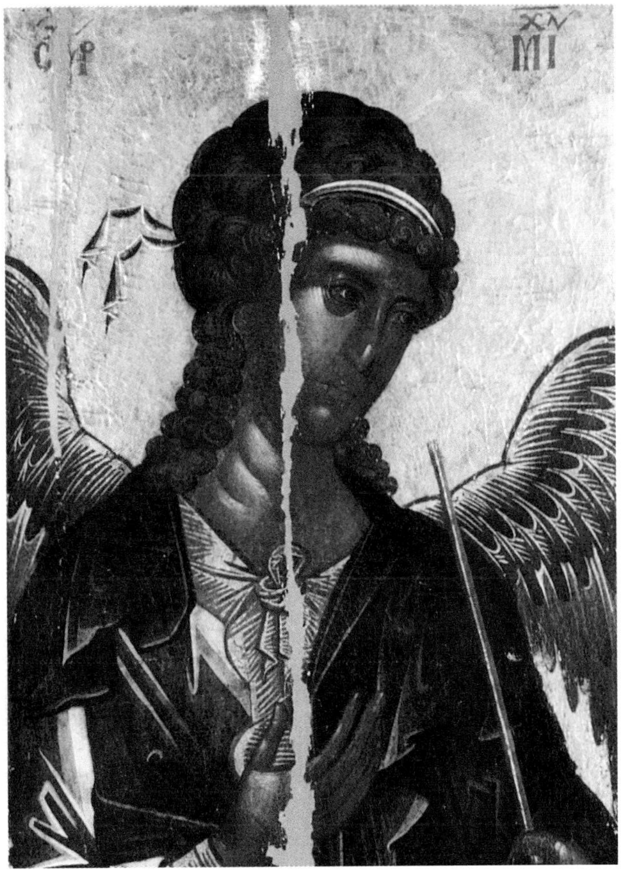

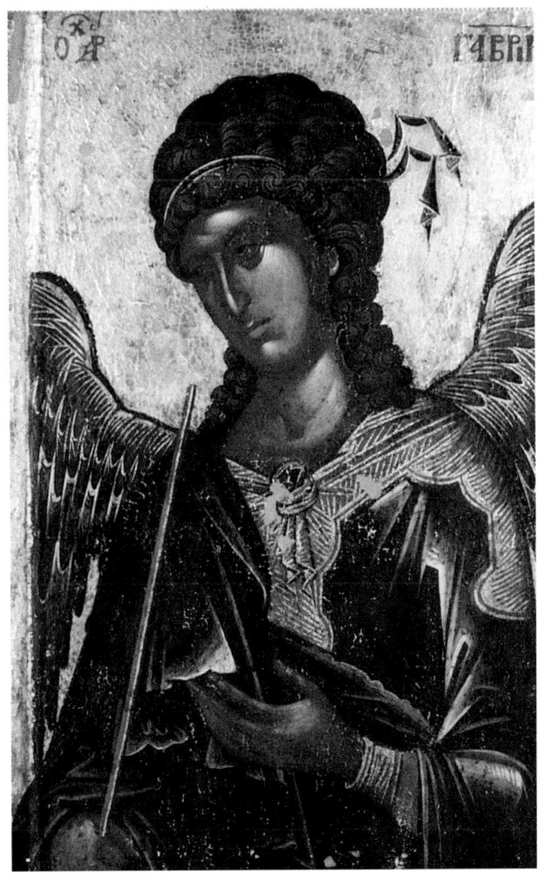

Die Skulptur

Im Gegensatz zur Malerei nimmt die Bildhauerei in der byzantinischen Welt nur geringen Stellenwert ein, denn die Ostkirche hatte immer eine besondere Abneigung gegen sie; man hielt sie für ein heidnisches Erbe. Deshalb existieren auf Athos nur wenige bildhauerische Werke, und diese beschränken sich vor allem auf architektonische Elemente, bevorzugt mit Motiven aus der Tier- und Pflanzenwelt, und mit dekorativen Mustern, Friesen, Bändern und Rosetten geschmückt.

Diese Arbeiten sollten den Säulenkapitellen der *Katholika* und den Brüstungen der *Phialen* und Ikonostasen Eleganz und Dekor verleihen. Besonders wertvoll sind die Panäle auf der *Phiale* der Großen Lavra, die ursprünglich an der alten Ikonostase des *Katholikons* angebracht waren; ihre Dekoration – geometrische, pflanzliche oder tierische Motive, Kreise, Kreuze und Rauten – erinnert an traditionelle, symbolische Elemente in der altchristlichen Kunst.

Sehr selten sind auf Athos Beispiele alter Bildhauerkunst mit menschlichen Figuren. Lediglich im Kloster Xeropotamou befindet sich ein Tiefrelief, das den hl. Demetrios darstellt, und zwei kleine Tiefreliefs mit den Köpfen des hl. Paulos Xiropotaminos und der Pulcheria.

Das in die Fassade des Katholikons eingefügte Tiefrelief des hl. Demetrios ist aus mittelbyzantinischer Zeit und wurde laut Inschrift in Konstantinopel angefertigt; es zeigt den Märtyrer frontal, stehend mit dem Kreuz in der rechten Hand. Die Tiefreliefs im Glockenturm mit den Köpfen des hl. Paulus und der Pulcheria sind dagegen von ungewisser Herkunft und Datierung.

Die Miniaturen in den Handschriften

Trotz der schweren Zerstörungen und Diebstähle in allen Jahrhunderten findet man noch heute auf Athos die reichste bestehende Sammlung byzantinischer Handschriften. Sie umfaßt 12.000 Kodizes auf Pergament oder auf Papier, davon an die tausend mit reicher Miniaturmalerei.

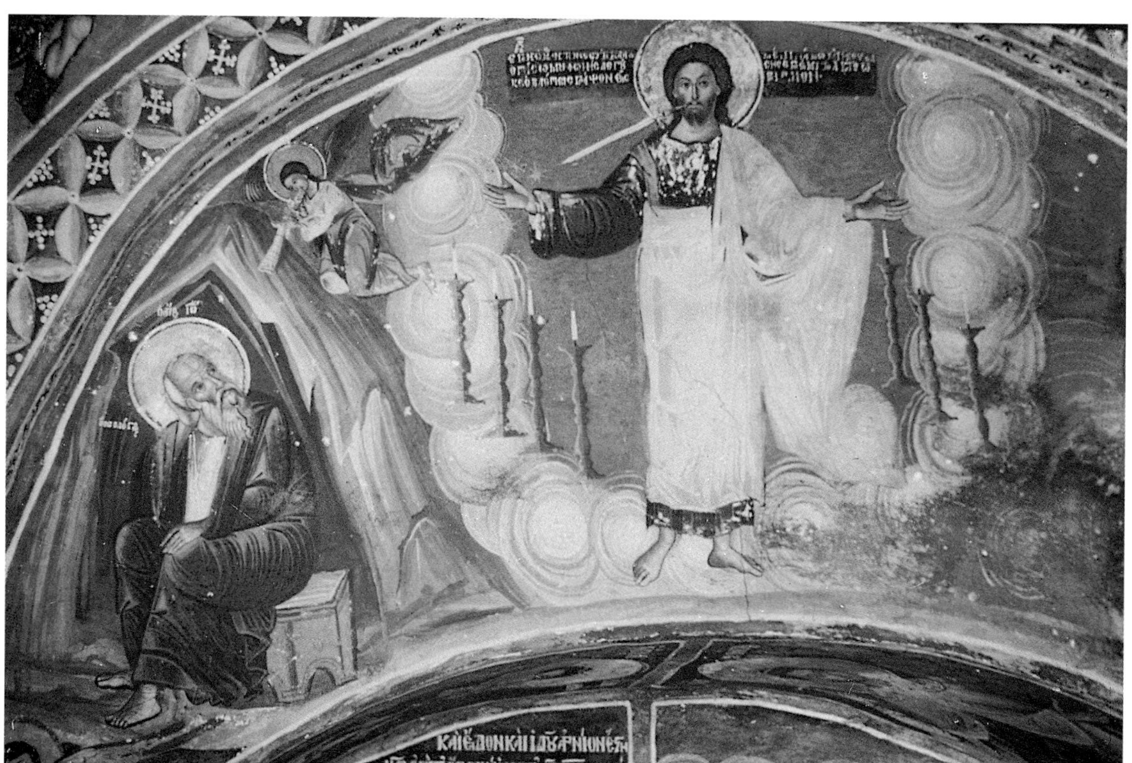

Ende des vergangenen Jahrhunderts begann der athenische Gelehrte Spiridon Lambros mit einer systematischen Bestandsaufnahme der athonitischen Handschriften; er konnte 5.766 katalogisieren. Nicht dazu zählen diejenigen in der Großen Lavra und die von Vatopedi, deren Inventare 1924 und 1925 von den jeweiligen Bibliothekaren angefertigt wurden und zusammen mit neueren Entdeckungen die Existenz von ca. 6.000 weiteren Handschriften aufzeigen.

Die jetzigen Bibliotheken der Klöster bewahren jedoch lediglich einen kleinen Teil von den etwa Zehntausend auf, die ehemals existierten. Mit dem 16. Jahrhundert begann ein Verschwinden der Kodizes, das erst Ende des letzten Jahrhunderts wieder aufhörte. Die Mönche verschenkten oder verkauften die Bücher zu kümmerlichen Preisen an die Abgesandten der Könige von Frankreich, an die italienischen Fürsten, die russischen Zaren oder die Fürsten des Balkans. Häufige Brände und Nachlässigkeit taten das ihrige, um die Zahl der Kodizes zu verringern. In Lambros zum Beispiel benutzten die Mönche die alten Pergamente, um Fenster und kaputte Dachziegel auszubessern, um Marmeladengläser zu verschließen, oder sie gaben sie den türkischen Soldaten, die damit ihre Biwaks entfachten.

Die athonitischen Handschriften werden nach ihrem unterschiedlichen Inhalt geordnet: biblisch, theologisch, liturgisch und profan. Die Werke biblischen Charakters sind aus dem Alten (Buch Hiob, Psalter u.a.) und dem Neuen Testament (Evangelien, Apostelberichte, Paulusbriefe, Apokalypse). Die theologischen und liturgischen Werke beziehen sich auf die Gottesdienste und beinhalten die Menologhien (Legenden der Heiligen und Märtyrer), die Liturgien (hl. Johannes Chrysostomos, hl. Basileios, hl. Gregor der Große), die *Tipika* (Vorschriften für religiöse Zeremonien), die *Orologhia* (Organisation der Gottesdienste), die Homilien (hl. Gregor von Nazianz, hl. Johannes von Damaskus) und die Musikkodizes. Von profanem Inhalt sind Texte von Platon und Aristoteles, die »Ptolemäus-Geographie« (in Vatopedi) und die »Botanica« des Dioskorides (in der Großen Lavra).

In den Miniaturen der ältesten Kodizes aus dem 10. bis 12. Jahrhundert verbinden sich Elemente, die an die klassische Tradition anknüpfen, mit Elementen, die charakteristisch für die byzantinische Tradition waren, wie die Anlage der Szenen, die Konzeption des Raums und die Spiritualität der menschlichen Figur. Diese frischen Kompositionen, die die Handschriften mit lebhaften Farben und erlesener Technik

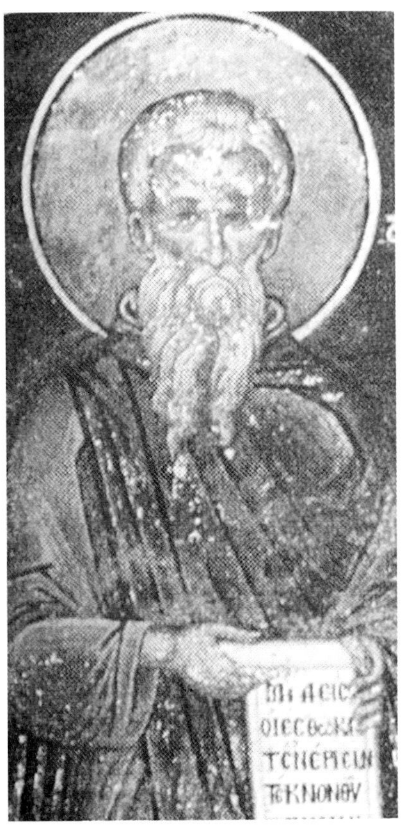

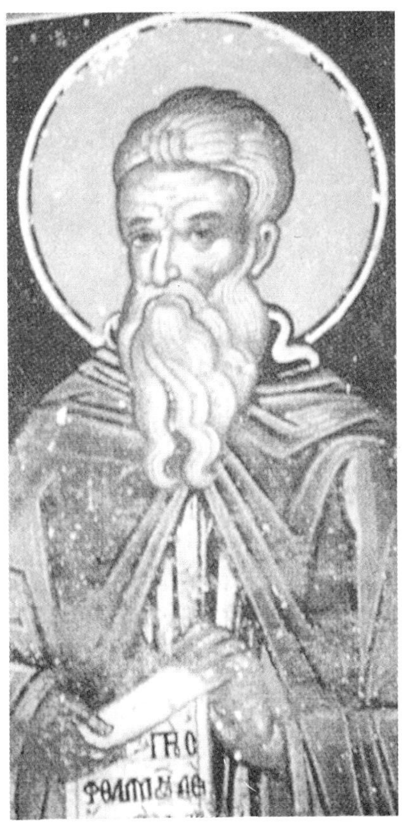

(gegenüber)
47. Apokalypsenzyklus, Fresko im Katholikon von Karakalou (Detail)

48 und 49. Hl. Chariton, Gründer der palästinensischen Lavras, und hl. Johannes Klimakos, Abt des Klosters St. Katharina in Sinai und Autor der Paradiesleiter, *Fresko im Refektorium zu Dionysiou (16. Jh.) (Details)*

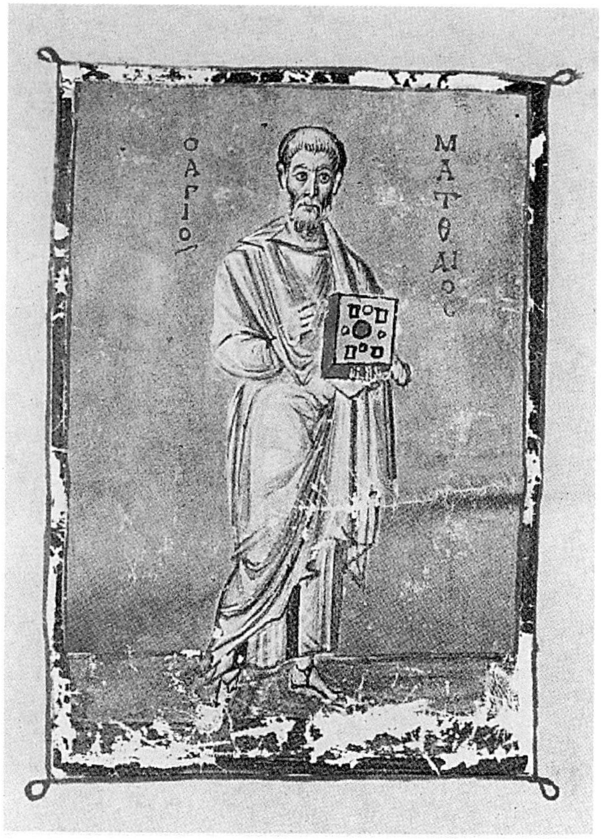

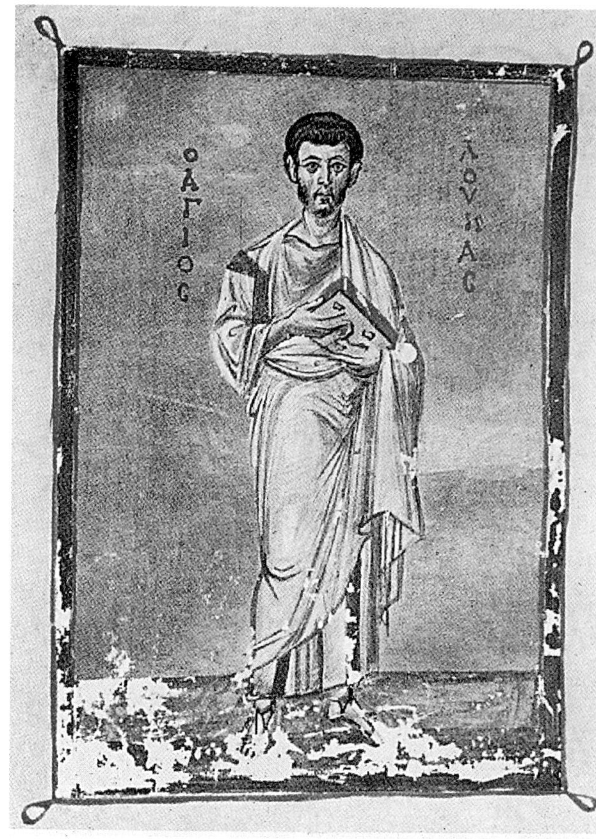

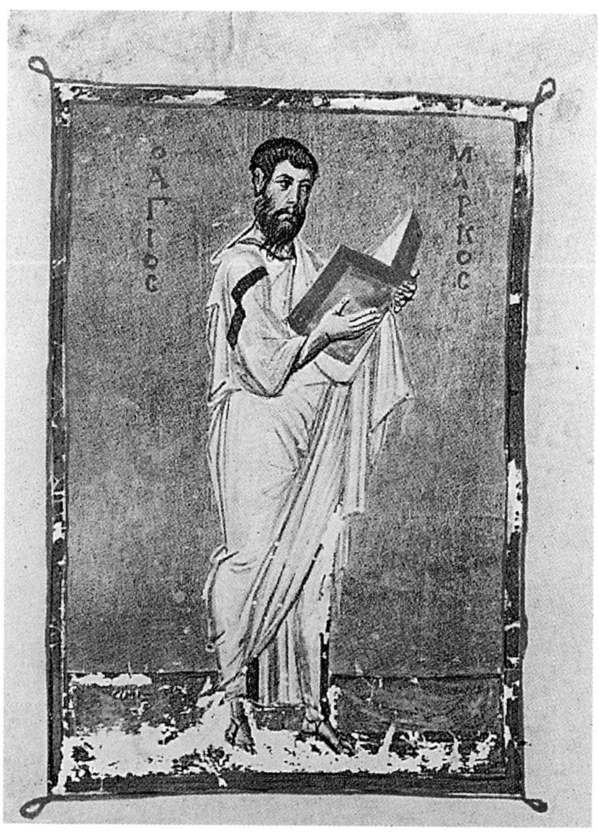

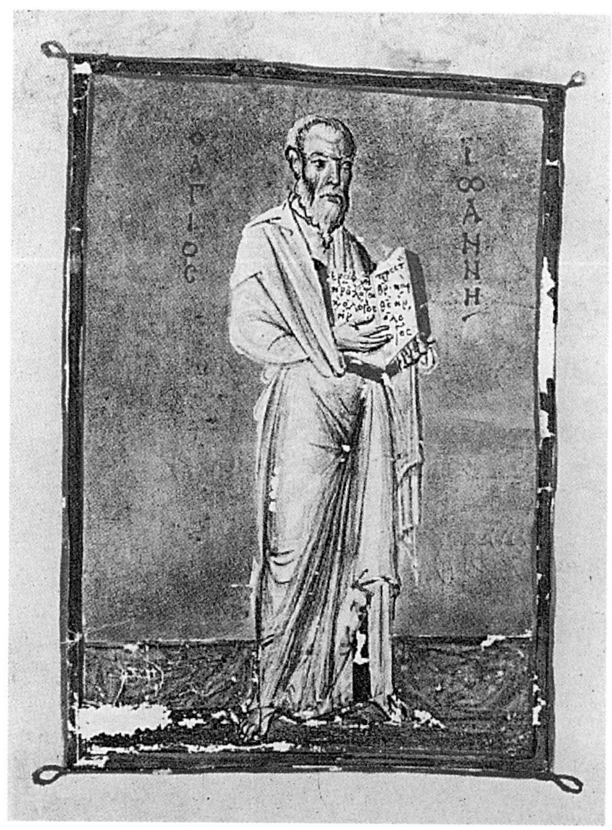

50-53. Die vier Evangelisten, Miniaturen eines Evangeliars (9.-10. Jh.), Iviron

schmücken, zeigen zwei grundsätzliche Tendenzen. Die eine findet Geschmack am Pittoresken und Exotischen, was sich im Reichtum der Gewandungen und in phantastischen Landschaften zeigt; die zweite dagegen sucht nach der Luxusminiatur in kleinem Format, die golden und farbig leuchtet, perfekt ausgeführt und von erlesener Kostbarkeit ist.

Neben den Miniaturen mit Szenen, Personen und Landschaften gibt es auch solche, die mit Tiermotiven, Schmuckinitialen, Friesen, mit Blätterwerk, Rosetten oder geflochtenen, ornamentalen Bändern geschmückt sind.

Die wichtigsten Miniaturmalereien befinden sich auf Athos in den Bibliotheken der Großen Lavra, Vatopedi, Iviron, Dionysiou, Koutloumous, Pantokratoros, Esphigmenou, Stavronikita und St. Panteleimon.

Die Kleinkunst

Die *Katholika* und die Schatzkammern (*Skevofilakia*) der Athosklöster bewahren besonders wertvolle byzantinische und nach-byzantinische Exemplare angewandter Kunst auf. Es handelt sich um Devotionalien aus der christlichen Welt ebenso wie um Produkte athonitischer Mönche oder Laien, die auf Athos wohnten.

Die Kleinkünste werden nach ihren Materialien unterteilt: Holz, Metall, Stein, Edelstein, Stoff.

Die Kunst der Holzschnitzerei und Holzbildhauerei hat auf Athos bewundernswerte Werke hinterlassen. Die hauptsächlich aus dem 16. bis 19. Jahrhundert stammenden vergoldeten Ikonostasen in den *Katholika* und Kapellen, die die alten Marmorikonostasen ersetzten, sind Zeugnis einer außergewöhnlich ausgefeilten Technik. Im 16. und 17. Jahrhundert wurden die Ikonostasen mit Reliefskulpturen geschmückt, mit Motiven aus der Pflanzenwelt (Äste, Blätter, Obst) und der Tierwelt (Vögel, Fische). Im 18. und 19. Jahrhundert bevorzugte man die Technik der »Rundplastik«.

Auch die *Proskinitaria*, die *Analoghia* und die Portale der *Katholika* sind Beispiele kostbarer Holzbildhauerei, manchmal mit wunderbaren Intarsienarbeiten in Elfenbein, Perlmutt und Silber. Die *Proskinitaria* fungieren als Ädikulen, wo die Mönche das Bildnis desjenigen Heiligen verehren, dem die Feier gilt. Die *Analoghia* dienen als Lesepulte und stehen mit ihrer charakteristischen oktagonalen Form in der Mitte des Chors.

Außergewöhnliche Ziselierarbeiten gibt es bei Objekten aus Speckstein, Achat und Jaspis. Besonders hervorzuheben sind die sogenannte »Schale der Pulcheria« in Xeropotamou (14. Jh.), der *Dodekaorton*

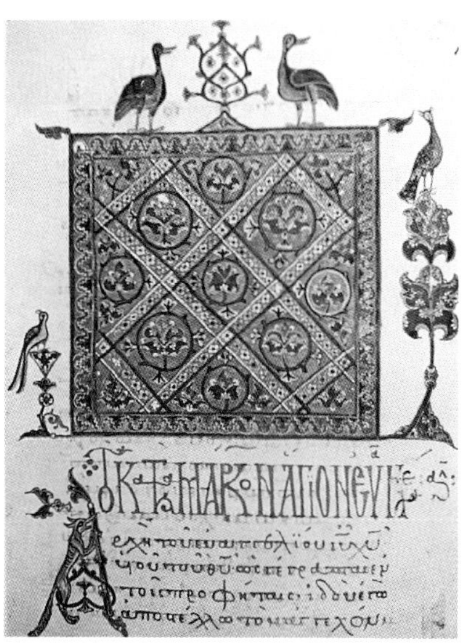

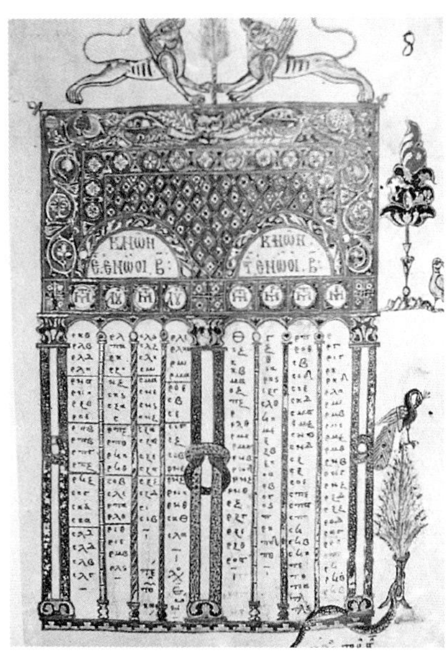

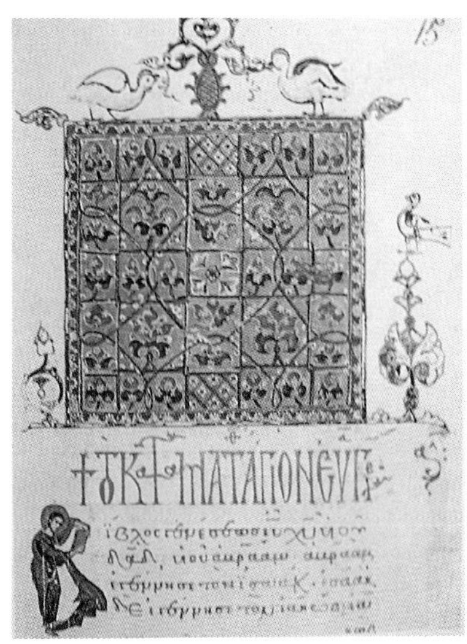

(12. Jh.) und der hl. Georg (16. Jh.) in Vatopedi, die Gottesmutter mit dem hl. Georg und Demetrios in der Großen Lavra (11. Jh.) und die Verklärung in Xenophontos (12. Jh.).

Das wertvollste aller Elfenbeinwerke ist die großartige Kreuzigung in Dionysiou aus dem 10. Jahrhundert. Sehr wertvoll sind auch die Holzzisellaturen, die Segens- und Brustkreuze (*Egolpia*), Ikonen oder Buchdeckel dekorieren. Auf den winzigen Oberflächen führten die Künstler Miniaturen in unglaublich virtuoser Technik aus. Das Prunkstück seiner Art ist der Deckel eines Psalters aus dem 13. Jahrhundert in Dionysiou, der auf einer Oberfläche von nur 170 cm^2 Szenen mit 220 Personen aus dem Alten und Neuen Testament darstellt.

Goldschmiedekunst und Metallbearbeitung durch Schmelzen, Erhöhen oder Zisellieren findet man auf Athos an Tausenden von Objekten und religiösen Gegenständen, denn diese Künste vervollkommnen die Großartigkeit und Pracht des Gottesdienstes. In den *Katholika* und den Schatzkammern der athonitischen Klöster findet sich eine Fülle an wertvollen Stücken der Gold- und Silberschmiedekunst, mit Edelsteinen und Email versetzt, seien es nun Reliquiare, Kelche, Kreuze, Bischofsstäbe, Mitren, Evangelieneinbände, Ikonenüberzüge oder Portalverkleidungen. Besonders wertvoll gestaltet sind die Reliquienschreine, die Fragmente des Kreuzes Christi (*Stavroteche*) enthalten.

Die *Skevofilakia* der Klöster bewahren außerdem luxuriöse Paramente und Priestergewänder sowie Stoffe aus wertvoller Seide auf, bestickt mit Gold- und Silberfäden. Zu den liturgischen Stoffen gehört das *Epitaph*: Als Symbol des Schweißtuchs des Erlösers trägt es das Bildnis des toten Christus, der von den Engeln bewacht wird. Die *Podea* ist das Tuch, auf das die Ikone des *Proskinitarions* gelegt wird; mit dem *Air* bedeckt der Zelebrant den Kelch und den Hostienteller, die *Pili* hängt vor der Tür der Ikonostase.

Für die Priestergewänder gibt es je nach der religiösen Funktion und dem Status dessen, der es trägt, verschiedene Formen und Bezeichnungen: *Sakkos* (Pontifikalkasel), *Omoforion* (mit Kreuzen dekorierter Seidenstreifen), *Epitrachilion* (Stola des Priesters), *Orarion* (Stola des Diakon), *Epimanikia* (Ärmelaufschläge) und *Epigonation* (rautenförmiges Parament der hohen kirchlichen Würdenträger).

Die Arbeiten der sogenannten Kleinkunst zeigen nicht nur den künstlerischen Geschmack der byzantinischen und nach-byzantinischen Welt, sondern auch den Geist und den Charakter ihrer Volkskultur, deren Wächter und Verwahrer Athos immer war.

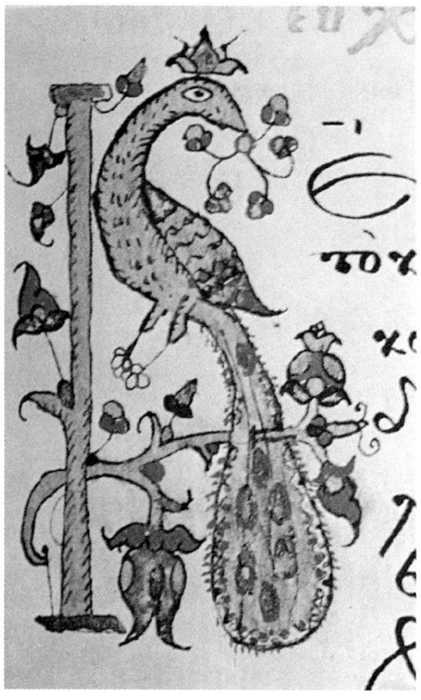

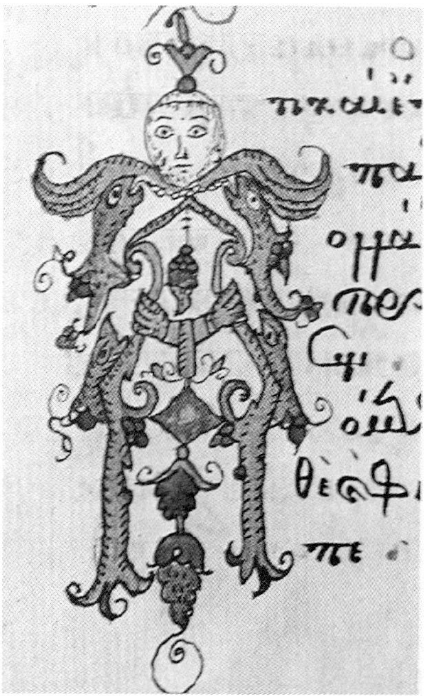

(hier und vorhergehende Seite)
54-58. Seiten byzantinischer Miniaturen. Trotz der Zerstörungen und Diebstähle im Laufe der Jahrhunderte ist auf Athos noch die reichste Sammlung byzantinischer Handschriften erhalten, über 12.000 Kodizes, fast tausend davon sind reich bestickt.

Kunst im Dienst der Religion und des Glaubens

Alle künstlerischen Ausdrucksformen auf Athos – Architektur, Malerei und Kleinkunst – wenden sich der Spiritualität und der übernatürlichen Welt zu. Sie distanzieren sich von der wahrnehmbaren Wirklichkeit, beabsichtigen nicht, die vergänglichen Erscheinungen natürlicher Schönheiten abzubilden, sondern sie wollen durch absolute Strenge im Ausdruck die Vorstellung einer spirituellen Welt hervorrufen und so Kontemplation und Mystizismus unterstützen.

Die Kunst im Dienst der Religion und des Glaubens will helfen, sich von der Knechtschaft der Körperlichkeit zu befreien, um in das Mysterium und in die göttliche Welt einzutauchen, die sie majestätisch und vibrierend repräsentiert.

Am stärksten ist die tiefe inspirierende Kraft im *Katholikon* spürbar, wo die Spiritualität das Wahrnehmen einer Welt fördert, die nur durch den Glauben verständlich wird, und in der die Glaubenswahrheiten des Christentums triumphieren. Die von der Architektur geschaffene transzendente Natur der Räume wird ergänzt durch den Farbzauber der Fresken und bereitet so die spirituelle Atmosphäre vor, in die der athonitische, dem eigenen mystischen Ideal treue Mönch eintaucht.

Auch die Einrichtungsgegenstände und liturgischen Objekte – wie Leuchter, reich dekorierte und bemalte Holzmöbel, Ikonen, Reliquiare, Fußböden aus polychromem Marmor und Maioliken – vermitteln durch ihre eigentümliche künstlerische Sprache ein Gefühl von Ehrfurcht in Anbetracht der göttlichen Majestät.

Kunst, Symbolik und Liturgie

Ob Gebäude, Mosaiken, Fresken, Ikonen, Einrichtungsgegenstände oder Priestergewänder – alle künstlerischen Ausprägungen sind in der byzantinischen Welt Bestandteile der Anbetung; sie sollen die Seele des Gläubigen zum Himmel erheben. Einer verhältnismäßig komplexen Symbolik folgend repräsentiert der für die Katechumen und Büßer bestimmte Narthex die Erde. Das Kirchenschiff, in dem die erwachsenen Gläubigen beten, stellt den sichtbaren Himmel dar, der für die Ordensleute reservierte Chor symbolisiert das himmlische Königreich. Der Altar symbolisiert den Thron Gottes, die Kerzen um den Altar sind die Sterne, und der Weihrauch ist der Atem des Heiligen Geistes.

Nach der byzantinischen Liturgie stellt die Kirche außerdem den Ort des Leidens und der Auferstehung Christi dar; die Liturgie und die Riten lassen das Schauspiel des göttlichen Opfers und das Mysterium der Auferstehung noch einmal erleben. Darum sind die Kreuzigungs- und die Auferstehungsszene besonders wichtig, die in der byzantinischen Kunst als *Anastassis* (Abstieg Jesu in das Reich der Toten) dargestellt wird.

Zwischen Gottesdienst und Bildnis besteht eine Einheit. Die Ikonographie richtet sich nach der Liturgie: sie übersetzt die Worte des Evangeliumstextes in Bilder und drückt in malerischer Form die Gefühle und Empfindungen aus, die im Geist der Gläubigen bei den Vorlesungen hervorgerufen werden. Der Gottesdienst und die Ikonographie haben beide diesselbe Funktion; sie sollen beide die Erde und das Jenseits miteinander verbinden.

In der byzantinischen Ikonographie werden ideale Prototypen dargestellt, daher ist sie sehr stabil und läßt keinen Platz für Kreativität. Die ikonographischen Vorbilder veränderten sich deswegen im Laufe der Jahrhunderte nur unerheblich, den Stempel der idealen Archetypen haben sie immer behalten. Die Themen richten sich nach einer genauen, überlieferten und unveränderlichen Regel, nach der jede Szene aus dem Alten und Neuen Testament, jede Heiligengeschichte und jede Heiligenfigur einen bestimmten Platz einnimmt, der in keiner Weise willkürlich, sondern in bezug auf die Liturgie festgelegt ist.

Die Hauptkuppel wird von dem grandiosen Bildnis des Christus *Pantokrator* (Herrscher der Welt) beherrscht; umgeben von Engelscharen dominiert er vom höchsten Punkt den ganzen darunterliegenden Platz; im Tambur sind die Apostel und Propheten dargestellt, Boten und Verkünder der Lehre Christi; auf den Pendentifs, Zwischenelement zwischen den Pfeilern und der Kuppel, ruhen nicht zufällig die vier Evangelisten, die »Pfeiler« der neutestamentlichen Lehre. Die Darstellung in der Apsis bezieht sich eng auf den *Pantokrator*, zeigt die Gottesmutter auf dem Thron mit dem Jesuskind auf dem Schoß. Obwohl sie nur den zweiten Platz in der himmlischen Hierarchie einnimmt, hat auch sie einen beherrschenden Platz. Zu Seiten der Gottesmutter stehen die Erzengel Michael und Gabriel, im unteren Teil der Apsis befindet sich die Göttliche Liturgie und die Figuren der Patriarchen und Kirchenväter. In den Seitenapsiden und in den oberen Zonen der Chöre und des Schiffes sind die Feste der Kirche dargestellt, in der Mitte die Wunder und Gleichnisse Jesu, unten die heiligen Asketen und Krieger. Letztere sind in ihrer Eigenschaft als Vertreter, Gründer und Erbauer der irdischen Kirche absichtlich entlang der unteren Zone angebracht; so wird die irdische Kirche mit Christus in der Kuppel, dem Haupt der himmlischen Kirche in Beziehung gebracht; die Gottesmutter, die Apostel, die Evangelisten und die Heiligen sind dabei die Vermittler.

Die Kirchenfeste

Der Bildzyklus der sogenannten zwölf Großen Kirchenfeste (*Dodekaorton*) löste sich wegen derer liturgischer Bedeutung mit der Zeit vom Zyklus der Evangeliengeschichten und wurde so zu einem ganz eigenen ikonographischen Typ. Die Anzahl der Feste wurde nach heiligen Zahlen ausgewählt: anfangs waren es sieben, wie die Tage der Schöpfung, später zehn, wie die Gebote des Dekalogs, und schließlich zwölf, in Erinnerung an die Apostel.

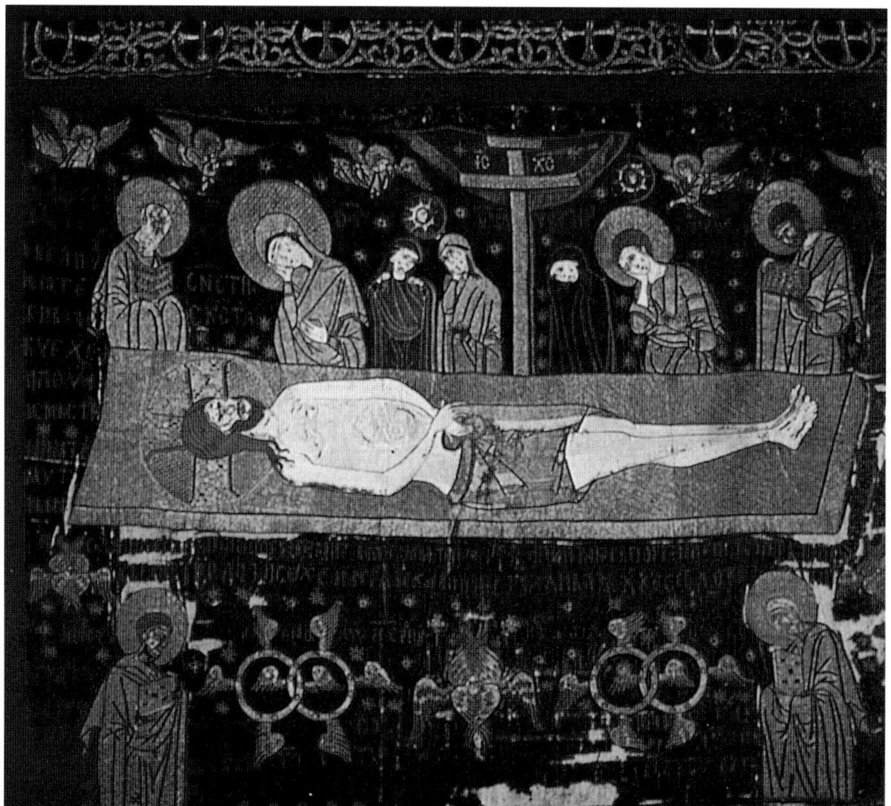

59. Epitaph mit dem toten Christus und der Mater Dolorosa, Chilandari, 15. Jh.

Zum kanonischen Zyklus der zwölf Feste gehören die sechs Feste aus dem sogenannten »Pseudo-Chrysostomos« – ein Text, der irrtümlicherweise dem hl. Johannes Chrysostomos zugeschrieben wurde (Geburt, Taufe, Kreuzigung, Auferstehung, Himmelfahrt, Pfingsten) – , die drei, die Johannes von Euböa im 8. Jahrhundert beifügte (Verkündigung, Darbringung im Tempel, Verklärung), und der Einzug nach Jerusalem. Zu dieser festen Gruppe von zehn Festen kommen zwei Nebenthemen, die entweder Mariä Heimsuchung, die Beschneidung, die Auferweckung des Lazarus, die Kreuzabnahme, die Ungläubigkeit des Thomas oder die Heimholung der Gottesmutter sein können.

Traditionell wird die Verkündigung auf den Pfeilern am Eingang zum *Bema* dargestellt, links der Erzengel Gabriel und rechts die Jungfrau. Himmelfahrt und Pfingsten sind im Gewölbe des *Bemas* und die Heimholung der Gottesmutter auf der Westwand über dem Eingang zum *Naos* dargestellt. Durch diese einfallsreiche Kombination, die in zahlreichen Katholika auf Athos zu finden ist, werden die anderen wichtigen Feste in den Apsiskonchen der Chöre und im Westtympanon des Schiffes hervorgehoben: im Süden die Verklärung, im Westen die Kreuzigung und im Norden die Auferstehung (*Anastasis*). Jede Darstellung bildet wiederum den Mittelpunkt dreier verschiedener Gruppen von Evangelienszenen: das Leben Christi bis zum Einzug in Jerusalem, die Passion und die Auferstehung.

Der Narthex

Der Narthex (*Narthix*) ist die Vorhalle des *Katholikons*. Oft besteht er aus zwei Räumen: dem Exonarthex und dem Esonarthex.

Der Exonarthex oder »äußerer Narthex« ist ein Gewölberaum, der sich über die ganze Breite des *Katholikons* erstreckt. Darüber ist oft ein Raum namens *Kathichumena*, der von vielen Athos-Klöstern als Archiv für Handschriften benutzt wird. Die Bezeichnung kommt von der Funktion, die dieser Raum und der Narthex in der byzantinischen Welt hatten: es war der Raum, in dem sich die Katechumen und die Büßer befanden, also Gläubige, die noch nicht getauft, oder die, weil in einer Bußphase, von der Kommunion ausgeschlossen waren.

Der Esonarthex oder »innerer Narthex« nimmt auf Athos eine besondere Form an. Wegen seiner liturgischen Funktion wird er *Lite* (Prozession) genannt, und hat daher auch beträchtliche Ausmaße; mancherorts, wie zum Beispiel in Dochiariou, ist die *Lite* sogar größer als der *Naos*. Sie besteht in der Regel aus sechs Jochen mit Kreuzgewölben, die von zwei Säulen getragen werden; eine Ausnahme bildet Dochiariou; seine *Lite* besteht aus neun Jochen und vier Säulen.

Der Naos

Der *Naos* ist architektonisch und liturgisch das Zentrum der in Zentralbauweise errichteten byzantinischen Kirche. In der Regel ist der *Naos* quadratisch mit vier mächtigen Säulen, die die Kuppel tragen. Im athonitischen *Katholikon* wird der *Naos* von einem Haupttransept mit zwei Apsiden (*Konchi*) durchschnitten, an deren Wände sich die Holzsitze (*Stassidia*) für die Lektoren, die Kantoren und die vielen anderen Mönche befinden. Die Sitze für den Bischof und den Klostervorsteher (Hegumen) sind besonders reich dekoriert und befinden sich an exponierter Stelle: der Sitz des Bischofs lehnt an der Südwestsäule, der des Klosteroberen an der Nordwestsäule.

Links der Südostsäule befindet sich vor der Ikonostase (architektonischer, mit Ikonen geschmückter Schirm, der den *Naos* von der *Bema* trennt) das *Proskiknitarion,* eine Ädikula, die mit einem Baldachin überragt und reich bemalt ist. In ihr wird täglich das Bildnis des Heiligen oder die Darstellung des Mysteriums, das gefeiert wird, zur Verehrung durch die Mönche ausgestellt. Nachdem sie ihre zylindrische Kopfbedeckung (*Skufos*) abgenommen haben, werfen sich die Mönche davor zu Boden, machen drei Kreuzzeichen, küssen das heilige Bild und machen erneut drei kleine *Metanie*, bevor sie wieder weggehen.

In der Mitte jedes der beiden Chöre sind zwei große, meist oktagonale Lesepulte aufgestellt, *Analoghia* genannt, auf die während der Messe die liturgischen Bücher gelegt werden. Oft sind es Arbeiten von großem künstlerischem Wert, mit Holzintarsien und Dekorationen aus Elfenbein, Perlmutt und Edelmetallen.

An kräftigen Ketten hängt von der Kuppel ein riesiger Leuchter, genannt *Choros*, der oft denselben Umfang wie die Kuppel selbst hat. Er ist aus Kupfer, Bronze oder Messing und hat die Form einer Krone; zwischen den Kerzen befinden sich kleine Ikonen, die meist die zwölf Apostel darstellen, doppelköpfige Adler und auch große Eier, Symbole der Auferstehung.

Die bedrohliche Lage des relativ niedrig hängenden Leuchters soll eine homogene Beleuchtung des *Naos* garantieren. Die Form des *Choros* ähnelt ganz verblüffend den runden Leuchtern mit Öllichtern in den islamischen, vor allem türkischen Moscheen.

Der Mittelteil des *Choros*, genannt *Polielio*, symbolisiert die triumphierende Kirche, der äußere Teil die kriegerische Kirche. Bei besonderen Anlässen läßt man den *Choros* um seine eigene Achse rotieren; durch das Funkensprühen der Kerzen und das Klingen seiner Metalle entsteht im Dunkeln des *Katholikons* eine besonders eindrucksvolle, bewegende Stimmung.

Die Ikonostase

Die Ikonostase (*Ikonostassion* oder *Templon*) ist eine architektonische Schranke, die den *Naos* vom *Bema* trennt. Die Bezeichnung »Bildnishalter« rührt daher, daß sie reich mit Ikonen geschmückt ist.

In frühchristlicher Zeit wurde das Allerheiligste, in dem der Gottesdienst gefeiert wurde, lediglich durch eine niedrige Marmorbrüstung vom *Naos* getrennt; die Gläubigen hatten noch Sicht auf den Altar. Vielleicht in der Folge der vom Ikonoklasmus hervorgerufenen Reaktionen wurde im byzantinischen Mittelalter die einfache Brüstung nach und nach durch eine mit Ikonen behängte Säulenreihe ersetzt, über die sich der Zelebrierende und die Gläubigen allerdings noch gegenseitig sehen konnten. Mit der Zeit wuchs die Dekoration in die Höhe und schuf so eine regelrechte Barriere, die wahrscheinlich in der zweiten Hälfte des 14. Jahrhunderts ihre jetzige Form annahm und die in allen orthodoxen Kirchen in den darauffolgenden Jahrhunderten übernommen wurde.

In der Regel ist die Ikonostase aus Holz, reich an Skulpturen und vergoldet; die ornamentalen, pflanzlichen und tierischen Motive bilden Rahmen und Halterung für zahlreiche Ikonen, mit denen sie geschmückt ist. Die Verteilung der Ikonen ist natürlich nicht zufällig, sondern folgt streng einem traditionellen Schema. Die Mitteltür wird »Königstür« (*Vassiliki Pili*) oder »schöne Tür« (*Orea Pili*) genannt; rechts davon sind zuerst die Ikone des Christus Pantokrator und dann die des hl. Johannes des Täufers (*Prodromos* = Wegbereiter); links kommt zuerst die Ikone der Gottesmutter (*Panaghia* = Ganzheilige) und dann die des Schutzheiligen der Kirche. Diese vier Ikonen werden *Despotike* (Herschende) genannt.

Auf den Türflügeln der Mitteltür sind die Ikonen der Verkündigung angebracht, links der Engel und rechts die Jungfrau, auf den Flügeln der zwei Seitentüren die Ikonen der Erzengel Michael und Gabriel. Wenn genug Platz vorhanden ist, sind die Ikonen der Erzengel Michael und Gabriel an den Ikonostasenflächen links und rechts der zwei Seitentüren. Über der Mitteltür befindet sich die Ikone des letzten Abendmahls (*Mistikos Dipnos*) oder das *Mandilion*, ein Tuch, in dem das Gesicht Christi *Archeiropoietos* (nicht von Menschenhand gemacht) eingedrückt ist.

Am Architrav der Ikonostase können, gleichzeitig (eines über dem anderen) oder alternativ, die Große *Deesis* (Fürbitte) und der Zyklus der Zwölf Großen Feste (*Dodekaorton*) eine Art Fries bilden. Die Große Deesis besteht aus einer Reihe von Ikonen mit Christus in der Mitte, der Gottesmutter zu seiner Linken, dem Täufer zu seiner Rechten, den Erzengeln, den Aposteln und den Evangelisten, alle nach einer vorher festgelegten hierarchischen Ordnung verteilt. Christus wird als *Pantokrator* (Herrscher der Welt) dargestellt; in seine Richtung verbeugen sich die anderen Gestalten in Gebets- und Bitthaltung. Der Täufer symbolisiert die Fürsprache der alttestamentarischen Kirche, die Gottesmutter die der neutestamentarischen Kirche.

Oft ist der Architrav lediglich mit der Reihe der Zwölf Großen Feste des byzantinischen Kirchenjahres geschmückt. Dann wird, wenn genug Platz zur Verfügung steht, auch das *Trimorfon* eingefügt, eine *Deesis*, die auf die drei Hauptbildnisse reduziert ist: Christus, Gottesmutter und Täufer.

Über der Ikonostase thront ein gemaltes Kruzifix, zu dessen Seiten Maria und der Apostel Johannes trauern.

Die zwei Seitentüren sind Eingänge zum *Bema* und werden vor allem von den Diakonen benutzt. Nur den Priestern und Bischöfen ist dagegen das Recht vorbehalten, die Mitteltür zu passieren, zu der man über eine halbrunde Stufe, die *Soleas*, gelangt.

Das Bema

Das Heiligtum, genannt *Bema* oder *Iero*, ist in drei Teile geteilt: die *Prothesis*, das eigentliche *Bema* und das *Diakonikon*.

Zur *Prothesis* kommt man durch die linke Tür der Ikonostase; es ist ein kleiner Raum mit Apsis, in dem Brot und Wein für die Eucharistie vorbereitet wird (*Proskomidi*) und Kelch, Hostienteller und andere für den Gottesdienst notwendige Geräte aufbewahrt werden.

Auf der gegenüberliegenden Seite befindet sich das *Diakonikon* oder *Tipikarion*, zu dem die rechte Tür der Ikonostase führt. Dieser kleine Raum mit Apsis, der der *Prothesis* entspricht, wird als Sakristei benutzt. Dort werden Priestergewänder und liturgische Bücher aufbewahrt; die Priester und Diakone bereiten sich hier für den Gottesdienst vor und streifen sich die Paramente über.

In der Mitte ist das *Bema* selbst, der Raum, in dem die Eucharistie gefeiert wird. Der Altar, die *Aghia Trapeza* (heiliger Tisch), ist mit einem großen weißen Tuch, dem *Katassarkion*, bedeckt und wird von einem hölzernen, oft reich dekorierten Ziborium überragt. Der Altar symbolisiert das Grab Christi; ein kleines darauf ausgebreitetes Seidentuch, *Iliton*, auf das Brot und Kelch gestellt werden, symbolisiert das Tuch, mit dem das Gesicht des toten Christus bedeckt wurde. Ein weiteres Tuch, *Antiminsion*, das in ersterem enthalten ist, symbolisiert Christus im Grab. Darin sind Heiligenreliquien eingenäht.

Auf dem Altar steht außerdem das Kreuz, Symbol der Erlösung, ein kleiner Tabernakel, *Arteforion*, der heilige Gewürze enthält, ein Engel, Kerzenständer und die *Exapteriga* oder *Ripidia*, liturgische Fächer aus Metall, die die Seraphine mit sechs Flügeln darstellen.

Die Klostergründungen

Massimo Capuani

KARYES

Karyes ist das administrative, politische und kulturelle Zentrum der Mönchsrepublik »Berg Athos«, wo die Legislative (Heilige Gemeinschaft – *Ierá Kinòtis*) und die Exekutive (Heilige Epistasia – *Ierá Epistasía*) ihren Sitz haben. Auf dem nordöstlichen Bergrücken der athonitischen Halbinsel und gewissermaßen in ihrem geographischen Zentrum liegt Karyes 330 Meter über dem Meeresspiegel wie in einem grünen Trichter. Charakteristisch sind die alten Häuser und gepflasterten Gäßchen, die Karyes das Aussehen eines heiteren, mittelalterlichen Weilers verleihen.

Die üppige Vegetation, die Karyes umgibt, erstreckt sich auf einem flachen Abhang bis zum Meer hin; hier und dort tauchen zwischen Zypressen, Eichen und Obstbäumen kleine, alleinstehende Häuser auf.

Karyes als Knotenpunkt, von dem strahlenförmig Wege und Pfade zu den Klöstern und den *Skíten* ausgehen, besitzt öffentliche Einrichtungen (Krankenhaus, Post, Telegrafenamt, Telefon), Lokale, die von Laienbrüdern geführt werden, und Läden (Lebensmittel, Devotionalien, Bücher).

Die Heilige Gemeinschaft und die Heilige Epistasia haben in einem neueren Gebäude auf dem Hauptplatz ihren Sitz. Über Karyes verteilt liegen die *Konákia*, die Botschaften oder Vertretungen der 19 Klöster (Koutloumousiou besitzt keine eigene *Konáki* in Karyes, da es nur 10 Minuten vom Hauptkloster entfernt ist). Dort residieren die Vertreter der Klöster bei der Heiligen Gemeinschaft, und hier werden auch Mönche aus den jeweiligen Klöstern beherbergt, wenn sie auf der Durchreise sind oder sich vorübergehend hier aufhalten.

In Karyes befindet sich außerdem die Residenz des griechischen Gouverneurs und ein Polizeipräsidium.

Geschichte

Ein erster, noch rudimentärer Versuch, das athonitische Mönchswesen zu organisieren, fand etwa im 9. Jahrhundert statt. Die Vertreter der Mönche und ihr Primas (*Prótos*) versammelten sich damals in der sogenannten *Kathédra tón Gherénton* bei dem jetzigen Pirgudia, in der Nähe von Jerissos. Dieser Ort wird in der Urkunde Leons VI. 908 erstmals offiziell erwähnt und liegt heute außerhalb von Athos, im Norden der Halbinsel, wo das athonitische Mönchstum seinen Anfang nahm. Mit dem Zustrom neuer Mönche ließen sich weitere Gemeinschaften vor allem im Süden nieder und so mußte der Versammlungsort in ein weniger abgelegenes Gebiet verlegt werden. In der ersten Hälfte des 10. Jahrhunderts erbaute man in der Mitte der Halbinsel eine Ortschaft, die *Méssos* (in der Mitte) genannt wurde, sowie eine neue *Lavra*, die somit den Namen »Lavra von *Méssi*« bekam.

Seit dem 11. Jahrhundert wurde diese Ortschaft »Lavra von Karie« genannt – wahrscheinlich wegen der vielen Walnußbäume (auf griechisch *Karié*), die noch heute überall wachsen – bis sie schließlich endgültig in »Karyes« umbenannt wurde. Die unabhängigen Mönche, die nie einer Regierung außerhalb von Athos unterstanden, gruppierten ihre Wohnstätten um eine Kirche, das sogenannte »Protaton« (des Protos von Athos), das Mariä Himmelfahrt (15. August) geweiht wurde. Es ist heute das älteste existierende Bauwerk auf dem Heiligen Berg.

Schon wenige Jahre nach der Einweihung stellte sich die Kirche als zu klein heraus und wurde um 965 von dem Protos Athanasios erweitert. Das nötige Geld bekam er von Athanasios Athonites, der es wiederum vom befreundeten Leon Phokas hatte. Etwa um 1275 bis 1280 fiel es einem Brand zum Opfer, der vielleicht von Anhängern der Kirchenunion (orthodox-östliche und römisch-katholische) gelegt wurde, die in Kaiser Michael VIII. Paläologos einen Unterstützer fanden. Michaels Nachfolger Andronikos II. (1282-1328) baute das Protaton wieder auf. Ursprünglich wurden darin die Mönchsversammlungen (*Synaxis*) abgehalten, später übernahm man den Begriff Protaton auch für die zentrale Organisation der Gemeinschaft.

Ein Dokument von 1153 unterscheidet zwischen der Kirche und dem Versammlungsort der jährlichen *Synaxis*, was vermuten läßt, daß er schon vom Protaton in ein anderes Gebäude verlegt worden war. Bei den Heiligen Versammlungen wurden die Zuschüsse, die für die koinobitischen Klöster, für die *Lavre* und die Einsiedeleien bestimmt waren, verteilt und Probleme von allgemeinem Interesse für die Kommunität diskutiert. Die Zuschüsse kamen anfangs von den *Roga* (kaiserliche Schenkungen), später auch von jährlichen Pensionen (*Solemnia*) verschiedener Herrscher, von Laienspenden sowie von Erträgen und Verkäufen aus den *Kellía*. Eine der wichtigsten Angelegenheiten bei der *Synaxis* war die Wahl des Protos. Sie wurde

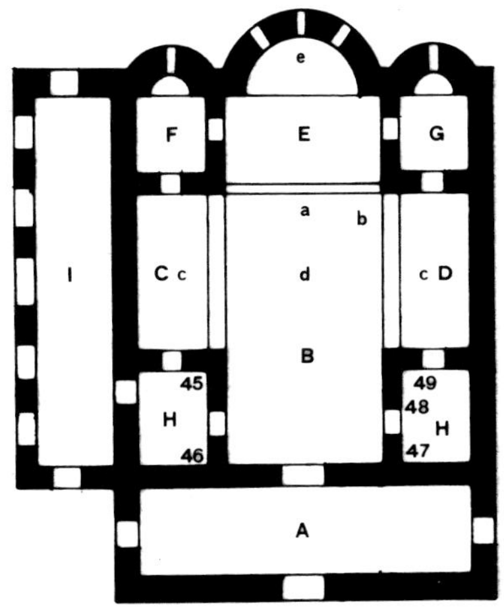

60. PROTATON
Architektonische Elemente
A. Narthex; B. Naos; C. Nordtranssept; D. Südtranssept; E. Bema; F. Prothesis; G. Diakonikon; H. Seitenkapellen; I. Portikus

Liturgische und kultische Elemente
a. Ikonostase (10. Jh); b. Proskinitarion; c. Analoghia; d. Choros; e. Ikone des »Axion esti«

Fresken (1. Viertel 14. Jh.)
Die Kirchenfeste
1. Geburt Christi; 2. Darbringung Christi im Tempel; 3. Taufe Christi und Gebet Johannes des Täufers; 4. Verklärung Christi; 5. Kreuzigung; 6. Abstieg in das Reich der Toten und Sendung der Apostel; 7. Himmelfahrt; 8. Pfingsten

Ikonographie der Gottesmutter Maria
9. Geburt Mariens; 10. Darbringung Mariens im Tempel; 11. Verkündigung; 12. Mariä Heimbolung; 13. Anapesson; 14. Erzengel Michael; 15. Erzengel Gabriel

Fortsetzung auf S. 96

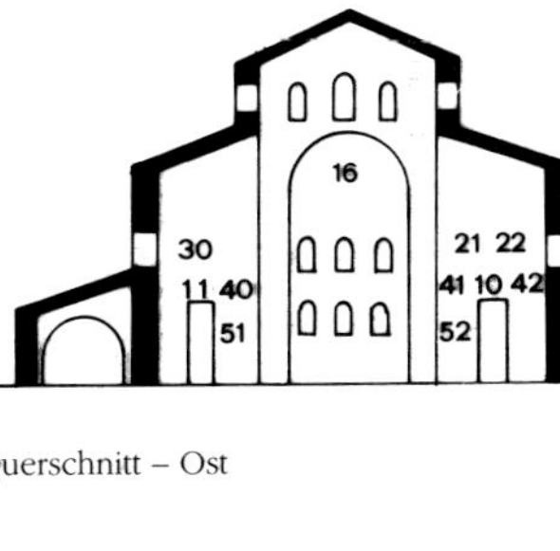

Querschnitt – Ost

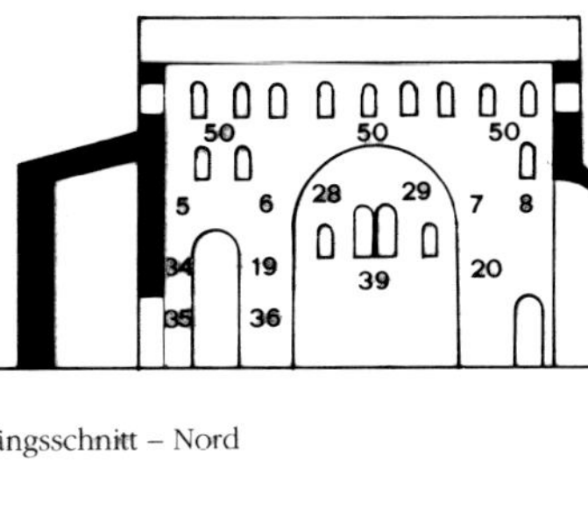

Längsschnitt – Nord

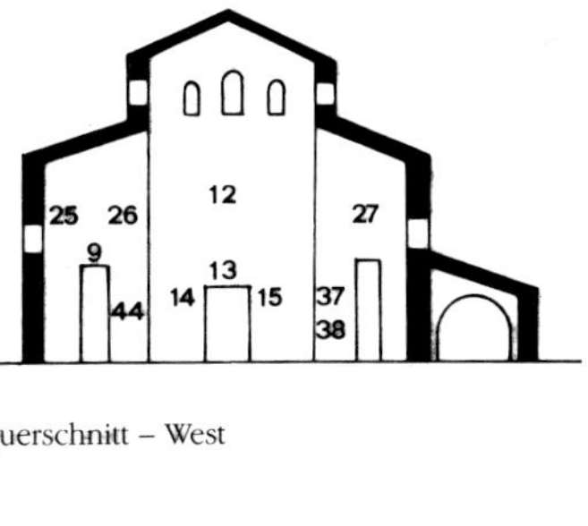

Querschnitt – West

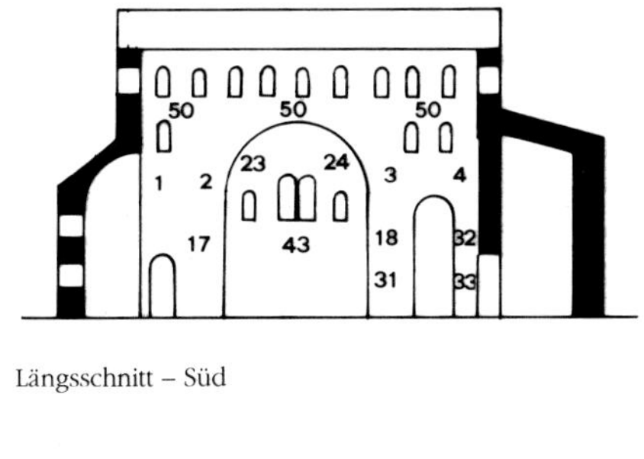

Längsschnitt – Süd

Apsiswölbung
16. Maria zwischen den Erzengeln Michael und Gabriel

Die Evangelisten
17. Hl. Markus; 18. Hl. Johannes; 19. Hl. Lukas; 20. Hl. Matthäus

Die Passion Christi
21. Jesus wäscht Petrus die Füße; 22. Jesus erklärt den Aposteln die Bedeutung der Fußwaschung; 23. Jesus am Ölberg; 24. Judas Verrat; 25. Urteil des Annas und Kaiphas; 26. Christus vor Pilatus; 27. Jesus wird zum Kreuz geführt; 28. Jesus steigt auf das Kreuz; 29. Josef von Arimathea vor Pilatus und Kreuzabnahme; 30. Jesus vom Kreuz abgenommen zwischen den Aposteln und den frommen Frauen

Die Heiligen
31. Hl. Merkurios und hl. Arthemios; 32. Hl. Johannes Damaskener; 33. Hl. Eustates; 34. Hl. Kosmas; 35. Hl. Prokopios; 36. Hl. Theodoros; 37. Hl. Bakkos; 38. Hl. Georg; 39. Hl. Johannes Klimakos, hl. Theotist, hl. Saba, hl. Euthymios; 40. Hl. Petrus; 41. Hl. Paulus; 42. Hl. Sergios; 43. Hl. Antonius; 44. Hl. Demetrios; 45. Hl. Paulos aus Latros; 46. Hl. David aus Thessaloniki; 47. Hl. Paulos von Xeropotamou; 48. Hl. Athanasios Athonites; 49. Hl. Petros der Athoniter; 50. Vorfahren Christi; 51. Jungfrau mit Kind; 52. Christus auf dem Thron

erstmals im *Typikon* des Johannes I. Tzimiskes (972) offiziell geregelt. Aus diesem Dokument geht hervor, daß der *Protos* nach sorgfältiger Auswahl der Kandidaten, die von den Honoratioren vorgeschlagen wurden, von der Versammlung auf Lebenszeit gewählt wurde. Die wichtigste Eigenschaft des zukünftigen Protos, der nicht unbedingt zu den Honoratioren gehören mußte, war wohl sein Einfluß auf die anderen Mönche. Nur so konnte er die meisten Stimmen auf sich versammeln. Die Wahl wurde dann vom Kaiser formell bestätigt, der ihm als Symbol der Macht einen Stab überreichte.

Zu den Zeiten des Johannes Tzimiskes war die Macht des Protos beachtlich; sie wurde allerdings in dem *Typikon* des Konstantinos IX. Monomachos (1045) merklich abgeschwächt, und die Hegumenen der drei größten Klöster des »Heiligen Bergs« (diese Bezeichnung wurde Athos hier erstmals zuerkannt) bekamen mehr Verantwortung. Diese Klöster waren die Große Lavra, Vatopedi und Iviron, wo damals eine große Anzahl von Mönchen wohnten, was den Kaiser dazu veranlaßte, ihnen mehr Ansehen und Macht zu verleihen.

Gegen 1262 findet man auf den athonitischen Dokumenten auch die Unterschrift eines »alten Protos«; vielleicht konnte der Protos in jener Zeit auch zurücktreten. Bei Überfällen fränkischer Deserteure während der 4. Kreuzfahrt (1204-1261) und katalanischer Piraten, die zu Anfang des 14. Jahrhunderts (1305-1307) auch das Protaton plünderten, wurde soviel gemordet und zerstört, daß Kaiser Andronikos II. Paläologos und der Patriarch von Konstantinopel Nephon es für notwendig hielten, die zentrale Verfügungsgewalt des Protos Theophanes wieder zu stärken, um das mönchische Leben auf dem Berg Athos neu zu organisieren. Die Goldbulle Andronikos II. von 1313 und das *Sighíllion* von Nephon stellten zwar einerseits den Protos unter den Einfluß des Patriarchen von Konstantinopel – dieser mußte die Ernennung zum Protos bestätigen –, andererseits erkannten sie jedoch Theophanes und seine Nachfolger als unangefochtene Oberhäupter an. Es wurden ihnen neue Machtbefugnisse gegeben, wie die *Epigonátion* (Ernennung der Hegumenen der verschiedenen Klöster) und die Ernennung der Beichtväter, der Subdiakone und der Vorleser. Seither wurden die Klöster auch »patriarchalisch« genannt. Ab Ende des 14. Jahrhunderts galt das Mandat des Protos jeweils ein Jahr.

Durch die seit dem 15. Jahrhundert aufgezwungene türkische Herrschaft verlor die Lavra von Karyes einen Großteil ihrer Besitzungen, und infolgedessen nahm auch die Macht des Protos ab. Ab 1593 wurde der Bischof von Jerissos auch wieder Bischof des Heiligen Berges und hatte das Recht, an der *Synaxis* teilzunehmen; die Person des Protos wurde durch ein Kollegium von vier zu Bischöfen ernannten *Epistates* ersetzt. Erst ein halbes Jahrhundert später erscheint wieder das Amt des Primas neben den Vertretern der vier Gruppen von je fünf Klöstern, in die die athonitische Gemeinschaft aufgeteilt worden war. Diese vier Persönlichkeiten bekamen wieder den Namen Epistaten, und zusammen mit dem Protos, der seitdem auch *Protepistatis* genannt wurde, gründeten sie die »Heilige Epistasia«.

Der Patriarch von Konstantinopel bekam wieder das Recht auf Ernennung des Protos, der auf Lebenszeit im Amt blieb und dessen Aufgaben und Befugnisse, abgesehen von wenigen Modifikationen, bis heute dieselben sind. Unter seinen Befugnissen war die Gerichtsbarkeit, die Aufrechterhaltung der öffentlichen Ordnung mittels sowohl geistlicher als auch weltlicher Disziplinarmaßnahmen und die Bestätigung der Wahl der Hegumenen der verschiedenen Klöster. Er verwahrte außerdem die Schlüssel zum Versammlungssaal, nicht aber die des Siegels, das in vier Teile aufgeteilt und von je einem Epistaten verwahrt wurde. 1661 war die finanzielle Situation so schwierig geworden, daß die Verwalter

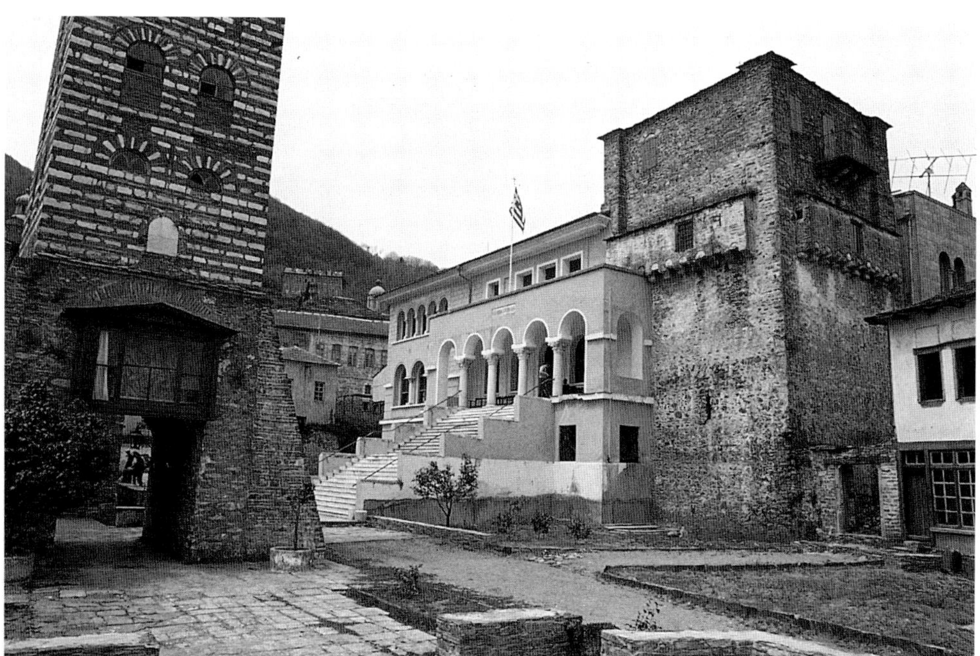

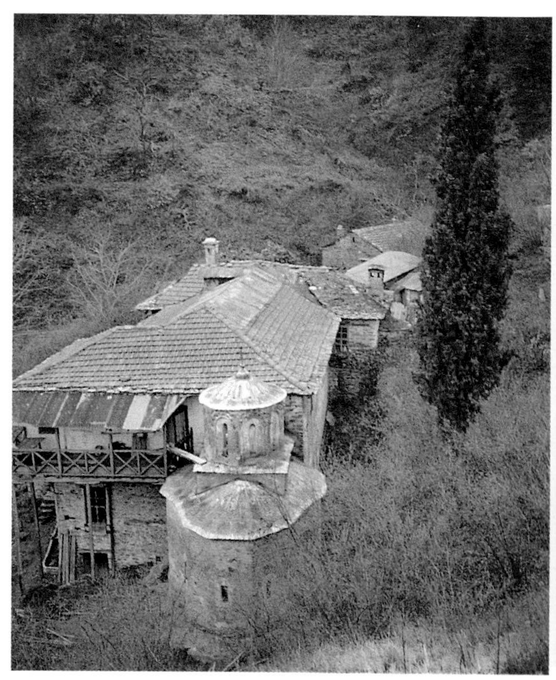

von Karyes gezwungen waren, fast alle Bauwerke in der Hauptstadt der Theokratie zu veräußern; sie wurden später von den einzelnen Klöstern zurückgekauft.

Das *Typikon* von 1810 zeichnete die Art der Regierung vor, die noch heute weitgehend befolgt wird. Die Anzahl der Klöster wurde auf zwanzig festgelegt, und alle wurden für kaiserlich, patriarchalisch und aus der Quelle des Kreuzes stammend erklärt. Ihre Vertreter, einer für jedes Kloster, wurden aufgefordert, die Heilige Gemeinschaft oder ständige Heilige Versammlung zu gründen, mit dem Ziel, der Heiligen Epistasia bei ihrer Aufgabenerfüllung zur Seite zu stehen. 1924 wurde dann das Abkommen zwischen Griechenland und dem Berg Athos, die *Katastatikós Chártis*, unterschrieben; es folgt den Richtlinien der türkisch-athonitischen Regelung von 1877, die ihrerseits die Konzepte des *Typikons* von 1810 übernahm. Dieser noch heute gültigen Urkunde zufolge wird Athos als autonomes Gebiet innerhalb des griechischen Staates anerkannt.

Kunst

Protaton

Die Metropolitankirche »Protaton« ist zweifellos das älteste Bauwerk auf dem Berg Athos. Sie wurde in der ersten Hälfte des 10. Jahrhunderts erbaut, als der Sitz des Protos von Zigos nach Karyes verlegt wurde, und hat 965, als Protos Athanasios den ursprünglichen Bau erweiterte, ihre jetzige architektonische Gestalt erhalten. Die Renovierungen und Restaurierungen, die Kaiser Andronikos II. Paläologos Anfang des 14. Jahrhunderts durchführen ließ, veränderten ihr ursprüngliches Aussehen nur unwesentlich; diese Restaurierungen waren wegen der Schäden notwendig geworden, die einerseits um 1275-1280 durch die »Enotiker«, Anhänger der Union mit der römischen Kirche, entstanden waren, als auch durch den Brand, den das Militär bei seinem Aufstand gegen Kaiser Andronikos II. Paläologos gelegt hatte. 1802 wurde das Dach des Mittelschiffs erhöht, eine Veränderung, die es erlaubte, zahlreiche neue Fenster zu öffnen und so den *Naos* heller zu gestalten.

Der Grundriß des Gebäudes unterscheidet sich grundlegend nicht nur von den *Katholika* auf Athos, sondern auch von den meisten byzantinischen Kirchen. Das Äußere ist von basilikalem Typ, mit drei halbzylindrischen Apsiden. Der Grundriß dagegen besteht aus einem Rechteck, das sich von West nach Ost folgendermaßen zusammensetzt: ein Narthex, ein annähernd quadratisches Schiff mit eingeschriebenem griechischen Kreuz, das vier Räume abgrenzt; von diesen fungieren diejenigen im Nord- und Südosten als *Próthesis* beziehungsweise als *Diakonikón*; ganz im Osten befinden sich drei Apsiden. Der Narthex ist ein späterer Anbau, der auf das Jahr 1507 zurückgeht; der Portikus auf der Nordseite und der Glockenturm im Osten wurden 1534 von Protos Seraph erbaut.

Das Dach dieses Gebäudes, ursprünglich aus Holz, ist ein Satteldach, wobei das Mittelschiff gegenüber den Seitenschiffen erhöht ist.

Im Inneren der Kirche befinden sich großflächige Wände, die es Manuel Panselinos aus Thessaloniki, dem wichtigsten Vertreter der makedonischen Malschule, möglich machten, hier im ersten Viertel des 14. Jahrhunderts sein Hauptwerk auszuführen. Die Hauptkompositionen sind jeweils im zweiten Band von oben: die zwölf Feste (*Dodekáorton*) des byzantinischen Kirchenjahres im Mittelschiff, die

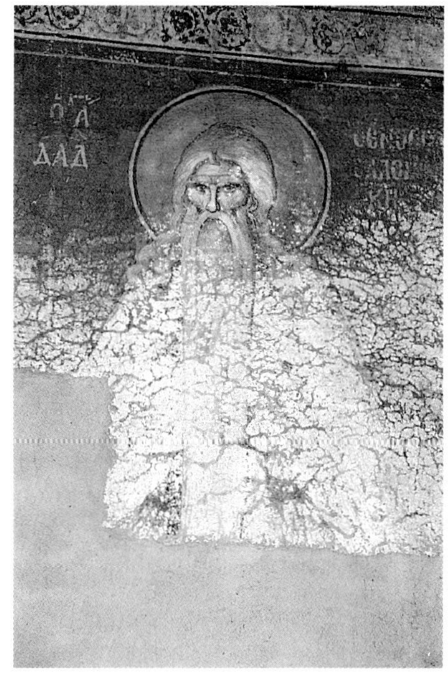

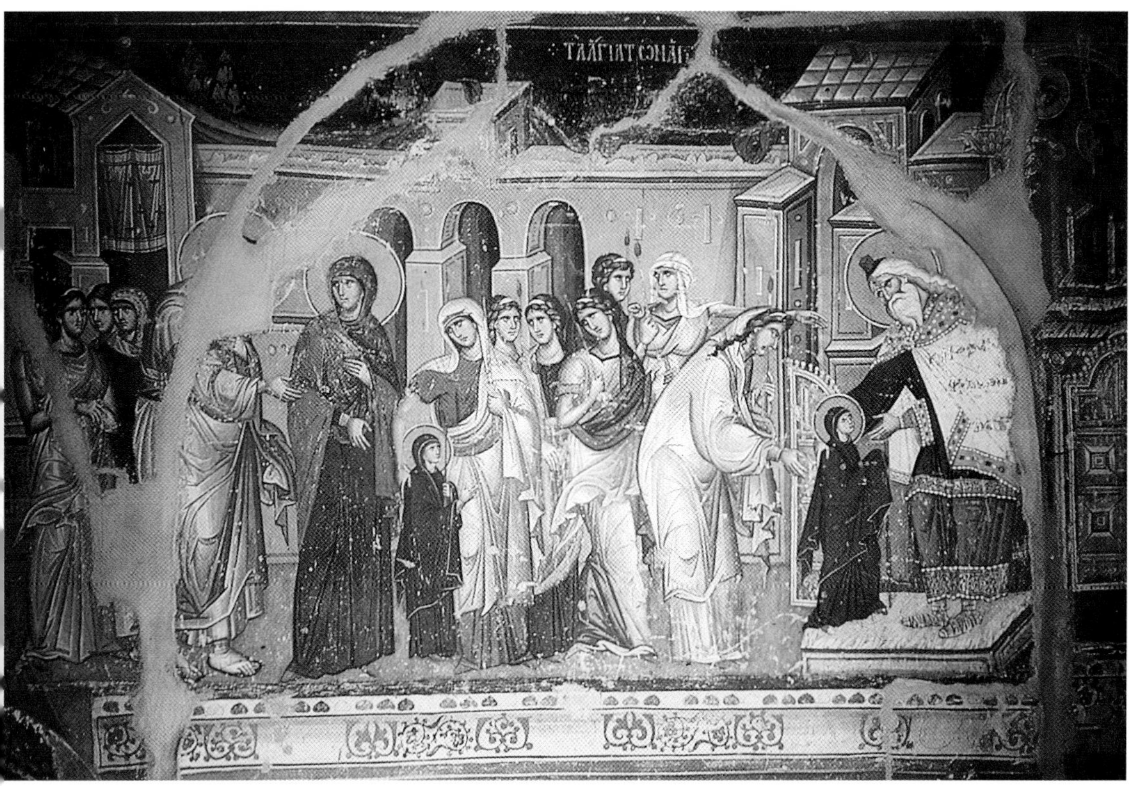

(gegenüberliegende Seite)
61. Gebäude der heiligen Gemeinschaft, Sitz der legislativen und administrativen Organe der athonitischen Gemeinschaft

62. Kellion Molywoklisia bei Karyes, in dessen Kapelle Fresken aus der kretischen Schule, 1536

(diese Seite)
63-64. Hl. David aus Thessaloniki und Darbringung der Jungfrau im Tempel, Fresken aus makedonischer Schule in der Kirche des Protaton, zugeschrieben dem Manuel Panselinos, Anfang des 14. Jh.

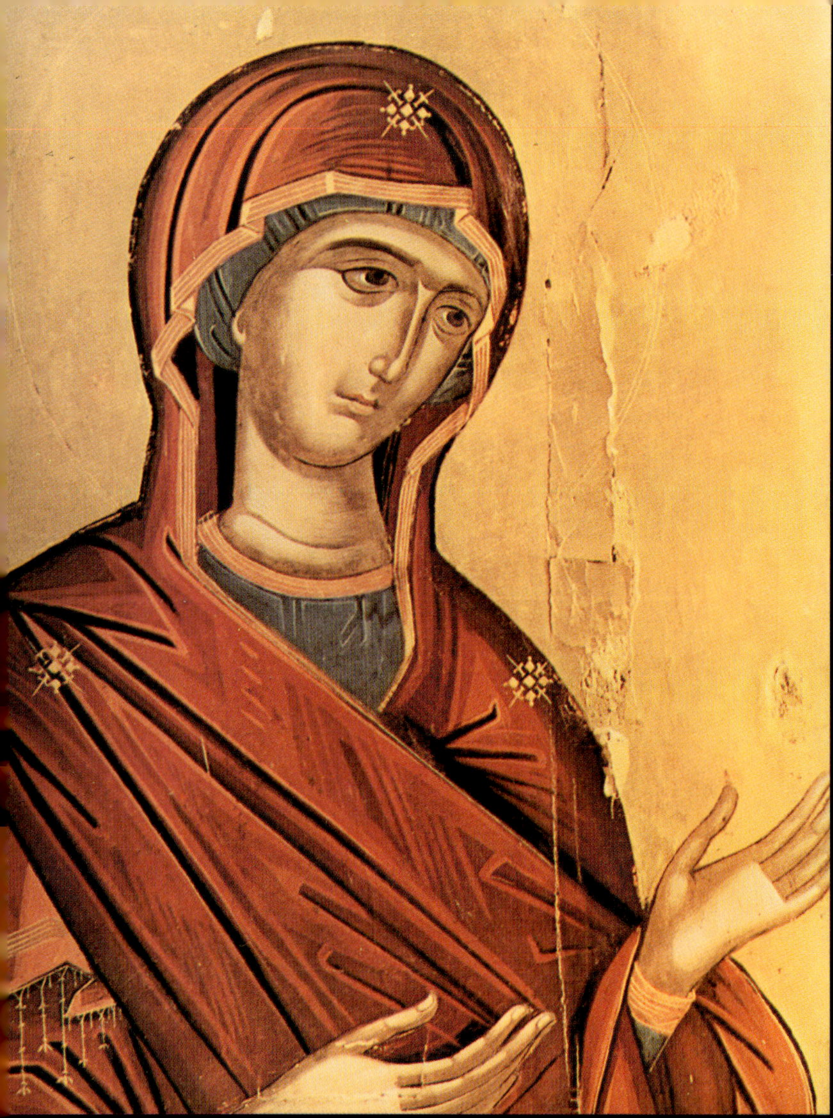
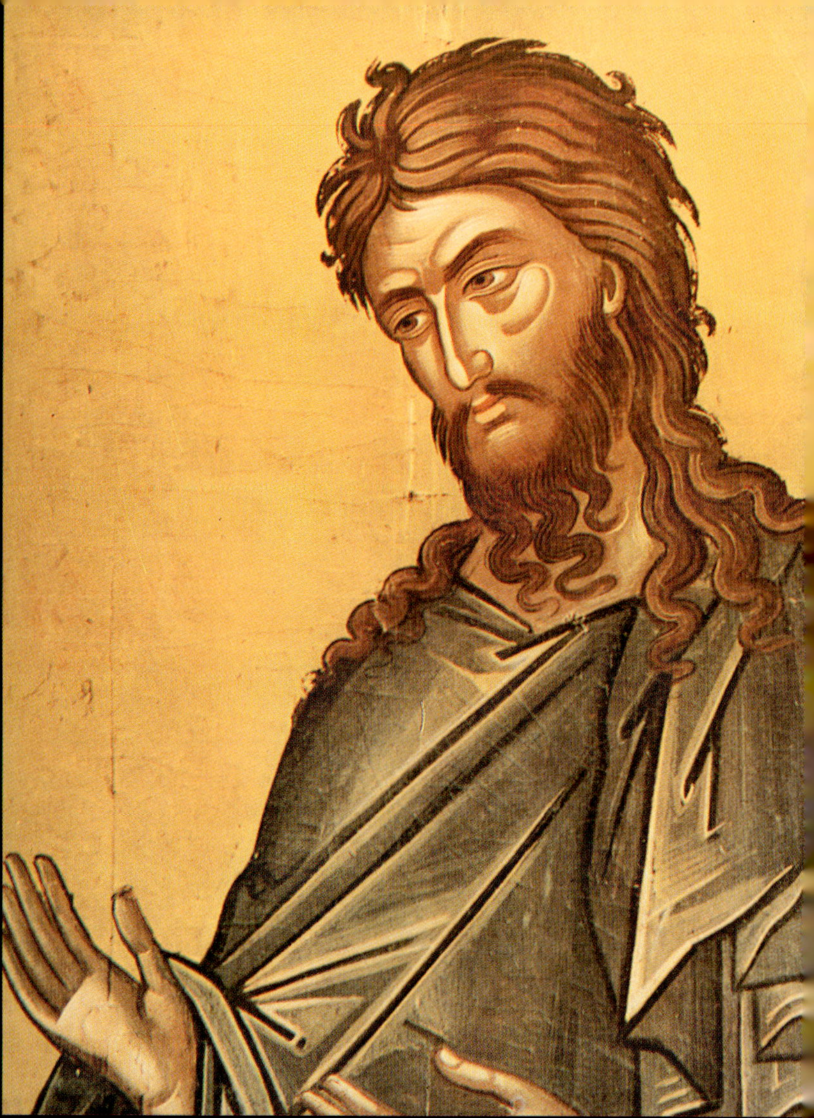
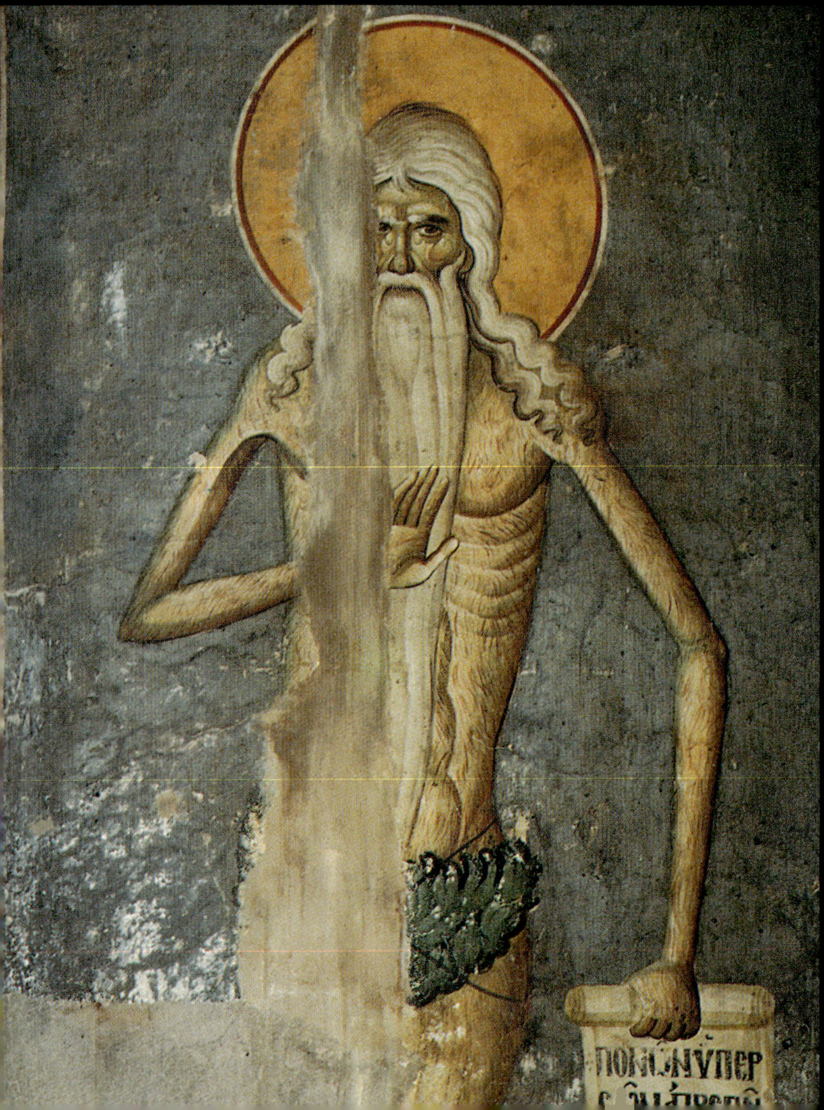
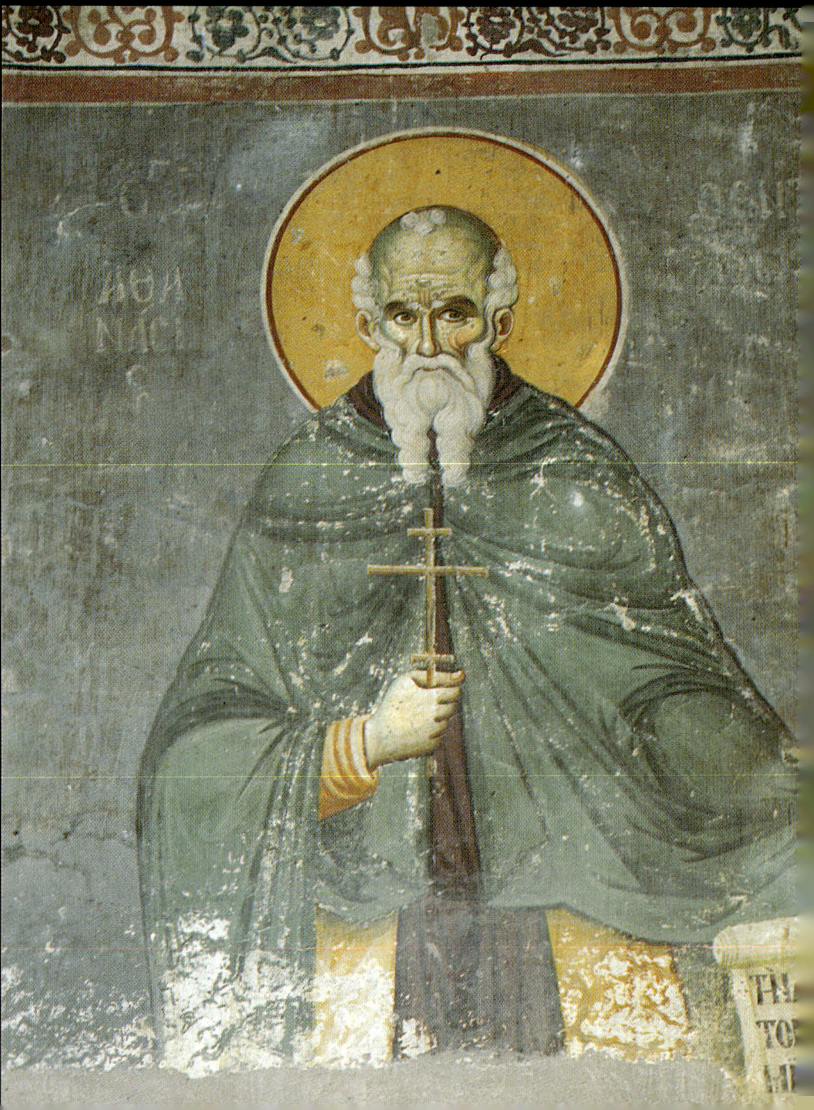

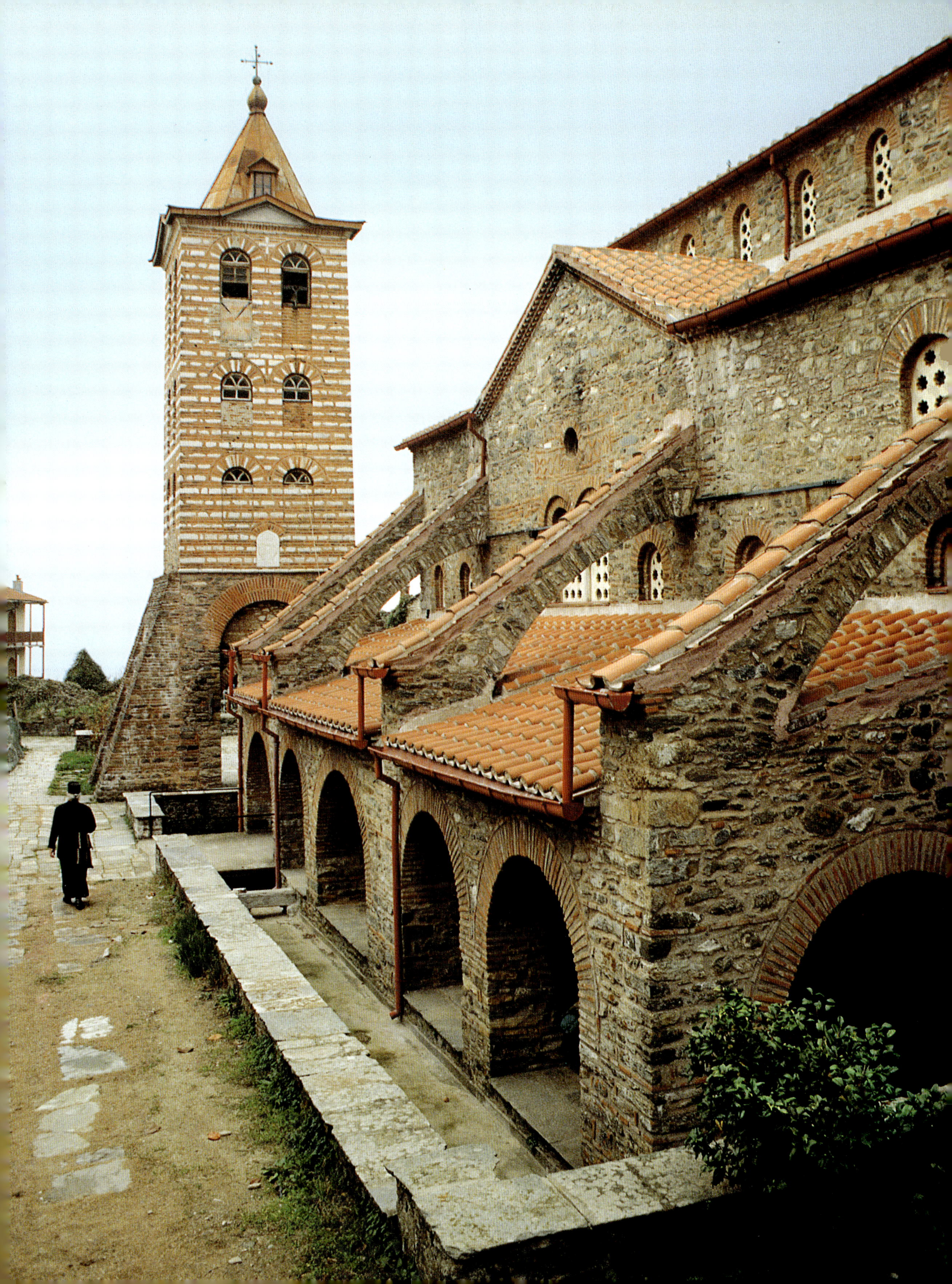

(vorhergehende Seiten)
Tafeln 25-28. Oben: zwei Ikonen aus kretischer Schule, die die Gottesmutter und den Täufer darstellen, Teil der alten Ikonostase des Protaton, 16. Jh.
unten: *Petros der Athoniter und hl. Athanasios Athonites, zwei Fresken aus makedonischer Schule im Protaton, 14. Jh.*

Tafel 29. Die Metropolitankirche Protaton, 10. Jh.

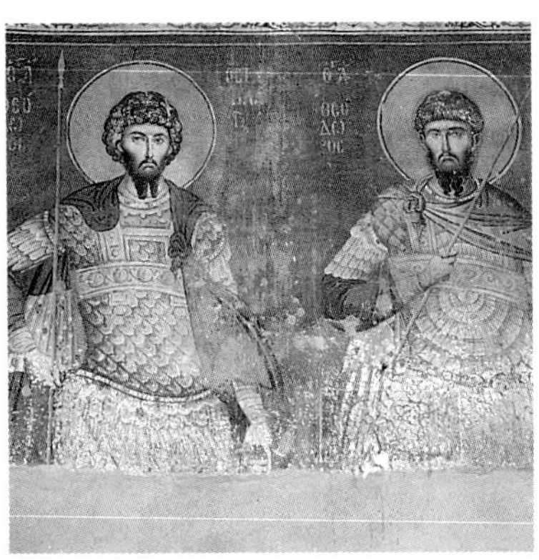

65. Hl. Theodoros Stratelates und Hl. Theodoros Teron, Fresken von Manuel Panselinos im Protaton, erstes Viertel des 14. Jh.

Passion Christi in den Transsepten und Darstellungen von Wundern in den vier Seitenkapellen. Die Fresken im Mittelschiff sind in vier übereinanderliegende Bänder unterteilt, von oben nach unten: die Vorfahren Christi (von Adam bis Josef), die Feste der Kirche (Geburt, Darbringung im Tempel, Taufe, Verklärung Christi, Kreuzigung, Abstieg in das Reich der Toten, Himmelfahrt, Pfingsten), die vier Evangelisten und eine Reihe von heiligen Kriegern und berühmten Asketen.

Auf der Westwand, über dem Eingang vom Narthex in das Schiff, hat Panselinos eine außerordentlich große Komposition der Herrschaft der Gottesmutter ausgeführt (*Kímissis tís Theotóku*), der die Kirche geweiht ist. Dargestellt sind die Apostel und Gruppen von Frauen, die der sterbenden Jungfrau weinend beistehen; die Darstellung Christi, der am Fuß des Totenbettes ihre Seele in Gestalt eines Neugeborenen in den Armen hält, ist inzwischen verlorengegangen.

Unterhalb des großen Freskos ist *Anapessón* dargestellt, das Christuskind liegend und traurig, eine Anspielung auf seinen zukünftigen Leidensweg; an den Seiten der Komposition befinden sich zwei Beschützerfiguren, die Erzengel Michael und Gabriel.

Besonders beeindruckend in ihrer realistischen Darstellung sind die Porträts der heiligen Asketen: David von Thessaloniki und Paulos von Latros in der Nordwestkapelle; Athanasios Athonites, Petros Athonites und Paulos von Xeropotamou in der Südwestkapelle; Johannes Klimakos, Theotist, Saba und Euthymios im Nordtranssept; Johannes der Täufer, Antonios, Paulos von Theben, Nilus und Ephräm im Südtranssept; Dionysius Aeropagita und Ignatios im *Bema* (Südwand); Gregorios Thaumaturgos im *Diakonikón* und Nilos Cabasila, Erzbischof von Thessaloniki, in der Täufer-Kapelle über dem Narthex.

Die Marmorikonostase mit geometrisch-dekorativen Motiven geht auf die Zeit der Kirchengründung zurück (10. Jahrhundert).

Im *Bema* thront die am meisten verehrte, berühmteste Ikone auf Athos, die *Axión esti* (»Es ist würdig«). Dargestellt ist die Gottesmutter, die das Jesukind in ihren Armen hält; das Silber, das in Treibarbeit nahezu das gesamte Bild überzieht, läßt die vom Rauch der Kerzen geschwärzten Gesichter der Gottesmutter und des Jesukindes einzigartig zur Geltung kommen. Die Legende erzählt, daß der Erzengel Gabriel im 10. Jahrhundert vor dieser Ikone den von Kosmas von Majuma im 8. Jahrhundert komponierten Hymnus *Axión esti* (»Es ist wahrlich würdig, Dich, oh Gottesmutter, selig zu preisen«) gesungen hat, der seitdem Bestandteil der Liturgie ist. Jedes Jahr am Ostermontag wird die Ikone in einer feierlichen Prozession durch die Straßen von Karyes geführt.

Kellion des Dionysios von Phourna.
Nicht weit vom Protaton, beim Postamt, befindet sich das *Kellíon*, wo bis 1734 Dionysios von Phourna lebte, Autor (1728-1733) der »Malanleitung« (*Ermínía tís téchnis*), in der die ikonographischen Kanones der Malerei definiert sind. In der Kapelle des *Kellion* befinden sich die Fresken, die 1711 von Dionysios gemalt und 1731 von ihm selbst restauriert wurden.

Die Bibliothek
Die Bibliothek des Protaton hat in dem mittelalterlichen Turm ihren Sitz, der in den Ostflügel des neuen Gebäudes der Heiligen Gemeinschaft integriert ist. Dort sind 117 Handschriften, 47 davon auf Pergament, und einige Inkunabeln aufbewahrt. In den Archiven befinden sich die *Typiká* der athonitischen Mönchsorganisation, darunter auch das erste, das 972 von Kaiser Johannes Tzimiskes erlassen wurde.

Es wird »Tragos« genannt, weil auf Ziegenhaut (*trágos* = Ziegenbock) geschrieben, ist mehr als drei Meter lang und stellt das älteste Dokument mit eigenhändiger Unterschrift eines byzantinischen Kaisers dar:

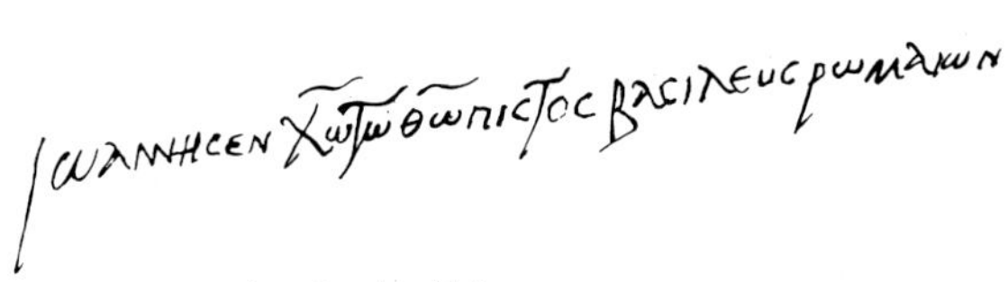

ΙΩΑΝΝΗΣ ΕΝ Χ(ΡΙΣΤ)Ω ΤΩ Θ(Ε)Ω ΠΙΣΤΟΣ ΒΑΣΙΛΕΥΣ ΡΩΜΑΙΩΝ

»Johannes, glaubend an Christus den Gott, König der Römer«.

Kellion Molywoklisia
Ungefähr eine halbe Stunde von Karyes entfernt, auf der Straße nach Vatopedi, befindet sich das *Kellion* Molywoklisia, dessen Kapelle mit kostbaren Fresken kretischer Schule von 1536 ausgeschmückt ist. Die traditionelle Ikonographie zeigt den *Pantokrator* in der Kuppel, die Evangelisten auf den Pendentifs, die Großen Feste in den Chören und die heiligen Asketen und Krieger an den unteren Zonen der Wände.

GROSSE LAVRA

Das Kloster Große Lavra liegt am Südostende der athonitischen Halbinsel, an den Ausläufern des Berges Athos, ein paar hundert Meter über dem Meer.

Dieses ranghöchste Kloster in der Hierarchie ist dem heiligen Athanasios (7. Juli) geweiht.

Zur Großen Lavra gehören drei *Skiten* (St. Anna, Kafsokaliwia und Prodromos) und vier *Kaliven* (St. Basileios, Kleine St. Anna, Katounakia und Karoulia), fünf *Kathismata* und 40 *Kellien.*

Geschichte

Das Kloster Große Lavra wurde im Jahr 963 weit entfernt von anderen klösterlichen Ansiedlungen auf einem alleinstehenden, »*Tá Melaná*« genannten, Grundstück von dem Mönch Athanasios gegründet, der es um 959 vom Protos Stephanos zur Pacht bekommen hatte.

Damals gab es auf dem Heiligen Berg zwar schon andere *Lavren* –, also Ansammlungen von Wohnstätten unabhängiger Mönche, die eine Kirche gemeinsam hatten – aber schon bald wurde die von Athanasios die größte. Die *Lávra tón Melanón* (*Lávra* der Schwarzen) wurde zur *Meghísti Lávra* (größte *Lávra*). Später wurde sie auch »Lavra des *Kír Athanássios*«, und schließlich »Lavra des hl. Athanasios« genannt, oder einfach nur »Lavra«. Diesen Namen behielt sie immer bei, auch als sie in ein koinobitisches Kloster umgewandelt wurde, und nach dem Verschwinden aller anderen Lavras, als diese durch Klosterorganisationen nach dem Modell des Athanasios ersetzt wurden.

Dieser heilige Mönch, dessen Geburtsname Abraamios war, wurde zur Zeit des Kaisers Romanos I. Lakapenos (920-944) in Trapezunt geboren. Seine Mutter war aus Kolchis und sein Vater gehörte zu einer aus Antiochia stammenden Familie. Schon vor seiner Geburt war er Halbwaise, und kurz darauf starb auch seine Mutter. Er wurde von einer der angesehensten Familien der Stadt, den Kanitis, erzogen, durch die er in die höhere Gesellschaft von Konstantinopel eingeführt wurde. Zu den wichtigen Bekanntschaften, die er machte, zählten Michail Maleinos, Hegumen des Klosters Kyminas von Bithynien, der bald sein geistiger Vater wurde, und dessen Neffe Nikephoros Phokas, damals »Strategos« (General) der Anatolier, der sein brüderlicher Freund wurde. Die Begegnung mit Maleinos wurde für Abraamios wegweisend; er beschloß, ihn bei seiner Rückkehr nach Kyminas zu begleiten, wo er selbst Mönch wurde und von Maleinos den Namen Athanasios erhielt. In den vier darauffolgenden Jahren erweiterte und vertiefte er unter dessen Anleitung seine Bildung und wollte sich dann zu einem kontemplativen Leben in der Nähe der Einsiedelei Kikleses zurückziehen. Dort bekam er Besuch von Nikephoros Phokas und dessen Bruder Leon. Nikephoros war vom Lebensstil des Freundes begeistert und teilte ihm seine Absicht mit, bald sein Schüler zu werden und sich zusammen mit ihm dem asketischen Leben zu widmen.

Einige Zeit später verließ Athanasios Bithynien; man weiß nicht genau, warum. Vielleicht, weil er sich nun schon für weitere Erfahrungen reif fühlte oder vielleicht aus übergroßer Bescheidenheit, weil er, wenn er geblieben wäre, sicher Maleinos Nachfolger in der Leitung des Kyminas-Klosters geworden wäre. Nachdem er um 959 auf der athonitischen Halbinsel angekommen war, verbrachte er unter dem Decknamen Barnabas einige Zeit im Norden der Insel, im Dienst eines alten Eremiten aus dem Gebiet von Zigos.

Er ging später in ein zur *Lavra* von Karyes gehörendes *Kellíon*, wo er zusammen mit einem Schüler lebte. Dort wurde er von Leon Phokas aufgesucht, der ihm das nötige Geld für die Erweiterung des Protatons schenkte, das inzwischen zu klein geworden war. Um sich der Neugier und der übermäßigen Bewunderung durch die anderen Mönche, die über seine hochgestellten Bekanntschaften überrascht waren, zu entziehen, zog er

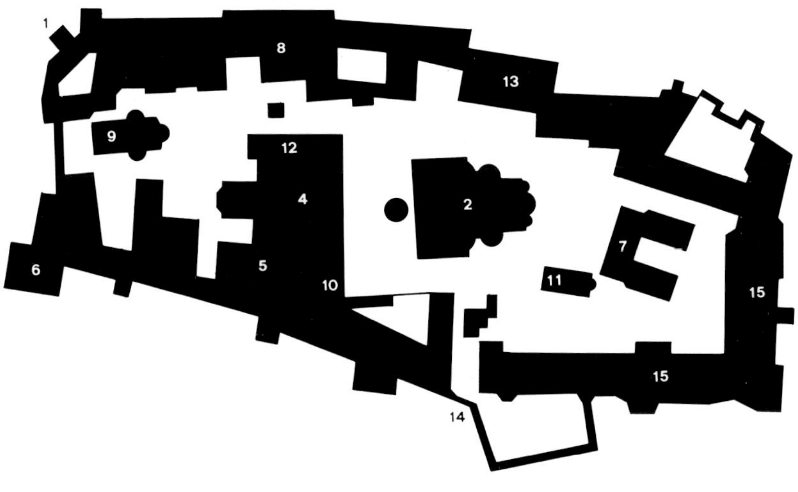

66. KLOSTER
1. Eingang; 2. Katholikon; 3. Phiale; 4. Refektorium; 5. Küche; 6. Turm des Johannes Tzimiskes; 7. Bibliothek und Schatzkammer; 8. Gästehaus; 9. Kapelle der Portaitissa; 10. Kapelle des hl. Johannes des Täufers; 11. Kapelle des hl. Michael von Sinnades; 12. Scholíon; 13. Versammlungspalast; 14. Schlupfpforte; 15. Mönchszellen

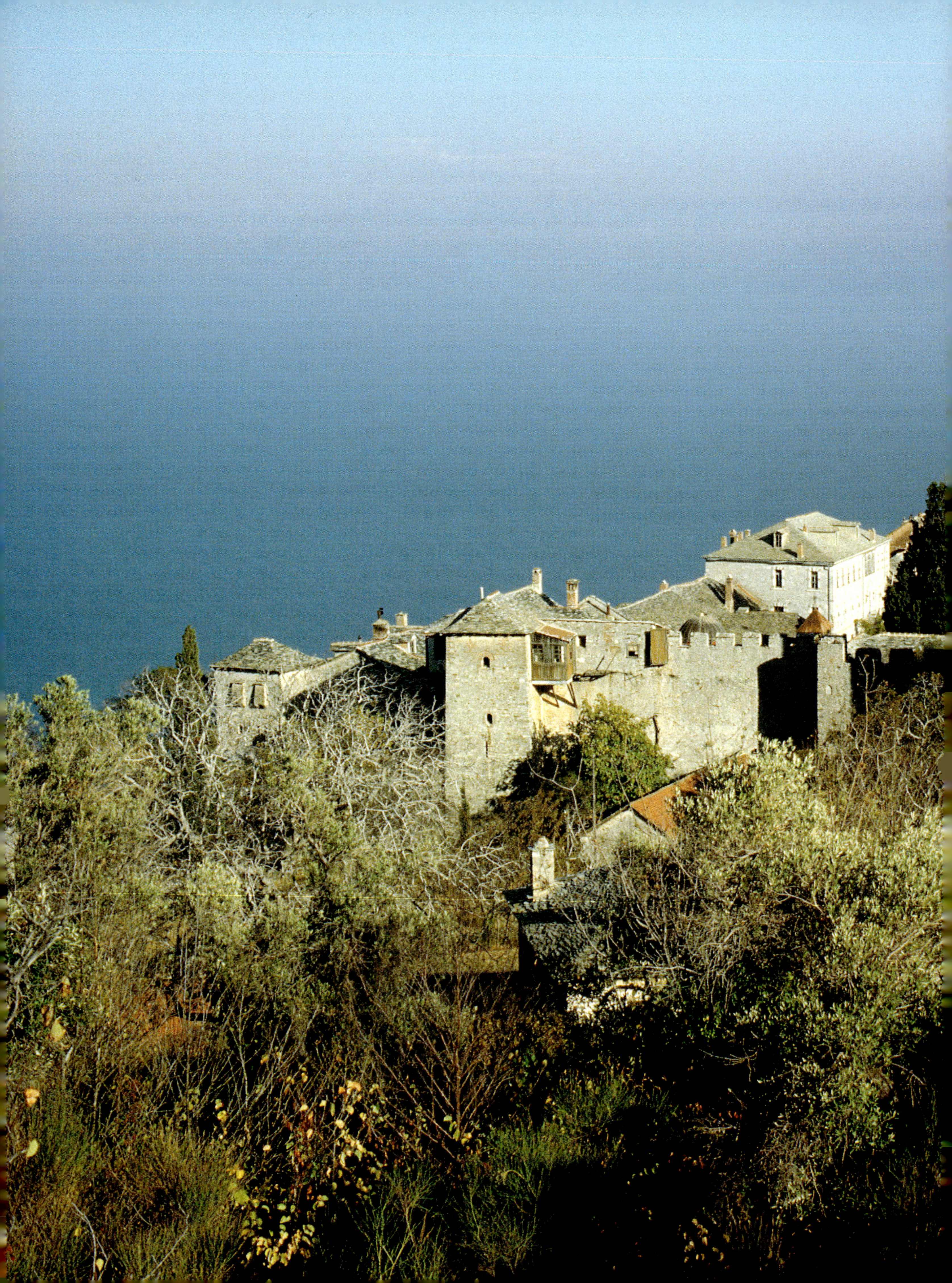

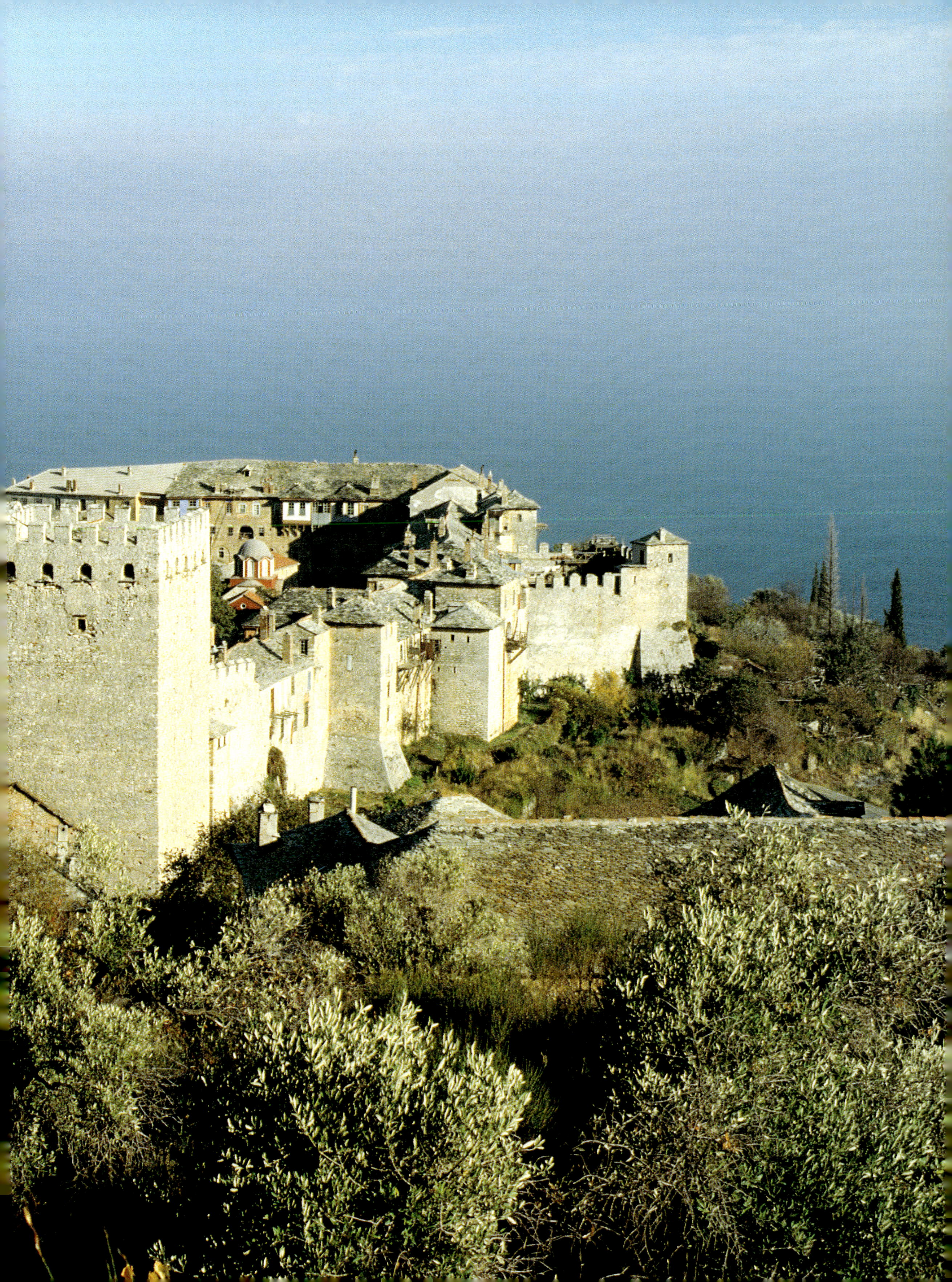

sich einige Zeit später in das einsame Gebiet der »Tá Melana« zurück. Während des Rückeroberungkrieges Kretas von den Arabern (961) berief ihn Nikephoros auf die Insel und gab ihm dort offiziell den Auftrag, eine neue Lavra auf Athos zu gründen, wohin er ihm auch selbst bald folgen wollte. Athanasios zögerte, und so schickte Nikephoros Ende 962 den Mönch Methodios mit dem nötigen Geld (sechs Goldlibbren) für den Baubeginn. Die geschichtlichen Ereignisse vereitelten jedoch die Pläne der beiden Freunde.

Nach der Eroberung Kretas und der Rückeroberung von Syrien mit dem Fall von Aleppos 962 durfte Nikephoros die Früchte des Erfolgs ernten und wurde nach dem Tod Romanos II. (963) zum Kaiser ausgerufen. Das hohe Amt, seine Hochzeit mit Theophanu und weitere Feldzüge hielten ihn von der Verwirklichung seines Vorhabens ab. Wütend darüber, daß die weltlichen Versuchungen seinen Freund in Bann hielten, unterbrach Athanasios die Bauarbeiten an seinem Kloster und begab sich persönlich nach Konstantinopel, um den Kaiser zurechtzuweisen; diesem gelang es aber, ihn zu beruhigen und davon zu überzeugen, daß er bald nach Athos kommen würde. Das geschah jedoch nie, denn schon 969 wurde er von seinem Neffen und Nachfolger Johannes Tzimiskes und Theofanó ermordet.

Nikephoros II. unterstützte den Bau an der neuen Lavra des Athanasios mit vielen Stiftungen und Schenkungen; in seiner dritten Goldbulle 964 wurde erstmals in der Geschichte eines Klosters diesem das Attribut »kaiserlich« zuerkannt; damit unterstellte er es ausschließlich seiner direkten Rechtsprechung, sogar die Autorität des Patriarchen von Konstantinopel schloß er aus. Weitere Goldbullen bestätigen den Kauf einiger Länder von seiten der Großen Lavra, unter anderem das Kloster St. Andreas in Peristeron, in der Nähe von Thessaloniki. Nikephoros II. war großzügig mit finanziellen Hilfen; er richtete unter anderem ein *Solémnion* (Rente) mit 244 *Nomísmata* jährlich ein, bewilligte Lieferungen von Getreide, stiftete Kleinodien und heilige Reliquien, darunter einen Splitter des Kreuzes Christi. Von Nikephoros bewahrt man noch heute im Kloster das Zepter und den kostbaren *Sákkos* auf, einen sehr wertvollen, mit Gold bestickten Kaisermantel. All diese Hilfen erlaubten es Athanasios, das zu verwirklichen, was schon vor ihm erfolglos versucht worden war: die Umwandlung einer Mönchsgemeinschaft in einen großen bäuerlichen und wirtschaftlichen Betrieb.

In bester Tradition mit der Regel des hl. Basileios stellte er neben das Gebet die Arbeit, berief Handwerker, Schmiede und Zimmerleute an sein Kloster, brachte erstmalig Kühe und andere Arbeitstiere nach Athos, legte Bewässerungsysteme an, um unfruchtbares Land urbar zu machen und extensive Pflanzungen anzulegen, entwarf eine Maschine, um das Korn von Lasttieren zerkleinern zu lassen, und organisierte den Fischfang, kurz und gut: er stellte dem bloßen Einsiedlerdasein Leistungsfähigkeit entgegen. Seine Art der Askese mußte nicht auffällig gezeigt werden, sondern beschränkte sich auf das Ausüben des Fastens, der Demut und des Verzichts auf jeglichen Wohlstand.

Viele Mönche kamen und es wurden mehr als die anfänglichen 80 Mönche, die Nikephoros II. in seiner Goldbulle 964 festgelegt hatte; sie wurden angezogen von dieser Mönchsorganisation moder-

(auf den vorhergehenden Seiten)
Tafel 30. Das Kloster der Großen Lavra

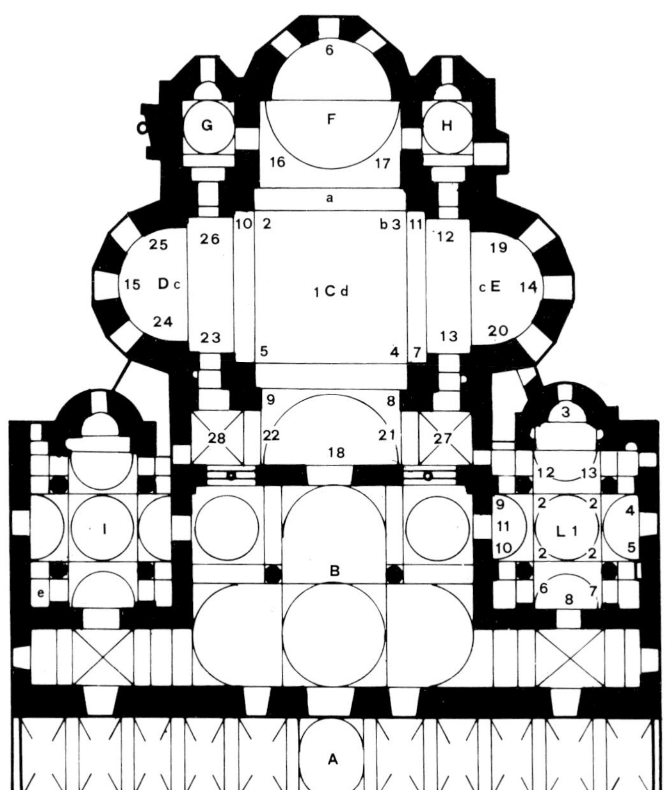

67. KATHOLIKON
Architektonische Elemente
A. Atrium; B. Lite; C. Naos; D. Nordchor; E. Südchor; F. Víma; G. Prothesis; H. Diakonikon; I. Kapelle der 40 Märtyrer; L. Kapelle des hl. Nicola

Liturgische und Kultelemente
a. Ikonostase; b. Proskinitarion; c. Analoghia; d. Choros; e. Grab des hl. Athanasios Athonites

Fresken im Katholikon (1535)
Devotionale Ikonographie
1. (Kuppel) *Pantokrator; himmlische Mächte, Patriarchen und Propheten; 2.* (Pendentif) *Hl. Matthäus; 3.* (Pendentif) *Hl. Johannes; 4.* (Pendentif) *Hl. Lukas; 5.* (Pendentif) *Hl. Markus; 6.* (Apsis) *Jungfrau mit Kind zwischen Erzengel Michael und Gabriel; 7.* (Mittelband) *Hl. Athanasios; 8.* (Mittelband) *Nikephoros Phokas; 9.* (Mittelband) *Johannes Tzimiskes*

Kirchenfeste
10. (oben) *Verkündigungsengel; 11.* (oben) *Maria der Verkündigung; 12.* (Gewölbe) *Geburt Christi; 13.* (oben) *Darbringung Christi im Tempel; 14.* (Apsiskonche) *Verklärung Christi; 15.* (Apsiskonche) *Abstieg Christi in das Reich der Toten; 16.* (Gewölbe) *Himmelfahrt; 17. Pfingsten; 18.* (über dem Portal) *Mariä Heimholung*

Leben und Passion Christi
19. (oben) *Kindermord zu Bethlehem; 19. Jesus bei den Schriftgelehrten; 20. Taufe Christi; 21.* (Gewölbe) *Letztes Abendmahl und Fußwaschung; 22.* (Gewölbe) *Jesus am Ölberg und der Judasverrat; 21.* (oben) *Urteil des Annas und Kaiphas und Verleugnung durch Petrus; 22.* (oben) *Dornenkrönung und Geißelung; 23.* (Gewölbe) *Christus vor Pilatus; 23.* (oben) *Gang zum Kalvarienberg; 15.* (oben) *Kreuzigung Christi; 25.* (oben) *Kreuzabnahme; 26.* (oben) *Pietà; 26.* (Gewölbe) *Frauen am Grab*

neren Zuschnitts, was schließlich bei den traditionelleren Einsiedlern Unmut erzeugte; sie waren verwirrt von diesem ganzen weltlichen Gebahren. Neid kam auf bei Mönchen mit fragwürdiger Berufung. Auch der damalige Protos Athanasios und der Mönch Paulos Xeropotaminos, erhoben – obwohl letzterer ein großer Geist seiner Zeit war – Einwände und Kritik in Anbetracht dieser Neuerungen. Sie machten sich zum Sprachrohr der Protestbewegung, begaben sich um 970 bis 971 persönlich nach Konstantinopel, um sich beim Kaiser Johannes Tzimiskes (969-976) zu beschweren. Dieser ließ den Fall von einem Abgesandten, dem Mönch Euthymios, prüfen und nahm abschließend in seinem *Tragos*, dem ersten *Typikon* des Berges Athos (972), dazu Stellung. Darin würdigte er das Werk des Athanasios und legte so den Streit zu dessen Gunsten bei. Athanasios Ansehen wuchs sehr schnell und wichtige Persönlichkeiten und gelehrte Männer wollten sich ihm anschließen. Darunter war Johannes der Iberer (oder der Georgianer) und dessen Sohn Euthymios, die von Johannes Tzimiskes eine Verdoppelung des *Solemnions* von Nikephoros gewährt bekamen. Dieser Kaiser stand seinem Vorgänger in Sachen Stiftungen und Schenkungen in nichts nach, und noch heute trägt ein Verteidigungsturm seinen Namen.

In jener Zeit kaufte die Große Lavra neue Ländereien wie Milopotamos, die *Metochia* des Klosters wurden.

Zur Zeit des Basileios II. Boulgaroktonos (976-1025) stieg die Zahl der Mönche auf mehr als einhundertfünfzig an. Auch dieser machte verfügte Schenkungen, unter anderem die Insel St. Eustrathios. Die Große Lavra eignete sich (mit Bewilligung des Patriarchen Nikolaos II. Chrysoberges) im Jahr 989 die alten Klöster St. Akinidos und Gomatou an. Johannes und der Rat vertrauten 996 Athanasios die Zuständigkeit über das verlassene und nur mehr in Ruinen stehende Kloster Monoxilitis an. Durch Schenkungen konnten große Teile des Klosters und das *Katholikon* errichtet werden. Athanasios starb während der Wiederaufbauarbeiten der Kuppel, die mit seiner originellen Dreikonchenform zum Vorbild für alle weiteren athonitischen Kirchen wurde. Als er auf eines der Gerüste stieg, um die Arbeiten besser inspizieren zu können, fiel er herunter und war sofort tot. Es war der fünfte Juli eines nicht genau angegebenen Jahres; einige vermuten 1001, andere 1004.

Antonios (den Athanasios selbst bestimmt hatte) folgte ihm im Amt; durch dessen genaue Erzählungen konnte ein Hagiograf das Leben des heiligen Reformators detailliert überliefern. Auch Antonios genoß die Gunst der Kaiser von Konstantinopel, deren Schenkungen auch unter den nachfolgenden Hegumenen Theodoretos, Eustrathios, Michael und anderen anhielten. Die Große Lavra konnte also schnell wachsen und erreichte im 11. Jahrhundert die beachtliche Zahl von siebenhundert dort lebenden Mönchen; diese Zahl hielt sich zwei Jahrhunderte lang nahezu unverändert, Zeugnis einer langen und unbestrittenen Blütezeit. Das zweite, 1045 von Konstantinos IX. Monomachos erlassene *Typikon* des Berges Athos macht die privilegierte Stellung der Großen Lavra deutlich, unangefochten an erster Stelle in der Hierarchie der Klöster.

Eine Goldbulle von Michael V., datiert auf 1507, sicherte eine Erhöhung des jährlichen Zuschusses von den 488 *Nomísmata* des Johannes Tzimiskes

Fortsetzung von Seite 104

Weitere Motive
26. (Mitte) *Kreuzabnahme;*
12. (Mitte) *Wiedereinführung der Bildnisse; 27.* (Mitte) *Szenen aus dem Leben der Gottesmutter;*
28. (Mittelzone) *Szenen aus dem Leben Johannes des Täufers*

Fresken in der Kapelle des hl. Nikolaus (1560)
1. (Kuppel) *Pantokrator; 2.* (Pendentifs) *Die vier Evangelisten;*
3. (Apsis) *Gottesmutter; 4.* (Gewölbe) *Geburt Christi; 5.* (Gewölbe) *Taufe Christi; 6.* (Gewölbe) *Erweckung des Lazarus; 7.* (Gewölbe) *Verklärung; 8.* (Gewölbe) *Kreuzigung; 9.* (Gewölbe) *Jesus erscheint Petrus und Johannes am Grab;*
10. (Gewölbe) *Einzug in Jerusalem;*
11. (obere Zone) *Abstieg Jesu in das Reich der Toten; 12.* (Gewölbe) *Himmelfahrt; 13.* (Gewölbe) *Pfingsten; 14.* (Mitte) *Szenen aus dem Leben des hl. Nikolaus; 15.* (über dem Portal) *Heimholung des hl. Nikolaus*

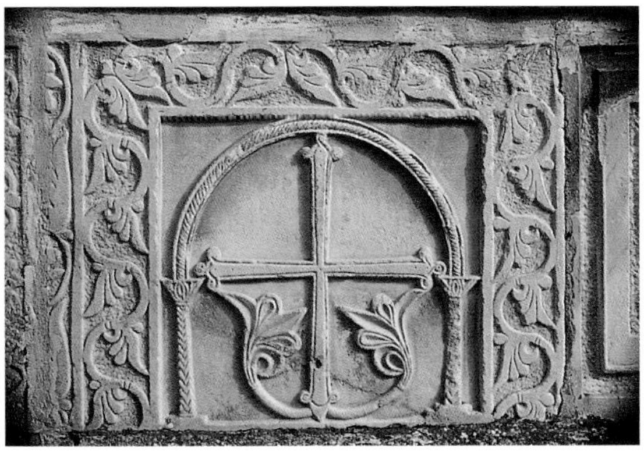
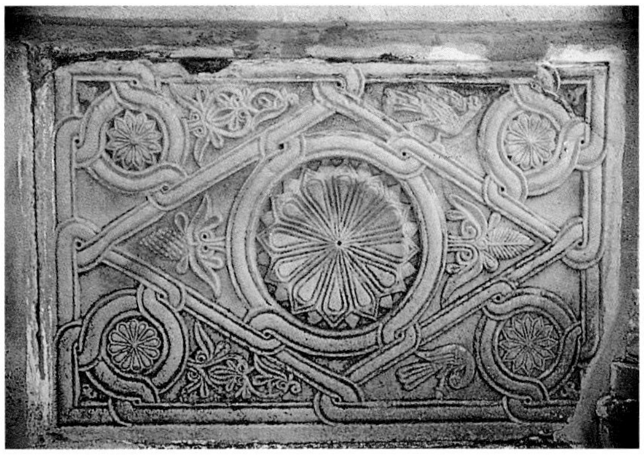
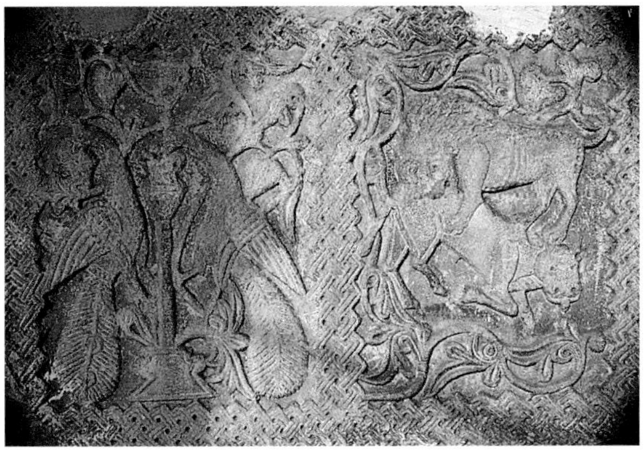
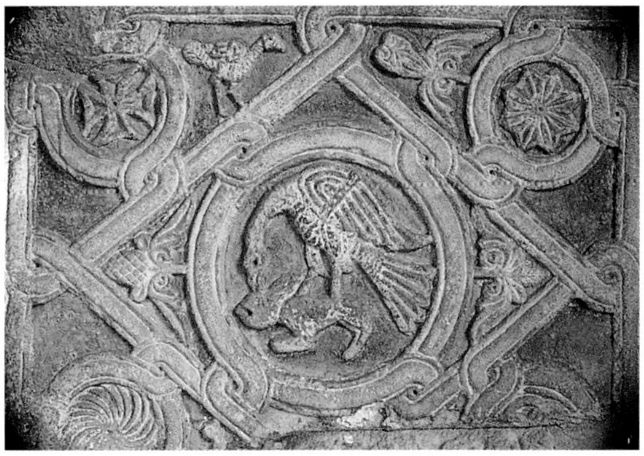

68. Vier Fliesen in der Brüstung der Phiale, die aus der alten Ikonostase des Katholikons stammen, 11. Jh.

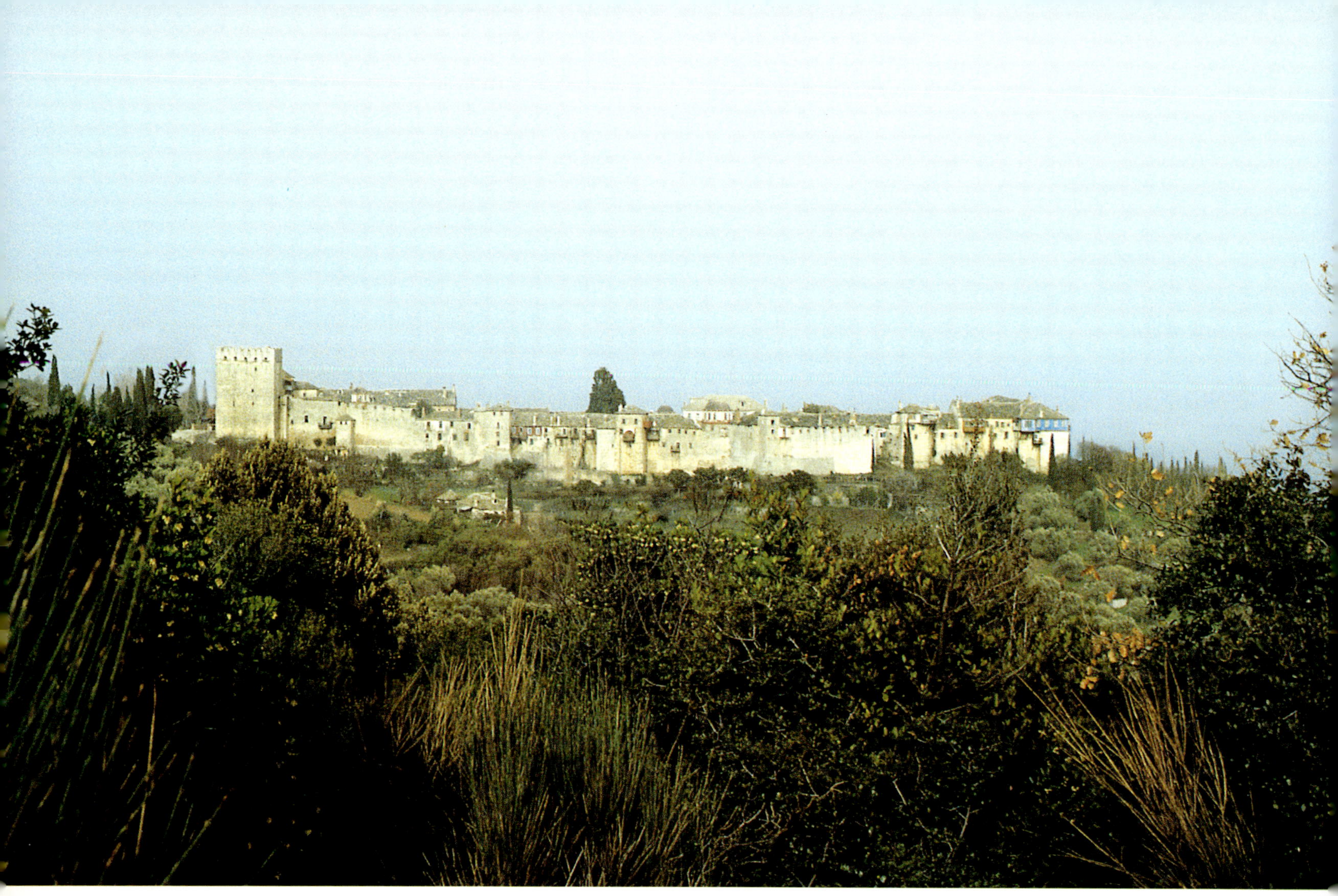

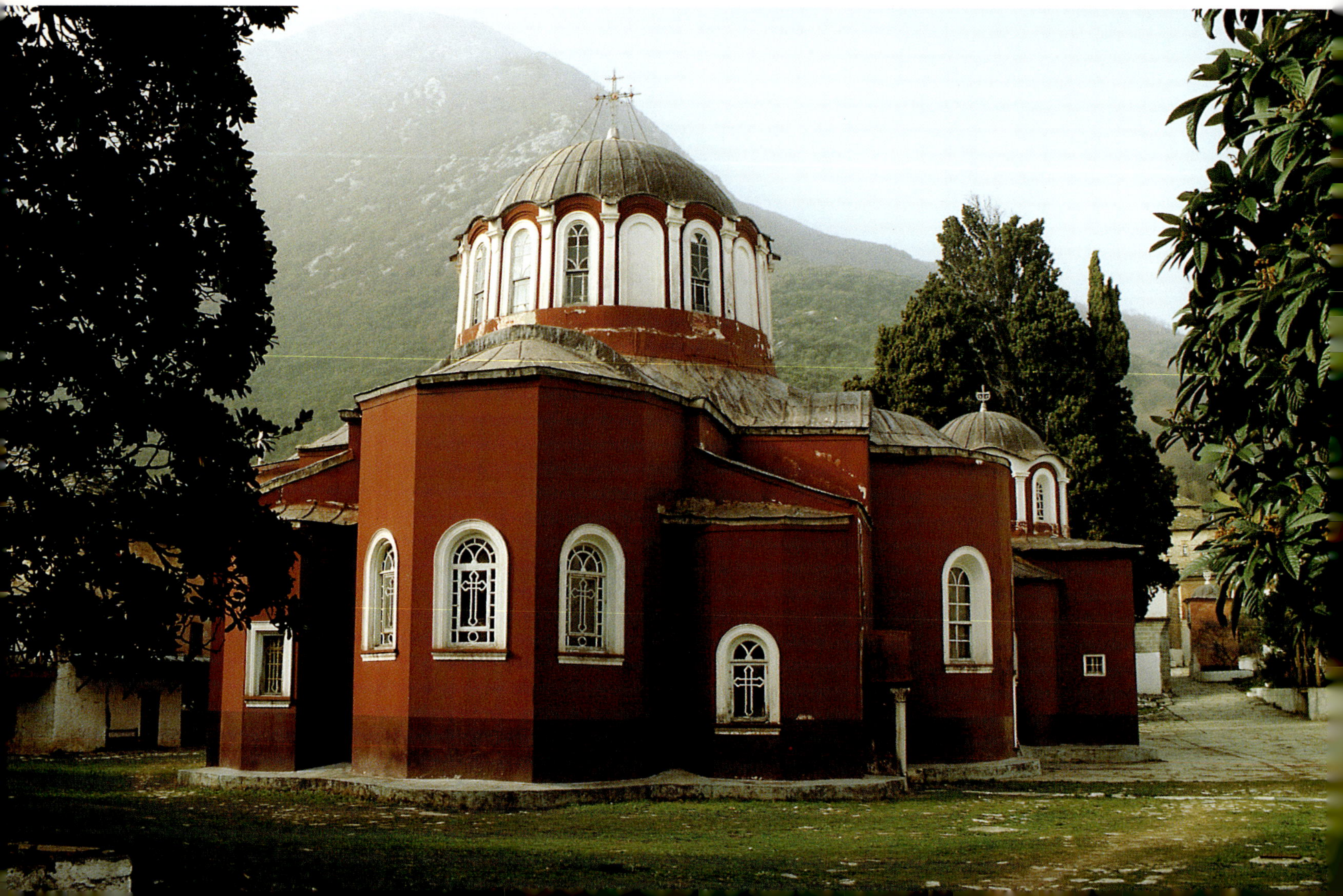

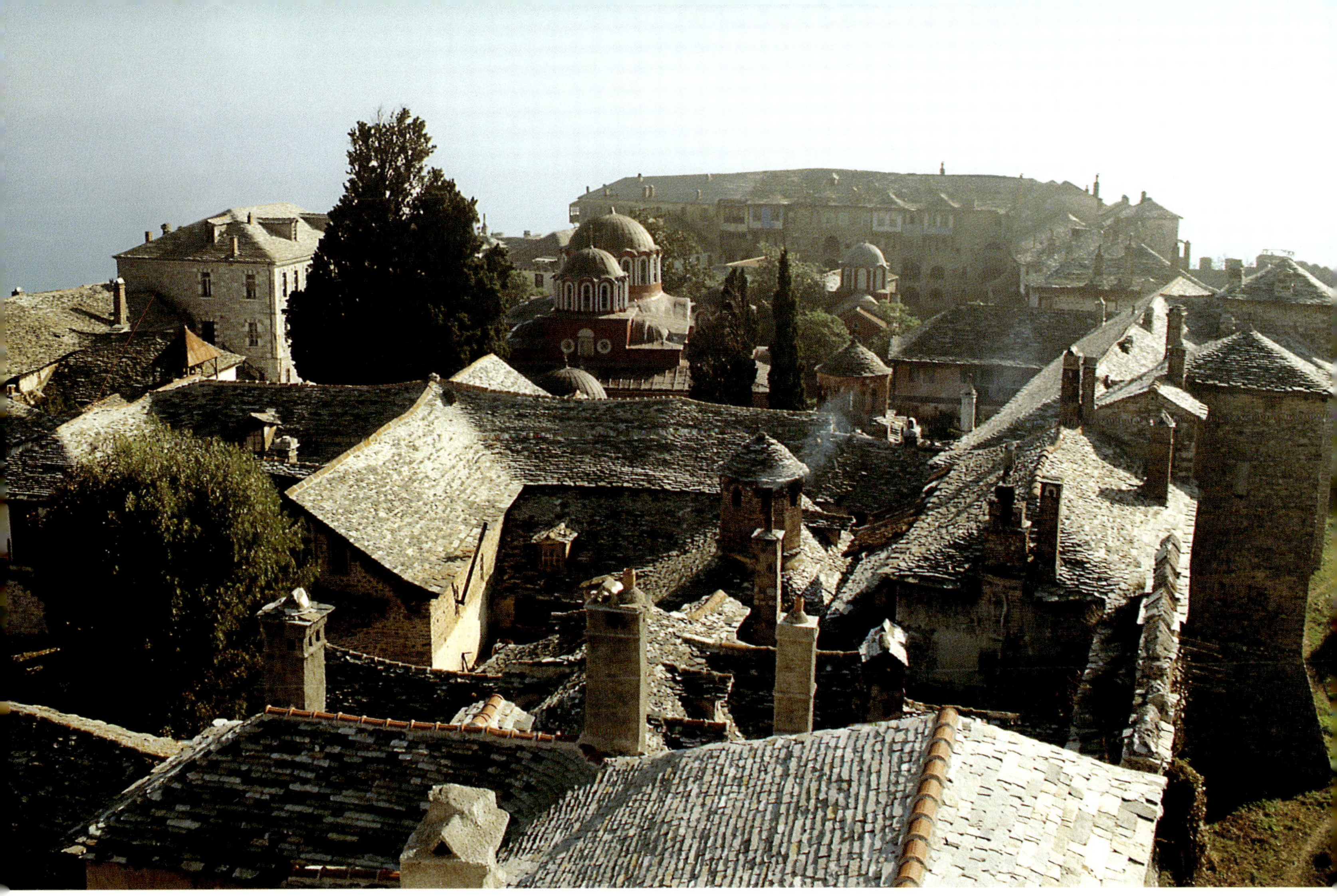

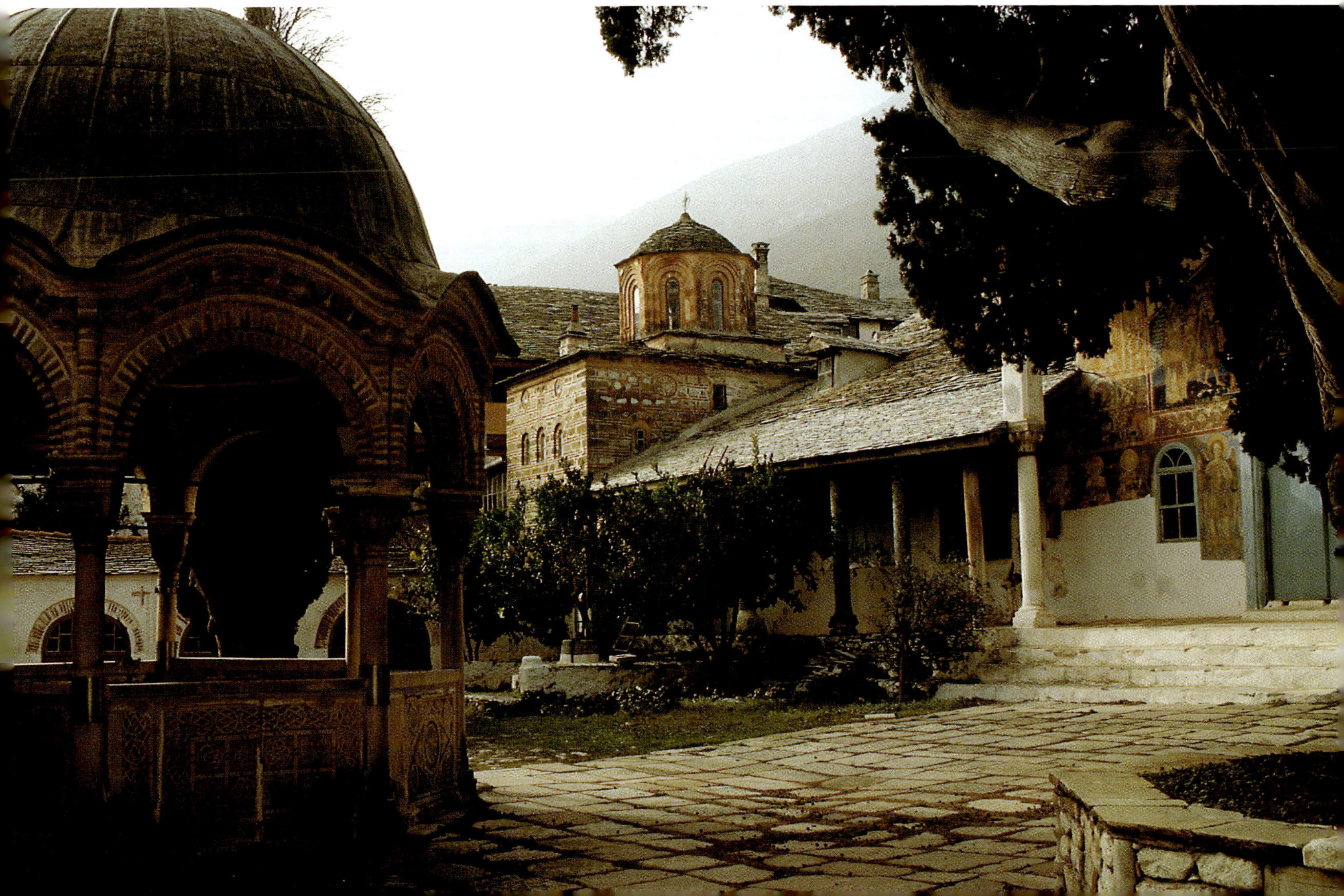

(vorhergehende Seiten)
Tafeln 31-34: Südseite des Klosters mit Eckturm; Katholikon; Gesamtansicht; Phiale und Eingang zum Refektorium

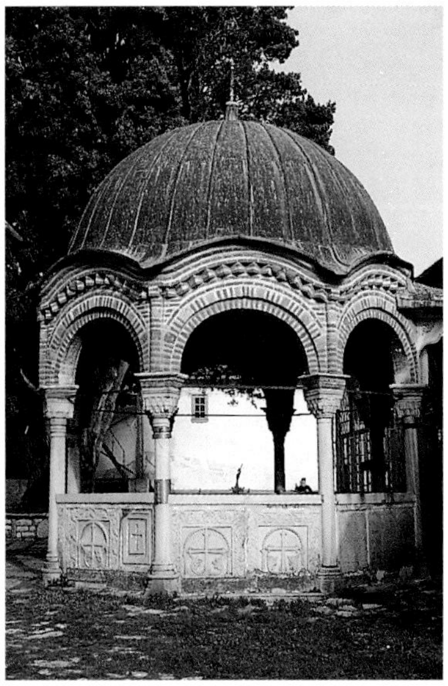

69. Die elegante, graziöse Phiale, erbaut im 17. Jh.

auf 812 *Nomísmata*. Weitere Kaiser wetteiferten geradezu mit Großzügigkeit und Spenden, wobei besonders an Konstantin X. Dukas, Alexios I. Komnenos und die Paläologen ab Michael VIII. erinnert werden sollte. Die Ländereien der Großen Lavra wuchsen noch bis ins 15. Jahrhundert an, unter anderem auch durch die Übernahme verschiedener großer und kleiner, bewohnter und verlassener Klöster, wie zum Beispiel das angrenzende Wouleuteria, das 1030 unter die Gerichtsbarkeit der »Lavrioten« gestellt wurde, das lateinische Kloster der Amalfitaner, das gegen Ende des 12. Jahrhunderts angegliedert wurde, und das Kloster Makri, das Anfang des 15. Jahrhunderts dazukam.

Auf die Zeiten des Wachstums folgten Krisen, die übrigens alle athonitischen Klöstern mitmachen mußten: Zunächst die Pirateneinfälle im 14. Jahrhundert, dann die türkische Herrschaft Anfang des 15. Jahrhunderts ließen die Große Lavra bis aufs Äußerste verarmen und waren der Grund für die langsame, aber unaufhaltsame Entvölkerung des Klosters. Diese Ausblutung konnte nicht einmal die Annahme der freieren idiorhythmischen Regel stoppen, die die strengere des hl. Athanasios gerade dort ersetzen sollte, wo diese entstanden und gediehen war. Auf wenige reduzierte sich die Zahl der Mönche Anfang des 16. Jahrhunderts, als das Kloster mit Wohltätigkeiten des Wojwoden der Walachei Neagoe Basarab (1512-1521) überhäuft wurde, der unter anderem das Dach des *Katholikons* mit Bleiplatten decken ließ, worauf es einige Jahre später, 1535, von dem großen Maler Theophanes aus Kreta neu bemalt werden konnte.

1574 führte Silvester, Patriarch von Alexandrien, mit Hilfe der *Synaxis* die koinobitische Regel wieder ein, aber trotz dieser Umwandlung begann die Zahl der Mönche, die sich inzwischen stabilisiert hatte, wieder abzunehmen bis zu einem historischen Minimum in den ersten Jahren des 17. Jahrhunderts. Der Patriarch Anthimos II., der 1623 der Großen Lavra einen Besuch abstattete, fand nur fünf oder sechs vor, die zudem äußerst verarmt waren. Nach 1628 begann sich das alte Kloster jedoch wieder zu erholen; 1658 ermächtigte Zar Aleksej Michajlowitsch die Lavrioten, im russischen Reich Almosen zu sammeln. Die finanzielle Lage des Klosters stabilisierte sich endgültig wieder ab 1665 durch die Hinterlassenschaften des Patriarchen Dionysios III., der die Große Lavra als Erbin seines gesamten Besitzes einsetzte. Die idiorhythmische Regel, die gegen Ende des 17. Jahrhunderts wiedereingeführt wurde, führte zu einem Zustrom neuer Mönche, und das Kloster begann wieder zu blühen. 1744 gab der Patriarch Paisios II. mit der Wiedereinführung einiger alter Privilegien und des Primats über alle anderen Klöster eine weitere Finanzspritze. Das Wiederaufleben des Klosters wurde nur in der Zeit der griechischen Unabhängigkeitskämpfe kurz unterbrochen, aber diese Krise dauerte lediglich ein Jahrzehnt, von 1821 bis 1830. Durch den wirtschaftlichen Aufschwung konnte die Südseite des Klosters 1769 und die Ostseite 1862 wiederaufgebaut werden. 1980 nahm die Große Lavra wieder die koinobitische Regel an.

Kunst

Katholikon

Das *Katholikon* der Großen Lavra ist die älteste Klosterkirche auf Athos. 963 von Athanasios Athonites erbaut und Mariä Verkündigung geweiht, diente es als Vorbild für alle anderen *Katholika* des Berges. Schon einige Jahre später, als Athanasios noch am Leben war, wahrscheinlich um das Jahr Tausend, brach die Kuppel ein, vielleicht weil das Auflagequadrat zu breit war; sie wurde in ihrer heutigen Form wiederaufgebaut, ihr Durchmesser von 6,25 m ist der größte auf ganz Athos.

Im Laufe des 15. Jahrhunderts wurde die Kirche, um ihren Gründer zu ehren, der Heimholung des hl. Athanasios Athonites geweiht.

Sie hat den klassischen Grundriß mit drei Konchen, aber im Unterschied zu den anderen Katholika auf Athos ruht die Kuppel nicht auf vier Säulen, sondern auf vier Pfeilern. Die drei Konchen werden durch zwei seitliche Apsiden auf der Nord- und Südseite des Schiffes gebildet, die die Funktion des Chors übernehmen und so den besonderen liturgischen Anforderungen eines Klosters gerecht werden. Der sehr kleine Abstand zwischen den vier großen Pfeilern und den Seitenmauern läßt die Kuppel verhältnismäßig breit erscheinen und verleiht dem ganzen Gebäude enorme Größe.

1535 wurde die Kirche von Theophanes mit Fresken ausgeschmückt. Er war der bedeutendste Vertreter der kretischen Malschule und führte hier sein Hauptwerk aus, womit er auch den Stil dieser Schule festlegte. Auf den riesigen Wänden und Gewölben, auf den Mauern der Kirchenschiffe, des Transsepts und der Chöre konnte er in parallelen Bildfolgen das Leben Christi, seine Wunder, Gleichnisse und eine Reihe von Heiligen entwickeln. In der Kuppelkalotte stellte er die traditionellen Themen des Christus *Pantokrátor*, der himmlischen Mächte und der Propheten dar. Der schlichte und ernste Stil, die dunkle Tongebung der Fresken und die Strenge der Kompositionen sind Kennzeichen der »kretischen« Schule, die im Gegensatz zur Dynamik und den hellen Tönen der »makedonischen« Schule steht. Seit man ein sehr kostbares Freskenfragment mit dem Kopf des hl. Nikolaus aus der ersten Hälfte des 14. Jahrhunderts wiederentdeckt hat, das heute im *Scholíon* aufbewahrt ist, nimmt man an, daß das *Katholikon* schon vor Theophanes von Meistern der makedonischen Schule mit Fresken bemalt wurde, vielleicht von Manuel Panselinos selbst, auf den auch die Fresken im Protaton zu Karyes zurückgehen.

Die unteren Bänder der Chöre sind mit herrlichen Majolika-Kacheln aus dem Jahr 1678 verkleidet, wie aus einer Kachelinschrift am unteren Rand eines Troparions von Johannes von Damaskus und eines Psalms von David hervorgeht. An denselben Wänden hängen Ikonen mit den großen Festen und den Aposteln; sie waren wahrscheinlich Teile einer alten Ikonostase.

Im *Bema* sind zahlreiche Reliquien aufbewahrt, darunter der Schädel des hl. Basileios von Caesarea, Gebeine des Apostels Andreas, des Evangelisten Lukas, des Kaisers Konstantin und seiner Mutter Helena, die rechte Hand des hl. Johannes Chrysostomos, der Kiefer des hl. Theodoros Stratelates sowie ein Geschenk des Kaisers Nikephoros Phokas, nämlich ein Splitter des Kreuzes Christi.

Die *Lití*, die 1814 die ursprünglich vorhandenen Esonarthex und Exonarthex ersetzte, ist von zwei Seitenkapellen (*parekklissia*) flankiert; die südliche ist dem hl. Nikolaus geweiht, die nördliche den 40 Märtyrern von Sebaste. Erstere wurde 1560 von Frangos Katelanos, der aus Theben in Boötien kam, mit Fresken versehen. Er war ein Zeitgenosse der kretischen Meister, vertrat aber einen eigenen Stil, der näher am Realismus der westlichen Malschulen war. In der zweiten Kapelle findet man das Marmorgrab des hl. Athanasios, des Gründers des Klosters und der athonitischen Mönchsorganisation; die Kapellenfresken von 1571 wurden 1854 neu gemalt.

Refektorium

Vor dem *Katholikon* liegt das Refektorium (*Trapesa*). Es ist zweifellos das älteste auf Athos, da es wahrscheinlich vom hl. Athanasios zur gleichen Zeit wie das *Katholikon* (10. Jh.) errichtet wurde. Es ist auch das geräumigste und konnte bis zu 400 Mönche an 24 Tischen mit jeweils zwölf bis 18 Plätzen fassen. Es hat einen kreuzförmigen Grundriß und ist mit einfachen monolithischen Marmortischen ausgestattet, die aller Wahrscheinlichkeit nach auf die Zeit der Erbauung zurückgehen. Das Refektorium wurde im Laufe der ersten Hälfte des 16. Jahrhunderts von kretischen Meistern mit Fresken bemalt. Jüngere Kritiker sind sich inzwischen darüber einig, daß diese Fresken Theophanes zuzuschreiben sind, der sie gleichzeitig mit denen im *Katholikon* oder kurz danach ausgeführt haben soll, im selben Stil und in ähnlichen Techniken.

Trotz der vielen, in späteren Epochen ausgeführten Restaurierungen, verleihen die Malzyklen dem Raum einen besonderen Reiz. Die ursprüngliche Gewölbedeckung wurde 1512 auf Wunsch von Ghennadios, Metropolit von Serres, durch das jetzige Holzdach ersetzt; er ist auf dem Fresko auf der Außenfassade der *Trapesa* dargestellt, wie er der Jungfrau das restaurierte Bauwerk darbietet.

Die Bildzyklen umfassen das Jüngste Gericht, Szenen aus dem Leben der Gottesmutter und des Täufers, den Akathistos-Hymnos, Szenen aus dem Menologhion, Reihen von Heiligen und andere ikonographische Themen.

Das Jüngste Gericht befindet sich an den Rückwänden, am Eingang des Refektoriums. Im Zentrum dieser Komposition sitzt Christus auf dem Thron. Umgeben von Engelscharen und unterstützt von den zwölf Aposteln, richtet er die Lebenden und die Toten. Im untersten Band links ist die *Etimassía* dargestellt, der für die zweite *Parussía* Christi »bereitete« Thron (*Etimassía* = Vorbereitung); Adam und Eva werfen sich vor ihm zu Boden. Weiter unten ist die Auferstehung der Gerechten, denen ein Engel den Weg zum Paradies zeigt. An derselben Wand rechts sind Engel abgebildet, die die guten Werke und die Sünden der Auferstandenen abwägen Unten sieht man die nackten, abgemagerten Körper der gefesselten Verdammten, die von einem dämonischen Wesen in Richtung Hölle geschoben werden. Auf der vom Eingang her linken Wand ist die Hölle dargestellt, wo schwarze Teufel

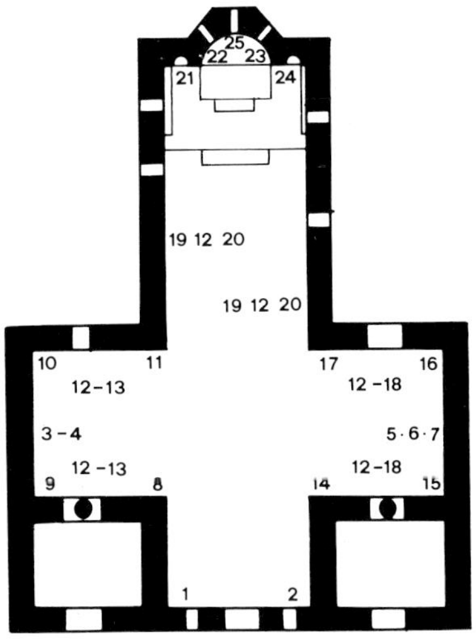

70. REFEKTORIUM
Fresken (erste Hälfte des 16. Jh.)
1. Das Jüngste Gericht: Auferstehung der Toten und Hölle; 2. Das Jüngste Gericht: Die Gerechten, das Paradies und die Etimassía; 3. Der Baum Jesse; 4. (unten) *Ermordung des Abel; 5.* (oben) *Lebensbaum; 6.* (Mitte) *Heimholung des hl. Athanasios; 7.* (unten) *Hl. Sisoe vor dem Tod und Geschichte eines Eremiten; 8.* (unten) *Elias und der Rabe; 9.* (unten) *Opfer Abrahams; 10.* (unten) *Geschichte des hl. Gerasimos; 11.* (unten) *Konzil von Nizäa; 12.* (Mitte) *Szenen aus dem Menologhion; 13.* (oben) *Szenen aus dem Leben der Gottesmutter; 14.* (unten) *Martyrium des hl. Ignatius; 15.* (unten) *Tod des gerechten Mönchs; 16.* (unten) *Allegorie des Todes; 17.* (unten) *Die Himmelsleiter; 18.* (unten) *Szenen aus dem Leben des Johannes des Täufers; 19.* (unten) *Reihe von hl. Asketen; 20.* (oben) *Hymnos akathistos; 21.* (unten) *Hl. Antonios, hl. Johannes der Täufer; 22.* (unten) *Hl. Gregor von Nazianz und hl. Johannes Chrysostomos; 23.* (unten) *Hl. Basileios und hl. Gregorios Palamas; 24.* (unten) *Hl. Athanasios Athonites, Gottesmutter* (in der Nische), *hl. Euthymios; 25.* (Apsiswölbung) *Das Letzte Abendmahl*

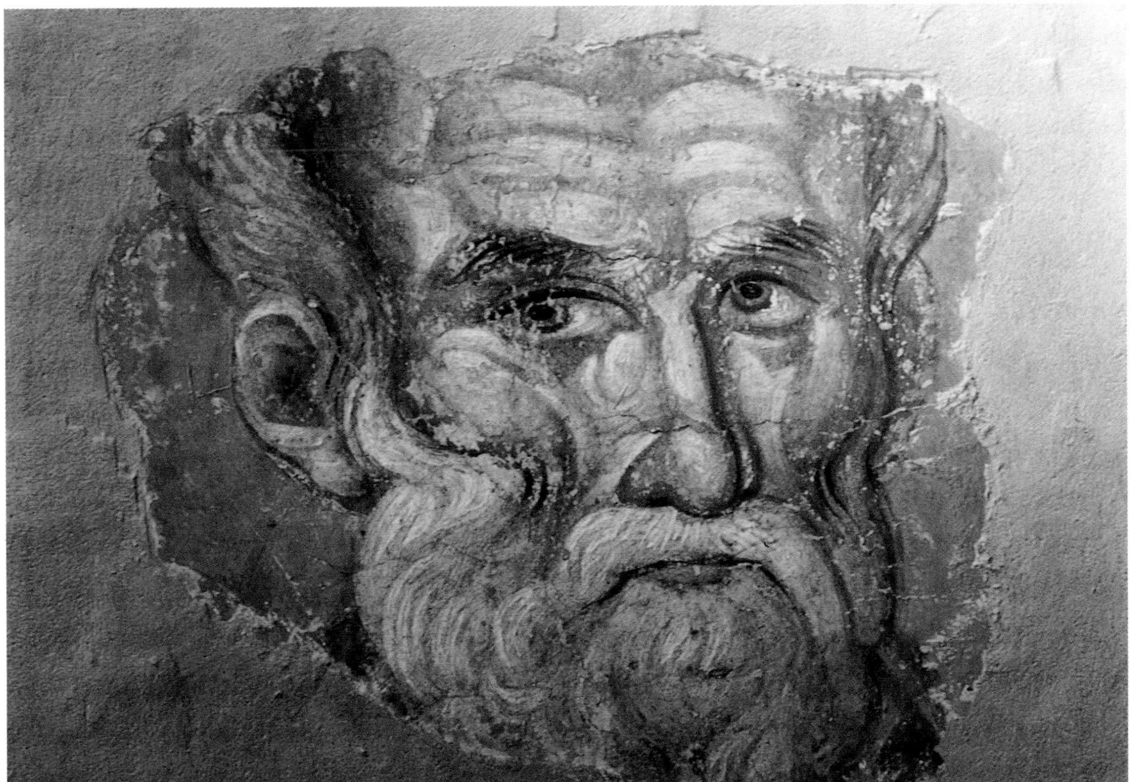

71. Hl. Nikolaus, Fragment eines Freskos, wahrscheinlich Teil der alten Ausmalung des Katholikons, 14. Jh.

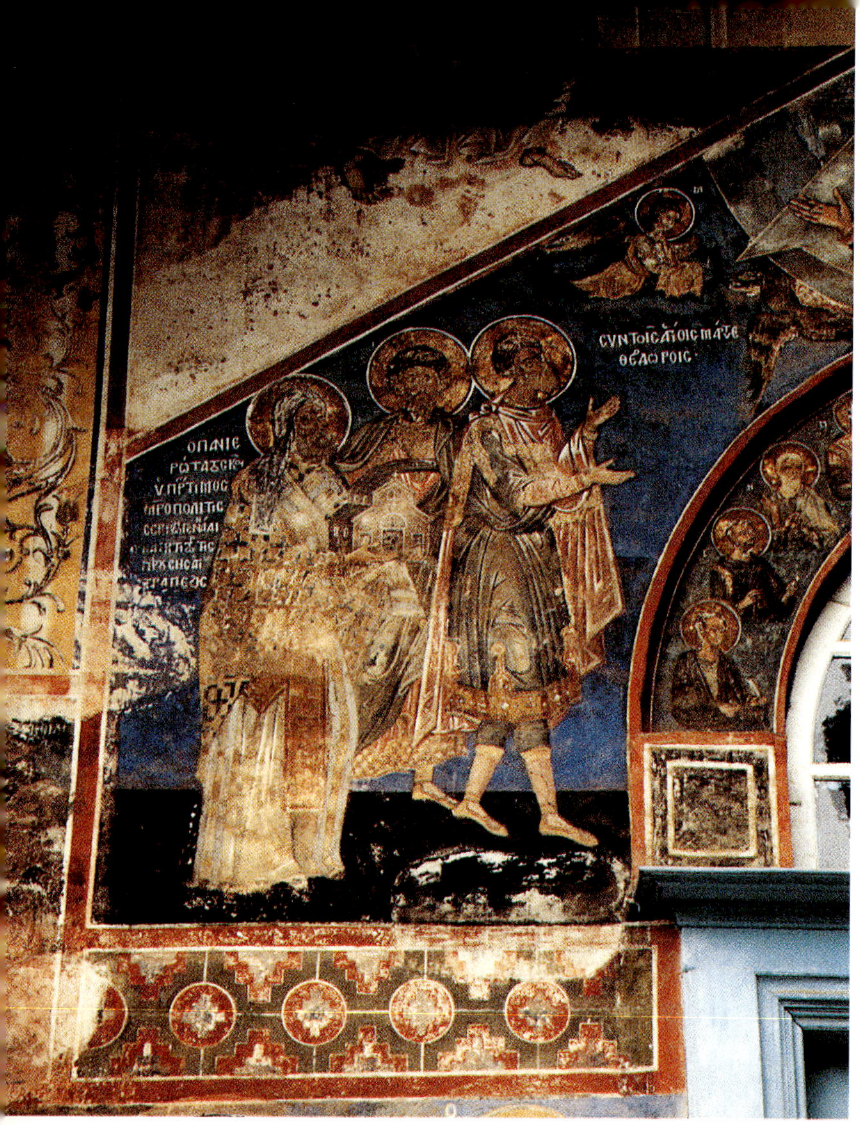

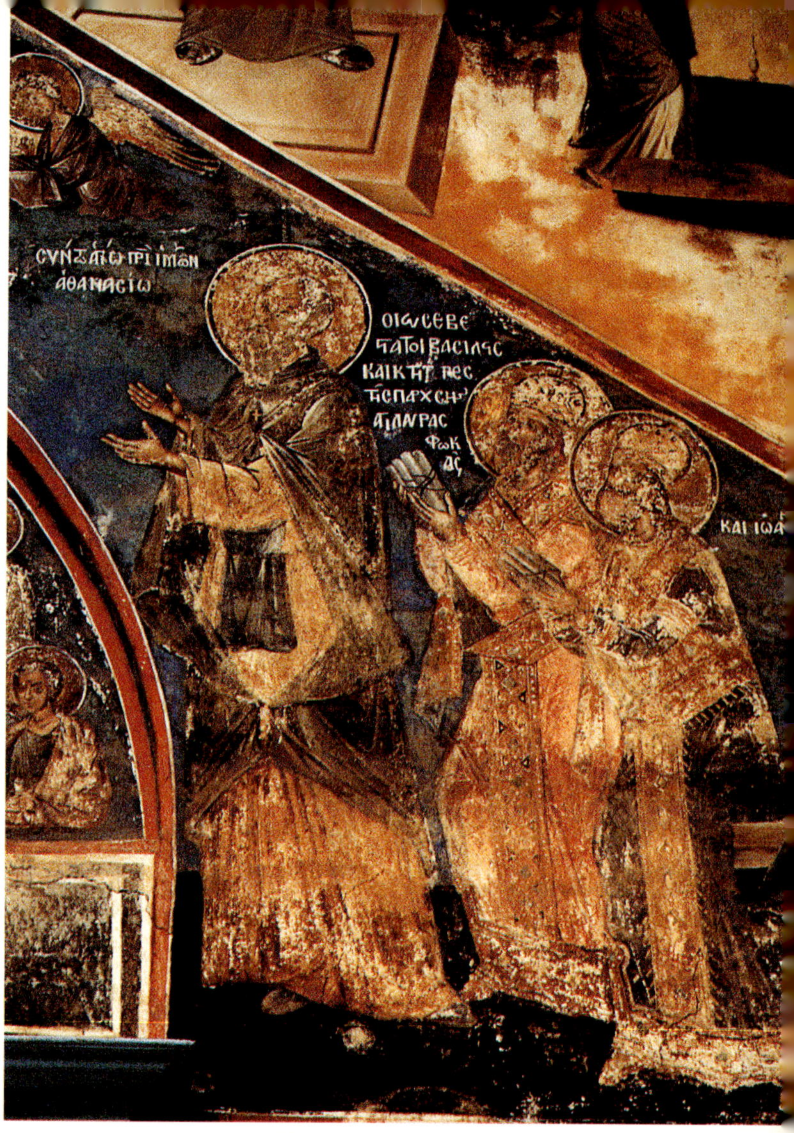

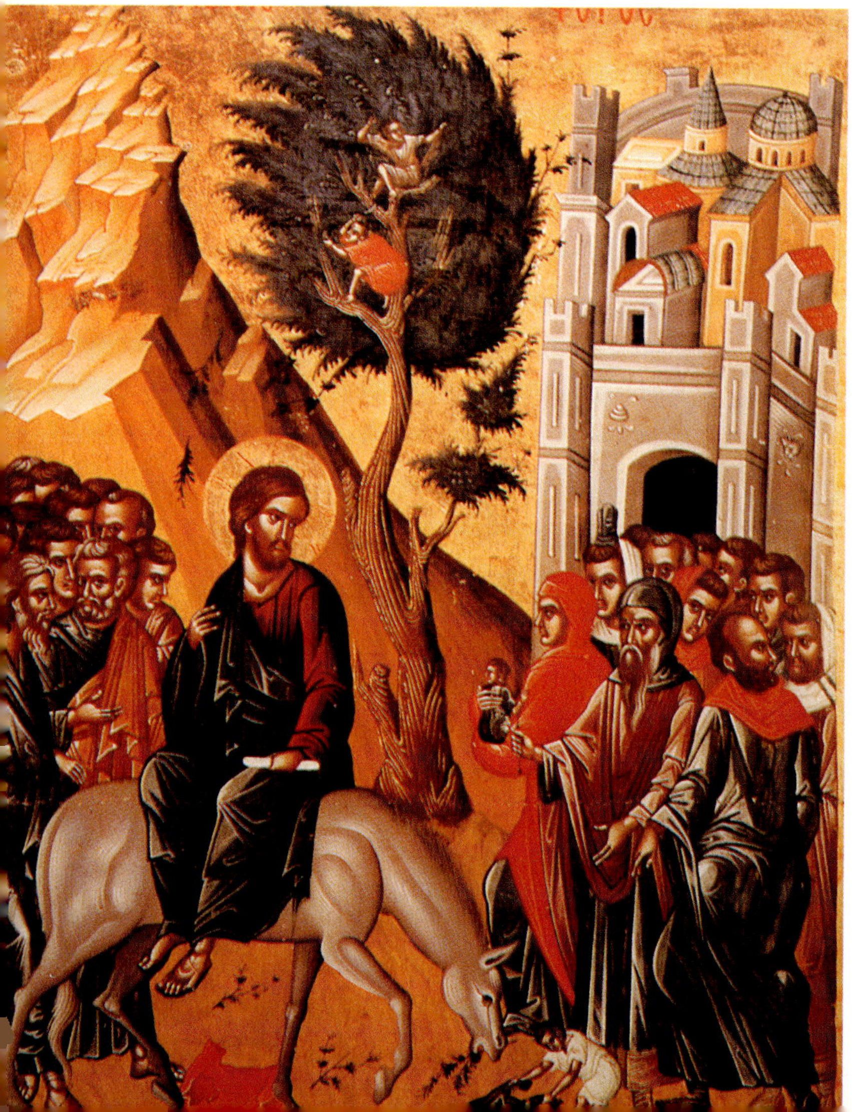

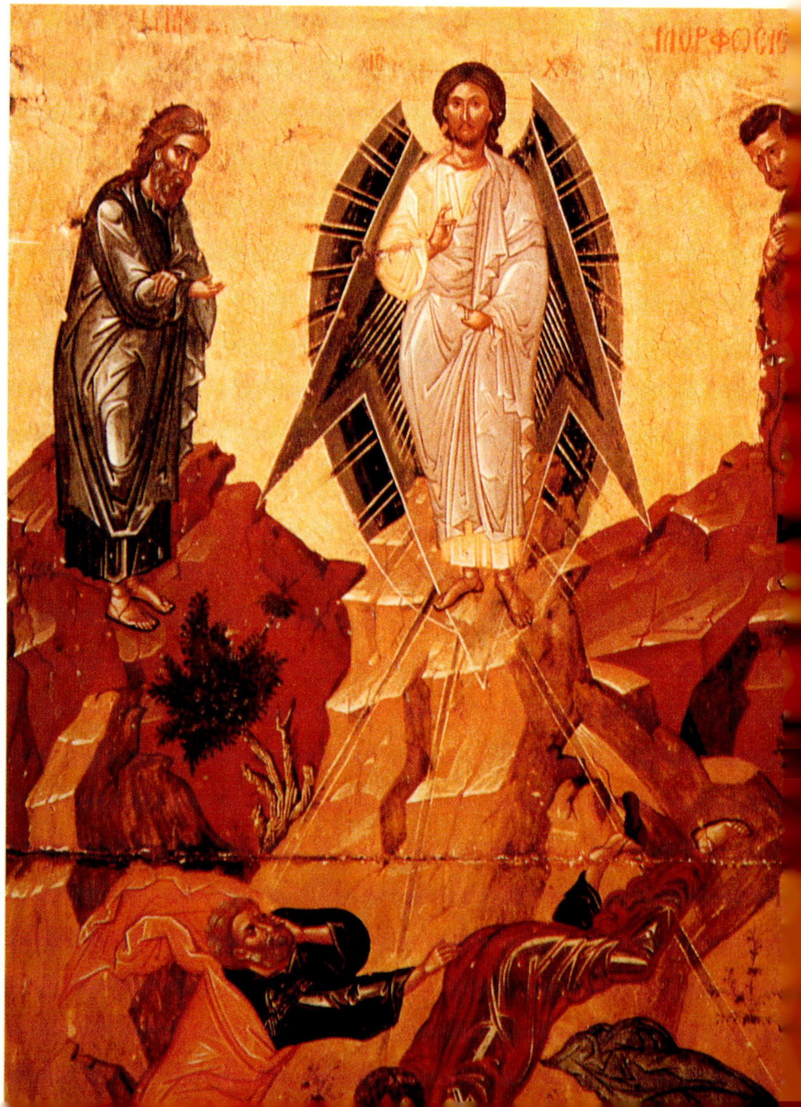

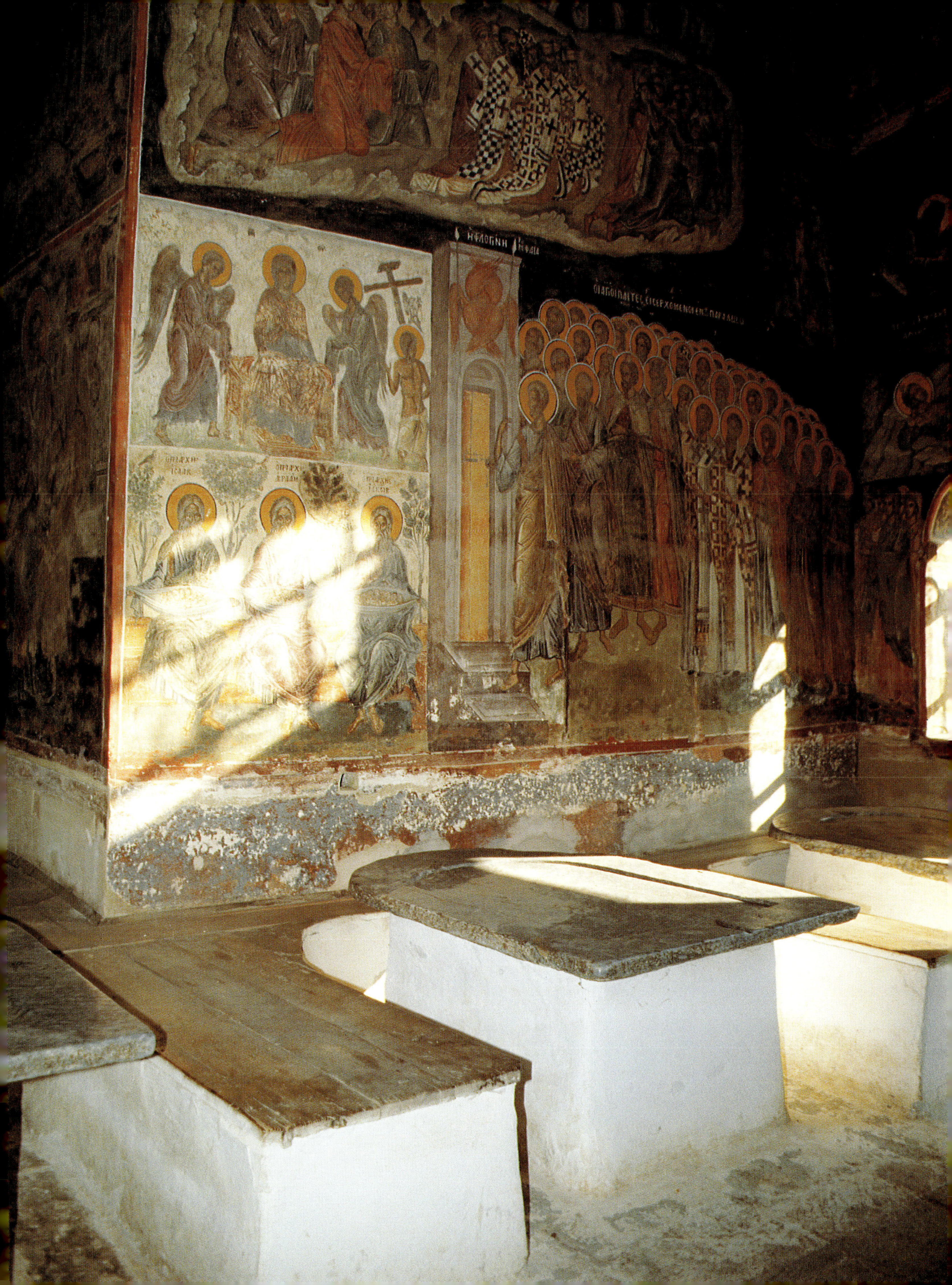

(vorhergehende Seiten)
Tafeln 35-36. Zwei Details aus dem Fresko über dem Eingang des Refektoriums der Großen Lavra: links Bischof Ghennadios mit den heiligen Theodoren, rechts hl. Athanasios, der Gründer, mit den Kaisern Nikephoros Phokas und Johannes Tzimiskes.

Tafeln 37-38. Einzug in Jerusalem und Verklärung, Ikonen aus kretischer Schule im Katholikon, 16. Jh.

Tafel 39. Innenansicht des Refektoriums

mit flammenden Augen die Verdammten in die riesigen Rachen eines furchterregenden Seemonsters werfen. Vorne, auf der beim Eintreten rechten Wand, ist das Paradies dargestellt, auf das sich Heilige zubewegen, die diskret an die Pforte des hl. Petrus klopfen. Im Paradies sieht man die Jungfrauen, die Patriarchen Adam, Isaak und Jakob, die die Seelen der Gerechten im Schoß halten, und den reuigen Schächer, der erste, der ins Paradies gekommen war. Oben sind die Propheten, Märtyrer, Bischöfe und Priester in Betgestus dargestellt.

Auf der Rückwand des Südtranssepts sind der Baum Jesse, eine Darstellung der Ahnenreihe Christi und unten der Brudermord an Abel dargestellt. Auf den unteren Bändern der Transseptwände finden wir – von links nach rechts – Elias und den Raben, Abrahams Opfer, die Geschichte des hl. Gerasimos und das Konzil von Nizäa; auf dem mittleren Band Szenen des Menologhions, Geschichten und Legenden der Heiligen Märtyrer und oben Szenen aus dem Leben der Gottesmutter.

Auf den Rückwänden des Nordtranssepts ist der Baum des Lebens, die Heimholung des Klostergründers, des hl. Athanasios, dargestellt; unten der heilige Eremit Sisoe, wie er ein Skelett in einem Grab betrachtet und so über den Tod nachdenkt. Auf dem unteren Band der Seitenwände des Transsepts sind von links nach rechts die Himmelsleiter, eine Allegorie des Todes, der Tod eines heiligen Mönchs und das Martyrium des hl. Ignatios dargestellt. Die Himmelsleiter ist ein traditionelles Thema in den Refektorien auf Athos. Es stellt nach dem Konzept, das Johannes Klimakos (7. Jh.) in seiner »Paradiesleiter« aufgestellt hat, den beschwerlichen und schmerzlichen Aufstieg auf der Leiter dar, die von der Erde zum Paradies führt. Die Allegorie symbolisiert die allmähliche Ausmerzung aller Leidenschaften, die stufenweise Vergeistigung des Mönchs, das Erlangen der *apáthia* bis zum Endziel, dem »engelhaften Leben«. Am oberen Ende der Leiter reicht Christus denjenigen die Hand, die alle Hindernisse überwunden haben; rechts helfen Engel den Mönchen beim Aufstieg. In Gestalt eines furchteinflößenden Monsters verschlingt Luzifer – unterstützt von schwarzen Teufeln der Versuchung – diejenigen Mönche, die es nicht schaffen, die Hindernisse zu überwinden und von der Leiter fallen.

Im mittleren Band desselben Transsepts sind Szenen des Menologhions dargestellt, auf dem oberen Band Szenen aus dem Leben des Täufers. Die Fresken an den Wänden des Mittelschiffs zeigen drei Zyklen, von unten nach oben: Reihen von Heiligen, Szenen des Menologhions und Szenen aus dem Akáthistos-Hymnos. Unter den vielen, in Lebensgröße dargestellten Asketen, finden sich die wichtigsten Vertreter des ägyptischen (Antonios, Paulos von Theben, Pachomios, Makarios), palästinensischen (Saba, Hilarion, Chariton), syrischen (Symeon, Ephräm) und athonitischen Mönchstums (Athanasios, Euthymios).

Die Apsis am Ende des Schiffs weist ein Fresko mit dem letzten Abendmahl auf; darunter sind Porträts von Gregor von Nazianz (der »Theologe«), Johannes Chrysostomos und Gregorios Palamas, dem Theologen des Hesychasmus im 14. Jh.

Phiale

Zwischen dem *Katholikon* und der *Trapesa* befindet sich die *Phiale* (17. Jh.). Sie ist von zwei Jahrhunderte alten Zypressen flankiert, die – so die Legende – von Athanasios und von dessen Schüler Euthymios gepflanzt wurden. Acht kleine Säulen tragen eine halbrunde Kuppel, die 1635 innen mit Fresken geschmückt wurde; thematisch knüpfen sie an die Taufe Christi und an die Wassersegnung an. Von großem künstlerischen Wert sind die Marmorbrüstungen in Tiefrelief mit geometrischen und pflanzlichen Motiven (11. Jh.) sowie das monolithische Porphyrbecken im Zentrum. Die Marmorbrüstungen stammen höchstwahrscheinlich von der alten Ikonostase des *Katholikons*.

Kapelle der Portaítissa

In der Nähe der Klosterpforte befindet sich die Kapelle der Gottesmutter *Portaítissa* (Türwächterin), in der die Ikone der *Panaghia Kukuselissa*, genannt auch des Johannes Kukuselis, verehrt wird. Dieser war im 13. Jahrhundert Kantor am kaiserlichen Palast von Konstantinopel. Er verzichtete auf die Hochzeit mit der Kaisertochter, um sich zu einem mönchischen Leben zurückzuziehen und im Kloster der Großen Lavra seinen Beruf als Kantor auszuüben. Die Legende erzählt, daß die Gottesmutter eines Tages, als er in der Kirche vor ihrer Ikone eingeschlafen war, aus dem Bild herausstieg, sich ihm näherte und ihm eine Goldmünze in die Hand legte, die der Kantor bei seinem Erwachen fand. Umrankt von zahlreichen anderen Legenden ist diese Ikone eine der am meisten verehrten auf Athos.

Der Turm des Johannes Tzimiskes

Der Wach- und Verteidigungsturm (*Ochirotikos Pirgos*) des Klosters, an der Südwestecke des Mauerrings, ist der Älteste auf Athos; er wird Kaiser Johannes Tzimiskes zugeschrieben, der ihn in der zweiten Hälfte des 10. Jh. erbauen ließ.

Ohne die Pechnasen ist der Bau 21 Meter hoch; er wurde im 16. und 17. Jahrhundert mehrmals restauriert.

Schatz und Bibliothek

In einem neueren Gebäude hinter dem *Katholikon* sind der Schatz (*Skevofilákion*) und die Bibliothek untergebracht. Unter den Objekten von großem Wert sind die kaiserliche Dalmatika in Gold (24 kg) und die Krone Nikephoros II. Phokas, Evangeliare, Priestergewänder, Kreuze mit Holzminiaturen, Pektoralen und Ikonen. Besonders wertvoll sind eine Ikone des hl. Panteleimon aus dem 12. Jh. und zwei kleinere Mosaikikonen, wahrscheinlich aus dem 14. Jh., mit Christus und Johannes dem Täufer.

Die Bibliothek ist die reichhaltigste auf Athos. Sie umfaßt 10.000 gedruckte Bücher und mehr als 2.000 Handschriften, darunter Evangeliare, Psalter, Menologhien und kaiserliche Goldbullen.

Zu den interessantesten Handschriften gehören einige Fragmente des aus dem 4. Jahrhundert stammenden *Codex Euthalianus*, der Briefe des heiligen Paulus enthält (die Fragmente beziehen sich auf den Galaterbrief und auf den zweiten

Brief an die Korinther), sowie die botanische Abhandlung des Asklepiades Dioskorides aus dem 12. oder 13. Jahrhundert.

Umgebung

Hafen von Mandraki

Mandraki heißen der kleine Hafen der Großen Lavra und das dazugehörige Hafenbecken (*Arsanas*). Auf einem Felssporn erhebt sich ein durch jüngste Restaurierungen verunstalteter Festungsturm. Er ist von Verteidigungsmauern umgeben, die wahrscheinlich aus dem 9. Jahrhundert stammen; aus Sicherheitsgründen war der Turm nur über eine Zugbrücke zugänglich.

Turm der Amalfitaner

Ungefähr drei Stunden von der Großen Lavra entfernt, auf dem Weg nach Karakallou, erheben sich der Turm und der *Arsanas* des alten Klosters St. Maria der Amalfitaner, bekannt unter dem Namen Morphonou. Die jetzige Bezeichnung Morphonou kommt von *Molfinú*, das seinerseits eine Verballhornung von *Amalfinú* und von *Amalfinón* (der Amalfitaner) war. Dieses Kloster wurde Ende des 10. Jahrhunderts, wahrscheinlich zwischen 985 und 990, von amalfitanischen Mönchen gegründet; sie wurden von Leo von Benevent, dem Stiefbruder des Fürsten von Capua und Herzogs von Benevent Pandolfo II., angeführt, ließen sich dort nieder und nahmen die benediktinische Regel an.

Der Klosterbau wurde auf Anraten und mit tatkräftiger Hilfe der Mönche Johannes und Euthymios von Iviron verwirklicht.

Während des ganzen 11. Jahrhunderts erhielt es zahlreiche Privilegien von Seiten der byzantinischen Kaiser, die es unter anderem auf den zweiten Platz in der Hierarchie der Klöster gleich nach der Großen Lavra aufsteigen ließen.

Wegen einer Reihe zeitgleicher Ereignisse, wie dem fehlenden Zustrom italienischer Mönche, dem politischen Verfall der Republik Amalfi, dem Religionsschisma und der antirömischen Politik des Kaisers Andronikos II. Paläologos, verfiel es sehr rasch wieder. Das Kloster überlebte bis 1287, als Protos Johannes die Ruinen des Klosters der Großen Lavra schenkte. Heute ist vom alten Glanz nur der Zinnenturm geblieben, der ein altes Wappen mit einem einköpfigen Adler trägt, sowie Reste der Stadtmauer und des Landungsstegs.

Wüste

»Wüste« (*Èrimos*) wird das unwegsame und rauhe Land genannt, das von der *Skite* der Heiligen Anna bis zum Prodromos in der Nähe der Großen Lavra reicht. In diesem wüsten und ungastlichen Gebiet am Fuße der Kalkausläufer des Berges Athos finden sich vereinzelt baufällige Unterkünfte (*Issichastíria*) der Eremiten, die dort ein Leben in Gebet und absoluter Strenge führen, sich nur von Gemüse und Obst ernähren. Ein Anwärter auf das Eremitendasein muß mindestens drei Jahre in einem koinobitischen Kloster verbringen, bevor er sich nach vorheriger Genehmigung durch seinen Hegumenen der Härte der totalen Isolation stellen darf. Sonntags und an Feiertagen begeben sich die Eremiten zur Großen Lavra, zu der sie gehören, um an der *Agripnía* und an der Liturgie teilzunehmen.

Außerdem findet man in der Wüste einige Anachoretensiedlungen; ihre bescheidenen Behausungen (*Askitiké Kalíve*) sind an felsigen, manchmal unzugänglichen Plätzen, wie die »Ortschaft« Karoulia, deren *Kalíve* aus Holz und Stein an den Felsvorsprüngen über dem Meer hängen. Karoulia bedeutet »Rolle«; die Anachoreten erhalten ihre Lebensmittel in Körben, die an Stricken aufgehängt und mit einer Rolle hinaufgezogen werden.

In der anachoretischen Siedlung Katounakia, nicht weit von Karoulia, leben ungefähr zwanzig Mönche, von denen sich viele der hagiographischen Malerei widmen. Die anderen Wüstensiedlungen sind die Kleine St. Anna (*Midrá Aghía Anna*), St. Basileios und Kerasia.

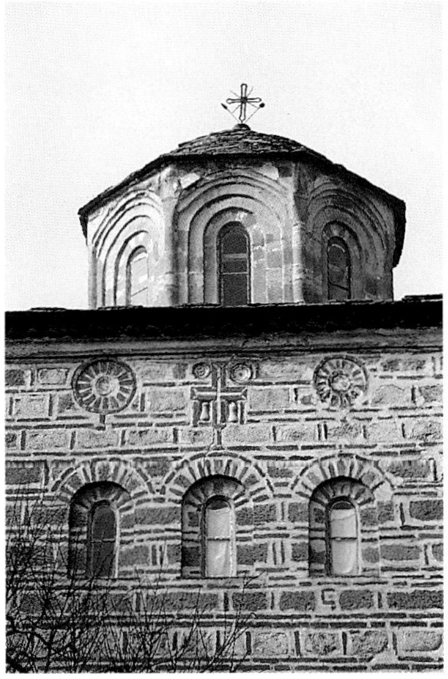

72. Kapelle Johannes des Täufers

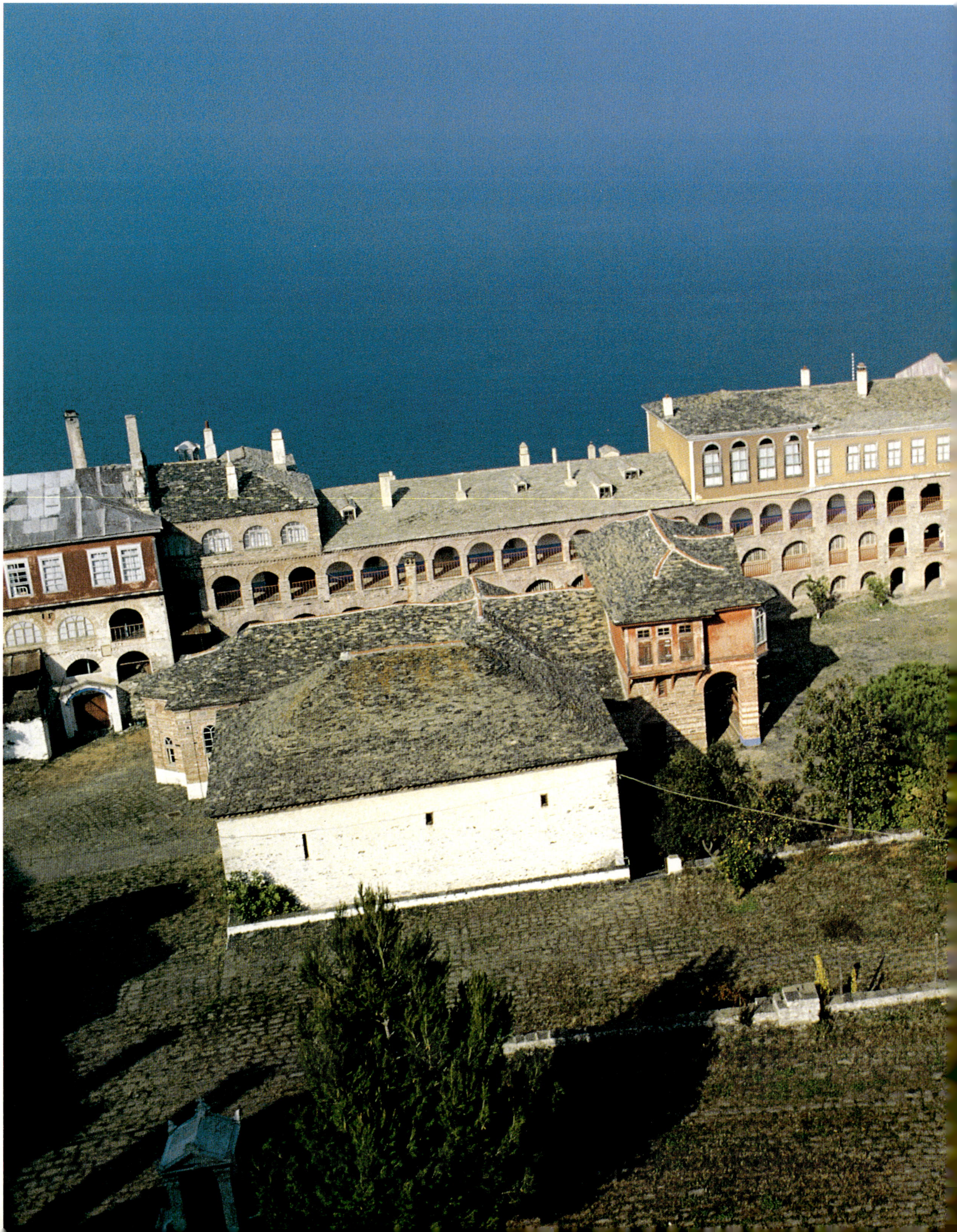

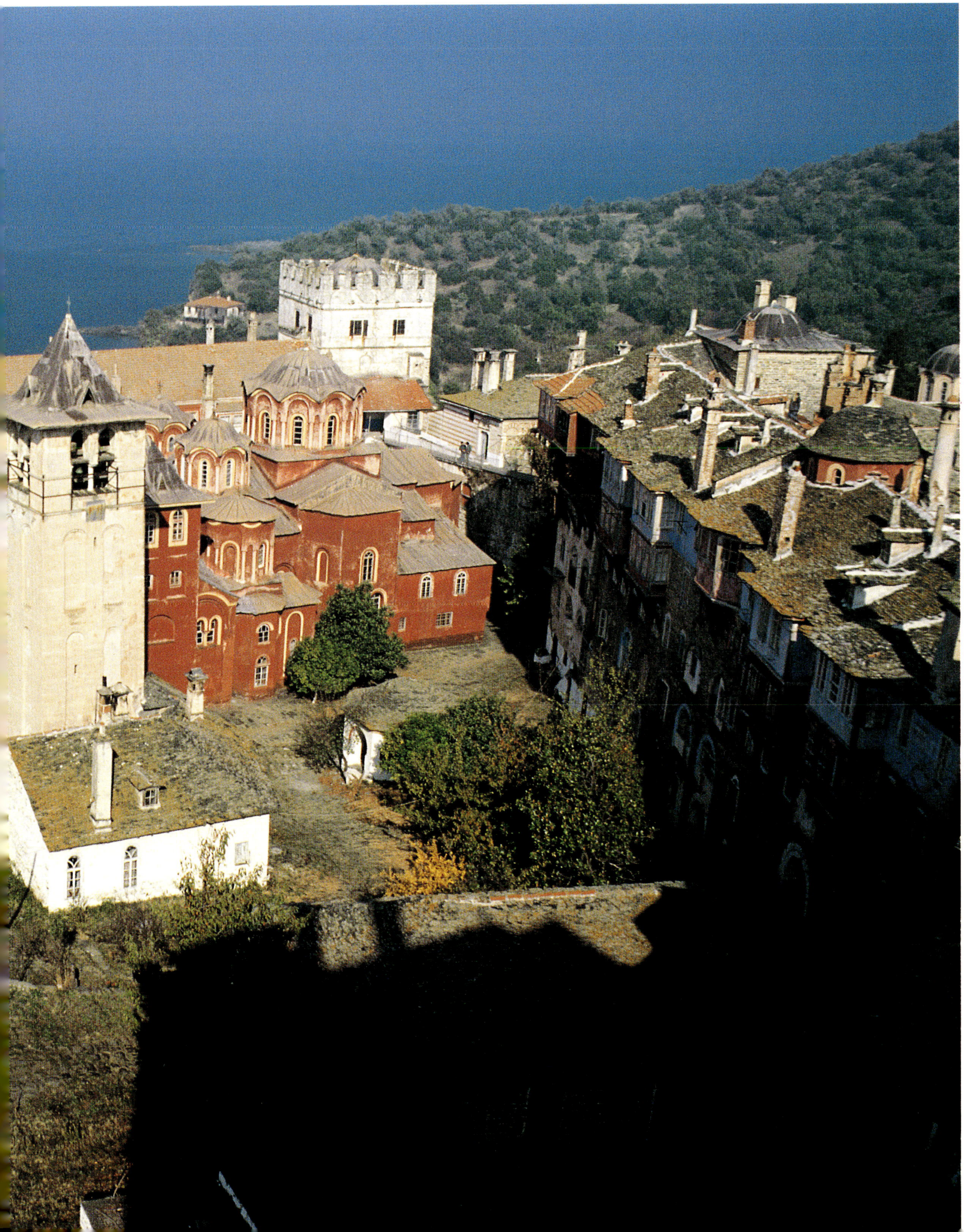

(vorhergehende Seiten)
Tafel 40. Kloster Vatopedi, Gesamtansicht mit Refektorium, Katholikon und Glockenturm

Das Kloster Vatopedi liegt in der Mitte der Halbinsel, am Ende einer großen Bucht an der Nordostküste. In der Hierarchie der Klöster hat es den zweiten Rang nach der Großen Lavra inne, folgt der idiorhythmischen Regel und ist Mariä Verkündigung geweiht (25. März). Zur Zeit wohnen dort 15 Mönche.

Vatopedi ist das einzige Kloster auf Athos, das nach dem Gregorianischen Kalender lebt; in den anderen ist immer noch der Julianische Kalender gültig, der dem Gregorianischen um 13 Tage nachhinkt. Von Vatopedi hängen 2 *Skiten* ab (St. Demetrios und St. Andreas), 27 *Kellíen*, davon 5 in Karyes, und 10 *Kalíve*, inzwischen alle nur noch Ruinen.

Geschichte

Eine nicht sehr glaubwürdige Legende, die trotzdem erwähnt werden soll, besagt, daß dieses schöne, polygonale Kloster, das zur Meerseite hin in der charakteristischen roten Farbe der Athosgebäude gestrichen ist, das älteste Kloster der Halbinsel sein soll. Auf Wunsch Kaiser Konstantins des Großen (324-337) soll es in der Nähe der antiken Stadt Dion errichtet worden sein, die schon zur Zeit des Thukydides erwähnt wurde. Von Julian Apostata zerstört, wurde das Kloster wahrscheinlich 383 an derselben Stelle von Theodosios I. (379-395) wiederaufgebaut. An den Wiederaufbau ist eine weitere Legende geknüpft, die besagt, daß die Söhne des Theodosios, Arkadios und Honorius, während einer Seefahrt von Konstantinopel nach Rom von einem Sturm in der Nähe der athonitischen Halbinsel überrascht wurden. Der kleine Arkadios wurde von einer besonders starken Welle von der Reling gerissen und ins Meer geschleudert. Nach mühsamer Suche wurde der junge Prinz in der Nähe des alten Klosters unter einem Brombeerstrauch schlafend gefunden. Aus Dankbarkeit habe Theodosios sogleich den Wiederaufbau des Klosters angeordnet und es Vatopedi genannt, von *vátos* (Brombeerstrauch) und *pedíon* (paidivon = Kind). Einige Jahrhunderte später lag es wieder in Trümmern, wurde 676 unter der Herrschaft Konstantins IV. Pogonatos erneut aufgebaut und sollte 862 während der arabischen Pirateneinfälle noch einmal zerstört werden.

Soweit die Legenden – Geschichtsforschungen schreiben die Gründung dieses Klosters statt dessen drei reichen Adeligen aus Adrianopolis zu, die es in viel jüngerer Zeit errichteten. Angezogen von der neuen Art des Klosterlebens, das von Athanasios Athonites eingeführt worden war, ließen sich diese drei Persönlichkeiten 938 in seiner Lavra als Mönche nieder und nahmen die Namen Athanasios, Nikolaos und Antonios an. Etwas später bauten sie mit Hilfe ihres Meisters nach dem Vorbild der Lavra an der Stelle ein neues Kloster, wo vielleicht schon vorher Einsiedeleien einiger Asketen waren. Es wurde *Valtopedion* genannt, was wörtlich Brombeerebene bedeutet (*pedion* = Ebene).

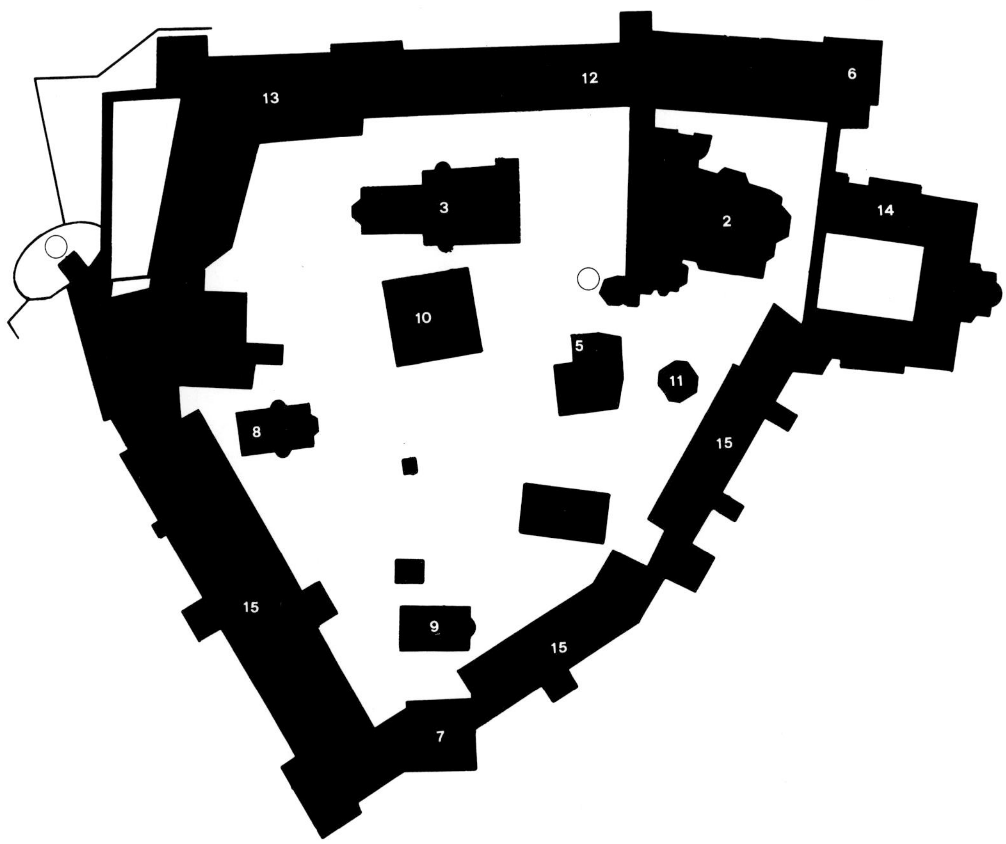

73. KLOSTER
1. Eingang; 2. Katholikon; 3. Refektorium; 4. Phiale; 5. Glockenturm; 6. Nordostturm/Bibliothek; 7. Südturm; 8. Kapelle des heiligen Soni; 9. Kapelle der heiligen Anargyren; 10. Dochion und Schatz; 11. Zisterne; 12. Hegumenion; 13. Gästehaus (Empfangshalle); 14. Gästehaus (Zimmer); 15. Mönchswohnungen

Die »Lavra von Vatopedi«, auch »Großes Kloster von Vatopedi« genannt, wurde vermutlich zwischen 972 und 985 erbaut. Im ersten *Typikon* des Athosbergs von 972 wird es noch nicht erwähnt; erst eine Urkunde des Protos Thomas 985 ist das erste offizielle Dokument, das die Unterschrift des Nikolaos, Hegumen von Vatopedi, trägt. Das Kloster wurde dank der finanziellen Unterstützung der Komnenos, die seine großen Wohltäter waren, sehr schnell reich und zog viele Mönche hinter seine Mauern. Von dieser Unterstützung zeugt die Goldbulle Manuels I. Schon 1405, im Jahr des zweiten *Typikons* des Berges Athos, stand Vatopedi in der Hierarchie der athonitischen Klöster an zweiter Stelle. Damals wurde ihm die Rechtsprechung über die kleinen Klöster Jeropatoros, Tripolizou, Chalkeos, Trokala und Philadelphou übertragen. Gegen Ende des 12. Jahrhunderts ließen sich der serbische König Stephan I. und sein Sohn Rastko als Mönche in Vatopedi nieder, verließen es aber dann, um das serbische Nationalkloster Chilandari zu gründen; seither gibt es einen merkwürdigen Brauch: das Fest des Patrons von Chilandari wird von den Mönchen von Vatopedi gefeiert und umgekehrt.

Ende des 13. Jahrhunderts begann das Kloster zu verfallen, es wurde Schauplatz erschreckender Vorfälle. Unter dem Patriarchat Johannes Bekkos, Verfechter der Union der orthodoxen und lateinischen Kirche *(Enossis)*, wurden zwölf Mönche aus Vatopedi von den Anhängern Bekkos erhängt und der Hegumen Euthymios im Meer ertränkt.

Wenig später wurde das Kloster von Piraten, wahrscheinlich von katalanischen Deserteuren des Andronikos II. (1282-1328), angegriffen und zerstört. Deshalb findet man in Vatopedi keine Dokumente, die vor dem 14. Jahrhundert datieren. Derselbe Andronikos II. bemühte sich um den schnellen Wiederaufbau, wie eine Goldbulle von 1292 bezeugt. Auch Alfons, König von Sizilien, war bestürzt über die Geschehnisse und verfaßte eine Urkunde, in der er alle verdammte, die es noch einmal wagen sollten, das Kloster anzugreifen.

Besondere Gönner waren Andronikos III., Johannes V. Paläologos und Johannes VI. Kantakuzenos, der nach seiner Abdankung 1354 das Mönchsgewand wählte und sich nach Vatopedi zurückzog. Den Paläologen stand der serbische Herrscher Stephan IV. Duschan in Sachen Schenkungen an das Kloster in nichts nach. Vor allem durch diese Hilfen konnte Vatopedi wieder aufblühen. In jener Zeit beehrte Gregorios Palamas das Kloster mit seiner Anwesenheit; er war der Verfechter der hesychastischen Lehre schlechthin, die nach ihm auch »palamitisch« genannt wird. Dieser heilige Mönch lebte hier fast drei Jahre, bevor er Erzbischof von Thessaloniki wurde. Auch Maximos Trivolis, genannt der Grieche, ein scharfsinniger Mann, der die Serben und Russen religiös mit beeinflußte, wurde Mönch in diesem Kloster. Lazzaros I. Hrebeljanowitsch war der letzte serbische Herrscher, der Vatopedi Wohltaten zukommen ließ, bevor die Türken nach Athos kamen; er schenkte dem Kloster unter anderem die

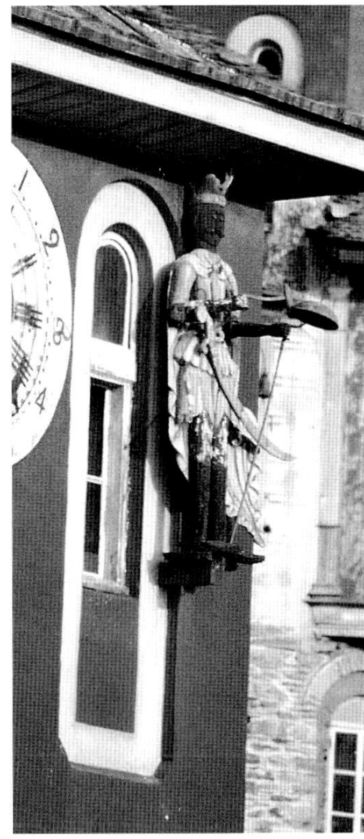

74. Der »Mohr« auf dem Uhrenturm

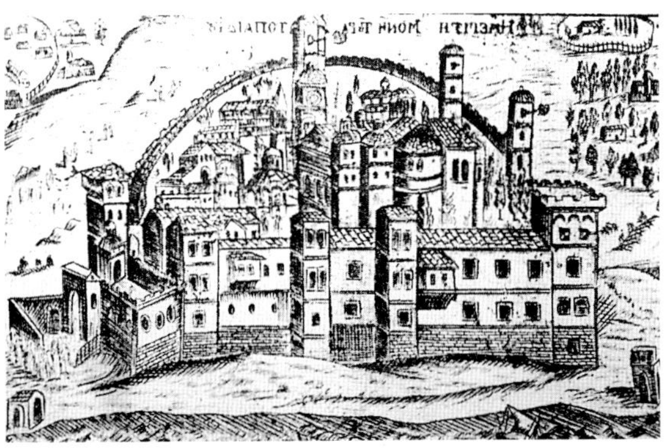

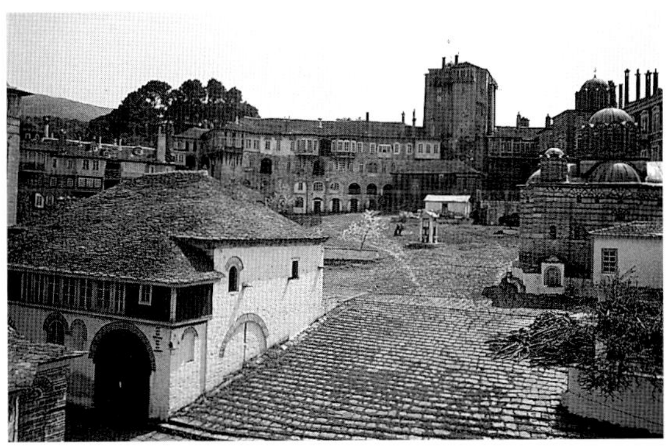

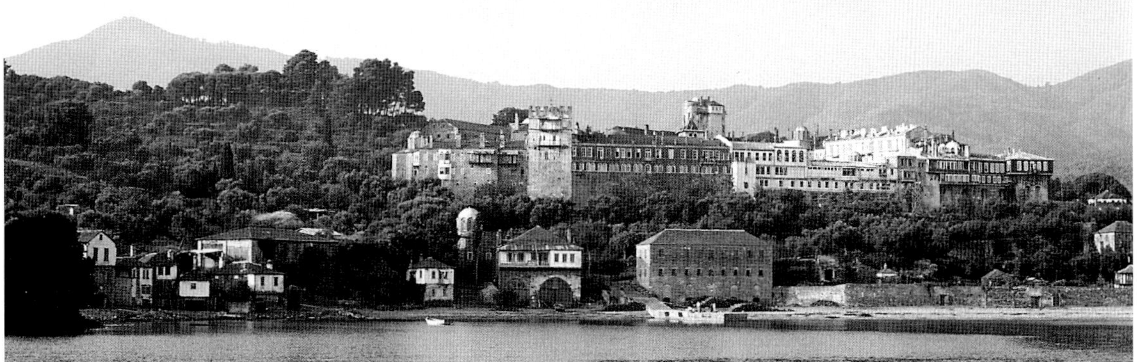

75. Radierung von Vatopedi (1817)
76. Großzügige Anlage des Klosters

77. Blick vom Meer auf die Klosteranlage

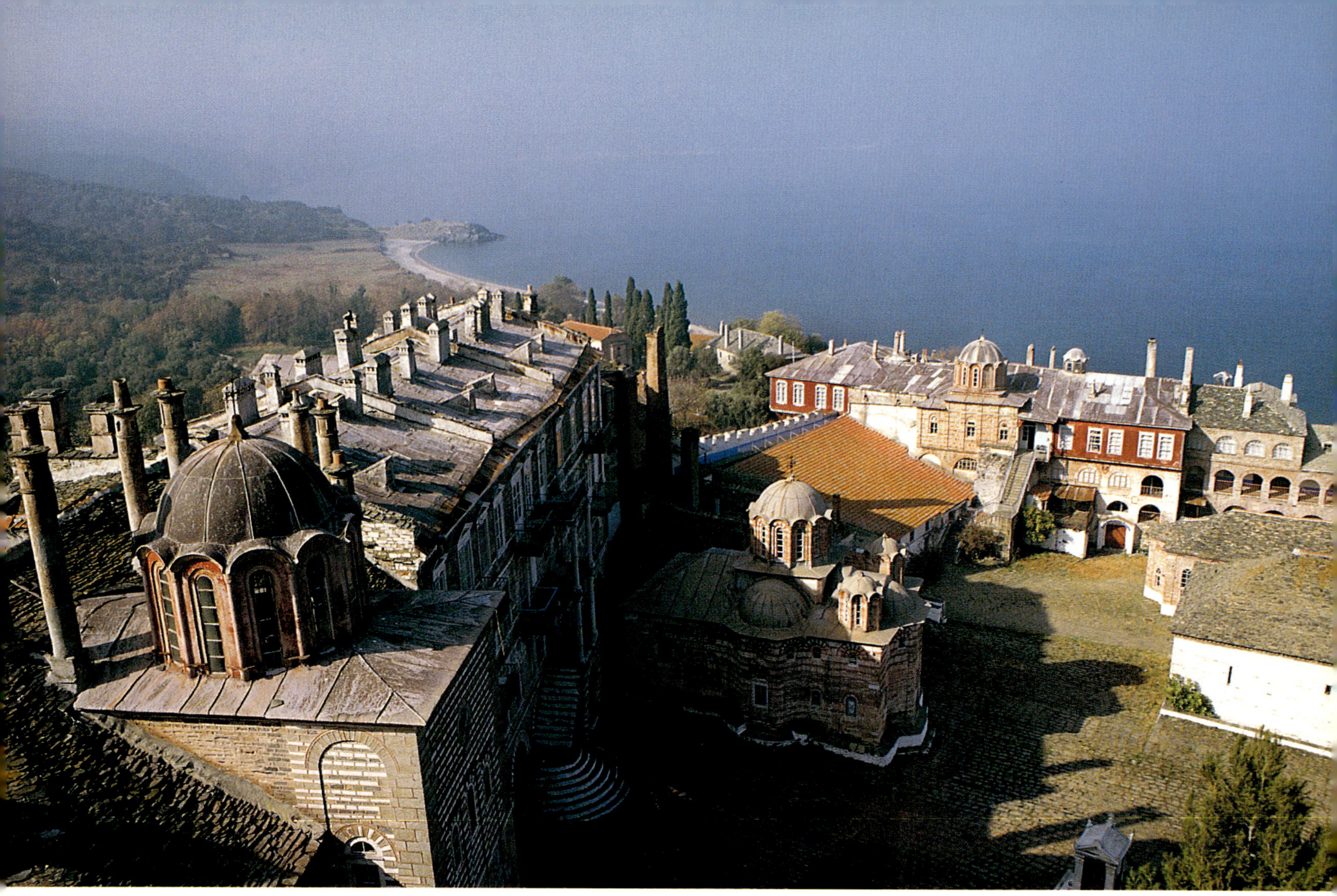

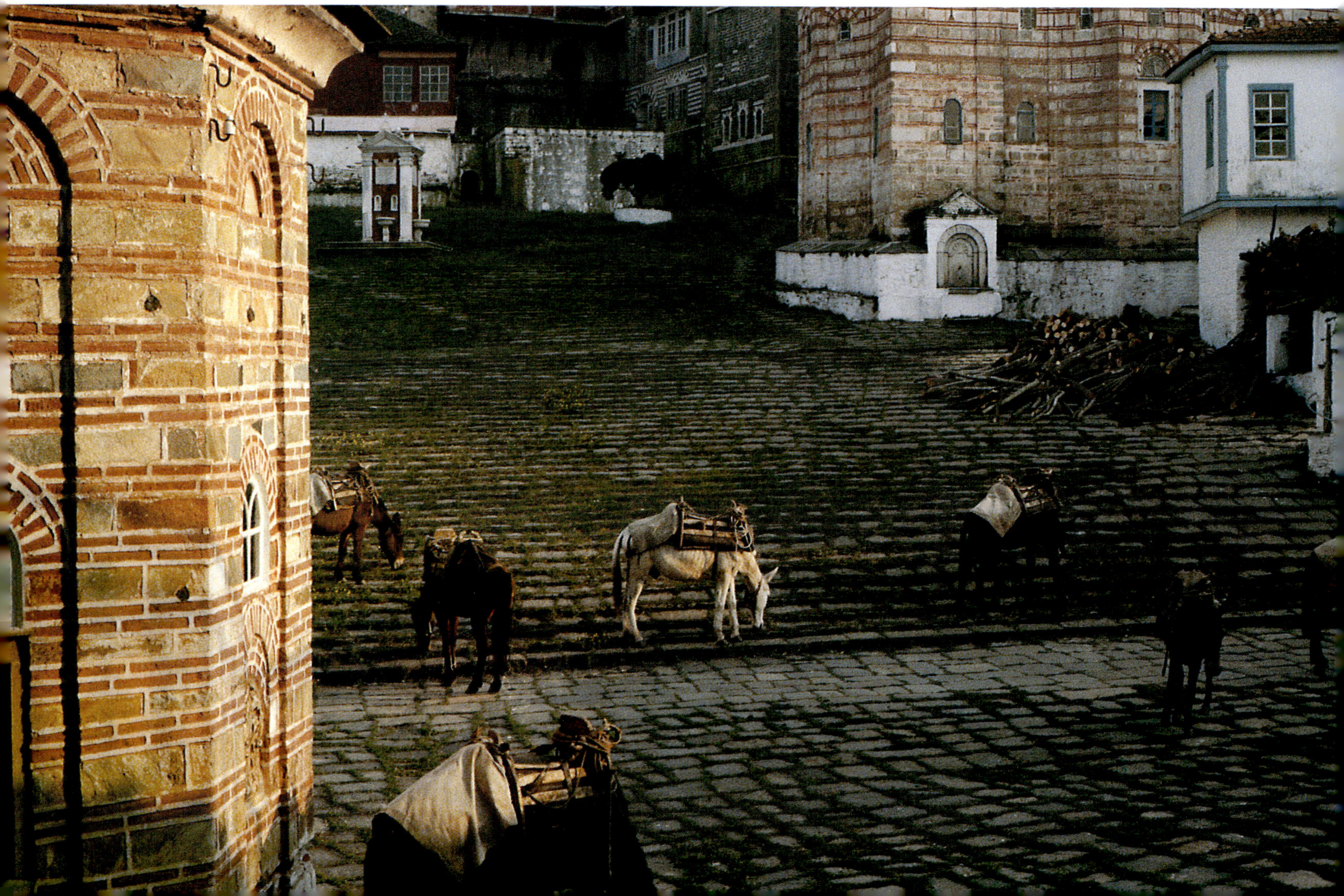

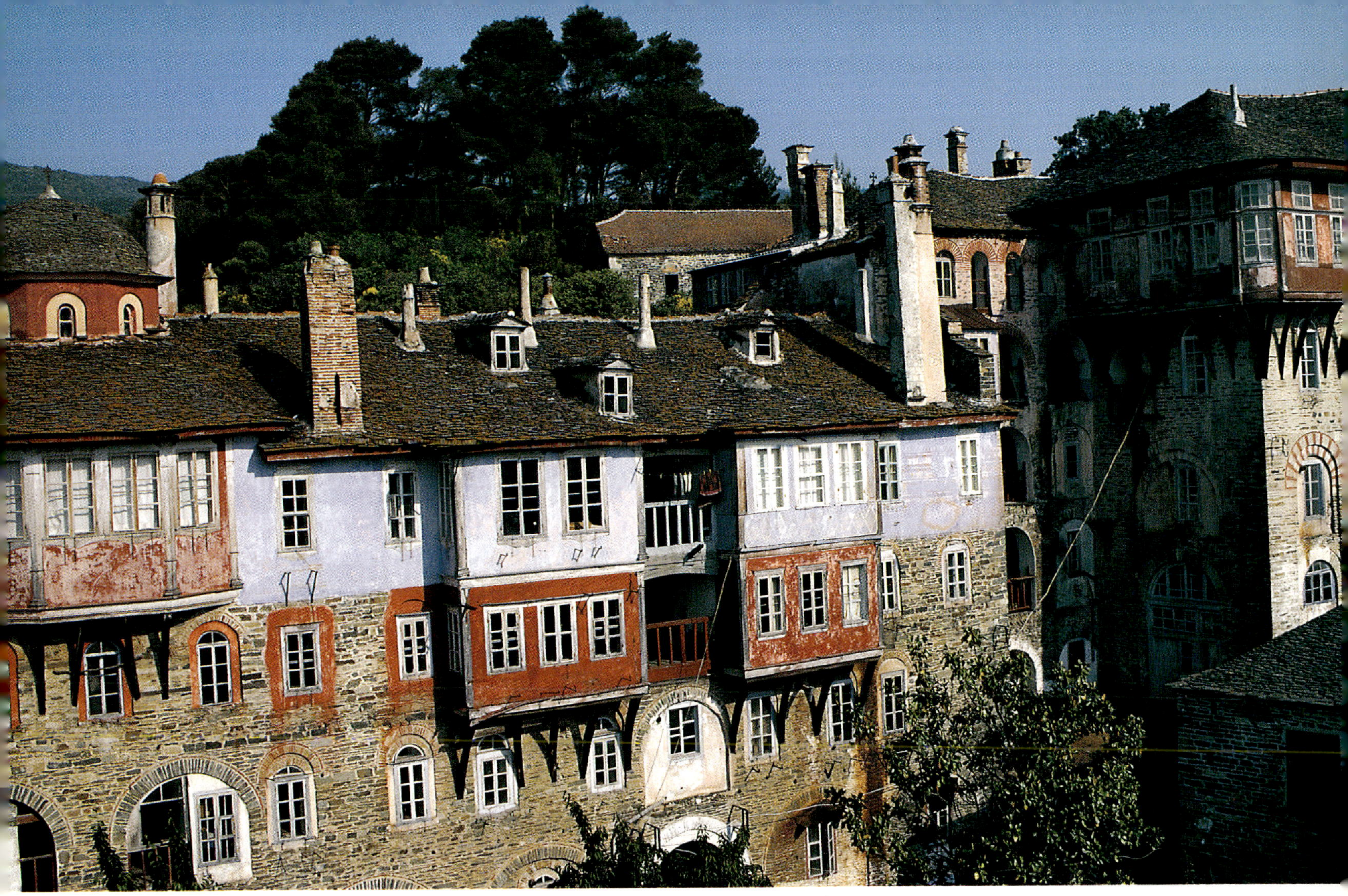

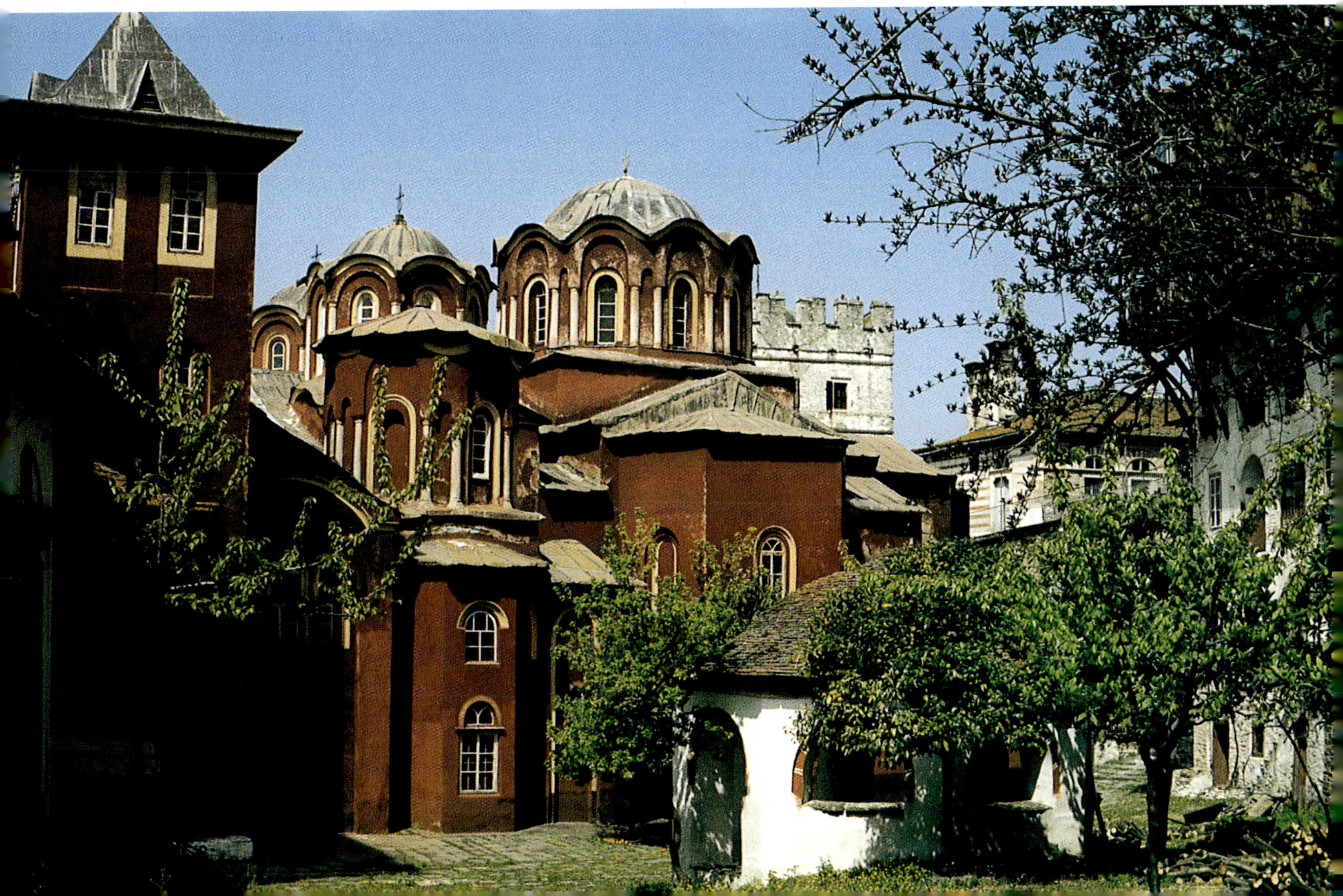

(auf den vorhergehenden Seiten)
Tafel 41. Klostergebäude und Kapelle des hl. Soni

Tafel 42. Abfallender Innenhof des Klosters

Tafel 43. Lebhafte Farbgebung der inneren Gebäude in Vatopedi

Tafel 44. Katholikon

78. KATHOLIKON
Architektonische Elemente
A. Atrium; B. Exonarthex; C. Esonarthex; D. Naos; E. Nordchor; F. Südchor; G. Bema; H. Prothessis; I. Diakonikon; L. Kapelle des hl. Demetrios; M. Kapelle des hl. Nikolaus

Liturgische und kultische Elemente
a. Portal des Andronikos Paläologos II.; b. Grab der drei Gründermönche; g. Ikone der Gottesmutter Antifonitra; d. Ikone der Gottesmutter Esfagmeni

Mosaiken
a. (über dem Portal) *Deesis: Christus auf dem Thron zwischen*

Gürtelreliquie der Madonna aus Konstantinopel.

In den ersten Jahren der türkischen Besatzung (15. Jahrhundert) erlitt Vatopedi eine wirtschaftliche Krise; viele der Besitztümer mußten veräußert werden, um die hohen Abgaben bezahlen zu können, die von den Invasoren erhoben wurden.

Im 16. Jahrhundert wurde das Kloster von den moldauischen Fürsten großzügig bedacht, besonders von Stefan dem Großen (1457-1504), der die berühmten Klöster Putna, Neamts und Voronets gegründet hatte. 1541 versuchte Vatopedi, neue Mönche anzuziehen, indem es zur bequemeren idiorhythmischen Regel konvertierte, aber auf Wunsch von Silvestro, Patriarch von Alexandrien, kehrte es 1575 zum koinobitischen System zurück. Etwas später wurde es dennoch wieder idiorhythmisch, und diese Regel ist noch heute in Kraft.

Im 17. Jahrhundert konnte das Kloster durch Finanzhilfen der russischen Zare wiederaufblühen, die ihm neben denen der moldauischen Fürsten zugute kamen. Damals gab es in Vatopedi ungefähr 300 Mönche. Der Wohlstand hielt auch im darauffolgenden Jahrhundert an, als Ziprianos, Patriarch von Konstantinopel, den Bau neuer Gebäude in den Jahren 1708, 1709, 1713 und 1714 finanzierte. Auch der Patriarch von Alexandrien Gerasimos II. (1689-1710) trug mit seinem Geld zum wirtschaftlichen Wiederaufschwung bei; er zog sich von seinem Amt zurück und wurde Mönch in Vatopedi. 1748 wurde mit Hilfe des Patriarchen Kyrillos V. die berühmte *Athonias* (Athonitische Akademie) durch den Hegumen Maletios eröffnet. Diese Kirchenschule des Berges Athos machte aus Vatopedi für einige Zeit die Bildungshochburg der Halbinsel. Die *Athonias* hatte eigene Gebäude, deren Reste noch auf einem Hügel in der Nähe des Klosters zu sehen sind. Trotz des Wirkens wichtiger Gelehrter wie Eugenios Vulgaris verfiel sie rasch und wurde 1759 geschlossen.

Bis kurz vor dem Ersten Weltkrieg war Vatopedi das reichste athonitische Kloster, vor allem wegen der Erträge aus den großen Besitzungen in Bessarabien. Kostbare Teppiche und die luxuriöse Einrichtung zeugen noch vom ehemaligen Prunk. Mit Anbruch des kommunistischen Regimes in Rumänien fielen die alten Ertragsquellen aus, und heute werden sogar viele Reparaturen, die für die normale Instandhaltung des Klosters notwendig wären, aus Mangel an Geld aufgeschoben. Glücklicherweise finanziert die griechische Regierung die notwendigsten Bauarbeiten, wie den Wiederaufbau des Südostflügels, des Gästehauses und vieler Mönchszellen, die 1965 von einem schweren Brand zerstört wurden.

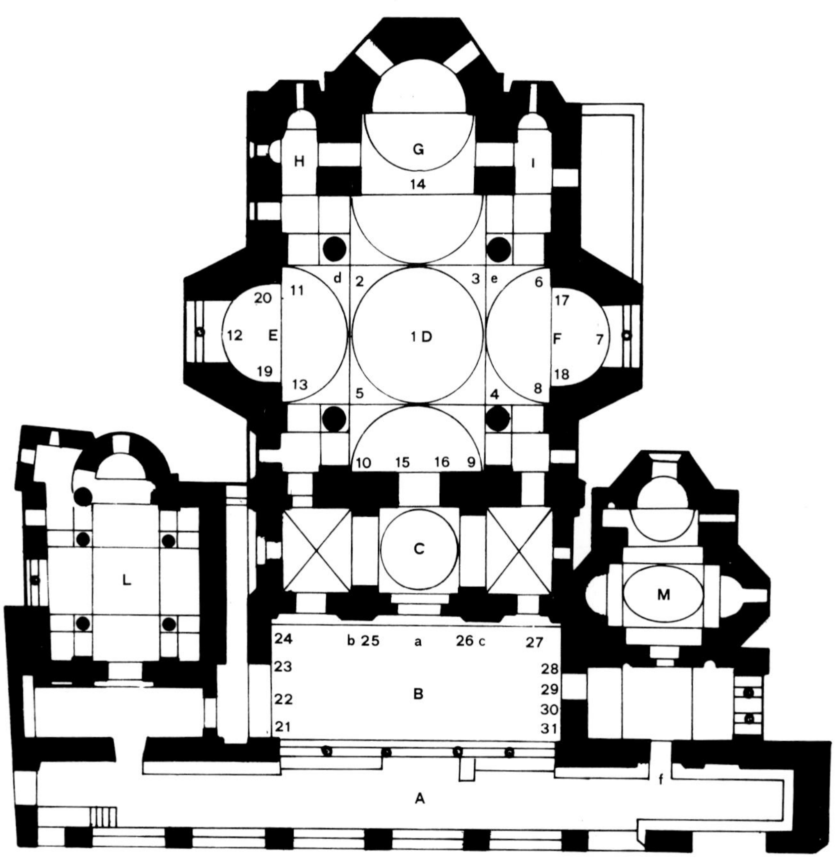

Kunst

KATHOLIKON

Das der Verkündigung geweihte *Katholikon* wurde Anfang des 11. Jh. gleich nach der Großen Lavra erbaut. Typologisch handelt es sich um den traditionellen athonitischen Trikonchos (Dreikonchenanlage): einen Zentralbau mit vier Säulen, die den Kuppeltambur tragen und drei Apsiden, von denen die zwei auf der Nord- und der Südseite die Funktion des Chors übernehmen.

Auf der Stirnseite sind trotz der Leichtigkeit der Architektur und der lebendigen dunkelroten Farbgebung die ursprünglichen Strukturen nicht mehr auszumachen, weil sie mit architektonischen Elementen späterer Epochen verändert wurde. Die anderen Seiten des Gebäudes und das Innere dagegen sind fast vollständig erhalten.

Der Säulengang im Exonarthex, der die Funktion des Atriums übernimmt, ist aus dem 16. Jh.; die Demetrioskapelle links vom Narthex ist von 1781, die rechte Kapelle von 1780 ist dem hl. Nikolaus geweiht. Über der Kapelle des hl. Demetrios befindet sich die *Panagía tís Paramithías* (Gottesmutter des Trostes) von 1678; über dem Narthex, zu beiden Seiten des Presbyteriums (*Kathichúmena*), sind die Kapellen der Erzengel und der hl. Dreifaltigkeit (*Aghía Tríada*).

Das *Katholikon* von Vatopedi ist die einzige Kirche auf Athos, in der noch Wandmosaike erhalten sind. Es handelt sich um vier Gruppen: Die Verkündigung (im Inneren des *Naos*), die *Deesis* und eine zweite Verkündigung (im Exonarthex) sowie der hl. Nikolaus (am Eingang der gleichnamigen Kapelle).

Die erste und älteste Mosaikgruppe ist die Verkündigung; sie ist auf zwei Tafeln an zwei Säulen dargestellt, die auf der Ostseite des *Naos* den Kuppeltambur tragen: auf der linken Tafel der Erzengel Gabriel, auf der rechten die Jungfrau Maria. Das Werk ist wahrscheinlich aus den ersten Jahren des 11. Jahrhunderts; es ist noch archaisch und sehr stilisiert. Maria empfängt die göttliche Botschaft stehend und ist sehr verwirrt über das, was ihr gerade verkündet wurde. Im Gegensatz dazu die Verkündigung im Exonarthex, dessen zwei Mosaiktafeln links (Gabriel) und rechts (Maria) vom Eingang zum Esonarthex angebracht sind. Die Jungfrau ist sitzend dargestellt, wie sie demütig den Willen Gottes entgegennimmt (Ende 13. oder Anfang 14. Jh.).

Darüber, im Tympanon über der Tür, ist die *Deesis* dargestellt; nach der traditionellen Ikonographie sitzt Christus auf einem Thron im Zentrum des Bildes; er nimmt Bittgesuche der zwei großen Fürsprecher entgegen, links die Jungfrau, die die Kirche des Neuen Testaments, rechts Johannes der Täufer, der die Kirche des Alten Testaments vertritt. Dieses Mosaik hat nicht die Geradlinigkeit der Verkündigung im *Naos*, sondern es ist zarter und weicher; die Inschrift im oberen Teil der Darstellung weist darauf hin, daß es auf Wunsch des Hegumenen Joannichios ausgeführt wurde; daher wird das Werk auf Anfang des 12. Jahrhunderts datiert.

Die vierte Mosaikdarstellung im *Katholikon* ist die Büste des hl. Nikolaus von Myra auf dem Tympanon der Tür, die vom Atrium in die Nikolauskapelle führt. Dieses stark beschädigte Bild geht wahrscheinlich auf Ende des 13. oder Anfang des 14. Jahrhunderts zurück.

Einer Inschrift zufolge wurde das *Katholikon* 1312 mit Fresken geschmückt, aber von der ursprünglichen Dekoration der makedonischen Schule ist wegen wiederholter Restaurierungen und Renovierungen in späteren Epochen nicht mehr alles erhalten. Trotzdem gehören die Fresken im Exonarthex und im *Naos* zu den wichtigsten Werken der makedonischen Malschule; sie werden Schülern des Manuel Panselinos zugeschrieben. Besonders in den Szenen der Passion Christi im Exonarthex sind der Stil und die Technik der Schule des Panselinos zu erkennen, dessen Sinn für Dramatik die Mimik und Gestik lebhaft und wirklichkeitsnah erscheinen läßt. Die Tragik des Leidens Christi wird hautnah spürbar.

Die Hauptthemen im *Naos* sind traditionell die Kirchenfeste oben und die Kindheit der Gottesmutter in der Mittelzone des Chors. Obwohl die Farben durch zahlreiche Restaurierungen und von der dicken Rußschicht der Öllampen verfälscht sind, kommt noch die originelle und kraftvolle Plastizität und die tiefe Spiritualität zum Ausdruck.

Besonders kostbar sind auch die Bronzeeingangstür zum *Katholikon*, ein Geschenk Kaiser Andronikos II. Paläologos (14. Jh.), die vom Esonarthex zum *Naos* führende Ebenholztür mit herrlichen Intarsien in Silber und Elfenbein, die den Tambur tragenden Porphyrsäulen, die aus Ravenna stammen sollen, der Marmorfußboden im *Naos* und die 1788 geschnitzte Holzikonostase, hinter der sich noch die ursprüngliche Ikonostase aus dem 11. Jh. befindet.

Auf der Südseite des Esonarthex befindet sich das Grab der drei Klostergründer: Athanasios, Nikolaos und Antonios.

Im *Bema* bewahrt man die kleinen, tragbaren Mosaikikonen aus der ersten Hälfte des 14. Jahrhunderts auf; sie zeigen die Kreuzigung und die hl. Anna mit dem Christuskind.

Außerdem sind dort einige Splitter des Kreuzes Christi und ein Diptychon mit Christus und der Gottesmutter aufbewahrt; es wird »*Ninia* von Theodora« genannt, weil es, so die Überlieferung, der Kaiserin gehörte, die während der Zeit des Ikonoklasmus dem Bilderkult treu geblieben war. Weiter-

Fortsetzung von Seite 120

Gottesmutter und Täufer (Anfang 12. Jh.); b. (links vom Portal) *Verkündigung: Erzengel Gabriel (Ende 13. Jh.); c.* (rechts vom Portal) *Verkündigung: Die Jungfrau (Ende des 13. Jh.); d.* (oben) *Verkündigung: Erzengel Gabriel (Anfang des 11. Jh.); e.* (oben) *Verkündigung: Die Jungfrau (Anfang 11. Jh.); f.* (in der Lünette über der Tür) *hl. Nikolaus, segnend (Ende 13. Jh.)*

Fresken
(1312– spätere Restaurierungen)

Devotionale Ikonographie
1. (Kuppel) *Christus Pantokrator; 2.* (Pendentif) *Hl. Johannes; 3.* (Pendentif) *Hl. Matthäus; 4.* (Pendentif) *Hl. Markus; 5.* (Pendentif) *Hl. Lukas*

Kirchenfeste
6. (oben) *Geburt Christi; 7.* (Apsiskonche) *Taufe Christi; 8.* (oben) *Verklärung; 9.* (oben) *Auferstehung des Lazarus; 10.* (oben) *Einzug in Jerusalem; 11.* (oben) *Kreuzigung; 12.* (Apsiskonche) *Kreuzigung; 13.* (oben) *Abstieg Christi in das Reich der Toten; 14.* (Gewölbe) *Himmelfahrt; 15.* (oben) *Pfingsten; 16.* (über dem Portal) *Mariä Heimholung, Kindheit der Gottesmutter; 17.* (Mitte) *Gebet der Anna und des Joachim; 18.* (Mitte) *Geburt Mariens; 19.* (Mitte) *Darbringung Mariens im Tempel*

Passion Christi
21. (oben) *Letztes Abendmahl; 22.* (oben) *Jesus wäscht Petrus die Füße; 23.* (oben) *Jesus erklärt den Aposteln die Bedeutung der Fußwaschung; 24.* (oben) *Jesus am Ölberg; 25.* (oben) *Jesus und die die schlafenden Apostel; 26.* (oben) *Judasverrat; 27.* (oben) *Jesus wird von Kaiphas geführt; 28.* (oben) *Geißelung; 29.* (oben) *Vorbereitung des Kreuzes; 30.* (oben) *Kreuzabnahme; 31.* (oben) *Pietà; 28.* (Mitte) *Abstieg in das Reich der Toten; 31.* (Mitte) *Frauen am Grab*

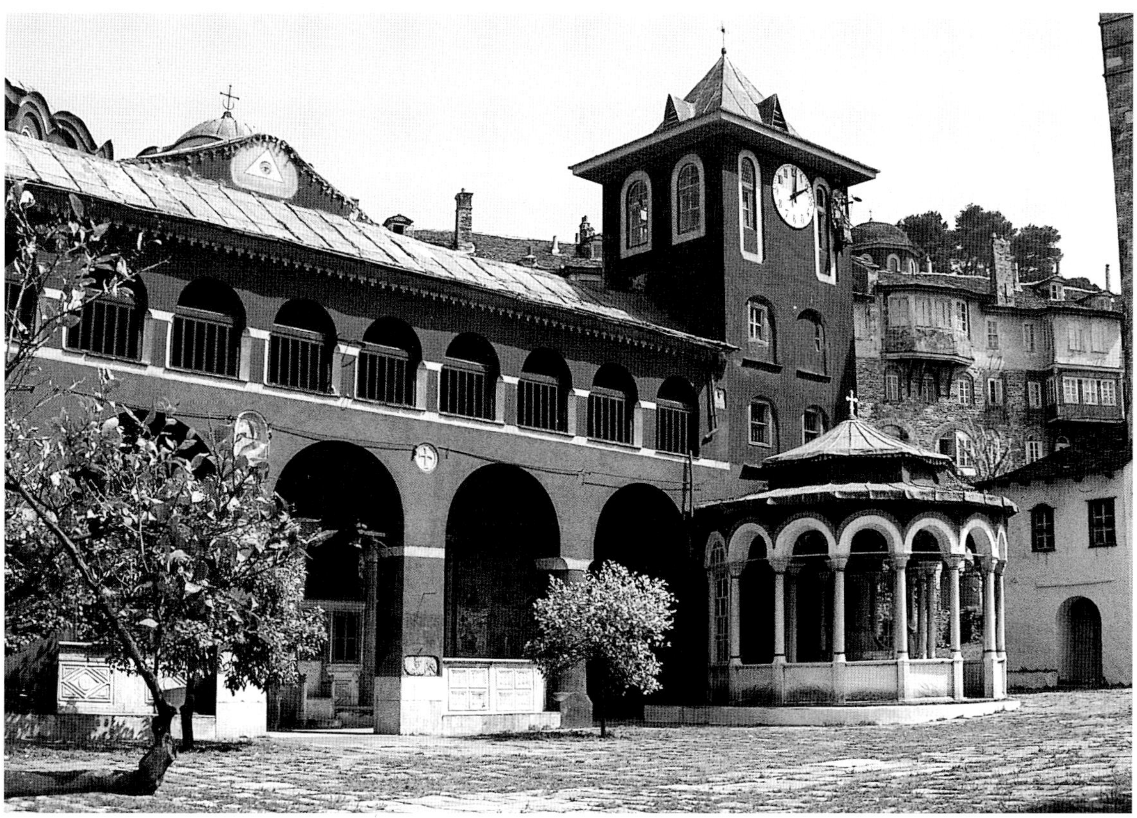

79. Katholikon und die Phiale

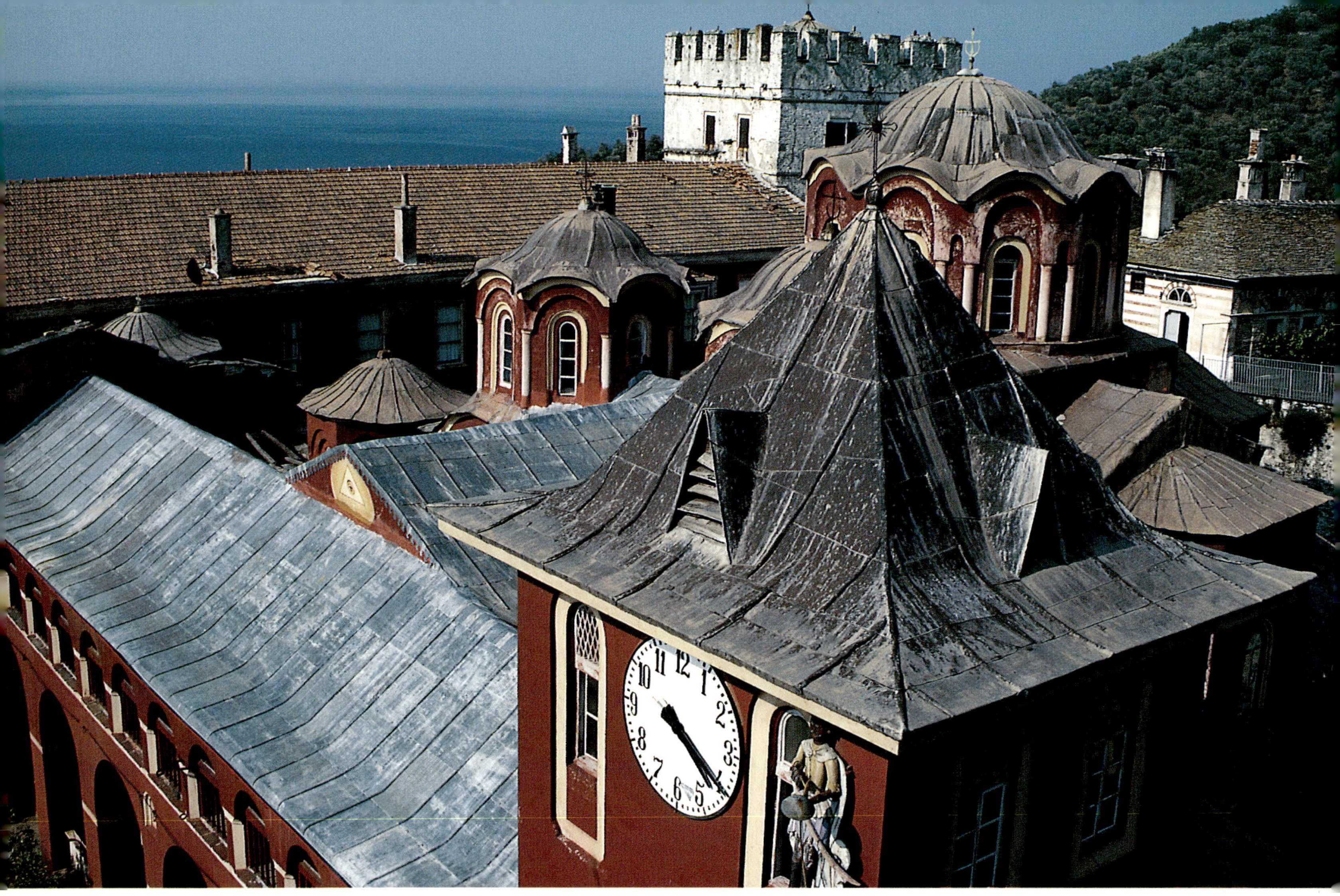
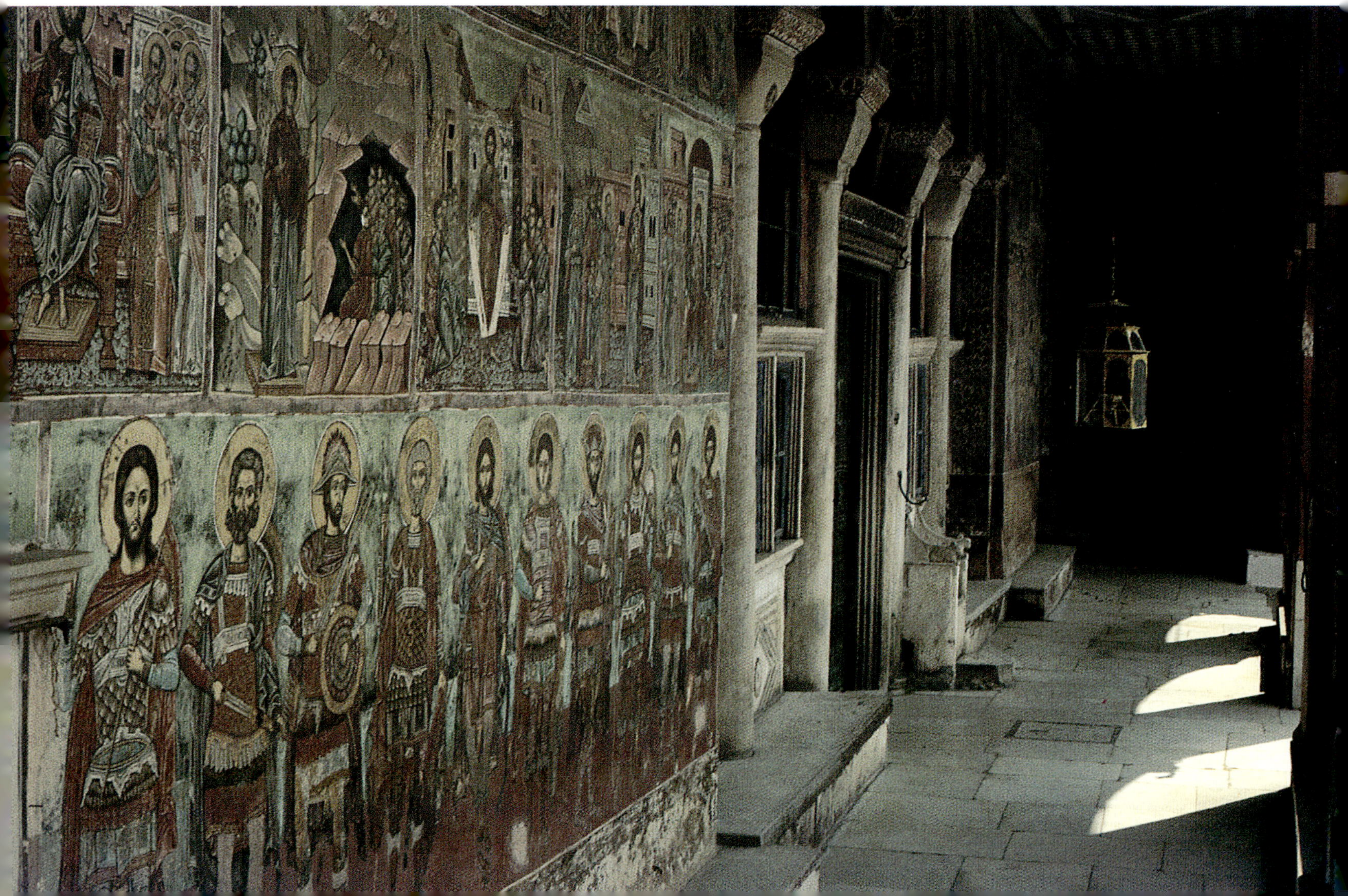

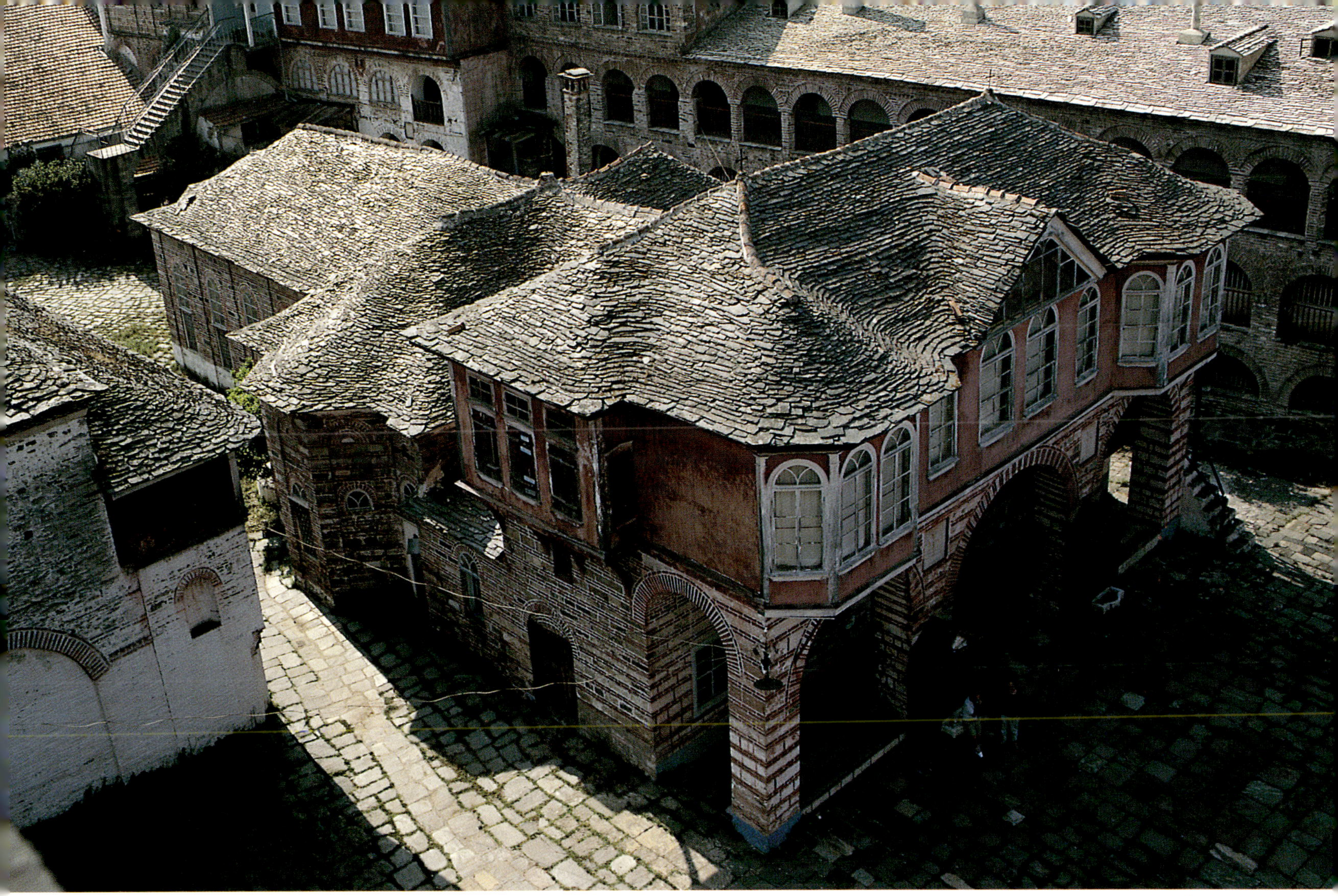

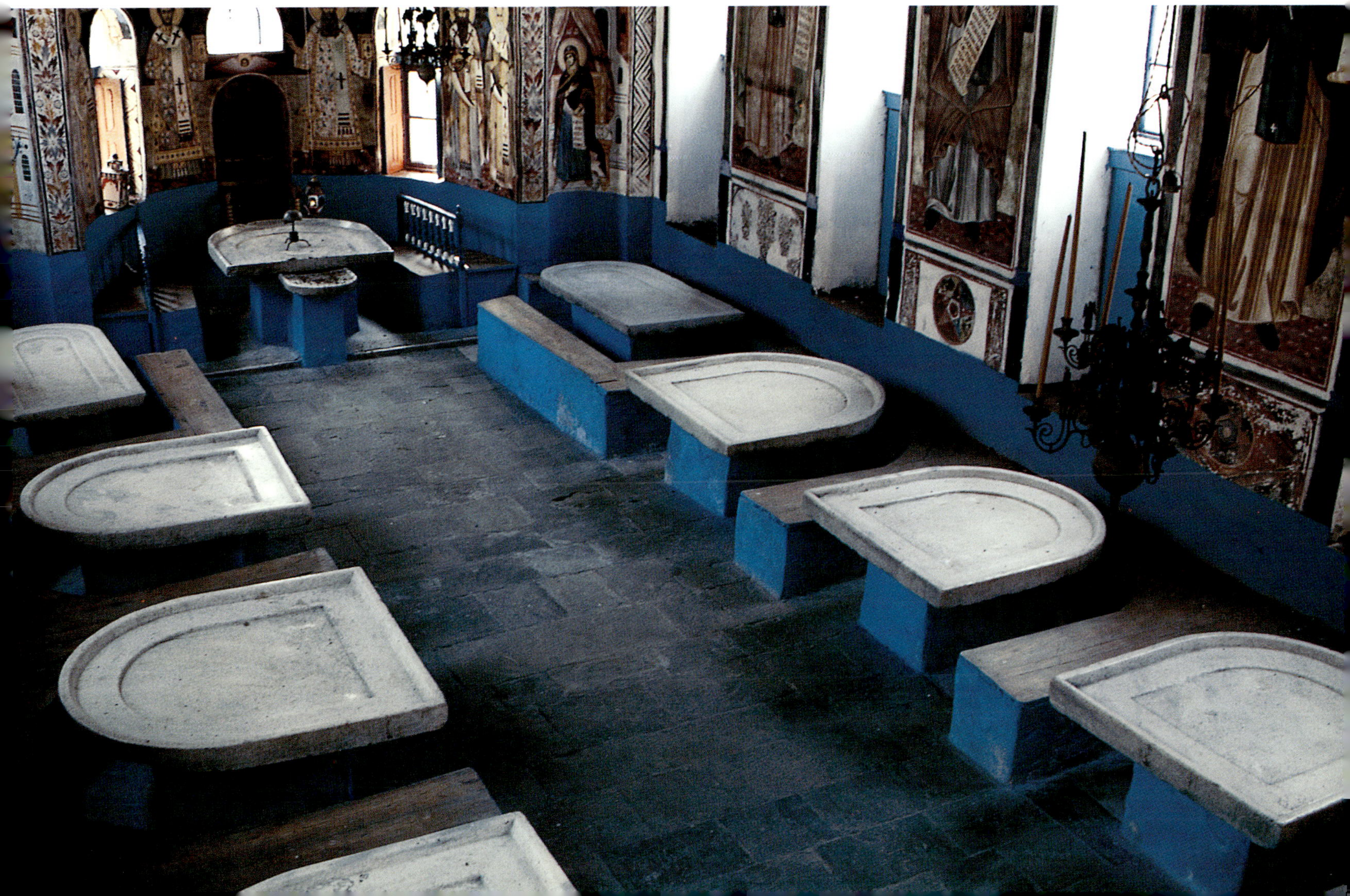

(vorhergehende Seiten)
Tafel 45. Uhrenturm, Kuppel des Katholikons und Turm der Gottesmutter

Tafel 46. Atrium am Eingang zum Katholikon

Tafel 47. Refektorium, 18. Jahrhundert

Tafel 48. Innenansicht des Refektoriums mit Marmortischen. Sie sollen, so die Überlieferung, aus dem Kloster des hl. Johannes von Studion in Konstantinopel stammen.

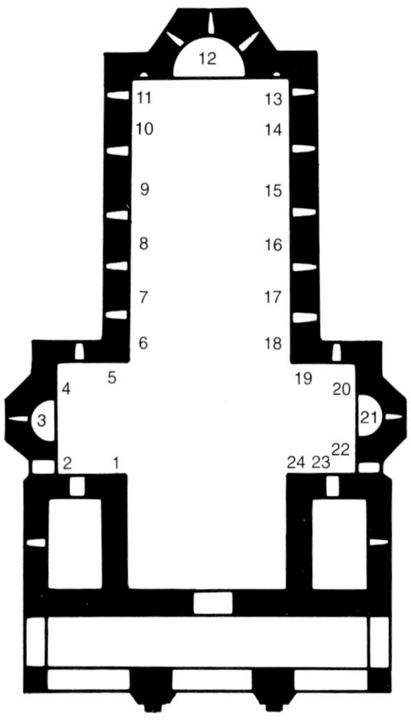

80. REFEKTORIUM
Fresken
1. Erzengel Gabriel; 2. Hl. Georg; 3. Die hl. Asketen von Ägypten; 4. Hl. Johannes Klimakos; 5. Hl. Athanasios Athonites; 6. Hl. Petros Athonites (hl. Onuphrios); 7. Hl. Nikodemos, Docharis von Vatopedi; 8. Hl. Ghennadios, Hegumen von Vatopedi; 9. Hl. Symon, Gründer von Chilandari; 10. Hl. Antonios; 11. Verkündigungsengel; 12. (Konche) *Gottesmutter und Baum Jesse; 12.* (unten) *Hl. Basileios, hl. Gregorius, hl. Johannes Chrysostomos, hl. Saba, hl. Kyirillos, hl. Athanasios von Alexandrien; 13. Verkündigung; 14. Hl. Euthymios; 15. Hl. Saba; 16. Hl. Arsenius; 17. Hl. Theodosios Koinobiarches; 18. Hl. Theodoros Studites; 19. Heimholung des hl. Ephräm; 20. Hl. Philoteos; 22. Hl. Maximos Kafsokaliwit; 23. Hl. Demetrios; 24. Erzengel Michael*

hin befinden sich dort zahlreiche Reliquien, unter anderem die Schädel des hl. Gregor von Nazianz und des hl. Modestos von Jerusalem, ein Finger des hl. Johannes Chrysostomos und ein Arm des Apostels Andreas.

Besonders verehrt wird die Ikone der Gottesmutter *Vimatárissa* (Wächterin der Bema), auch *Ktitórissa* (von den Gründern) genannt; man sagt, sie sei während eines Sarazeneneinfalls zusammen mit einem Kandelaber in einem Brunnen unter dem Altar versteckt worden, wo sie sechzig Jahre lang blieb. Als man sie wiederfand, soll die Ikone vollkommen unversehrt gewesen sein und die Kerzen noch gebrannt haben.

Im *Katholikon* befinden sich weitere Ikonen, um die sich Legenden und Berichte von Wundern ranken, zum Beispiel die *Panaghia Antifonitria* und die *Panaghia Esfagmeni.* Außerdem sind dort Ikonen von besonders künstlerischem Wert: die Heiligen Petrus und Paulus (14. Jh.) an der Nordwestsäule des *Naos* und die *Panaghia Odighitria* (Die den Weg zeigt, 14. Jh.) an der Nordostsäule des *Naos.*

Die Ikone der *Panaghia Antifonitria* (Die gesprochen hat) hängt in einem engen Korridor bei der Demetrioskapelle. Ihre Legende begründet das Verbot für Frauen, Athos zu betreten. Galla Placidia, die Tochter Theodosios I., kam – so die Legende – als Pilgerin zum Kloster Vatopedi, das von ihrem Vater gegründet worden war. Sie wurde von den Mönchen mit großem Zeremoniell empfangen, aber in dem Moment, als sie das *Katholikon* durch eine kleine Tür im Norden betreten wollte, wurde sie von einer Stimme überrascht, die von der Ikone der Gottesmutter kam; sie forderte sie auf: »Bleib stehen! Was machst du als Frau hier? Du bist eine Königin, aber hier regiert eine andere Königin. Geh fort! Von nun an soll keine Frau mehr diesen Boden betreten.« Seit jenem Tag ist für Frauen der Zutritt auf Athos verboten.

Die Ikone der *Panaghia Esfagmeni* (die Gestochene) im Narthex der Demetrioskapelle knüpft ebenfalls an eine Legende an. Ein Diakon, der zu spät in das Refektorium gekommen war, bekam kein Abendessen mehr; er ging in die Kirche, und in einem Wutanfall warf er ein Messer auf das Bild der Gottesmutter, das zu bluten anfing. Der bestürzte Mönch wurde blind und seine Hand gelähmt; als Buße blieb er drei Jahre am Ort seiner Missetat stehen. Noch heute sind in einem alten Schrein die schwarz gewordenen Gebeine des Arms aufbewahrt, mit dem er das Sakrileg begangen hatte.

Phiale und Uhrenturm
Rechts vom Eingang zum *Katholikon* steht die grazile *Phiale*; die Kuppel wird von einer doppelten Säulenreihe aus weißem Marmor getragen, die auf einer Brüstung steht. Die Fresken in der Kuppelwölbung zeigen die Taufe Christi und Szenen aus dem Leben des Täufers. Hinter der *Phiale* erhebt sich der 1426 erbaute Uhrenturm; eine pittoreske Mohrenfigur schlägt die Stunden mit einem Hammer auf einer Metallscheibe.

Kampanile
Wenige Meter neben der *Phiale* erhebt sich die schmale Silhouette des 1427 erbauten Kampanile. Das Pyramidendach geht allerdings auf das 18. Jahrhundert zurück.

Refektorium
Vor dem *Katholikon* wurde das Refektorium (*Trapesa*) auf kreuzförmigem Grundriß 1785 erbaut und im darauffolgenden Jahr mit Fresken bemalt. Es liegt an der Stelle des alten Refektoriums aus dem 12. Jahrhundert, dessen Grundriß beibehalten wurde. Der Legende nach stammen die herrlichen Marmortische aus dem Kloster St. Johannes in Konstantinopel.

Kapelle des hl. Soni
Die Kapelle des hl. Gürtels (*Aghia Soni*) der Gottesmutter, 1794 aus gehauenem Stein und mit Bändern aus Ziegeln erbaut, liegt freistehend im Hof des Klosters, am Hang vor dem Westflügel. Ihren Namen hat sie von dem Gürtel (*Soni*) aus Kamelleder, der von der Jungfrau getragen worden sein soll; er ist Gegenstand starker Verehrung und wird im *Bema* des *Katholikons* aufbewahrt. Die Legende erzählt, daß Maria diesen Gürtel vor ihrer Himmelfahrt dem Apostel Thomas geschenkt haben soll. Er wurde im kaiserlichen Palast in Konstantinopel aufbewahrt, bis im 13. Jahrhundert ein König aus Bulgarien sich seiner bemächtigte. Der Fürst Lazzaros I. aus Serbien schenkte ihn schließlich dem Kloster Vatopedi. Zahlreich sind die Wunder, die dem Heiligen Gürtel im Laufe der Jahrhunderte zugeschrieben wurden.

Kapelle der heiligen Anargyren
Die Kapelle der heiligen Anargyren (»Ärzte, die kein Geld nehmen«) Kosmàs und Damian findet man in der Südecke des Klosterinnenhofs, am Fuße des Abhangs. Die Fresken wurden um 1370 vom Bischof Jowan Ogljesa in Auftrag gegeben und 1847 neu gemalt. Sie zeigen die Heiligen Kosmas und Damian sowie Szenen aus dem Leben Christi und der Gottesmutter.

Bibliothek
Im Nordostturm, dem Turm der Gottesmutter, liegt die Bibliothek, die 10.000 gedruckte Bücher und 2000 Handschriften umfaßt. Die wichtigsten sind: das älteste bekannte Exemplar der Ptolemäus-Geographie (13. Jh.), der Psalter des Konstantin Monomachos (11. Jh.), die Chrysostomosliturgie (1400) und das Ottateukon (13. Jh.), außerdem zahlreiche Psalter und Tetraevangeliare.

In der Bibliothek befindet sich außerdem ein außergewöhnlicher Jaspiskelch, Geschenk des Bischofs von Mistrà Manuel Kantakuzenos Paläologos (1349-1380), Sohn des Kaisers Johannes VI. Kantakuzenos. Es handelt sich um einen Kelch für liturgische Zwecke; er wurde aus einem einzigen roten Jaspisstein mit grau-weißer Maserung herausgeschlagen; die Henkel in Drachenform und der Fuß sind aus vergoldetem Silber mit getriebenen Ornamenten.

SCHATZ

Der Schatz (*Skevofilakion*) ist provisorisch in einem Gebäude südlich des Refektoriums, im alten *Dochion* (Lager für Flüssigkeiten) untergebracht. Es wurde 1647 erbaut, das obere Stockwerk 1814 hinzugefügt. Zahlreiche Objekte sind dort untergebracht, vor allem Priestergewänder und Devotionalien.

Umgebung

ATHONITISCHE AKADEMIE (*ATHONIAS*)

Eine halbe Wegstunde von Vatopedi nach Osten liegen auf einem Hügel die eindrucksvollen Ruinen der Athonitischen Akademie (*Athonias Akadimia*), gemeinhin *Athonias* genannt, sowie die Reste des Aquädukts. Diese gespenstisch skeletthaften Ruinen sind Zeugen der Abwendung der athonitischen Mönche vom intellektuellen Leben, das man für unvereinbar hielt mit der Demut und der Tradition der Patres.

Die Akademie wurde 1748 vom Patriarchen von Konstantinopel Kyrillos V. und dem Hegumen von Vatopedi, Meletios, gegründet. Es hätte *die* Universität der hellenischen Welt jener Zeit werden sollen; die athonitischen Mönche hätten nicht nur in theologischen Fächern, sondern auch in den klassischen, Griechisch und Latein, Philosophie, Mathematik und Physik unterrichtet werden sollen. Man wollte nach den modernen Methoden der westlichen Kultur und im Geiste spiritueller Emanzipation frischen Wind in das intellektuelle Leben der griechischen Welt zu Anfang des 18. Jh. kommen lassen.

Mit der Leitung der Akademie wurde 1753 der Philosoph und Theologe aus Korfu, Eugenios Vulgaris, betraut, der sie besonders förderte durch die fruchtbaren Beziehungen, die er mit den westlichen Universitäten aufnahm, und dadurch, daß er sie zum strahlenden kulturellen Zentrum im ganzen griechischen Osten machte. Unter dem Rektorat des Vulgaris besuchten mehr als zweihundert Schüler die Kurse, Mönche und Laien, die in 170 Zellen wohnten.

Aber der Erfolg der Akademie dauerte nur wenige Jahre an. Das engagierte Programm, das dem Heiligen Berg die Rolle des geistlichen, moralischen und intellektuellen Vorreiters in der griechischen Welt in einer Zeit besonderer Unruhe sichern sollte, erlitt elendiglich Schiffbruch gerade durch die, die eigentlich sein Motor hätten sein sollen: die Athosmönche. Sie sahen in der Akademie eine ernsthafte Bedrohung für die Orthodoxie und für ihre eigene Existenz. Die Theorien des Vulgaris hielt man für äußerst gewagt, und man dachte, sie würden dem Ansehen der Kirche und dem Ideal des Mönchstums schaden.

Von den athonitischen Mönchen wurde eine Verleumdungskampagne gegen den Rektor angezettelt, die Vulgaris zwang, 1758 beim Patriarchen seinen Rücktritt einzureichen. Seinem Nachfolger, Nikolaus aus Matsovo, blieb nichts anderes übrig, als dem sich abzeichnenden Niedergang der Akademie hilflos zuzusehen, deren Schließung 1759 durch ein patriarchalisches Edikt verordnet wurde.

Der intellektuellen Verurteilung folgte die tatsächliche Zerstörung. Fanatische Mönchsgruppen wandten sich in Aktionen schlimmsten Vandalismus gegen die Schule, rissen Dächer ab, zerstörten Türen und Fenster, plünderten und legten schließlich Feuer an die Gebäude.

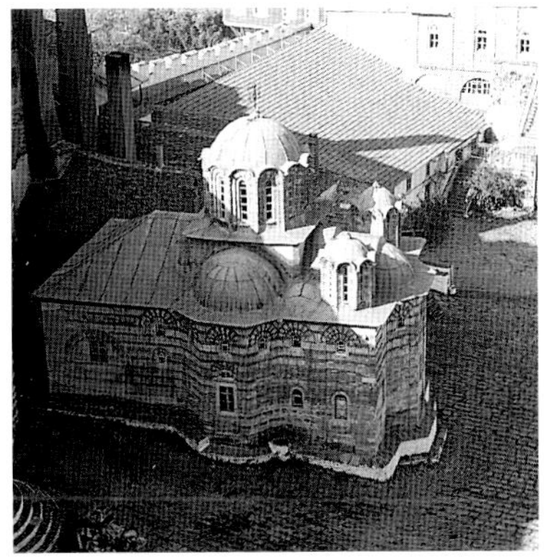

81. Kapelle des hl. Soni (Gürtels)

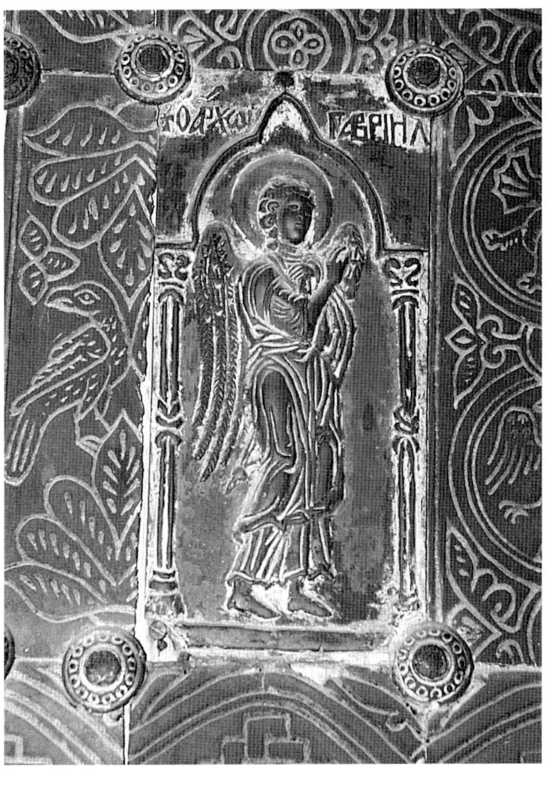

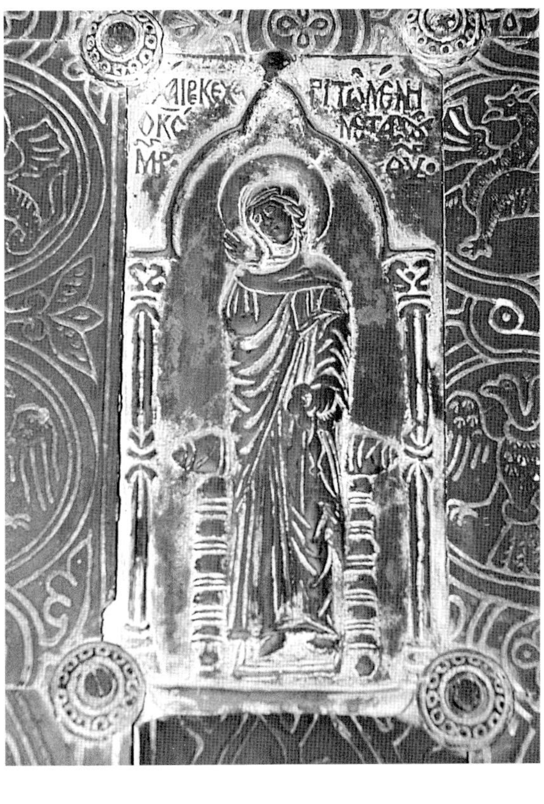

82. und 83. Erzengel Gabriel und die Jungfrau, Tafeln am Bronzeportal des Katholikons, 14. Jh.

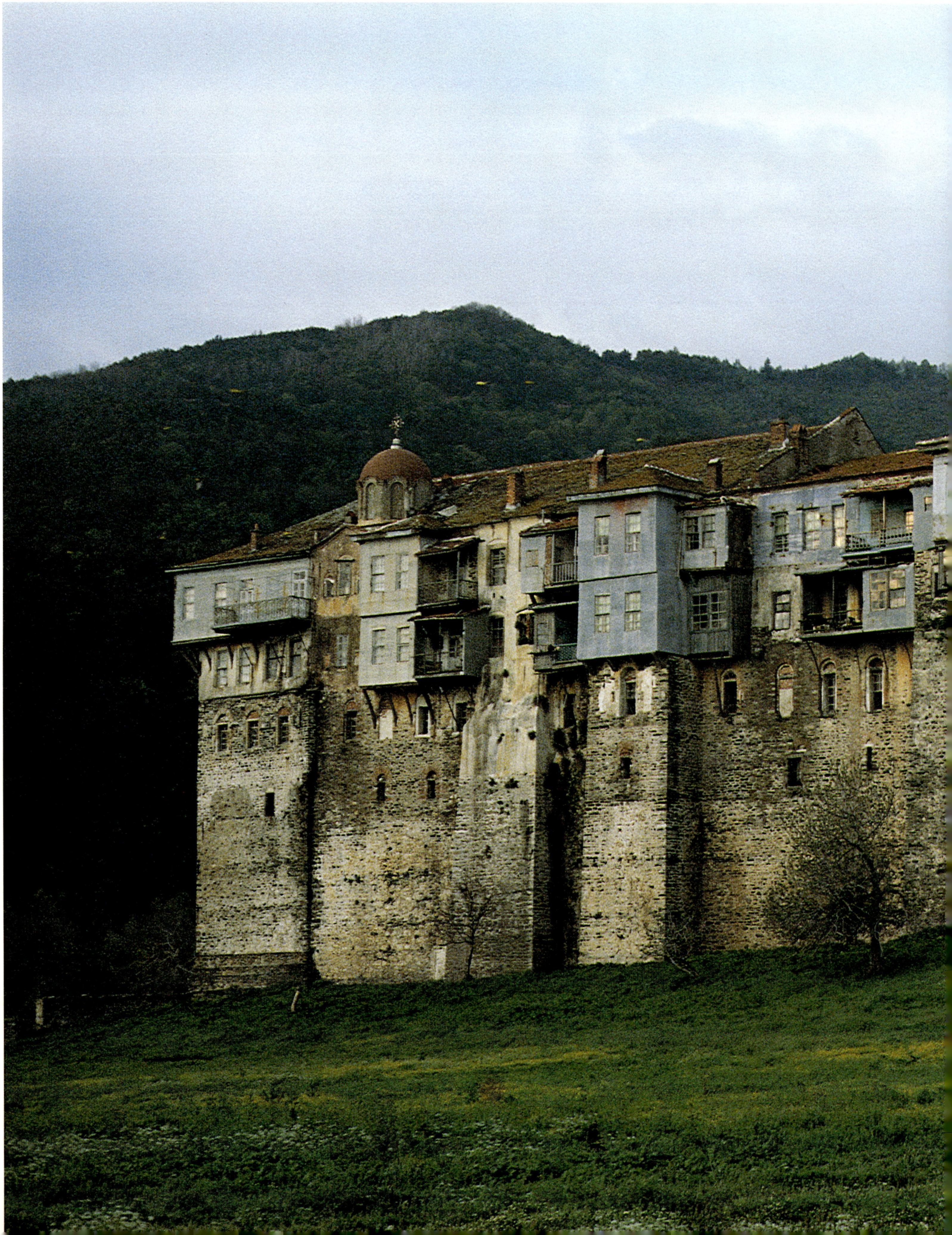

IVIRON

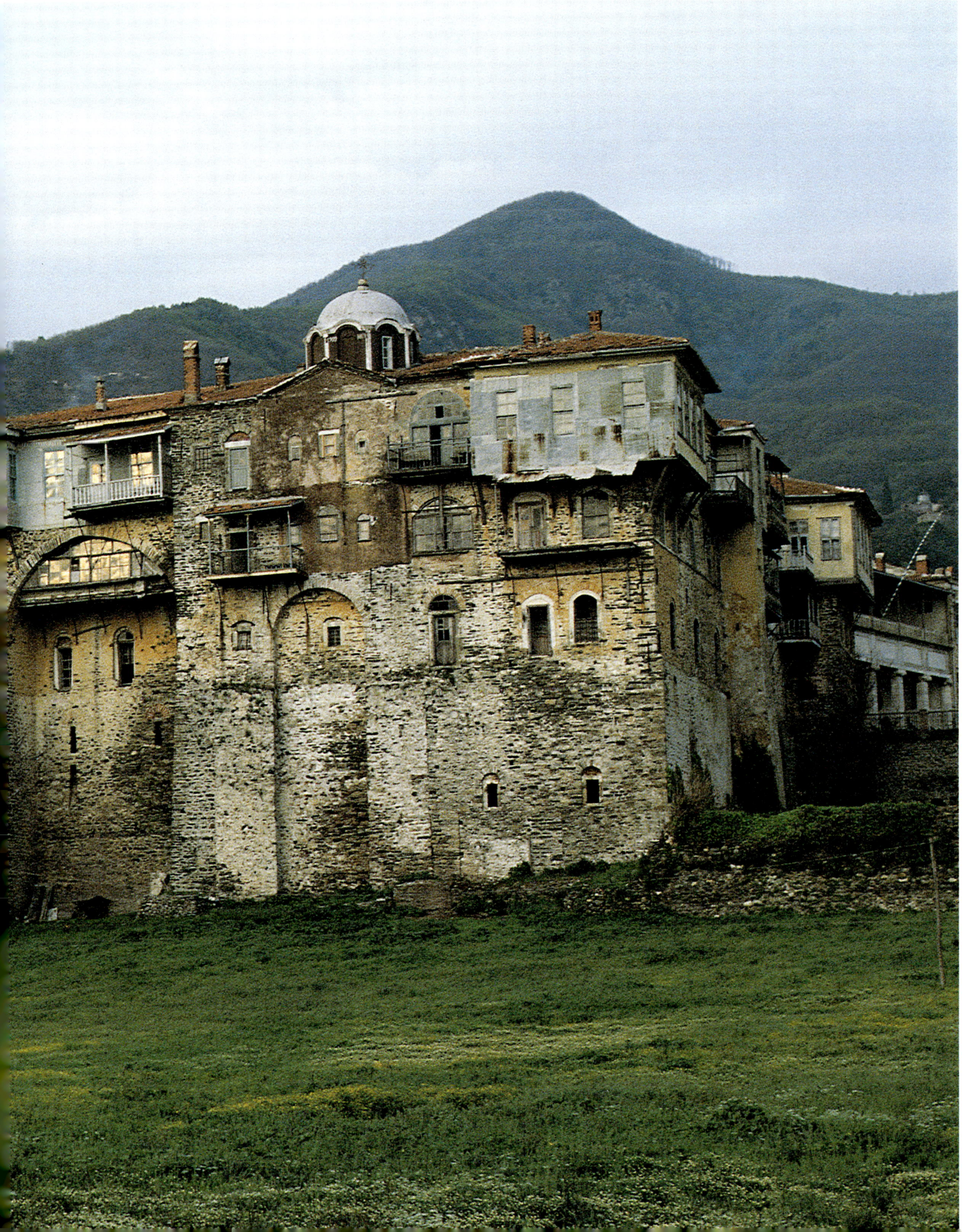

(vorhergehende Seiten)
Tafel 49. Kloster Iviron

Das Kloster Iviron liegt in einem malerischen Talkessel an der Nordostküste der athonitischen Halbinsel, nahe am Meer. Es kommt in der Hierarchie der Klöster an dritter Stelle und ist Mariä Heimholung geweiht (15. August).

Zum Kloster gehören die *Skite* des hl. Johannes des Täufers (*Prodromos*), auch »iberische Skite« genannt, ungefähr 25 *Kellia* und zahlreiche *Kathismata*. Die Residenz des Delegierten von Iviron bei der Heiligen Gemeinschaft in Karyes ist die schönste und repräsentativste.

Iviron ist der einzige Ort auf Athos, wo man die Uhrzeit nach dem sogenannten »chaldäischen« System mißt; die Stunde null ist bei Sonnenaufgang. In den anderen Klöstern wurde hingegen das »byzantinische« System übernommen, nach dem die Stunden ab Sonnenuntergang gezählt werden.

Geschichte

Der Klostername leitet sich von der Gegend Iberien her, die sich südlich vom Kaukasus erstreckte und dem heutigen Georgien entspricht. Er bedeutet also »Kloster der Iberer«.

Die große vierseitige Anlage, die von einer »Stadtmauer« umgeben ist und nicht weit von der Meeresküste liegt, wurde zwischen 979 und 984 an dem Ort erbaut, wo früher die alte pelasgische Stadt Kleon war. Seine Gründer waren Adlige: Johannes Abulherit, genannt der Iberer oder Hagiorit, Ioannis Tornikios, Euthymios, Sohn des Abulherit, und Georg Waraswatze, desen Neffe.

Nachdem sie am Hof des Prinzen David von Iberien und am Kaiserhof in Byzanz gewesen waren, traten Johannes der Iberer und Ioannis Tornikios von ihren Ämtern zurück, um ein mönchisches Leben zu führen. Ersterer ging zunächst nach Makedonien und in die Nähe des Olymps, kam schließlich zur Lavra des Athanasios, wohin ihm einige Zeit später auch Tornikios folgte, der auf den Rang eines kaiserlichen Generals verzichtet hatte. Er blieb allerdings nur kurz, weil ihn folgende Ereignisse aus der Ruhe der Meditation und des Gebets rissen: Er wurde von der Königsmutter Teophano, Frau des Nikephoros II. Phokas (963-969), aufgefordert, sich ihrer Kinder, der zwei jungen Kaiser Basileios II. Boulgaroktonos (976-1025) und Konstantin VIII. (976-1028) anzunehmen. Ihr Thron war wegen eines Aufstands der Ostgebiete des Reiches, den General Bardas Skleros anführte, in Gefahr. Tornikios gehorchte den kaiserlichen Anordnungen, bekam von David von Iberien dessen ungefähr 12.000 Mann starke Kavallerie, und an der Spitze der kaiserlichen Truppen bezwang er 979 die Rebellen in Pagaleia. Er kehrte mit reicher Kriegsbeute nach Athos zurück, die auf Beschluß der vier Mönche für die Errichtung eines neuen Klosters verwandt wurde.

Mit Hilfe von Athanasios, Meister und Freund von Johannes dem Iberer, bekamen sie die alte *Lavra* Klementos, die an der jetzigen Stelle des *Katholikons* von Iviron lag; der Altar ruht auf einem Monolith, der in der Antike in Kleon als heidnischer Altar benutzt wurde. Durch Schenkungen von Theophano und Basileios II., der im Dezember 984 mit einer Goldbulle die Länderschenkung offiziell bestätigte, wuchs die *Lavra* schnell an und so konnte dieses iberische »Nationalkloster« erbaut werden.

Der erste Hegumen war Johannes Abulherit, er zeichnete sich durch großzügige Geldspenden, Schenkungen von Kleinodien, liturgischen Büchern und Arbeitstieren an das Protaton in Karyes und an alle anderen Klöster der athonitischen Halbinsel aus. Dies zeigt, welche große Rolle die Iberer in der wirtschaftlichen Entwicklung des Athos im letzten Viertel des 10. Jh. und Anfang des 11. Jahrhunderts spielten. Nachfolger von Johannes war sein Sohn Euthymios, eine herausragende Persönlichkeit auf politischem und geistlichem Gebiet: er übersetzte viele religiöse Texte aus dem Griechischen ins Georgianische, so daß sein Volk zahlreiche griechische Autoren religiöser Werke kennenlernen konnte, wie den hl. Basileios, den hl. Gregor von Nazianz und viele andere. Nach ihm wurde Georg Waraswatze, genannt der Athonit, Hegumen. Er führte das große Übersetzungwerk seines Vorgängers weiter und brachte 1030 die Bauarbeiten des jetzigen *Katholikons* in Gang.

Im Laufe seiner Geschichte wurden an Iviron folgende Klöster angeschlossen: Leontios und Vlatadon in Thessaloniki, das alte Kloster Kolobu in Hierissos, die Klöster St. Saba, Chaldu, Kapaskos, Saravaris und andere. Durch die Einkünfte aus den Ländereien wuchs das Kloster an und bildete viele Jahrhunderte lang den geistlichen und auch kulturellen Orientierungspunkt Georgiens.

Wie bei allen anderen athonitischen Klöstern wechselten sich wirtschaftliche Blütezeiten mit Krisen ab. 1259 wurde Iviron von fränkischen Piraten gestürmt; die Deserteure des IV. Kreuzzugs zerstörten einen Klosterflügel. Zur Zeit des Michael VIII. Paläologos (1259-1282) und des Johannes Bekkos, Patriarch von Konstantinopel, Anhänger der Union der östlichen und römischen Kirche (*Enossis*), wurde das Kloster von den Unionisten ausgeraubt und zerstört, die auch den Hegumen und dreizehn Mönche ermordeten. Da sie an der orthodoxen Lehre festhielten und die Union mit Rom nicht akzeptieren wollten, wurden sie von einem Boot ins Meer geworfen. In den ersten Jahren des 14. Jahrhunderts wurde Iviron von katalanischen Piraten, Deserteuren des Andronikos, angegriffen und erneut zerstört.

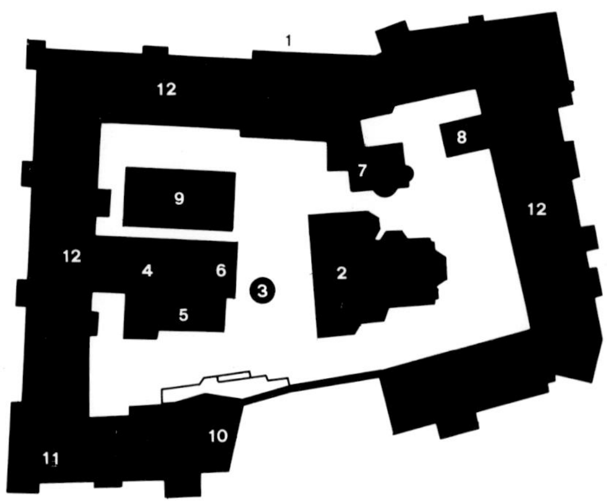

84. KLOSTER
1. Eingang; 2. Katholikon; 3. Phiale; 4. Refektorium; 5. Küche; 6. Glokkenturm; 7. Kapelle der Portaitissa; 8. Kapelle des hl. Johannes des Täufers; 9. Bibliothek und Schatzkammer; 10. Verteidigungsturm; 11. Gästehaus; 12. Mönchszellen

Die Lage verbesserte sich im 14. Jahrhundert, als das Kloster von Johannes V. Paläologos (1341-1391), Johannes VI. Kantakuzenos (1347-1354) und dem georgianischen Prinzen Gorgorane unterstützt wurde, sowie vom serbischen König Stephan Duschan (1331-1355), der, nachdem er sein Reich bis Makedonien und Athos (1334) ausgedehnt hatte, sich 1345 selbst zum »Kaiser der Serben und der Griechen« ausrief. Noch im selben Jahrhundert verringerte sich die Zahl der georgianischen Mönche so weit, daß Protos Arsenios den Patriarchen Kallistos II. (1355-1363) veranlaßte, mit einem auf 1357 datierten Sighillion die Leitung des Klosters in die Hände eines Griechen zu geben und die griechische Sprache zur offiziellen Liturgiesprache in Iviron zu erheben. Die georgianischen Mönche, rechtmäßige Eigentümer des Klosters, wurden von der Leitung ausgeschlossen und mußten in der Kapelle der *Panaghia Portaitissa* zusammenkommen.

Die Zeit wirtschaftlichen Wohlstands dauerte bis zum 15. Jahrhundert, als die athonitische Halbinsel von den Türken erobert wurde. In dieser schwierigen Zeit wollten sich viele Herrscher gegenseitig in der finanziellen Unterstützung von Iviron übertreffen. Darunter Alexander VII. von Georgien, bei dem eine Mönchsdelegation um finanzielle Hilfe vorgesprochen und ihm die Klosterschlüssel übergeben hatte. Sie kehrte mit der großzügigen Spende von 12.000 Goldtalern nach Iviron zurück.

Im 17. Jahrhundert wurden die moldauwalachischen Fürsten fortgesetzt zu Gönnern; sie trugen zum Wohl Ivirons bei, so daß die Bevölkerung auf 300 Mönche anwuchs. Viele Patriarchen von Konstantinopel nahmen sich des Klosters an, darunter Kyrillos I. und Kyrillos II., der 1635 durch ein Dekret die Rechte Ivirons auf das Kloster Vlatadon in Thessaloniki bestätigte; 1675 wurde es von Parthenios als »patriarchalisch und aus der Quelle des Kreuzes stammend« ausgerufen und so der direkten Rechtsprechung des Patriarchen unterstellt und der des lokalen Bischofs entzogen. Daniel IV. stiftete 1678 seine Bibliothek. Außerdem sei erinnert an Serafinos I., Ioannichios III., Neophytos VII, Kalinikos IV. und Gregorios V., der einige Zeit in Iviron verbracht hatte, bevor er Patriarch wurde und 1821 von den Türken gefoltert wurde.

Unter den großen Wohltätern darf der Zar von Rußland Aleksej Michailowitsch (1645-1676) nicht vergessen werden. Wegen einer schweren Krankheit seiner Tochter ließ er die wundertätige Ikone der *Portaitissa*, die noch heute in Iviron verehrt wird, nach Moskau schicken. Die Mönche hatten nämlich nicht das Original geschickt, sondern eine Kopie, die nichtsdestotrotz die ebenso wundersame wie erwünschte Wirkung erzielte und die berühmte Kranke heilte. Zum Dank schenkte Alexios Iviron 1669 einige Metochien und das Kloster St. Nikolaus in Moskau, eines der reichsten der Hauptstadt. Diese Besitzungen lösten die wirtschaftlichen Probleme Ivirons während des ganzen 18. und 19. Jahrhunderts, außer in der Zeit der Kämpfe um die griechische Unabhängigkeit (1821). St. Nikolaus blieb bis 1932 Eigentum des Klosters.

Die meisten Bauwerke in Iviron sind eher neueren Datums, außer dem *Katholikon*, das um 1513 erweitert wurde. 1845 und 1865 verwüsteten nämlich zwei schwere Brände einen Großteil der Bauwerke. Der Schatz und die reiche Bibliothek, die zweitgrößte nach der großen Lavra, blieben jedoch verschont. Dank der blühenden Wirtschaft, der Großzügigkeit vieler, auch anonymer Gönner und der Anstrengungen der Mönche, konnte das Kloster ständig vergrößert werden. Der letzte georgianische Mönch, Tikon, starb am 19. Februar 1955.

Kunst

Katholikon

Das *Katholikon*, Mariä Heimholung geweiht, wurde 1030 von dem Georgianer Georg Waraswatze erbaut. Er war der Neffe des Klostergründers.

Es handelt sich um die traditionelle Dreikonchenanlage mit einem Zentralbau auf vier Säulen, die die Kuppel tragen, und zwei Seitenapsiden als Chor und Narthex. Das Gebäude wurde im 16. und 18. Jahrhundert mehrmals umstrukturiert und restauriert, dabei wurde unter anderem ein Atrium mit Glasfenstern eingefügt.

Vom ursprünglichen Bau ist der kostbare Fußboden aus buntem Marmor erhalten; in der Mitte schreibt eine runde Inschrift Georg dem Iberer die Gründung des Klosters zu.

Die Fresken im *Naos*, 1593 bis 1603 ausgeführt, wurden 1848 in einer Zeit künstlerischen Verfalls vollkommen neu gemalt. Die Bildzyklen behandeln die traditionellen Themen: die Kirchenfeste, Leben und Wunder Christi und das Leben der Gottesmutter.

Besonders originell dagegen ist die Verwendung von farbigem Marmor für die Verkleidung des unteren Teils der Wände, der in athonitischen *Katholika* normalerweise Fresken aufweist; eine Pfeilerinschrift links vom Eingang zum *Naos* besagt, daß der Marmor von Bischof Dionysios gestiftet wurde.

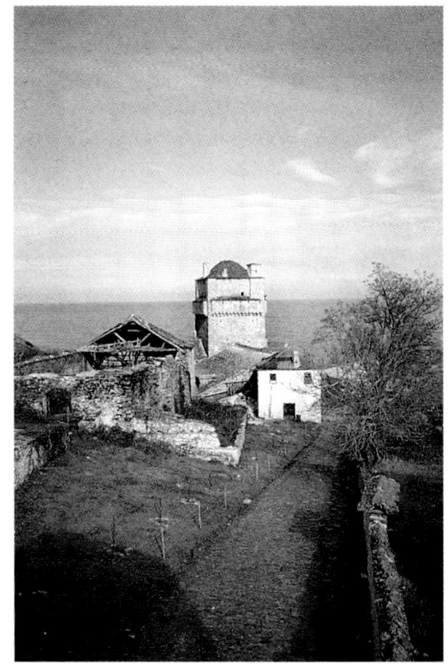

85. Verteidigungsturm, außerhalb der Klostermauern (1626)

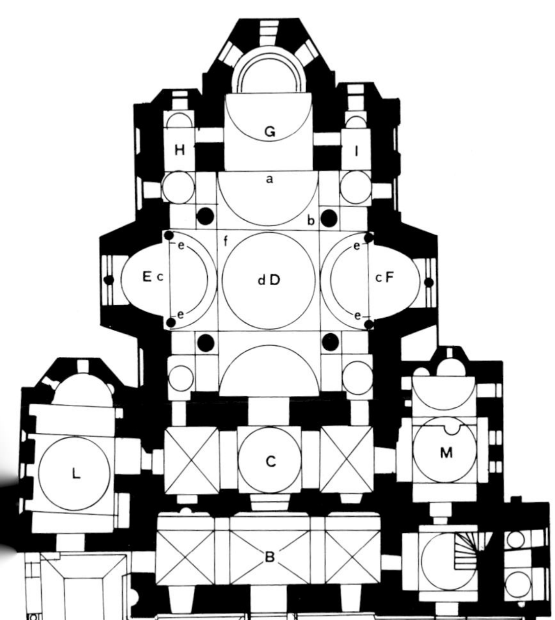

86. KATHOLIKON
Architektonische Elemente
A. Atrium; B. Exonarthex; C. Esonarthex; D. Naos; E. Nordchor; F. Südchor; G. Bema; H. Prothessis; I. Diakonikon; L. Kapelle der Erzengel; M. Kapelle des hl. Nikolaus

Liturgische und kultische Elemente
a. Ikonostase (13. Jh.); b. Proskinitarion; c. Analoghia; d. Choros; e. alte Kapitelle (5.-6-Jh.); f. Kandelaber in Form eines Zitronenbaums (1818)

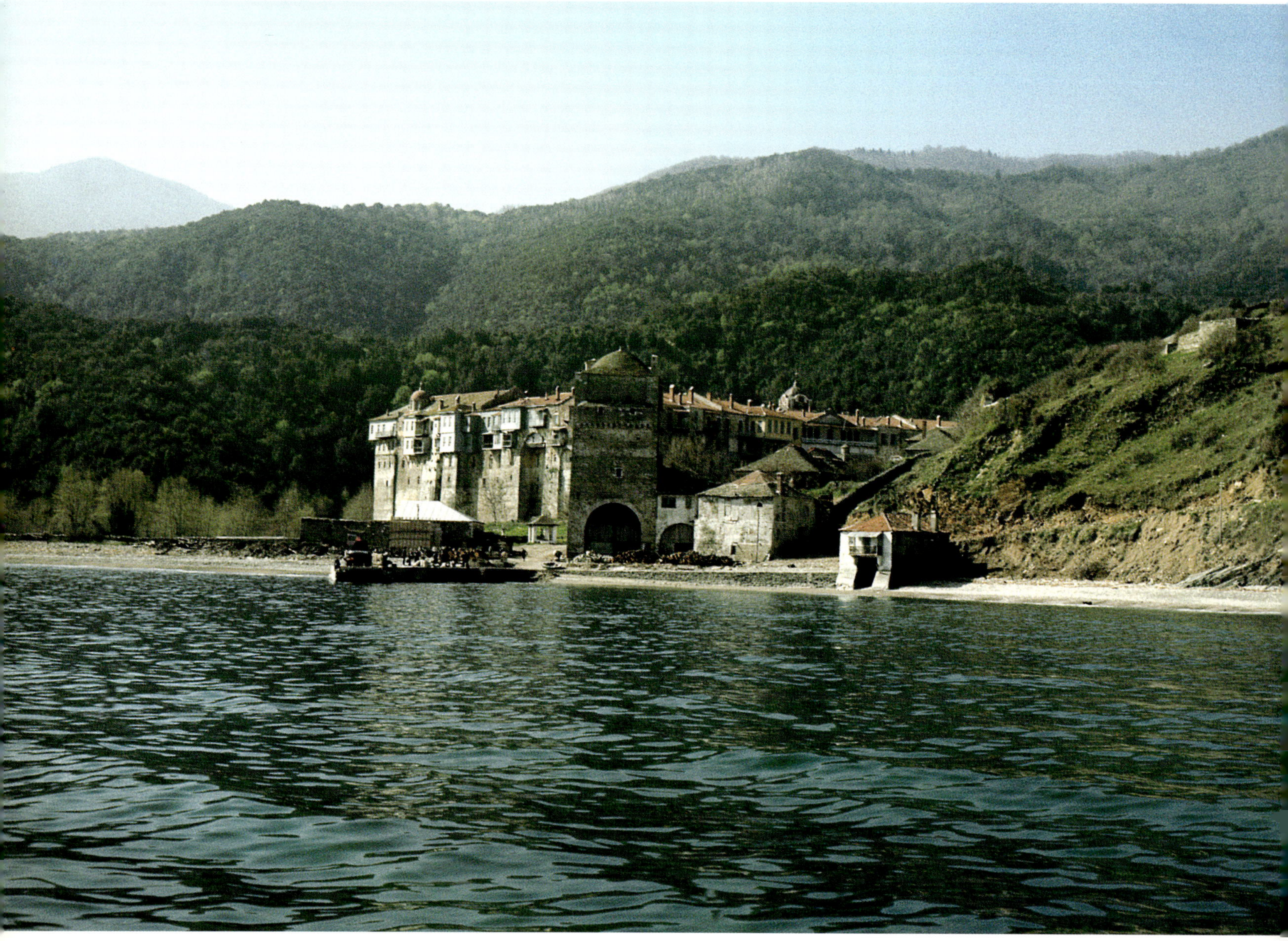

Tafel 50. Hafen (Arsanas) des Klosters

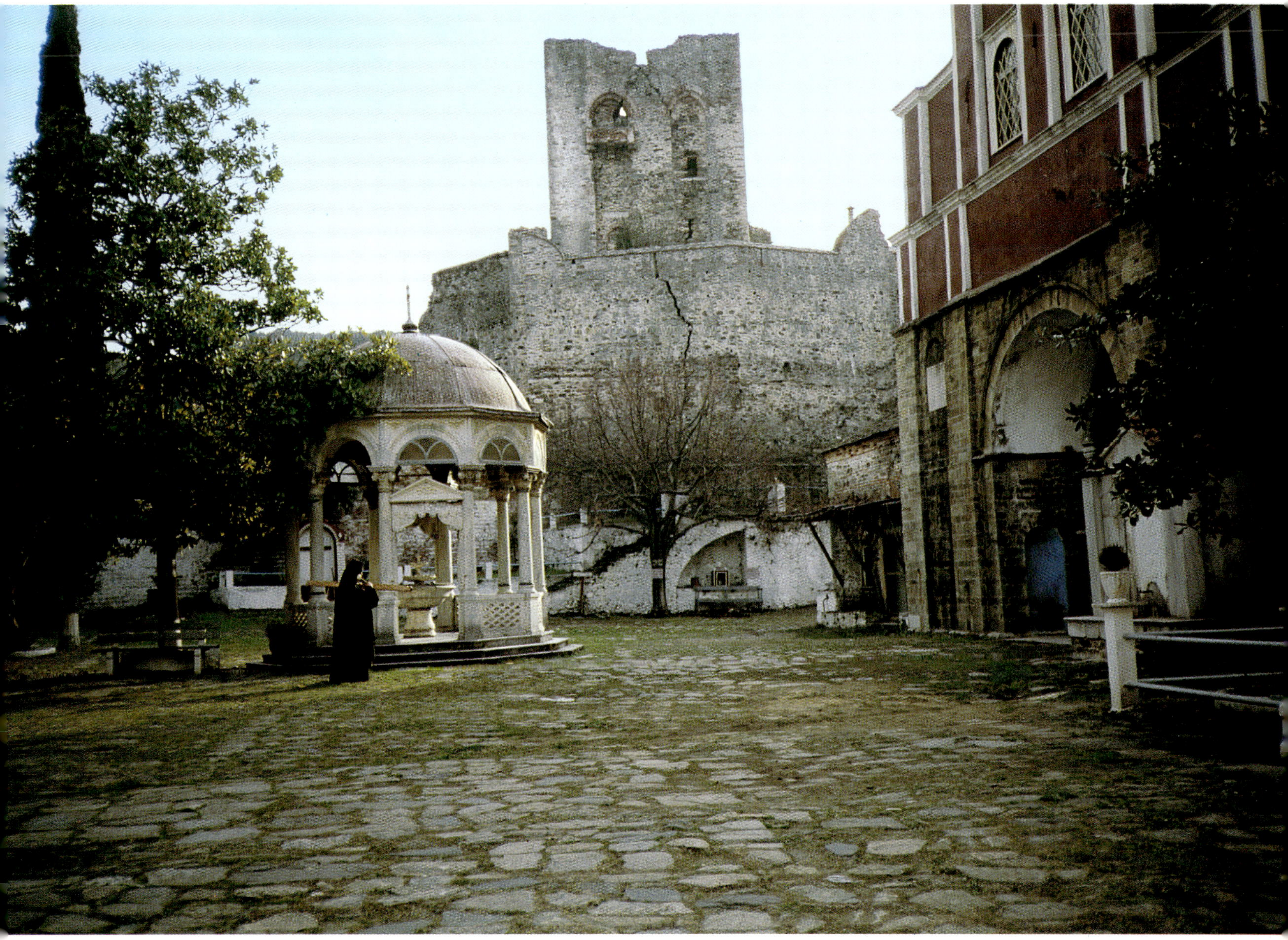

afel 51. Phiale (19. Jh.) und Südturm (1725), teilweise in Ruinen

Die Kapitelle in den beiden Chören sind Spolien von früheren Gebäuden und gehen wahrscheinlich auf das 5. und 6. Jahrhundert zurück.

Besonders prächtig ist die vergoldete Holzikonostase aus dem 18. Jahrhundert; hinter ihr sind die Säulen der Marmorikonostase erhalten, die auf die Zeit der Kirchenerbauung zurückgehen. Einige Marmorplatten der alten Ikonostase befinden sich jetzt an den Wänden des *Bema*.

Von besonderem Reiz ist auch der von der Kuppel hängende Leuchter (*Choros*), der denselben Umfang wie die Kuppel selbst hat, Symbol für die kriegerische und triumphierende Kirche. Sehr kostbar sind außerdem die Tür zwischen dem Esonarthex und dem Exonarthex mit wertvollen Holzintarsien und der Kandelaber in Silber und Gold in Form eines Zitronenbaums, der 1818 von der Bevölkerung von Moskau dem Archimandriten Kyrillos geschenkt wurde.

Die Fresken im Esonarthex sind von 1768, die im Exonarthex von 1795; sie wurden 1888 restauriert. Zu beiden Enden des Esonarthex befinden sich, der athonitischen Tradition folgend, zwei Kapellen (*Pareklissia*), links die der Erzengel und rechts die des hl. Nikolaus.

Im *Bema* und in der Kapelle der Erzengel sind Heiligenreliquien aufbewahrt, darunter Gebeine des Täufers, der Apostel Petrus und Bartholomeus, der Märtyrer Georg und Panteleimon, des Athanasios von Alexandria und des Basileios von Caesarea, sowie ein Splitter des Kreuzes und Fasern der Kleider Christi.

Kapelle der Panaghia Portaitissa

Die Kapelle der *Panaghia Portaitissa*, links vom Klostereingang, wurde 1680 erbaut und 1683 mit Fresken bemalt. In ihr findet man die wundertätige Ikone der Gottesmutter, der »Torwächterin«. Die Fresken des Narthex von 1774 zeigen Persönlichkeiten der klassischen Antike: Solon, Sophokles, Plutarch, Thukydides, Platon, Aristoteles, Alexander der Große und Darios.

Die Legende will, daß die *Panaghia Portaitissa* vom Evangelisten Lukas gemalt wurde, und sie wird heute von vielen Legenden umrankt, unter anderem derjenigen ihrer 70 Jahre dauernden Reise übers Meer, ihrer wundersamen Auffindung und Überführung nach Iviron in den Händen des alten georgianischen Eremiten Gabriel, ihrer wiederholten wundersamen Wanderungen, als sie, von den Mönchen ins Innere des *Katholikon's* gebracht, immer wieder zur Klosterpforte zurückkehrte, um das Kloster vor jeglicher Gefahr und vor allem vor weiblichem Eindringen zu bewahren, ihrer schrecklichen Rache gegen die sarazenischen Piraten und der Konversion des Ungläubigen, der schließlich der hl. Barbaro wurde.

Kapelle des hl. Johannes des Täufers

Die Kapelle des hl. Johannes des Täufers (*Prodromos*) liegt östlich von der Kapelle der *Portaitissa*. 1710 vom Hegumen Aghapios erbaut, wurde sie 1714 mit Fresken geschmückt; die Ikonostase von 1711 ist ein schönes Beispiel der Holzbearbeitungskunst jener Zeit.

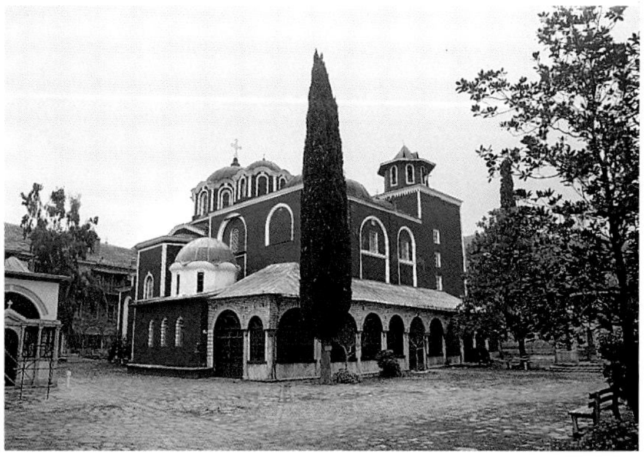

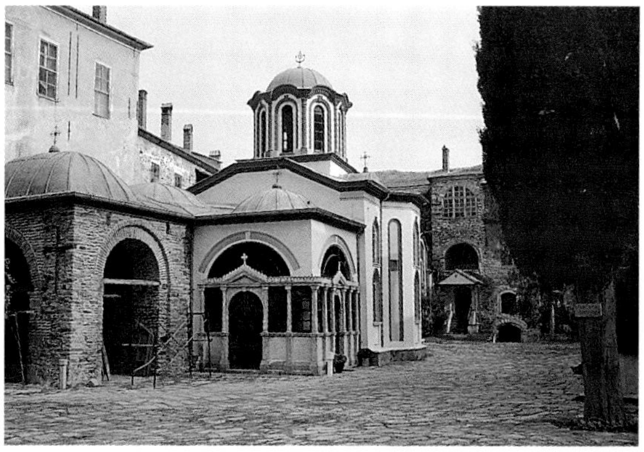

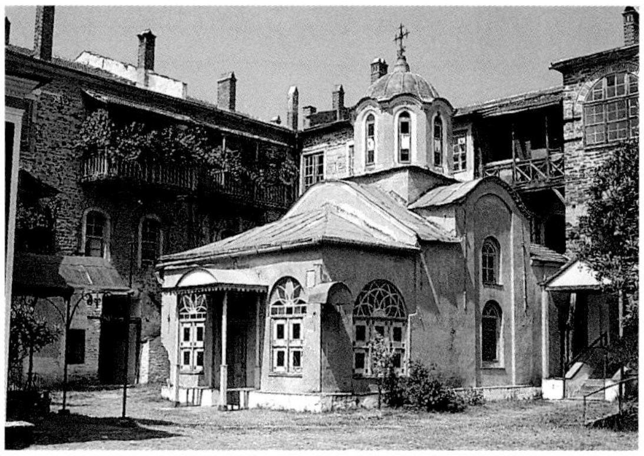

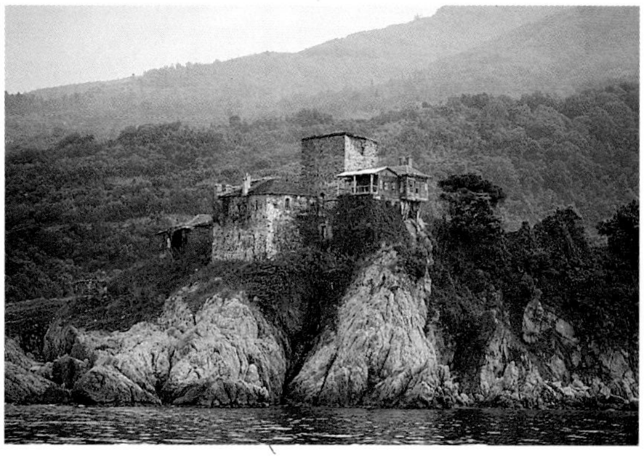

87. Katholikon, 1030 erbaut

88. Kapelle der Panaghia Portaitissa

89. Kapelle Johannes des Täufers

90. Altes Kathisma in Hilopotamos

Refektorium

Das Refektorium (*Trapesa*) wurde 1848 von dem Archimandriten Athanasios an der Stelle errichtet, an der das ältere, kleinere gestanden hatte, das für die Bedürfnisse des Klosters nicht mehr ausreichend war. Die Fassade wird von einem zeitgenössischen Glockenturm überragt.

Phiale

Die *Phiale* steht zwischen dem *Katholikon* und der *Trapesa*. Erbaut vom Archimandriten Athanasios von Akarnania, wurde sie 1865 nach einem schweren Brand renoviert.

Bibliothek und Schatz

Die Bibliothek und der Schatz (*Skevofilakion*) befinden sich in einem neueren Gebäude neben dem Refektorium, und zählen zu den reichsten auf Athos. Dort sind 2000 Handschriften, vor allem theologischen, patrologischen und asketischen Inhalts aufbewahrt, viele davon in georgianischer Sprache; 123 sind auf Pergament, 23 sind auf Seide geschrieben, 15 sind liturgische Rollen. Die wertvollsten sind die mit Miniaturen geschmückten Evangeliare und Tetraevangeliare aus dem 11., 12. und 13. Jahrhundert, sowie der Psalter von 1346, Geschenk der Kaiserin Anna Paläologina, die Homilie des Gregor von Nazianz aus dem 10. Jahrhundert und die Chrysostomos-Liturgien aus dem 16. Jahrhundert. In der Bibliothek befinden sich außerdem mehr als 15.000 gedruckte Bände und zahlreiche Dokumente von Patriarchen, darunter die Goldsiegelbullen der Kaiser Konstantin VII. Porphyrogennetos (946 und 958), Romanos II. (960) und Basileios II. (980).

In der Schatzkammer werden zahlreiche wertvolle Gegenstände aufbewahrt: Priestergewänder, Kelche, Kreuze, das Pontifikalgewand des Patriarchen Dionysios IV. und die sogenannte Tunika des Kaisers Johannes Tzimiskes.

Türme

Iviron besitzt noch zwei Verteidigungstürme (*ochirotiki pirghi*). Einer steht außerhalb der Klostermauern und wurde 1626 zur Verteidigung des Hafens erbaut. Der andere, Teil der Außenmauer, wurde 1725 erbaut, liegt aber heute teilweise in Ruinen.

Milopotamos

Eine halbe Wegstunde von Iviron entfernt, auf der Straße nach Philotheou, liegt auf einem aus dem Meer auftauchenden Felssporn die alte *Kathisma* von Milopotamos. Hierhin zog sich der Patriarch von Konstantinopel, Joakim III., in seinen letzten Lebensjahren (1889-1901) in asketischer Einsamkeit zurück.

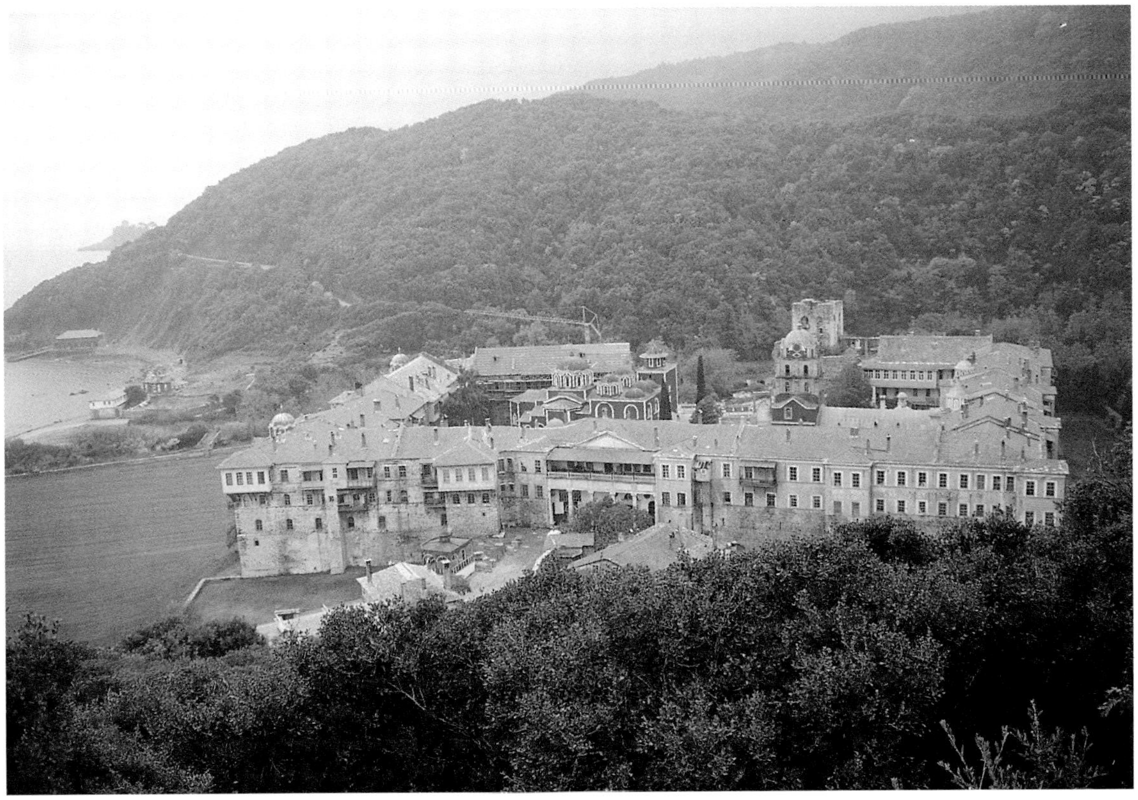

91. Sicht auf das Kloster

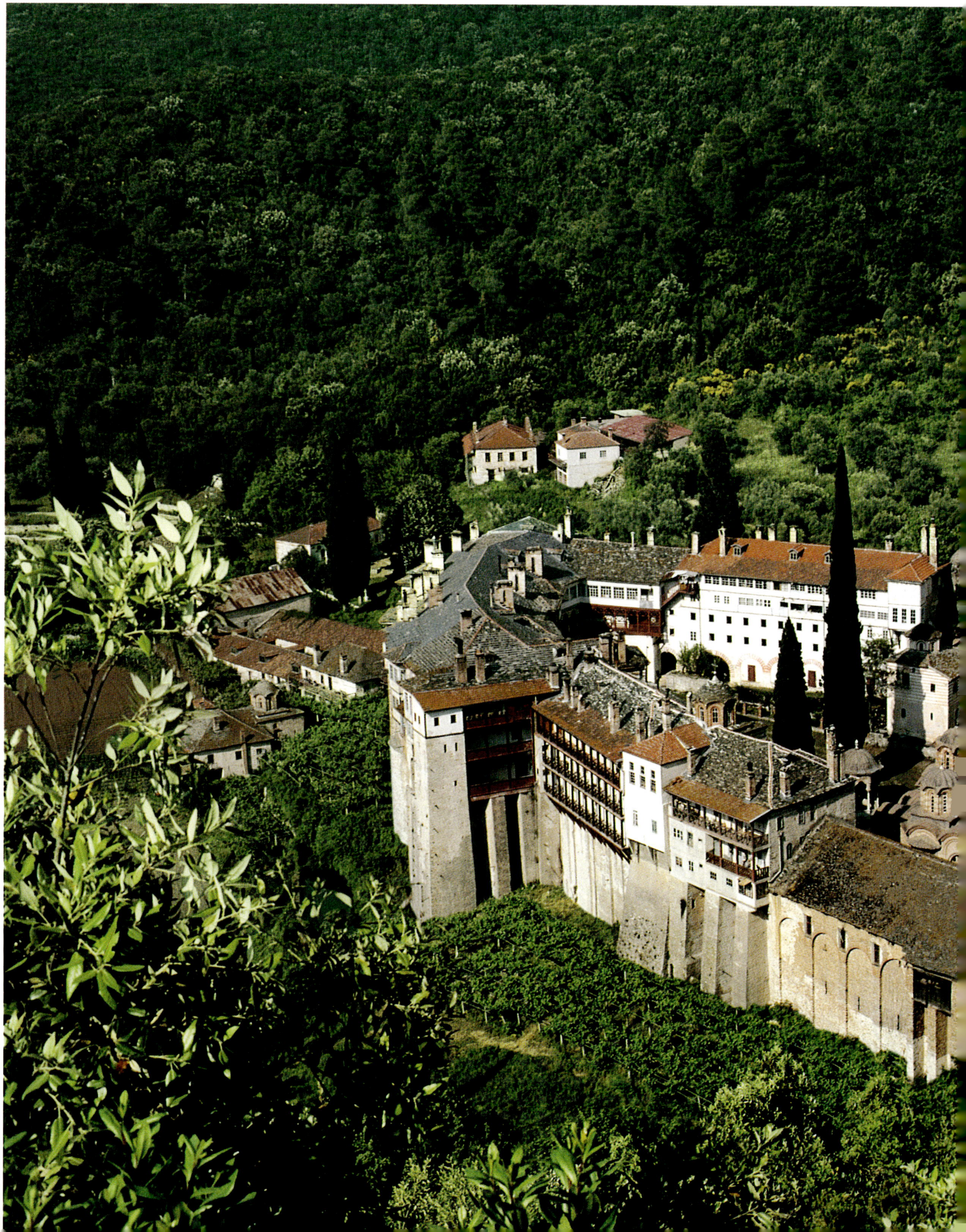

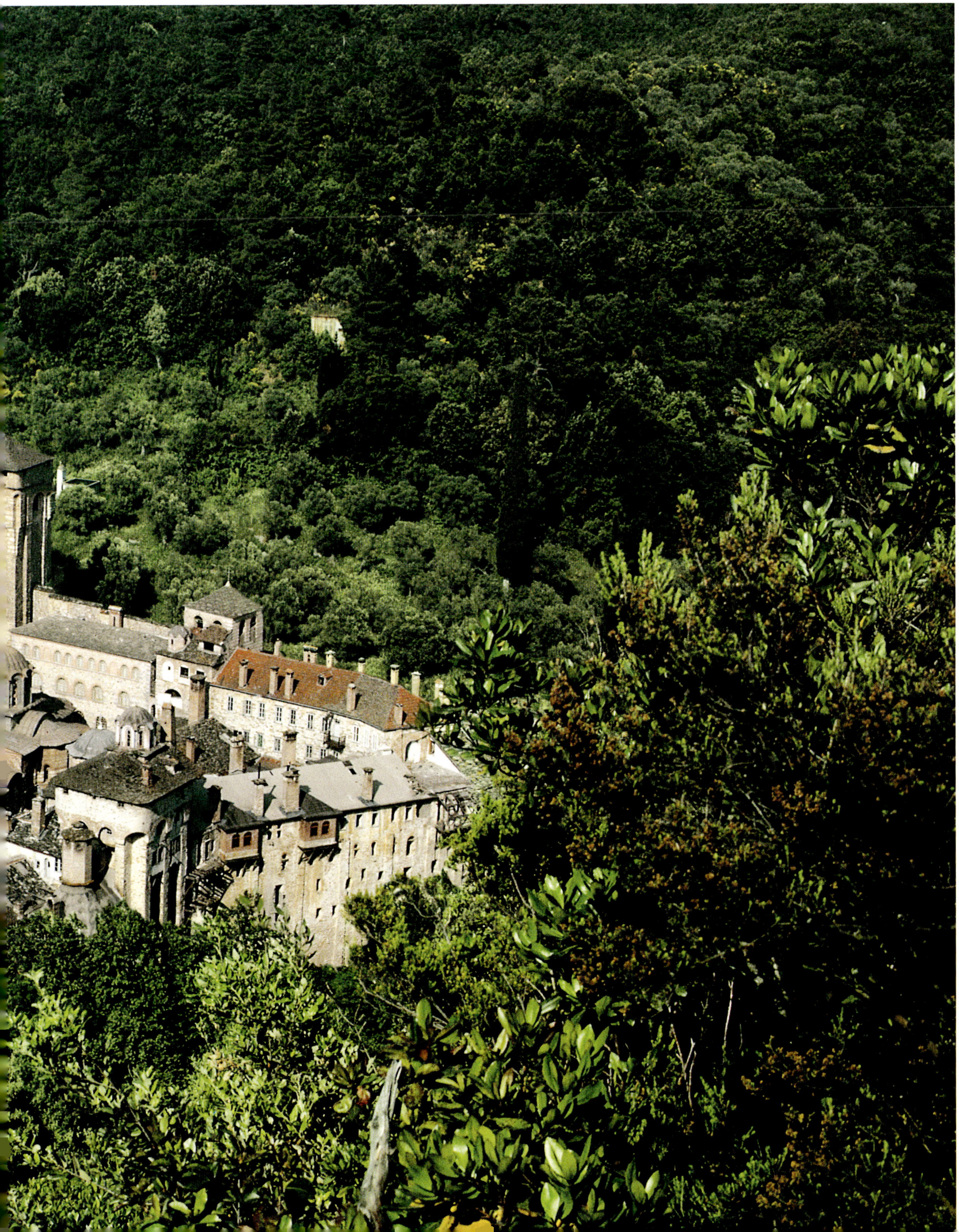

(vorhergehende Seiten)
Tafel 52. Kloster Chilandari

93. KLOSTER
1. Eingang; 2. Katholikon; 3. Phiale; 4. Refektorium; 5. Turm des hl. Georg; 6. Kapelle der Synaxis der Erzengel; 7. Turm des hl. Saba; 8. Zisterne; 9. Glockenturm; 10. barocker Turm; 11. Kapelle des hl. Demetrios und des hl. Saba; 12. Bibliothek und Schatzkammer; 13. Krankenstation; 14. Gästehaus; 15. Mönchszellen

92. KATHOLIKON
Architektonische Elemente
A. Exonarthex; B. Lite; C. Naos; D. Nordchor; E. Südchor; F. Bema; G. Prothesis; H. Diakonikon

Liturgische und kultische Elemente
a. Ikonostase (1774); b. Proskinitarion; c. Analoghia; d. Choros; e. Ikone der Panaghia Tricherussa (14. Jh.); f. Ikone der Panaghia Popska (14. Jh.); g. Sarg des hl. Symeon (13. Jh.)

Fresken
Nur Originalfresken aus dem 14. Jh. werden angegeben:
1. Der schlafende Immanuel;
2. Jesus spricht zu den Aposteln;

Das serbische Kloster Chilandari ist das erste Kloster, auf das man an der Ostküste der athonitischen Halbinsel trifft. Nur gut eine halbe Stunde von der Küste mit seinem Hafen (*Arsanas*) entfernt, liegt es in einem malerischen Tal inmitten üppiger Vegetation. Es nimmt den vierten Platz in der Hierarchie der Klöster ein und ist der Darbringung Mariens im Tempel geweiht (21. November).

Das Kloster besitzt 17 *Kellia*; zwei davon, St. Stefan und Hl. Dreifaltigkeit, sind in unmittelbarer Nähe, 15 befinden sich in der Gegend von Karyes, darunter der alte – auch *Tipikarion* genannte – St. Saba-Turm in Molywklisia, wo die Ikone der Gottesmutter aus St. Saba in Jerusalem aufbewahrt ist; die Kapelle ist mit herrlichen Fresken der kretischen Schule geschmückt.

Geschichte

Das Kloster wird erstmals in einer griechischen Handschrift von 1015 unter dem Namen »Chelandar« erwähnt; dort wird es als »vollkommen verlassen und leer« beschrieben. Es soll ungefähr ein Jahrhundert vorher von dem Schiffer Georg Chelandarios gegründet worden sein. Er gab dem Kloster seinen Namen, der unter serbischem Einfluß dann in »Hilandar« geändert wurde.

Daß es so frühzeitig verlassen wurde, lag an den Piraten- und Räuberbanden in der Gegend. Gegen Ende des 12. Jahrhunderts widmeten sich zwei serbische Fürsten, Stephan Nemanja und sein Sohn Rastko, dem Mönchsleben. Rastko war der erste, der seinen Wohlstand aufgab, 1191 nach Athos kam und unter dem Namen Saba Mönch in Vatopedi wurde. 1196 dankte Stephan zugunsten eines anderen Sohnes ab, wurde Mönch mit dem Namen Symeon, gründete das Studenica-Kloster in Serbien und folgte ein Jahr später Rastko nach Athos.

Sie erkannten sofort die Notwendigkeit, ein serbisches Kloster auf dem Heiligen Berg zu gründen, wo schon andere »nationale« Klöster existierten, wie zum Beispiel das georgianische Iviron und das lateinische der Amalfitaner. 1198 gelang es Saba, den Kaiser Alexios III. Angelos dazu zu bringen, das kleine Kloster Chilandari von der Zuständigkeit des Protos in Karyes in die Hände des Hegumenen von Vatopedi zu geben, um es zu restaurieren: so begannen die Wiederaufbauarbeiten. Später versuchten Symeon und Saba mit Hilfe des Protos, die Rechtsgewalt über das Kloster zu erlangen. Vatopedi dagegen versuchte, das zu unterbinden. Der Fall wurde vor den Kaiser Alexios gebracht, der auf dieses Gesuch hin 1198 eine Goldbulle herausgab, in der er die Zuständigkeit über Chilandari und seine angrenzenden Ländereien den beiden Mönchen »als ständiges Geschenk an die Serben« übertrug. Außerdem wurde dem Kloster absolute Unabhängigkeit zugestanden, die in der selbständigen Wahl des Hegumenen bestand, ohne Bestätigung von Seiten des Kaisers.

Ebenfalls von 1198 ist eine Urkunde des Symeon, der Chilandari als serbisches Kloster und Erbstiftung der Familie Nemanja einsetzte.

Schon am 13. Februar 1199 starb Symeon und wurde in der neuen, erst kurz zuvor fertiggestellten Kirche begraben. Im gleichen Jahr stellte Saba auch das Kloster fertig. Bei einer erneuten Reise nach Konstantinopel wurde ihm auch das verlassene Kloster Zigos überantwortet, was weitere Privilegien und Rechten mit sich brachte. Saba wurde von seinem Bruder, König Stephan, im Jahr 1206 aufgefordert, nach Serbien zurückzukehren. Saba brachte die Reliquien des hl. Simeon mit, wurde Archimandrit im Studenica-Kloster und später Erzbischof von Ipek (heute Pèc). Noch zweimal kehrte er nach Athos zurück, zuerst 1217, dann 1230 auf seiner Rückkehr aus dem Heiligen Land. Vor seiner Abreise verfaßte er die Klosterregel nach

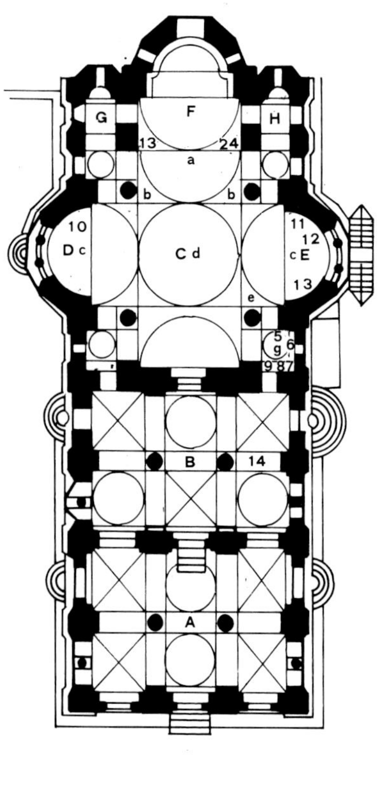

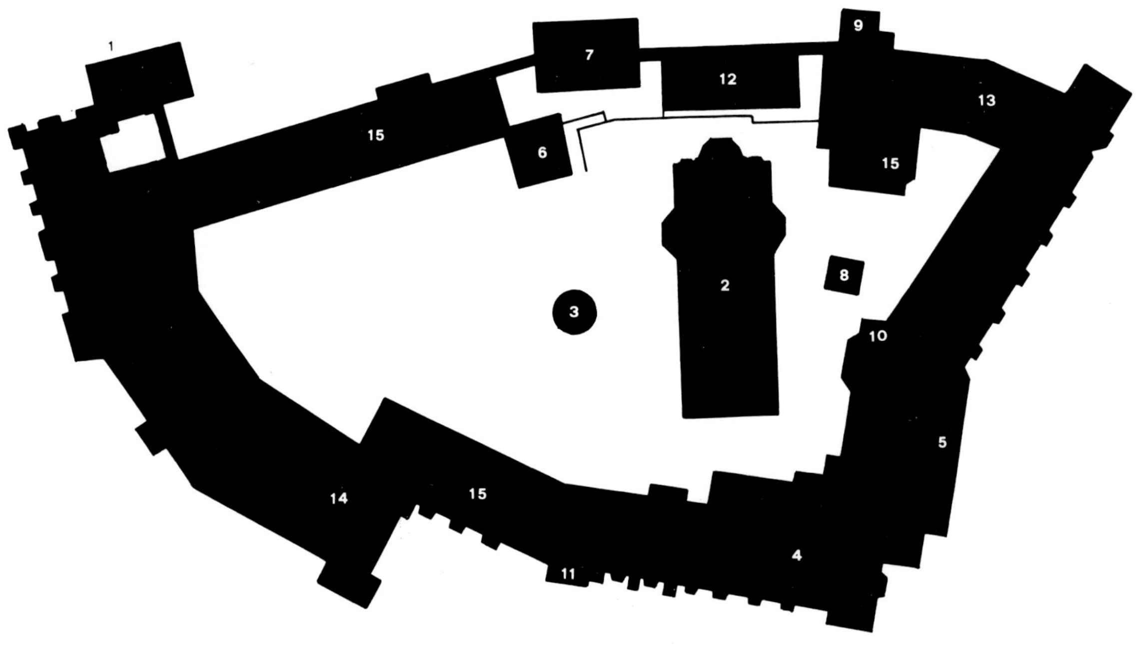

den Richtlinien des *Typikons* des Klosters »Gottesmutter Everghetis« in Konstantinopel.

Diese Klosterregel sah vor, daß geistliche Tätigkeiten Vorrang vor allen anderen haben sollten, also tägliche Beichte und Kommunion. Ordnung und Gehorsam waren gefordert und die wichtigsten Eigenschaften eines guten Mönchs mußten Barmherzigkeit, Liebe und Demut sein.

Anfangs wohnten in Chilandari einschließlich des Hegumenen Methodios lediglich 10 bis 15 Mönche, schon sechs Jahre später war die Zahl auf 90 serbische Mönche angestiegen. Sie waren in einer Kommunität koinobitischen Typs organisiert, wo unter der Führung eines Hegumenen gebetet, gearbeitet und die Mahlzeiten gemeinsam eingenommen wurden. Während des ganzen Mittelalters bestand seine wirtschaftliche Grundlage aus seinen Ländereien.

Die anfänglichen Schenkungen des Alexios blieben nicht die einzigen, so daß sich während des 13. und 14. Jahrhunderts Chilandaris Besitzungen von Thessaloniki bis zum Norden des serbischen Gebietes Paracin ausdehnten.

Mitte des 14. Jahrhunderts gehörte ihm fast ein Fünftel der athonitischen Halbinsel, Anfang des 15. Jahrhunderts besaß es schon die vollen Feudalrechte auf gut 360 Siedlungen und bildete so einen Staat im Staat. Chilandari wurde zum Zentrum des geistlichen Lebens Serbiens und wichtiger Vermittler zwischen Serbien und Byzanz. Unter den Wohltätern, die Chilandari so mächtig gemacht hatten, sticht der König von Serbien Stephan Uros II. Milutin (1282-1321) besonders hervor. Er vergrößerte die Macht und politische Bedeutung des Königreichs Serbien, und gab gleichzeitig dem Kloster guten Ruf und Ansehen. 1293 ließ er auf den Fundamenten der alten Kirche eine große neue errichten und verstärkte und erweitete die Befestigungsanlagen, die wegen häufiger Pirateneinfälle in jener Zeit unabdingbar waren. Schon kurz darauf wurde ihre Funktionalität auf die Probe gestellt, als 1307 einige katalanische Soldner meuterten und das Kloster angriffen. Der Hegumen Daniel zeigte damals außergewöhnlichen Mut und militärisches Können.

Es gab im Laufe des 14. Jahrhunderts auch andere fähige Hegumenen. Gervasios war als Diplomat und Politiker herausragend und verbrachte mehr Zeit an den Höfen der serbischen Könige Milutin, Stephan Decanski und Stephan Duschan als im Kloster. Dorotheos wurde in einer für die Serben eher kritischen Zeit Protos der Heiligen Gemeinschaft auf Athos. Als der Patriarch von Konstantinopel, Kallistos, die Serben exkommunizierte und so de facto ein Religionsschisma herbeiführte, konnte Dorotheos von seiner hohen Stellung aus dem serbischen Mönchtum trotz der Exkommunikation helfen.

Ein weiterer berühmter Wohltäter von Chilandari war der serbische König Stephan Duschan, der neben beträchtlichen Ländereien im byzantinischen Reich auch die Halbinsel Athos annektierte und sich selbst zum Kaiser der Serben und der Griechen ausrief. Er flüchtete während der Pestepidemie von 1347 zusammen mit seiner Frau Elena in das Kloster, war sehr großzügig und führte Chilandari an die Spitze seines Ruhms im Mittelalter. Auch der Fürst Lazzaros I. (1371-1389) soll unter den Gönnern erwähnt werden: Der Exonarthex der Kirche zeugt noch heute von seiner Wohltätigkeit. Aber nach den goldenen Jahrhunderten mußten auch härtere Zeiten für Chilandari kommen.

Kurz nach der Schlacht von Marika (1371) fiel die athonitische Halbinsel in die Hand der Türken, zuerst nur für kurze Zeit, von 1387 bis 1403, dann endgültig ab 1430. Und so wurde auch Chilandari von den Türken eingenommen, schon dreißig Jahre vor dem Fall von Konstantinopel (1453) und von Smederewo (1459), der letzten serbischen Bastion.

Chilandari verlor viele seiner weitläufigen Besitzungen; Mönche wanderten auf der Suche nach Hilfe in den Balkan und nach Rußland ab. Sogar Ivan IV. Vasilievic (Ivan der Schreckliche) wurde damals zu einem Gönner des Klosters. Die Zahl der Mönche sank. Aus Aufzeichnungen geht hervor, daß 1560 nur noch 200, 1579 sogar nur noch 170 Mönche dort wohnten.

Die ständige diplomatische Arbeit und die Kontakte zu den Balkanländern und zu Rußland zeigten dennoch ihre Wirkung: Die Kaiser und Zaren genehmigten den Mönchen, in ihren Ländern zu betteln, und versprachen Hilfen. Auch einige Zigeunerstämme schickten Gelder. Während des ganzen 16. und 17. Jahrhunderts und auch später noch, lebte das Kloster nur von Spenden von Gläubigen.

Die Situation Chilandaris verbesserte sich auch durch großzügige Spenden des Bruders des Hegumenen Symeon. Dieser reiche serbische Kaufmann, der in Venedig residierte, ließ sich später mit dem Namen Nikanoros als Mönch in Chilandari nieder und wurde dessen Hegumen. Er wurde zum »zweiten Gründer« ernannt.

Fortsetzung von Seite 136

3. Aaron (über Fresko 1); *4. Moses* (über Fresko 2); *5. Symeon (Stephan Nemanja), Klostergründer; 6. Saba, Sohn des Stephan Nemanja; 7. Stefan XII. Milutin, Neugründer des Klosters; 8. Hl. Stephan Protomärtyrer, Schutzheiliger der Familie Nemanja; 9. Hl. Nikodemos; 10. Geburt Mariens* (Mitte); *11. Darbringung Mariens im Tempel; 12. Hl. Demetrios, hl. Prokopios, hl. Eustates, hl. Merkurios* (unten); *13. Hl. Arsenius* (unten); *14. Hl. Panteleimon*

94. Radierung des Klosters (1779, Zaharije Orfelin zugeschrieben)

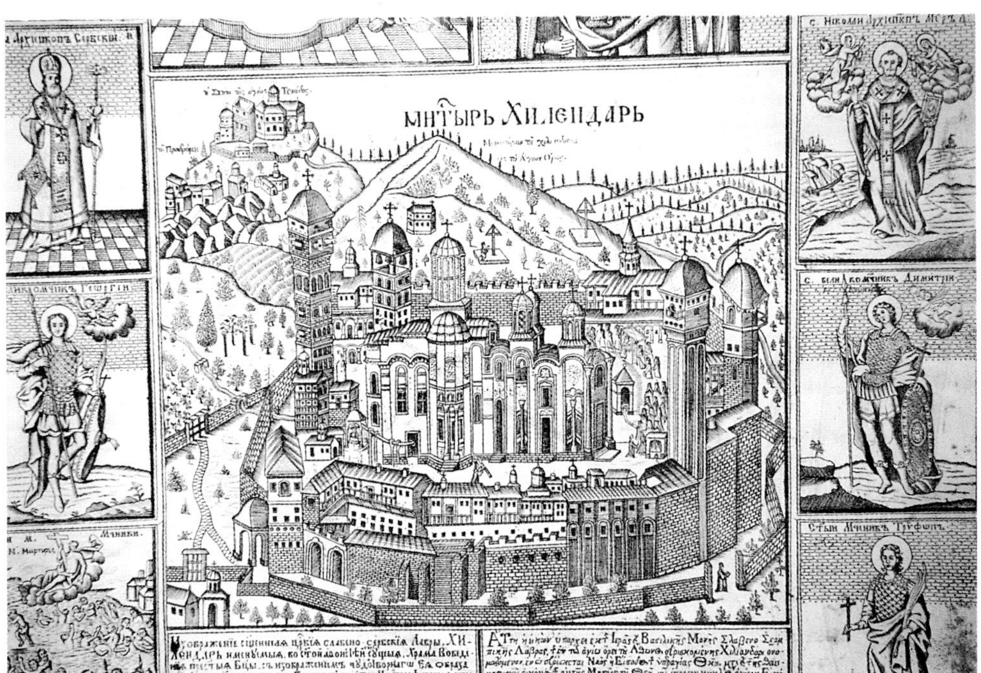

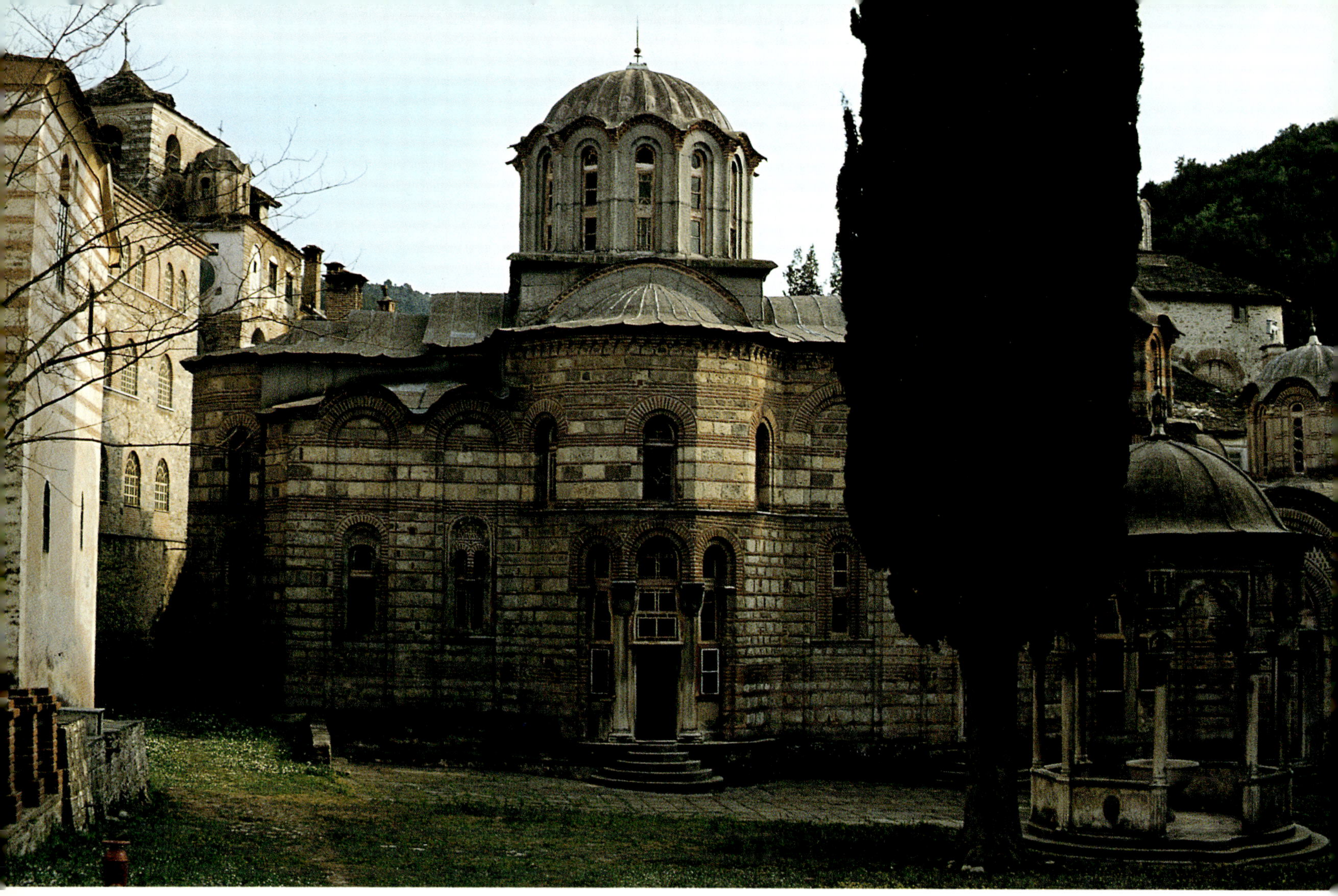

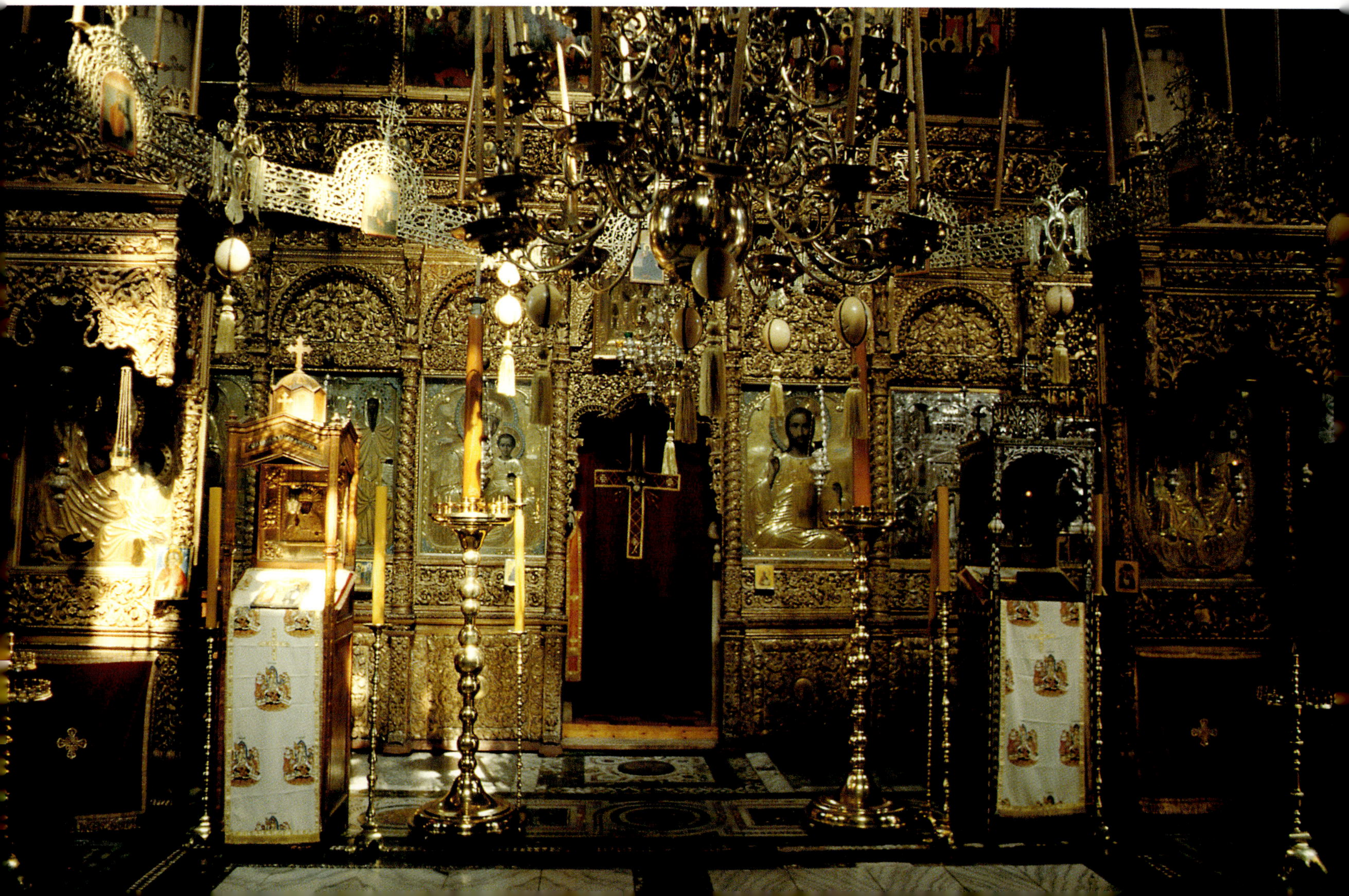

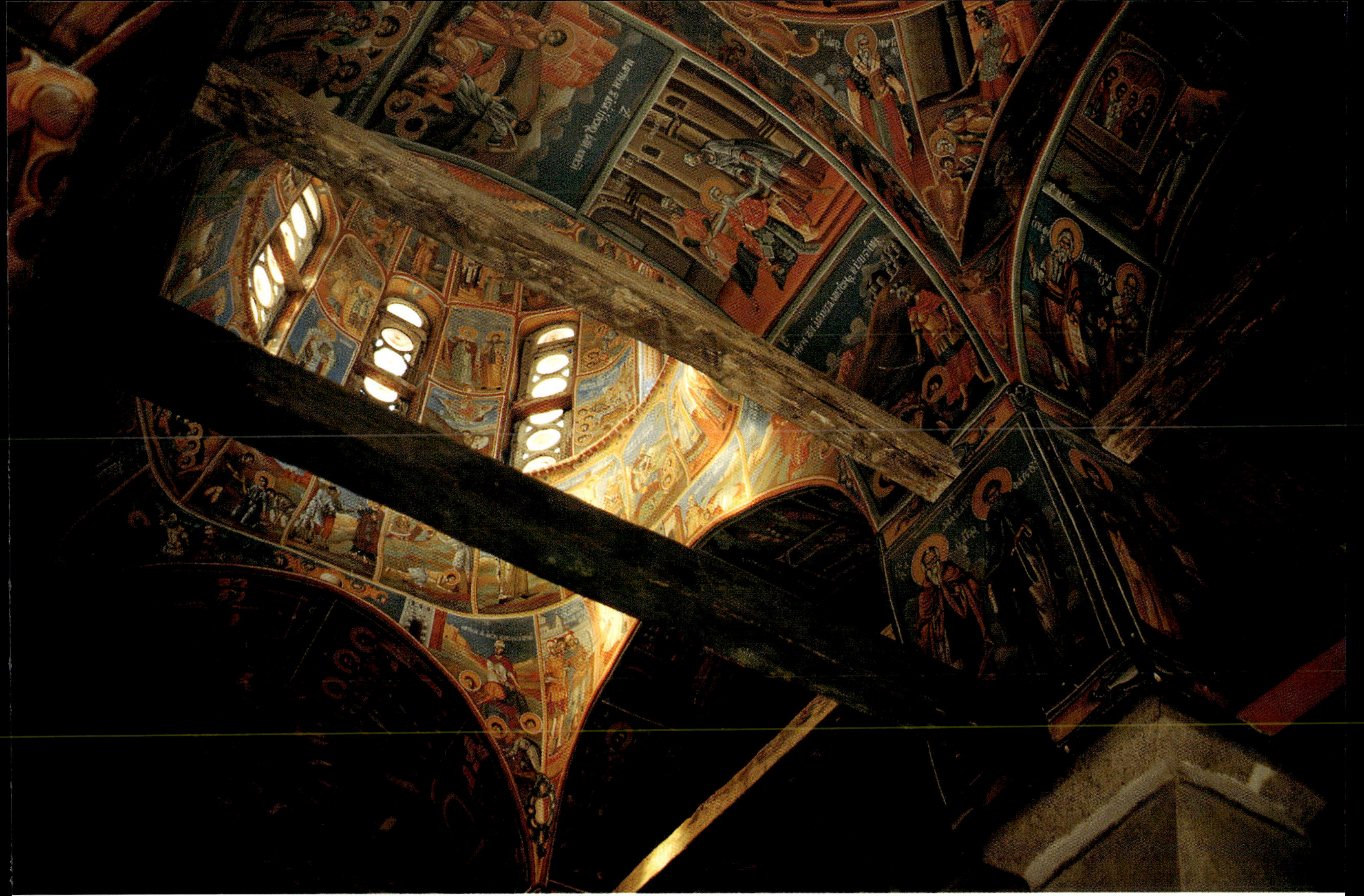

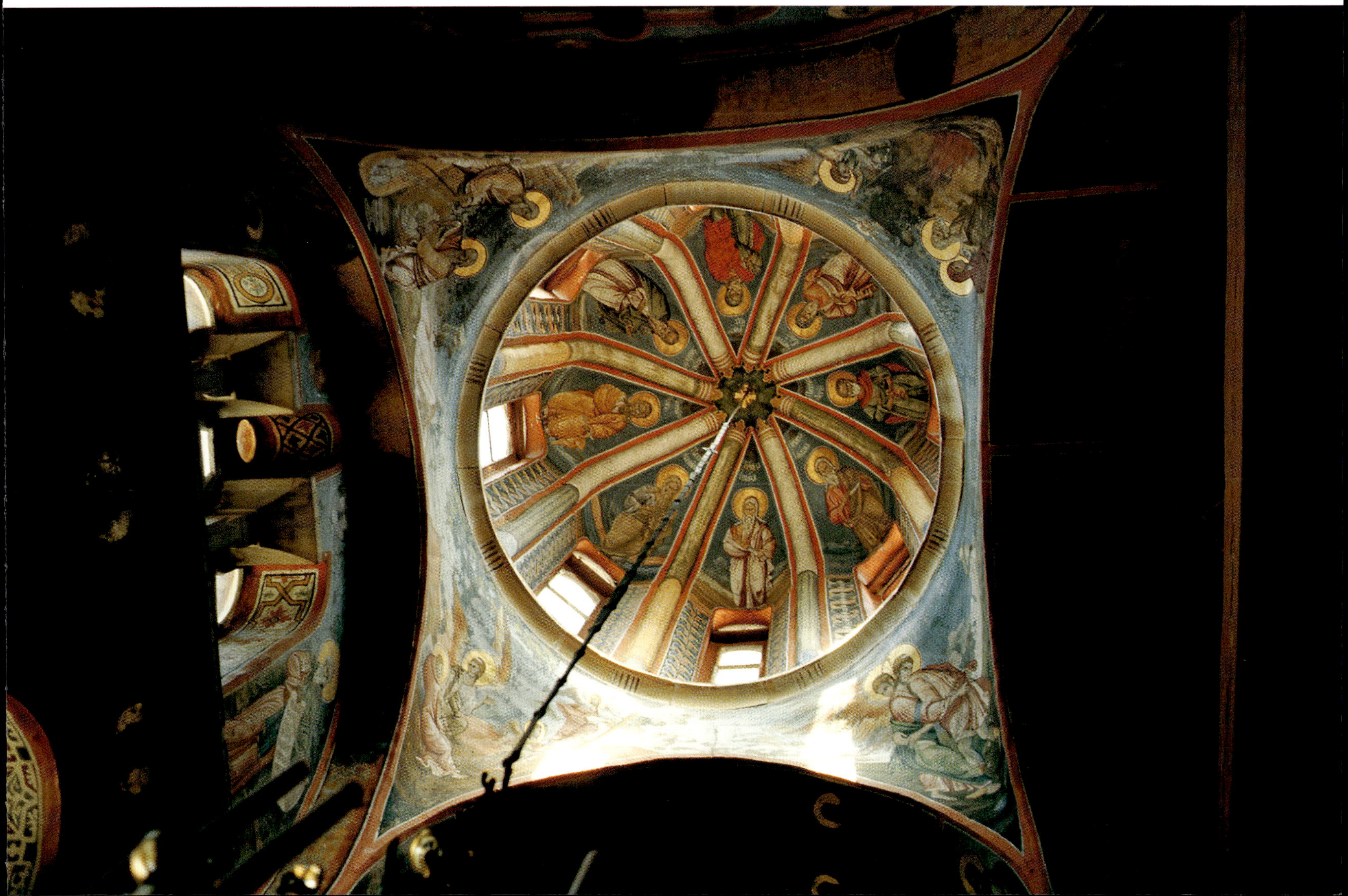

(vorhergehende Seiten)
Tafel 53. Katholikon, Ende des 13. Jh. vom serbischen König Milutin erbaut

Tafel 54. Ikonostase, Chor und Proskinitarion

Tafeln 55-56. Fresken und Kuppel im Narthex des Katholikons

Erst im 18. Jahrhundert fand das Kloster jedoch zur ehemaligen Größe des Mittelalters zurück, als verstärkt Hilfen aus den Hauptstädten der neuen serbischen Bourgeosie in dem Donaugebiet kamen. Sie sah in dem von den Türken unterdrückten Chilandari das immerwährende Symbol ihrer früheren Unabhängigkeit, ihrer Kirche und ihrer Kultur.

Mit dem Aufkommen des serbischen Nationalgefühls wurde Chilandari als geistliches Nationalerbe angesehen.

Durch all diese Hilfen begann Chilandari wieder zu blühen, die Zahl der Mönche stieg bis auf 800 an. Trotz des schweren Brandes 1722, nach dem es teilweise neu erbaut werden mußte, konnten die Mönche bald Ländereien in Karlovtschi und in Novi Sad erwerben, die ihr Einkommen garantierten. Auch andere Gebiete auf dem Balkan, wo orthodoxe Christen unter türkischer Herrschaft lebten, zeigten sich solidarisch mit dem Kloster.

Gegen Ende des Jahrhunderts machten es sich vor allem die Bulgaren zur Gewohnheit, Chilandari Schenkungen und Stiftungen zu überreichen. Durch sie konnte 1787, als die Mehrheit der Mönche in Chilandari bulgarisch war, die Krankenstation des Klosters erbaut werden.

1891 wurde das Kloster durch einen weiteren schrecklichen Brand zu großen Teilen zerstört; diesmal trug der Serbe Alexander I. Obrenowitsch nach einem persönlichen Besuch im Kloster 1896 wesentlich zu seinem Wiederaufbau bei und schickte auch serbische Mönche, um es wieder zu bevölkern.

In unserem Jahrhundert nahmen die Mönche aktiv an den Kämpfen teil, die 1913 die athonitische Halbinsel in den griechischen Einflußbereich zurückführten.

Kunst

Katholikon

Das *Katholikon*, der Darbringung Mariens geweiht, war das erste Gebäude, das der serbische König Milutin in Chilandari ausführen ließ. Mit dem Bau wurde 1293 wahrscheinlich unter der Leitung des Georg Marmara aus Thessaloniki auf den Ruinen des vorhergehenden Katholikons begonnen. Es hat zwar den charakteristischen athonitischen Dreikonchengrundriß, aber im Unterschied zu den älteren *Katholika* auf Athos (Lavra, Vatopedi, Iviron) wirken die Schiffe viel schlanker und leichter. Der *Lite* kommt mehr Raum zu, sie ist auf zwei Säulen errichtet und wird von zwei Kuppeln überragt. Gegen Ende des 14. Jahrhunderts (zwischen 1371 und 1389) wurde auf Wunsch des serbischen Fürsten Lazzaros I. ein Exonarthex angefügt, der eine ähnliche Struktur wie die *Lite* aufweist.

Im Gegensatz zu den meisten anderen *Katholika* auf Athos, sind die Außenwände nicht mit blutroter Farbe gestrichen sondern unverputzt und verleihen mit den abwechselnden Reihen von Steinen und Ziegeln dem Gebäude raffinierte Eleganz und seltene Schönheit. Das Äußere des *Katholikons* von Chilandari ist mit den malerischen Effekten der Baumaterialien, der Leichtigkeit seiner Kuppeln, der Eleganz seiner Biforen und Triforen, die mit Marmor und ornamentalen Tiefreliefs dekoriert sind, das beste Beispiel byzantinischer Architektur auf Athos.

Trotz der Umbauten 1803 und 1804 wird angenommen, daß die Bemalungen der Wände auf 1319-1320 zurückgehen und von Meistern der sogenannten »makedonischen Schule« sind. Die jüngste Forschung nennt als Künstler Georg Kalierghis aus Thessaloniki und dessen Werkstatt, in der höchstwahrscheinlich auch serbische Meister arbeiteten.

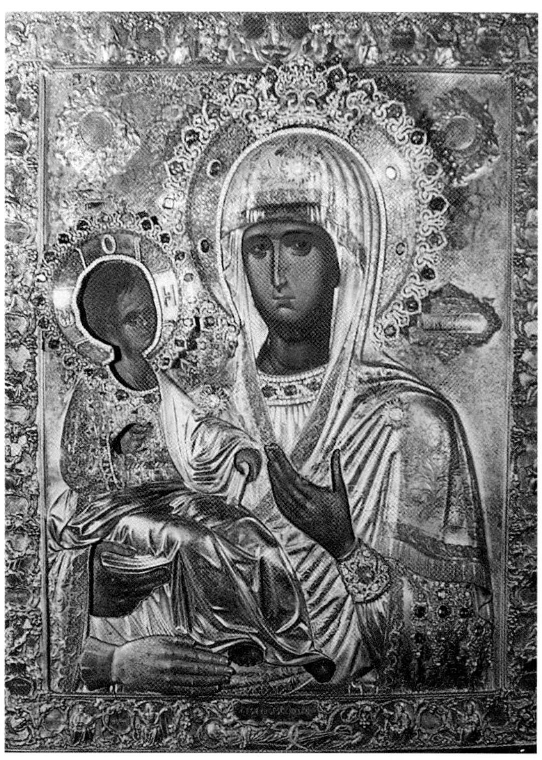

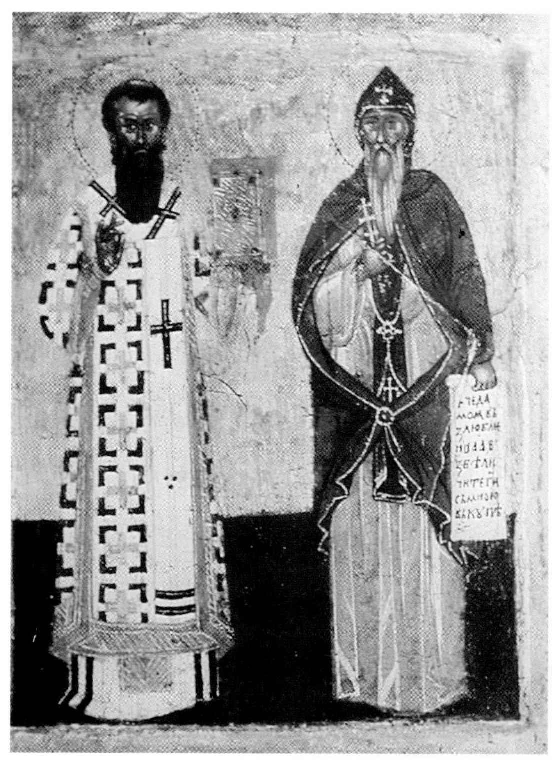

95. Wundertätige Ikone der Panaghia Tricherussa, 14. Jh., im Katholikon

96. Hl. Saba und hl. Symeon Nemanja, Tempera auf Holz (15. Jh.)

Das ikonographische Programm erstreckt sich über eine große Zahl von Zyklen: im Schiff findet man neben Christus *Pantokrator* in der Kuppel, den Evangelisten auf den Pendentifs und den stehenden Figuren heiliger Krieger, Bischöfe und Märtyrer an den unteren Zonen der Wände, auch die Feste, die Passion Christi, die Wunder, die Gleichnisse und das Leben der Gottesmutter. In der *Lite* sind Visionen von Propheten, Szenen aus dem alten Testament, Szenen mit den Heiligen Johannes Chrysostomos, Pachomios, Makarios, Antonios und Paulos von Theben, sowie Szenen aus dem Leben Christi und Porträts byzantinischer und serbischer Fürsten zu sehen.

Die gereinigten und im 19. Jahrhundert restaurierten Fresken sind Werke von besonders künstlerischem Wert, sehr lebendig und elegant. Diese sind: der schlafende Christus Immanuel und Christus, wie er die Apostel unterrichtet (hinter der Ikonostase), Moses und Aaron (hinter der Ikonostase), die Gründer und Wohltäter des Klosters (in der Südwestecke des *Naos*), die Geburt der Gottesmutter (im Südchor), die Heiligen Demetrios, Prokopios, Eustathios, Merkurios und Arsenius (im Südchor) und der hl. Panteleimon (in der *Lite*).

Besonders kostbar sind die Fresken, die die Gründer und Wohltäter des Klosters porträtieren. Sicher ist es kein Zufall, daß diese Fresken von den Restaurierungen 1803 bis 1804 ausgeschloßen wurden: Die Mönche von Chilandari verehrten sie so sehr, daß sie nicht verändert wurden. Diese Fresken befinden sich an den Wände der Südwestecken im *Naos* über dem Sarkophag des Gründers Stephan Nemanja (hl. Simeon), der heute leer ist, weil der Leichnam in das Studenica-Kloster in Serbien gebracht wurde. Dargestellt sind von links nach rechts: Simeon Nemanja im Mönchsgewand; sein Sohn Saba, erster Erzbischof von Serbien, in erzbischöflichem Gewand; König Stephan Oros II. Milutin, Gönner des Klosters, in königlichem Gewand und mit Krone; schließlich der hl. Stefan Protomärtyrer, Schutzheiliger der Familie Nemanja.

Rechts von den Fresken der Klostergründer findet man über der Tür, die vom *Naos* zur *Lite* führt, ein weiteres Originalfresko mit der Büste des hl. Nikodemos.

Einige wundertätige Ikonen im *Naos* erfahren von den Mönchen dieses Klosters tiefste Verehrung, die berühmteste darunter ist die *Panaghia Tricherussa* (Gottesmutter mit den drei Händen). Auch wenn sie von Spezialisten dem 14. Jahrhundert zugeordnet wird, halten sie die Athosmönche weiterhin für die Ikone, vor der sich Johannes von Damaskus (675-749) niederwarf, nachdem ihm der Kalif von Damaskus wegen seiner eifrigen Verteidigung des Bilderkults eine Hand abschneiden ließ. Die Legende erzählt, daß die Gottesmutter diese Frömmigkeit belohnen wollte und dem Johannes versprach, ihn zu heilen, falls er dann die Hand dazu benutzen würde, Hymnen zu Ehren Christi und der Gottesmutter zu komponieren. Die abgeschnittene Hand verwuchs also auf wundersame Weise wieder mit dem Arm, und Johannes ließ als Zeichen seiner Dankbarkeit an der Ikone eine dritte Hand anbringen.

Diese Ikone gehört zu den sogenannten »Prozessionsikonen«, auch »tragbare Ikonen«, die auf beiden Seiten bemalt sind. Auf der Rückseite ist eine Darstellung des hl. Nikolaus von Myra, eines im Byzantinischen Reich besonders beliebten Heiligen.

Im *Katholikon* wird eine weitere Prozessionsikone von besonders künstlerischem Wert verehrt, *Panaghia Papdiki* oder *Popska* (Gottesmutter des Priesters) genannt, die auf 1360 bis 1370 datiert. Sie stellt auf der Vorderseite die Gottesmutter *Odighitria* (restauriert im 16./17. Jh.) und auf der Rückseite den Eintritt der Gottesmutter in den Tempel (ganz original) dar.

(folgende Seiten)
Tafeln 57 und 58. Heilige Asketen und die Versammlung der Erzengel, Fresken im Refektorium

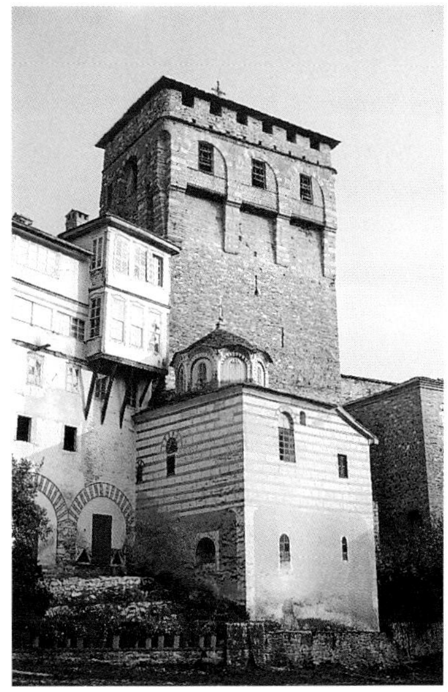

97. Turm des hl. Saba

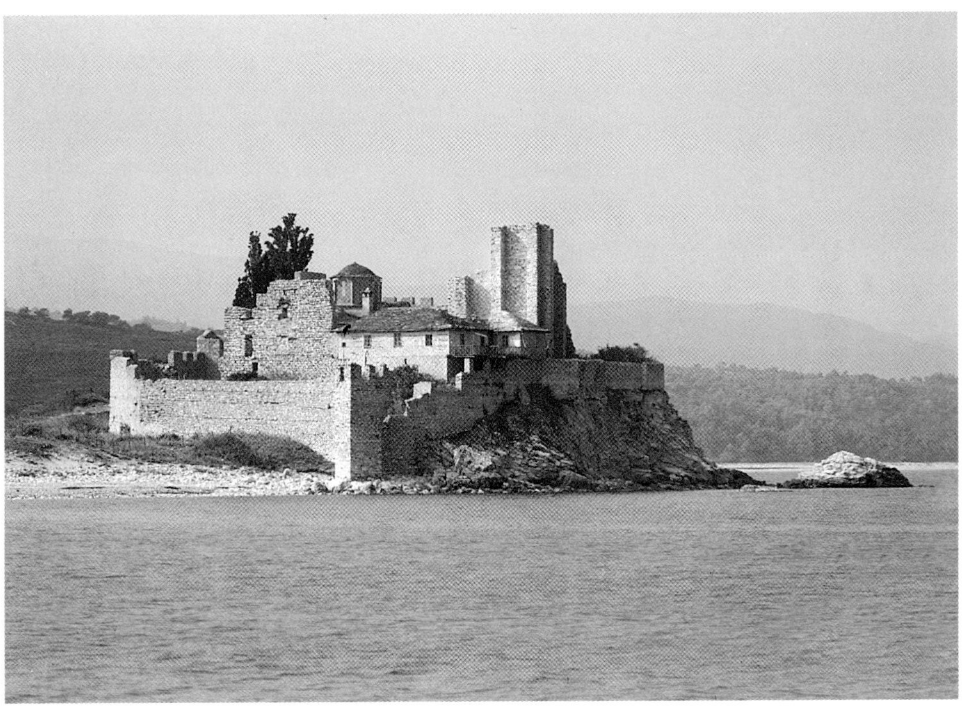

98. Turm des hl. Basileios, auch Hrusija genannt (Anfang 14. Jh.)

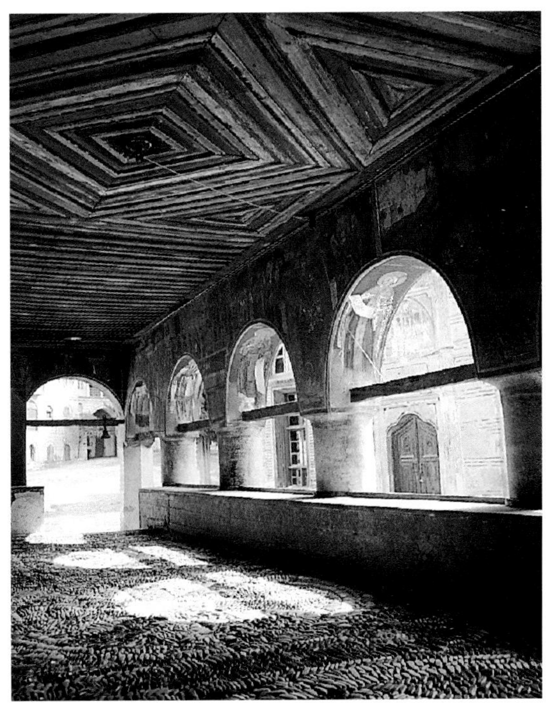

99. Eingang des Refektoriums.

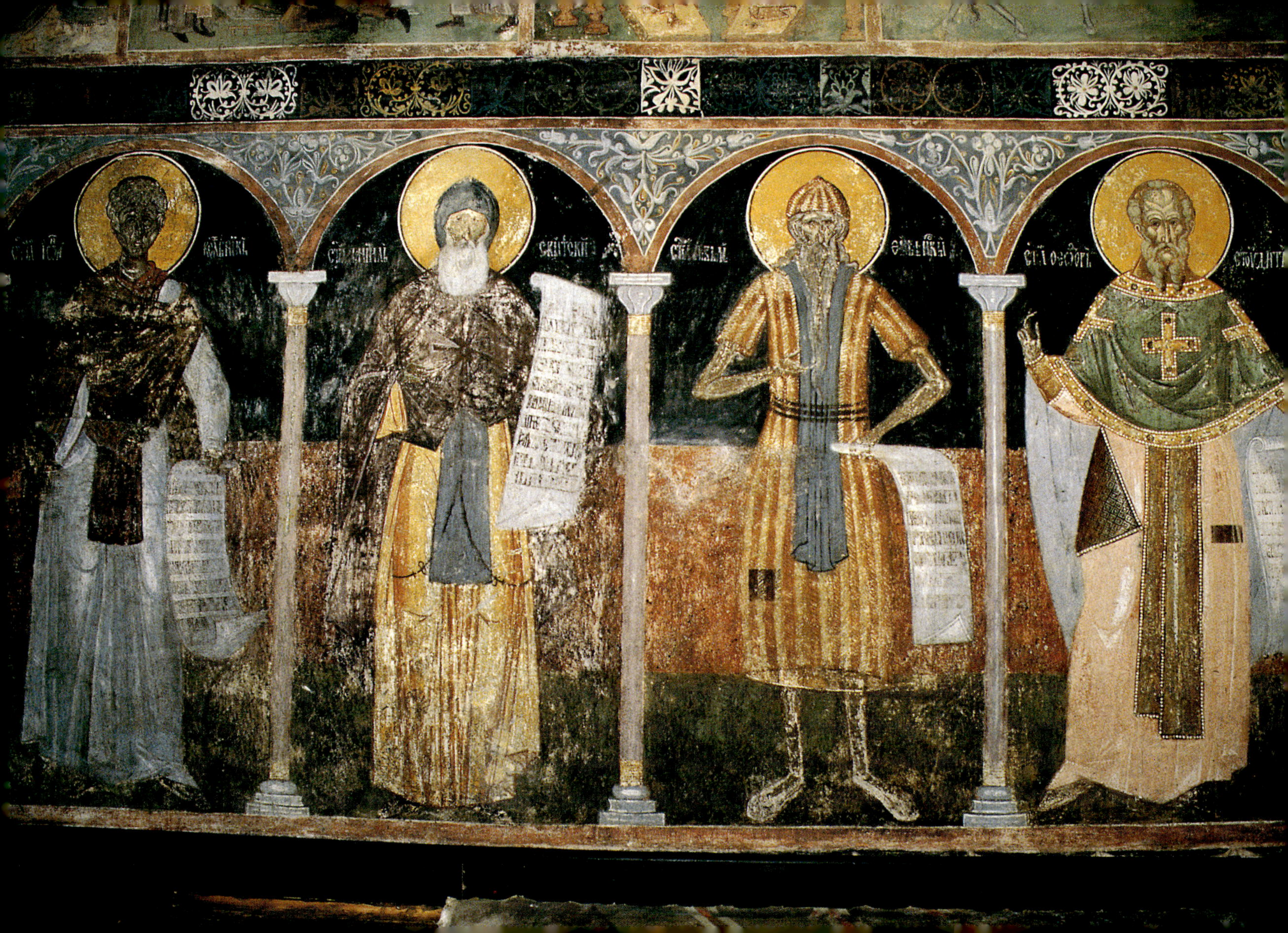

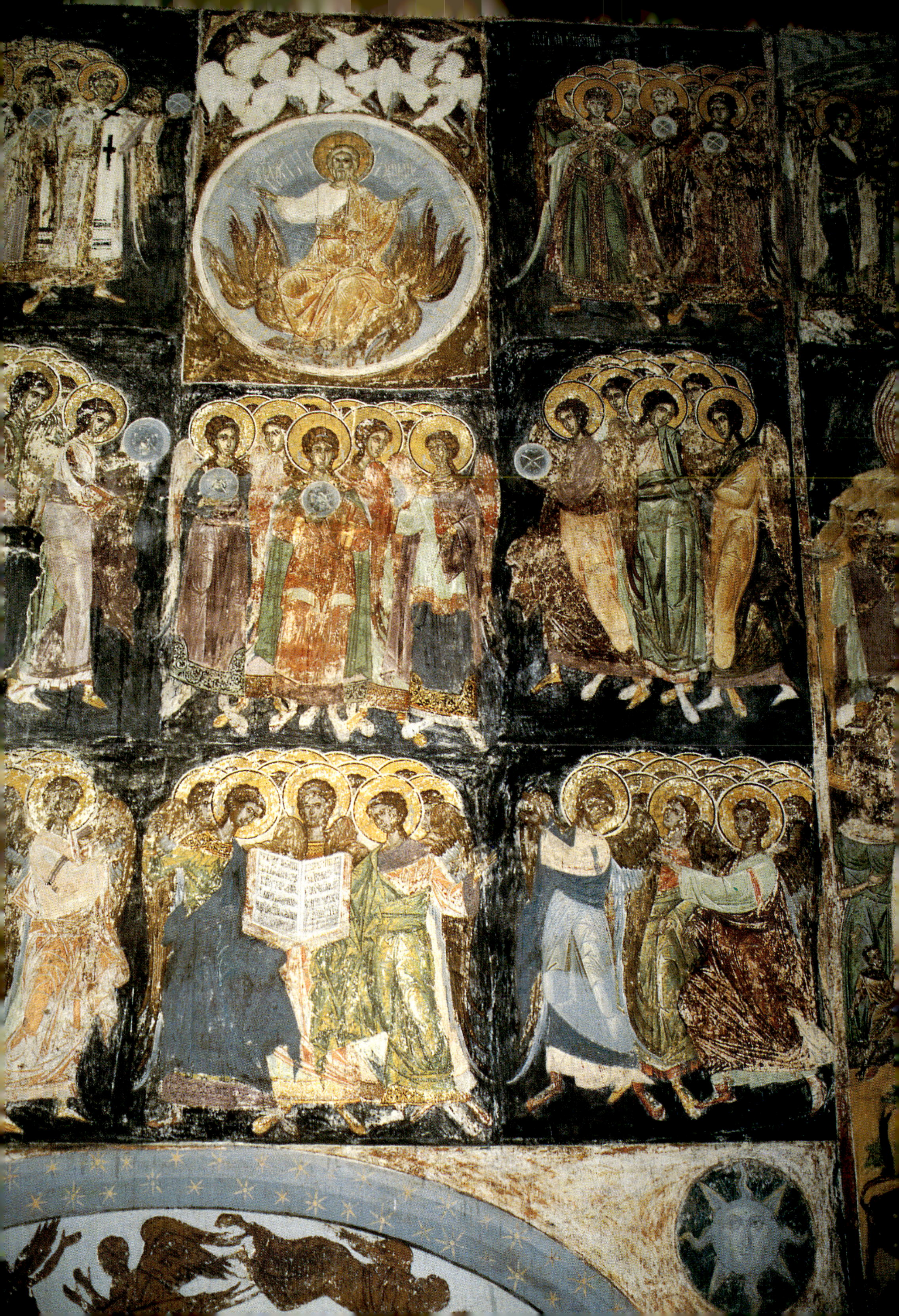

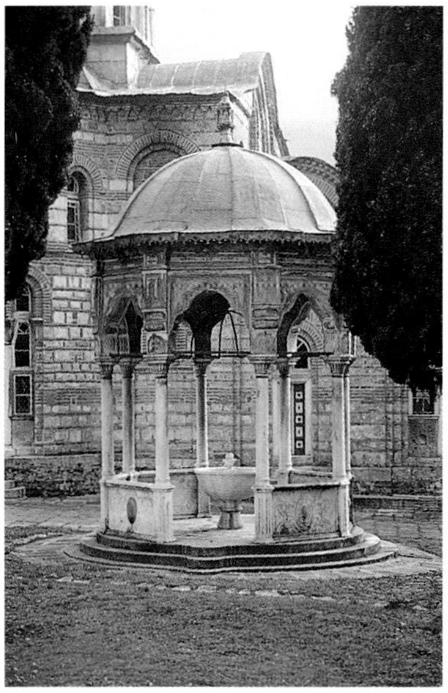

100. Phiale, 1784 erbaut; 1847 freskiert von dem Mönch Makarios aus Galasta

Der Fußboden im *Naos* ist noch das Originalwerk der griechischen Meister Michael und Barnabas aus dem 18. Jahrhundert. Er ist in verschiedenfarbigen Marmorplatten in geometrischem Muster gelegt und durch eingelegte Ornamente aus Mosaiksteinen belebt.

Die große Ikonostase aus geschnitztem und vergoldeten Holz von 1774 ersetzte die alte Ikonostase aus dem 13. Jahrhundert, deren Ikonen in der Schatzkammer des Klosters aufbewahrt werden. Wertvoll sind außerdem zwei *Analoghia* mit Intarsien aus Silber und Elfenbein in orientalischen Mustern.

Im *Bema* befinden sich einige Reliquien, darunter ein Kreuz, das aus Holzfragmenten des Kreuzes Christi zusammengesetzt ist und einige Splitter aus der Dornenkrone Christi.

Refektorium

Das Refektorium (*Trapesa*) mit vorgesetztem Portikus liegt gegenüber dem Eingang zum Katholikon. Eine Inschrift datiert den Bau auf 1293; im selben Jahr wurde auch das Katholikon begonnen. Deswegen erscheint es auch in dem Plan zum Wiederaufbau und zur Erweiterung des Klosters, die vom serbischen König Milutin veranlaßt wurden. Der Grundriß ist rechteckig mit zwei kleinen Apsiden an den kürzeren Seiten (Nord und Süd). Das Refektorium wurde im 14. Jahrhunderts, wahrscheinlich während der letzten Herrscherjahre Milutins (1315-1321), mit Fresken bemalt. Von den Originalfresken ist nach der Restaurierung und der neuen Freskierung durch den serbischen Mönch Georg Mitrofanowitsch 1622 wenig geblieben. Dargestellt sind: der Hymnus Akathistos (oben); Szenen aus dem Lebens des hl. Saba, Gründer des Klosters und der serbischen Mönchsform (in der Mittelzone der Ost-, Süd- und Westwand); die Paradiesleiter von Johannes Klimakos und die Versammlung der Erzengel mit dem Fall Luzifers (auf der Westwand rechts).

Turm des hl. Saba

Der Turm des hl. Saba ragt an der nördlichen Stadtmauer majestätisch in die Höhe; er geht auf die Zeit der Klostergründung um 1200 zurück. Um noch besser beobachten und verteidigen zu können, wurde ungefähr ein Jahrhundert später, um 1300, unter der Herrschaft des Milutin der obere Teil aufgestockt, der Ende des 17. Jahrhunderts nochmals verändert wurde und damals eine dem Täufer geweihte Kapelle erhielt.

Kapelle der Synaxis der Erzengel

Nordöstlich vom *Katholikon* liegt die Kapelle der Synaxis der Erzengel aus dem 14. Jahrhundert, die traditionell König Stephan Duschan zugeschrieben wird. Die Originalfresken der Kapelle sind verlorengegangen, weil der *Naos* 1778 neu ausgemalt wurde; nur der Südgang, der zur Kapelle führt, enthält Originalfresken vom Ende des 14. Jahrhunderts; sie stellen Abrahams Gastmahl und die Apostel an der Westwand, das Gleichnis des Scherfleins der Witwe und eine Büste des Elias an der Ostwand, sowie die Propheten an der Südwand dar.

Kapelle des hl.-Georg-Turms

Der Turm des hl. Georg ist Teil der südlichen Verteidigungsmauer und gehört zu den ältesten Befestigungswerken, schon um 1200 erbaut. In der Turmspitze ist eine dem hl. Georg geweihte Kapelle. Sie hat einen kleinen Narthex, wird von einer Kuppel überragt und ist auf drei Seiten von einem engen Gang umgeben.

Im Narthex und an den Außenwänden der Kapelle sind Fresken von ganz besonderem Wert erhalten, denn sie gehen auf Mitte des 13. Jahrhunderts zurück. Die Fresken im Naos dagegen sind von 1671 und wurden im 19. Jahrhundert teilweise neu gemalt.

Die mittelalterlichen Fresken im Narthex zeigen sieben heilige Asketen. Im Gang auf der Außenseite der Kapelle wird der Lebenslauf des hl. Georgs (Norden) und der »Kanon über die Sterbenden« (Südwesten) dargestellt, der dem byzantinischen Hymnendichter Andreas von Kreta (660-740) zugeschrieben wird. Er zeugt von dem, was die athonitischen Mönche des 18. Jahrhunderts über den Tod, über die Irrungen und die schweren Prüfungen glaubten, die ihre Seelen im Jenseits würden ertragen müssen, bevor sie ins Paradies gelangen konnten.

Bestattungskirche

Die Bestattungskirche, ehemals den Heiligen Petrus und Paulus, heute der Verkündigung geweiht, liegt außerhalb des Klosters, in der Nähe des Haupteingangs. Der Bau stammt von 1310 bis 1320, aus der Zeit des Milutin, wurde allerdings im Laufe des 18. und 19. Jahrhunderts verändert. Die Kirche besteht aus zwei Geschoßen: das untere übernimmt die Funktion der Krypta und des Gebeinhauses, das obere wird als Kirche benutzt.

Im unteren Geschoß sind nach athonitischer Tradition die Gebeine der Mönche besonders sorg-

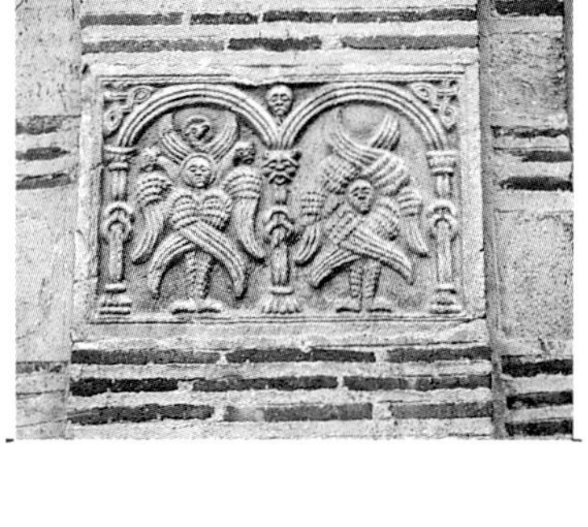

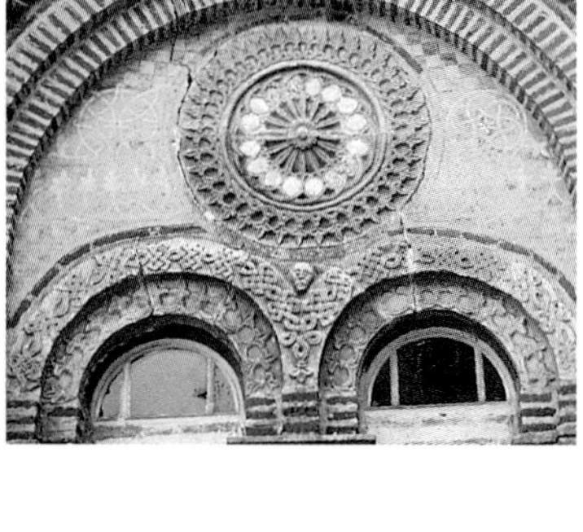

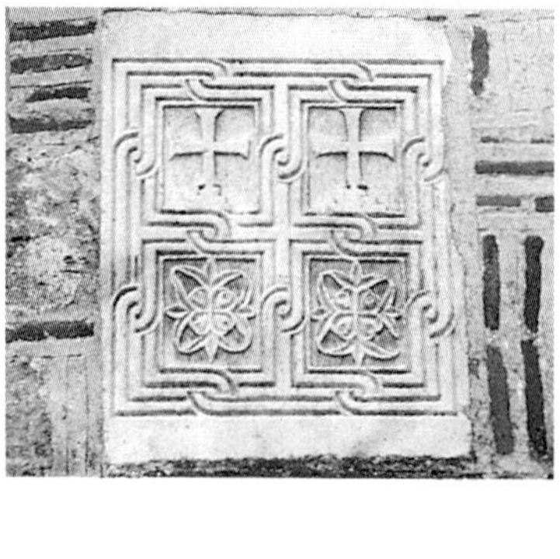

101-103. Dekorative Elemente am Katholikon

fältig aufbewahrt; das Obergeschoß hat nur ein Schiff mit Narthex und dreiteiligem Allerheiligsten. Die Fresken stammen aus der Zeit der Kirchengründung und zeigen die Kirchenväter (in der Apsis), die Himmelfahrt (im Gewölbe), die Verkündigung (auf dem Bogen über der Ikonostase), Bischöfe und Diakone (im *Bema*) und das, was von den Figuren der heiligen Asketen übriggeblieben ist (im Schiff).

SCHATZKAMMER UND BIBLIOTHEK

Der Schatz (*skevofilakion*) und die Bibliothek sind in einem neueren Gebäude östlich vom *Katholikon* untergebracht. Dort findet man kostbare, alte Ikonen wie die tragbare Mosaikikone der Gottesmutter *Odighitria* (Ende 12. Jh.), die tragbare Ikone des Christus Redemptor (1260-1270), die der Mariä Lichtmeß (Anfang 14. Jh.), des hl. Panteleimon (Anfang 14. Jh.) und der 5 Märtyrer Eustrathios, Auxenios, Eugenios, Markarios und Orest (Ende 14. Jh.). Dort sind auch die Ikonen, die Teil der *Deesis* der alten Ikonostase des *Katholikons* waren (ca. 1360), die abgesehen von Christus alle erhalten sind. Sie zeigen die Gottesmutter, Johannes den Täufer, die Erzengel Gabriel und Michael, die Apostel Petrus und Paulus und die Evangelisten Matthäus, Markus, Lukas und Johannes.

In der Schatzkammer sind außerdem fünf Kameen aus dem 11. und 12. Jahrhundert aufbewahrt, die Christus, die Gottesmutter und den hl. Demetrios darstellen; ein venezianisches Diptychon von 1300, wahrscheinlich ein Geschenk des Königs Milutin, ist mit vierundzwanzig Miniaturszenen aus dem Leben Christi geschmückt. Außerdem befinden sich hier ein zweites Diptychon aus dem 14. Jahrhundert und ein Triptychon aus dem 16. Jahrhundert, die Elfenbeinschale des Königs Stephan Duschan, ein bischöflicher Hirtenbrief aus dem 18. Jahrhundert sowie Priestergewänder, liturgische Gegenstände und Kirchenmöbel.

Die Bibliothek beherbergt zwanzigtausend gedruckte Bände und 935 Handschriften in griechischer und serbischer Sprache. Unter den 27 auf Pergament ist auch das sogenannte »Evangelium des Chrysostomos« (13.-14. Jh. – wahrscheinlich ein Geschenk des Kaisers Andronikos II. Paläologos) sowie das »des Patriarchen Saba« genannte Tetraevangeliar (14. Jh.). Außerdem befinden sich dort zahlreiche Dokumente und kaiserliche Goldsiegelbullen, die das Kloster betreffen, wie die Gründungsurkunde, die Weiheurkunde und die Urkunde, die die Territorialgrenzen festlegte. Die Bibliothek enthält ungefähr 20.000 gedruckte Bücher, ca. 3.000 davon in griechischer Sprache.

Umgebung

TURM DES MILUTIN

Um 1300-1305 ließ König Milutin auf halbem Weg zwischen Kloster und Hafen einen Wehrturm (*pirgos*) errichten, der noch heute den Namen dieses Herrschers trägt. Er wurde nach traditionell athonitischem Vorbild in Ziegel erbaut, mit dicken Pfeilern, die durch Bögen miteinander verbunden sind. In seiner Spitze wurde eine Kapelle eingerichtet.

TURM DES HL. BASILEIOS

Um sich vor den Piraten schützen zu können, bat Abt Kiriakas König Milutin um die Genehmigung für den Bau einer Festungsanlage vor dem Tal, in dem das Kloster liegt. So wurde zwischen 1300 und 1302 die Festung (*pirgos*) *Hrusija* auf einem Felsausläufer an der Küste erbaut. Um 1330 ließ König Stephan Detschanski, Sohn und Nachfolger von Milutin, darin eine dem hl. Basileios geweihte Kapelle einrichten, in der zu Seiten der Ikonostase noch zwei Originalfresken erhalten sind, die die Gottesmutter *Odighitria* und Christus darstellen. Seit damals wird die Festung auch »Turm des hl. Basileios« genannt.

Da von König Milutin beträchtliche Besitzungen und *Metochien* gekommen waren, konnte St. Basileios gewissermaßen von Chilandari unabhängig sein und wurde einer der wichtigsten Häfen des Heiligen Bergs.

SPASOVA VODA (HL. DREIFALTIGKEIT)

Auf einer Terrasse in einer etwas unwegsamen Gegend, 45 Minuten von Chilandari, liegt die Ortschaft *Spasova Voda* (heilsame Wasser). Hier wurde gegen Mitte des 13. Jahrhunderts ein Festungsturm (*Pirgos*) erbaut, der der Verklärung geweiht wurde. Dieser Turm sollte zwar nur eine geringe Zahl an Mönchen beherbergen, wurde aber in kurzer Zeit ein kultureller Mittelpunkt: der Mönch Domenzian, geistlicher Vater in Chilandari und bedeutende Persönlichkeit der serbischen Kultur im 13. Jahrhundert, hielt sich dort für längere Zeit auf, als er 1264 sein »Leben des hl. Symeon« schrieb.

Vom Turm der Verklärung sind nur Ruinen und die Reste eines Freskos von großem künstlerischen Wert geblieben, das Teil der Apsisausmalung einer kleinen Kapelle ist. Dieses Fresko von ungefähr 1260 zeigt die Gottesmutter mit Christus Immanuel in einem Medaillon auf der Brust, einen Engel, Johannes Chrysostomos und Gregor von Nazianz. Der Ausdruck und die Vornehmheit dieser Fresken machen sie zu den Wertvollsten ihrer Zeit und lassen dergleichen auf Athos suchen.

Die Kapelle selbst, die der Hl. Dreifaltigkeit geweiht ist, ist noch in gutem Zustand; sie wurde auf den Resten einer älteren Kapelle um 1680 erbaut und mit Fresken versehen. Die Malzyklen zeigen den Pantokrator und die Himmlischen Mächte in der Kuppel, die Evangelisten an den Pendentifs, die Großen Feste an den Wänden und in den Gewölben und die Heiligen Märtyrer und Asketen an den unteren Zonen.

(folgende Seiten)
Tafel 59-62: Ikonen aus dem Schatz des Klosters: Gottesmutter Odighitria, Mosaikikone (Ende 13. Jh.); Christus Redemptor (Tempera, 1260-70); hl. Panteleimon (Ende 13. Jh.); Evangelist Lukas, Detail aus der Deesis der alten Ikonostase des Katholikons (Ende 13. Jh.)

Tafel 63. Köpfung Johannes des Täufers, Fresko in der Kapelle des Saba-Turms (1684)

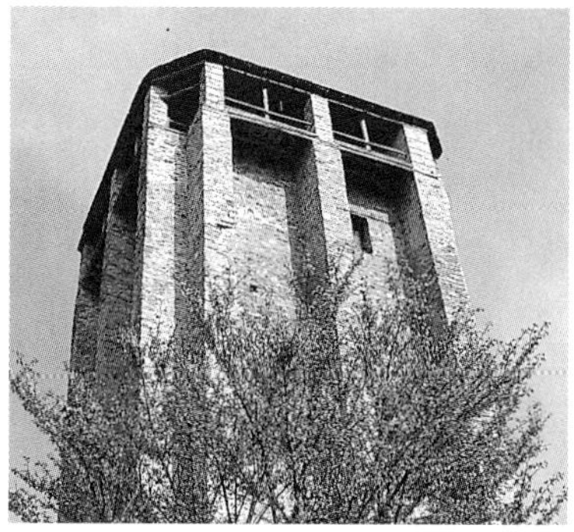

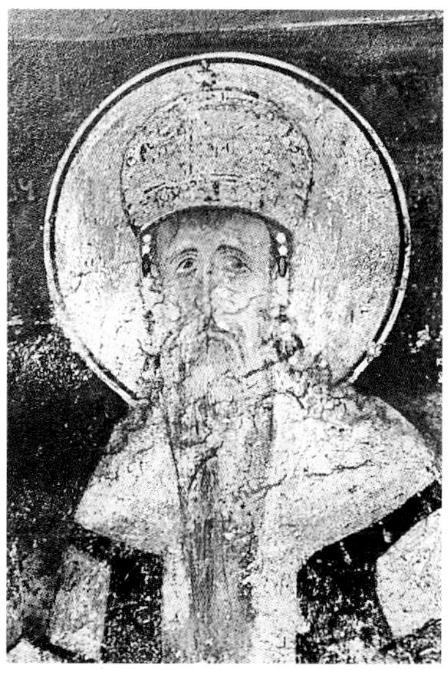

104. Turm des Milutin, erbaut von König Milutin (Anfang 14. Jh.)

105. König Stephan Uros II. Milutin auf einem Fresko im Katholikon (1319-20)

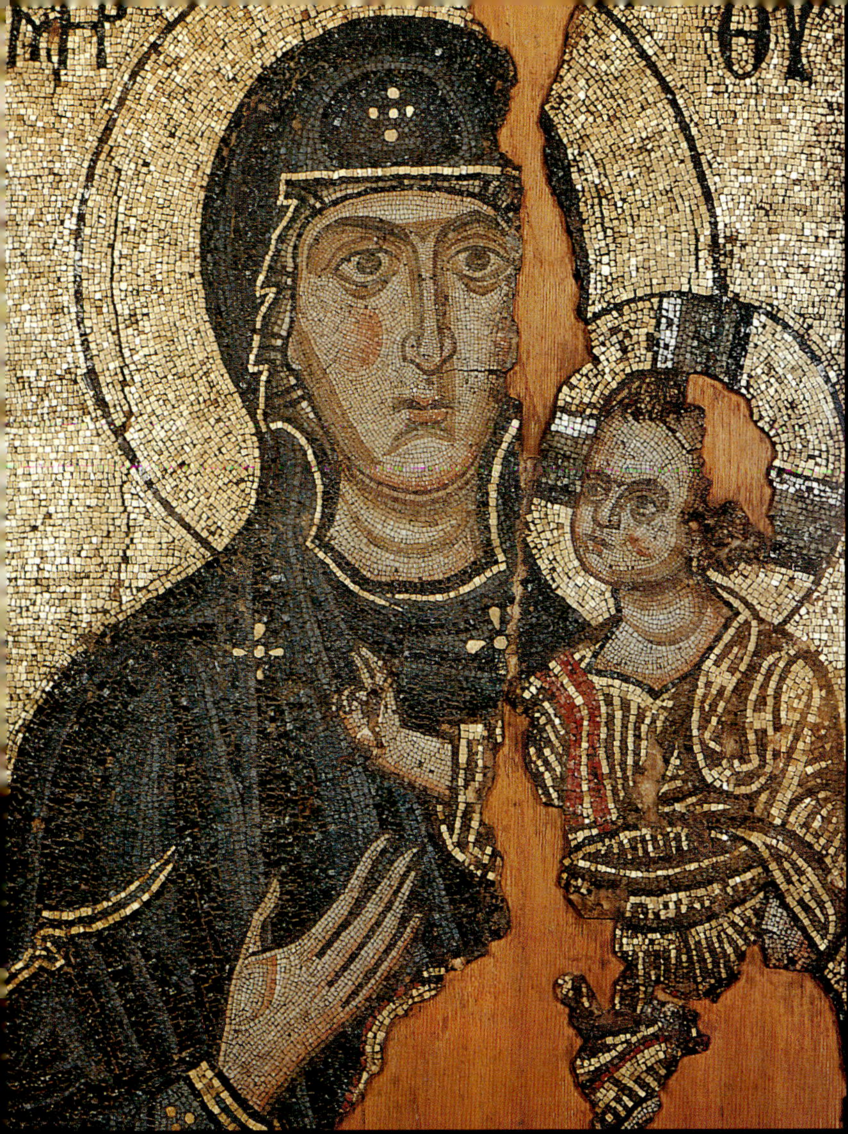
ΜΡ
ΘΥ
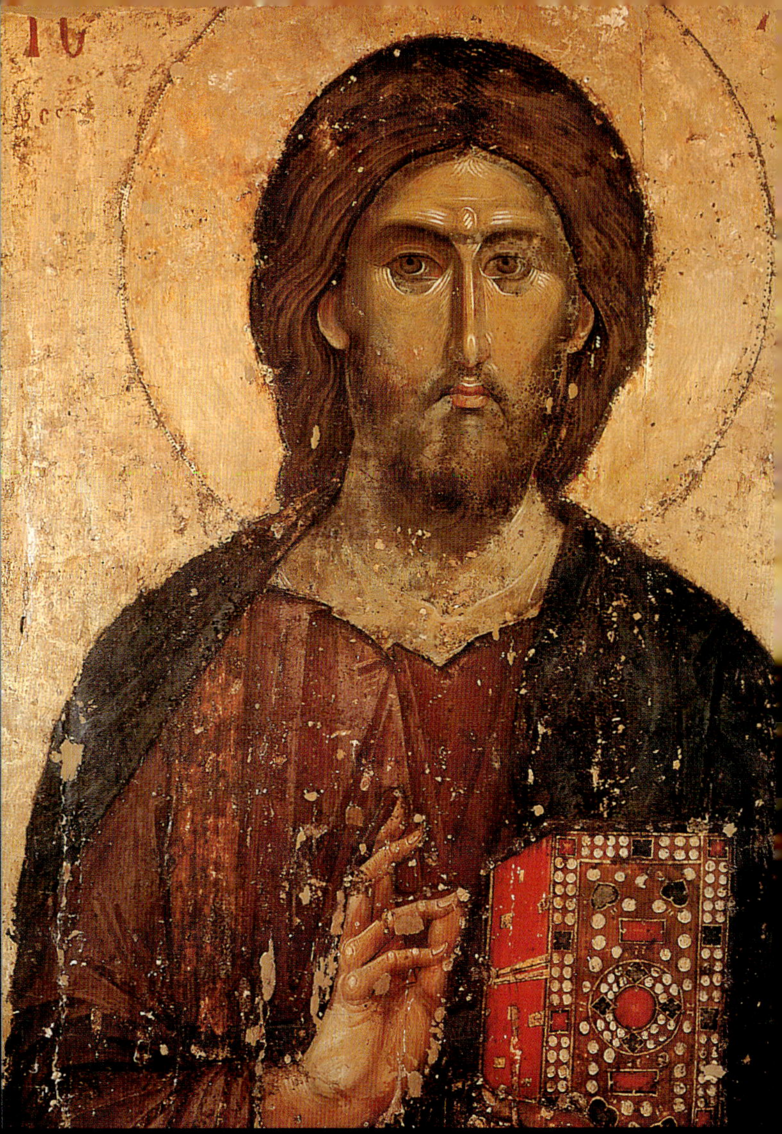
IC
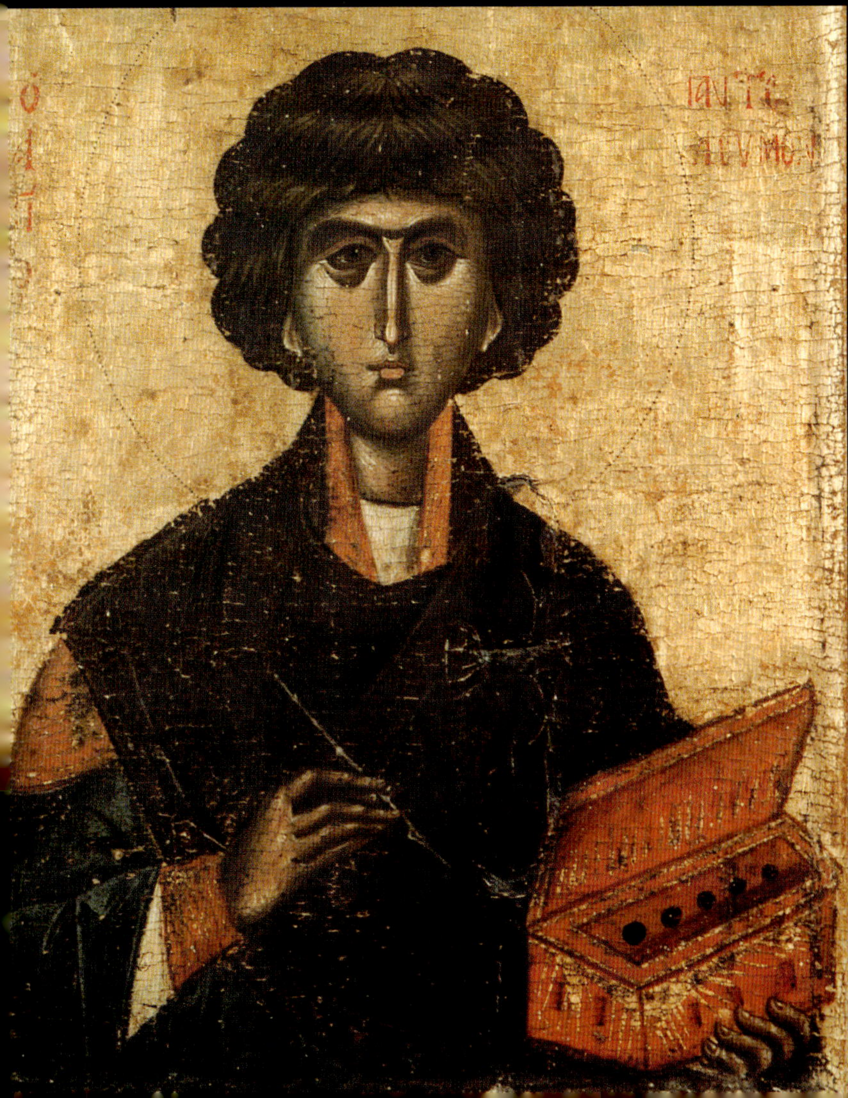
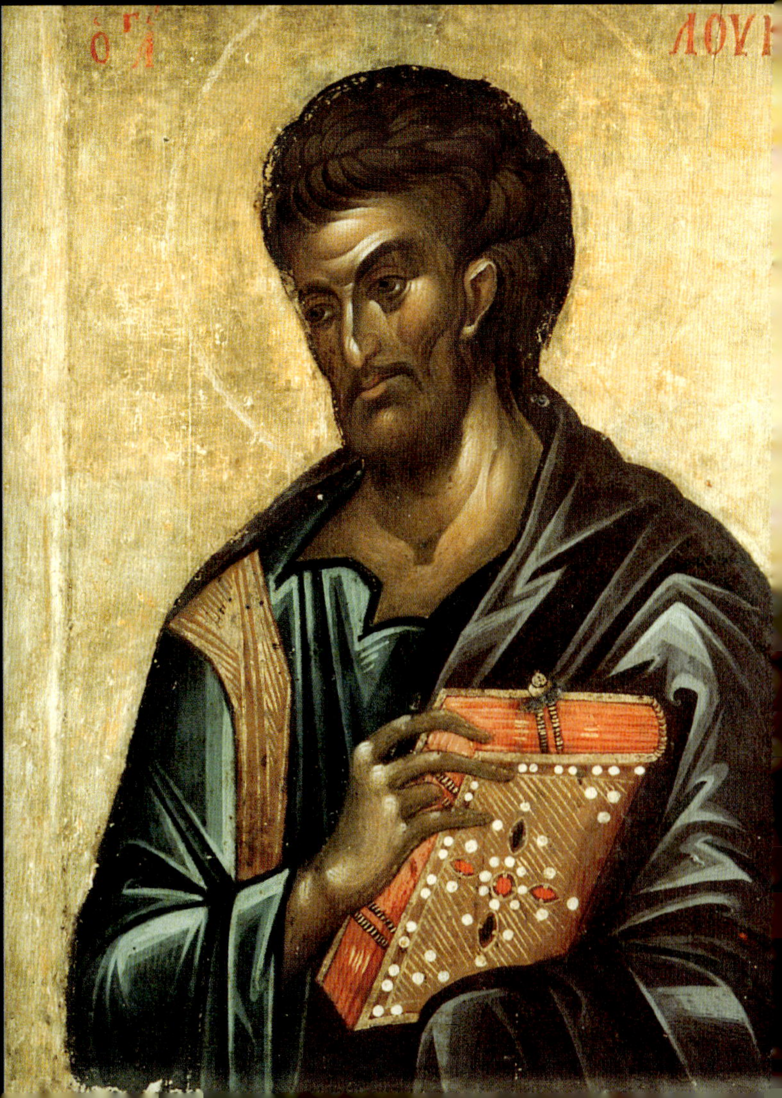

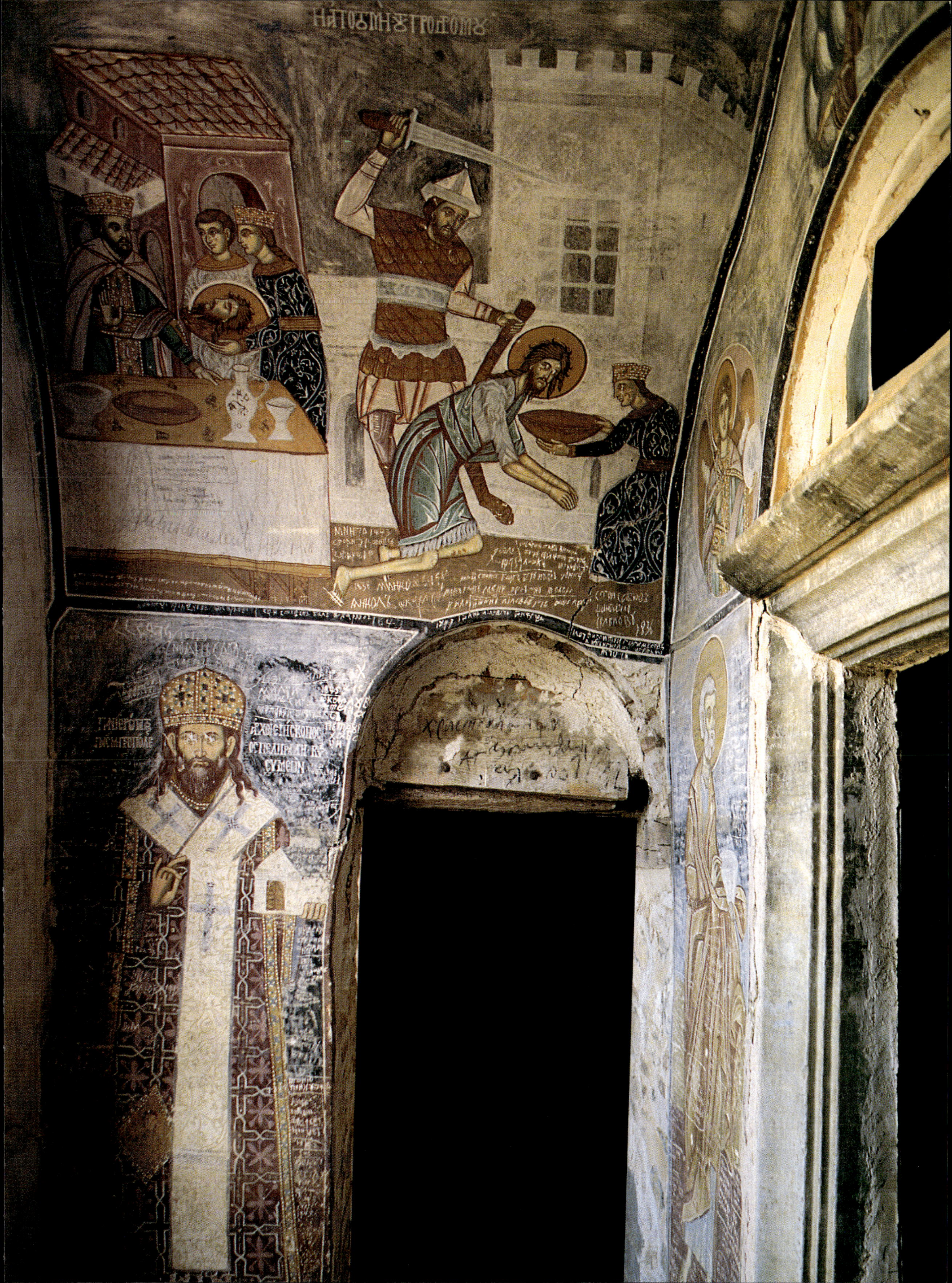

DIONYSIOU

106. KLOSTER
1. Eingang; 2. Katholikon; 3. Kapelle der Gottesmutter Akathistos; 4. Turm; 5. Refektorium; 6. Küchen; 7. Uhrenturm; 8. Bibliothek (erster Stock); 9. Gästehaus; 10. Mönchszellen

(folgende Seite)
107. KATHOLIKON
Architektonische Elemente
A. Exonarthex; B. Lite; C. Naos; D. Nordchor; E. Südchor; F. Bema; G. Prothesis; H. Diakonikon; I. Parekklision der Gottesmutter Akathistos

Liturgische und kultische Elemente
a. Ikonostase (19. Jh.); b. Proskinitarion; c. Analoghia; d. Choros; e. Ikone der Großen Deesis (der alten Ikonostase – 1542); f. Ikone des Christus (der alten Ikonostase- 1542); g. Ikone der Gottesmutter (der alten Ikonostase- 1542); h. Bischofsstuhl; i. Stuhl des Hegumenen

Fresken
Devotionale Ikonographie
1. (Kuppel) *Pantokrator, Himmlische Mächte und Propheten; 2.* (Pendentif) *Hl. Matthäus; 3.* (Pendentif) *Hl. Johannes; 4.* (Pendentif) *Hl. Lukas; 5.* (Pendentif) *Hl. Markus; 6.* (Konche) *Gottesmutter mit Jesuskind zwischen Erzengeln Michael und Gabriel; 7.* (unten) *Petru Rares und seine Söhne; 8.* (unten) *Gemahlin des Petru Rares*

Die Kirchenfeste
9. (Mitte) *Verkündigung: der Engel; 10.* (Mitte) *Verkündigung: Maria; 10.* (Gewölbe) *Geburt Christi; 11.* (Gewölbe) *Darbringung Jesu im Tempel; 11.* (oben) *Taufe Jesu; 12.* (Konche) *Verklärung; 13.* (oben) *Auferstehung des Lazarus; 12.* (oben) *Einzug in Jerusalem; 14.* (Konche) *Abstieg in das Reich der Toten; 15.* (Gewölbe) *Himmelfahrt; 16.* (Gewölbe) *Pfingsten; 17.* (Mitte) *Mariä Heimholung*

Die Wunder Christi
13. (Mitte) *Hochzeit zu Kanaan; 12.* (Mitte) *Heilung der Kranken von Genezareth; 18.* (oben) *Macht*

Das griechische Kloster Dionysiou liegt ungefähr sechzig Meter über dem Meer auf einem Felsmassiv an der Westküste der athonitischen Halbinsel. Es ist der Geburt des hl. Johannes des Täufers geweiht (24. Juni), und es belegt den fünften Platz in der Hierarchie der Klöster.

Zum Kloster gehören sieben *Kellia* in Karyes, darunter das *Kellion* St. Stefan, wo der Vertreter des Klosters bei der Heiligen Gemeinschaft residiert, sowie das Gebiet von Monoxilitis auf halbem Weg zwischen Uranoupolis und dem Kloster Dochiariou.

Geschichte

Dionysiou wurde gegen Ende des 14. Jahrhunderts von Dionysios, einem Griechen aus Korissos bei Kastoria gegründet. Die Vita dieses heiligen Mönchs, der dem Kloster seinen Namen gab, wurde im 16. Jahrhundert von Metrophanes aufgezeichnet, der sie aus den Unterlagen eines früheren Hagiographen entnahm. Dionysios, zwischen 1308 und 1316 in einer Familie mittlerer sozialer Schicht geboren, erhielt seinen Ruf sehr früh; kaum hatte er das nötige Alter erreicht, wurde er Mönch und weihte sein Leben der Askese und der Kontemplation. Zurückgezogen in einer Höhle am Südabhang des Antiathos sammelte er zahlreiche Anhänger um sich, die ihm halfen, zuerst eine Kapelle und später eine größere Kirche zu errichten, die beide dem Täufer geweiht waren. Bei einem der gemeinsamen Nachtgebete am Landungssteg dieser offenen religiösen Gemeinschaft hatte Dionysios die Vision einer unbeweglichen Flamme auf einem Felsausläufer im Meer, und dort, wo das Wunder geschehen war, gründete er ein neues Kloster, dem er den Namen »Nea Petra« gab.

Man setzt das Gründungsdatum zwischen 1356 und 1366 an, denn in dieser Zeit wurde Dorotheos Protos; er war Hegumen von Chilandari, zu dem dieses Land gehörte, als es an Dionysios abgetreten wurde. Außerdem wurde diese Schenkung von Seiten Johannes V. Paläologos 1366 bestätigt. Das Kloster wurde auch »von Kir Dionysios« genannt oder »des Großen Komnenen«. Letztere Bezeichnung bezieht sich auf den Kaiser von Trapezunt, Alexios III. Komnenos (1350-1390), der mit einer Schenkung und schließlich einer jährlichen Pension von 1000 *Aspra* bedeutend zur Erbauung beitrug. Nicht zuletzt war das den Fürsprachen des Bruders von Dioniyisios, Theodosios, zu verdanken, der Metropolit von Trapezunt und Hegumen des athonitischen Klosters Philotheou war. Alexios III. entsandte unter anderem im September 1374 eine Goldbulle zur Klostergründung. Einige Jahre später, zwischen 1382 und 1389, starb Dionysios. Bis zum Fall von Konstantinopel (1453) wurde das Kloster von den Paläologen unterstützt. Der Patriarch Niphon, der in Dionysiou Mönch gewesen war und sich lange in der Walachei aufgehalten hatte, veranlaßte dann die Wojwoden der Walachei, Radu den Großen (1495-1508) und seinen Nachfolger Neagoe Basarab, Mäzene des Klosters zu wurden. Letzterer erweiterte das Kloster, ließ den Aquädukt und 1520 den zinnengekrönten, ungefähr dreißig Meter hohen Turm erbauen, der als Beobachtungsplatz und im Falle piratischer Überfälle als letzte Zuflucht für die Mönche dienen sollte. Schon zu Dionysios Zeiten wurde das Kloster während eines seiner Aufenthalte in Trapezunt 1378 von türkischen Piraten überfallen, geplündert und die Mönche gefangengenommen. Am 25. Oktober 1534 wurde Dionysiou bei einem schweren Brand fast vollständig zerstört. Der damalige Hegumen Matthäus wandte sich an Johannes Petru IV. Rares (1527-1546), Wojwode der Moldau, der das Katholikon und den Ostflügel des Klosters wieder aufbauen ließ. Dessen Nachfolger Alexandru IV. Lapusneanu (1564-1568) und später seine Frau Roxandra Domna kauften die Ländereien frei, auf die die Mönche gezwungenermaßen eine Hypothek aufgenommen hatten, und unterstützen die Erbauung dieses Klosterkomplexes, der mit seinen zum Meer hin geradezu ins Leere hängenden Balkonen äußerst originell ist. Einer der Wohltäter in jener Zeit war auch der Wojwode der Walachei Petru Schiopul (1559-1567), der mit dazu beitrug, Dionysiou in der Klosterhierarchie steigen zu lassen. Noch Ende des 14. Jahrhunderts belegte Dionysiou den achtzehnten Platz unter den zwanzig Klöstern, 1574 kam es auf den jetzigen fünften Platz: dadurch kann heute noch alle 5 Jahre ein Vertreter das Amt des Protepistaten der Heiligen Gemeinschaft übernehmen.

Die Brüder Lazzaros und Voios aus Piavitsa in Chalkidike ließen den zum Landesinneren zeigenden Klosterflügel wiederaufbauen. Die Bischöfe Makarios von Heraclea und Jeremias von Belgrad zogen sich 1797, der österreichische Botschafter in Konstantinopel, Johannes Frangopoulos aus Ioannina, 1800 in dieses Kloster zurück und brachten ihr

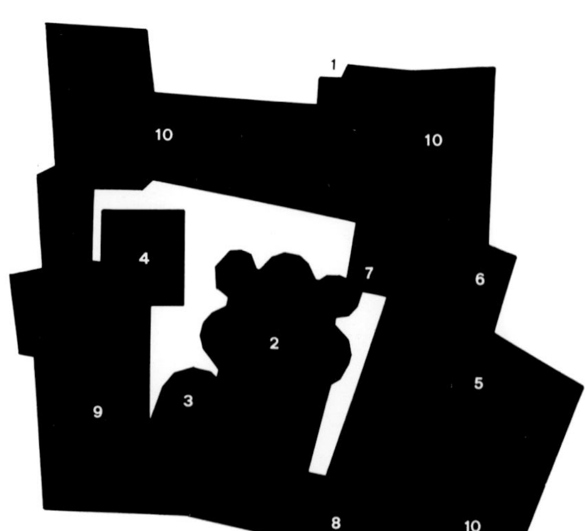

gesamtes Vermögen ein. Während des 16. Jahrhunderts war Dionysiou idiorhythmisch, 1616 wurde es wieder koinobitisch; von Mitte des 18. Jahrhunderts an war es wieder idiorhythmisch, bis es der Patriarch Kallinikos V. 1805 endgültig wieder zum Koinobitismus zurückführte.

Kunst

KATHOLIKON
Das *Katholikon* wurde zwischen 1537 und 1547 auf Wunsch des Fürsten der Moldau Johannes Petru VI. Rares erbaut und der Geburt Johannes des Täufers geweiht. Es ist außen in der traditionellen zinnoberroten Farbe getüncht und nimmt fast die gesamte Fläche des kleinen Innenhofs ein. Die Vorläuferkirche war durch einen Brand 1534 zerstört worden.

Architektonisch gesehen hat es den hagioritischen Grundriß, Trikonchos mit *Lite*. Im Gegensatz zu den traditionelleren Katholika auf Athos aber sind die als *Prothesis* und *Diakonikon* fungierenden Räume innen kreisförmig und es gibt hier nur eine Seitenkapelle (*Parekklission*).

Der *Naos* wurde 1547 von dem Maler Zorzis, einem der Hauptvertreter der sogenannten »kretischen Schule« und Schüler des Theophanes, mit Fresken ausgestattet.

Die Bilderzyklen entsprechen der herkömmlichen Ikonographie, mit *Pantokrator*, den Himmlischen Mächten und den Propheten in der Kuppel und im Tambur, den Evangelisten an den Pendentifs, den großen Festen in der Apsiswölbung und in den Chören und Johannes dem Täufer in der Nordwestecke.

Auf den Süd- und Westwänden der Südwestecke im *Naos* sind der Gönner des Klosters, der moldauische Wojwode Petru Rares, mit Frau und Kindern dargestellt.

Zorzis ist in seiner künstlerischen Persönlichkeit anders als Theophanes: seine Farben sind kräftiger und lebhafter, seine Physiognomien schematischer und stärker linear als die des Meisters.

Die Fresken in der *Lite* stammen von einem rumänischen Maler aus späterer Zeit.

Die in Holz geschnitzte und mit goldenen Blättern verzierte, barocke Ikonostase ist vom Anfang des 19. Jahrhunderts. Auf der zur *Bema* hin zeigenden Seite sind wertvolle Ikonen von der früheren Ikonostase erhalten, die von dem kretischen Mönch Euphrossinos 1542 gemalt wurden. Die fünf Ikonen bildeten die Große *Deesis*; sie stellen den Apostel Petrus, die Gottesmutter, Christus Pantokrator, Johannes den Täufer und den Apostel Paulus dar. Wahrscheinlich aus Platzgründen beschränkt sich die Große *Deesis* von Dionysiou auf den *Trimorfon* (Gottesmutter, Christus, Täufer) und auf die Apostelfürsten (Petrus und Paulus); üblicherweise stehen diesen noch die Ikonen der Erzengel Michael und Gabriel und der vier Evangelisten zur Seite.

Teil der alten Ikonostase waren auch die zwei herrlichen und großen *Despotiki*-Ikonen mit Christus und der Gottesmutter, die je hinter der Südwest- bzw. der Nordwestsäule des Naos zu finden sind.

Im *Naos* sind weitere interessante Ikonen erhalten, die ältesten gehen auf das 14. Jahrhundert zurück; außerdem findet man dort wertvolle Holz- und Elfenbeinarbeiten vor, darunter den

Fortsetzung von Seite 148

über den Seesturm; 19. (oben) *Die Besessenen von Gadara, Heilung des Tauben, Brotvermehrung; 20.* (Gewölbe) *Heilung des Blinden; 20.* (oben) *Samariterin; 21.* (Gewölbe) *Heilung der gelähmten Hand; 21.* (oben) *Heilung des Gelähmten von Bethzatha*

Passion und Auferstehung Christi
22. (oben) *Letztes Abendmahl; 22.* (Mitte) *Jesus wäscht den Aposteln die Füße; 11.* (Mitte) *Ölberg; 23.* (Gewölbe) *Verrat des Judas, Urteil des Annas und Kaiphas; 23.* (oben) *Christus vor Pilatus, Gang zum Kalvarienberg; 23.* (Mitte) *Verleugnung durch Petrus; 24* (Gewölbe) *Dornenkrönung, Geißelung; 24.* (oben) *Josef von Arimathea vor Pilatus, Kreuzabnahme; 24.* (Mitte) *Judas Reue; 25.* (Gewölbe) *Pietà; 25.* (oben) *Frauen am Grab; 19.* (oben) *Christus und Maria Magdalena, Christus in Emmaus*

Kindheit der Gottesmutter
26. (Gewölbe) *Gebet des Joachim und der Anna; 7.* (oben) *Geburt Mariens; 7.* (Mitte) *Zärtlichkeiten der Eltern; die ersten sieben Schritte; 8.* (Mitte) *Darbringung Mariens im Tempel*

Leben des Täufers
27. (oben) *Geburt des Täufers; 28.* (Mitte) *Johannes vor Herodes, der Täufer wird zum Gefängnis geführt; 27.* (Mitte) *Köpfung des Täufers, Fest im Königshaus des Herodes*

Heilige Asketen und Krieger
18. (unten) *Nilos, Athanasios Athonites; 17.* (unten) *Saba, Dionysios, Antonios, Euthymios; 28.* (unten) *Theodosios Koinobiarches, Stephan der Junge, Hiliarion; 27.* (unten) *Mardarios, Eugenios, Ausentios, Eustrathios; 19.* (unten) *Arthemios, Theodoros Stratelates, Demetrios; 13.* (unten) *Georg, Theodoros, Teron; 12.* (unten) *Prokopios, Eustates, Jakob der Perser; 22.* (unten) *Niketas, Menas*

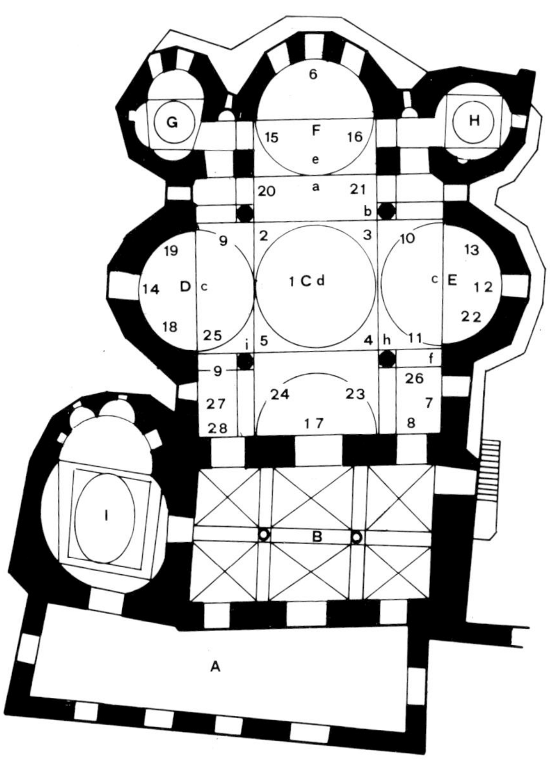

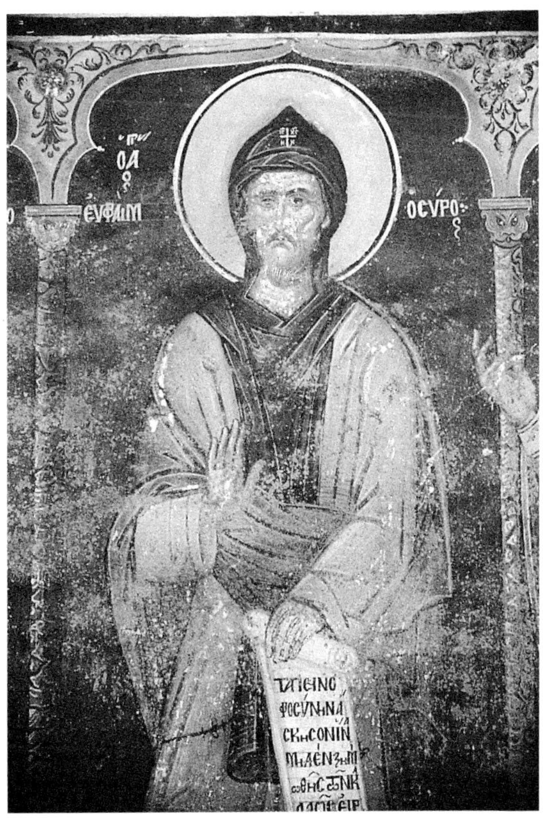

108. Hl. Ephräm der Syrer, Fresko im Refektorium (16. Jh.)

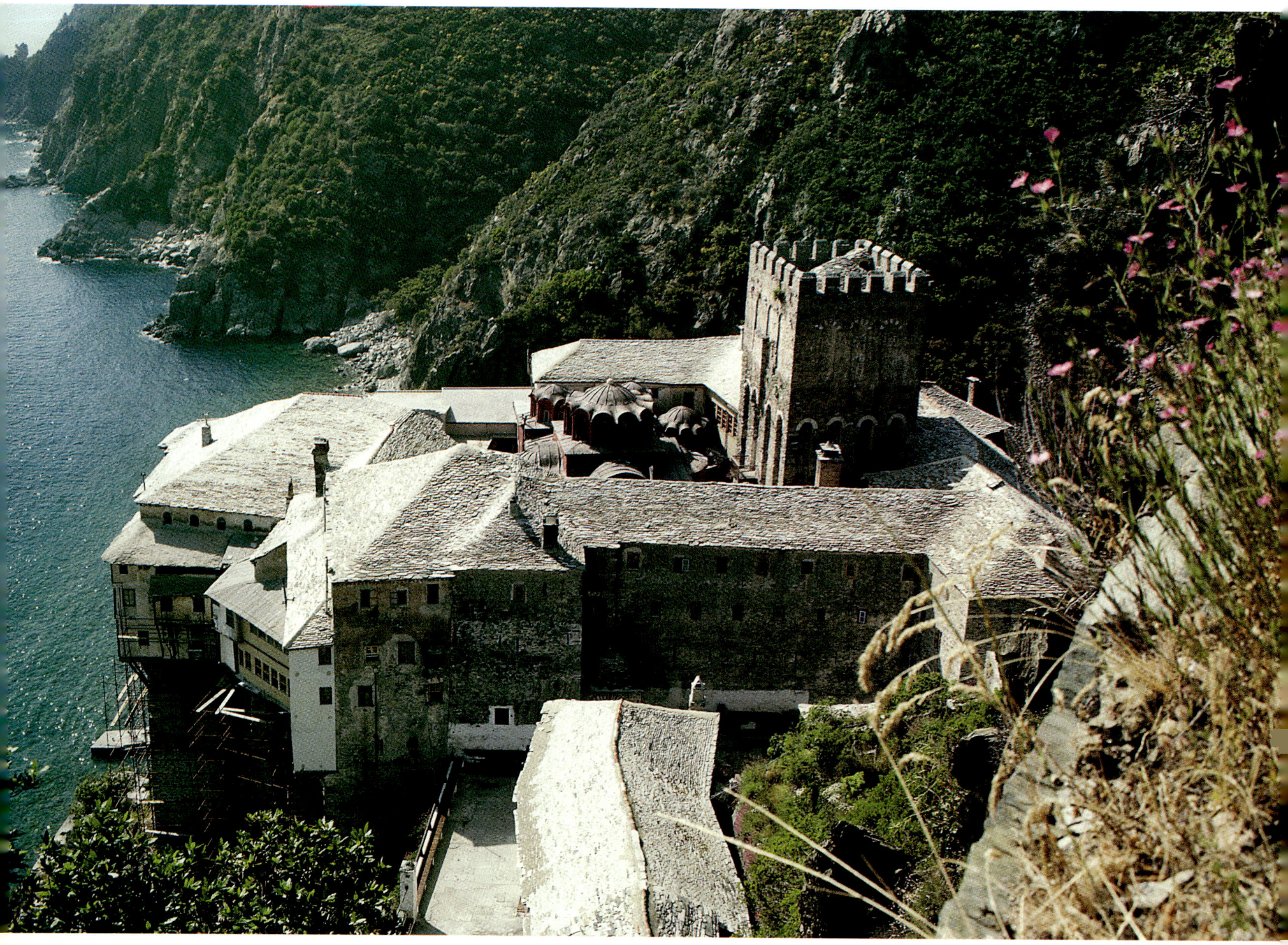

Tafel 64. Schieferdächer und Turm in Dionysiou

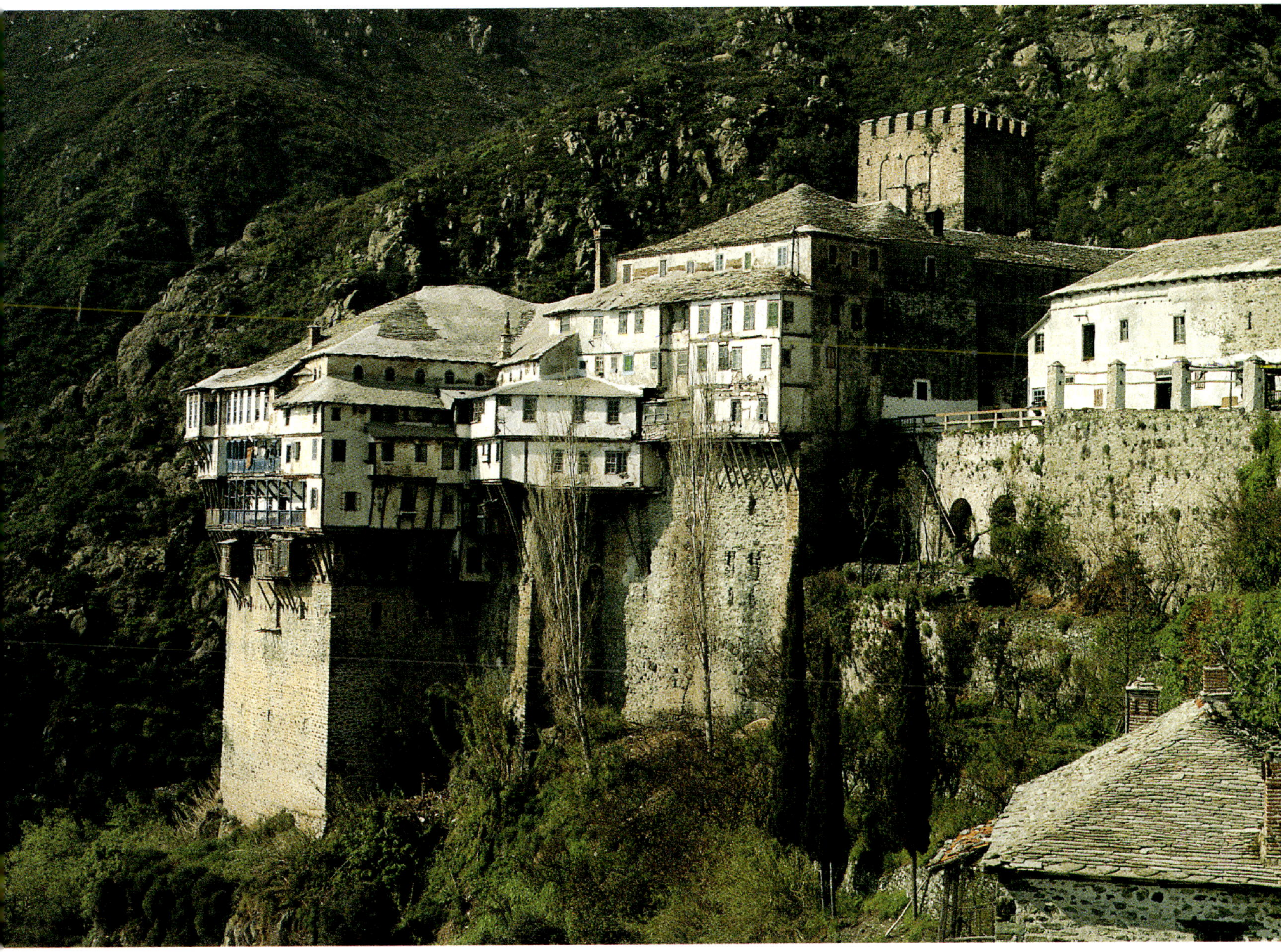

'afel 65. Die gewagt vorspringenden Balkone des Klosters

109. REFEKTORIUM
Vestibül
Apokalypsenzyklus (2. Hälfte des 16. Jh.)
1. Der Menschensohn erscheint Johannes; 2. Gottes Thron und das Lamm; 3. Die vier apokalyptischen Reiter; 4. Die Seelen der Gerechten; 5. Aufteilung des Universums und Sternenregen; 6. Die vier Engel, die vier Winde und Triumph der Auserwählten; 7. Posaunen und die ersten vier Plagen; 8. Brunnen des Abgrunds und fünfte Plage, die Heuschrecken; 9. Sechste Plage: der Eufrat mit seinen vier Engeln und deren Heer; 10. Der Engel mit Beinen aus Feuersäulen; 11. Messung des Tempels durch Johannes, Mission der Propheten; 12. Die himmlische Frau und der Drache; 13. Der Drache und das Lamm; 14. Anbetung des Lamms auf dem Berg Sion; 15. Die Mahd und die Weinlese; 16. Die sieben Plagen aus den sieben Schalen des Zornes Gottes; 17. Babylon, die große Hure;
18. (oben) *Der Fall Babylons;*
19. (oben) *Sieg des Wort Gottes über das Ungeheuer; 19.* (unten) *Sieg des Wort Gottes über den Drachen;*
18. Das himmlische Jerusalem

Weitere Motive
(2. Hälfte des 16. Jh.)
20. Heimholung des hl. Ephräm;
21. Baum des Lebens

Speisesaal (Fresken im Nordflügel von 1547-48, im Südflügel von 1603)
1. Jüngstes Gericht; 2. (unten) *Hl. Pachomios und der Engel, Niphon (Patriarch, der das Kloster unterstützte), hl. Johannes der Täufer, Dionysios (Klostergründer), hl. Antonios und hl. Euthymios; 2.* (Apsiskonche) *Weihnachtshymne;*
3. (oben) *Wunder Jesu; 3.* (Mitte) *Konzil von Nizäa; 3.* (unten) *heilige Asketen; 4.* (oben) *Wunder Jesu; 4.* (Mitte) *Konzil von Nizäa;*
4. (unten) *heilige Asketen; 5.* (oben) *Wunder Jesu; 5.* (Mitte) *Leben des Hl. Johannes des Täufers;*
5. (unten) *Heilige Asketen;*
6. (oben) *Wunder Jesu; 6.* (Mitte) *Leben Johannes des Täufers;*
6. (unten) *Patriarchen und Bischöfe; 7.* (oben) *Szenen aus dem Menologhion; 7.* (Mitte) *Leben Johannes des Täufers; 7.* (unten) *Heilige Krieger; 8. Synaxis der Erzengel; 9. Paradiesleiter*

Bischofsthron (*Despotikon*), das *Proskinitarion*, die *Analoghia* und den Altar (*Aghia Trapesa*) von 1685.

In der *Bema* werden liturgische Geräte und Heiligenreliquien aufbewahrt: das berühmte Reliquiar des hl. Niphon, Patriarch von Konstantinopel ist in Form einer Fünfkuppelkirche gestaltet und wurde 1515 von dem Wojwoden Neagoe Basarab gestiftet. Außerdem befinden sich dort Splitter des Kreuzes Christi, der rechte Arm des Täufers, Reliquien des hl. Basileios von Caesarea, des hl. Gregor von Nazianz, des Patriarchen von Konstantinopel Photius, der Magdalena und der Apostel Jakob und Philipp.

Kapelle der Gottesmutter Akathistos

Die Kapelle der Gottesmutter *Akathistos* (des Hymnus Akathistos) oder *Mirovlitissa* (die Myrrhenduft verströmt) befindet sich an der Nordwestecke des *Katholikons*, zu der man vom Narthex aus gelangt. Die Fresken stammen von dem Maler Makarios (1615) und wurden Ende des letzten Jahrhunderts restauriert.

Die Kapelle hat ihren Namen von der wundertätigen Ikone, die hier aufbewahrt wird und die Gegenstand tiefster Verehrung ist; sie wurde Dionysios, dem Klostergründer, von Alexios III. Komnenos, Herrscher von Trapezunt (1375), gestiftet. Der Legende nach soll sie eine der siebzig Ikonen sein, die vom Evangelisten Lukas gemalt wurden, und sie soll vom Patriarchen von Konstantinopel, Sergius, 625 in einer Prozession getragen worden sein, während die Stadt von den Awaren belagert wurde. Nach überstandener Gefahr komponierte Sergius für die Gottesmutter aus Dankbarkeit diesen Hymnus, der, weil er stehend gesungen wird, »Akathistos« (stehend) genannt wird. Der Titel *Mirovlissia* kommt von einem Wunder, das die Ikone 1592 vollbracht haben soll, als sie, von Piraten geraubt, einen schrecklichen Sturm schickte und durchdringenden Myrrhenduft verströmte. Die erschreckten Piraten brachten sie sogleich nach Dionysiou zurück.

Refektorium

Das Refektorium (*Trapesa*) im Südflügel des Klosters wurde zwischen 1537 und 1547 vom Wojwoden der Donaufürstentümer, Johannes Petru IV. Rares, erbaut, im Zuge der Wiederaufbauarbeiten des Klosters nach dem schweren Brand von 1534, gleichzeitig mit dem Katholikon.

Das Refektorium hat eine Vorhalle, die sich zum Innenhof hin öffnet, die zwanzig Meter lang und vier Meter breit ist und mit Fresken der 21 Episoden der Johannesapokalypse bemalt ist. Dieses Thema findet man auf Athos sonst nur noch in zwei weiteren Klöstern, Xenophontos und Dochiariou, deren Apokalypsezyklen allerdings jünger sind als der in Dionysiou. Das Thema stammt von westlichen Bildern, wahrscheinlich von Hans Holbeins Schnitten für Luthers »Neues Testament« von 1523. Die orthodoxe Kirche lehnte es von alters her immer ab, das Buch der Apokalypse als kanonisch anzuerkennen, deswegen bilden die Fresken in Dionysiou den Anfang einer neuen Richtung.

Eine sehr wertvolle, geschnitzte Holztür mit Fries, in den mythologische Tiere und Blumen eingeflochten sind, führt zum Refektorium (*Trapesa*) selbst. Auf T-förmigem Grundriß erbaut, sind die Fresken an den Nord-, Ost-, und Westwänden aus kretischer Schule (1547-1548), der Südflügel wurde 1603 von den Meistern Daniel und Merkurios mit Fresken geschmückt, wie aus einer Apsisinschrift zu ersehen ist.

Die Fresken sind in drei horizontale Zonen aufgeteilt: in der oberen Zone sind anekdotisch die Christuswunder dargestellt, in der mittleren das Leben Johannes des Täufers. Unten sieht man eine lange Reihe von stehenden, heiligen Asketen in Lebensgröße; jeder von ihnen hält eine Pergamentrolle in den Händen, auf denen die »Sprüche für die Seele« zu lesen sind.

Das Jüngste Gericht beherrscht die ganze Ostseite des Transsepts. Der Aufbau ist traditionell: oben sind Engel (die Heerscharen) und die Richter selbst, also Christus auf dem Richterstuhl, die Gottesmutter und der Täufer in der *Deesis*, sowie die zwölf Apostel. Zu Füßen Christi die *Etimassia*, der Thron Gottes, vor dem Adam und Eva sich auf die Knie werfen; im unteren Teil sind rechts Höllenszenen und links der Eintritt der Gerechten ins Paradies, die vom hl. Petrus angeführt werden; im Inneren des Paradieses die Gottesmutter zwischen den Erzengeln Michael und Gabriel, der gute Dieb, der als erster am Todestag Jesu ins Paradies kam, sowie Abraham, Isaak und Jakob mit den Gerechten in ihrem Schoß.

An der Westwand des Schiffes ist rechts die Paradiesleiter dargestellt, auf der die Mönche mühsam hinaufklettern; teuflische Dämonen versuchen, sie am Aufstieg zu hindern und werfen einige von ihnen in den Rachen eines schrecklichen Monsters. Diese von Johannes Klimakos im 6. Jahrhundert konzipierte Leiter soll den schmerzensreichen und gefährlichen Aufstieg eines Mönchs zum Paradies symbolisieren, der durch allmähliche, aber gänzliche Auslöschung aller materiellen Bedürfnisse und

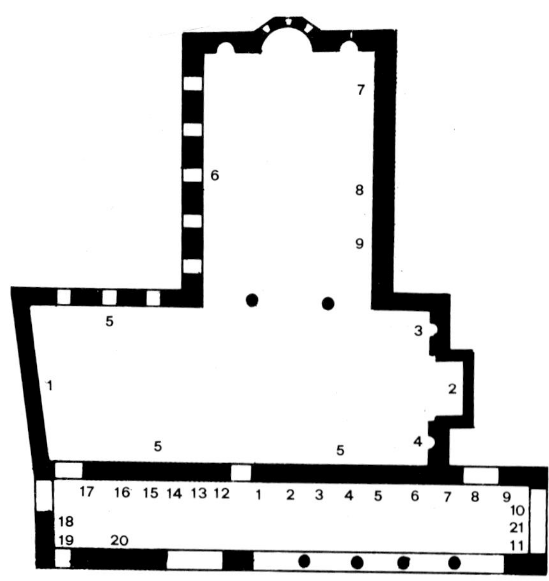

ebenso allmählicher wie vollkommener Vergeistigung, sein Endziel im »engelsgleichen Leben« hat.

Die Westwand wird von der großen Komposition der Synaxis der Erzengel in der Mitte beherrscht: oben sitzt der segnende Christus *Pantokrator* auf dem Thron mit dem Globus in der Hand, umgeben von dichten Engelscharen; im Zentrum ist die *Synaxis* selbst eine Gruppe von Engeln, in deren Mitte der *Keramion* mit Emanuel ist, auf dessen Brust ein offenes Buch die Inschrift »Ich bin das Licht der Welt« trägt. Seitlich von Christus fallen einige rebellierende Engel kopfüber in einen See, dessen Ufer aus scharfen Klippen besteht; dort liegt Luzifer, der Opfer seines Hochmuts geworden war. Die Darstellung illustriert die Geschichte der Engel, die als Ausdruck der göttlichen Macht erschaffen sind; ihre Funktion ist es, den Menschen Botschaften zu überbringen, so zum Beispiel von der Ankunft Gottes auf Erden und der Fleischwerdung.

Schatz und Bibliothek

Die Schatzkammer des Klosters (*Skevofilakion*) ist besonders reich an religiösen und liturgischen Gegenständen: ein Kreuz, das Elena Paläologos (14. Jh.) gehörte, ein Elfenbeintäfelchen aus dem 10. Jahrhundert mit der Kreuzigungsszene, ein in Gold gestickter *Epitafios*, Pektorale (*Egolpia*), Evangeliare mit wertvollen Einbänden sowie alte Dokumente.

Außerdem ist dort die Goldbulle Kaisers Alexios III. Komnenos zur Klostergründung 1374 aufbewahrt; sie ist 2,98 Metern lang und mit Miniaturen des Kaisers und seiner Gemahlin, Kaiserin Theodora, geschmückt; zwischen den beiden steht der Patron des Klosters, Johannes der Täufer, im Segensgestus. Die Bibliothek ist ebenfalls äußerst reich, mit 778 handschriftlichen Büchern, 126 auf Pergament, 641 auf Papier und 11 auf Seide; auch 27 Rollen, 22 auf Pergament und 5 auf Papier sind dort aufbewahrt. Ein Großteil der Handschriften ist religiösen Inhalts, wie Evangelien, Apostelschriften, patrologische Schriften und Kirchenmusik, aber auch Werke klassischer Autoren. Ein wirkliches Meisterwerk ist der Holzeinband eines Evangeliums aus dem 13. Jahrhundert. Er ist in 23 Teile unterteilt: fünf davon sind rund und in Kreuzesform im Zentrum der Komposition angeordnet, 18 sind rechteckig. In außergewöhnlicher Feinarbeit sind Szenen des Alten und Neuen Testaments geschnitzt und auf einer Oberfläche von kleinsten Ausmaßen (15 x 11,5 cm) mit gut 220 Personen bevölkert.

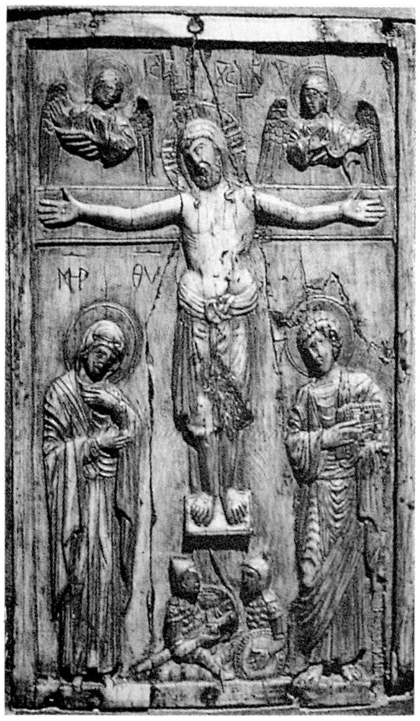

110. Kreuzigung, Tiefrelief aus Elfenbein (10. Jh.)

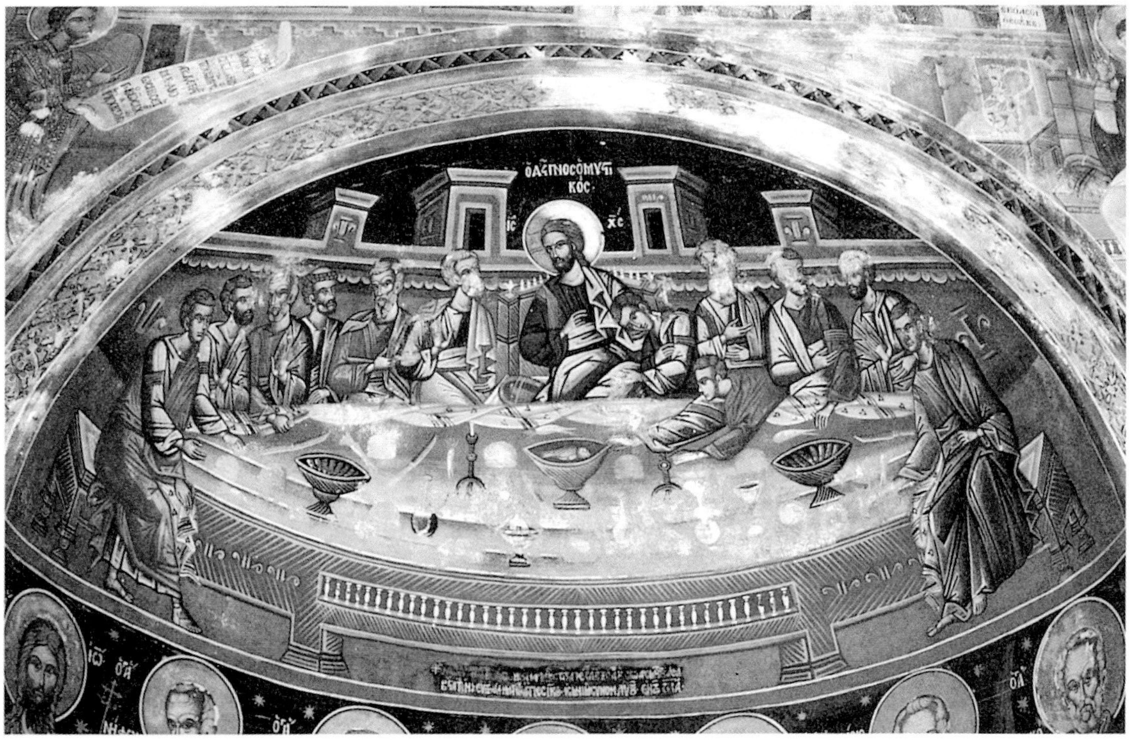

111. Letztes Abendmahl, Fresko im Refektorium

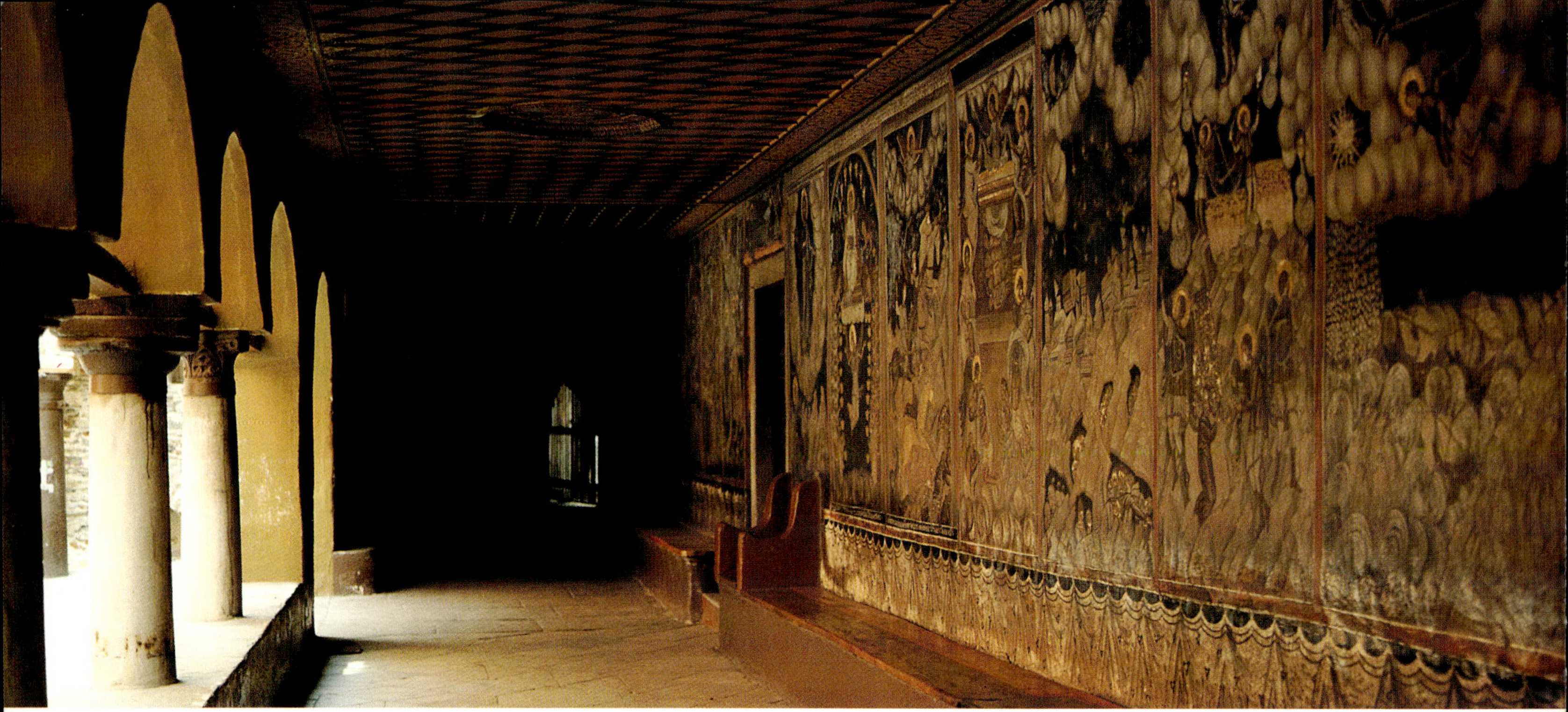
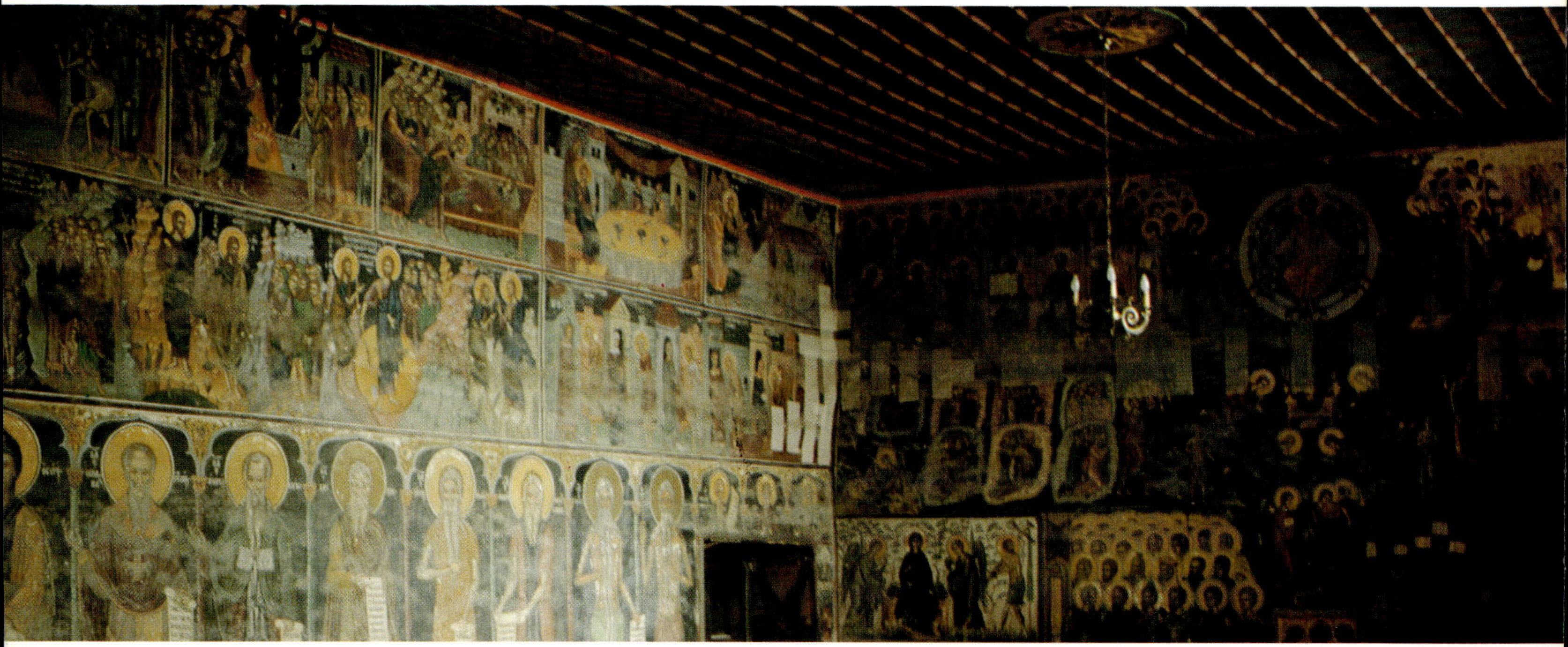
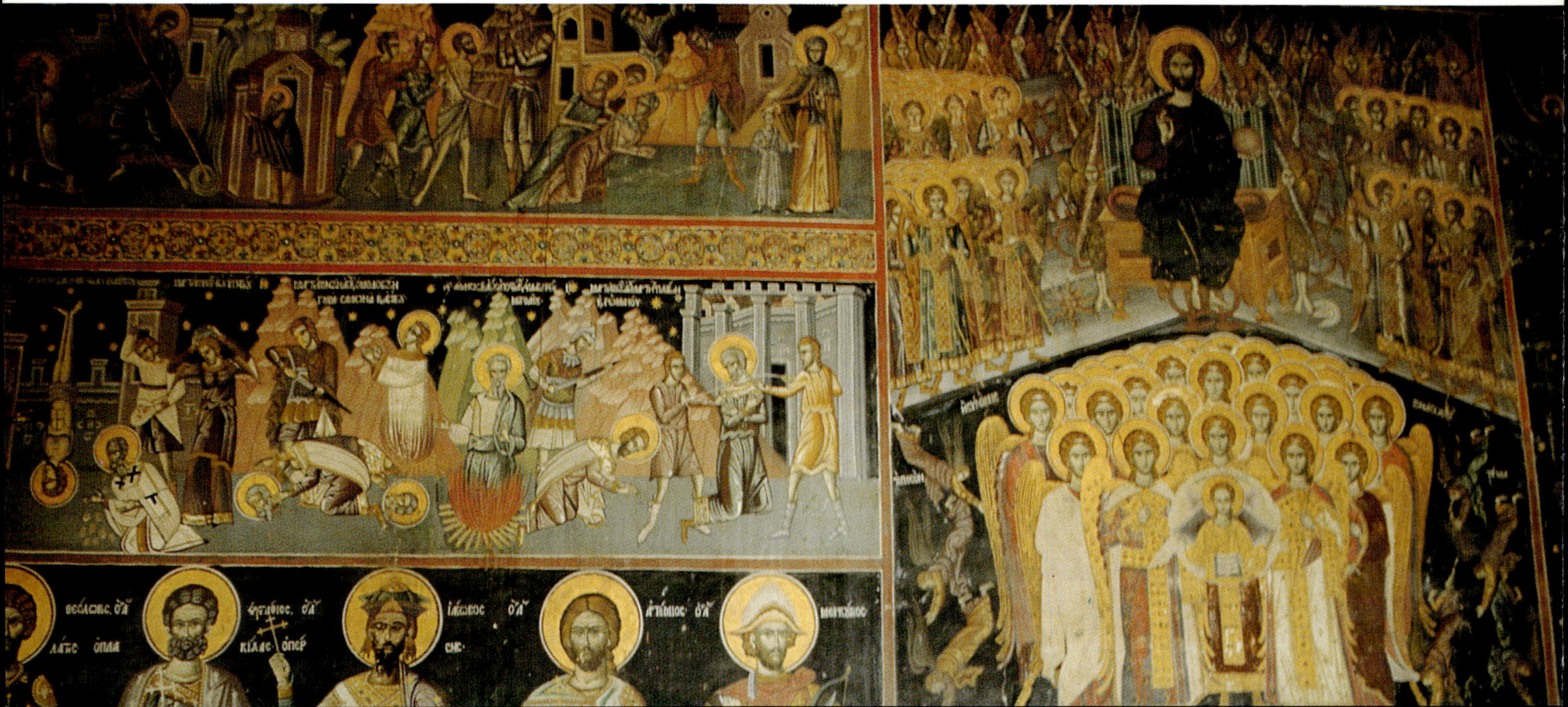

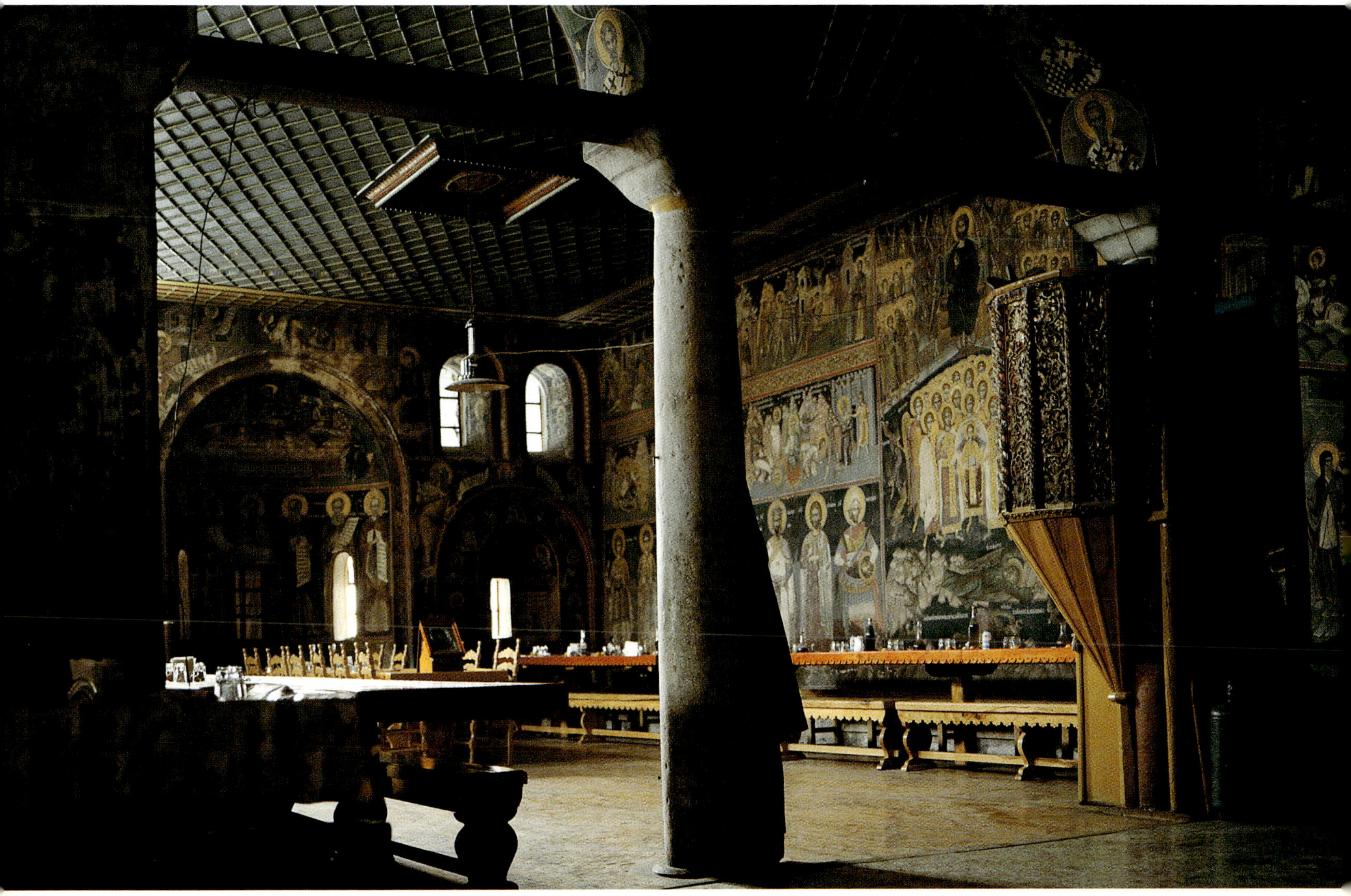

Tafel 69. Südflügel des Refektoriums

Tafel 66. Portikus-Vestibül vor dem Refektorium mit Fresken aus dem Apokalypsezyklus

Tafel 67. Inneres des Refektoriums (Fresken: 16. Jh.)

Tafel 68. Fresken kretischer Schule im Refektorium, mit Synaxis der Erzengel (1603)

KOUTLOUMOUS

Das griechische Kloster Koutloumous liegt 340 Meter über dem Meeresspiegel in der Nähe von Karyes und belegt seit 1547 den sechsten Platz in der Hierarchie der Klöster. Es ist der Verklärung Christi geweiht, deren Gedenktag auf den 6. August fällt.

Zum Kloster gehören die *Skite* St. Panteleimon, 18 *Kellia*, darunter das *Kellion* Estavromenos (des Kreuzes) und das des Hl. Johannes des Täufers in Karyes, sowie 3 *Issichastiria* in Kapsala.

Geschichte

Nach Meinung des russischen Archimandriten und Historikers Porphyrios Uspensky (1804-1885) wurde das Kloster Koutloumous Ende des 13. Jahrhunderts von einem Türken gegründet, der mit den seldschukischen Sultanen von Konya verwandt war. Sohn des Azz ed-Din Kutlumush (oder Ketelmush) und der Christin Anna, trat er 1238 zum Christentum über, nahm den Namen Konstantin an und zog auf den Berg Athos, wo er dieses Kloster gründete. Dieser These scheint ein in St. Panteleimon befindliches Dokument zu widersprechen, das auf August 1169 datiert ist und unter den 28 Unterschriften auch die des Isaia enthält, »*Ieromonachos* und *Kathigumenos* des Klosters Koutloumous«; es beweist, daß ein Kloster dieses Namens schon im 12. Jahrhundert auf Athos existierte. Es gibt einige andere Hypothesen, wie die, daß es im 11. Jahrhundert gegründet worden sein soll, und zwar nicht von einem Türken, sondern von einem Araber.

Einige Forscher führten den Namen des Klosters auf die Verbindung der zwei griechischen Worte *Kotile* (Schüssel) und *Mussa* (Muse) zurück, also »Schüssel der Musen«, die fragliche Beinamen des Gründers sind; andere vermuteten, der Name käme vom türkischen *kutulmus* (Geretteter), wieder andere übersetzten den Namen aus dem Türkischen mit »Heiliger, der aus Äthiopien kam«.

Im 12. Jahrhundert lag Koutloumous lediglich an zwanzigster Stelle der Klöster des Berges Athos; eine Urkunde von 1316, auf der die Unterschrift des Hegumenen Theodoros an 17. Stelle steht, dokumentiert den Aufstieg des Kloster in der Hierarchie. Das war vor allem einigen Schenkungen im Jahrhundert zuvor zu verdanken; darunter waren die verlassenen Klöster »Prophet Elias« um 1260 -1265 und Stavronikita 1287. Obwohl Philadelphos 1334 und das große Kloster Anapaussa 1329 angegliedert worden waren, was zu endlosen Streitigkeiten mit Xeropotamou geführt hatte, verschlechterte sich die Lage von Koutloumous schließlich; Hauptursache dafür waren Plünderungen von Seiten katalanischer Piraten.

Zur Erhaltung des Klosters trug in jener Zeit Theodora Kantakuzena, Mutter des berühmten Johannes, bei, die in einer Urkunde 1338 einige wichtige Güter in dem Gebiet Serres stiftete, sowie der Wojwode der Walachei Alexandru Basarab (1352-1364), der den großen Turm erbauen ließ.

In der zweiten Hälfte des 16. Jahrhunderts erlebte Koutloumous unter dem Hegumenen Chariton einen wirtschaftlichen Aufschwung. Er kam von Imbros, einer Insel an der Dardanellimündung, war ein aktiver und unermüdlicher Mann und Reisender. Sein einziges Ziel war es, Koutloumous zu einem reichen und florierenden Kloster zu machen. Daher bestand seine erste politische Aktivität darin, im Balkangebiet um finanzielle Unterstützung zu ersuchen; bei den Donaufürstentümern hatte er Erfolg, und so konnte er den Hafen erbauen und fast das ganze Kloster renovieren, das seither auch »Kloster des Chariton« genannt wird.

Der Sohn des Alexandru Basarab, der rumänische Fürst Johannes Vladislav (1364-1374), auch »Vlaiku Voda« genannt, war der bedeutendste unter den Gönnern und wurde als »zweiter Gründer von Koutloumous« bezeichnet; seither trägt das Kloster auch die Beinamen »Kloster des Wojwoden« oder »Lavra der Rumänen«, weil dort hauptsächlich Mönche aus Rumänien lebten.

Die koinobitische Regel war den Rumänen aber zu streng, und es war Johannes Vladislav selbst, der, unterstützt von dem walachischen Metropoliten Hyazinth, um die idiorhythmische Regel für die Mönche bat. Chariton konnte die griechischen Mönche dazu bewegen, dies zu akzeptieren, woraufhin der Wojwode eine Gründungsurkunde erließ, in der er sich selbst als Eigentümer und Gründer einsetzte, das Kloster aber dennoch als griechisches anerkannte.

1372 wurde Chariton Metropolit der Ungarwalachei, blieb trotzdem Hegumen von Koutloumous, und wurde 1376 zum Protos von Athos gewählt; dies erhöhte das Ansehen des Klosters, dessen Glückssträhne auch nach Charitons Tod um

112. KLOSTER
1. Eingang; 2. Katholikon; 3. Refektorium; 4. Küchen; 5. Phiale; 6. Turm; 7. Kapelle der Aller Heiligen und des hl. Johannes des Täufers; 8. Kapelle des hl. Spiridones; 9. Kapelle des hl. Nathalia; 10. Gästehaus; 11. Mönchszellen

113. KATHOLIKON
Architektonische Elemente
A. Atrium; B. Lite; C. Naos; D. Nordchor; E. Südchor; F. Bema; G. Prothessis; H. Diakonikon; I. Kapelle der Fovera Prostassia

Liturgische und kultische Elemente
a. Ikonostase (19. Jh.); b. Proskinitarion; c. Analoghia; d. Choros; e. Ikone des Fovera Prostassia

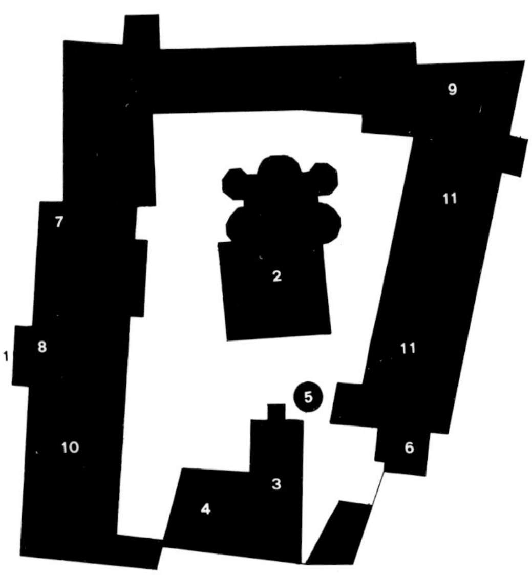

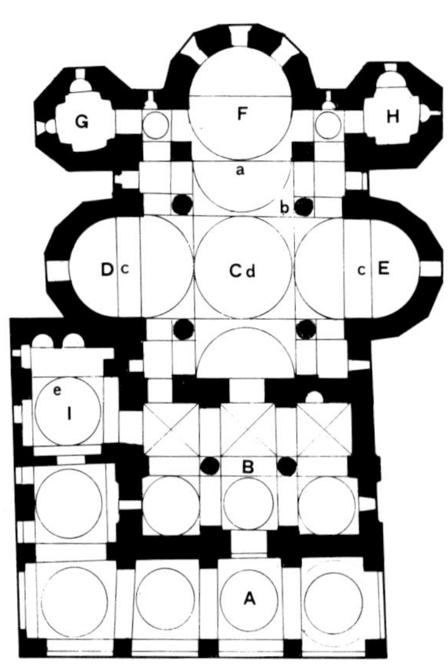

1381 anhielt, auch wenn sein Nachfolger, der Wallache Melchisedech, von den Türken gefangengenommen worden war. Die größte Blütezeit erlebte Koutloumous einige Jahre später, als es im Juni 1393 vom Patriarchen von Konstantinopel, Antonios, in den Rang eines »patriarchalischen und aus der Quelle des Kreuzes stammenden Klosters« erhoben wurde.

1428 legte der Patriarch Josef II. in einem *Sighillion* Koutloumous und Alipios zusammen, das so auf ein *Kellion* zurückgestuft wurde. Es existiert noch heute unter dem Namen Kellion »der hl. Apostel«. Die beiden Klöster durchlebten jedoch sehr bald eine Krisenzeit, in der sie fast vollständig verlassen wurden. Koutloumous wurde dann 1475 von bulgarischen und gegen 1527 von griechischen Mönchen wiederbevölkert.

Ein schrecklicher Brand zerstörte es 1497 vollständig; nur mit Hilfe von Neagoe Basarab und dem Wojwoden Radu dem Großen, der die Nordostseite und den Turm (1508) restaurieren ließ, konnte es wiederaufgebaut werden.

Ein weiterer Brand vernichtete 1767 den Ostflügel, der von Matthäus III., Patriarch von Alexandrien, wiederaufgebaut wurde; er überwachte nicht nur persönlich die Wiederaufbauarbeiten des Refektoriums und die Ausschmückung eines Teils des *Katholikons*, sondern vermachte bei seinem Tod 1775 auch alle seine Besitztümer dem Kloster.

Koutloumous erlitt zwei weitere Brände, 1856 und 1879, bei denen die Gebäude an den Nord-, West-, und Südseiten schwer beschädigt wurden; sie wurden daraufhin von dem Hegumenen Meletios aus Leucade restauriert. Das *Katholikon*, die Bibliothek und die Schatzkammer blieben wie durch ein Wunder vom Feuer verschont.

Im letzten Jahrhundert fand das Kloster unter dem Hegumenen Nikandros 1856 wieder zum Koinobitismus zurück, wie es das *Sighillion* des Kyrillos VII., Patriarch von Konstantinopel, bezeugt.

Kunst

Katholikon

Das der Verklärung Christi geweihte *Katholikon* wurde 1540 vom Hegumenen Maximos auf den Resten der Vorgängerkirche erbaut. Der Grundriß zeigt die traditionell hagioritische Dreikonchenanlage mit *Lite*. Anders als bei anderen *Katholika* ragen hier die *Prothesis* und das *Diakonikon* halbkreisförmig über das Gebäude hinaus.

Es ist außen besonders anmutig wegen der Keramiken, die in die Bogenzwickel im Atrium zwischen die Ziegel eingefügt sind.

Die Fresken aus kretischer Schule, aus der Zeit der Erbauung oder nur kurz später, drücken eine besonders tiefe Spiritualität aus. In der Kuppel und im Apsisbecken findet man die traditionellen Zyklen: die Großen Feste in den Gewölben und den Konchen der Chöre und die Passion Christi im Westarm des *Naos*. Unglücklicherweise wurde der größte Teil der Fresken im Laufe der Jahre ungeschickt restauriert. Im *Bema* sind Reliquien aufbewahrt, darunter der rechte Fuß der hl. Anna, Mutter Mariens, die linke Hand des hl. Gregor von Nazianz und Reliquien des hl. Panteleimon, der hl. Anastasia, der hl. Barbara und der Maria Magdalena.

In der Kapelle (*parekklission*) links der *Lite*, die 1733 von einem gewissen Nikephoros erbaut wurde, wird die wundertätige Ikone der Gottesmutter *Fovera Prostassia* (Schreckliche Zurschaustellung) verehrt. Es zeigt die Gottesmutter mit dem Christuskind in den Armen, die beim Anblick der Folterinstrumente der Passion zurückweicht, die von Engeln im Flug vorgeführt werden. Das Atrium mit Glasfenstern wurde 1744 mit Fresken ausgestattet.

Klosterbauten

Abgesehen vom Turm in der Südwestecke (1508) und dem Katholikon (1540) sind alle anderen Gebäude jüngeren Datums. Der nach dem Brand von 1767 erbaute Ostflügel ist charakteristisch für seine vier Geschoße mit großen Arkaden; das Mauerwerk ist aus Ziegel mit eingelegten Keramiken. Die meisten der anderen Bauten stammen aus dem 19. Jahrhundert; sie kommen zeitlich nach den Bränden von 1856 und 1879.

Bibliothek

Die Bibliothek ist in Räumen im Nordflügel des Klosters untergebracht. Mehr als 700 Handschriften, davon ungefähr einhundert auf Pergament, sowie 3500 gedruckte Bücher sind erhalten.

Phiale und Refektorium

Rechts vor der Fassade des *Katholikons* liegt die 1814 erbaute *Phiale*, gegenüber, neben der Klostermauer, liegt das Refektorium (*Trapesa*), das 1767 vom Patriarchen von Alexandrien, Matthäus III., wiederaufgebaut wurde .

Umgebung

Kellion Ravdouchou

Das *Kellion* Ravdouchou, wenige Minuten östlich von Koutloumous gelegen, ist das, was von dem gleichnamigen kleinen Kloster aus dem 10. Jahrhundert übriggeblieben ist. Die alte Kirche bewahrt noch einige Fresken, die auf das Ende des 12. Jahrhunderts zurückgehen; am interessantesten sind die lebensgroßen Apostel Petrus und Paulus, die in linearem und strengem Stil stehend dargestellt sind, mit einer Rolle und einem Buch in den Händen.

Das Kellion Ravdouchou gehört zum Kloster Pantokratoros.

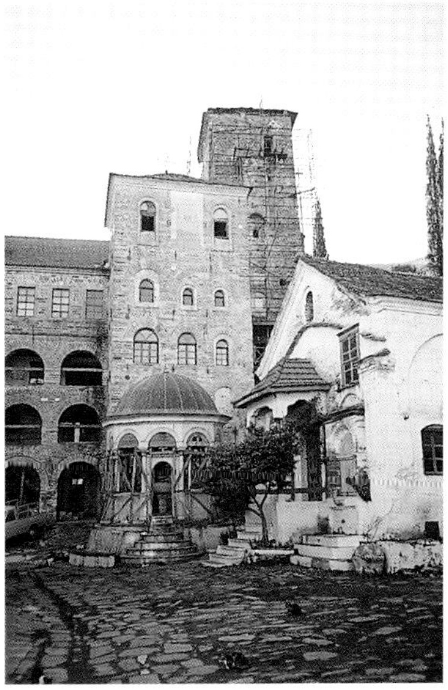

114. Südwestturm (1508), Phiale (1814) und Refektorium

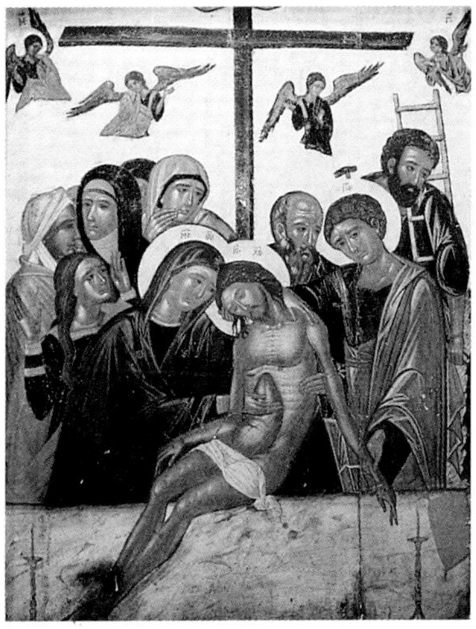

115. Ikone aus dem Schatz des Klosters: Kreuzabnahme

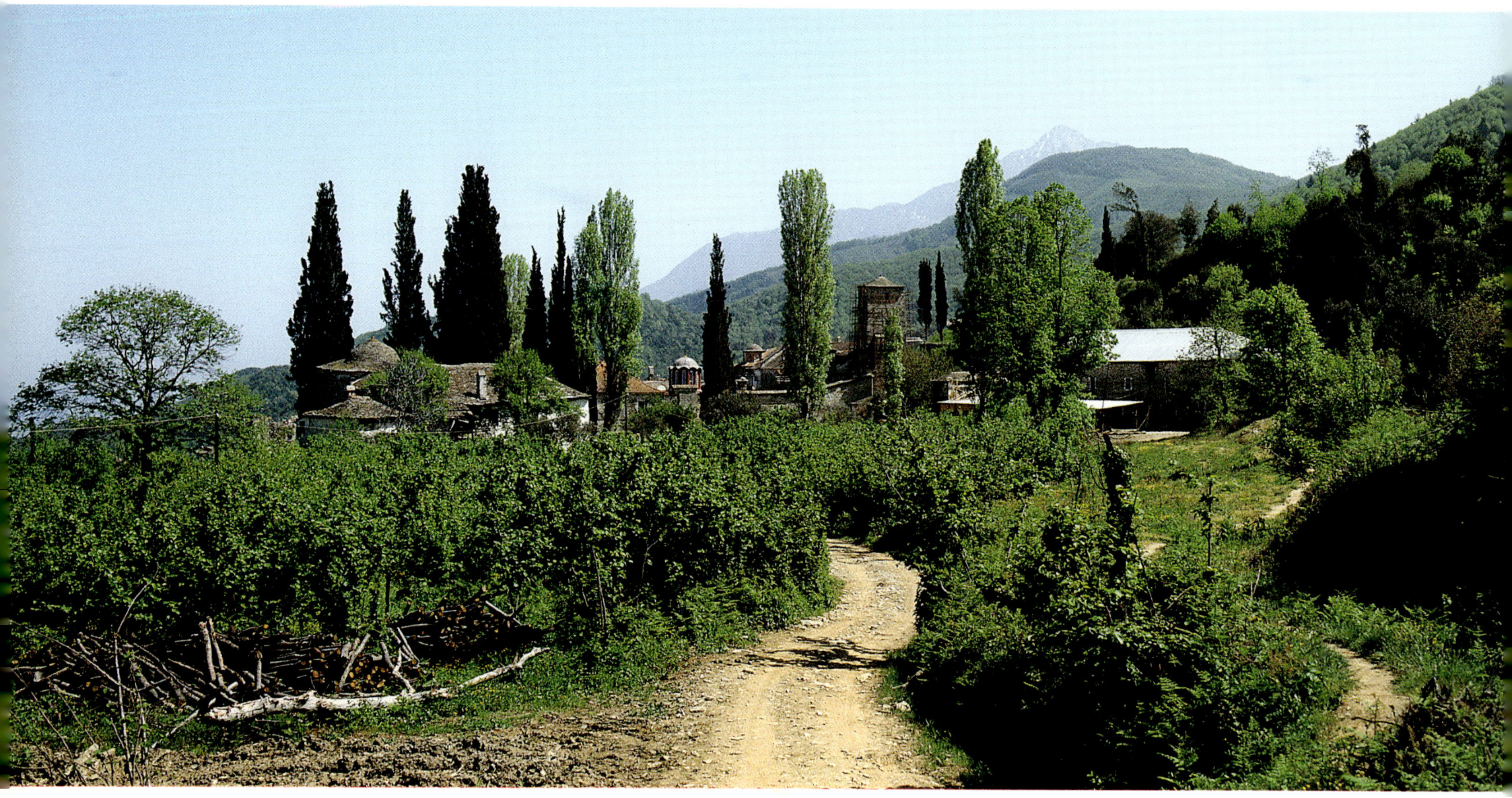

Tafel 70. Blick auf Koutloumous

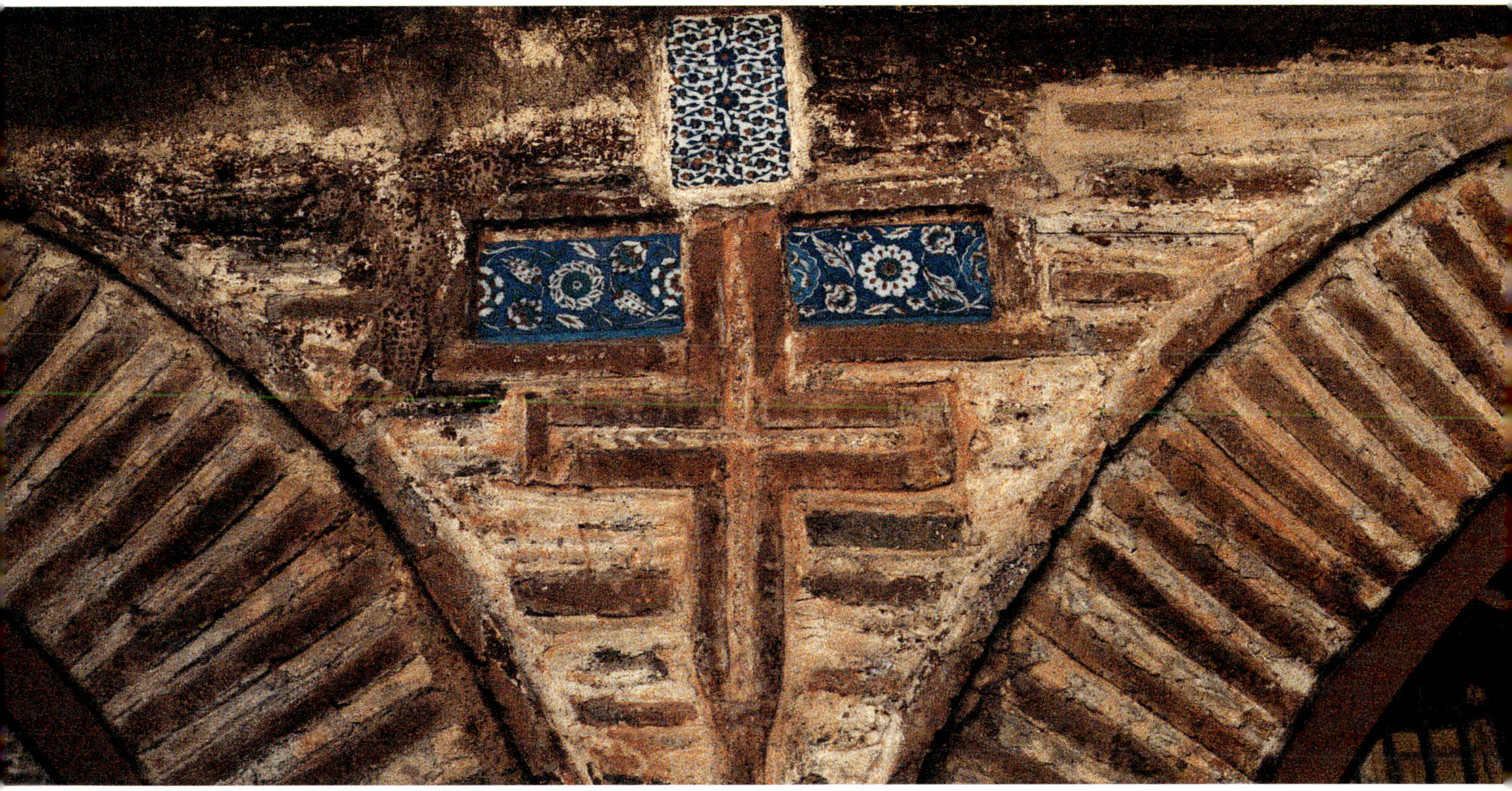

'afel 71. Mit Keramiken dekorierter Arkadenzwickel im Atrium des Katholikons

PANTOKRATOROS

Das griechische Kloster Pantokratoros liegt auf einem Felsausläufer an der Nordostküste der athonitischen Halbinsel, sozusagen auf halbem Weg zwischen der nördlichen Grenze und der Südspitze. Es ist der Verklärung Christi geweiht (6. August) und liegt an siebter Stelle in der Hierarchie der Klöster.

Zum Kloster gehören die gut eine halbe Wegstunde entfernte *Skite* »Prophet Elias« im Landesinneren und 16 *Kellia*, darunter Ravdouchou bei Koutloumous und Mariä Heimholung, woher die berühmte, wundertätige Ikone *Axion esti* stammt, die im Protaton von Karyes aufbewahrt ist. Zu Pantokratoros gehören außerdem 36 *Kalive*, die Teil der klösterlichen Siedlung Kapsala auf der Straße nach Karyes sind.

Geschichte

Pantokratoros wurde von den Brüdern Alexios und Joannis, zwei Mönchen griechischer Herkunft, zwischen April und August 1357 gegründet, so das Datum des *Sighillions* von Kallistos, Patriarch von Konstantinopel. Seinen Namen hat das Kloster von dem früheren *Kellion*, das seinerseits vielleicht nach der Ortschaft benannt war, wo es erbaut wurde: »Pantokratoros« (Allmächtiger).

Die zwei Brüder erweiterten das *Kellion* nach und nach, gaben ihm die Größe eines richtigen Klosters und lebten bis zu ihrem Tod dort.

Alexios war zu seiner Zeit Groß-Stratopedarchis (kaiserlicher General), Joannis war Groß-Primikerios (Kanzler); sie waren mit dem byzantinischen Kaiser Johannes V. Paläologos (1341-1391) verwandt, der dem neuen Kloster wichtige Ländereien auf der Insel Lemnos schenkte, womit dessen wirtschaftliche Unabhängigkeit begann.

Auch seine Nachfolger vermachten Pantokratoros Stiftungen und Schenkungen: Manuel II. (1391-1425) und der Patriarch Antonios trugen nach einem verheerenden Brand zur Restaurierung des Klosters 1393 bei, und auch Johannes VIII. (1425-1448) tat sich durch seine Spenden hervor.

Gegen Ende des 14. Jahrhunderts erhielt Pantokratoros die Zuständigkeit über die Einsiedeleien Phakinos, Phalakros, Sotiros, St. Demetrios, St. Ausentios und über Ravdouchou. Die ersten vier waren schon im 10. Jahrhundert bekannt. Ravdouchou, der Darbringung Mariens im Tempel geweiht, nahm Anfang des 14. Jahrhunderts den vierzehnten Platz in der Hierarchie der athonitischen Klöster ein und ist heute ein *Kellion* von Pantokratoros.

Wie alle Klöster auf dem Berg Athos durchlebte auch Pantokratoros unter der türkischen Herrschaft

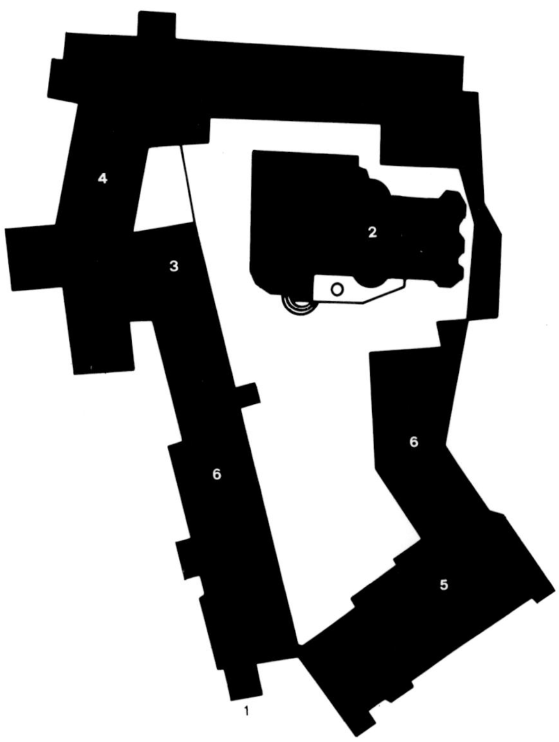

116. KLOSTER
1. Eingang; 2. Katholikon; 3. Refektorium (erster Stock); *4. Turm; 5. Gästehaus; 6. Mönchszellen*

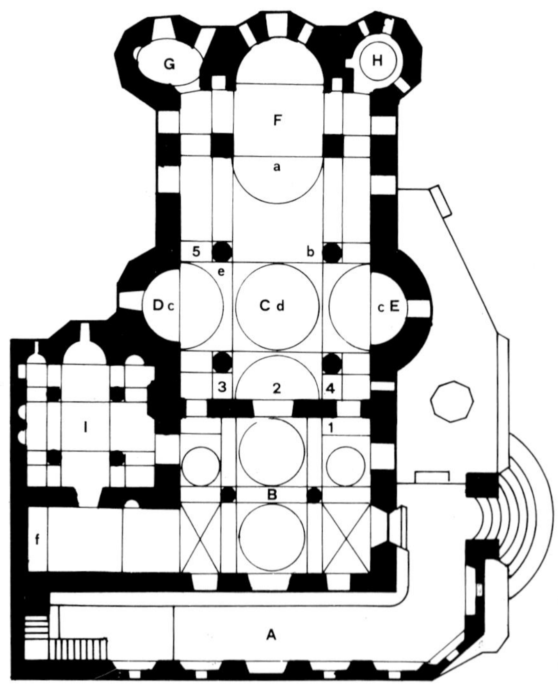

117. KATHOLIKON
Architektonische Elememnte
A. Atrium; B. Lite; C. Naos; D. Nordchor; E. Südchor; F. Bema; G. Prothessis; H. Diakonikon; I. Kapelle der Schenkung der Jungfrau

Liturgische und kultische Elemente
a. Ikonostase; b. Proskinitarion; c. Analoghia; d. Choros; e. Ikone der Panaghia Gherontissa; f. Gräber der Gründer Alexios und Johannes

Fresken
(einige Originalfresken aus dem 14. Jh.)
1. Hl. Johannes der Täufer in der Deesis; 2. (oben) *Mariä Heimholung; 3.* (unten) *Hl. Athanasios Athonites; 4.* (unten) *Hl. Arsenius; 5.* (unten) *Hl. Pachomios; 6.* (unten) *Hl. Theodosios Koinobiarches; 7.* (unten) *Hl. Euthymios; 8.* (unten) *Hl. Saba; 9.* (unten) *Hl. Antonios; 10.* (unten) *Hl. Ephräm der Syrer; 11.* (unten) *Hl. Theodoros Studites; 12.* (unten) *Hl. Johannes Klimakos; 13.* (unten) *Hl. Johannes der Täufer; 14.* (unten) *Hl. Johannes Evangelist*

eine lange wirtschaftliche Krisenzeit, die es mit Hilfe der moldauwalachischen Fürsten und der griechischen Gönner überwinden konnte. Zu erwähnen sind Vlad III. Kalogheros, der eine jährliche Pension einrichtete, und der Wojwode der Walachei Neagoe Basarab.

Durch diese Finanzhilfen konnte das Kloster schnell im Rang steigen; seit 1574 belegt Pantokratoros den siebten Platz in der Rangordnung der Theokratie. 1631 wurde ihm das Kloster Kastsoarele in der Walachei angegliedert, aus dem beachtliche Gelder nach Pantokratoros flossen; weitere, nicht unbeträchtliche Unterstützung kam spater von Johannes Mavrocordatos (1716-1719) und von der russischen Zarin Katharina der Großen, die unter anderem die Mönche von Pantokratoros dazu ermächtigte, in ihrem Reich Almosen zu sammeln. 1773 fiel das Kloster erneut den Flammen zum Opfer, wurde zum Großteil zerstört und unter der Führung des *Skevofilax* (Schatzmeister) Kyrillos wiederaufgebaut. Ein weiterer Brand 1948 legte den Nordostflügel in Schutt und Asche.

Kunst

KATHOLIKON

Das der Verklärung Christi geweihte *Katholikon* wurde 1363 nach traditionell hagiographischer Typologie als Dreikonchenanlage erbaut, allerdings mit zwei Besonderheiten: der Raum zwischen den zwei Chören und der *Bema* ist größer als üblich; die *Prothesis* und das *Diakonikon* haben die Form von Türmen, die in Kuppeln gipfeln. 1847 wurden durch Verbindung der beiden Narthexe eine *Lite* sowie ein Atrium mit Glasfenstern geschaffen; ein Glockenturm wurde angebaut.

Die Fresken aus dem 14. Jahrhundert, von Meistern der makedonischen Schule, wurden aber mehrmals (1536, 1847 und 1854) restauriert und umgearbeitet. Einige Fresken sind glücklicherweise unberührt geblieben, so die Heimholung Mariens im *Naos*, an der Westwand über dem Eingang.

Im *Katholikon* sind die Gräber der beiden Klostergründer Alexios und Joannis, und dort werden einige wertvolle Ikonen verehrt. Darunter befindet sich die wundertätige Ikone der *Panaghia Gherontissa* (des Alten), die stehend im Gebet dargestellt ist. Ihr Name kommt von einer Legende: die Gottesmutter soll den Priester, der den Gottesdienst feierte, angeherrscht haben, schneller fertig zu werden, um einem sterbenden alten Mitbruder die Kommunion geben zu können. Außerdem erzählt man, daß sie in einer Hungerzeit einen Krug, den ein Türke in einen Brunnen warf, mit Öl füllte, das den Türken blind machte. 1950 soll sie das Kloster wundersamerweise vor Feuer beschützt haben.

Besonders wertvoll sind auch eine Ikone aus dem 14. Jahrhundert, die Maria im Gespräch mit dem Täufer zeigt, sowie die tragbare Ikone mit Christus *Pantokrator* von 1350 bis 1360, die auf der heute von der Vorderseite losgelösten Rückseite die Figur des hl. Athanasios Athonites trägt.

REFEKTORIUM

Das Refektorium (*Trapesa*) liegt im ersten Stock des Westflügels. Das jetzige Gebäude wurde 1741 errichtet und 1749 mit Fresken bemalt. Die Originalfresken befinden sich an den Ost- und Südwänden.

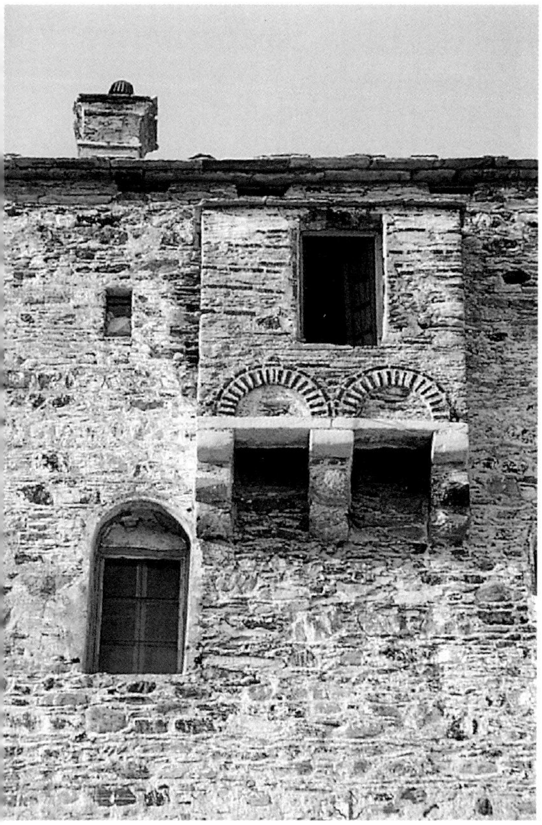

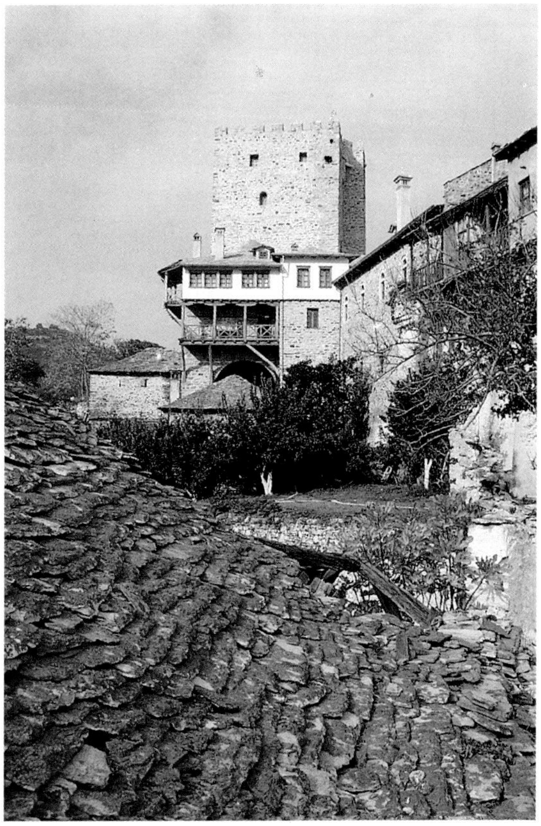

118. Pechnase über dem Eingangsportal des Klosters

119. Turm des Klosters

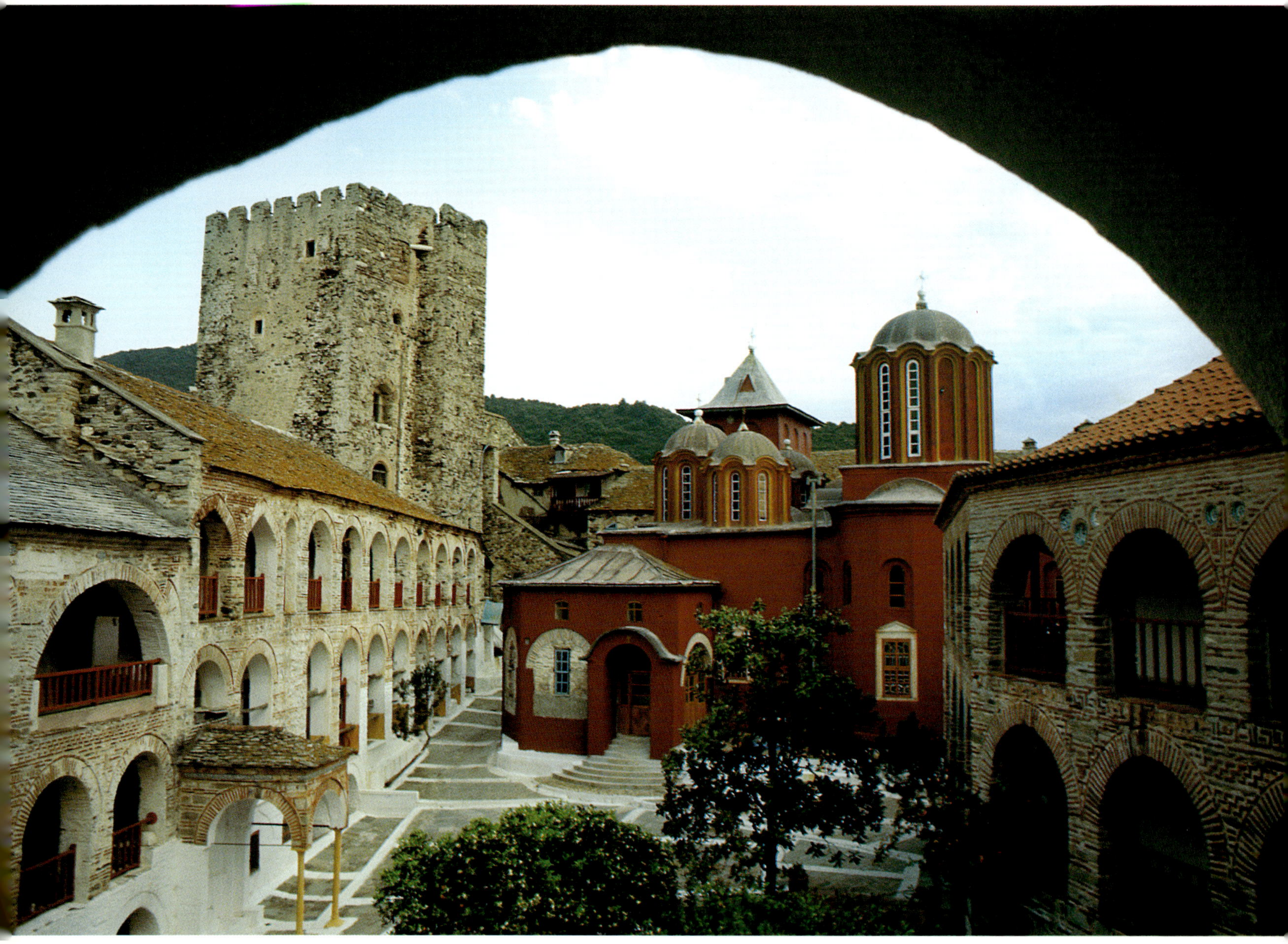

Tafel 72. Innenhof von Pantokratoros: Turm und Katholikon (beide 14. Jh.)

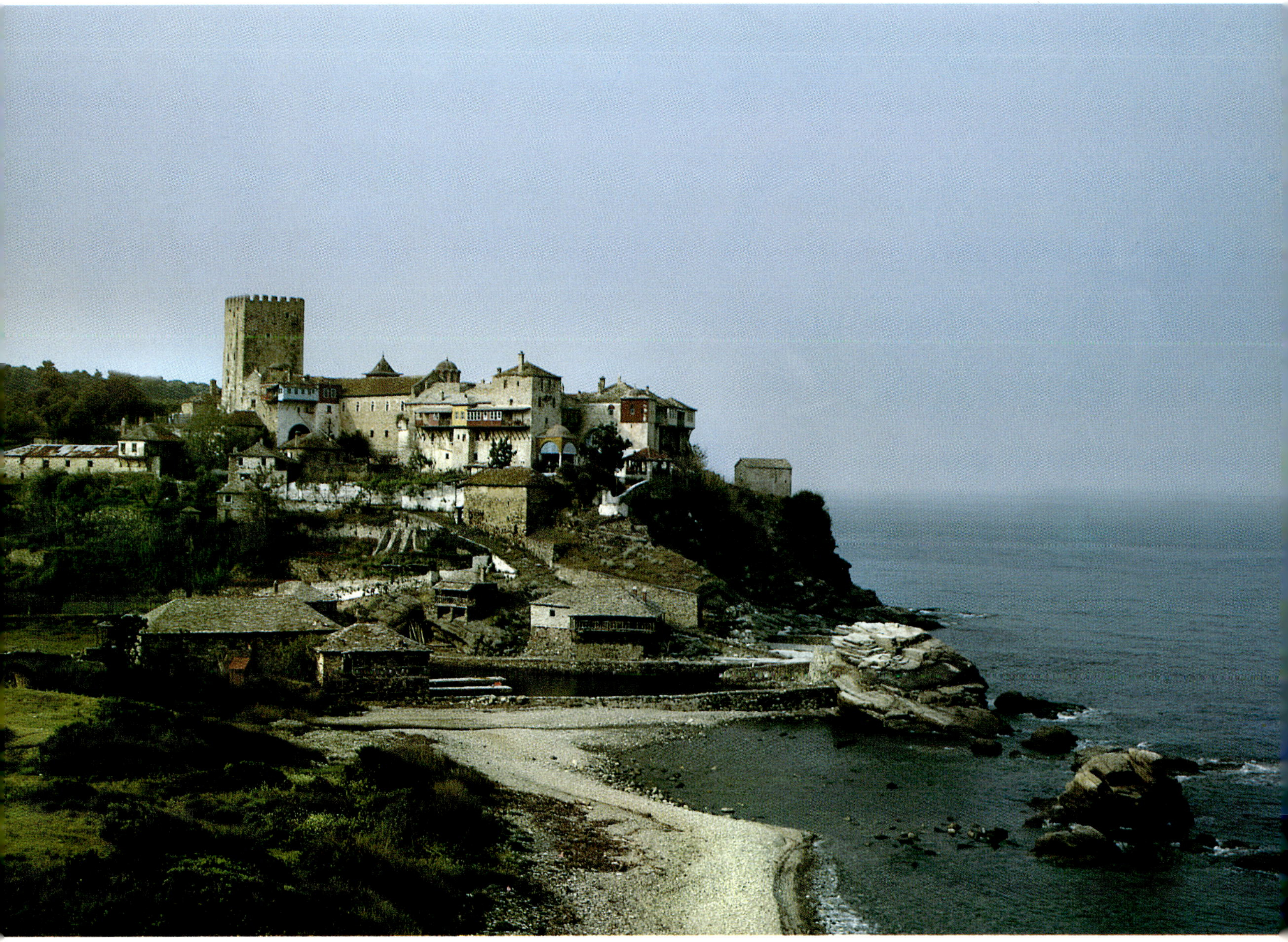

Tafel 73. Ansicht des Klosters mit Hafen von Südwest

Turm und Kapellen

Das Kloster wird von einem großen Steinturm überragt, der aus der Zeit der Klostergründung (14. Jh.) stammt. Zahlreiche Kapellen gehören zum Kloster, 8 innerhalb und 7 außerhalb der Mauern. Am wertvollsten sind die Kapelle Mariä Heimholung, nördlich der *Lite* des *Katholikons*, 1538 erstmals mit Fresken versehen und 1868 neu gemalt, sowie die Täufer-Kapelle im Südflügel des Klosters.

Bibliothek und Schatz

Im Erdgeschoß des Nordostflügels belegt die Bibliothek einige Räume; darin sind 350 Handschriften, davon 68 auf Pergament, und 3500 gedruckte Bände untergebracht. Zu den wertvolleren zählen ein reich bebilderter Psalter aus dem 9. Jahrhundert und das Tetraevangeliar des hl. Johannes der Kaliwita aus dem 12. Jahrhundert.

In der Schatzkammer (*Skevofilakion*) sind religiöse Gegenstände und Gewänder, Reliquiare, Kreuze, ein wertvolles *Epitafios* und Pektoralen (*Egolpias*) zu bewundern. Unter anderem findet man dort ein Fragment des Schildes des hl. Merkurios (3. Jh.), den Arm des Apostels Andreas, Reliquien des hl. Theodoros Stratelates und der Heiligen Kosmas und Damian sowie Splitter des Kreuzes Christi, ein Geschenk des Kaisers Andronikos Paläologos.

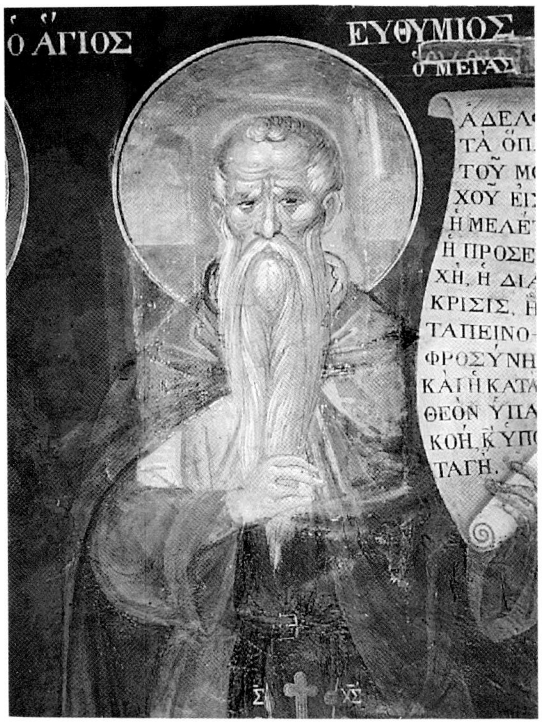

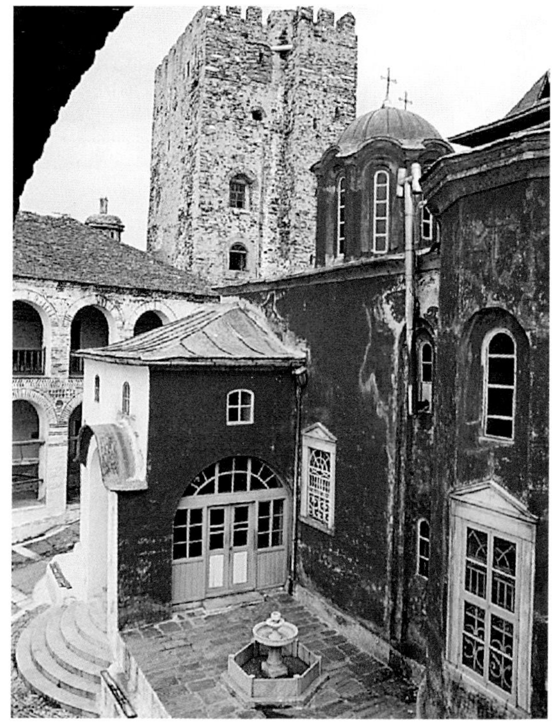

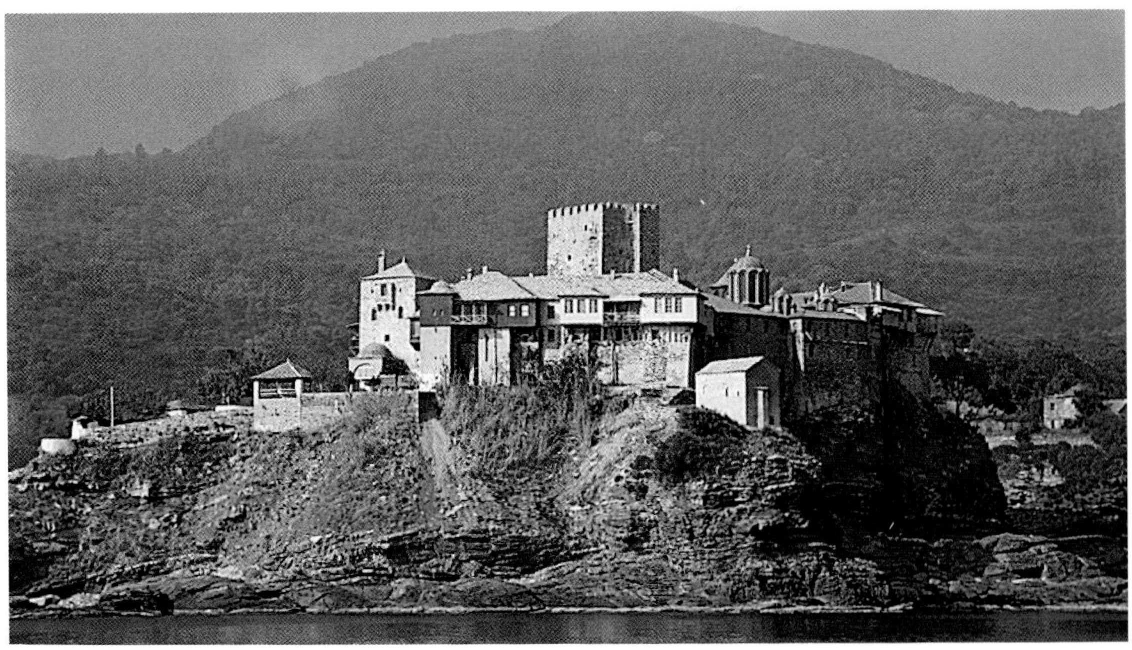

120. Fresko im Katholikon: Hl. Euthymios (14. Jh.)

121. Katholikon, Phiale und Verteidigungsturm

122. Blick vom Meer auf das Kloster

XEROPOTAMOU

Das griechische Kloster Xeropotamou liegt auf einem Plateau über dem kleinen Hafen Daphni, 900 Meter über dem Meeresspiegel auf der Straße nach Karyes. Es ist den vierzig Märtyrern von Sebaste geweiht, deren Fest am 9. März gefeiert wird. Xeropotamou belegt den achten Platz in der Hierarchie der Klöster und besitzt 4 *Kellia*, die der Himmelfahrt, der Geburt des hl. Johannes des Täufers, der Heimholung Mariens und dem hl. Athanasios geweiht sind. Auch der größte Teil der Gebäude in Daphni sind Eigentum von Xeropotamou.

Geschichte

Xeropotamou ist ein sehr altes Kloster. Der Name bedeutet wörtlich »trockener Fluß«, und tatsächlich stößt man in der Nähe, in östlicher Richtung, auf einen Flußlauf in Form eines Sturzbachs. Eine Legende will, daß das »Große Kloster von Chimarros« (des Flusses), wie es damals hieß, so wie Esphigmenou von Pulcheria gegründet wurde, Schwester des Kaisers Theodosios III. (408-450) und Frau seines Nachfolgers Markianos (450-457); sie soll dem Kloster einen Splitter des Kreuzes Christi geschenkt haben. Diese Version ist sehr unwahrscheinlich, da keine athonitische Hagiographie vor dem 9. Jahrhundert existiert und man so mit Sicherheit ausschließen kann, daß so lange Zeit vorher auf Athos Mönche waren. Es ist allerdings möglich, daß damals eine Burg errichtet wurde.

Nach einer anderen Überlieferung soll Xeropotamou von Konstantin VII. Porphyrogennetos (913-959), der dem Kloster angeblich einen Purpurmantel von großem Wert schenkte, nach einem Pirateneinfall erbaut oder vielleicht wiederaufgebaut worden sein. Eine dritte Legende läßt die Gründung auf den Mönch Paulos zurückgehen, der mit bürgerlichem Namen Prokopios hieß und Sohn des »Rhangabe« genannten Kaisers Michael I. Kuropalatas (811-813) war.

Die wahrscheinlichste Version ist die, daß es im 10. Jahrhundert (956 bestand es sicher schon) von dem Mönch Paulos Xiropotaminos gegründet wurde, der ihm seinen Namen gab und die Baugenehmigung von Romanos I. Lakapenos (920-944) erhielt. Unter dem *Typikon* des Berges Athos von 972 findet man die Unterschrift dieses Ordensbruders im Amt des Hegumenen. Er war einer der intelligentesten Männer seiner Zeit und seiner Auseinandersetzungen mit dem Erneuerer Athanasios über die Konzeption des athonitischen Mönchtums wegen sehr bekannt.

Xeropotamou wird in einigen Dokumenten auch mit dem Namen »Kloster der vierzig Märtyrer« genannt, da es den vierzig hl. Märtyrern von Sebaste geweiht ist. Auch die Bezeichnung »San Nikephoros von Xeropotamou« erscheint, wobei nicht klar ist, ob dies ein zweiter Name desselben Klosters war oder ob es sich um zwei Klöster handelte, die eins vom anderen abhängig waren, wie der Historiker Dölger meint. Wahrscheinlicher ist es, so der Forscher Theodoretos, daß man in einer bestimmten Zeit mit dem Namen »hl. Nikephoros« das jetzige Xeropotamou meinte, während man mit dem Namen »Xeropotamou« das Kloster St. Paulus bezeichnete, das von ersterem unabhängig war. Diese These vertritt auch Binon, der 1942 das Traktat »Über die legendären Ursprünge und die Geschichte von Xeropotamou und St. Paulus auf Athos, diplomatische und kritische Studie« verfaßte.

Schon im 11. Jahrhundert war Xeropotamou eines der reichsten und mächtigsten Klöster des Heiligen Berges. Seine Ländereien erstreckten sich entlang der südlichen und westlichen Seite der Halbinsel, reichten bis zu den Grenzen von Iviron und bis zum heutigen St. Paulus. Es gab sogar eine Zeit, in der es die Ländereien besaß, die später zu Simonopetra, Grigoriou und Dionysiou gehörten. Der Hegumen Elias unterzeichnete das zweite Tipikon des Berges Athos (1045) an achter Stelle. Trotz einiger Schwierigkeiten während des Vierten Kreuzzugs (1204-1261), als Xeropotamou in der Zeit der fränkischen Herrschaft von Piraten heimgesucht wurde, dauerte diese Blütezeit bis zum Ende des 14. Jahrhunderts, also sehr lange, an.

Im Dezember 1275 wurde es in einer Goldbulle Michaels VIII. Paläologos bedacht; später bekam es Unterstützung von dessen jüngerem Bruder, Bischof Johannes, und von seinem Nachfolger Andronikos. Dieser trug nach dem Brand von 1280 zum Wiederaufbau bei und sicherte dem Kloster mit einer letzten Goldbulle den Besitz so vieler Ländereien, daß man sich an Andronikos als den »zweiten Gründer von Xeropotamou« erinnert.

In der zweiten Hälfte des 16. Jahrhunderts trat es einige seiner Ländereien an die neuen Klöster

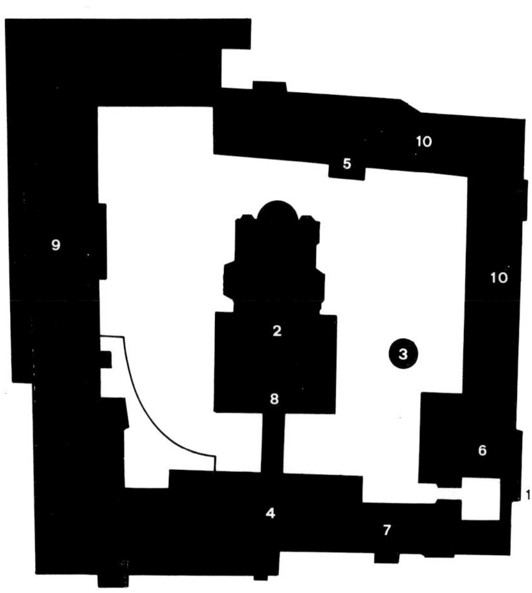

123. KLOSTER
1. Eingang; 2. Katholikon; 3. Phiale; 4. Refektorium; 5. Glockenturm; 6. Kapelle des hl. Theodosios; 7. Kapelle der Kreuzesabnahme; 8. Bibliothek und Schatzkammer; 9. Gästehaus; 10. Mönchszellen

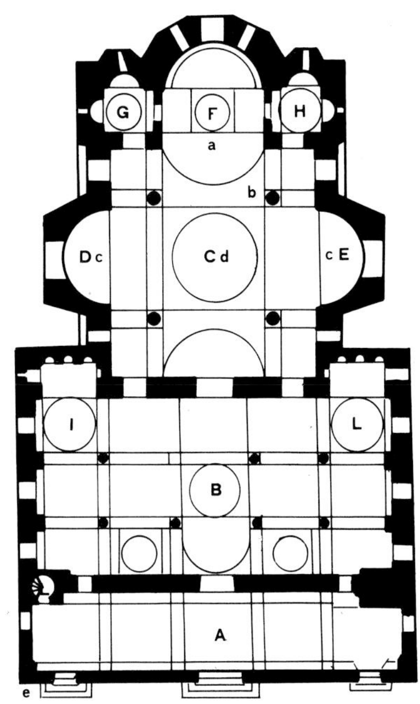

124. KATHOLIKON
Architektonische Elemente
A. Atrium; B. Lite; C. Naos; D. Nordchor; E. Südchor; F. Bema; G. Prothessis; H. Diakonikon; I. Kapelle der hl. Konstantin und Helena; L. Kapelle der Erzengel Michael und Gabriel

Liturgische und kultische Elemente
a. Ikonostase; b. Proskinitarion; c. Analoghia; d. Choros; e. Tiefrelief des hl. Demetrios

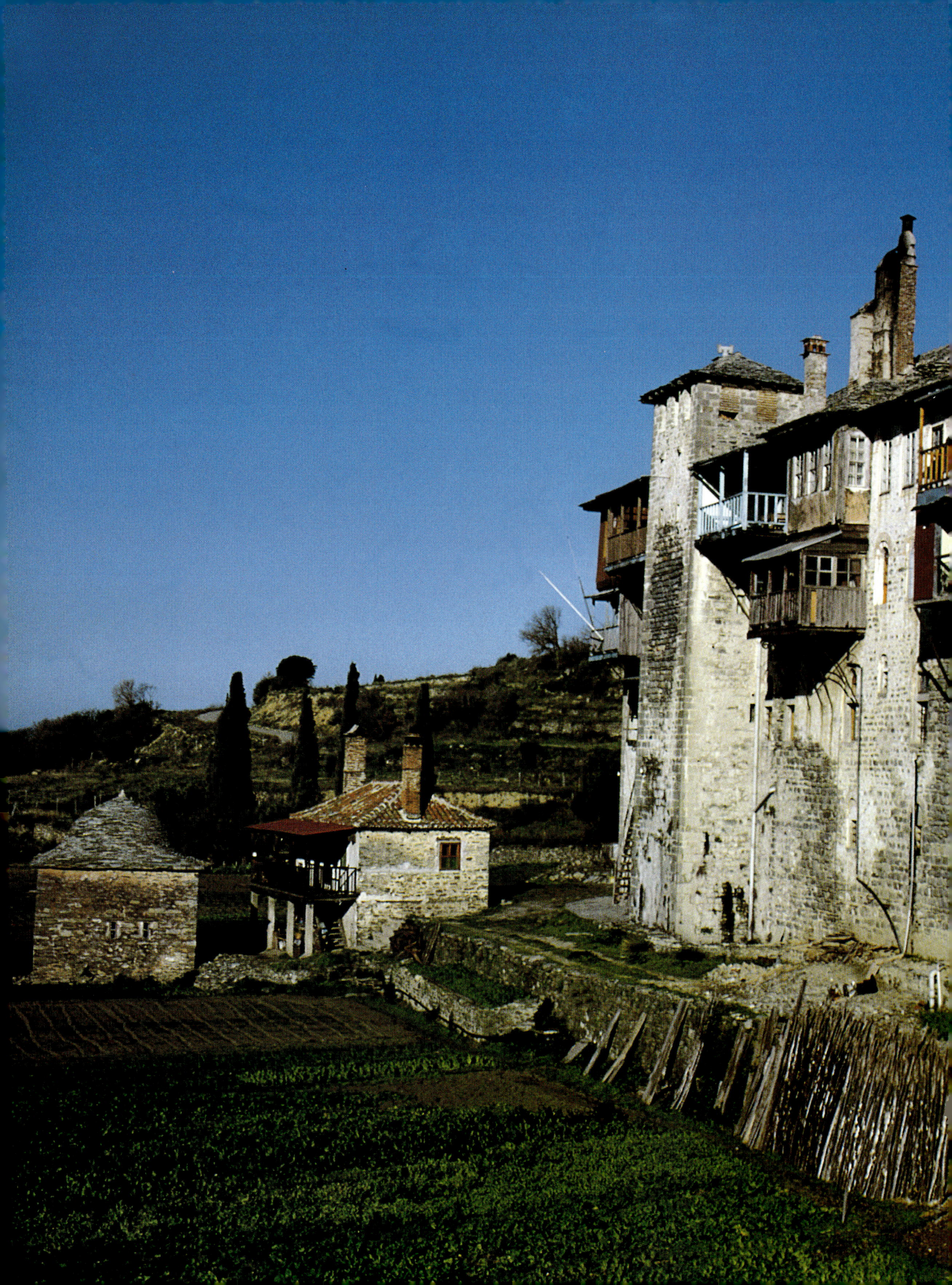

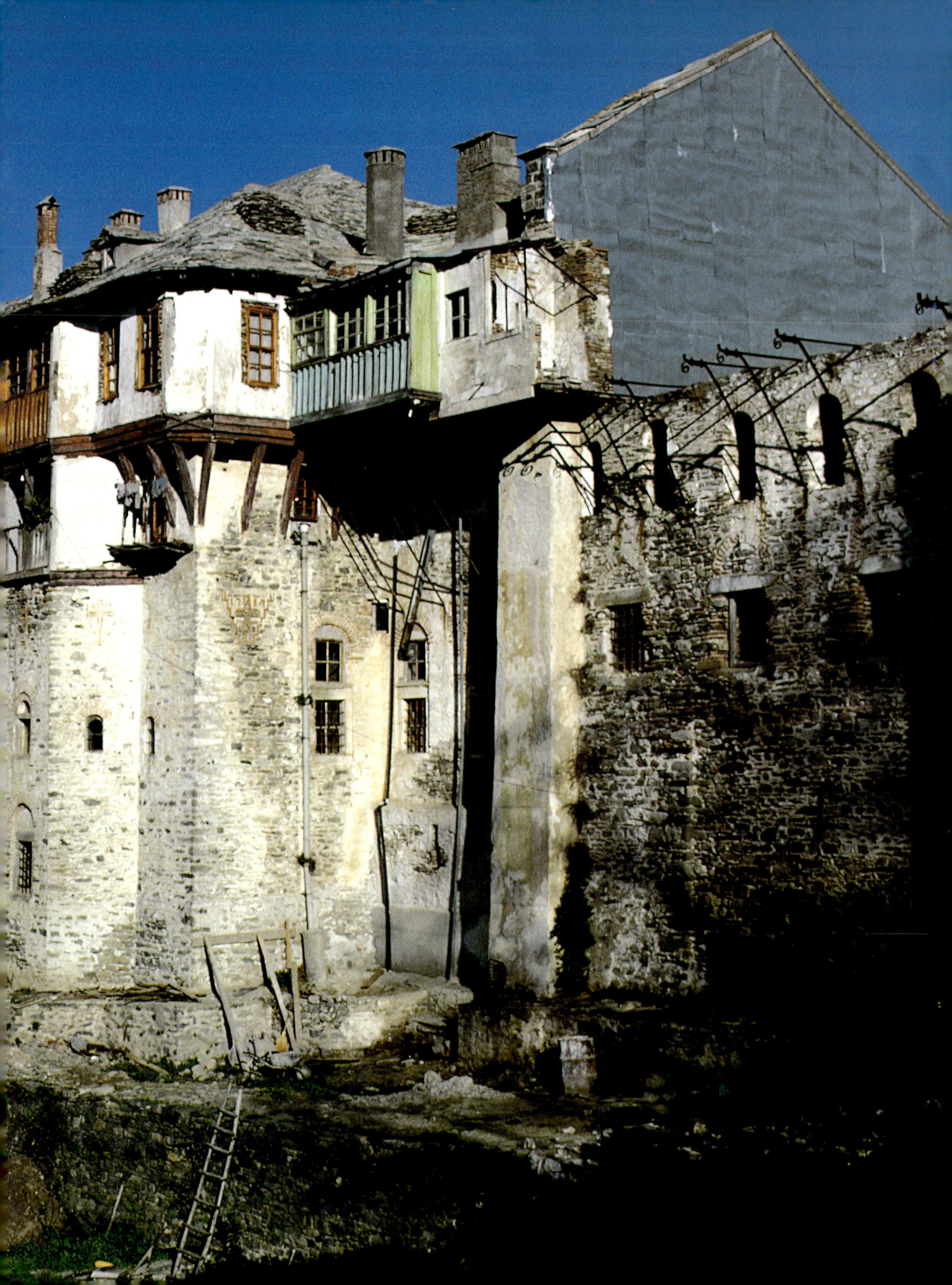

(vorhergehende Seiten)
Tafel 74. Kloster Xeropotamou

Simonopetra, Grigoriou und Dionysiou ab; zur gleichen Zeit wurden auch die serbischen Herrscher neben den byzantinischen Kaisern zu Gönnern. Sie unterstützten den Hegumenen Antonios, mit bürgerlichem Namen Arsenios Pagassis, und seine Nachfolger bei der Erweiterung von Xeropotamou, ließen einen Turm, die Schutzmauern und an der Nordseite die Kapelle der *Theotokos* errichten.

Der Bischof von Serbien, Georg Brankowitsch, finanzierte 1445 den Wiederaufbau des *Katholikons* in der Mitte des Innenhofs. Es ist nachvollziehbar, daß mit dem Fall von Konstantinopel (1453) und der Eroberung Serbiens durch die Türken (Fall von Smederova 1459) die wichtigsten Gönner des Klosters wegfielen, was der Finanzkraft des Klosters den Todesstoß versetzte. In jener Zeit wurde Xeropotamou nicht nur wiederholt von den Türken heimgesucht, sondern 1507 und 1609 auch von zwei verheerenden Bränden.

Beim Brand von 1507 wurde es so sehr zerstört, daß man lediglich die liturgischen Gewänder und die wertvollsten Objekte retten konnte; es fiel vom damaligen fünften auf den jetzigen achten Platz in der athonitischen Rangordnung zurück. In dieser schweren Zeit bekundete selbst Sultan Selim I. der Grausame sein Interesse an dem Kloster; nach einer Vision (die vierzig Märtyrer sollen ihm bei einem Kriegszug geholfen haben) erließ er das berühmte »Hatti Sherif«. In diesem »Heiligen Dokument« von 1517, das sich noch heute im Kloster befindet, wurden den athonitischen Kommunitäten, und im besonderen Xeropotamou, das ja den Märtyrern der Vision geweiht war, viele Privilegien und Steuerfreiheiten gewährt. Im 16. Jahrhundert fühlten sich auch die Wojwoden der Moldau und der Walachei, Neagoe Basarab und Alexandru Lapusneanu, dem Kloster verbunden; sie ließen unter anderem das Refektorium erbauen.

Ein neuer Brand legte es 1609 zur Hälfte in Schutt und Asche. Um das Zerstörte wieder aufbauen zu können; organisierten die Mönche regelrechte Volkszüge in die Donaufürstentümer. Sie trugen die Reliquien des Kreuzes Christi mit sich, führten Kollekten durch und baten auch bei den Fürsten in diesen Gebieten um Spenden. Besonders solidarisch mit Xeropotamou zeigten sich in dieser schwierigen Zeit die Patriarchen Timotheus II. und Methodios III. Thimotheus beschenkte das Kloster unter der Bedingung, bei der koinobitischen Regel zu bleiben, wie es in seinem *Sighillion* von 1611 geschrieben steht. Methodios erhob es 1671 in den Rang eines »patriarchalischen und aus der Quelle des Kreuzes stammenden«, und unterwarf es so seiner direkten Rechtsprechung.

Trotz dieses regelrechten Wetteiferns um Solidaritätsbezeugungen war das Kloster im 16. und 17. Jahrhundert in einer schwierigen wirtschaftlichen Situation, die durch ständige Rechtsstreitigkeiten mit anderen Klöstern noch erschwert wurde. Berühmt ist der Streit mit Koutloumous um das Eigentumsrecht auf das Kloster von Anapaussa; er zog sich jahrhundertelang hin und wurde schließlich um 1800 von Xeropotamou gewonnen.

Im 18. Jahrhundert kann das Kloster mit der Anwesenheit des Literaten und Politikers Kaisarios Dapontis aufwarten. Er war Diplomat am Hofe der moldauischen Fürsten Konstantin und Johannes Mawrokordatos und zog sich von 1757 bis 1784 als Mönch nach Xeropotamou zurück. Als wichtige, gebildete Persönlichkeit verlieh er dem Kloster Ansehen und ließ unter anderem 1761-1763 das *Katholikon* und die *Phiale* wiederaufbauen.

Das Kloster wurde jedoch von weiteren Zerstörungen heimgesucht. Die Ostseite trägt das Datum 1760, die Südseite wurde 1796 und 1820 wieder aufgebaut, mit den Mitteln, die ein letztes Zurschaustellen der Kreuzesreliquie einbrachte. 1863-1864 wurden der Nordflügel und die Hälfte des Westflügels erneuert. Im Wesentlichen datieren alle heute sichtbaren Bauten von der Zeit zwischen dem 18. und dem 20. Jahrhundert. Noch 1952 zerstörte ein Brand einen Großteil der Nord- und Ostseiten, die mit griechischer Finanzierung unter dem Hegumenen Eusebios wieder aufgebaut wurden. In jüngster Zeit, 1972, wurden das Gästehaus und die Südflügel vom Feuer heimgesucht, das sich auch auf die drei Kapellen ausbreitete und sogar einige Fresken zerstörte.

Kunst

KATHOLIKON

Das den vierzig Märtyrern von Sebaste geweihte *Katholikon* wurde von dem Mönch Kaisarios Dapontis 1761 bis 1763 auf den Ruinen des Vorgängergebäudes errichtet. Es hat den traditionell hagioritischen Grundriß, ist aber wegen der geographischen Formation des Umlands nach Norden orientiert. An der äußeren Südwestecke im Atrium ist ein

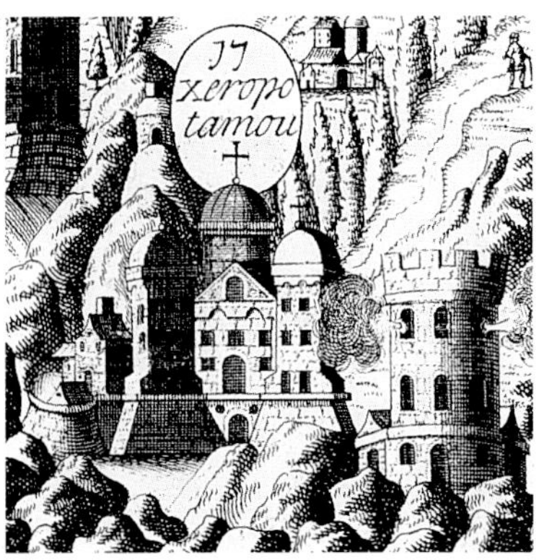

125. Radierung des Klosters (18. Jh.)

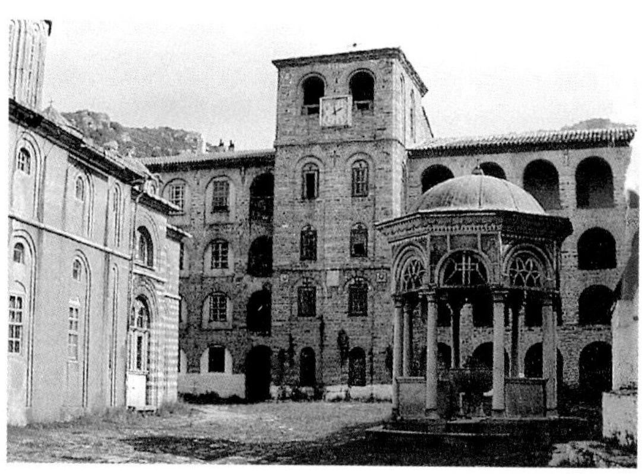

126. Innenhof mit Glockenturm und Phiale (beide 18. Jh.)

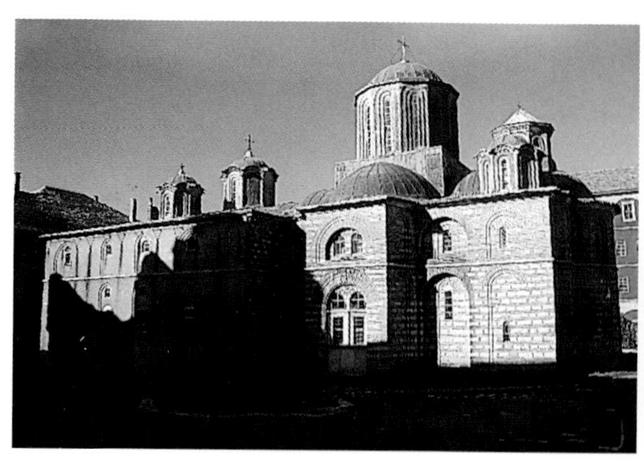

127. Katholikon

Tiefrelief aus mittlerer byzantinischer Zeit erhalten; es stellt den hl. Demetrios dar, stehend mit einem Kreuz in den Händen.

Das *Katholikon* wurde 1783 von Konstantin, Athanasios und Naum von Koritsa mit Fresken ausgemalt, die Szenen aus dem Alten und Neuen Testament darstellen.

Im *Bema*, in den Chören und im *Naos* sind zahlreiche wertvolle Ikonen erhalten, darunter die wundertätige Ikone der vierzig Märtyrer von Sebaste, Patronen des Klosters. Die Legende besagt, daß dem Sultan Selim I. (16. Jh.) die vierzig Märtyrer erschienen, die ihm den Sieg über die Araber versprachen, wenn er das Kloster restaurieren ließe; die von Selim gestiftete Ikone ist Zeugnis dafür, daß der Sultan den Anweisungen Folge leistete.

Die in Holz geschnitzte, vergoldete Ikonostase wurde zeitgleich mit oder kurz nach der Erbauung des *Katholikons* angefertigt.

Refektorium
Das Refektorium (*Trapesa*) befindet sich zu ebener Erde im Südflügel des Klosters gegenüber dem Eingang zum *Katholikon*. Es wurde um 1600 von dem walachischen Fürsten Alexandru Lapusneanu auf dem Grundriß eines lateinischen Kreuzes erbaut und 1859 von den Mönchen Sophronios und Nikephoros aus der *Skite* S. Anna mit Fresken geschmückt.

Phiale
Östlich vom *Katholikon* ließ Kaisarios Dapontis die *Phiale* in rosafarbenem Marmor erbauen. Die von dem Mönchen Seraphino von Kephalonia gestifteten Säulen wurden 1783 aufgestellt. Die Fresken der Kuppel zeigen Motive der Taufe und der Wassersegnung; auf der Brüstung ist eine Ansicht des Klosters dargestellt.

Glockenturm
Der Glockenturm (*kodonostssíu pirgos*) im Nordflügel des Klosters stammt aus der ersten Hälfte des 18. Jahrhunderts. Interessant sind die beiden Marmorköpfe auf der Höhe des ersten Stocks, die den hl. Paulos Xiropotaminos (links) und Pulcheria (rechts) darstellen. Der Kopf des hl. Paulus ist in einen grauen Stein eingebettet, in den die Aureole, die Drappetur und die Inschrift gehauen ist; das Kreuz, das um seinen Hals hängt, deutet auf seine priesterliche Funktion, die Aureole auf seine Heiligkeit hin. Der Kopf der Pulcheria aus dem 15. Jahrhundert soll Ähnlichkeit mit der Kaiserin aus dem 5. Jahrhundert, der Schwester von Theodosios II. und Frau von Markianos, haben. Das einzig Weibliche an diesem Gesicht sind jedoch die vielen Haare und der fehlende Bart. Genausogut könnte es sich auch, wie einige Forscher meinen, um Kaiser Arkadios, Pulcherias Vater, handeln.

Kapellen
Zu dem Kloster gehören zahlreiche Kapellen, davon 7 innerhalb der Klostermauern: Kapelle der Erzengel Michael und Gabriel links, Kapelle der Heiligen Konstantin und Elena rechts der *Lite* des *Katholikons*; Kapelle der Kreuzesabnahme im Südflügel; die Kapellen Johannes des Täufers und der Darbringung Mariens im Tempel im Westflügel; Kapellen des hl. Theodosios und des hl. Georg im Ostflügel.

Bibliothek und Schatzkammer
Die Bibliothek und die Schatzkammer belegen Räume über dem Atrium des *Katholikons*. In der Bibliothek (*Vivliotiki*) sind 409 Handschriften, davon ungefähr zwanzig auf Pergament und eine auf Seide, sowie knapp 4000 gedruckte Bücher erhalten. Zum Schatz (*Skevofilakion*) gehören viele wertvolle Gegenstände, darunter Reliquiarien, Kreuze, Kelche, Priestergewänder und liturgische Geräte. Sehr wertvoll ist ein Holzsplitter des Kreuzes Christi und der Hostienteller der Pulcheria.

An dem größten bekannten Holzsplitter des Kreuzes Christi kann man im unteren Teil das Loch sehen, das eines der Nägel geschlagen hat. Man ist sich uneinig, ob es ein Geschenk der Kaiserin Pulcheria (414-453) oder des Kaisers Romanos I. (920-944) ist. Aufbewahrt wird der Splitter in einer reichen, mit Rubinen, Smaragden und Diamanten besetzten Staurothek in Form eines Kreuzes mit zwei Querbalken. Echte byzantinische Ziselierarbeit ist der Hostienteller »der Pulcheria« aus grünem Ophit mit 15 cm Durchmesser und 36 Figuren. Er ist ein Meisterwerk der Mitte des 14. Jahrhunderts. In der Mitte ist die Gottesmutter *Vlachemitissa* mit erhobenen Händen dargestellt; sie wird von den Erzengeln Michael und Gabriel, beide in Diakonskleidung, beweihräuchert; vor ihrer Brust sieht man Christus Immanuel. Diese Mittelkomposition wird von zwei konzentrischen Kreisen eingerahmt. Im inneren Kreis feiern fünfzehn Engel die »Göttliche Liturgie«, im äußeren knien vierzehn Engel und Heilige vor dem Thron Gottes, der für das Jüngste Gericht vorbereitet ist (*Etimassia*).

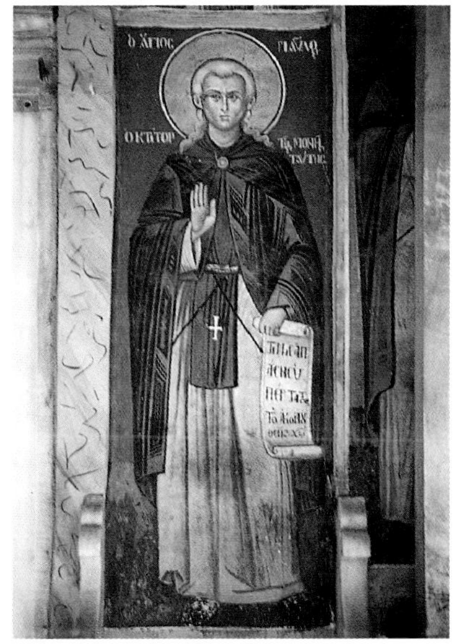

128. Hl. Paulos Xiropotaminos, Klostergründer, Fresko im Katholikon (Ende 18. Jh.)

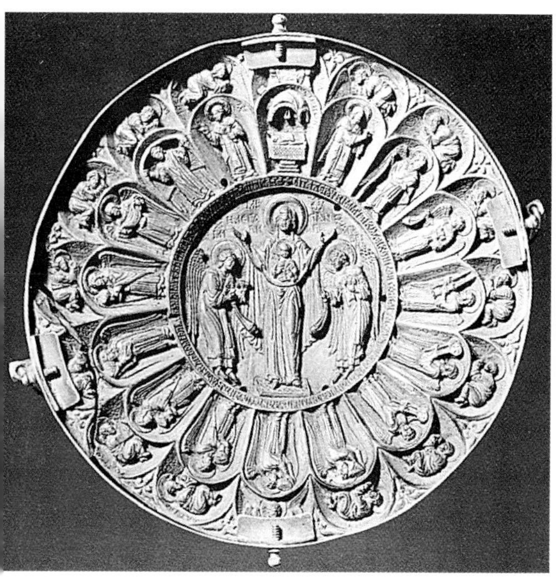

129. Hostienteller, genannt »der Pulcheria«, kostbarste Arbeit aus grünem Speckstein in Xeropotamou (14. Jh.)

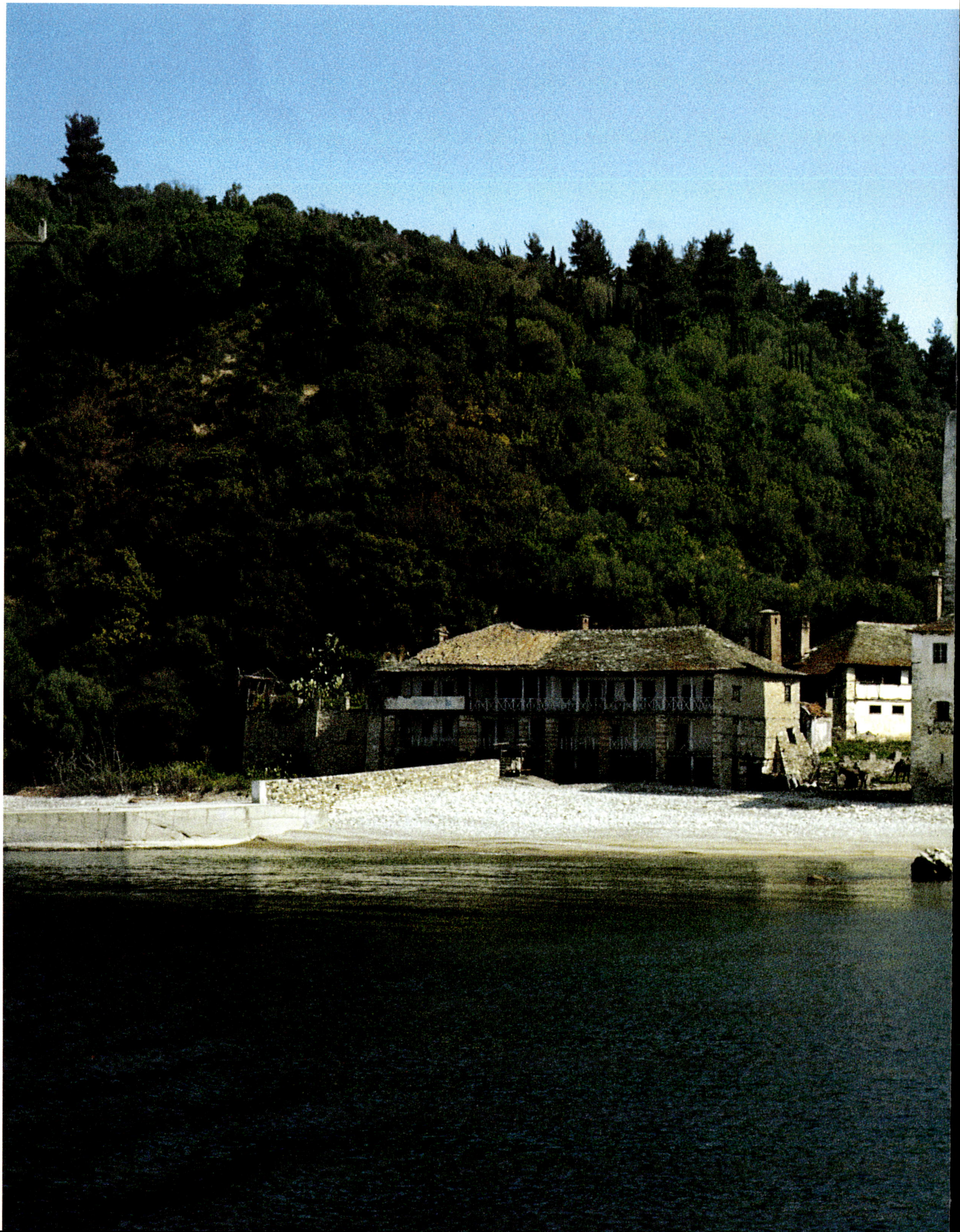

ZOGRAPHOU

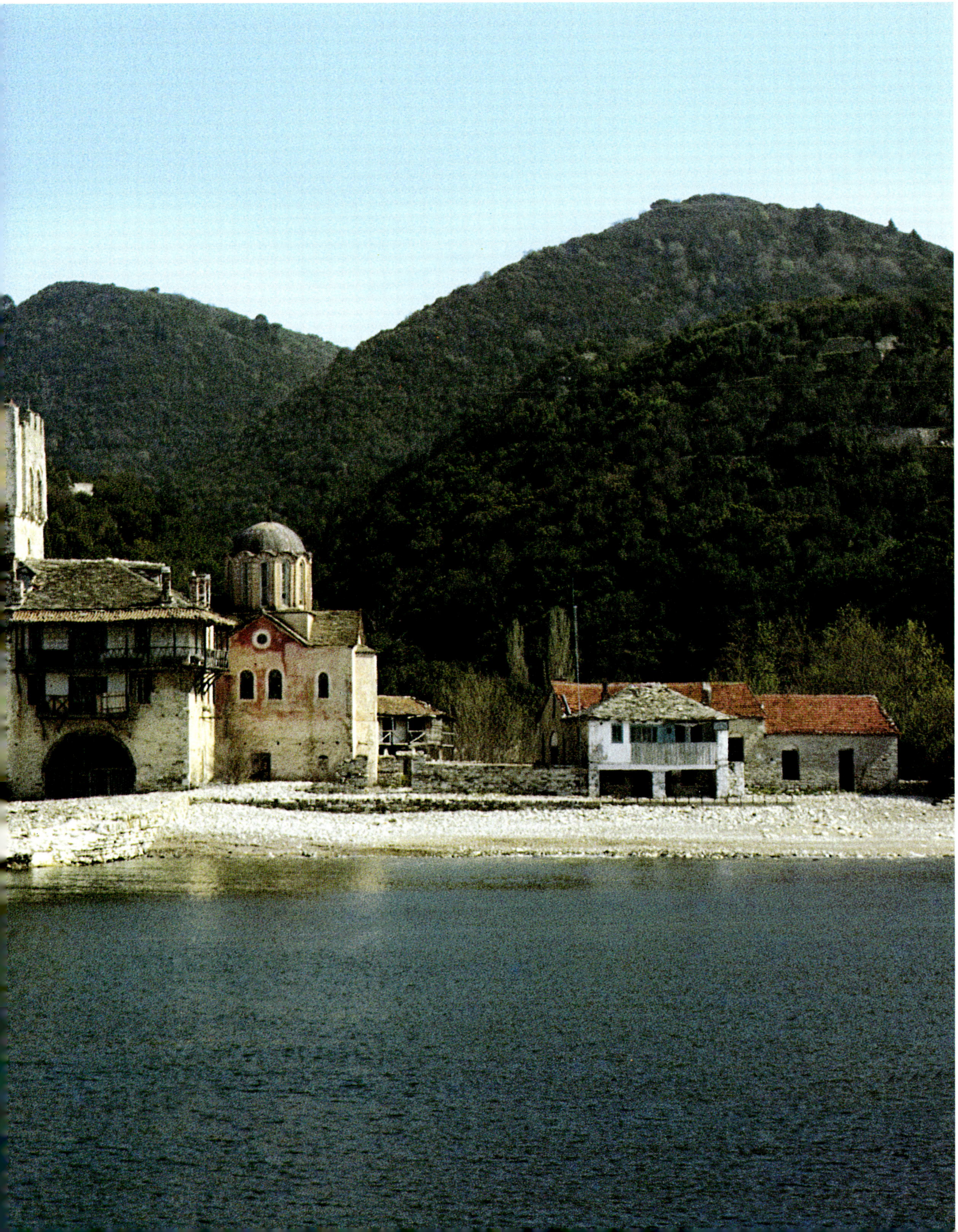

(vorhergehende Seiten)
Tafel 75. Hafen (Arsanas) des bulgarischen Klosters Zographou.

130. KATHOLIKON
Architektonische Elemente
A. Atrium; B. Lite; C. Naos; D. Nordchor; E. Südchor; F. Bema; G. Prothesis; H. Diakonikon

Liturgische und kultische Elemente
a. Ikonostase; b. Proskinitarion; c. Analoghia; d. Choros; e. Ikone des hl. Georg Achiropiites; f. Ikone des hl. Georg

131. KLOSTER
1. Eingang; 2. Katholikon; 3. Phiale; 4. Kapelle der Heimholung Mariens; 5. Antiunionistisches Denkmal; 6. Refektorium; 7. Glockenturm; 8. Kapelle der Heiligen Kyrillos und Methodios; 9. Gästehaus

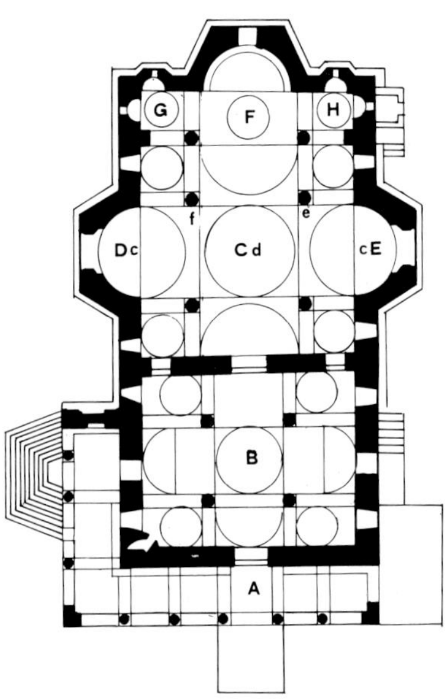

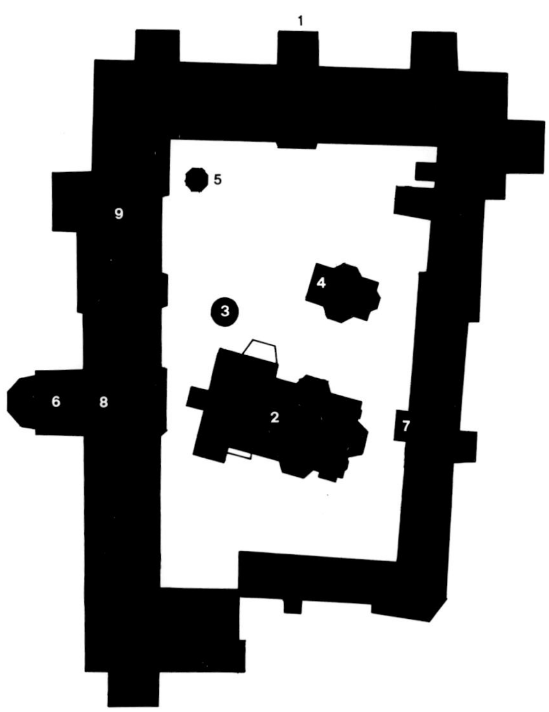

Das bulgarische Kloster Zographou liegt eindrucksvoll und monumental in einem blühenden Tal, eine Wegstunde von der Südwestküste der Halbinsel entfernt. Es ist dem hl. Georg geweiht (23. April) und belegt den neunten Platz in der Hierarchie der Klöster.

Es besitzt zahlreiche *Kathismata* und *Kellia*, unter anderem das *Kellion* der Verklärung in Karyes, wo der Vertreter bei der Heiligen Gemeinschaft residiert.

Geschichte

Nach der Legende gehen die Ursprünge des bulgarischen Klosters Zographou auf die Zeit Leons VI. des Philosophen (886-912) zurück. Damals sollen drei adlige Brüder aus Okrida, das sich in der heutigen Republik Makedonien, an der Grenze zu Albanien, befindet, am gleichnamigen See Mönche geworden sein und die Erbauung beschlossen haben. Die Legende berichtet, daß sich die drei Brüder Moses, Aaron und Johannes nicht einigen konnten, wem sie das Kloster weihen sollten. Der erste schlug Maria, der zweite den hl. Nikolaus und der dritte den hl. Georg vor; also beschlossen sie, dem Willen Gottes die Wahl zu überlassen. Sein Wunsch äußerte sich dadurch, daß auf einer Tafel das Bild des hl. Georgs erschien, der somit zum Patron des Klosters ausersehen war; seither wird es »Zographou« (des Malers) genannt.

Das erste Tipikon des Berges Athos (972) trägt an zwanzigster Stelle der siebenundfünfzig Unterschriften der Hegumenen und Kirchenmänner auch die Unterschrift eines Georg, der von Beruf Maler war. Was die Ursprünge Zographous betrifft, ist die Version die glaubwürdigste, die besagt, daß sich kurz vor diesem Datum einige Schüler um den angesehenen Mönch versammelten und ihm halfen, ein neues Kloster zu gründen.

In Zographou wohnten schon bald zahlreiche bulgarische Mönche, um 1200 wurde es auch »Kloster der Bulgaren« genannt. Im 13. Jahrhundert wurde es vom Kaiser Michael VIII. Paläologos (1259-1282) beschenkt, der nichtsdestotrotz die Mönche von dem Patriarchen von Konstantinopel, Johannes Bekkos, einem Anhänger der *Enossis*, der Union der lateinischen und griechischen Kirche, verfolgen ließ. Am 10. Oktober 1276 fielen den Anhängern Bekkos sechsundzwanzig Ordensleute zum Opfer; sie verbrannten bei lebendigem Leibe in dem Turm, in den sie sich zum Schutz vor den Gewalttätigkeiten geflüchtet und eingeschlossen hatten. Einige Jahre später wurde Zographou von katalanischen Piraten ausgeplündert und durch einen Brand halb zerstört. Zahlreiche Mönche wurden dabei hingemetzelt. Nach diesem Unglück konnte es dank der Zuschüsse der Paläologenkaiser Andronikos II. (1282-1328) bis Johannes V. (1341-1391) schnell wieder aufgebaut werden.

Zur Zeit der türkischen Besatzung verfiel es und wurde fast gänzlich verlassen; Fürst Stephan III. der Gute aus der Ungarwalachei bemühte sich um das Kloster und setzte sich sehr dafür ein, es erneut lebensfähig zu machen. Tatsächlich bevölkerte es sich ab 1502 langsam wieder. Im 18. Jahrhundert wurde es außer von bulgarischen Mönchen auch von Serben und Griechen bewohnt; in der zweiten Hälfte jenes Jahrhunderts lebte hinter diesen Klostermauern der Mönch Pisij, der unter anderem eine Geschichte der bulgarischen Nation verfaßte.

Die jetzigen Bauten sind eher neueren Datums: der Südostflügel wurde Anfang des 18. Jahrhunderts restauriert, das *Katholikon* 1801 neu errichtet. Der großartige Klostereingang, der Nordflügel und der majestätische Westflügel wurden nach 1862 erbaut, in einer Zeit höchsten Wohlstands. 1841 kehrten die Mönche zum koinobitischen System zurück; seit 1845 überwiegen wieder die Bulgaren.

Wie alle bulgarischen Mönche auf Athos, nahmen auch die Mönche von Zographou nicht am Religionsschisma gegen Ende des letzten Jahrhunderts teil; sie blieben »orthodoxe Bulgaren«.

Kunst

KATHOLIKON

Das jetzige *Katholikon*, dem hl. Georg geweiht, wurde 1801 nach traditionell hagioritischem Grundriß als Dreikonchenkirche mit *Lite* erbaut. Sein Äußeres ist durch die abwechselnde Farbigkeit der hellen Steine und der Bänder von roten Ziegeln besonders anmutig.

Das Atrium mit Glasfenstern wurde erst 1840 angefügt, die Fresken im *Naos* sind von 1817.

An den Säulen vor der Ikonostase hängen zwei wundertätige Ikonen, die beide den hl. Georg darstellen. Stärker verehrt wird die rechte, *Archeiropoietos* (nicht von menschlicher Hand) genannt, um die sich folgende Legende rankt: Die drei Klostergründer konnten sich nicht einigen, wem sie das Kloster weihen sollten, ob der Gottesmutter, dem hl. Nikolaus oder dem hl. Georg. Also bereiteten sie eine weiße Tafel vor, legten sie in die Kirche, schlossen sofort darauf die Türen und baten Gott, seinen Willen kundzutun. Am nächsten Tag fanden sie auf der Tafel das Bildnis des hl. Georgs gemalt, dem so das Kloster geweiht wurde, das seit damals »Zographou« (des Malers) genannt wird. Eine weitere Legende erzählt, daß ein Bischof von Hierissos nicht an diese Geschichte glaubte; er berührte die Ikone mit einem Finger und konnte ihn nicht mehr von dem Bild lösen: Der Finger wurde abgeschnitten und noch heute kann man ihn auf der Wange des hl. Georg unter dem linken Auge sehen.

Die zweite Ikone mit dem hl. Georg, auf der linken Säule, soll, so die Legende, aus Arabien stammen. Sie soll auf dem Meer geschwommen und dann von der Bucht von Vatopedi auf einem Eselsrücken zum Kloster getragen worden sein; 1822 wurde sie reich mit Silber dekoriert.

An der Ikonostase des Katholikons befindet sich eine weitere wundertätige Ikone: die der *Panaghia Epakussa* (die Gebete erhört).

Im 13. Jahrhundert soll ein bulgarischer Mönch namens Kosmas vor dieser Ikone gebetet und die Gottesmutter gefragt haben, wie er die Erlösung seiner Seele erlangen könnte, als er auf einmal eine Stimme hörte: es war die Gottesmutter, die ihrem Sohn diese Frage vorlegte. Die Antwort war: »Kosmas muß das Kloster verlassen und Eremit werden«; und so soll es geschehen sein.

Im *Bema* sind Reliquien des hl. Georgs, des hl. Athanasios, des hl. Theodoros Teron, des hl. Prokopios, des Evangelisten Matthäus, des hl. Barlaam, des hl. Jakobos des Persers und des hl. Theodosios Koinobiarches aufbewahrt.

Refektorium

Das Refektorium (*Trapesa*) liegt gegenüber dem Eingang zum *Katholikon*, im Westflügel des Klosters. Der Bau stammt aus der zweiten Hälfte des 19. Jahrhunderts, als die West- und Nordflügel erbaut wurden. Es handelt sich um einen besonders großen, freskenlosen Raum.

Phiale

Die *Phiale*, nordwestlich des *Katholikons*, ist ganz aus Marmor, mit einer Kuppel, die von acht Säulen getragen wird. Den Brunnen in der Mitte trägt eine marmorne Mönchsfigur, das Wasser fließt aus Löwenköpfen.

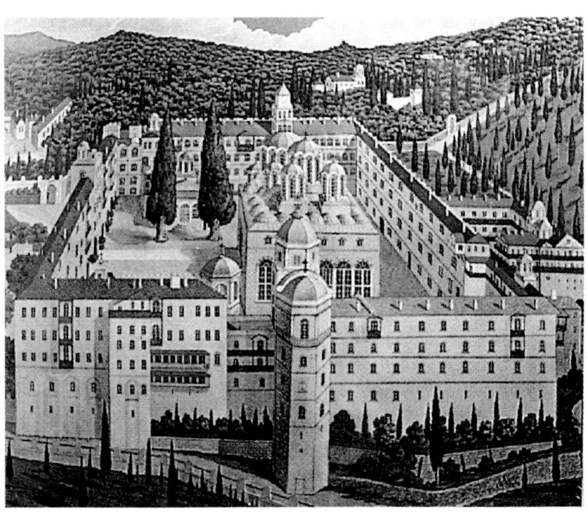

133. Das Kloster in einer Lithographie aus dem 19. Jh.

Antiunionistisches Denkmal

In der Nordwestecke des Hofes steht ein Denkmal, das 1873 zum Gedenken an die 26 Mönche errichtet wurde, die am 10. Oktober 1276 im Klosterturm lebendig verbrannt wurden. Die Mönche von Zographou hatten sich in unerschütterlicher antiunionistischer Haltung den Anhängern der Union (*Enossis*) mit der römischen Kirche widersetzt.

Kapellen

Innerhalb der Klostermauern zählt man acht Kapellen: Mariä Heimholung wurde zwischen 1758 und 1764 neben dem Katholikon erbaut und weist Fresken von 1780 auf; die Kapelle der Heiligen Kyrillos und Methodios wurde 1896 über der *Trapesa* erbaut; die Verklärungskapelle wurde 1869, die Kapelle des Täufers 1768 mit Fresken geschmückt; die anderen Kapellen sind dem hl. Demetrios, den Heiligen Anargyren Kosmas und Damian, den Erzengeln Michael und Gabriel und den 26 Märtyrern geweiht.

In der Kapelle Mariä Heimholung (*Kimissis tis Theotoku*) ist eine wundertätige Ikone der *Panaghia* vom *Akathistos*-Typ aufbewahrt, die auf serbisch *Khairovo* genannt wird (die man mit »Gegrüßet seist du« grüßt, oder Gottesmutter des Grußes). Die Ikone trägt auch den Namen *Paranghellomeni* (die warnt). Es ist überliefert, daß ein Asket, der als Einsiedler lebte, eines Tages, als er wie gewohnt vor der Ikone den Akathistos-Hymnus las, von der Gottesmutter unterbrochen wurde. Sie teilte ihm mit, daß die »lateinfreundlichen« Soldaten (Unionisten) von Michael VIII. das Kloster angreifen würden, und forderte ihn auf, die Mönche, die ja nicht auf das Martyrium vorbereitet seien, zu warnen, damit sie das Kloster verlassen und sich in Sicherheit bringen konnten. Der Mönch lief sofort zum Kloster und benachrichtigte seine Mitbrüder. Die meisten brachten sich in Sicherheit; nur eine Gruppe von 26 Mönchen weigerte sich zu fliehen und verschanzte sich zusammen mit der Ikone im Turm. Der Turm wurde angezündet und die 26 Mönche starben im Feuer. Nur die Ikone blieb auf wundersame Weise unversehrt.

Bibliothek

Die Bibliothek belegt einige Räume im Turm; sie umfaßt 126 griechische und 388 slawische Handschriften, 26 davon auf Pergament, sowie circa 10.000 gedruckte Bücher, viele davon in bulgarischer Sprache.

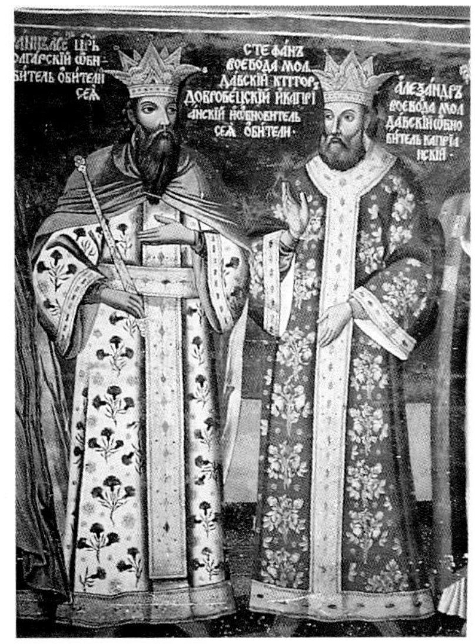

132. Zar Johannes und Wojwode der Moldauwalachei Stephan, Gönner des Klosters, in einem Fresko im Katholikon (1817)

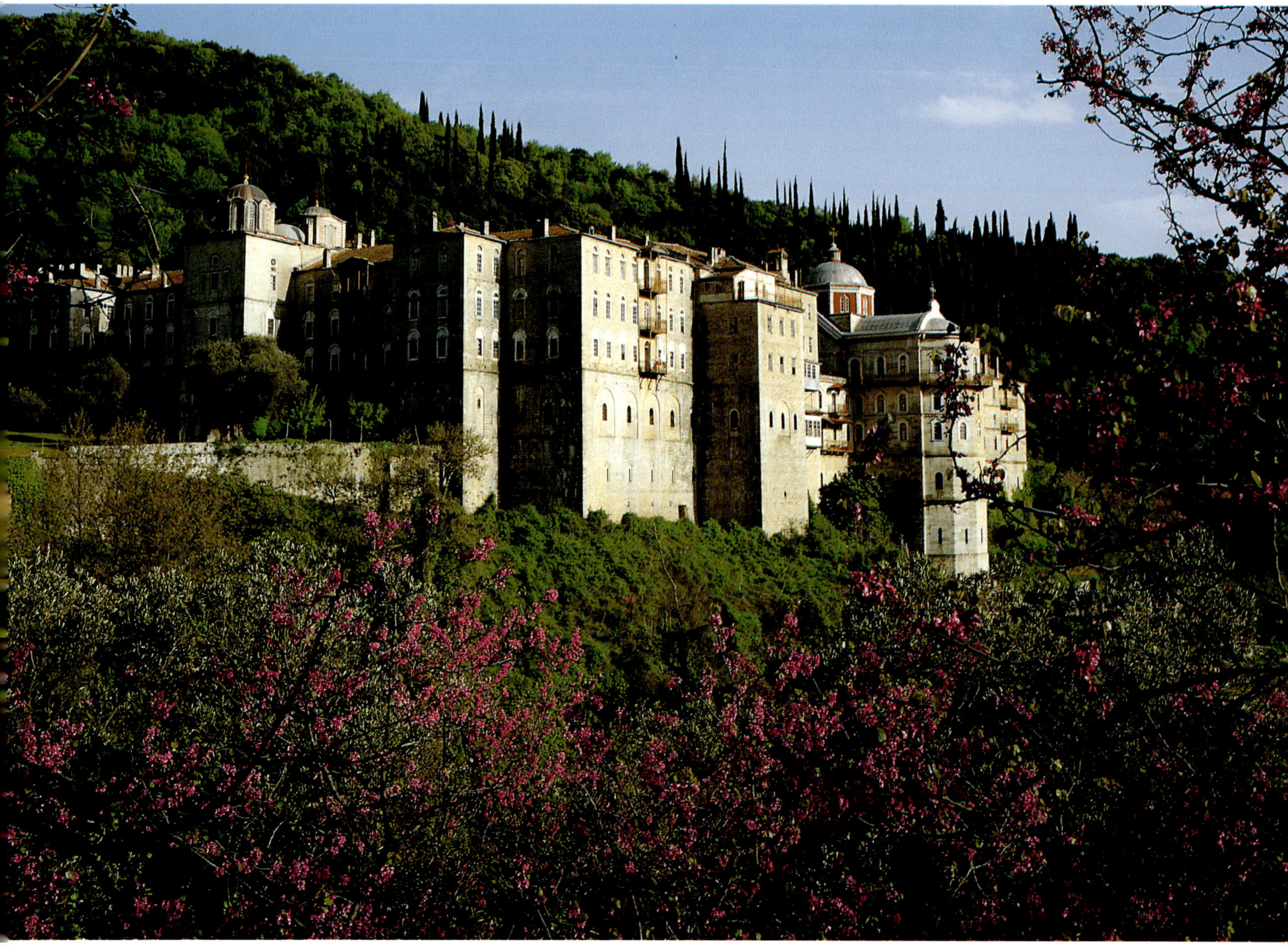

Tafel 76. Die mächtigen Mauern von Zographou (19. Jahrhundert)

Tafel 77. Der majestätische Turm des Klost
Dochiariou (Anfang 17. J

DOCHIARIOU

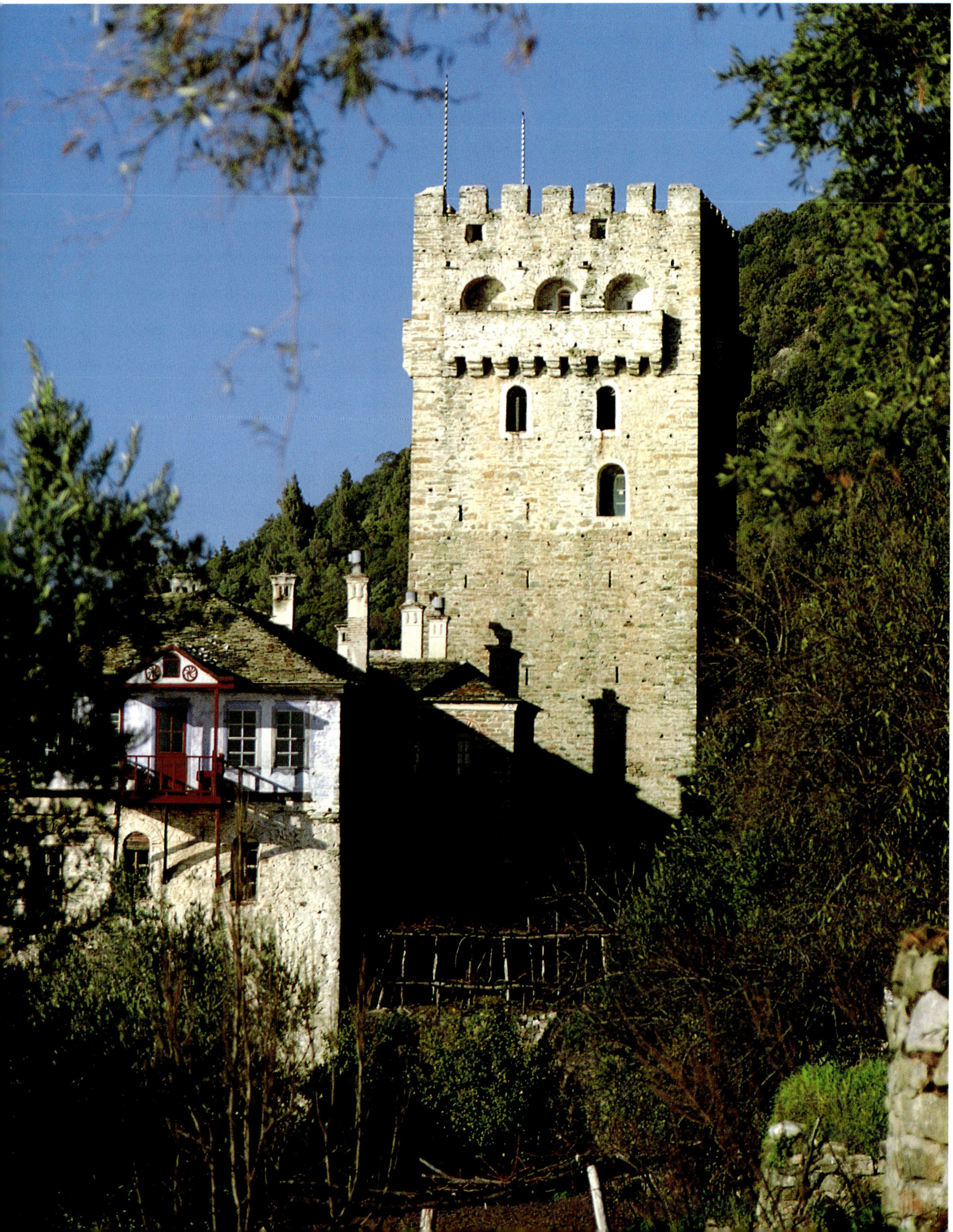

134. KLOSTER
1. Eingang; 2. Katholikon; 3. Refektorium; 4. Küchen; 5. Phiale; 6. Turm / Bibliothek; 7. Kapelle der Gottesmutter Gorgoepikoos; 8. Empfang und Schatzkammer; 9. Gästehaus; 10. Mönchszellen

135. KATHOLIKON
Architektonische Elemente
A. Exonarthex; B. Lite; C. Naos; D. Nordchor; E. Südchor; F. Bema; G. Prothessis; H. Diakonikon; I. Kapelle

Liturgische und kultische Elemente
a. Ikonostase (1783); b. Proskinitarion; c. Analoghia; d. Choros; e. Grab des Teophanes, Metropolit der Moldauwalachei (1598)

Fresken
1. (Kuppel) *Pantokrator; 2.* (Pendentif) *Hl. Markus; 3.* (Pendentif) *Hl. Lukas; 4.* (Pendentif) *Hl. Johannes; 5.* (Pendentif) *Hl. Matthäus; 6.* (Apsiskonche) *Gottesmutter zwischen den Erzengeln Michael und Gabriel*

Kirchenfeste
7. (Konche) *Verklärung; 8.* (Konche) *Abstieg in das Reich der Toten; 9.* (Mitte) *Verkündigungsengel; 10.* (Mitte) *Maria der Verkündigung; 11.* (Mitte) *Mariä Heimbolung; 11.* (oben) *Kreuzigung; 12.* (Gewölbe) *Geburt Christi; 13.* (Gewölbe) *Darbringung Jesu im Tempel; 14.* (Gewölbe) *Himmelfahrt; 15.* (Gewölbe) *Pfingsten*

Leben Christi
12. (oben) *Kindermord zu Betlehem; 13.* (oben) *Taufe Jesu; 16.* (oben) *Erweckung des Lazarus; 17.* (oben) *Einzug in Jerusalem; 17.* (oben) *Die Union von Bethania; 18.* (Gewölbe) *Letztes Abendmahl, Fußwaschung; 18.* (oben) *Dornenkrönung, Christus vor Pilatus; 19.* (Gewölbe) *Urteil des Annas und Kaiphas, Verleugnung durch Petrus; 19.* (oben) *Kreuzabnahme, Pietà; 20.* (Gewölbe) *Grablegung; 20.* (oben) *Grabwache; 21.* (oben) *Frauen am Grab; 8.* (oben) *Christus und Maria Magdalena; 22.* (oben) *Christus in Emmaus; 23.* (Gewölbe) *Ungläubiger Thomas; 23.* (oben) *Der wundersame Fischfang*

Von Norden kommend ist Dochiariou das erste Kloster, auf das man an der Südwestküste der athonitischen Halbinsel trifft, gleich nach den kleinen Häfen von Zographou und Konstamonitou. Es ist eines der malerischsten auf Athos und sehr reich an reiner byzantinischer Kunst.

Den Erzengeln Michael und Gabriel geweiht (8. November), belegt es den zehnten Platz in der Hierarchie der Klöster.

Zu Dochiariou gehören zwei *Kellia* in Karyes, das der fünf Märtyrer und das aller Heiligen, die den Vertretern bei der Heiligen Gemeinschaft als Residenz (*Konakia*) dient.

Geschichte

Nach der Überlieferung wurde Dochiariou im 10. Jahrhundert vom hl. Euthymios von Konstantinopel, Schüler und Askesengefährte des hl. Athanasios, gegründet.

Euthymios war *Dochiaris* im Kloster der Großen Lavra, und von dieser Tätigkeit erhielt er seinen Beinamen. Er gründete später in der Nähe des Hafens von Daphni ein kleines Kloster, das dem hl. Nikolaus geweiht war. Dieses verschwand sehr bald, vielleicht weil es den Pirateneinfällen zu sehr ausgesetzt war. Seine Mönche bauten es ganz in der Nähe an einem Ort, der besser zu verteidigen war, unter der Leitung von Euthymios wieder auf. Auf dem ersten Typikon des Berges Athos (972) findet man den Hegumenen Euthymios an vierundzwanzigster Stelle von siebenundfünfzig Unterschriften.

Der erste bekannte Gönner war Kaiser Michael VII. Dukas (1071-1078); mit seinen beachtlichen Spenden ermöglichte er die Renovierungen und Erweiterungen des Klosters, die 1092 von dem adligen Hegumenen Neophytos geleitet wurden.

Im zweiten *Typikon* des Berges Athos (1045) steht es an zehnter Stelle der 180 Klöster jener Zeit. Dies zeigt, daß Dochiariou von seiner Gründung bis ungefähr Ende des 13. Jahrhunderts eine Blütezeit erlebte, bis Pirateneinfälle diesen glücklichen Zustand beendeten.

Im 14. Jahrhundert wurde es von Kaiser Johannes V. Paläologos (1341-1391) und vom serbischen König Stephan Duschan (1331-1355) mit Spenden großzügig bedacht. Es konnte sich das heute nicht mehr existierende Kloster Kalligraphos aneignen. Kalligraphos war sehr alt, schon im ersten Typikon des Berges Athos erscheint es mit der Unterschrift seines Hegumenen Nikolaos, der von Beruf *Kalligrafos* (Kopist) und wahrscheinlich sein Gründer war.

Es wurde zwar weiterhin von Piraten heimgesucht, aber das endgültige Ende brachte die türkische Invasion. In den ersten Jahren dieser Herrschaft verfiel Dochiariou regelrecht; es erholte sich erst wieder ab 1560, als der Priester Georg aus Adrianopolis in dem halbverlassenen Kloster auftauchte. Er war auf Fürbitten der Erzengel Michael und Gabriel auf wundersame Weise von einer schweren Krankheit geheilt worden. Aus Dankbarkeit zu den Erzengeln, denen Dochiariou geweiht ist, beschloß er, sein Leben und seine Besitztümer in den Dienst dises Klosters zu stellen. Er begann mit den Wiederaufbauarbeiten, und Dochiariou konnte wiederaufleben.

Wenige Jahre später, 1567/68, unterstützten der Wojwode der Moldau, Alexandru IV. Lapusneanu (1564-1568), und seine Frau Roxandra Domna,

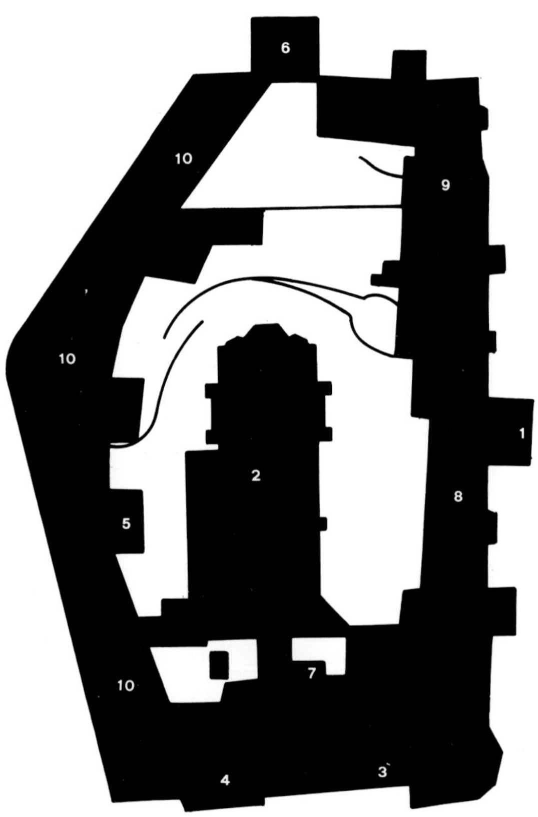

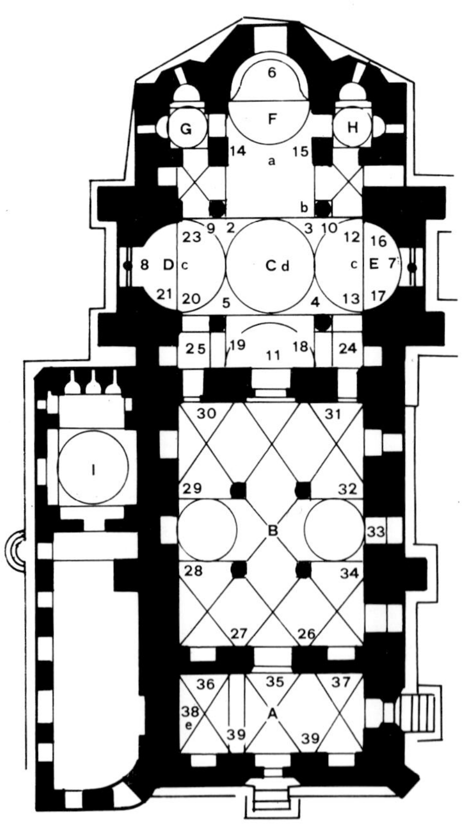

beide große Gönner der athonitischen Klöster, auch Dochiariou. Sie kauften einige Ländereien frei, die schon früher zum Kloster gehört hatten und gaben sie ihm zurück; auch das jetzige *Katholikon*, von traditionell hagioritischem Typ und eines der größten auf Athos, ließen sie errichten.

Das Kloster konnte in der Folgezeit mühelos überleben, dank der Stiftungen weiterer Gönner, wie dem großen *Postelnikos* Ghiannakis und dem Graf Apostolakis Anfang des 17. Jahrhunderts. Aus jener Zeit stammen der Südflügel und der mächtige Turm, der dem Kloster den Eindruck einer mittelalterlichen Festung verleiht. Im 18. Jahrhundert wurden dann der Glockenturm und der Nordostflügel erbaut.

Im griechischen Unabhängigkeitskrieg (1821) wurden die Ländereien konfisziert; ein Teil der Mönche wurden von den türkischen Truppen Mehemet Paschas umgebracht.

Kunst

KATHOLIKON

Das den Erzengeln Michael und Gabriel geweihte *Katholikon* wurde 1568 auf Wunsch des moldauwalachischen Fürsten Alexandru IV. Lapusneanu und seiner Frau Roxandra erbaut, die sogenannten »zweiten Gründer« von Dochiariou.

Im Grundriß handelt es sich um den traditionell hagioritischen Trekonchos mit *Lite*. Letztere wird von vier Säulen getragen und ist außergewöhnlich groß; in der Grundfläche übertreffen *Lite* mit Exonarthex sogar den *Naos* mit *Bema*.

Von außen ist der Einfluß moldawischen Kirchenbaus zu erkennen, nämlich in der außergewöhnlichen Höhe der Mauern, im wuchtigen Charakter des Baus und in der Verwendung von Strebemauern, die den Seitenschub der Gewölbe abfangen und einzigartig auf Athos sind. Dies läßt auf eine Mitarbeit moldauischer Architekten schließen, die wohl von den obenerwähnten moldauischen Fürsten bevorzugt wurden.

Die Fresken an den Wänden des Exonarthex, der *Lite* und des *Naos* sind von 1568, von unbekannten Künstlern der kretischen Schule; ikonographisch, stilistisch und technisch repräsentieren sie die Nachfolge des Meisters jener Schule, Theophanes von Kreta. Unglücklicherweise wurden die Fresken 1855 restauriert; trotzdem verleihen sie mit ihrer üppigen Vielfalt der dargestellten Szenen und mit der Lebhaftigkeit der Farben den Räumen Eleganz und Leichtigkeit.

Die ikonographischen Themen sind die traditionellen: In der Apsiskonche die Gottesmutter, in der Kuppel der *Pantokrator*, an den Pendentifs die Evangelisten, die Großen Feste in den Chören und den Gewölben und die Passion Christi, das Kreuz und die Wunder im Westarm. Die eindrucksvollsten Kompositionen aber sind der Baum Jesse an der Nordseite der *Lite* sowie das Jüngste Gerichts an der Ostseite im Exonarthex. Der Baum Jesse zeigt die Genealogie Christi; Jesse, Davids Vater und Patriarch aus dem königlichen Geschlecht in Israel, ist die Wurzel des Baums, Maria der Zweig und Christus der Trieb. Das Jüngste Gericht folgt dem traditionellen Aufbau: Christus im Zentrum ist von einer Schar Engel umgeben; ihm stehen die Gottesmutter und der Täufer in *Deesis* zu Seiten; außerdem die Apostel auf Richterstühlen, sowie Gruppen von Auserwählten und Verdammten.

Sehr interessant sind auch zwei sich gegenüberliegende Fresken in der *Lite*, eine Szene aus der Genesis an der Nord-, der Weinstock an der Südwand. Die Szene aus der Genesis zeigt in gefällig-erzählerischem Stil Adam, der sich in Segensgestus an die Vögel, Säugetiere und Reptilien wendet. Der Weinstock zeigt Christus als Stock selbst, der über den Pflanzensaft die Gnade verbreitet; dieser nährt die Reben, Symbole für die Apostel, und mit ihnen alle Gerechten. Christus ist in der Mitte dargestellt, mit einem offenen Buch auf der Brust, in das »Ich bin der Weinstock, ihr die Reben« geschrieben ist.

An der Südwandmitte der *Lite* findet man Bildnisse des Fürsten der Moldau, Alexandru IV., seiner Frau Roxandra und deren Söhne. An der Nordwand

Fortsetzung von Seite 176

Weitere Motive im Naos
16. (unten) *Wiedereinführung der Bildnisse; 22.* (unten) *Kreuzabnahme; 24.* (Mitte) *Szenen aus dem Leben der Gottesmutter; 25.* (Mitte) *Szenen aus dem Leben des Täufers*

Weitere Motive in der Lite
26. Erstes Konzil (Nizäa – 325 n. Chr.); 27. Siebtes Konzil (Nizäa – 787 n. Chr.); 28. Baum Jesse; 29. Adam im himmlischen Paradies; 30. Gottesmutter und Fürbitter hl. Nikolaus; 31. Christus und Johannes der Täufer; 32. Baum des Lebens; 33. Fürst Alexander, seine Frau Roxandra und ihre Söhne (Gönner des Klosters); 34. Himmelsleiter

Weitere Motive im Exonarthex
35. Jüngstes Gericht: Christus als Richter; 36. Jüngstes Gericht: Paradies; 37. Jüngstes Gericht: Hölle; 38. Heimholung des hl. Ephräm; 39. Wunder der Erzengel Michael und Gabriel (Beschützer des Klosters)

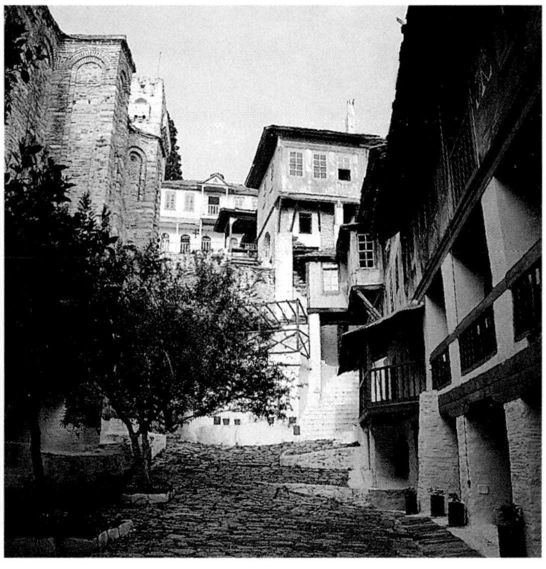

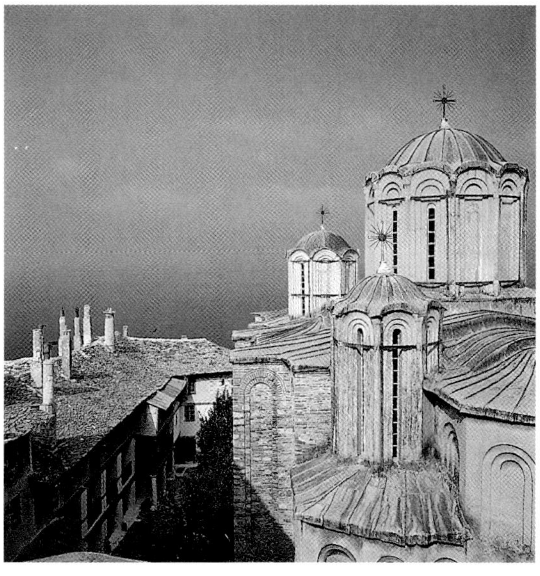

136. Innenhof des Klosters

137. Katholikon, 1568 mit Unterstützung der moldawischen Prinzen erbaut

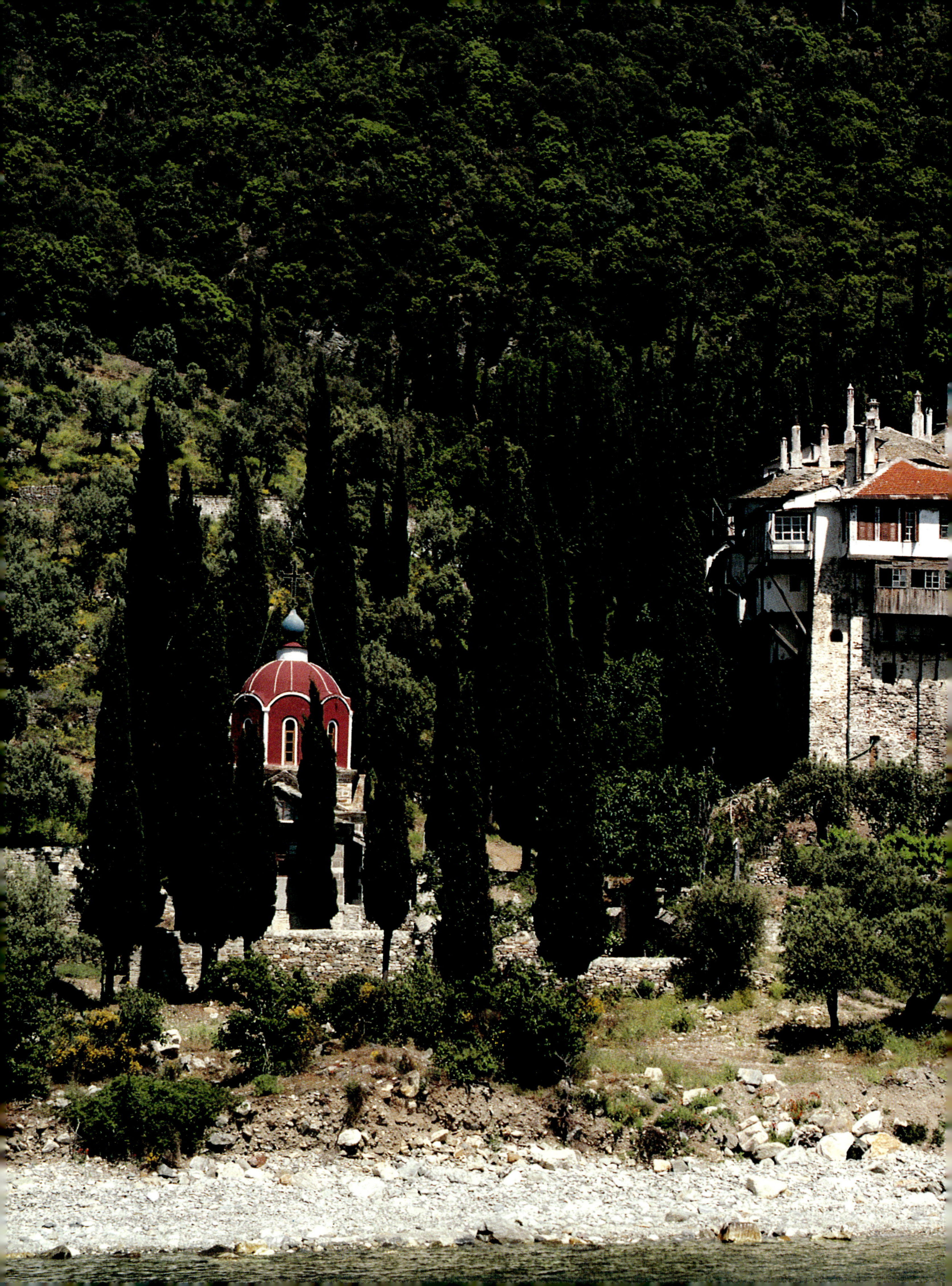

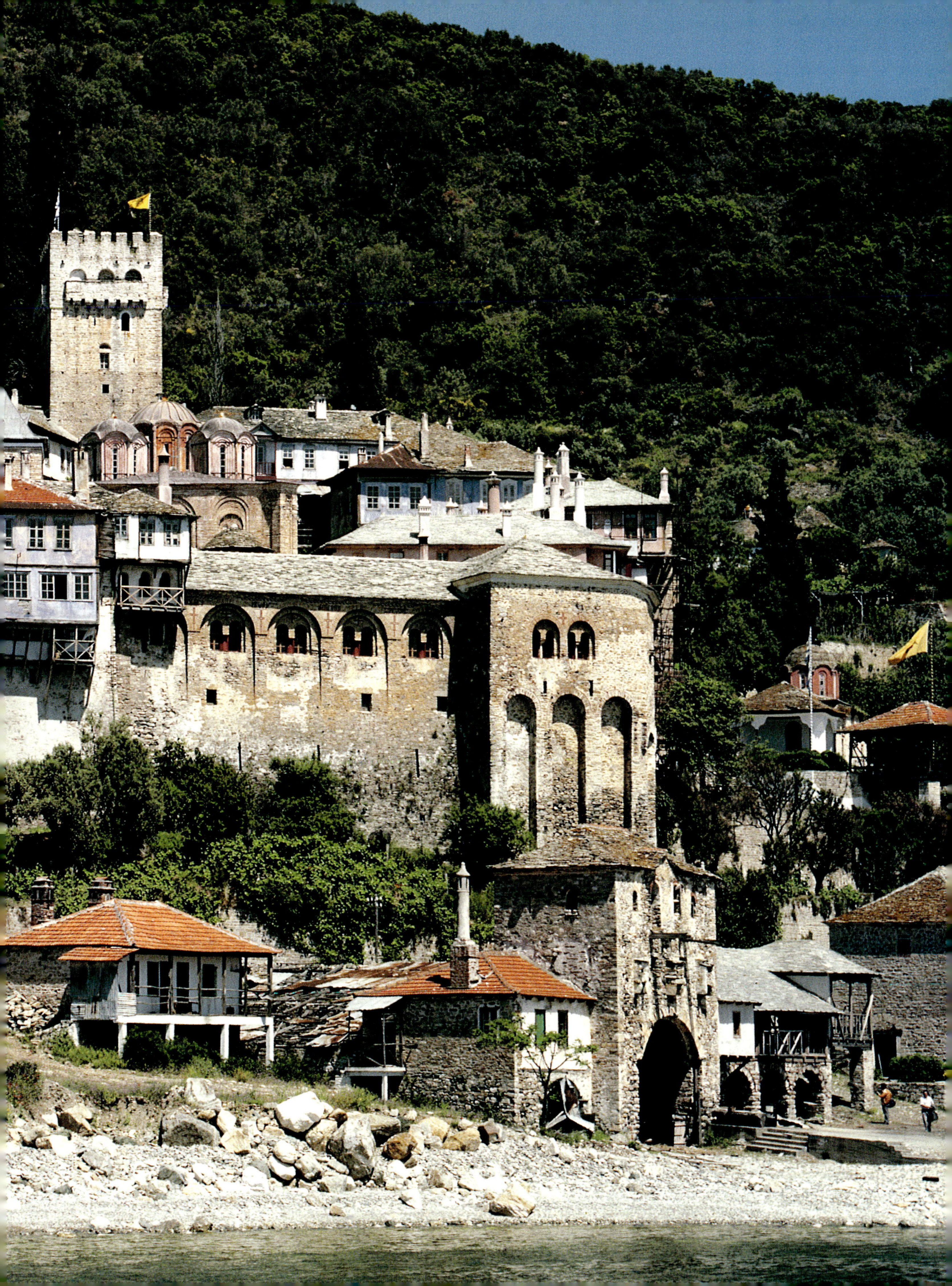

(vorhergehende Seiten)
Tafel 78. Blick vom Meer auf das Kloster Dochiariou

des Exonarthex ist Theophanes begraben, Metropolit der Donaufürstentümer; er verbrachte die letzten Jahre seines Lebens in Dochiariou, wo er 1598 starb.

Besonders wertvoll sind die in Holz geschnitzte Ikonostase von 1783 und das Holzziborium über dem Altar.

Refektorium

Auch das Refektorium (*Trapesa*) von Dochiariou ist aus der zweiten Hälfte des 16. Jahrhunderts, als das Kloster von dem Wojwoden der Donaufürstentümer, Alexandru I. Lapusneanu, und seiner Frau Roxandra wiederaufgebaut wurde. Es ist in den Westflügel des Klosters integriert; der lange, rechteckige Saal (26 m) mündet in einem Transsept, wodurch ein T-förmiger Grundriß entsteht. Außergewöhnlich an dem Gebäude sind die nach Westen geöffneten Biforen, die Apsis im Norden sowie die ungewöhnlich hohen Wände. Die Fresken sind aus dem 18. Jahrhundert.

Phiale

Besonders eindrucksvoll und ganz ungewöhnlich ist die *Phiale* nördlich vom *Katholikon*. Der rechteckige Bau hat an zwei Seiten offene Arkaden; Innen findet man neben der Nische zur Wassersegnung auch einen anmutigen Ziehbrunnen. Die Fresken der Kuppel zeigen unter anderem Szenen einer Legende, die die Geschichte eines jungen Hirten erzählt. Er fand einen Schatz, den drei Mönche dem Kloster gestohlen hatten. Diese warfen den Jungen

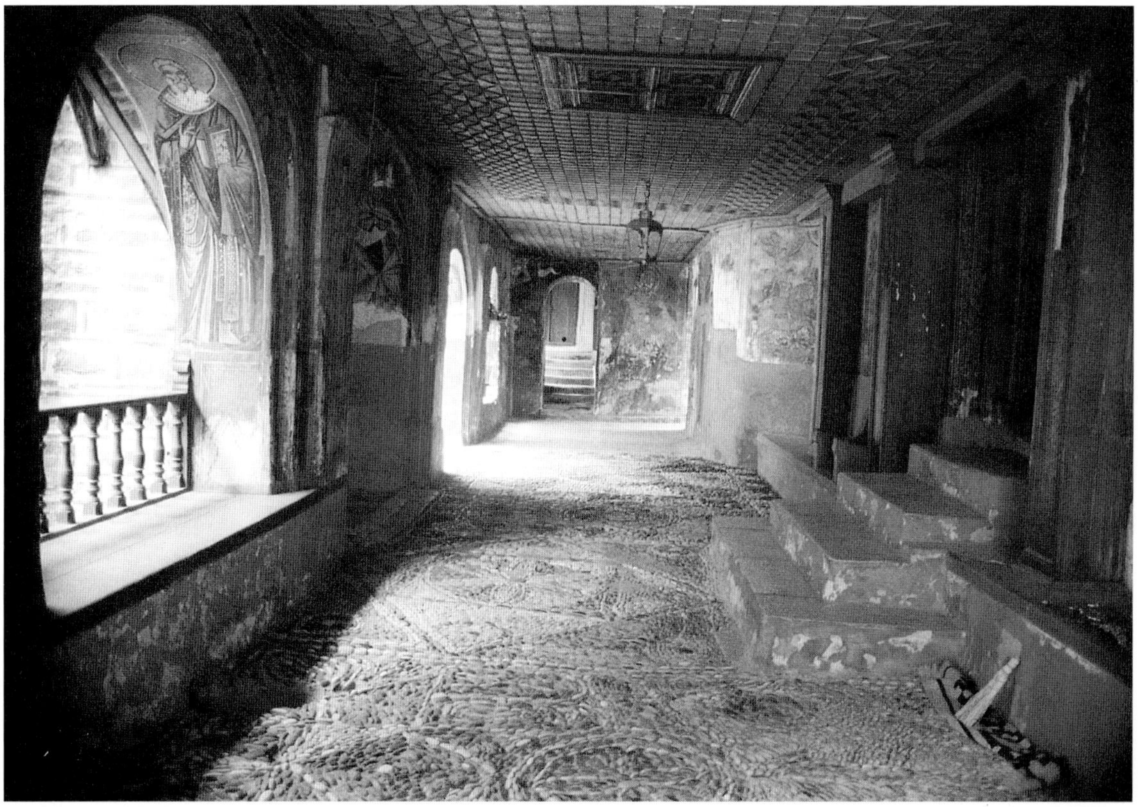

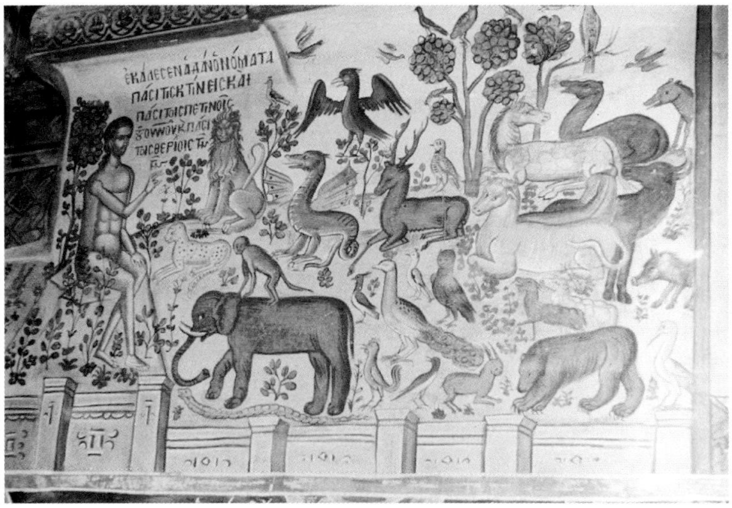

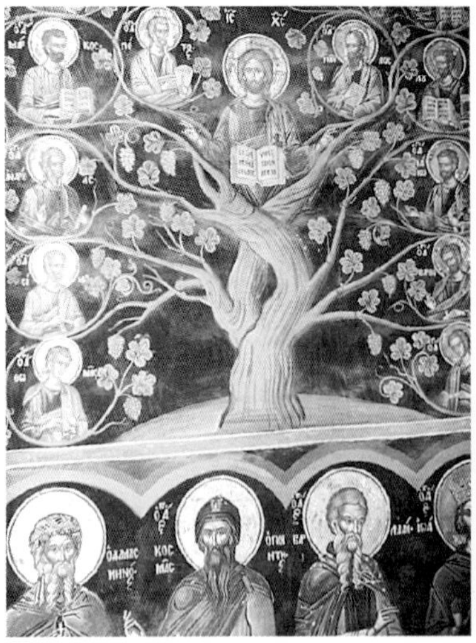

138. Laubengang am Eingang zum Katholikon

139. und 140. Adam zwischen den Tieren des irdischen Paradieses und der Baum des Lebens, zwei Fresken im Katholikon aus kretischer Schule (1568)

mit einem Stein um den Hals ins Meer. Nach seiner wundersamen Rettung zeigte er die Missetat beim Hegumenen von Dochiariou an, der die drei Mönche zwang, den Schatz zurückzugeben.

Kapelle der Gottesmutter Gorgoepikoos.
Das Kloster besitzt neun Kapellen, sechs davon innerhalb der Klostermauern (Gottesmutter *Gorgoepikoos*, vierzig Märtyrer, Mariä Heimholung, Verkündigung, St. Georg und den hl. Taxiarchen); die anderen sind außerhalb der Mauern: St. Onuphrios, St. Nikolaus und St. Tryphon.

Die wichtigste Kapelle ist die der Gottesmutter *Gorgoepikoos* (die, die schnell erhört); sie liegt gegenüber dem Eingang zum *Katholikon*, östlich der *Trapesa*.

Dort wird die gleichnamige Ikone der Gottesmutter stark verehrt, die zu den sogenannten »Schreckensikonen« gehört. Eine Legende besagt, daß um 1644 ein Mönch namens Nilo, der für das Refektorium zuständig war, oft mit einer brennenden Fackel an der Ikone vorbeiging, um das Dunkel des Durchgangs zu erhellen; eines Tages hörte er eine Stimme, die ihm sagte: »Geh das nächste Mal nicht mehr mit einer Fackel vorbei, du machst mein Gesicht schwarz.« Der Mönch glaubte, daß es sich um die Stimme eines Mitbruders handelte und verhielt sich weiterhin wie zuvor. Die Ikone ließ ihn daraufhin erblinden, wie auch der Mönch die Ikone blind gemacht hatte.

Nilos sah seine Schuld ein und bat die Gottesmutter, ihm zu verzeihen. Nach einiger Zeit sprach die Ikone erneut zu ihm. Sie sagte, daß ihm vergeben sei, weil die Gottesmutter die Gebete »schnell erhört«, und er erhielt das Augenlicht wieder.

Turm
Der Verteidigungsturm (*Ochirotikos Pirgos*) erhebt sich majestätisch an der Ostseite des Klosters. Er geht auf den Anfang des 17. Jahrhunderts zurück und ist mit Zinnen und Pechnasen gekrönt; durch seine Lage am höchsten Punkt des Mauerrings und durch seine beachtliche Höhe (22 m) sieht er besonders imposant und beschützend aus.

Bibliothek und Schatzkammer
Die Bibliothek liegt im hohen Turm des Klosters. Sie enthält 441 Handschriften, davon 62 auf Pergament, und circa 3000 gedruckte Bände.

In der Schatzkammer sind liturgische Geräte und Gewänder, Heiligenreliquien und ein Splitter des Kreuzes Christi aufbewahrt.

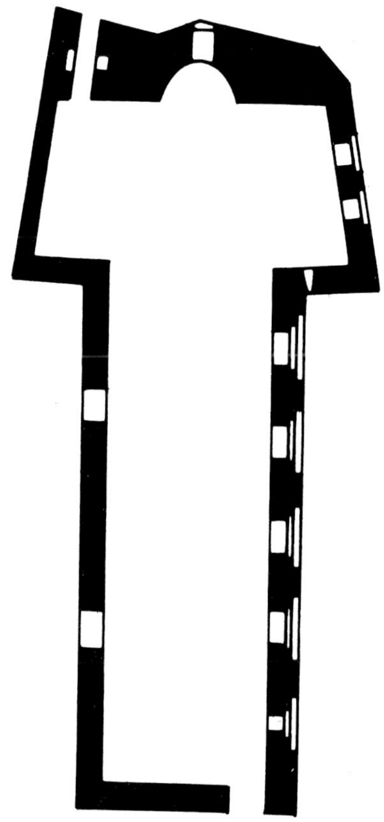

141. Refektorium

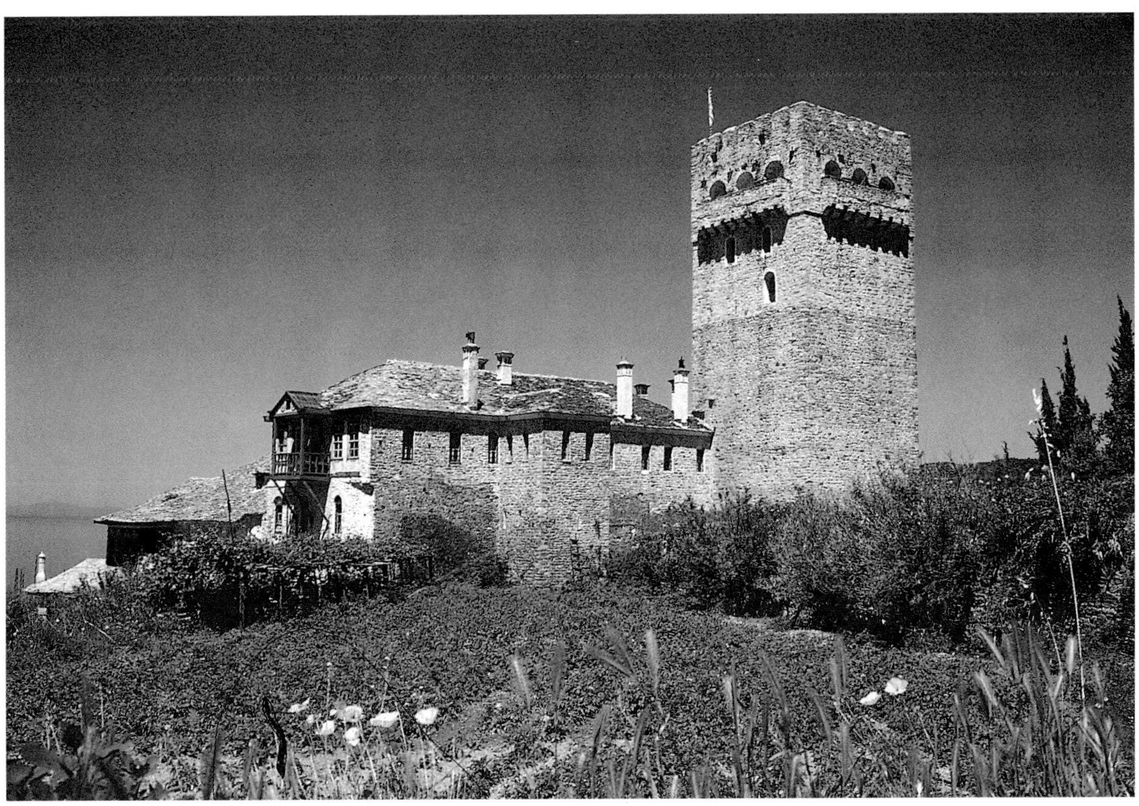

142. Der majestätische Turm des Klosters (Anfang 17. Jh.)

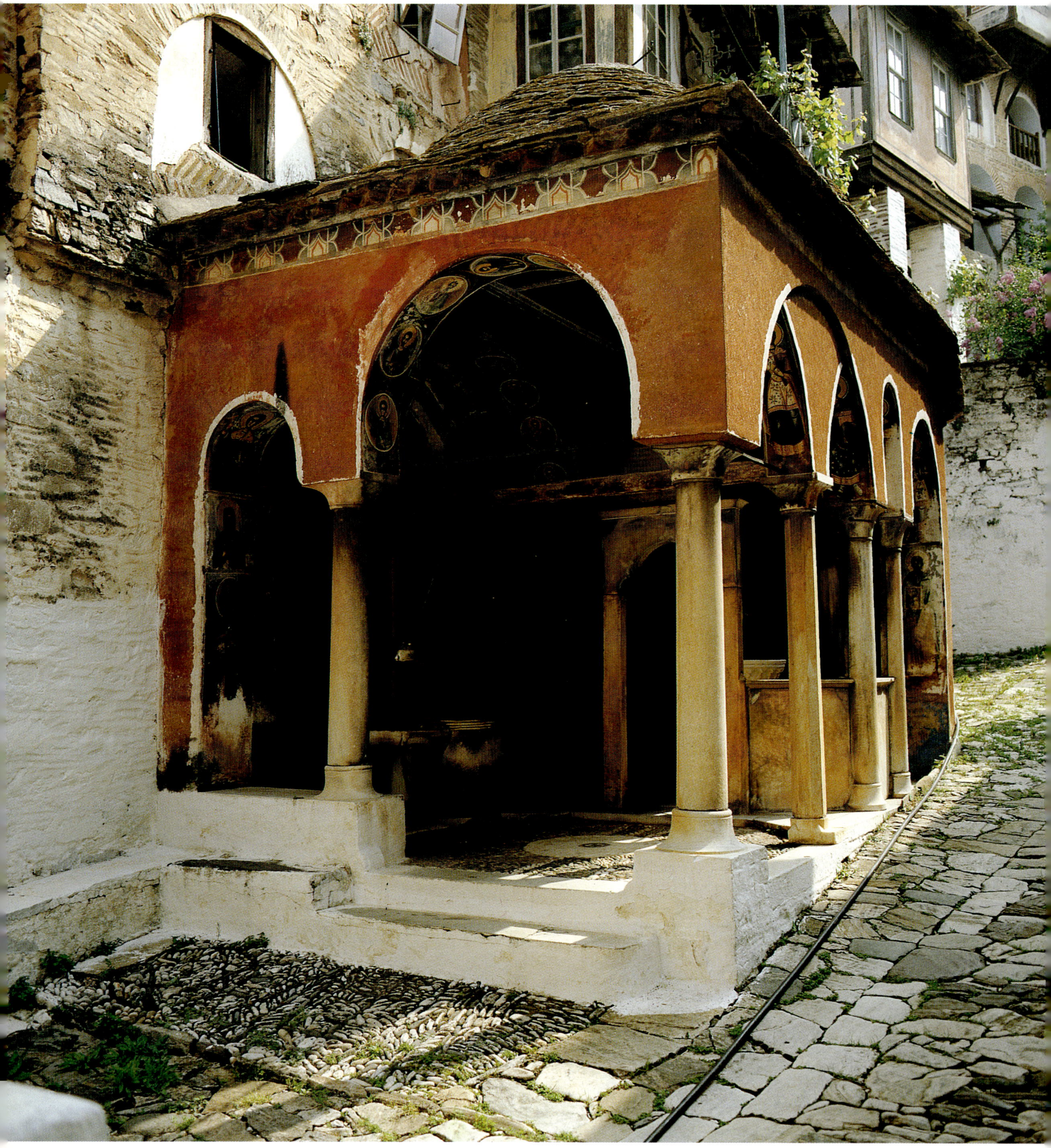

Tafel 79. Phiale in Dochiariou

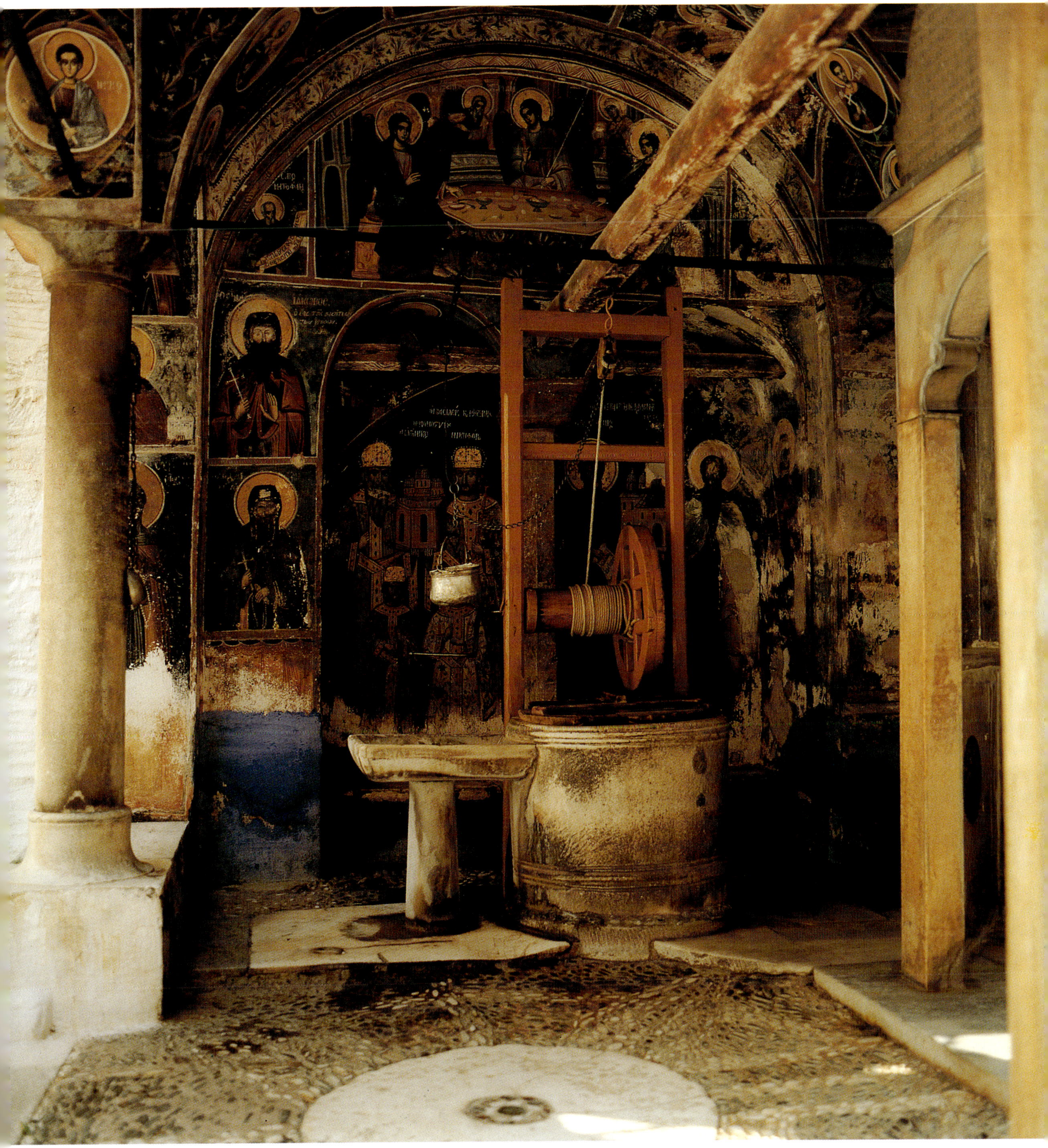

Tafel 80. Brunnen in der Mitte der Phiale

KARAKALOU

Auf einer grünen Terrasse 160 Meter über dem Meeresspiegel liegt das griechische Kloster Karakalou am Osthang der athonitischen Halbinsel. Es ist den Aposteln Petrus und Paulus geweiht (29. Juni) und belegt den elften Platz in der Hierarchie der Athosklöster. Es besitzt 4 *Kellia* in Karyes, davon eines als Residenz (*Konaki*) des Vertreters bei der heiligen Gemeinschaft; außerdem 14 *Kellia* auf den Hügeln in der Umgebung des Klosters, von denen die meisten unbewohnt sind.

Geschichte

In seinem 1700 erschienenen Werk »*Proskinatarion* des heiligen Berges Athos« schreibt Johannes Komnenos die Gründung des Klosters mit blühender Phantasie dem römischen Kaiser Caracalla (211-217) zu, von dem es, wie er meint, seinen Namen hat.

Nach Gherassimos Smirnakis ließ Caracalla lediglich den Küstenturm errichten. Eine andere Legende führt den Namen auf das türkische *kara koulé* zurück, was »schwarzer Turm« bedeutet. Auch diese Hypothese, wie auch die beiden anderen, ist wohl Auswuchs allzu lebhafter Phantasie, denn schon lange vor dem Türkeneinfall existierte auf Athos ein Kloster diesen Namens. Es gibt auch eine gleichnamige Ortschaft: Karakallas heißt ein Dorf am Fluß Olzos in der Walachei, aus dem vielleicht der Klostergründer kam. Die wohl glaubwürdigste These besagt, daß ein Mönch namens Karakalas, ein ziemlich häufiger Name in Konstantinopel, das Kloster gegründet und die Erbauung Anfang des 11. Jahrhunderts begonnen haben soll.

Eine auf 1018 datierte Urkunde des Protos Nikephoros legt die Grenzen zwischen dem Kloster Karakalou und dem der Amalfitaner fest, was beweist, daß es damals schon existierte. Rätselhaft bleibt die Ursache, warum die Unterschrift seines Hegumenen nicht auf dem zweiten *Typikon* des Berges Athos (1045) erscheint: vielleicht war das Kloster noch zu klein und wird deswegen nicht erwähnt, oder, aber das ist die unwahrscheinlichere Hypothese, der Hegumen wollte das Dokument wegen Meinungsverschiedenheiten nicht unterschreiben.

Eine Bleisiegelbulle des Kaisers Romanos IV. Diogenes (1068-1071) bestätigte eine alte Schenkung an das Kloster. Von ihr ist zwar nur noch das Siegel erhalten, aber sie wird im *Timon* des Nikodemos des Hagioriten erwähnt. Eine auf 1087 datierte Urkunde des Protos erwähnt seinen Hegumenen Michael.

Das Kloster duchlebte sehr bald eine schwierige Zeit: Einfälle von fränkischen Deserteuren im 13. Jahrhundert und Angriffe katalanischer Piraten am Anfang des 14. Jahrhunderts machten es zu einer Ruine; es wurde fast vollständig verlassen. Die Paläologenkaiser Michael VIII., Andronikos II. und Johannes V. finanzierten den Wiederaufbau unter der Leitung des Patriarchen Athanasios und des Protos Isaak. Innerhalb kurzer Zeit konnte Karakalou dank dieser finanziellen Hilfe, den Erträgen aus zahlreichen Ländereien im Strimon- und Lemnostal in der Nähe von Thessaloniki und dem Ankauf des *Kellions* Exipolitos wieder aufblühen, und die Zahl der Mönche stieg rasch an.

Nach der türkischen Eroberung der athonitischen Halbinsel mußte Karakalou wirtschaftlichen Schwierigkeiten die Stirn bieten: ein Teil seiner Ländereien wurde enteignet, ein weiterer Teil mußte abgetreten werden, wegen fehlender Wartung verfielen einige Bauten.

1535 genehmigte Sultan Solman der Große dem Wojwoden der Moldau, Johannes Petru IV. Rares (1527-1546), den Wiederaufbau der eingestürzten Bauten, unter der Bedingung, daß das Kloster nicht erweitert würde. Um 1541 begannen die Aufbauarbeiten, denen die Errichtung des Turmes und, nach dem Tod des Wojwoden, der Bau des *Katholikons* (1548-1563) folgten. Auch dessen Tochter Roxandra Domna wurde zur Gönnerin von Karakalou: sie kaufte einen Großteil der Besitzungen frei, die früher dem Kloster gehört hatten; ihr Ehemann Alexandru IV. Lapusneanu verbrachte hier unter dem Namen Pachomios seine letzten Lebensjahre.

1647 führten Artchil, König von Iberien (heutiges Georgien), und sein Bruder Georg Vachtagg dem Kloster Finanzhilfen zu, das in jener Zeit auch das *Metochion* St. Nikolaus in Ismailia erhielt. Karakalous Glanzzeit war im 17. Jahrhundert; damals war es eines der florierendsten Klöster, in dem die

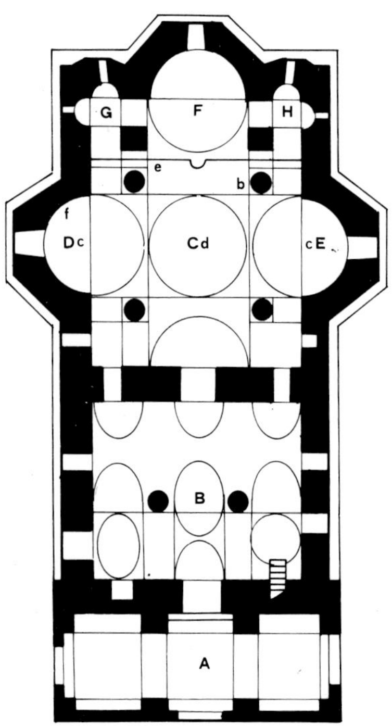

143. KATHOLIKON
Architektonische Elemente
A. Atrium; B. Lite; C. Naos; D. Nordchor; E. Südchor; F. Bema; G. Prothessis; H. Diakonikon

Liturgische und kultische Elemente
a. Ikonostase; b. Proskinitarion; c. Analoghia; d. Choros; e. Ikone der zwölf Aposteln; f. Ikone des hl. Petrus und Paulus

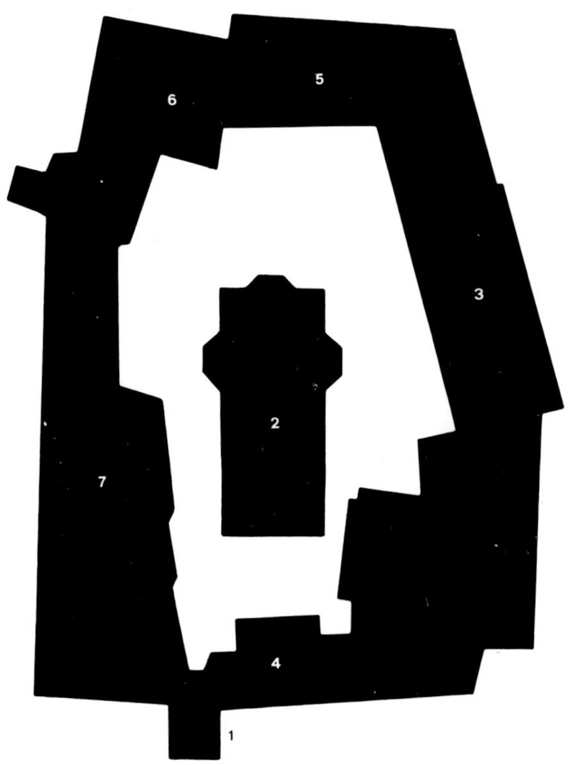

144. KLOSTER
1. Eingang; 2. Katholikon; 3. Refektorium; 4 Turm; 5. Bibliothek; 6. Gästehaus; 7. Mönchszellen

beeindruckende Zahl von ungefähr fünfhundert Mönchen wohnte. Anfang des darauffolgenden Jahrhunderts wurden der Nordflügel und einige Gebäude restauriert sowie weitere hinzugefügt.

Auf das *Sighillion* des Patriarchen Kyrillos VI. hin, wechselte Karakalou 1813 zur koinobitischen Regel. Seine Mönche nahmen aktiv an den griechischen Unabhängigkeitskämpfen teil: der Hegumen Damaskinos wurde 1854 sogar ins Exil geschickt, weil er dem Partisanenführer Tsamis Karatassos ein Pferd angeboten hatte. Ein verheerender Brand legte 1875 den Südflügel, das Refektorium, das Gästehaus und den Nordteil des Ostflügels in Schutt und Asche; der Wiederaufbau war 1888 beendet. Während der ganzen zweiten Hälfte des letzten Jahrhunderts waren die russischen Mönche sehr an Karakalou interessiert. Sie waren in jener Zeit sehr zahlreich und versuchten, allerdings erfolglos, daraus ein russisches Kloster zu machen.

Kunst

Katholikon

Das zwischen 1548 und 1563 erbaute und 1707 renovierte *Katholikon*, hat die traditionelle hagioritische Form mit Doppelchor und *Lite*. Der Glockenturm (1710) und das Atrium (1714) sind spätere Anbauten.

Die Wandfresken sind aus dem 18. Jahrhundert: die Fresken des *Naos* wurden 1716 nach traditioneller Ikonographie geschaffen, die der *Lite* 1750; der Apokalypsezyklus im Atrium ist von 1763.

An der Holzikonostase hängt links von der Ikone der Gottesmutter eine Ikone mit den zwölf Aposteln, die 1722 von dem athonitischen Meister Dionysios von Phourna gemalt wurde, der zwischen 1728 und 1733 auch die »Malanleitung« verfaßte.

Im Nordchor des *Naos* ist die von Konstantin Paläokapas 1640 gemalte Ikone erhalten; sie zeigt die Apostel Petrus und Paulus, denen das *Katholikon* und das Kloster geweiht sind.

Turm, Refektorium und Kapellen

Der 25,80 m hohe, zinnengekrönte Verteidigungsturm (*ochirotikos pirgos*) liegt am Eingang zum Kloster. Er wurde in der ersten Hälfte des 16. Jahrhunderts auf Wunsch des Wojwoden der Moldau, Johannes Petru IV. Rares, erbaut.

Das jetzige Refektorium (*Trapesa*) wurde 1875 in den Südflügel des Klosters eingebaut. Der Innenhof ist sehr beengt, deshalb findet man in Karakalou keine *Phiale*. Es besitzt aber sieben Kapellen, fünf innerhalb und zwei außerhalb der Mauern; nur in vier Kapellen befinden sich Fresken, die außerdem aus neuerer Zeit sind.

Bibliothek

Die Bibliothek ist in einem eigenen Gebäude im Ostflügel des Klosters untergebracht. Dort sind 279 Handschriften, davon 42 auf Pergament, ungefähr 2500 gedruckte Bände, Goldsiegelbullen und offizielle Dokumente aufbewahrt.

Umgebung

Hafen

Der Hafen und die Mole (*Arsanas*) von Karakalou, eine halbe Wegstunde vom Kloster entfernt, wurde 1534 von dem Wojwoden der Donaufürstentümer, dem Fürsten Johannes Petru IV. Rares, und vom Hegumenen Germanos erbaut. Der Turm und die Festungsmauern bildeten ein Bollwerk gegen die Pirateneinfälle.

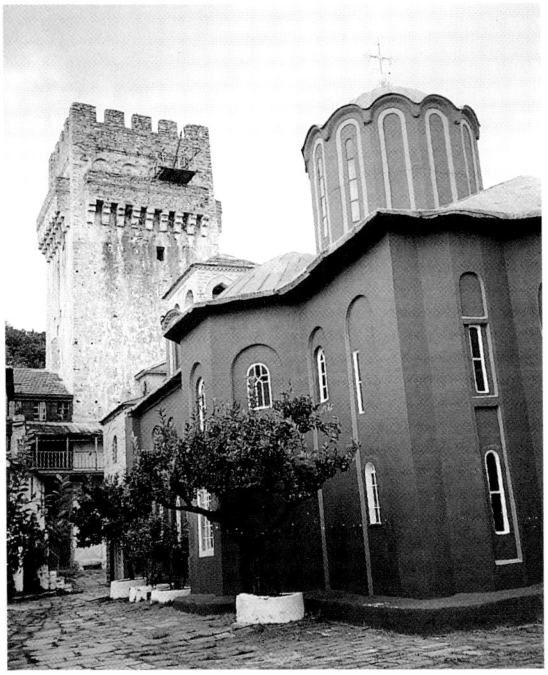

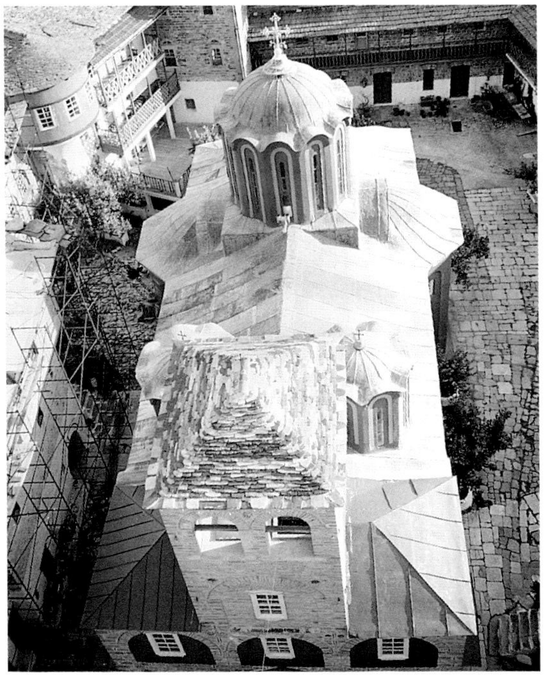

145. Innenhof mit Turm und Katholikon

146. Sicht auf das Katholikon, zwischen 1548 und 1563 mit Unterstützung der Wojwoden der Moldau erbaut

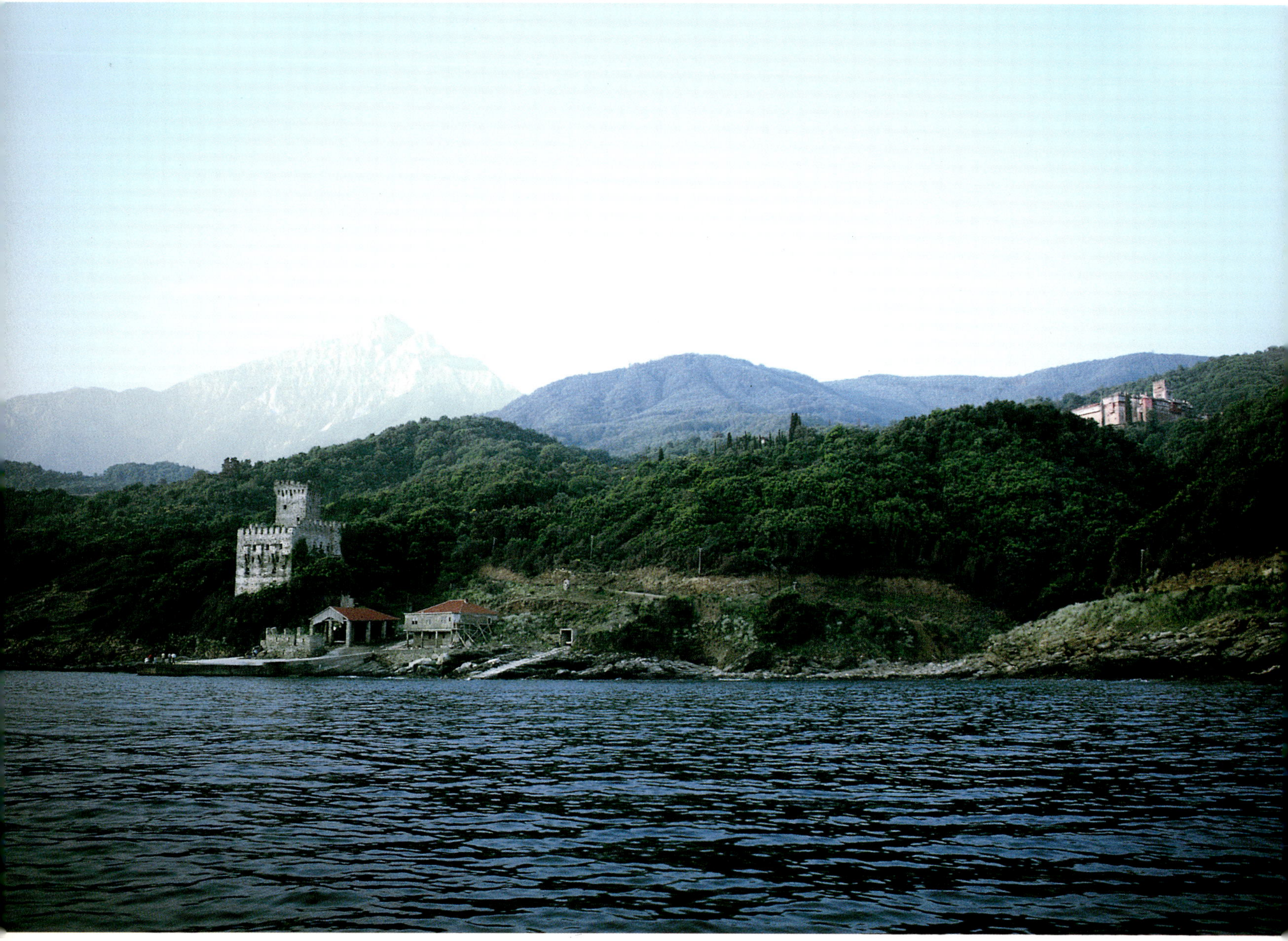

Tafel 81. Blick vom Meer auf den Hafen (Arsanas) und das Kloster Karakalou

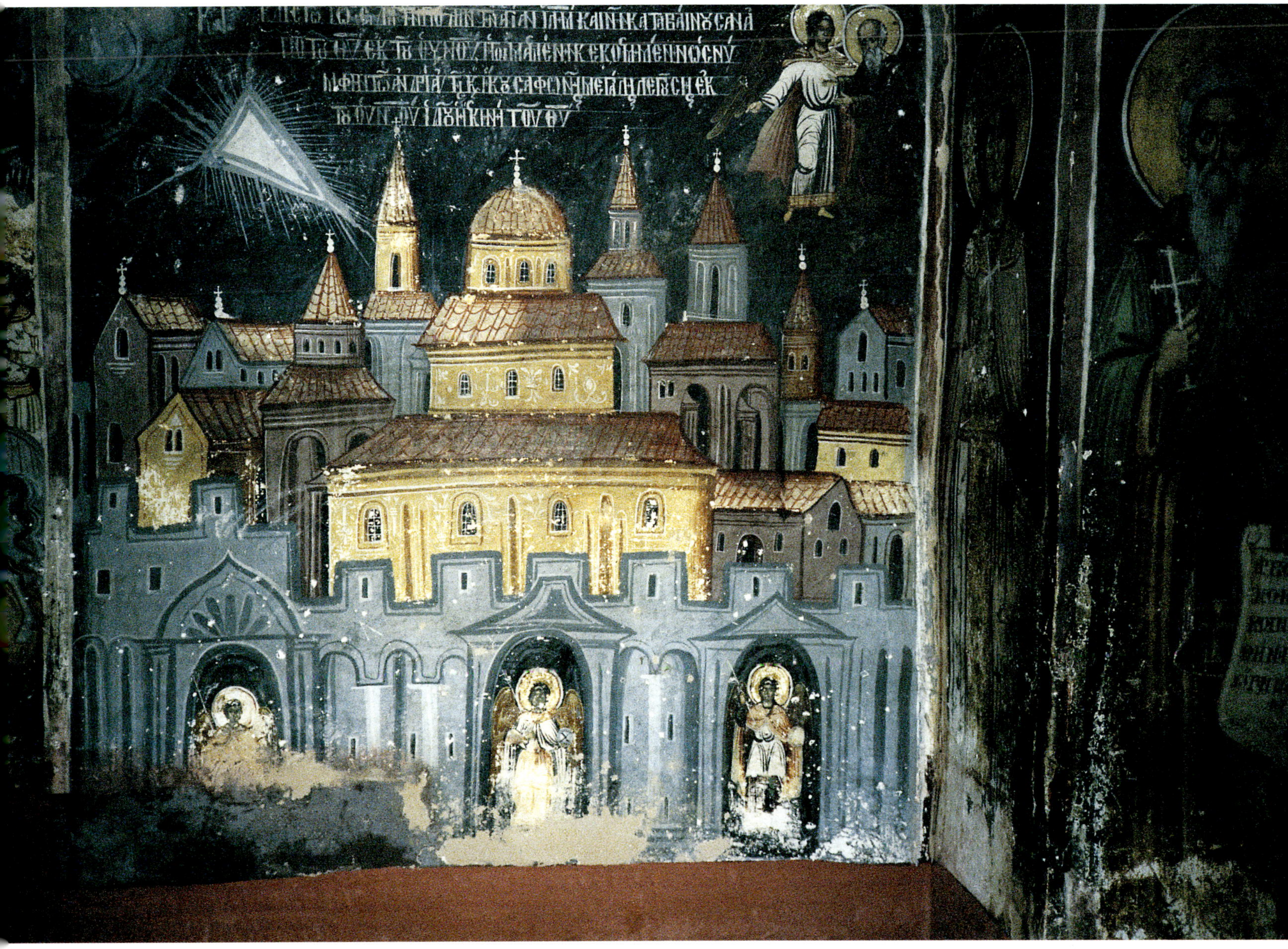

Tafel 82. Freskendetail des Apokalypsezyklus im Katholikon (18. Jh.)

PHILOTHEOU

Im Hinterland des athonitischen Osthangs liegt auf einer grünen Hochebene 330 Meter über dem Meeresspiegel das griechische Kloster Philotheou, eine halbe Stunde von Karakalou entfernt.

Es ist der Verkündigung geweiht (25. März) und belegt den zwölften Platz in der Hierarchie der athonitischen Klöster.

Zu Philotheou gehören 12 *Kellia*, wovon nur sechs bewohnt sind. Das *Kellion* St. Kosmas Etolica in Karyes dient als Residenz (*Konaki*) des Vertreters bei der heiligen Gemeinschaft.

Geschichte

Gemeinhin wird angenommen, daß das Kloster Philotheou im 10. Jahrhundert von dem heiligen Mönch Philotheos dem Athoniter erbaut wurde, der zusammen mit den Glaubensgenossen Arsenios und Dyonisios ein vorher bestehendes *Kellion* erweiterte, das hundert Jahre zuvor von einem Philotheos errichtet worden sein könnte. Ursprünglich wurde es auch »Kloster von Fteri« genannt.

Dieser Name kommt wahrscheinlich von der Tatsache, daß in den ersten Jahrhunderten unserer Zeitrechnung Flüchtlinge aus der Stadt Fteri in Thessalien eine Siedlung am gleichnamigen Ort errichteten, die dann zur Zeit Kaiser Konstantins IV. Pogonatos (668-685) von arabischen Piraten geplündert und zerstört wurde.

Das erste offizielle Dokument, das seine Existenz bezeugt, ist die Urkunde des Protos Nikephoros von 1015, in der ein gewisser Georg erwähnt wird, »Mönch und Hegumen von Filotheu«. Eine weitere Bestätigung ist ein Brief, den Paulus Xeropotaminos 1016 an diesen Georg schrieb. Ein weiteres Dokument legt 1201 die Grenzen zwischen dem Besitz der Großen Lavra und dem des »Klosters von Fteri« fest. Im zweiten *Typikon* des Berges Athos (1045) steht die Unterschrift von Lukas, »Hegumen des Klosters der Jungfrau«, oder von Philotheou, an elfter Stelle.

Unter den ersten Gönnern sind Nikephoros III. Botaneiates (1078-1081) und die Paäologen Andronikos II. (1282-1328), der dem Kloster die Reliquie der rechten Hand des hl. Johannes Chrysostomos stiftete, Andronikos III. (1328-1341) und Johannes V. (1341-1391). Die Goldbulle des serbischen Königs Stephan Duschan von 1346 veranlaßte serbische und bulgarische Mönche, diesem Kloster beizutreten, und so wuchs Philotheou an. Bald waren diese Mönche in der Mehrheit – 1483 findet man an erster Stelle die Unterschrift eines Bulgaren –, sie überwogen, mit wenigen Unterbrechungen, bis zum 16. Jahrhundert. Anfang des 16. Jahrhunderts wurde der Grieche Dionisio, der vorher Eremit in Meteore und dann Mönch in Karakalou war, zum Hegumenen gewählt; man versuchte dem Kloster seine alte Größe zurückzubringen, indem man die koinobitische Regel und das Griechische als offizielle Sprache wiedereinführte. Die Reaktion der zu jener Zeit zahlreichen bulgarischen Mönche war jedoch so schnell und heftig, daß Dionysios gezwungen war, das Kloster zu verlassen und sich nach Thessalien zurückzuziehen. Dort gründete er ein weiteres Kloster, Hl. Dreifaltigkeit, das noch heute existiert und »des hl. Dionysios vom Olymp« genannt wird. Als Dionyisios zu Besuch nach Philotheou zurückkehrte, wurde er wieder wohlwollend empfangen.

Unter den Gönnern jener Zeit waren die Fürsten von Iberien (heutiges Georgien) Leontios und sein Sohn Alexander, die 1492 die Restaurierungen finanzierten und auch das jetzige Refektorium erbauen ließen. Weil es verlassen und in Ruinen stand, verkauften die Mönche 1533 das Kloster von Stavronikita, das ihnen wenige Jahre zuvor vom Protos zur Restaurierung anvertraut worden war. Gregorios, Hegumen des Klosters Gheromeri in Tesprozia, erstand es für 4.000 Piaster und restaurierte es.

Aus einem Dokument von 1574 geht hervor, daß Philotheou auf den zwölften Platz in der athonitischen Hierarchie gekommen war. Die türkische Herrschaft erwies sich als verhängnisvoll für die wirtschaftliche Situation: um dem Kloster finanziell wieder auf die Beine zu helfen, autorisierte Zar Michail Fedorovic 1641 die Mönche, alle sieben bis acht Jahre in Rußland Spenden zu sammeln, was aber nicht ausreichte. Erst 1734 begann sich die Lage zum Besseren zu wenden, als der Wojwode der Walachei, Johannes Gregorios Guikas, den Mönchen von Philotheou eine regelmäßige Pension zusicherte, die er mit der Bedingung verknüpfte, die Reliquie der Segenshand des hl. Johannes Chrysostomos einmal jährlich in seinem Reich in Prozession zu tragen. Diese beträchtliche Unterstützung, die auch von anderen Prinzen wie Konstantin Mavrocordatos weiter erbracht wurde, reichte aus, um die wirtschaftliche Lage des Klosters so sehr zu verbessern, daß es

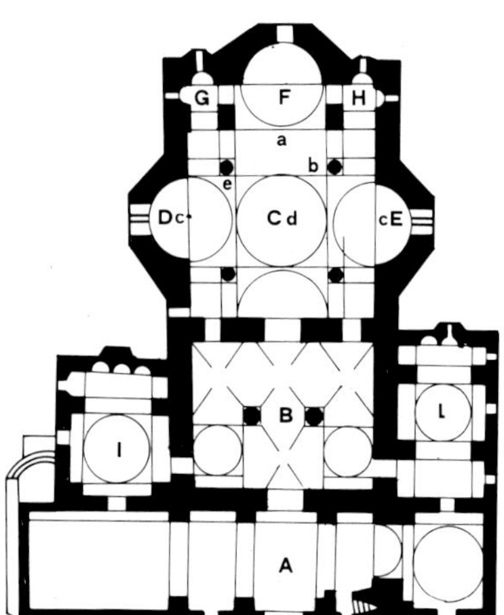

147. KATHOLIKON
Architektonische Elemente
A. Atrium; B. Lite; C. Naos; D. Nordchor; E. Südchor; F. Bema; G. Prothessis; H. Diakonikon; I. Kapelle Johannes des Täufers; L. Kapelle der Erzengel Michael und Gabriel

Liturgische und kultische Elemente
a. Ikonostase (1853); b. Proskinitarion; c. Analoghia; d. Choros; e. Ikone der Panaghia Glikofilussa

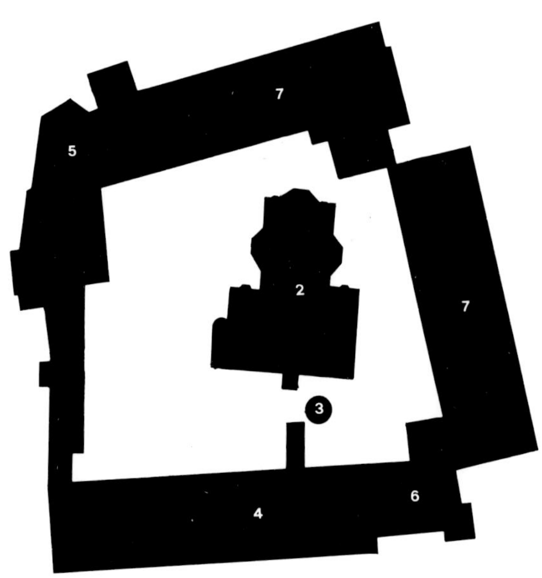

148. KLOSTER
1. Eingang; 2. Katholikon; 3. Phiale; 4. Refektorium (erster Stock);
5. Bibliothek; 6. Gästehaus;
7. Mönchszellen

diese Zeit als eine der besten ihrer Geschichte erleben konnte, wenn auch nur für einige Jahre. Zahlreiche Gebäude konnten restauriert und wiederaufgebaut werden, darunter 1746 auch das *Katholikon*. Der Aufschwung brachte viele neue Mönche nach Philotheou, so Kosmas Etolica, eine herausragende Figur im Kampf gegen die Islamisierung Griechenlands. Im 19. Jahrhundert versuchten die zu jener Zeit sehr zahlreichen russischen Mönche vergeblich, sich des Klosters zu bemächtigen. Am 26. September 1871 wurde es durch einen in der Nacht ausgebrochenen Brand fast vollständig zerstört: von den Flammen verschont blieben das *Katholikon*, das Refektorium und die Bibliothek. Mit zahlreichen Spenden konnte es innerhalb von fünfzehn Jahren wiederaufgebaut werden.

Kunst

Katholikon

Das der Verkündigung geweihte *Katholikon* wurde nach traditionell hagioritischem Schema mit Trikonchos und *Lite* 1746 auf den Überresten eines Vorgängerbaus errichtet. Der *Naos* wurde 1752, die *Lite* und das Atrium 1765 mit Fresken versehen; der Marmorfußboden ist von 1848, die Ikonostase von 1853.

Auf beiden Seiten der *Lite* befinden sich mit Fresken bemalte Kapellen (*Parekklissia*), die der Erzengel Michael und Gabriel von 1752 im Süden und die des hl. Johannes des Täufers im Norden. Der Glockenturm (*Kampanario*) über dem Atrium ist von 1764.

Neben der Nordostsäule im *Naos* ist die wundertätige Ikone der Panaghia *Glikophilousa* (Gottesmutter der süßen Liebe), auf der Maria ihr Kind zärtlich umarmt.

Diese Ikone wird als eine der siebzig angesehen, die vom Evangelisten Lukas gemalt wurden. Die Legende erzählt, daß Viktoria, Frau eines Senators mit Namen Symeon, während des Ikonoklasmus unter der Herrschaft von Thephilos (829-842) Besitzerin dieser Ikone war. Um sie vor dem Wüten der Ikonoklasten zu retten, vertraute sie die Ikone den Meereswellen an, die sie vollkommen unbeschädigt zum Hafen von Philotheou trugen. Die Mönche des Klosters nahmen sie andächtig auf, und seither soll sie viele Wunder vollbracht haben. Im *Bema* ist der Schatz (*Skevofilakion*) aufbewahrt: liturgische Geräte und Einrichtungsgegenstände, Priestergewänder und Reliquien von Heiligen. Das Reliquiar mit der rechten Hand des hl. Johannes Chrysostomos wurde 1284 vom Kaiser Andronikos II. Paläologos gestiftet, der Holzsplitter des Kreuzes Christi 1347 vom serbischen König Stephan Duschan.

Phiale

Zwischen dem *Katholikon* und der *Trapesa* steht eine graziöse *Phiale* aus weißem Marmor. Die Kuppel wird von 10 Säulen getragen und wurde im 18. Jahrhundert mit Fresken geschmückt, die sich auf die Taufe Christi und auf die Wassersegnung beziehen.

Refektorium

Das Refektorium (*Trapesa*) befindet sich, wie üblich, gegenüber dem Katholikon, im Westflügel des Klosters. Es geht auf das Ende des 15. Jahrhunderts zurück, als das vorherige Gebäude mit Hilfe der georgianischen Prinzen Leontios und Alexander komplett umgebaut wurde.

Auf rechteckigem Grundriß ist es 23 m lang und 7,50 m breit. Die Wände sind mit interessanten Fresken aus dem 16. Jahrhundert (wahrscheinlich von 1540) aus kretischer Schule geschmückt, die leider in schlechtem Zustand sind. Sie zeigen die Hl. Asketen, den Akathistos-Hymnus und Leontios und Alexander, Gönner des Klosters.

Die Apsiskonche ist mit einer sehr kostbaren Freskendarstellung des Letzten Abendmahls (*Mistikos Dipnos*) geschmückt, darunter sind der hl. Nikolaus, Gregor von Nazianz, Johannes Chrysostomos, Basileios, Athanasios von Alexandria und Gregorios Palamas dargestellt.

Bibliothek

Die Bibliothek im Ostflügel des Klosters umfaßt 250 Handschriften, davon 54 auf Pergament. Die meisten sind religiösen Charakters, wie das Tetraevangeliar aus dem 10. Jahrhundert, eines der ältesten auf Athos; außerdem befinden sich dort ungefähr 20.000 gedruckte Bücher.

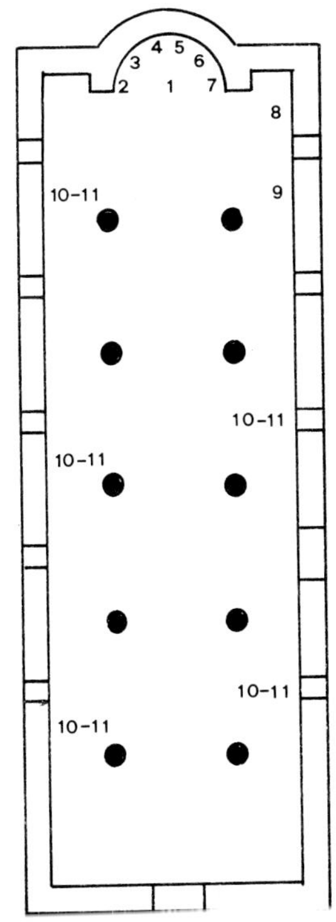

149. REFEKTORIUM
Fresken (1540)
1. Letztes Abendmahl; 2. Hl. Nikolaus; 3. Hl. Gregor von Nazianz; 4. Hl. Christoph Chrysostomos; 5. Hl. Basileios; 6. Hl. Athanasios aus Alexandria; 7. Hl. Gregor Palamas; 8. Hl. Antonios; 9. Leontios und Alexander, Gönner des Klosters; 10. Hymnos Akathistos (oben); *11. Heilige Asketen* (unten)

150. Katholikon

151. Letztes Abendmahl, Fresko aus kretischer Schule im Refektorium (16. Jh.)

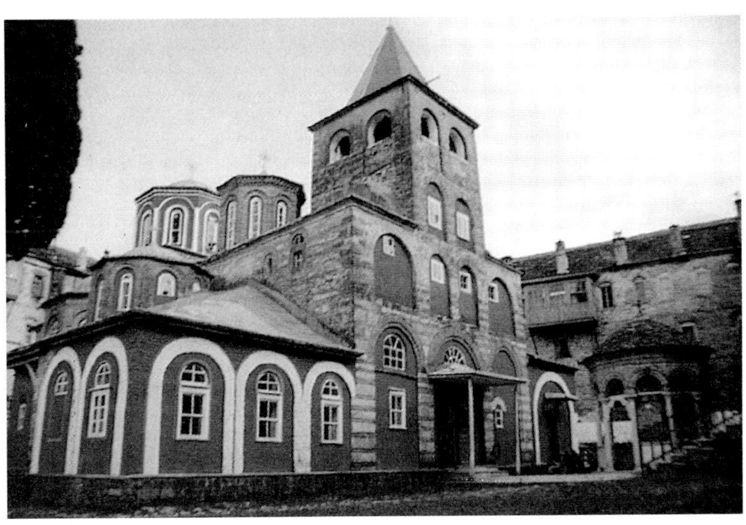

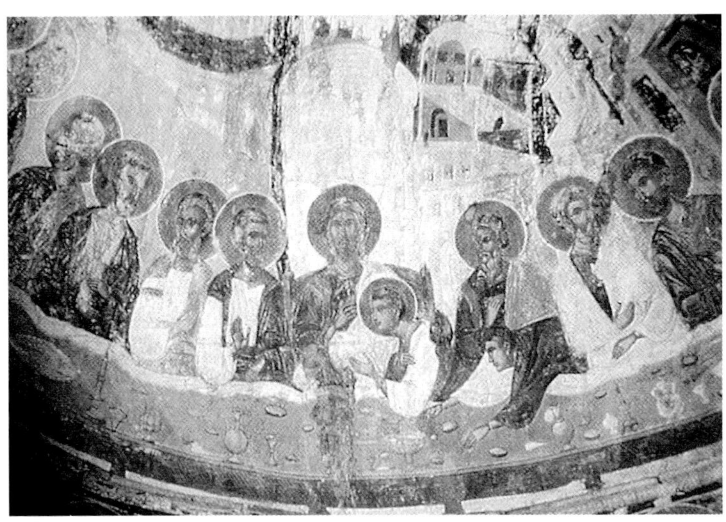

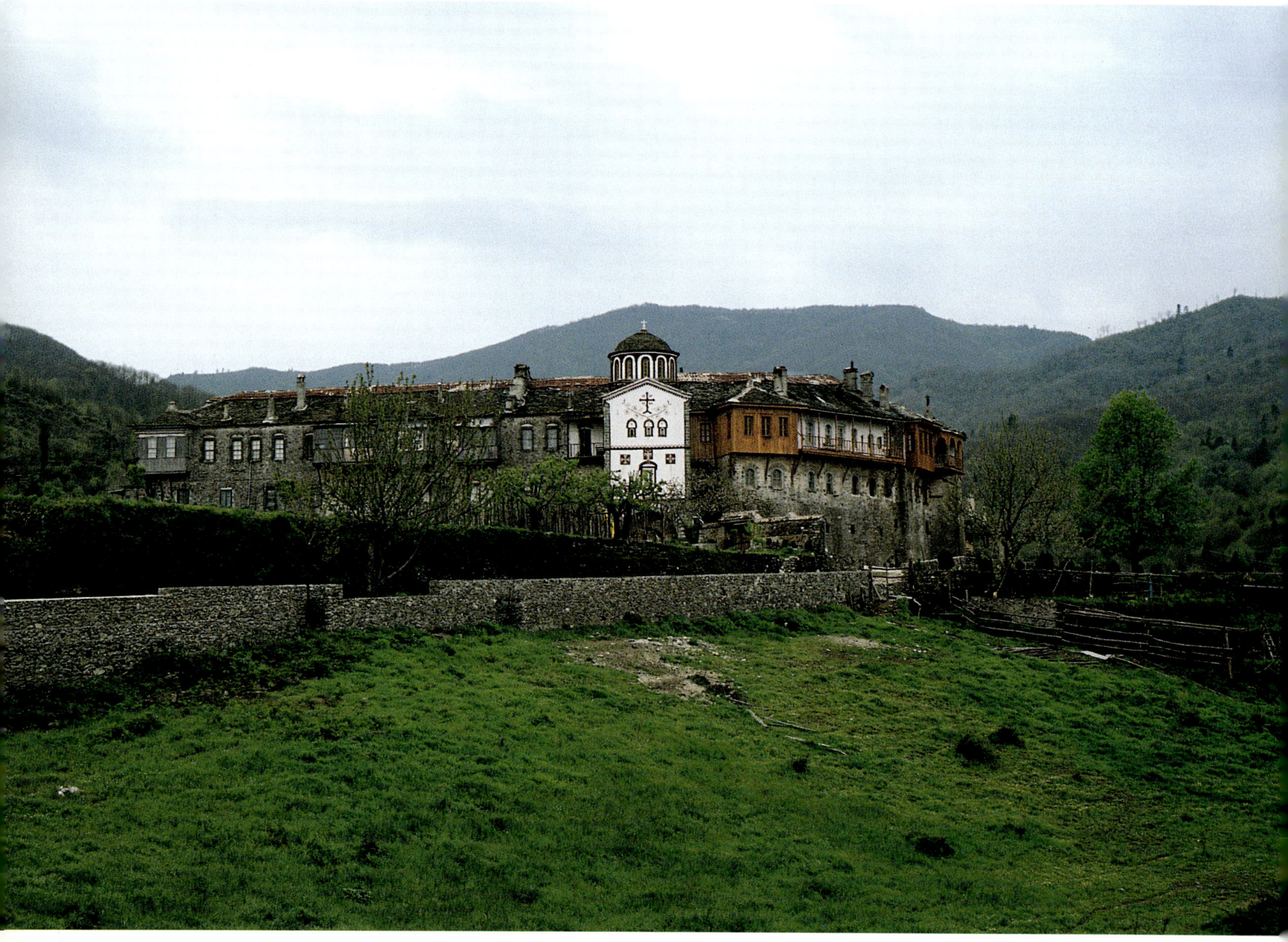

Tafel 83. Kloster Philotheou

SIMONOPETRA

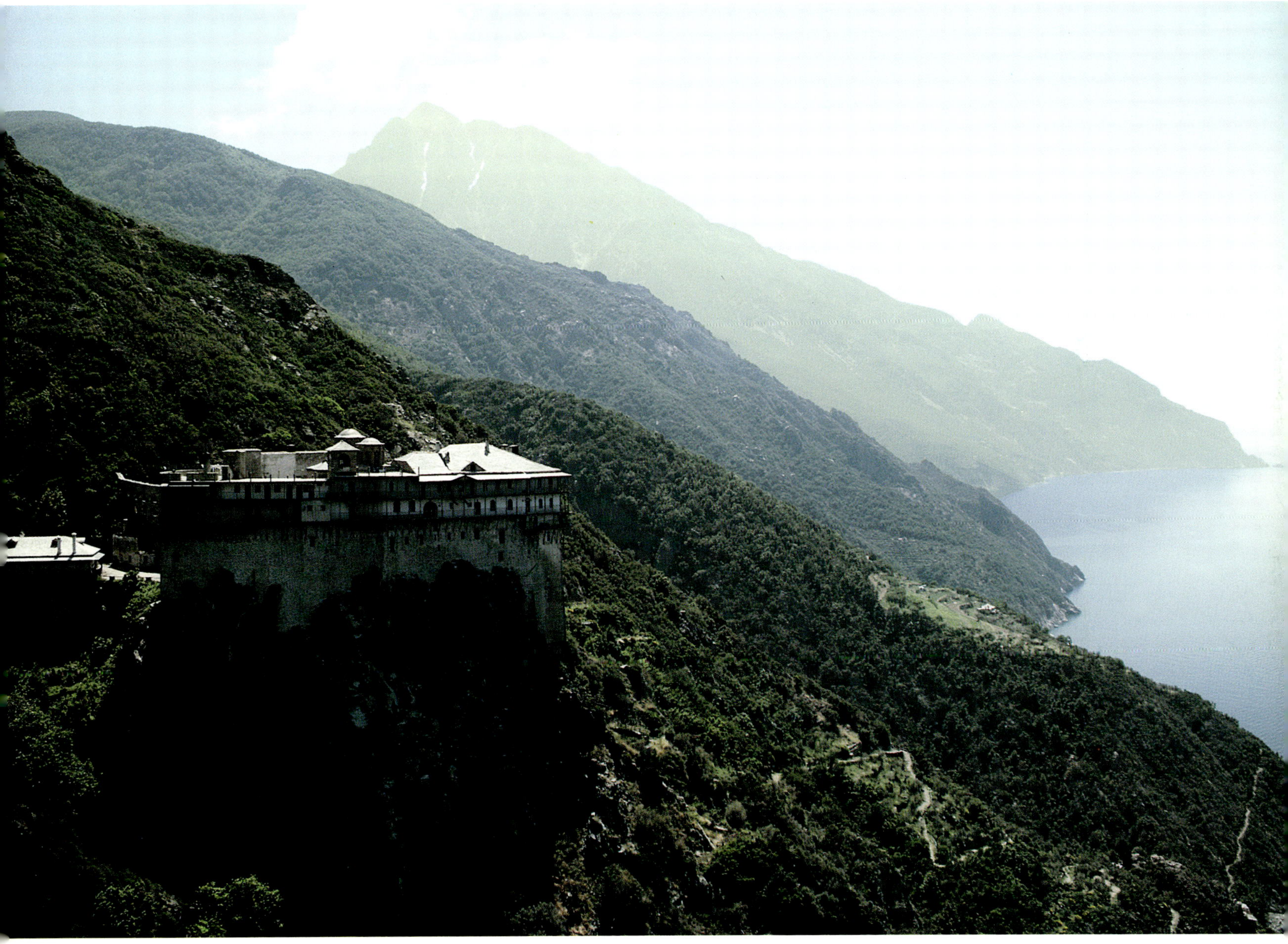

Tafel 84. Westseite des Klosters Simonopetra, im Hintergrund der Berg Athos

152. KATHOLIKON
Architektonische Elemente
A. Atrium; B. Lite; C. Naos; D. Nordchor; E. Südchor; F. Bema; G. Prothesis; H. Diakonikon

Liturgische und kultische Elemente
a. Ikonostase; b. Proskinitarion; c. Analoghia; d. Choros

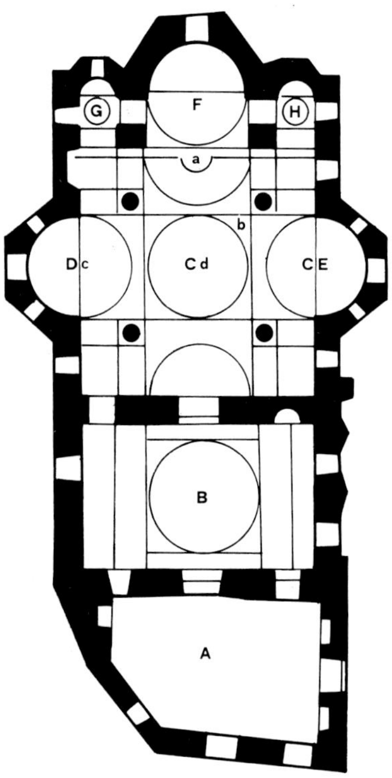

153. KLOSTER
1. Eingang; 2. Katholikon; 3. Glokkenturm; 4. Aquädukt; 5. Gästehaus; 6. Mönchszellen

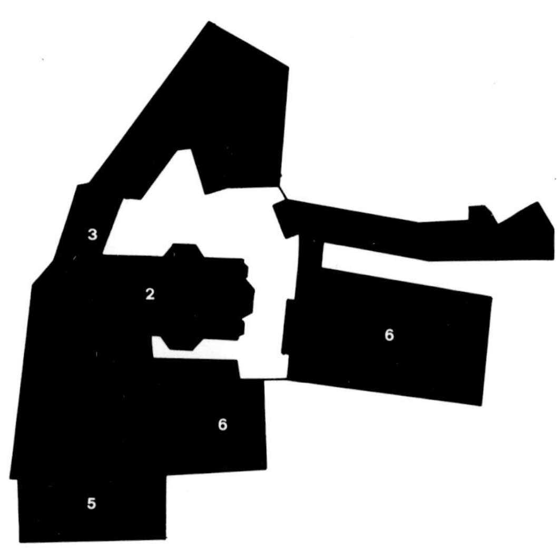

270 Meter über dem Meeresspiegel liegt das Kloster Simonopetra majestätisch auf einem Felsen, von wo aus es gebieterisch auf die Südwestküste der athonitischen Halbinsel herabsieht. Von allen Klöstern auf Athos ist dies der gewagteste Bau, in mancher Hinsicht durchaus mit der grandiosen Architektur der Tibetklöster zu vergleichen.

Es ist der Geburt Christi geweiht (25. Dezember) und belegt den dreizehnten Platz in der Hierarchie der athonitischen Klöster. Es besitzt einige Gebäude in Daphni und fünf *Kellia* in Karyes; als Residenz (*Konaki*) des Vertreters bei der heiligen Gemeinschaft dient das Kellion aller Heiligen.

Simonopetra ist eines der reichsten Klöster auf Athos, weil es auf Erträge aus seinen *Metochien* (Besitzungen) zurückgreifen kann, die in Thessaloniki, auf der Halbinsel Chalkidiki und auf den Inseln Sifnos und Limnos liegen.

Geschichte

Simonopetra wurde von dem Mönch Simon gegen Mitte des 14. Jahrhunderts erbaut. Man erzählt von der Vision eines leuchtenden Sterns, den er während einer Christnacht hoch über einem Felsen sah, in der Nähe Grotte, in der er wohnte. Simon deutete diese Erscheinung als göttliches Zeichen und versuchte, zusammen mit einigen Schülern auf diesem Felsvorsprung ein Kloster zu erbauen. Dieses Unterfangen erwies sich alsbald als sehr mühsam, und die Schüler wollten schon das gewagte Vorhaben aufgeben, als folgendes Wunder sie zum Weitermachen bewegte: Der treue Isaias, der gerade frische Getränke holte, stürzte von dem Felsen, aber schon kurz danach sahen ihn die Zeugen dieser Tragödie wieder gesund und munter mit den unversehrten Gefäßen hinaufsteigen; von neuem Enthusiasmus gepackt, machten sich alle wieder an die Arbeit. Dem fertigen Kloster wurde der Name »neues Bethlehem« gegeben, zu Ehren des Weihnachtssterns, auf dessen Erscheinung die Gründung des Klosters zurückzuführen ist. Nach dem Tod des später heiliggesprochenen Simons wurde das Kloster neu getauft, auf »Felsen« (*Petra*) und dem Namen seines Gründers: Simonopetra bedeutet also »der Fels des Simon«.

Soweit die Legende. Einige frühere Quellen weisen allerdings schon auf die Existenz eines »Hagiu Simonos«-Klosters hin, so eine auf 1057 datierte Urkunde des Protos, die die Unterschrift eines gewissen Leontios trägt, der als Hegumen eines Klosters solchen Namens auftritt. Ein Dokument des Protos und der Versammlung, das 1169 den Serben und Dalmatiern die Leitung des Klosters St. Panteleimon überließ, wurde auch von einem Mönch Theodosios, »Hegumen von Simonos«, unterschrieben. Der bekannte Athosforscher Gherassimos Smirnakis hält es für nicht ganz unwahrscheinlich, daß es sich dabei um dieses Kloster handelt, das vielleicht schon vorher als Kellion existiert hatte.

Fürst Johannes Ugljesa, Bruder des Königs Vukasin von Serbien, der von der Geschichte der Vision und des Wunders gehört hatte, schickte 1364 den Priester Euthymios mit Gold und vielen Männern zu dem Kloster, um den Bau zu vollenden. Er war so der erste Gönner, wie in einer seiner Goldsiegelbullen dokumentiert wird.

Schon im 15. Jahrhundert besaß das Kloster einige Ländereien außerhalb von Athos, deren Erträge bis gegen Ende des 16. Jahrhunderts zu einer bescheidenen Blütezeit beitrugen.

Am 12. Dezember 1580 zerstörte ein Brand die Gebäude und Archive. Unter den wenigen Dingen, die gerettet werden konnten, war der Tresor. Sein Inhalt aber wurde dazu benutzt, die Finanzen des Klosters Xenophontos zu sanieren, das damals in mißlicher wirtschaftlicher Situation war.

Die Kollekten, die der Hegumen Eugenios veranstaltete, und die besondere Aufmerksamkeit von seiten des Patriarchen Jeremias ermöglichten den schnellen Wiederaufbau.

1599 schenkte Fürst Michael aus der Walachei dem Kloster verschiedene Ländereien in seinem Reich. 1626 ging Simonopetra erneut in Flammen auf; dieser Brand und die Abgaben an die Türken warfen das Kloster wirtschaftlich zu Boden, und diesmal erholte es sich nur schwer. Um neue Mönche anzuziehen, nahm man Ende des 17. Jahrhunderts die idiorhythmische Regel an. Der allmähliche Aufschwung ist vor allem dem serbischen Priester Paisij Velickowski aus Kapsala zu verdanken, der zusammen mit anderen Mönchen 1762 zum Kloster kam, sowie dem griechischen Mönch Josafat aus Mitilene, der unter anderem die Reliquie der linken Hand Maria Magdalenas zurückbrachte, die von Piraten geraubt worden war.

Zur Zeit des Hegumenen Hyazinth wurde das Kloster in einem *Sighillion* des Patriarchen Kallinikos V. 1801 zum Koinobitismus rekonvertiert. Die Mönche nahmen von 1821 bis 1830 aktiv an den Kämpfen für Griechenlands Unabhängigkeit teil, und in dieser Zeit war Simonopetra fast gänzlich verlassen, seine Tore blieben drei Jahre geschlossen. 1862 ließ der Hegumen Neophytos Molakides neben der Grotte, in der der hl. Simon gelebt hatte, eine Kapelle errichten.

Am 28. Mai 1891 wurde das Kloster erneut durch einen großen Brand zerstört, der auch die umfangreiche Bibliothek in Rauch aufgehen ließ. Nur die Mönche konnten vor den Flammen fliehen;

sie retteten die Reliquien und wenige kostbare Dokumente. Neophytos, der noch Hegumen des Klosters war, bemühte sich um dessen Wiederaufbau; er begab sich persönlich nach Rußland, wo er ansehnliche Spenden von Zar Nikolaus II. (1894-1917) bekam. Mit dem bei dieser Gelegenheit gesammelten Geld konnte auch ein neuer, sieben Stockwerke hoher Flügel angebaut werden.

1990 zerstörte ein verheerender Brand das Gebiet um das Kloster bis zum Meer hin. Simonopetra wurde glücklicherweise von den Flammen verschont, obwohl sie die Südseite gefährlich umzüngelt hatten.

Kunst

KATHOLIKON

In der Mitte des kleinen Innenhofs liegt das jetzige *Katholikon*, das der Geburt Christi geweiht ist. Der Hegumen Neophitos erbaute es 1893 nach einem heftigen Brand, der 1891 den Vorgängerbau zerstört hatte.

Es ist nach traditionell hagioritischem Schema erbaut und besitzt keine Fresken; der Narthex ist in den Westflügel des Klosters integriert.

Im *Bema* des *Katholikons* sind kostbare Reliquiarien, Holzsplitter vom Kreuze Christi und Heiligenreliquien aufbewahrt, darunter die linke Hand der Maria Magdalena, der Schädel des hl. Paulus des Bekenners und des hl. Sergius des Märtyrers, die linke Hand des hl. Dionysios von Zante und der rechte Arm der hl. Barbara.

BIBLIOTHEK

Unglücklicherweise hat ein Brand 1891 alle bis dahin erhaltenen Handschriften zerstört, darunter waren viele auf Pergament und mit Miniaturen geschmückt. Die jetzige Bibliothek (*Vivliotiki*) umfaßt Tausende von gedruckten Büchern neuerer Publikationen.

KAPELLEN

Das Kloster besitzt 15 Kapellen, davon vier innerhalb und elf außerhalb der Klostermauern. Die Kapellen im Inneren sind sämtlich ohne Fresken: St. Georg, St. Maria Magdalena, St. Karalampos von Thessaloniki und Erzengel Michael und Gabriel. Die Kapellen außerhalb des Klosters sind im Friedhof, im kleinen Hafen, in den *Kellia* und in den *Kathismata*; nur die des hl. Johannes Chrysostomos weist Fresken auf (1702).

(Folgende Seite)
Tafel 85. Simonopetra mit seinen siebenstöckigen Balkonen

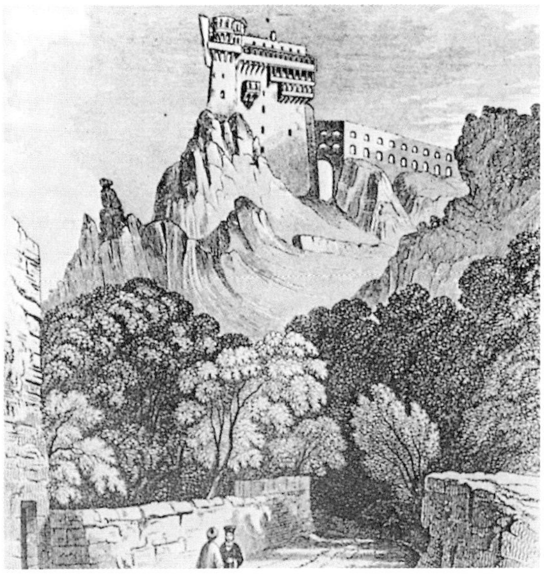

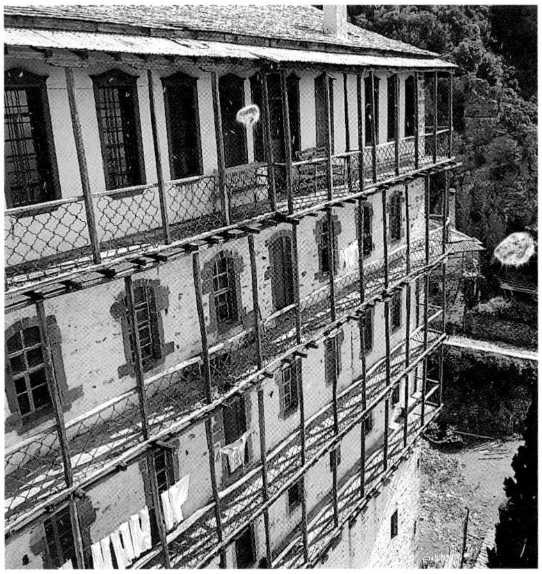

154. Radierung von Simonopetra (19. Jh.)

155. Die eindrucksvollen und virtuos ausgeführten Balkone

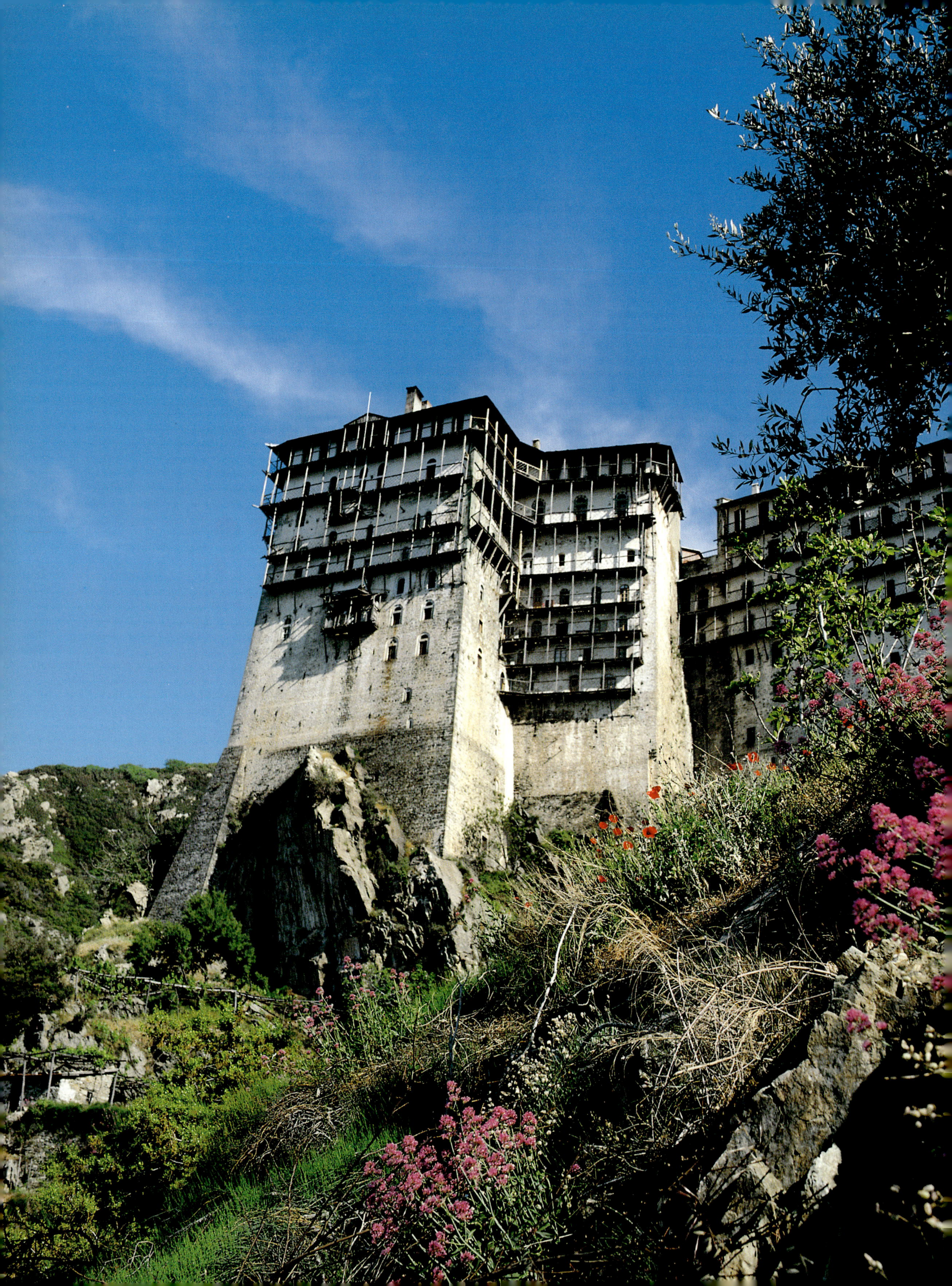

SANKT PAULUS

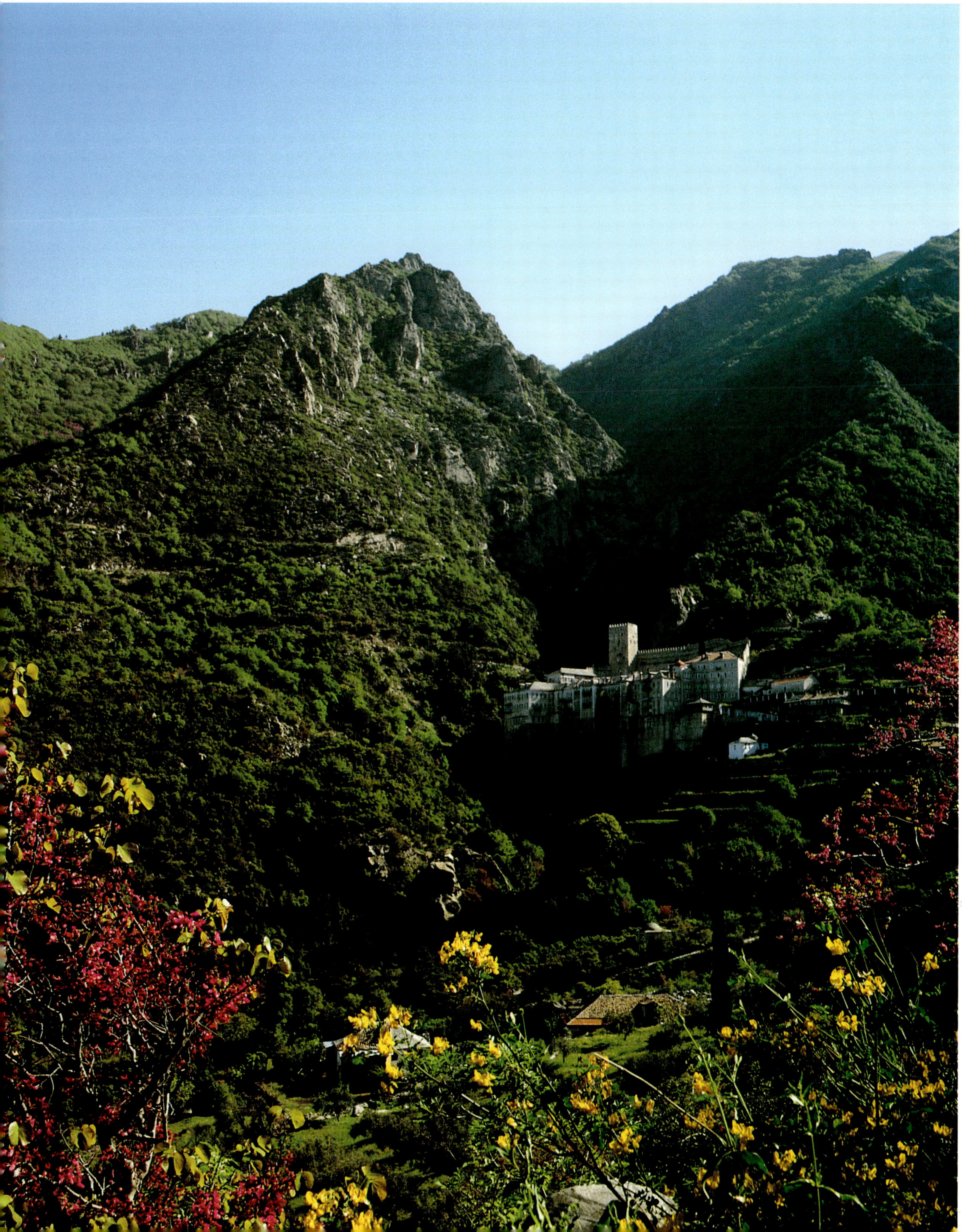

(vorhergehende Seite)
Tafel 86. Kloster St. Paulus in dem weiten und wilden Tal

Das griechische Kloster St. Paulus (Hagiu Pavlu) dominiert in einem breiten und wilden Tal, das sich zur Westküste der athonitischen Halbinsel hin öffnet, und wird seinerseits von den felsigen und pyramidalen Massen des Berges Athos dominiert. Es ist der Darbringung Christi in den Tempel geweiht (2. Februar) und nimmt den vierzehnten Platz in der Hierarchie der athonitischen Klöster ein.

Zum Kloster gehören zwei *Skiten*, Nea Skite und die rumänische *Skite* des hl. Demetrios, auch Lakku genannt, drei *Kellia* in Karyes, darunter St. Andreas, wo der Vertreter bei der Heiligen Gemeinschaft residiert, sowie veschiedene Ländereien (*Metochien*), zum Beispiel Monoxilitis.

Geschichte

Es ist überliefert, daß ein Mönch namens Stefan zur Zeit Konstantins des Großen an derselben Stelle, an der heute das Kloster St. Paulus steht, eine Einsiedelei in einem Tempel erbaute, die er der Darbringung der Gottesmutter weihte. Eine Theorie besagt, daß das eigentliche Kloster dann von dem Mönch Paulus gegründet wurde, Neffe des Kaisers Michael I. Kuropalatas, genannt Rhangabe (811-813). Die glaubhaftere Version ist jedoch die, daß der Mönch Paulos Xiropotaminos in der zweiten Hälfte des 10. Jahrhunderts hier auf dem Besitz des Klosters Xeropotamou ein Kellion erbauen ließ, wohin er sich in seinen letzten Lebensjahren zurückzog. Der Mönch war damals schon bekannt, weil er das Kloster Xeropotamou gegründet hatte, und auch wegen der Kontroversen und Streitigkeiten, die er, der unermüdliche Verfechter der Einsiedeleien und der *Lavre*, als Kontrahent mit dem hl. Athanasios, Erneuerer des athonitischen Mönchtums, hatte. Er wurde im 12. Jahrhundert heiliggesprochen und seine Nachfolger ehrten ihn, indem sie dem Kloster seinen Namen gaben.

Es gibt keine schriftlichen Zeugnisse über Anfänge dieses Klosters. Erst eine Goldbulle Michaels VIII. Paläologos von 1252 bestätigt einige Besitztümer von Sankt Paulus, das damals Christus Salvator geweiht war.

Anfang des 14. Jahrhunderts, vielleicht 1309, wurde es von katalanischen Piraten erobert und zerstört, verlor so seine Autonomie, und wurde wieder Xeropotamou unterstellt. 1316 unterschrieb sein Hegumen ein Dokument des Protos Isaak an neununddreißigster Stelle, 1370 wurden den Serben Gherassimos Radonias und Arsenios Pagassis (mit Mönchsnamen Antonios) der Wiederaufbau und die Erweiterung genehmigt. Mit Unterstützung von Gherassimos Bruders Nikolaus und von Königen und Kaisern wie Radoslav Sambias, dem Bischof von Thessaloniki, Johannes VII. Paläologos, dem serbischen Fürsten Ghiur und seinem Bruder Lazzaros, und Johannes VIII. Paläologos brachten es die beiden Mönche schnell wieder in den Rang eines Klosters. Eine Urkunde des Protos Hennadios und der Versammlung, die im selben Jahr von einem *Sighillion* des Patriarchen Matthäus ratifiziert wurde, legte 1404 die Grenzen zwischen Dionysiou und dem Kloster Sankt Paulus fest, das hier »das alte« genannt wird. Damals wohnten dort vor allem serbische Mönche, aber auch Griechen, wie die doppelte Unterschrift der Hegumenen jener Zeit bestätigt. Der serbische Bischof Georg Brankowitsch ließ die Klostermauern erweitern und 1447 das Katholikon errichten. Seine Tochter Mara, Frau des Sultans Murad II. und Mutter Mohameds II. des Eroberers, stiftete dem Kloster Ländereien in Serres und in Nea Roda, sowie 1000 Golddukaten. Teile von den Geschenken der Hl. Drei Könige an das Jesuskind, die Teil des Beuteguts aus der Eroberung Konstantinopels waren, wollte sie persönlich nach St. Paulus bringen. Die Legende erzählt, daß in dem Moment, als sie den Fuß auf die Halbinsel setzte, eine laute Stimme vom Himmel ertönte, die ihr befahl stehen zu bleiben, da der Heilige Berg schon eine Königin habe, nämlich die jungfräuliche Got-

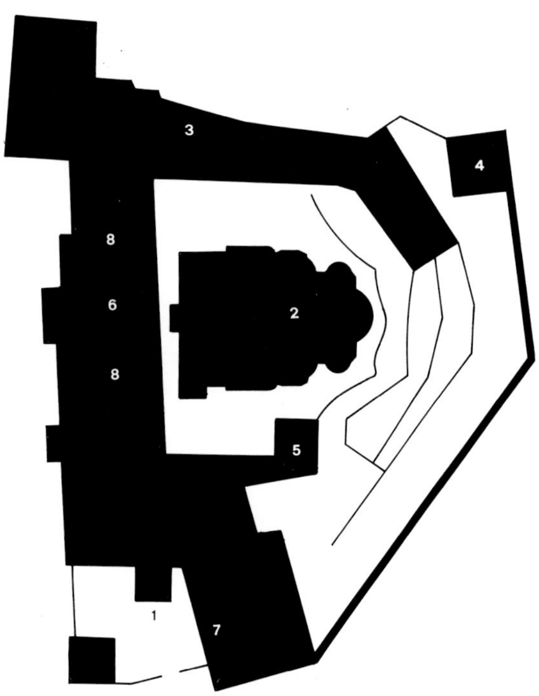

156. KLOSTER
1. Eingang; 2. Katholikon; 3. Kapelle des hl. Georg (Obergeschoß); *4. Verteidigungsturm; 5. Glockenturm; 6. Refektorium; 7. Bibliothek* (Obergeschoß); *8. Gästehaus*

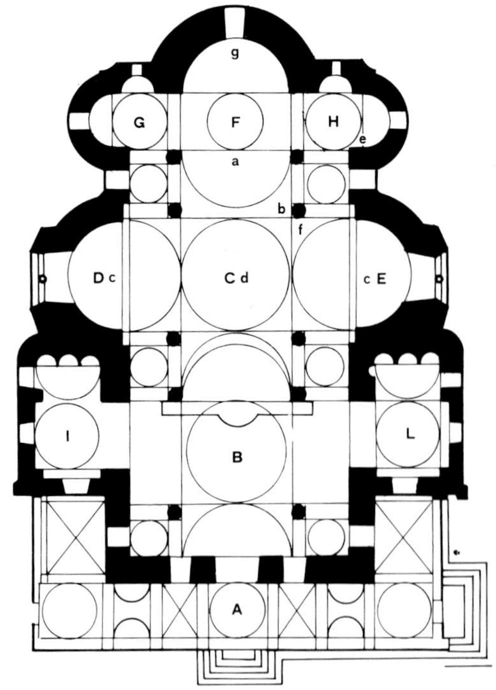

157. KATHOLIKON
Architektonische Elemente
A. Atrium; B. Lite; C. Naos; D. Nordchor; E. Südchor; F. Bema; G. Prothessis; H. Diakonikon; I. Kapelle des Hl. Georg; L. Kapelle des hl. Paulus

Liturgische und kultische Elemente
a. Ikonostase; b. Proskinitarion; c. Analoghia; d. Choros; e. Ikone der Panaghia Kathreptis; f. Ikone der Panaghia Mirovlitissa; g. Ikone der Panaghia Nissiotissa

tesmutter. Mara gehorchte und ließ die Geschenke durch ihre Würdenträger überbringen. Zur Erinnerung an dieses Wunder wurde eine Kapelle errichtet, die noch heute existiert.

Diesen Hilfen und der Unterstützung durch die serbischen, moldauischen und walachischen Fürsten, Vasallen der Türken in den Donaufürstentümern, ist es zu verdanken, daß sich das Kloster im Gegensatz zu anderen bis zum 17. Jahrhundert auf einem hohen, wirtschaftlichen Niveau halten konnte. Es wurde in jener Zeit von circa 200 Mönchen bewohnt.

Stiftungen und Spenden kamen von den Fürsten Stefan der Große, Neagoe Basarab, der 1521 den Turm und die Kapelle der hl. Konstantin und Elena bauen ließ, Miron Konstantinu, durch den St. Paulus in Besitz des moldauischen Klosters Sustava kam, und Konstantin Basarab Brangowanos, der das Kloster erweitern ließ. Mit den immer höher werdenden Abgaben an die Türken begann im 18. Jahrhundert jedoch der Abstieg des Klosters. Die Zahl der Mönche nahm ab, vor allem Serben verließen das Kloster. Gegen Ende des Jahrhunderts unternahm der *Skevofilax* (Schatzmeister) Gregorios lange Reisen in den Balkan, um Almosen und Spenden zu sammeln; nach ihm war Antimios Komnenos aus Selimbri, Hegumen der von Sankt Paulus abhängigen Skite Demetrios Lakku, eifriger Unterstützer. Er war ein Freund des Patriarchen Gregorios V. und sorgte in den Jahren 1816 und 1820 mit Geld, liturgischen Gegenständen, Gewändern und Land persönlich für die Erhaltung des Klosters, und es gelang ihm, die Anzahl der Bauten zu verdoppeln.

Während des griechischen Unabhängigkeitskrieges (1821-1830) war das Kloster fast unbewohnt; einige Mönche beteiligten sich am Aufstand gegen die Türken; andere hatten Angst vor Repressalien, zogen es vor, das Kloster zu verlassen, und brachten die Schätze in Ägina in Sicherheit. Danach kehrten die meisten Mönche nach St. Paulus zurück, und man begann mit Mitteln der Zaren von Rußland Alexander I. (1801-1825) und Nikolaus I. (1825-1855) mit der Restaurierung. Die heutigen Gebäude sind im großen und ganzen aus jener Zeit, abgesehen von der Nordseite (15. Jh.), dem Turm und dem Refektorium (17. Jh.). Das relativ große *Katholikon* wurde zwischen 1839 und 1844 unter Hegumen Sophronios Kalligas aus Kephalonia erbaut. Damals wurde das Kloster durch ein *Sighillion* des Patriarchen Gregorios VI. (1839) wieder koinobitisch.

Ein Brand (1902), der unter anderem einen Großteil der Bibliothek zerstörte, und Überschwemmungen (1911) des sehr nah vorbeifließenden Flusses beschädigten St. Paulus.

Kunst

KATHOLIKON
Das jetzige, der Darreichung Jesu in den Tempel geweihte *Katholikon*, zwischen 1839 und 1844 vom Hegumen Sophronios Kalligas erbaut, liegt an der Stelle des alten *Katholikons* aus dem 15. Jahrhundert. Es hat den traditionell hagioritischen Grundriß mit Trikonchos und *Lite* mit der Eigenheit, daß der *Naos* von der *Lite* nicht durch eine Mauer, sondern nur durch zwei Säulen und eine hohe Marmorbalustrade getrennt ist. Die freskenlosen Wände sind mit weißen Marmorplatten bedeckt. An den Seiten der *Lite* liegen zwei Kapellen (*Parekklissia*), St. Georg und St. Paulus.

Einige wundertätige Ikonen der Gottesmutter findet man im *Katholikon*, darunter die *Kathreptis*, *Mirovlitissa* und *Nissiotissa*. Nach der Überlieferung gehörte die *Panaghia Kathreptis* im *Diakonikon* der ikonenfreundlichen Kaiserin Theodora, Frau des ikonoklastischen Kaisers Theophilos. Um die Ikone vor dem Ehemann zu schützen, hatte sie sie in ihrem Privatgemach hinter dem Spiegel (*Kathreptis* = Spiegel) versteckt; wundersamerweise vom Feuer verschont, soll sie vom hl. Paulos Xiropotaminos, dem Gründer dieses Klosters, nach Athos gebracht worden sein.

Die Ikone der *Panaghia Mirovlitissa* (Muttergottes, die einen Myrrhengeruch ausströmt) soll, so die Legende, aus dem Kloster Mirelion in Konstantinopel sein, und soll verschiedene Male so starken Myrrhengeruch ausgeströmt haben, daß das Bild selbst dadurch beschädigt wurde. Die Ikone der *Panaghia Nissiotissa* (Inselgottesmutter) oder *Messonissiotissa* (Halbinsel) über dem *Sinthronon* hinter dem Altar, ist vom Typ »*Glikofilussa*« (der süßen Liebe) und geht auf das 11. Jahrhundert zurück. Vom Kloster *Theotokos Messonissiotissis* auf der Insel im See Prespa in Makedonien, das dem Kloster St. Paulus von Nikolaos Pagassis Baldovinos als *Metochion* geschenkt wurde, wurde sie 1385 nach St. Paulus gebracht. Im *Bema* sind viele kostbare Gegenstände und Reliquien erhalten, wie die Geschenke der Hl. drei Könige, die Teil der Beute von Konstantinopel sind und dem Kloster von Mara, Frau des Sultans Murad II., gestiftet wurden: Gold

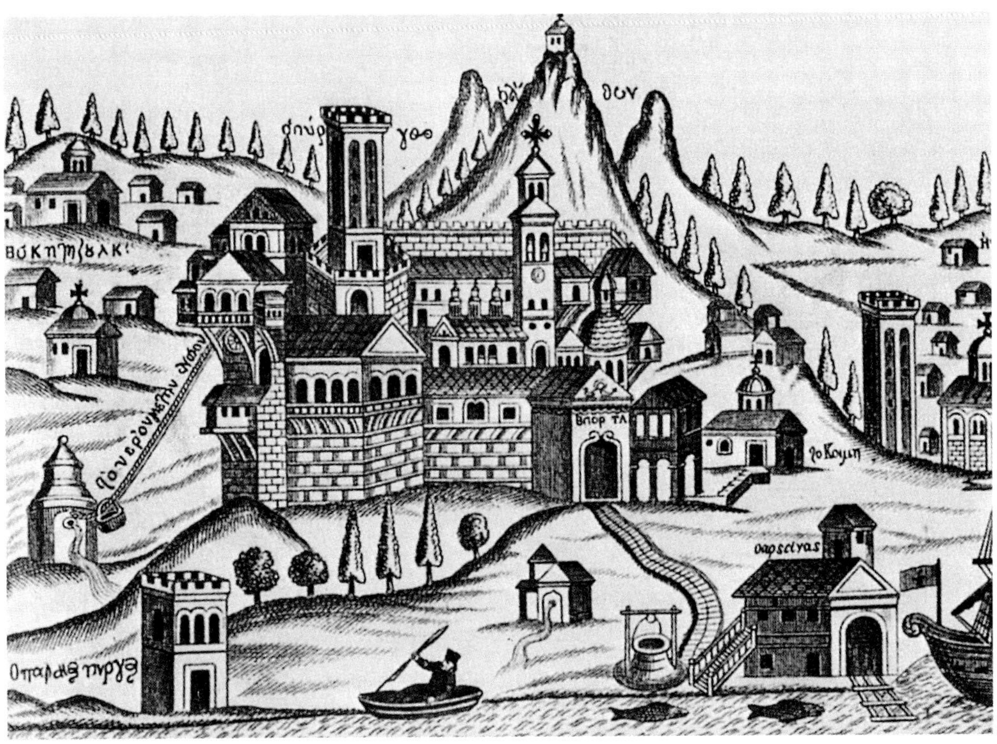

158. Radierung von St. Paulus (19. Jh.)

(Folgende Seiten)
Tafel 87. In der Nische: Gottesmutter mit den Heiligen Basileios und Athanasios; rechts: hl. Symeon; Fresken aus kretischer Schule in der Kapelle des hl. Georg

Tafel 88. König Salomon, Gottesmutter Lebensquell (in der Nische) *und Erscheinung des Engels vor dem hl. Pachomios, Fresken in der Kapelle des hl. Georg (1555)*

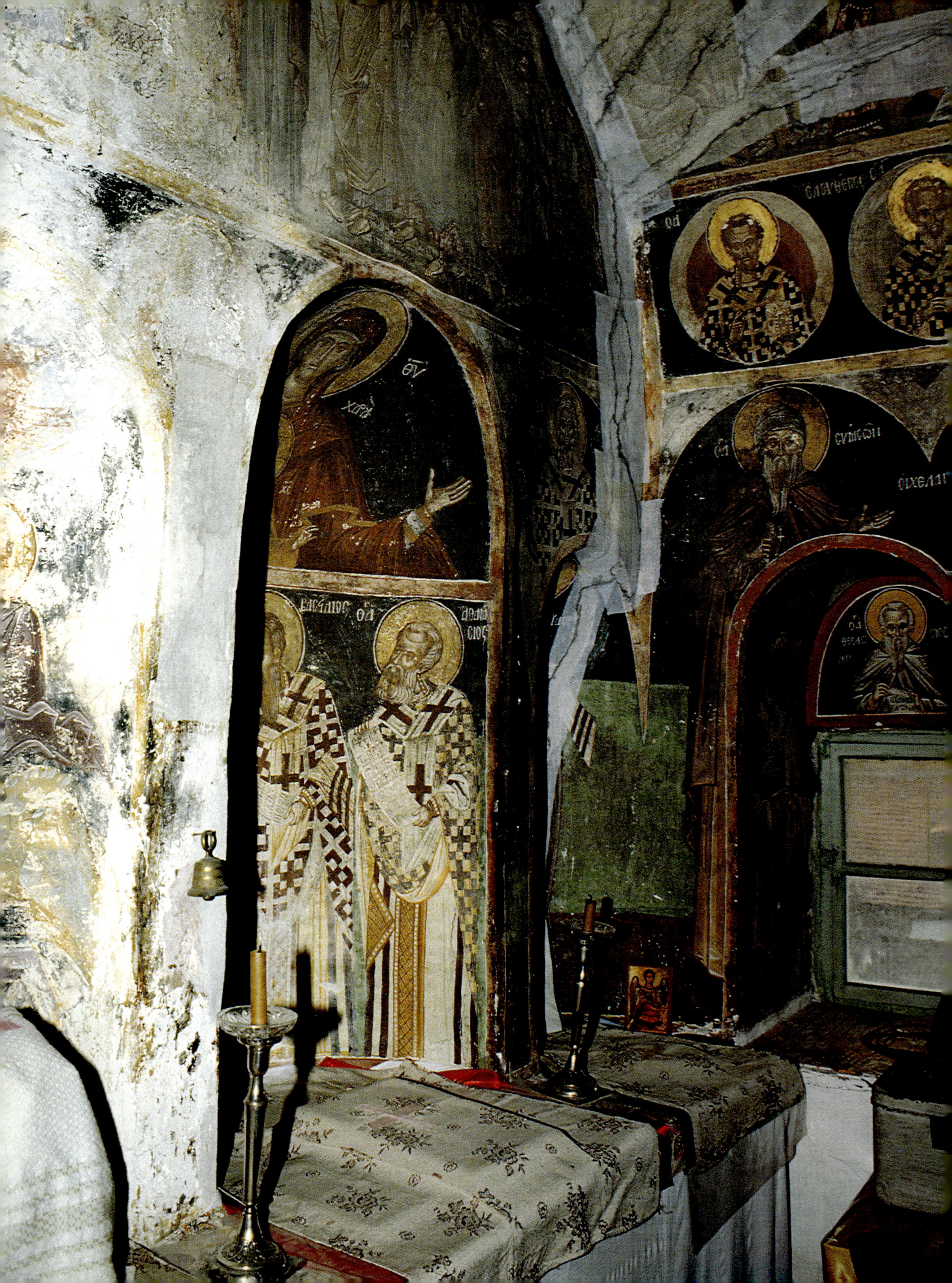

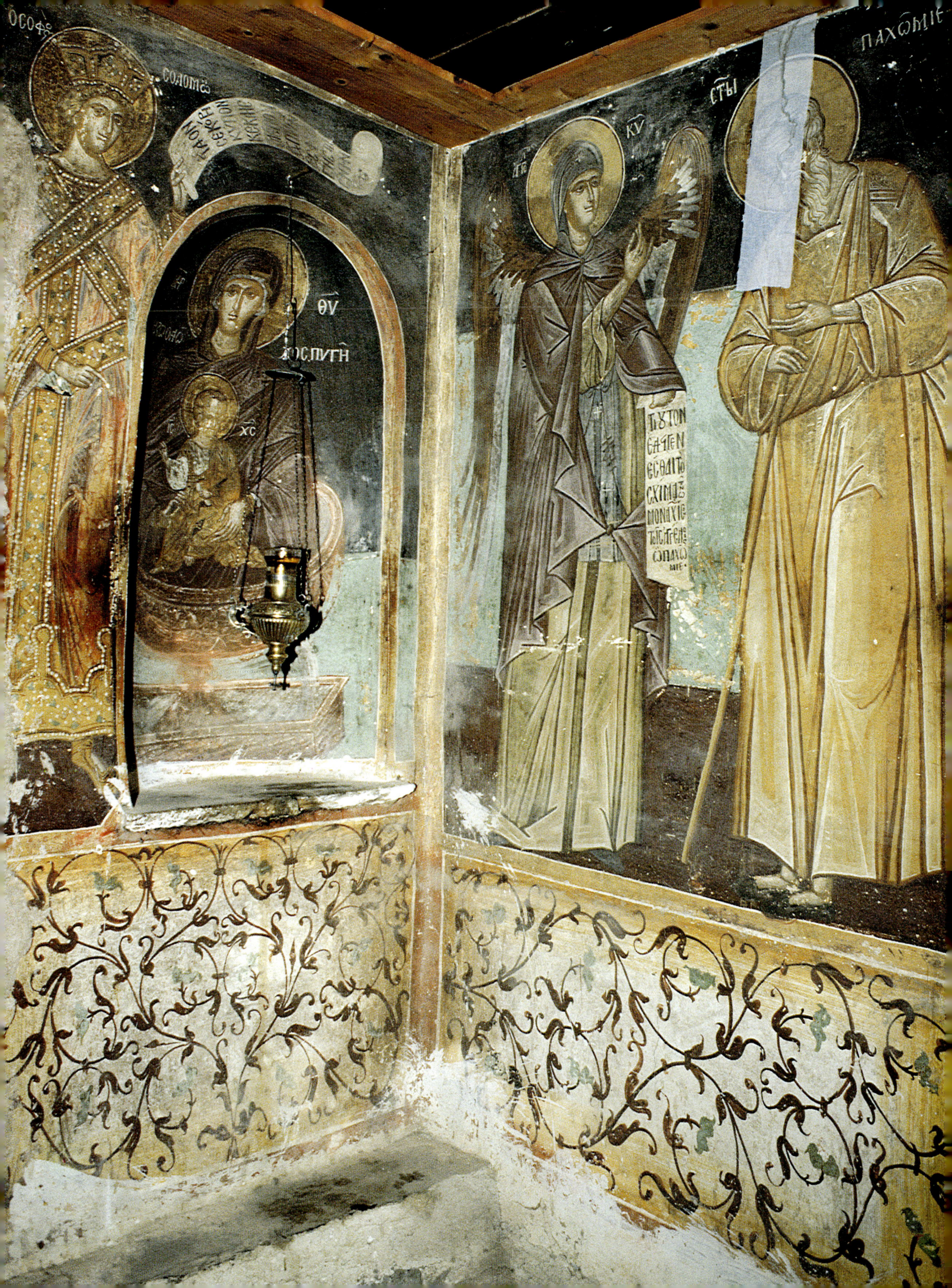

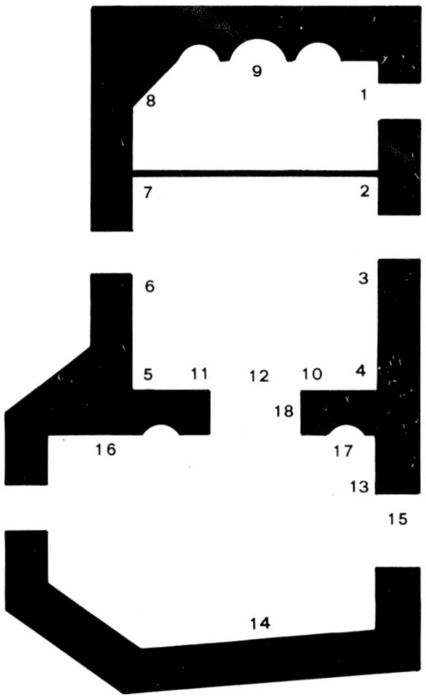

159. KAPELLE DES HL. GEORG
Fresken
Kirchenfeste
1. (Gewölbe) *Geburt Christi;*
2. (Gewölbe) *Darbringung Jesu im Tempel; 3.* (Gewölbe) *Verklärung;*
4. (Gewölbe) *Erweckung des Lazarus; 5.* (Gewölbe) *Einzug in Jerusalem; 6.* (Gewölbe) *Kreuzigung; 7.* (Gewölbe) *Abstieg in das Reich der Toten; 8.* (Gewölbe) *Frauen am Grab, Pfingsten;*
9. (Tympanon) *Himmelfahrt*

Leben der Jungfrau
10. (Tympanon) *Geburt; 11.* (Tympanon) *Darbringung im Tempel;*
12. (Tympanon) *Heimholung*

Heilige Asketen
13. Pachomios und der Engel;
14. Antonios, Petros Athonites, Athanasios Athonites, Paulos Xiropotaminos, Kiriakos, Nilos Sinaitis, Maria Ägyptiaca, Zosimus

Weitere Motive
15. Samson und der Löwe;
16. Verkündigung, (in der Nische) *Taufe Jesu; 17. Salomon,* (in der Nische) *Gottesmutter Lebensquell;*
18. Klosterkreuz

als Symbol der Königlichkeit Christi, Weihrauch als Symbol seiner Göttlichkeit und Myrrhe als Symbol seines Menschseins. Außerdem befinden sich dort zwei Splitter des Kreuzes Christi, der linke Fuß des hl. Gregor von Nazianz, die rechte Hand des hl. Maximus Confessor, der Schädel der hl. Agathe, Reliquien des hl. Basileios, des hl. Johannes, des hl. Panteleimon und des hl. Pachomios.

TURM

Der Verteidigungsturm (*ochirotikos pirgos*) wurde auf Wunsch des Wojwoden der Walachei, Neagoe Basarab IV., errichtet. 1521 begannen die Bauarbeiten, die unter seinem Sohn Theodosios und später unter dem Wojwoden Petru fortgesetzt wurden. Ende des 17. Jahrhunderts drohte er zu verfallen, und es war wieder ein walachischer Fürst, Konstantin Brangowanos, der die Mittel für die Restaurierung stellte. Er trägt Zinnen und Pechnasen, ist 10 m breit und ungefähr 25 m hoch. Im obersten Geschoß liegt die Kapelle des hl. Nektarios von Ägina.

KAPELLE DES HL. GEORG

Auf der Hangseite des Klosters, an dem Pfad, der zum Turm führt, liegt die Kapelle des hl. Georg, des früheren Schutzpatrons des Klosters. Die Fresken von 1555 sind aus kretischer Schule; noch heute spürt man im Ausdruck der Figuren und in der Lebendigkeit des Strichs die ursprüngliche Kraft.

Im Narthex sind die heiligen Asketen dargestellt: Antonios, Petros Athonites, Athanasios Athonites, Paulos Xiropotaminos, Kyriakos, Nilus Sinaita, Maria von Ägypten und Zosimus. Der *Naos* dagegen zeigt Fresken mit den Kirchenfesten (*Dodekaorton*) und dem Leben der Gottesmutter. Besonders interessant ist das Klosterkreuz mit den Passionssymbolen (Lanze und Stab mit Schwamm) an der Südwand im Durchgang vom Narthex zum *Naos*.

BIBLIOTHEK

Die im Südflügel des Klosters gelegene Bibliothek umfaßt 494 Handschriften, davon 5 auf Pergament, von denen die ältesten aus dem 9. Jahrhundert sind, sowie mehr als 10.000 gedruckte Bücher.

Außerdem ist dort ein Fresko, das den hl. Athanasios Athonites porträtiert; es stammt noch von der Dekoration des *Katholikons* von 1447. An diesem Fragment kann die Entwicklung der Malerei zur Zeit der Paläologen festgemacht werden, die von der Plastizität und dem Realismus der Figuren im Protaton zu Karyes zum Schematismus und der Stilisierung dieses Porträts vom hl. Athanasios führte.

Umgebung

GIPFEL DES BERGES ATHOS

Ein bequemer Weg führt den Südrücken entlang zum Gipfel des Berges Athos. Auf ungefähr 1500 Metern Höhe findet man eine neuere Kapelle der Panaghia; daneben befindet sich ein Raum, der als Zufluchtsort gedacht ist. Auf dem Gipfel selbst (2033 Meter) liegt eine der Verklärung (*Metamorfossis*) geweihte Kapelle; dorthin pilgern die Mönche in der Nacht zum 15. August, um die *Agripnia*, die dem Fest der Heimholung Mariä vorausgeht, zu feiern. Ein großes eisernes Gipfelkreuz ragt in den Himmel.

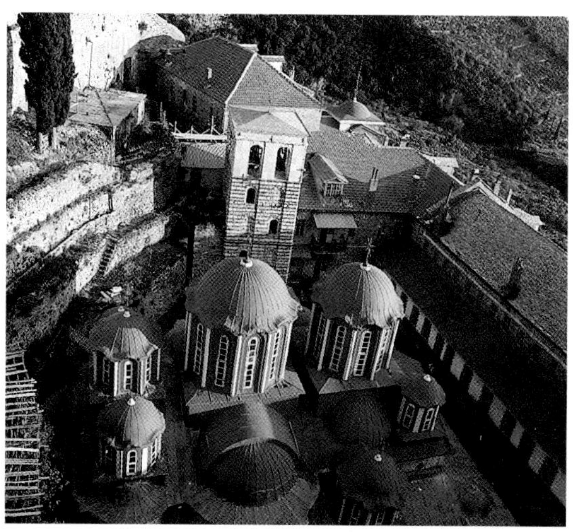

160. Katholikon des Klosters, zwischen 1839 und 1844 vom Hegumen Sophronios Kalligas erbaut

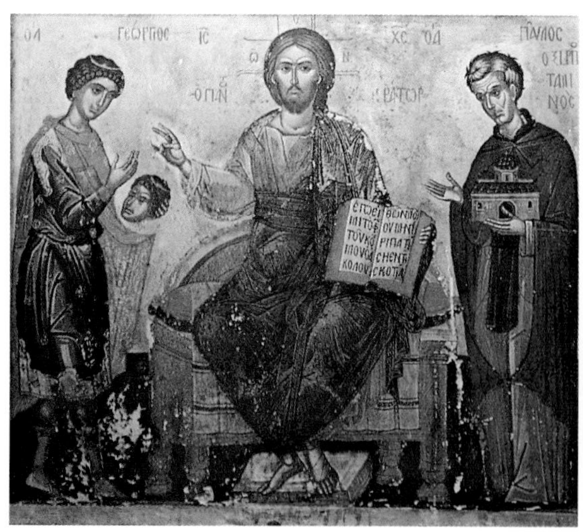

161. Deesis mit hl. Georg und hl. Paulos Xiropotaminos, Ikone im Kloster (16. Jh.)

STAVRONIKITA

Obwohl Stavronikita das kleinste aller Athosklöster ist, wirkt es sehr majestätisch auf der Felsenterrasse über dem Meer. Auf halbem Weg zwischen Iviron und Pantokratoros ist es an der Nordostküste der athonitischen Halbinsel schon von weitem zu sehen.

Es ist dem hl. Nikolaus (6. Dezember) geweiht und belegt den fünfzehnten Platz in der Hierarchie der Athos-Klöster.

Von dem griechischen Kloster Stavronikita hängen 4 *Kellia* ab, zwei davon in Karyes, und 33 *Kallive* in Kapsala.

Geschichte

Die Ursprünge von Stavronikita, dem kleinsten der 20 Klöster, liegen weitgehend im dunkeln. Nach Gherassimos Smirnakis, Autor von »Der Heilige Berg«, wurde es von einem gewissen Nikephoros Stavroniketas, Offizier Kaisers Johannes I. Tzimiskes (969-976) gegründet, während eine zugegebenermaßen originelle Überlieferung besagt, daß es von dem Patrizier Niketas erbaut wurde, dessen Namenstag am 15. September ist, einen Tag nach dem Fest der Kreuzabnahme, die auf griechisch *Stavron* heißt.

In seinem Traktat »Über Namen und Nomenklaturen der alten und neueren Klöster des Berges Athos« leitet Theodoretos, der Anfang des letzten Jahrhunderts Hegumen der Großen Lavra war, den Namen von Stavros und Niketas ab, zwei Brüdern, die er für die Gründer hält. Andere Autoren halten die beiden nicht für die Gründer, sondern lediglich für zwei Einsiedler, die vor dem Klosterbau in der Gegend hausten.

Die wahrscheinlichste These, die jedoch von Theodoretos abgelehnt wird, ist, daß der Name von »Stravonikitas« kommen könnte, einem schielenden (auf griechisch *stravos*) Mönch mit dem Namen Niketas. Diese These ist insofern die glaubwürdigste, als die ersten sicheren Aufzeichnungen, die das Kloster betreffen, auch die Unterschriften eines »Nikephoros, Mönch von Stavronikita« tragen. Diese sind das von Protos Nikephoros unterschriebene und in den Archiven der Großen Lavra aufbewahrte Dokument von 1012, und die darauf folgenden von 1015, 1016 und 1017. Mit dem Vierten Kreuzzug (1204-1261), als die Franken Konstantinopel und das östliche Griechenland besetzten und einige Deserteure an den athonitischen Küsten piratisches Unwesen trieben, kam für das Kloster eine erste Krisenzeit. Nach einigen Überfällen wurde Stavronikita verlassen: ein Dokument von 1287 erwähnt es als Kloster in Ruinen. Es wurde wie üblich unter die Autorität des Protos gestellt, der es Koutloumous übergab, mit der Bedingung, es wiederaufzubauen. Im 15. Jahrhundert war es noch einmal verlassen, diesmal wurde es unter die Rechtsprechung von Philotheou gestellt, das es bis 1533 verwaltete. Im Juni jenes Jahres wurde es für 4.000 Piaster von Gregor Gheromeriatis erworben, Hegumen des Klosters Gheromeri in Tesprotia.

Er war ein brüderlicher Freund des Patriarchen von Konstantinopel Jeremias I. (1522-1546) und hatte sich schon mit dem Wiederaufbau des Klosters St. Johannes in Epiros verdient gemacht; aus eigenen Mitteln ließ er das Kloster wiederaufbauen und erreichte beim Patriarchen die Genehmigung, es in den Rang eines Kloster zurückzuführen.

Nach dessen Tod, zwischen 1536 und 1540, führte sein Freund Jeremias den Wiederaufbau und die Verschönerung als Zeichen der Zuneigung fort, was sich als um so notwendiger erwies, da ein Brand 1540 große Schäden angerichtet hatte. Jeremias gelang es auch, das Kloster Phakinos 1541,

162. KLOSTER
1. Eingang; 2. Gaststätte; 3. Katholikon; 4. Refektorium (Obergeschoß); *5. Küche* (Obergeschoß); *6. Verteidigungsturm; 7. Glockenturm; 8. Kapelle Johannes des Täufers* (Prodromos); *9. Kapelle der Gottesmutter Lebensquell* (OG) *und des hl. Eleutherios* (UG); *10. Kapelle der Erzengel; 11. Bibliothek; 12. Mönchszellen; 13. Schlupfpforte; 14. Aquädukt*

163. KATHOLIKON
Architektonische Elemente
A. Lite; B. Naos; C. Bema; D. Prothesis; E. Diakonikon

(Fortsetzung auf S. 204)

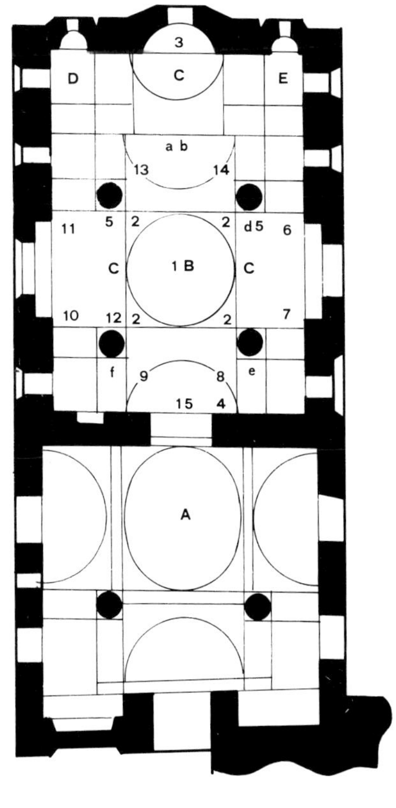

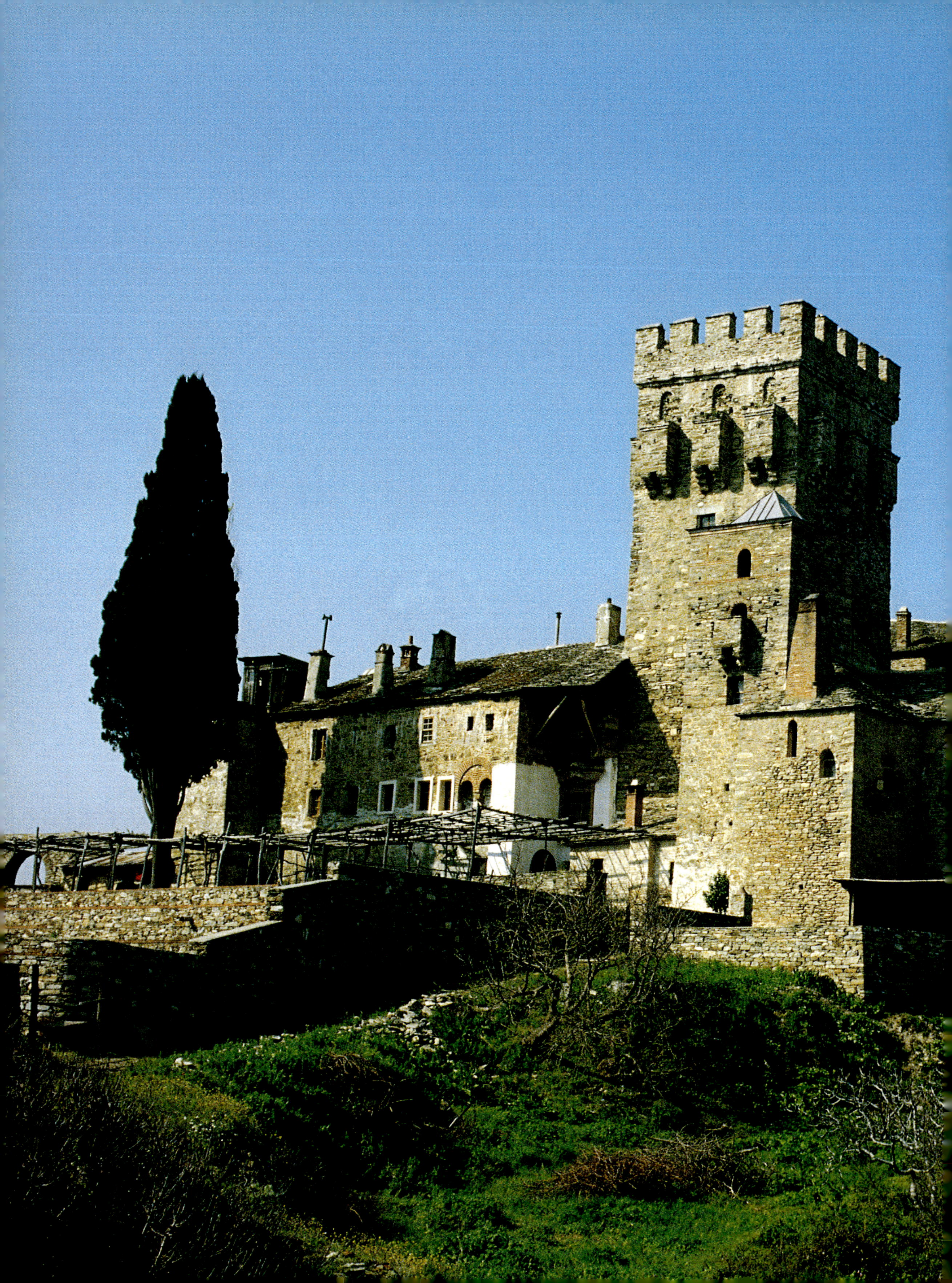

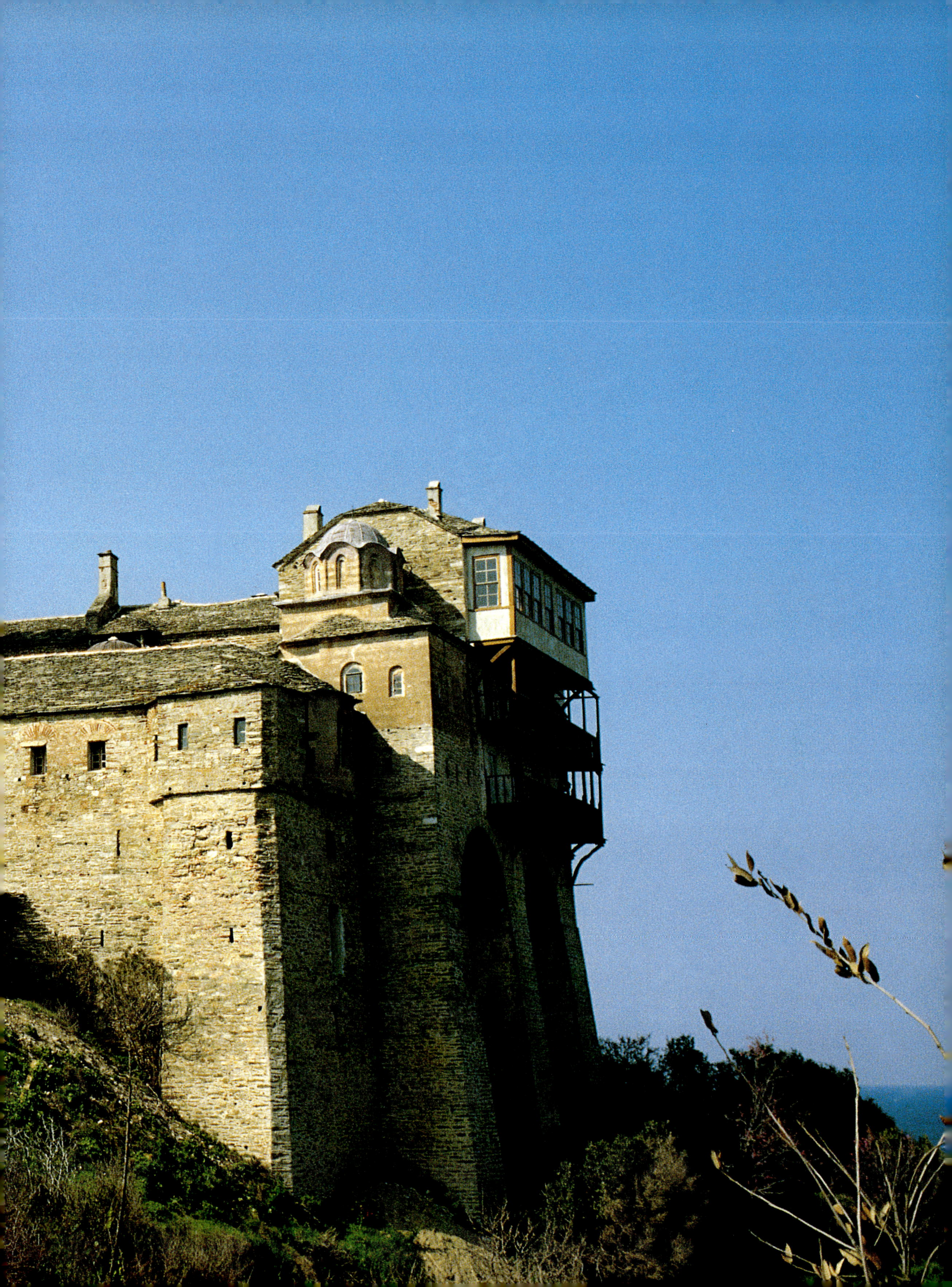

(vorhergehende Seiten)
Tafel 89. Kloster Stavronikita

(Fortsetzung von S. 201)

Fresken
Andachtszyklus
1. (Kuppel) *Pantokrator, Himmlische Mächte und Propheten; 2.* (Pendentif) *Evangelisten; 3.* (Apsiskonche) *Gottesmutter; 4.* (unten) *Patriarch Jeremias reicht dem hl. Nikolaus das Kloster dar*

Hohe Feste und Leben Jesu
5. (Mitte) *Verkündigungsengel; 5.* (Mitte) *Maria der Verkündigung; 6.* (Gewölbe) *Geburt; 6.* (oben) *Kindermord zu Betlehem; 7.* (Gewölbe) *Verklärung; 7.* (oben) *Erweckung des Lazarus; 8.* (Gewölbe) *Einzug in Jerusalem; 8.* (oben) *Letztes Abendmahl und Fußwaschung; 9.* (Gewölbe) *Ölberg und Verrat des Judas; 9.* (oben) *Jesus vor Annas und Kaiphas, Dornenkrönung; 10.* (Gewölbe) *Christus vor Pilatus; 10.* (oben) *Geißelung; 11.* (Gewölbe) *Kreuzigung; 11.* (oben) *Pietà; 12.* (oben) *Petrus und Johannes; 13.* (Gewölbe) *Himmelfahrt; 14.* (Gewölbe) *Pfingsten; 15.* (über der Tür) *Anapesson; 15.* (Mitte) *Mariä Heimholung*

Liturgische und kultische Elemente
a. Ikonostase (1743); b. Ikone der zwölf Feste (1546); c. Analoghia; d. Ikone des hl. Nikolaus Stridas (14. Jh.); e. Ikone des Christus (der alten Ikonostase – 1546); f. Ikone der hl. Jungfrau (der alten Ikonostase – 1546)

gegen den Widerstand der Mönche in Pantokratoros, die Anspruch darauf erhoben, zu annektieren; in einem *Sighillion* von 1544 rief er es als »patriarchalisch und aus der Quelle des Kreuzes stammend« aus, das heißt, er stellte es unter die direkte Rechtsprechung des Patriarchen und machte es so von der örtlichen Kirche unabhängig.

Jeremias gab schließlich seine blendende Karriere auf, wurde unter dem Namen Johannes Mönch, und verbrachte die letzten Jahre seines Lebens in Stavronikita; er schrieb die Klosterregel neu, schenkte dem Kloster große Ländereien, unter anderem auf der Halbinsel Kassandra und auf Lemnos und vermachte bei seinem Tod all seinen Besitz dem Kloster. Auf Wunsch von Jeremias blieb es, trotz der Verbreitung der neuen, idiorhythmischen Regel, lange Zeit koinobitisch, vielleicht bis nach dem Brand von 1607.

Durch Feuer wurde es 1741 noch einmal zerstört und 1864 und 1874 schwer beschädigt, und das, was die Feuersbrunst übrig ließ, ruinierte die türkische Herrschaft. Glücklicherweise genoß es immer das Wohlwollen verschiedener Gönner, darunter, um nur einige zu nennen, des Archonten Servopulos (1612), des Mönchs Markus (1614), des Rates der Alten von der Insel Kea (1628), der Frau des Thomas Klados, Kurtessa (1630), und der Fürsten der Walachei, Serban Kantakuzenos (1679-1688) und Alexander Guikas (1727-1740), die den Aquädukt des Klosters erbauen ließen.

Während des griechischen Unabhängigkeitskrieges, als Tausende von türkischen Soldaten im Gefolge von Mehemet Pascha die athonitische Halbinsel überfielen und die Klöster besetzten, verließen 1821 vier Fünftel der Klostereinwohner Athos. Auch Stavronikita entvölkerte sich und war ungefähr zehn Jahre vollkommen verlassen, wie übrigens auch Sankt Paulus, Simonopetra, Grigoriou und andere.

Nach Zerstörungen durch Brände war das Kloster 1884 höchst verschuldet und wurde im März 1887 erneut der heiligen Gemeinschaft direkt unterstellt, die Beniamin Kontrakis, Mönch in Karakalou, als »Verwalter auf Lebenszeit« einsetzte. Der Hegumen Theophilos von Vatopedi kaufte es schließlich frei, beglich die Schulden und konnte es 1902 erneut selbständig machen. Nach relativ schwieriger Zeit bevölkerte 1968 eine Gruppe junger, gebildeter Mönche das Kloster neu; sie lebten wieder nach der koinobitischen Regel in Nachfolge des Jeremias, gaben dem Kloster einen neuen kräftigen Impuls, und setzten so seinem Verfall ein Ende.

Kunst

Katholikon

Das *Katholikon* von Stavronikita ist das kleinste aller athonitischen *Katholika* und das einzige, das nicht als traditionelle Dreikonchenanlage erbaut wurde. Es wurde 1542 im Osten des engen Innenhofs an der Stelle des der *Theotokos* geweihten Vorgängerbaus errichtet und dem Hl. Nikolaus geweiht.

Obwohl dem Bau die traditionellen Seitenchöre fehlen, zeigt er Merkmale der athonitischen *Katholika*: das eingeschriebene griechische Kreuz des Grundrisses ist von einer Kuppel überragt und mit einer *Lite* versehen. Diese wurde 1630, direkt nach den Restaurierungsarbeiten am *Katholikon*, angebaut.

Die Fresken im Naos stammen von Theophanes, dem höchsten Vertreter der kretischen Malschule, der sie 1546 mit Hilfe seines Sohns Symeon ausführte. Diejenigen Freskenteile, die später nicht restauriert wurden, sind stilistisch mit denen im *Katholikon* der Großen Lavra verwandt; aber im Gegensatz zu den Fresken dort bevorzugt Theophanes hier in

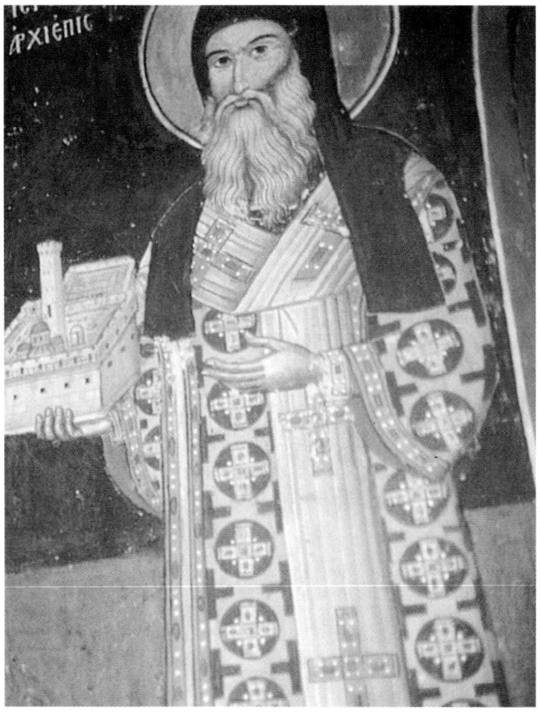

164. Patriarch Jeremias, Gönner des Klosters, auf einem Fresko im Katholikon (1546)

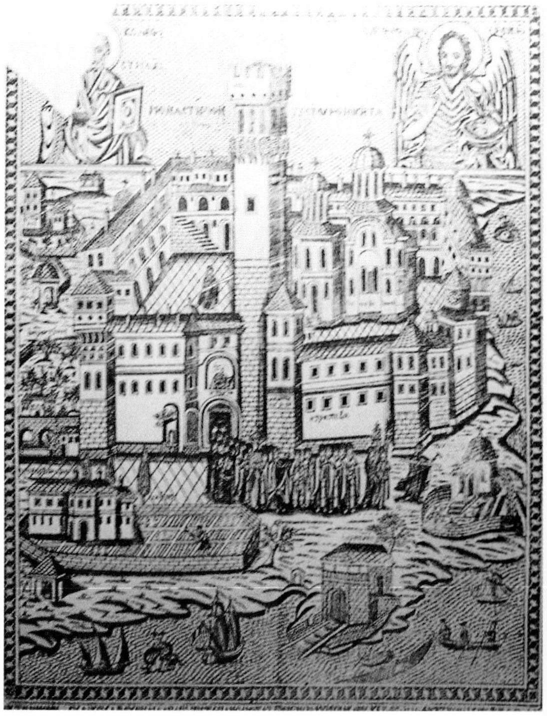

165. Radierung des Klosters (19. Jh.)

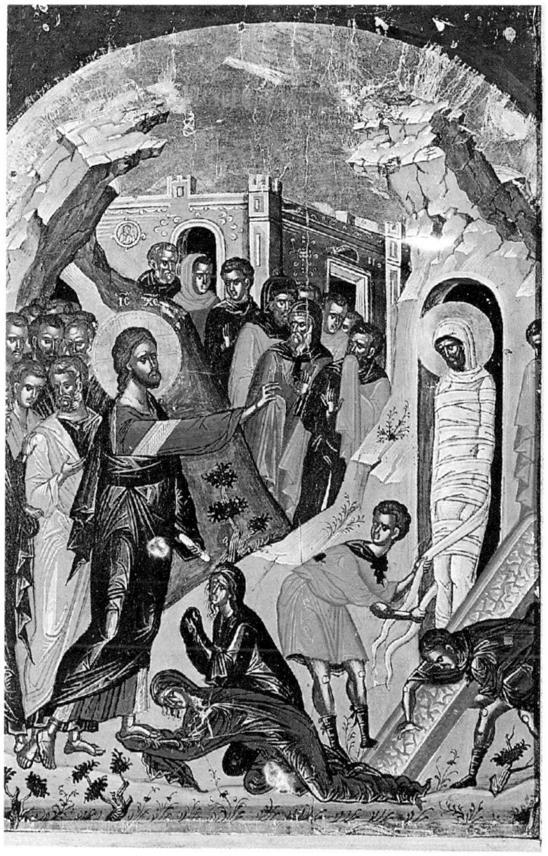

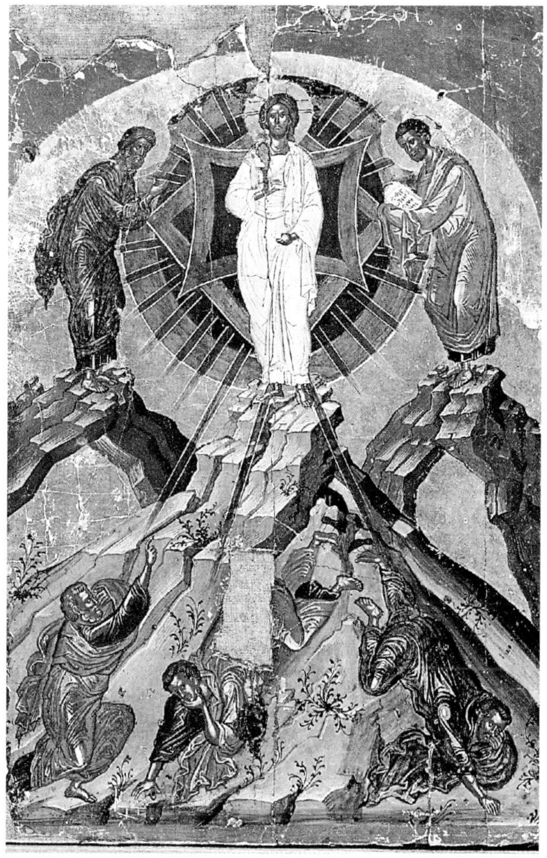

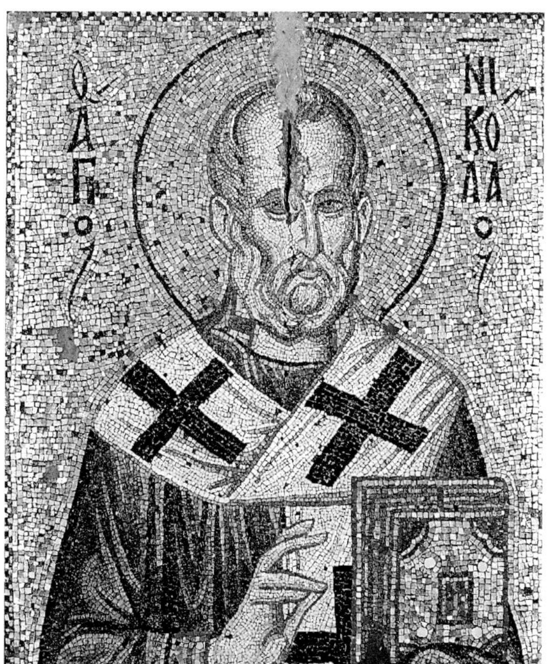

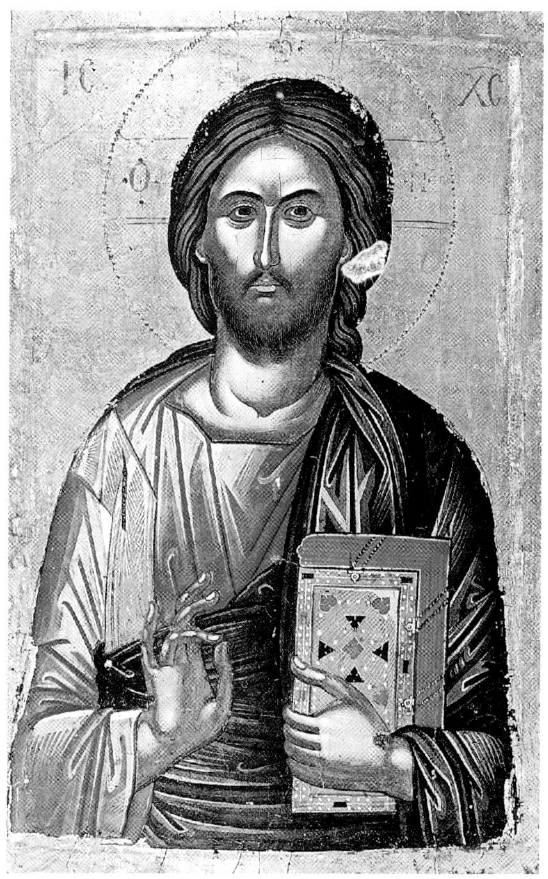

166-169. Ikonen im Kloster Stavronikita: Erweckung des Lazarus, Verklärung, hl. Nikolaus Stridas, segnender Christus

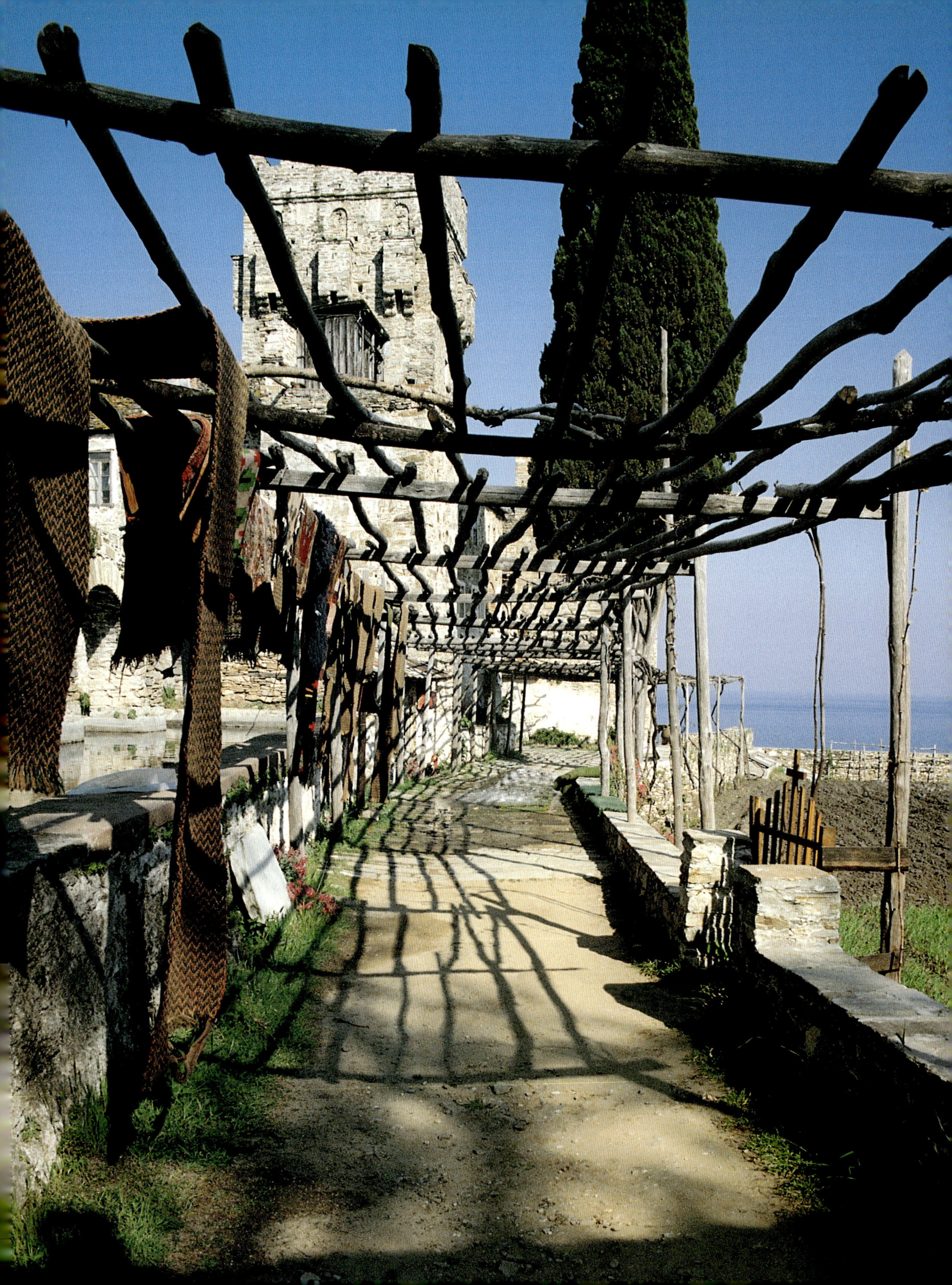

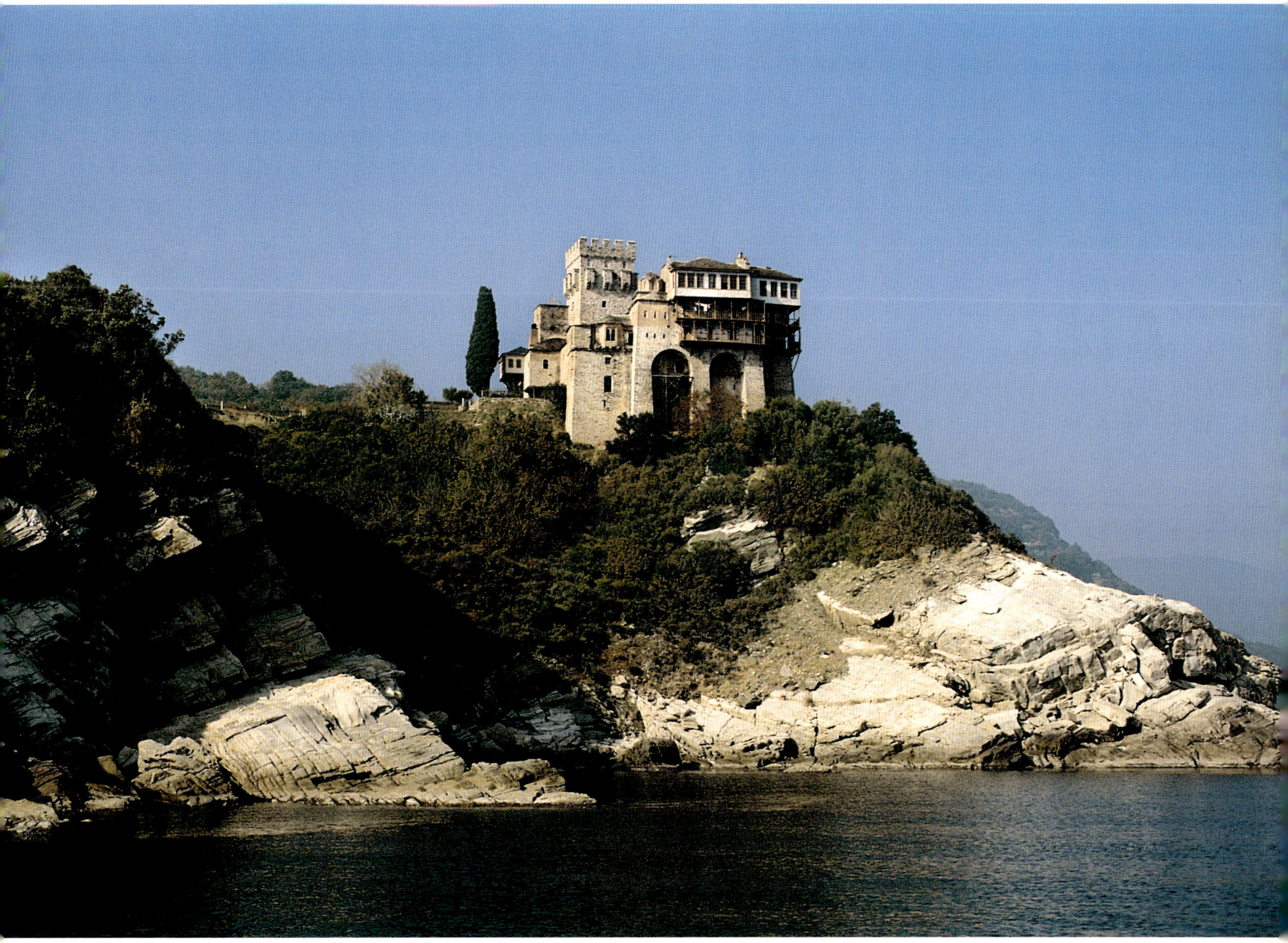

afel 91. *Blick vom Meer auf Stavronikita*

afel 90. *Verteidigungsturm von Stavronikita mit darunterliegender Terrasse*

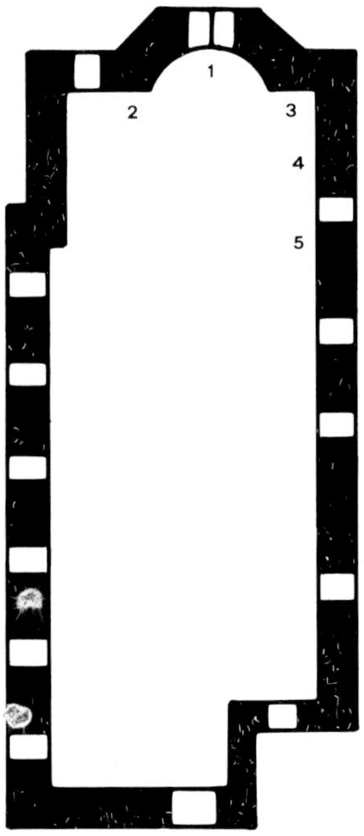

170. REFEKTORIUM
Fresken (1546)
1. (Apsiskonche) *Gottesmutter Platitera und Letztes Abendmahl; 1.* (oben) *wundersamer Fischfang; 1.* (oben) *Brotvermehrung; 2.* (unten) *Hl. Gregor Palamas; 1.* (unten) *Hl. Nikolaus, hl. Basileios, hl. Johannes Chrysostomos, hl. Gregor von Nazianz; 3.* (oben) *Verkündigung; 4.* (unten) *Hl. Antonios, hl. Euthymios, hl. Saba, hl. Theodosios; 5.* (oben) *Heimholung des hl. Nikolaus*

Stavronikita dunkle Töne und Farbgebungen; er zeigt sich künstlerisch gereifter in dieser letzten Stufe der Entwicklung eines immer ernsteren, asketischeren und klösterlichen Malstils.

Ikonografisch handelt es sich um die traditionellen Zyklen: der *Pantokrator*, die Himmlischen Mächte und die Propheten in der Kuppel, die Evangelisten an den Pendentifs, die Gottesmutter im Apsisbecken, die Großen Feste, das Leben und die Wunder Christi in den Gewölben und an den Wänden im *Naos*. Die Feste sind nicht wie sonst vom Freskenzyklus des Lebens Christi getrennt, sondern, wegen der wenigen zur Verfügung stehenden Flächen, darin integriert.

An der Westwand rechts vom Eingang zum *Naos* ist ein Porträt des Patriarchen Jeremias; der Klostergründer im Patriarchalgewand reicht das Kloster seinem Patron, dem hl. Nikolaus, dar.

Die holzgeschnitzte, vergoldete Ikonostase von 1743 trägt im oberen Teil Ikonen der zwölf Feste (*Dodekaorton*). Sie waren schon Teil der alten Ikonostase, sind ein wunderbares Werk von 1546 und werden Thephanes oder seiner Schule zugeschrieben. Der Zyklus besteht aus fünfzehn Ikonen, die die großen Feste des liturgischen Jahrs darstellen, von der Verkündigung bis zu Mariä Heimholung. Die restlichen Ikonen der alten Ikonostase werden im *Katholikon* (Christus und die Gottesmutter), in der Kapelle des hl. Eleutherios (Kruzifix und drei Apostel) und in Räumen des Hegumenen (ein Apostel) aufbewahrt.

Bei der Säule rechts der Ikonostase findet sich die wundertätige Mosaikikone des hl. Nikolaus von Myra; er ist frontal mit Bischofsgewand dargestellt, seine rechte Hand zum Segensgestus erhoben. Die Ikone trägt den Namen des hl. Nikolaus (»Stridas« (der Auster) genannt), denn nach einer Legende wurde sie in der ikonoklastischen Zeit ins Meer geworfen, und erst Jahre später, 1589, verfing sie sich in den Netzen einiger Fischer; eine Auster saß so fest auf der Stirn des Heiligen, daß ein Riß entstand, der noch heute an der Ikone zu sehen ist. Die Kunsthistoriker datieren dieses Werk einmütig auf die ersten Jahren des 14. Jahrhunderts.

Im *Bema* sind, außer liturgischen Geräten und Priesterkleidern, zahlreiche Heiligenreliquien aufbewahrt, unter anderem der Unterkiefer des hl. Johannes des Täufers, ein Teil der linken Hand der hl. Anna und des *Protomärtyrers Stefan*, außerdem zahlreiche Reliquien von Heiligen, die während der Verfolgung durch Diokletian gemartert wurden.

Refektorium

Das Refektorium (*Trapesa*) liegt im obersten Geschoß im Südostflügel des Klosters. Die neuere Forschung schreibt die Fresken Theophanes von Kreta zu, der sie 1546 gleichzeitig mit denen im Katholikon ausgeführt haben soll.

Besonders kostbar ist die Komposition im Apsisbecken, wo das Letzte Abendmahl (*Mistikos Dipnos*) mit der Darstellung der Gottesmutter mit Christus Immanuel auf der Brust (*Theotokos Platitera*) harmoniert. Im unteren Teil der Apsis sind Figuren des hl. Nikolaus, Patron des Klosters, und der Väter der Basilischen Kirche, Johannes Chrysostomos und Gregor von Nazianz dargestellt; links von der Apsis Gregorios Palamas, Theoretiker des Hesychasmus, und rechts, in dieser Reihenfolge Athanasios aus Alexandria und die heiligen Asketen Antonios, Euthymios, Saba und Theodosios Koinobiarches.

Kapellen

Im Inneren des Klosters findet man 4 Kapellen: Hl. Johannes der Täufer (*Prodromos*), Gottesmutter Lebensquell (*Soodokos Pighi*), hl. Eleutherios und Erzengel Michael und Gabriel. Die Täuferkapelle, zu der man vom Refektorium aus gelangt, wurde von Theophanes von Kreta mit Fresken bemalt.

Turm

Rechts vom Klostereingang thront majestätisch der Turm (*ochirotikos pirgos*), der als Beobachtungspunkt und als letzter Zufluchtsort im Verteidigungsfall erbaut wurde. Er wurde, wie der Turm in Karyes, zwischen dem 10. und dem 11. Jahrhundert errichtet, im 14. Jahrhundert und 1552 wiederaufgebaut; aus dieser Zeit ist seine heutige Gestalt.

Bibliothek

Die Bibliothek (*Vivliotiki*) ist zu ebener Erde in einem Raum nördlich des Katholikons untergebracht. Dort findet man 250 Handschriften, davon 58 auf Pergament und 2 auf Seide, 3 liturgische Rollen und viele gedruckte Bücher. Besonders wertvoll sind ein Evangelium aus dem 11. Jahrhundert und ein Psalter mit Goldbuchstaben aus dem 12. Jahrhundert.

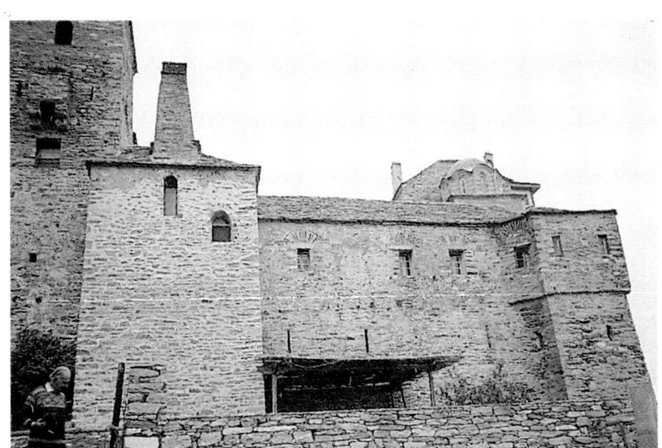

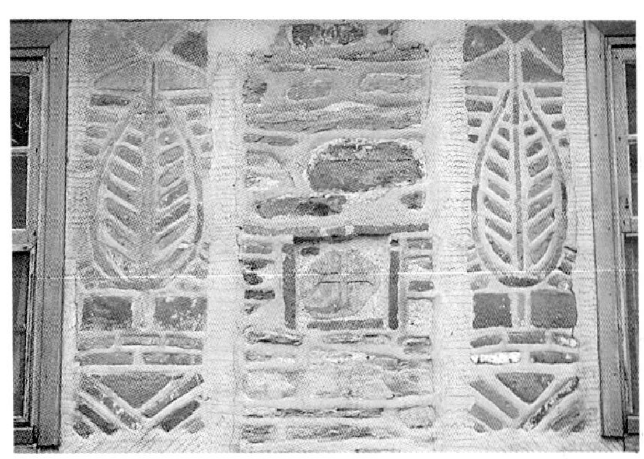

171. Außenansicht des Klosters

172. Dekorationselemente an einer Klosterwand

XENOPHONTOS

Das griechische Xenophontos ist das zweite Kloster, auf das man an der südwestlichen Küste der athonitischen Halbinsel trifft. Es ist dem hl. Georg geweiht (23. April) und belegt den sechzehnten Platz in der Hierarchie der Athosklöster.

Zu Xenophontos gehören die *Skite* der Verkündigung, eine Wegstunde nach Osten, und das Kellion des St. Andreas in Karyes, Sitz des Vertreters bei der heiligen Gemeinschaft.

Geschichte

Die Überlieferung, die seine Gründung einem Senator Xenophon im 6. Jahrhundert zuschreiben will, ist unglaubwürdig. Wahrscheinlicher ist, daß ein Mönch gleichen Namens Finanzhilfen von Kaiser Basileios II. Boulgaroktonos (976-1025) erhielt und gegen Ende des 9. Jahrhunderts mit dem Bau der ersten Gebäude begann, die er dem hl. Georg weihte. Dieser Xenophon wird auch als Hegumen im »Leben des Athanasios« erwähnt, weil er dessen Bruder Theodoros geheilt hatte, der in Milopotamos erkrankt war. Seine Unterschrift findet man mit derselben Handschrift auf drei Urkunden, von 998, 1001 und 1007, und er wird in zwei Dokumenten, 1035 und 1071, genannt.

Einige Jahre später zog sich der *Drugarios* (Admiral) Stefan, der im Dienst des Nikephoros III. Botaneiates (1078-1081) gewesen war, mit dem Namen Symeon als Mönch nach Xenophontos zurück und fuhr mit der Erweiterung fort. Davon zeugt eine Urkunde des Protos und der Versammlung, die auf 1083 datiert ist. Die Aktivität und Energie des Ex-Admirals machten ihn aber bei den Hegumenen der anderen Klöster unbeliebt, die ihn für zu rührig hielten; mit schwerwiegenden Argumenten konnten sie ihn zur Amtsniederlegung bewegen: offensichtlich war er Eunuch, und die Tatsache, daß es einem Eunuchen gelungen sei, Hegumen zu werden, erregte einen großen Skandal. Kaiser Alexios I. Komnenos (1081-1118), der wie sein Nachfolger des öfteren wohlwollendes Interesse und Großherzigkeit gegenüber Xenophontos bewies, brachte Symeon später in sein Amt zurück.

1225 wurde das Kloster von Piraten heimgesucht, die Schäden aber wurden schnell wieder repariert; die wirtschaftliche Lage verbesserte sich so sehr, daß es 1394 den achten Platz in der athonitischen Rangordnung belegte. Gegen Ende des 15. Jahrhunderts begann auch für dieses Kloster eine Krisenzeit: da es wegen der Abgaben an die türkische Besatzung verschuldet war, ging die Zahl der Mönche auf nur zehn zurück. Mit Unterstützung des adligen Walachen Bornikos und seins Bruders Radolos bevölkerte es sich vor allem mit serbischen und bulgarischen Mönchen. Die zwei Brüder veranlaßten ab 1545, zusammen mit anderen Notabeln aus den Donaufürstentümern (wie Matei und Konstantin Basarab Brangowanos), die den Türken unterstanden, die Restaurierung einiger Gebäude.

Gegen Ende des 18. Jahrhunderts blühte das Kloster wieder auf, vor allem dank Paissios von Mitilene, Priestermönch in Kafsokaliwia, der es mit Hilfe des *Skevofilax* (Schatzmeisters) Konstantin und des Archimandriten Zaccharias renovierte und erweiterte; die beiden sammelten auf zahlreichen Reisen die Mittel dafür. Paissios erhielt 1784 vom Patriarchen von Konstantinopel Gabriel IV. (1780-1785) ein *sighillion*, das ihm erlaubte, Xenophontos

174. KLOSTER
1. Eingang; 2. Altes Katholikon; 3. Neues Katholikon; 4. Phiale; 5. Refektorium; 6. Glockenturm; 7. Zisterne der Mühle; 8. zweiter Eingang; 9. Schlupfpforte; 10. Kapelle des Evangelisten Johannes; 11. Gästehaus; 12. Mönchszellen

173. KATHOLIKON
Architektonische Elemente
A. Atrium; B. Lite; C. Naos; D. Nordchor; E. Südchor; F. Bema; G. Prothessis; H. Diakonikon; I. Kapelle des hl. Demetrios; L. Kapelle des hl. Lazarus

Liturgische und kultische Elemente
a. Ikonostase; b. Proskinitarion; c. Analoghia; d. Choros

Fresken (1545)
Andachtszyklus
1. (Kuppel) *Pantokrator, himmlische Mächte und Propheten;*
2. (Pendentif) *Evangelisten;*
3. (Konche) *Gottesmutter zwischen den Erzengeln*

Die Hohen Feste
4. (Mitte) *Verkündigungsengel;*
5. (Mitte) *Maria der Verkündigung;*
6. (Gewölbe) *Geburt Jesu; 7.* (Gewölbe) *Taufe Jesu; 8.* (Gewölbe) *Einzug in Jerusalem; 9.* (Konche) *Letztes Abendmahl; 10.* (Tympanon) *Kreuzigung; 11.* (Konche) *Pietà; 12.* (Gewölbe) *Abstieg in das Reich der Toten; 13.* (Gewölbe) *Himmelfahrt; 14.* (Gewölbe) *Pfingsten*

(Fortsetzung auf S. 212)

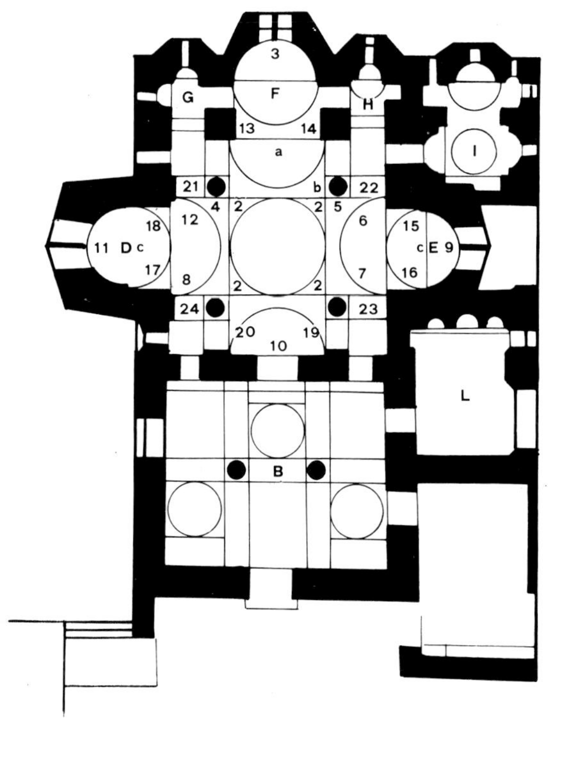

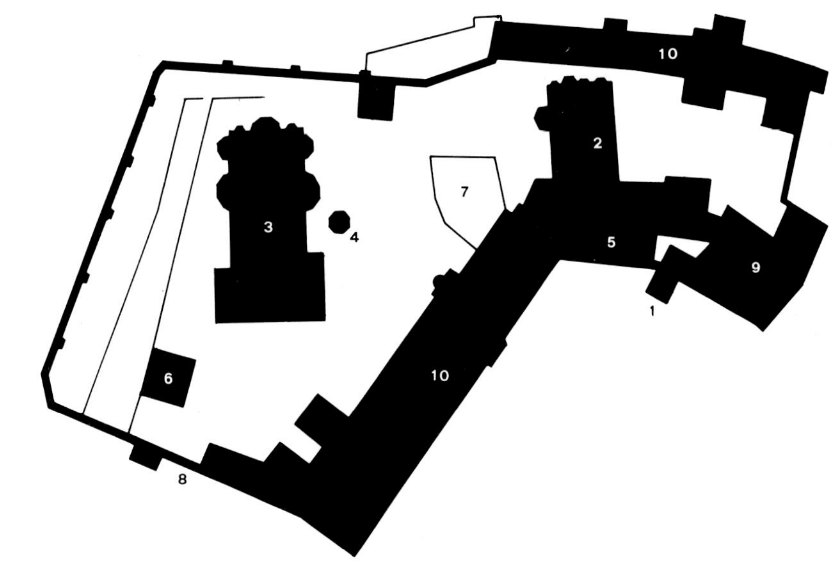

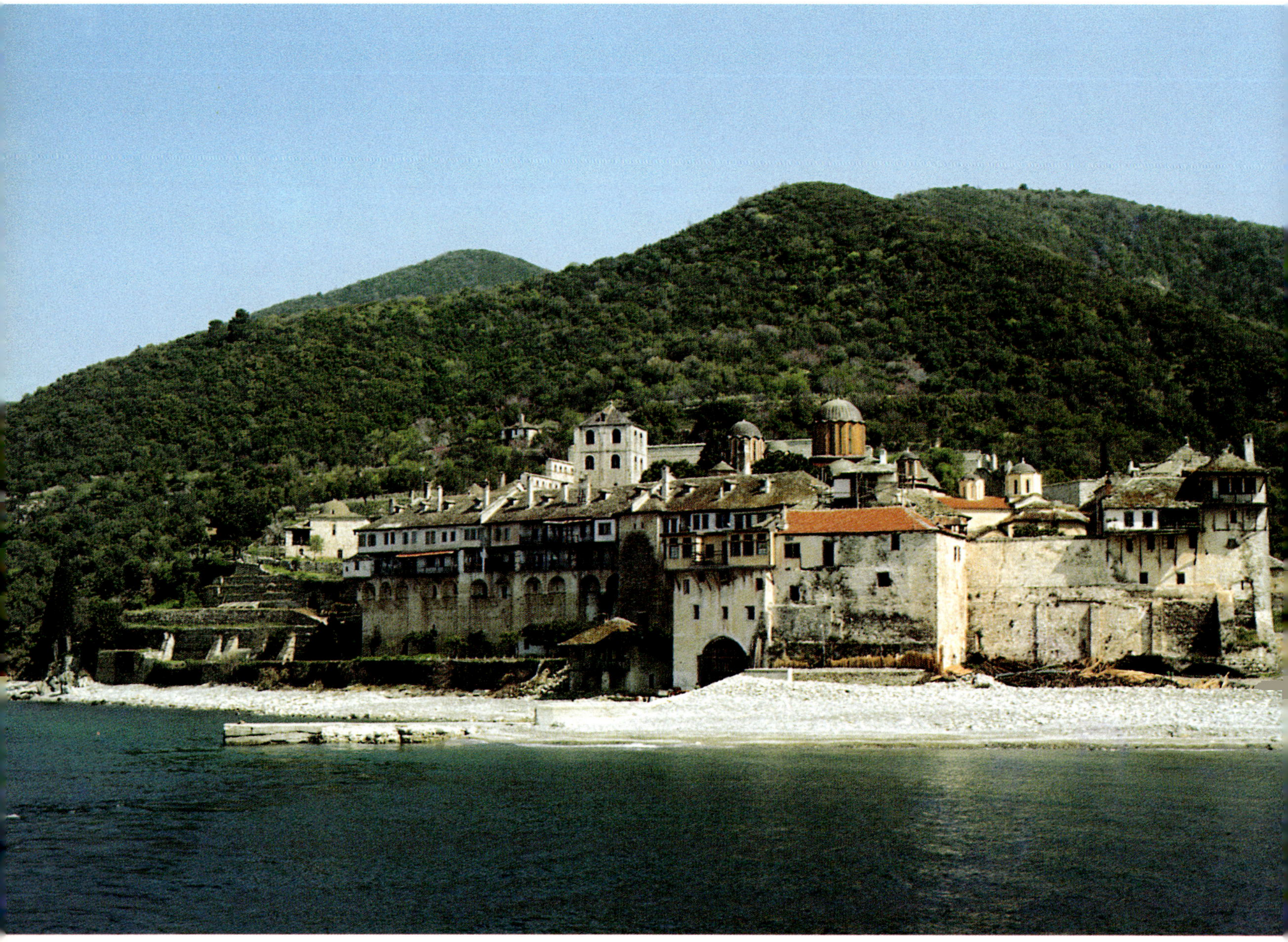

Tafel 92. Kloster Xenophontos

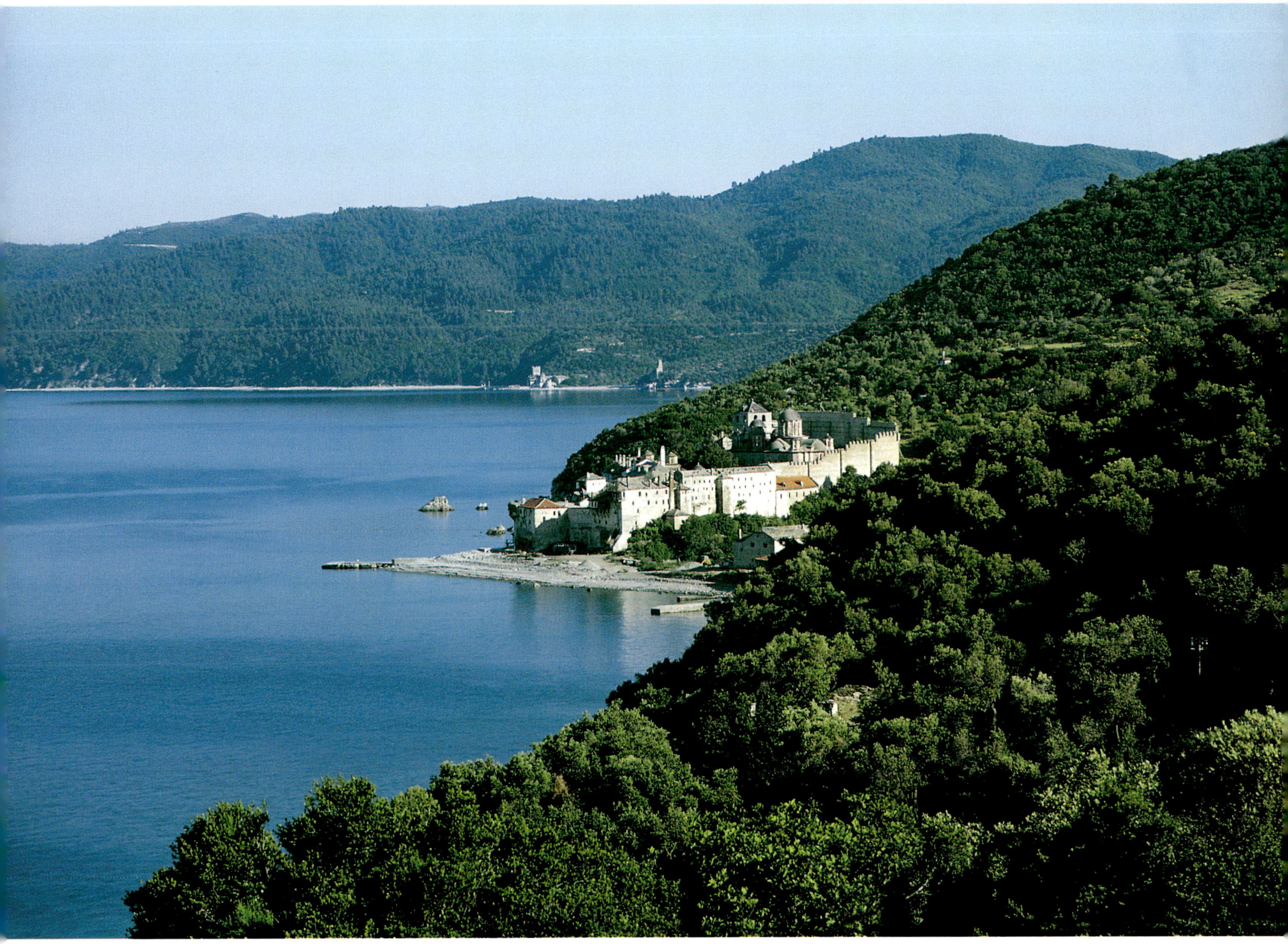

Tafel 93. Hafen und Kloster

(Fortsetzung von S. 209)

Leben Jesu
15. (Gewölbe) *Darbringung Jesu im Tempel; 16.* (Gewölbe) *Jesus unterrichtet die Gelehrten; 15.* (Mitte) *Fußwaschung; 16.* (Mitte) *Jesus am Ölberg; 17.* (Mitte) *Urteil des Annas und des Kaiphas; 18.* (Mitte) *Verleugnung durch Petrus; 19.* (Gewölbe) *Christus vor Pilatus und Geißelung; 19.* (oben) *Dornenkrönung; 17.* (Gewölbe) *Kreuzigung; 20.* (Gewölbe) *Josef von Arimathea vor Pilatus und Kreuzabnahme; 18.* (Gewölbe) *Grabwache; 20.* (oben) *Frauen am Grab, Petrus und Johannes am Grab*

Heilige
21. (unten) *Hl. Petrus; 22.* (unten) *Hl. Paulus; 23.* (unten) *Hl. Athanasios Athonites; 24.* (unten) *Hl. Ephräm*

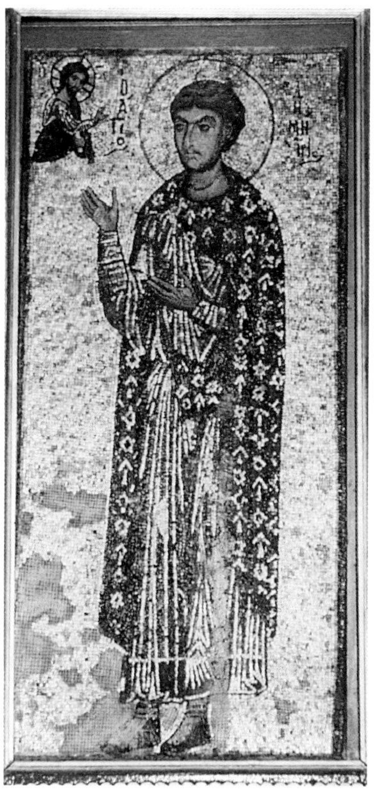

175. Hl. Demetrios, Mosaik im neuen Katholikon (12. Jh.)

als erstes aller Athosklöster zur koinobitischen Regel nach athonitischer Tradition zurückzuführen. 1808 zog sich der Metropolit Philotheos von Samakovion (Lesbos) als einfacher Mönch nach Xenophontos zurück, wo er zwischen 1809 und 1819 ein zweites *Katholikon* erbauen ließ, das eines der größten auf Athos werden sollte.

1817 zerstörte ein verheerender Brand das Kloster fast vollständig; von den Flammen verschont blieben das Refektorium mit Fresken aus dem 16. Jahrhundert und die Kirche des hl. Georg, das alte Katholikon, das eines der kleinsten auf Athos ist. Wieder war es Philotheos, der das für den schnellen Wiederaufbau nötige Geld auftrieb; nach ihm führte der Hegumen Nikephoros aus Kimi (Euböa) sein Werk fort.

Xenophontos erinnert auch daran, daß eine der einflußreichsten Persönlichkeiten der griechisch-orthodoxen Kirche, Nikephoros Kalogheras, hinter seinen Mauern weilte.

Kunst

Katholikon

Das alte *Katholikon* steht im Süden des Klosters in der Mitte des alten Innenhofs. Wahrscheinlich zwischen Ende des 11. Jahrhunderts und Anfang des 12. erbaut und dem hl. Georg geweiht, ist es eines der kleinsten *Katholika* auf Athos; der Doppelchor und die *Lite*, die ihm den charakteristisch hagioritischen Grundriß verleihen, sind nach-byzantinische Anbauten von 1545. Im Süden besitzt es zwei Kapellen (*Parekklissia*), die des hl. Demetrios, eines der ältesten Gebäude des Klosters, und die des hl. Lazzaros.

Naos und *Bema* wurden 1545 von Antonios mit Fresken versehen; die Fresken in der *Lite* von 1563 stammen von einem gewissen Theophanes, der nicht mit dem berühmten Theophanes von Kreta identisch ist. Beide Freskenzyklen stellen die beiden Künstler in die Nachfolge der kretischen Malschule.

Das Atrium des *Katholikons*, das gleichzeitig als Vorhalle der *Trapesa* (Refektorium) fungiert, wurde 1637 mit Fresken ausgeschmückt, die die Gönner des Klosters porträtieren (der Wojwode der Walachei, Johannes Matthäus Basarab, und seine Frau Elena), sowie mit Szenen aus der Apokalypse des hl. Johannes.

Refektorium

Gegenüber dem Eingang zum alten *Katholikon* liegt das rechteckige Refektorium (*Trapesa*), das Ende des 15. oder Anfang des 16. Jahrhunderts erbaut wurde. Die Fresken gehen auf dieselbe Zeit zurück, wurden aber leider später restauriert, wodurch die ursprüngliche Frische verändert wurde. Nach traditioneller Vorgabe werden Szenen aus dem Menologhion und aus dem Akathistoshymnus, Reihen von Heiligen und das Jüngste Gericht gezeigt.

Neues Katholikon

Das neue *Katholikon* ist wie das alte dem hl. Georg geweiht; zwischen 1809 und 1819 wurde es auf Betreiben des Hegumenen Nikephoros und des Erzbischofs Philotheos aus Samakovion im neuen Teil des Klosters erbaut.

Es ist eines der majestätischsten und größten *Katholika* auf Athos; einige alte und kostbare Ikonen sind hier aufbewahrt, darunter die Mosaikikonen des hl. Georg und des hl. Demetrios, die an den zwei Säulen am Eingang des *Naos* hängen; die zwei kriegerischen Heiligen werden stehend, mit den prächtigen Kleidern hoher kaiserlicher Würdenträger, in Gebetshaltung dargestellt, der eine nach rechts (hl. Georg) und der andere nach links (hl. Demetrios) gerichtet zu Christus hin, der in der Ecke jeder Ikone dargestellt ist. Man nimmt an, daß die beiden Mosaike (1,25 x 0,60 m) wahrscheinlich aus dem 12. Jahrhundert und Fragmente eines Mauermosaiks sind, das das alte *Katholikon* schmückte. Es ist sicher kein Zufall, daß über den Ostsäulen des alten *Katholikons* die Heiligen Georg und Demetrios 1545 in ganz ähnlicher Haltung wie auf den beiden Mosaikikonen dargestellt wurden.

Bei der Südostsäule im *Naos* hängt die wundertätige Ikone des hl. Georg; sie soll während der Zeit des Ikonoklasmus von einem frommen Mann ins Meer geworfen worden sein, um sie vor der Entweihung zu schützen; unbeschädigt sei sie von den Wellen bis zur Küste von Xenophontos getragen worden.

Im *Katholikon* wird außerdem die wundertätige Ikone der *Panaghia Odighitria* (Gottesmutter, die den Weg zeigt) verehrt. Es ist überliefert, daß die Ikone zum Kloster Vatopedi gehörte, aus dem es 1730 auf mysteriöse Weise verschwand, um ebenso mysteriös in Xenophontos wiederaufzutauchen. Man brachte sie nach Vatopedi zurück, und wieder

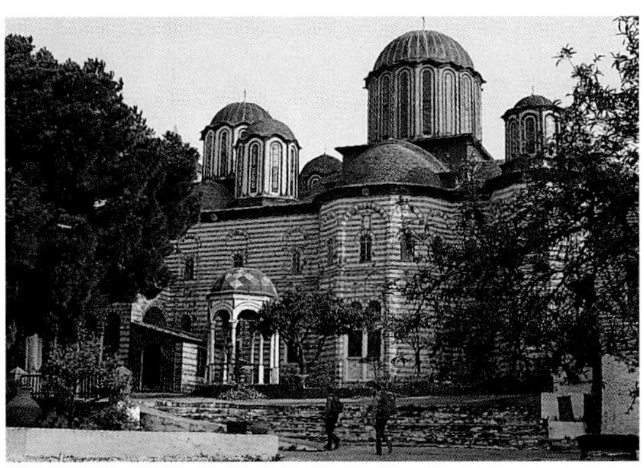

176. Neues Katholikon (1809-1819)

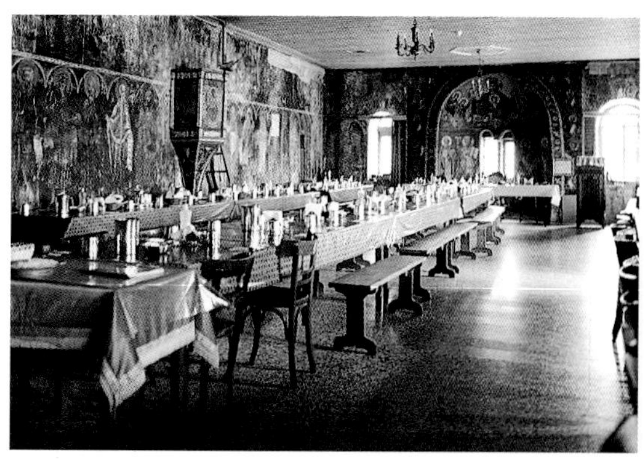

177. Refektorium (erbaut und freskiert Anfang 16. Jh.)

geschah dasselbe; nun wird diese Ikone endgültig von den Mönchen von Xenophontos gehütet.

Besonders wertvoll sind die Ikonen der Großen *Deesis* aus der zweiten Hälfte des 16. Jahrhunderts, die wahrscheinlich Teil der Ikonostase im alten *Katholikon* oder einer anderen Kapelle des Klosters war.

Im *Bema* sind liturgische Geräte und Gegenstände, Priestergewänder und Reliquiarien aufbewahrt, darunter ein Fragment des Kreuzes Christi, Reliquien des hl. Georg, ein Teil des Schädels des hl. Stefans Protomärtyrer, der rechte Fuß des hl. Theodoros Teron, die Schädel der hl. Tiphon und Arkadios, die Kiefer der Apostel Barnabas und Philippus, verschiedene Reliquien des hl. Johannes Chrysostomos und des hl. Medestos. Beachtenswert ist eine kleine Reliefikone aus Steatit aus dem 12. Jahrhundert, die die Verklärung darstellt.

TÜRME

In Xenophontos sind drei Türme zu erwähnen, zwei Verteidigungs- (*ochirotii pirghi*) und ein Glockenturm. Die zwei Verteidigungstürme sind zum Schutz des Klostereingangs errichtet worden, einer nach außen (1667-68) mit der Kapelle der Heiligen Apostel, und einer nach innen (1660-61) mit der Kapelle des hl. Stefans. Der 1814 erbaute Glockenturm erhebt sich freistehend im Norden beim Eingang zum neuen Katholikon.

BIBLIOTHEK

Die Bibliothek (*Vivliotiki*) im Südwestflügel des Klosters umfaßt ungefähr 300 Handschriften, davon 8 auf Pergament, zwei insgesamt mehr als 16 Meter lange Rollen und mehr als 4.000 gedruckte Bücher.

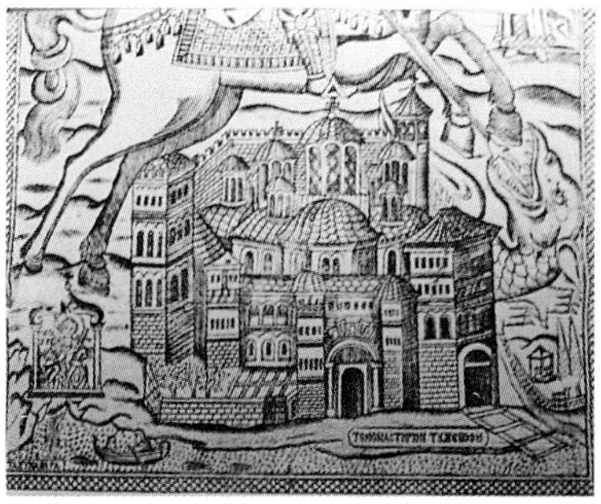

178. Xenophontos, Detail aus einer Radierung (18. Jh.)

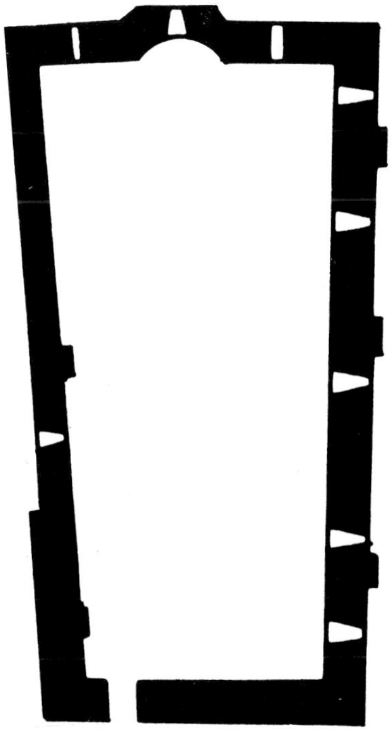

179. REFEKTORIUM
1. Jüngstes Gericht; 2. (oben) *Szenen aus dem Meneloghion; 3.* (unten) *Heilige Asketen; 4.* (unten) *Hymnos Akathistos; 5.* (unten) *Johannes der Täufer, Erzengel, Elias, Petrus, Paulus; 6.* (oben) *Hymnos Akathistos*

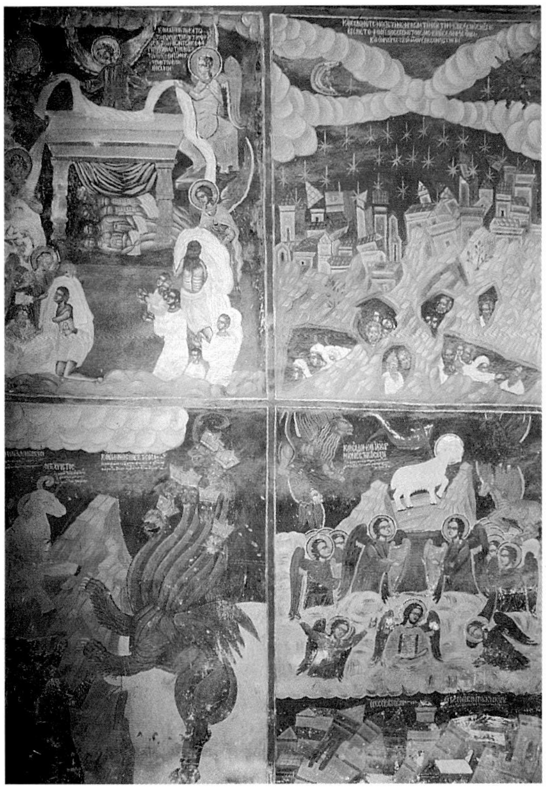

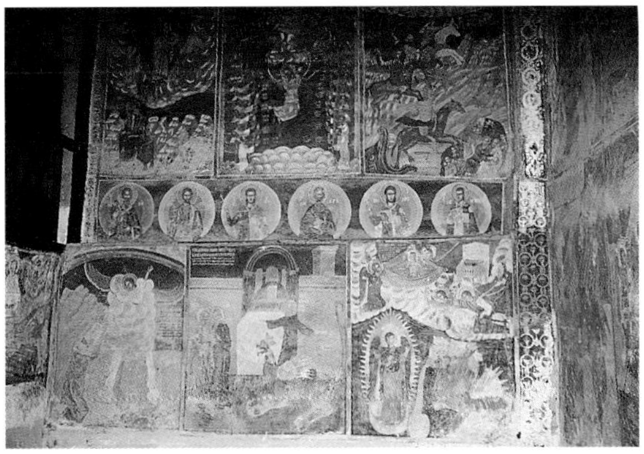

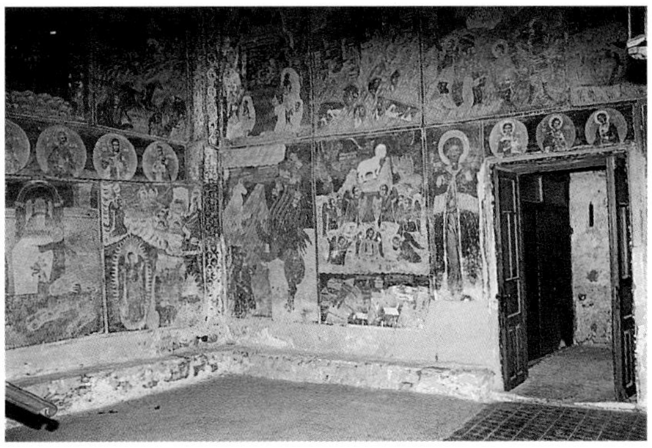

180-183. Fresken im Atrium des Katholikons: Apokalypsezyklus

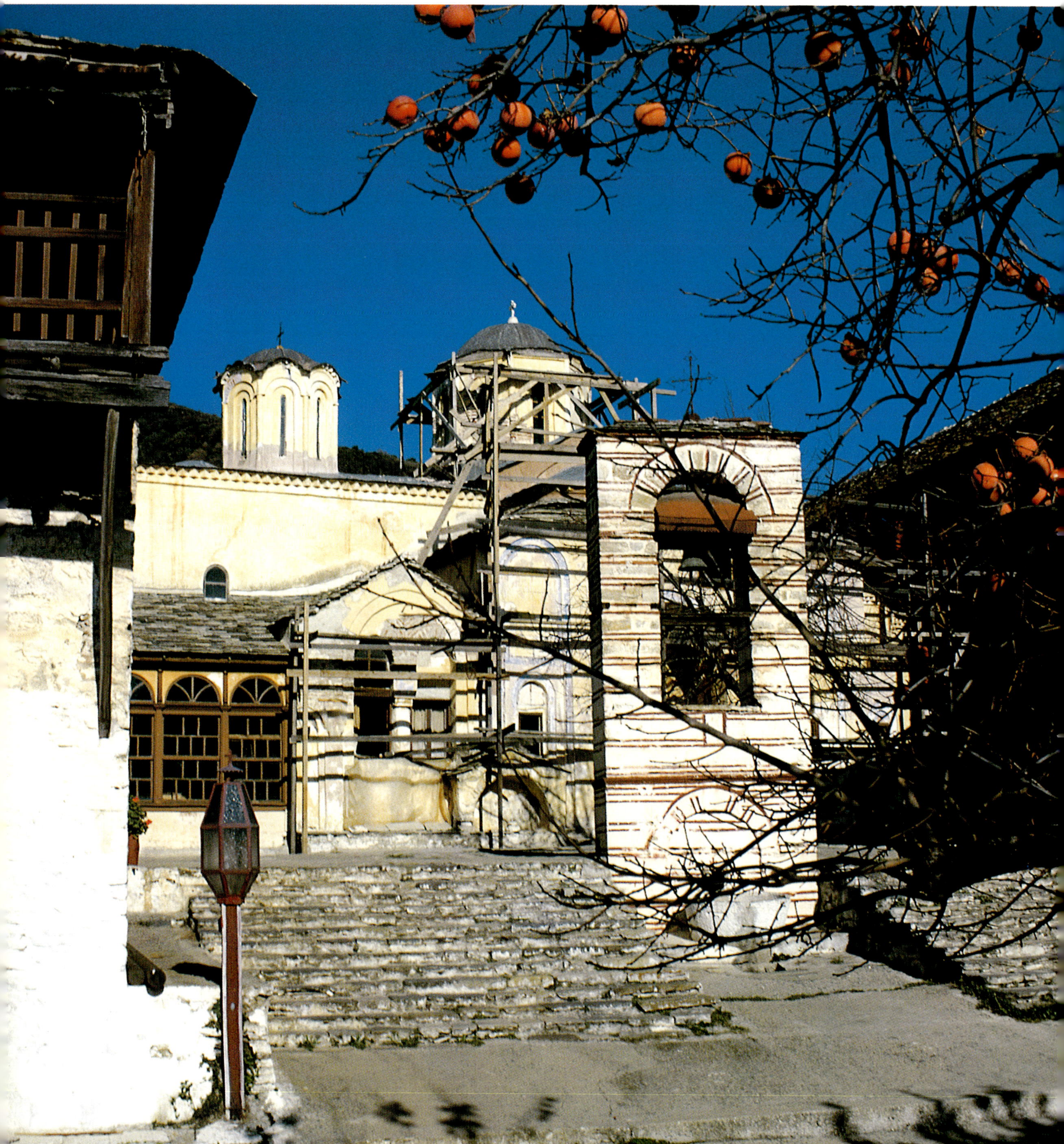

Tafel 94. Innenhof und altes Katholikon des Klosters Xenophontos

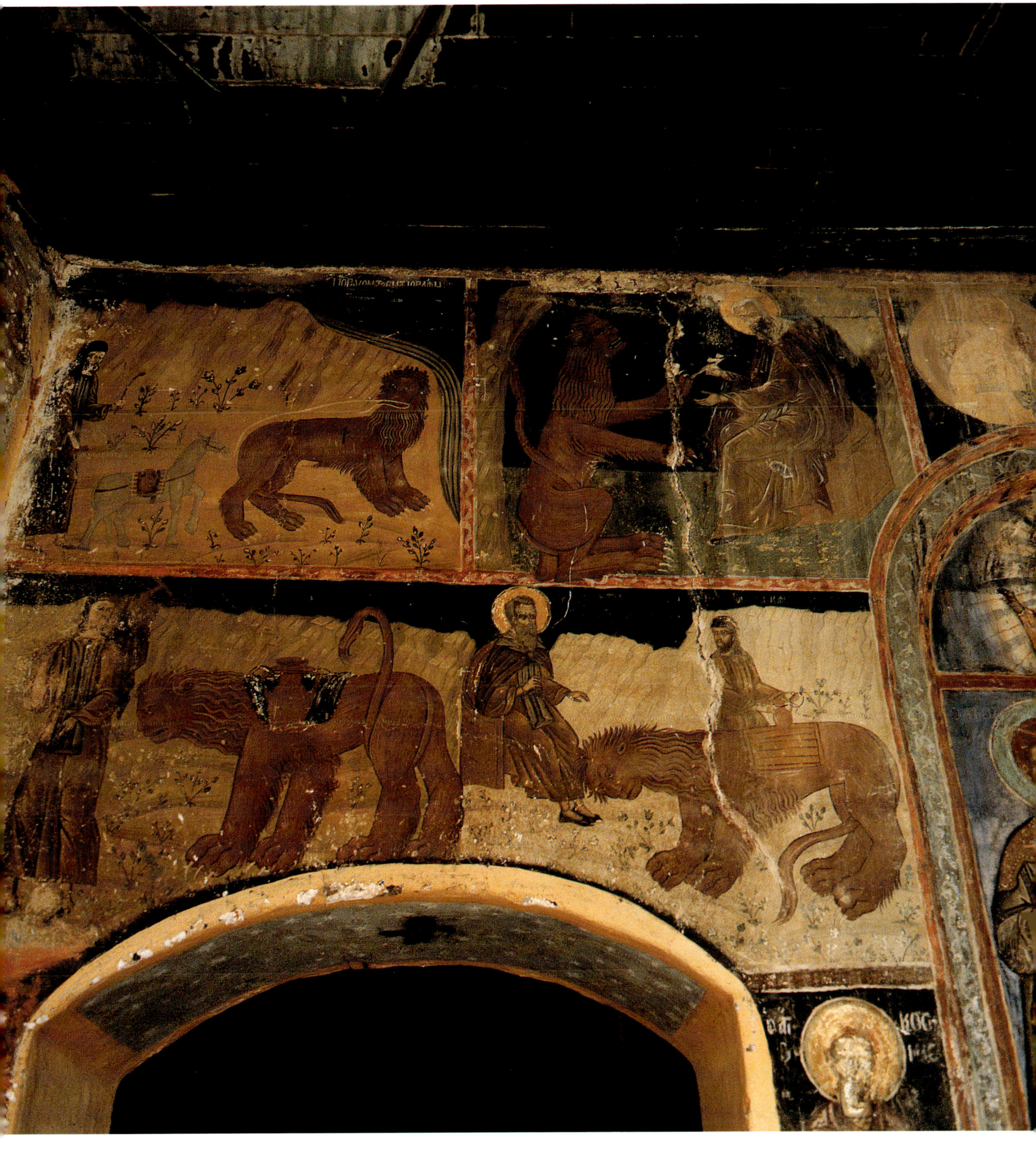

Tafel 95. Szenen aus dem Leben des hl. Gerasimos, Fresko im Atrium vor dem alten Katholikon

GRIGORIOU

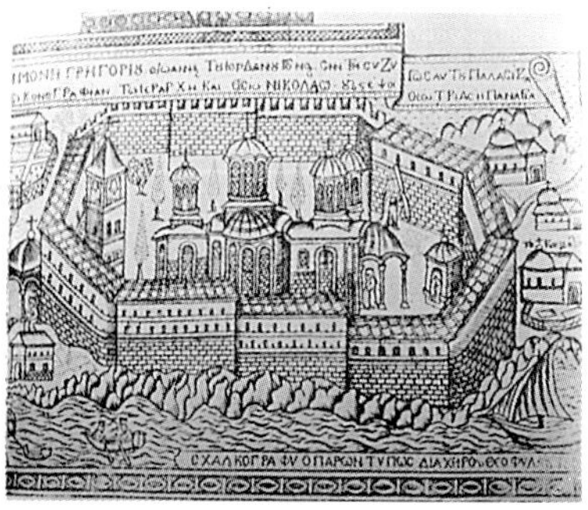

184. Radierung von Grigoriou (18. Jh.)

An der Südwestküste der athonitischen Halbinsel, auf halbem Weg zwischen Simonopetra und Dionysiou, liegt das griechische Kloster Grigoriou auf einem Felsvorsprung. Es ist dem hl. Nikolaus geweiht (6. Dezember), und es belegt den achtzehnten Platz in der Hierarchie der Klöster.

Zum Kloster gehören 4 *Kellia* in Karyes: Darbringung Jesu in den Tempel, *Kellion* der Heiligen Anargyren, wo hagiographische Mönchsgruppen leben, St. Tryphon als Sitz des Vertreters bei der Heiligen Gemeinschaft und St. Athanasios.

Geschichte

Anfang des 14. Jahrhunderts, als das athonitische Mönchtum durch die Freigebigkeit der Kaiser von Konstantinopel und der Könige von Serbien eine neue Blütezeit erlebte, war die Stelle, an der heute Gregoriou steht, von dem heiligen Eremiten Gregorios Sinaites bewohnt; er hatte einige Schüler um sich versammelt, die in der Umgebung *Kalive* bauten.

Sehr bald jedoch wurde die kleine Kommunität durch Überfälle sarazenischer Piraten gezwungen, diesen zu exponierten Ort zu verlassen. Ein Schüler des Sinaites, der Hesychast Gregorios »der Syrer« – vielleicht kam er von der Insel Siros – kehrte gegen 1345 mit einigen Asketen und mit Geld, das er in Serbien gesammelt hatte, zurück, um an dieser Stelle ein Kloster zu errichten, das heute mit seinem Namen an beide heilige Mönche erinnert.

Einer seiner Hegumenen, der Priestermönch Kallistostratos, wird erstmals in einem Dokument von 1347 erwähnt; ein Dokument aus dem nächsten Jahr berichtet allerdings von einem anderen Priestermönch und Hegumenen, Kallistos; auf einer Urkunde von 1483, die Zographou betrifft, findet man auch die Unterschrift des Mönchs Averkios, Prohegumen von Grigoriou.

Wegen der Brände, die das Kloster wiederholt heimsuchten, sind die Dokumente über die ersten Jahrhunderte des Klosters spärlich. Ein auf 1513 datiertes Dokument des Protos und der Versammlung belegt, daß Grigoriou einige Jahre zuvor von sarazenischen Piraten überfallen wurde, die es stark zerstörten. Im gleichen Jahr unterschrieb sein Hegumen in slawischer Sprache, was auf das Übergewicht dieser Nationalität in jener Zeit deutet.

Der Russe Barski, Mönch und Reisender im 18. Jahrhundert, erwähnt die Existenz zweier Goldbullen, die heute jedoch verschwunden sind; aus einer schloß man, daß Grigoriou um 1500 von dem Wojwoden der Moldau Johannes Stephan fast vollständig neu aufgebaut wurde; der heilige Mönch Spiridiones hatte sich bei ihm für das vielleicht wegen der oben erwähnten sarazenischen Einfälle zerstörte und 1497 verlassene Kloster eingesetzt. Aus der zweiten von Barski erwähnten Goldbulle weiß man, daß Grigoriou bis 1720 Unterstützung von den moldauischen Wojwoden erhielt.

Bekannt ist, daß die Fürsten der Donaufürstentümer ihrer Freigebigkeit gegenüber dem Kloster bis zum 19. Jahrhundert Ausdruck verliehen. Durch diese Hilfen stieg das Kloster schnell in seiner Bedeutung, und schon 1547 belegte Grigoriou den jetzigen siebzehnten Platz.

Barski liefert uns ein sehr genaues Bild von dem Kloster. Er beschreibt es als das kleinste der damals vorhandenen, das einen schlichten, nur drei oder vier Stockwerke hohen Turm und alles Wesentliche besaß: ein kleines *Katholikon* mit Kuppel, vier Kapellen, ein Refektorium, einen Saal für die Gäste, eine Krankenstation, Küche, verschiedene Lager und achtzig Zellen für die Mönche. Barski schildert auch detailliert die künstlerischen und kostbaren

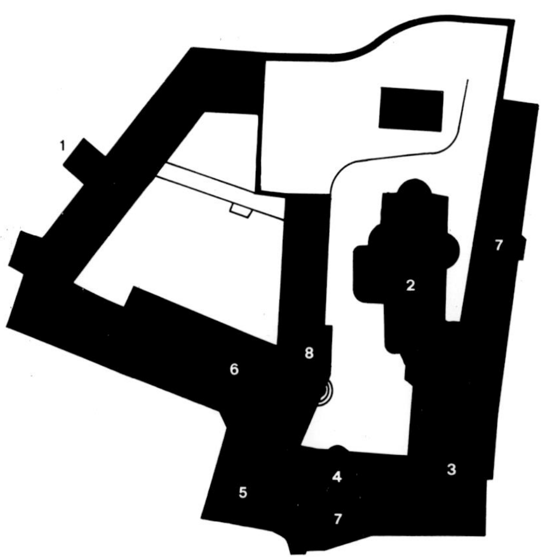

185. KLOSTER
1. Eingang; 2. Katholikon; 3. Refektorium; 4. Kapelle der Hl. Anastasia; 5. Bibliothek; 6. Gästehaus; 7. Mönchszellen; 8. Glockenturm; 9. Kapelle des hl. Demetrios und der Gottesmutter Lebensquell (Soodochos Pighi)

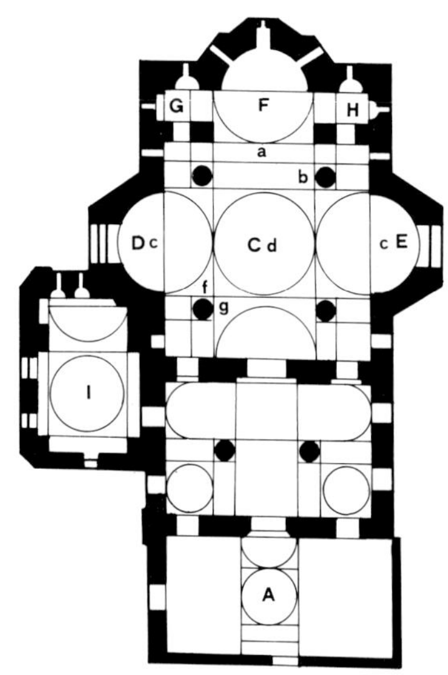

186. KATHOLIKON
Architektonische Elemente
A. Atrium; B. Lite; C. Naos; D. Nordchor; E. Südchor; F. Bema; G. Prothessis; H. Diakonikon; I. Kapelle des Gründers, hl. Gregorios

Liturgische und kultische Elemente
a. Ikonostase; b. Proskinitarion; c. Analoghia; d. Choros; e. Ikone des hl. Nikolaus; f. Ikone der Panaghbia Galaktotrofussa; g. Ikone der Panaghia Pantanassa; h. Ikone des Gründers, des hl. Gregorios; i. Ikone des hl. Gregorios, Bischof von Kassandra

Objekte, die Reliquien und die reiche Dokumentation, die in der damaligen Bibliothek gesammelt war.

Am 30. November 1761 ging es erneut in Flammen auf, wurde fast vollständig in Asche gelegt und daraufhin verlassen. Der wegen seines langen, bis zu den Knöcheln reichenden Bartes »Makroghenis« genannte Joakim von Akarnania, der bis 1740 Mönch in der Skite der hl. Anna war, sammelte mehr als zwei Jahre in den Donauregionen Spenden und versuchte sich am Wiederaufbau. Tatkräftig unterstützt von anderen Mönchen und mit Hilfe von Gregorios, Metropolit der Ungarwalachei, und sogar vom Sultan, arbeitete Joakim viele Jahre an dem Bau. 1779 konnte er das Katholikon mit den Fresken fertigstellen, 1783 konnte der teilweise Wiederaufbau des Klosters auf einem sehr viel kleineren Gebiet beendet werden. Bei den Wiederaufbauarbeiten hatten auch einige »Phanarioten« geholfen; so wurden jene Griechen genannt, die zu den Adelsfamilien von Konstantinopel (»Phanar« war ihr Viertel) gehörten, und denen die Türken nach 1711 Scheinregierungen in den Fürstentümer der Moldau und der Walachei anvertraut hatten, so daß sie als gebildete Vermittler und Botschafter des Ottomanischen Reichs fungierten.

1821 nahmen die Mönche von Grigoriou am Aufstand gegen die türkische Unterdrückung teil und verließen das Kloster fast ganz, dem daraufhin von den Besatzern wirtschaftliche Sanktionen auferlegt wurden. Im November 1840 erwirkte der Hegumen Neophytos beim Patriarchen von Konstantinopel die Erlassung eines *Sighillions*, um das Kloster zur koinobitischen Regel zu konvertieren.

Erst 1892 wurde der Westflügel mit den neuen Zellen und dem Gästesaal erbaut, ein Werk des Hegumenen Simeon Anghelides aus Tripolis (Peloponnes), der auch die Restaurierungsarbeiten zu Ende brachte und das Kloster wirtschaftlich wieder auf die Beine stellte. Er konnte das Kloster auf das Doppelte vergrößern.

Kunst

Katholikon

Das dem hl. Nikolaus geweihte *Katholikon* wurde 1770 vom *Skevofilax* (Schatzmeister) Joakim von Akarnania als traditionell hagioritische Dreikonchenanlage erbaut. Der Vorgängerbau war bei dem verheerenden Brand 1761 schwer beschädigt worden.

Den *Naos* malten 1779 der Mönch Gabriel und Gregor aus Kastorien mit Fresken aus; die Fresken in der *Lite* sind aus der Zeit des Hegumen Neophytos (1846).

Reich an Ikonen, die auch Szenen aus dem Alten Testament zeigen, ist die Ikonostase, eine der kostbarsten auf Athos aus nach-byzantinischer Zeit. Im *Naos* befinden sich unter den zahlreichen Ikonen auch drei besonders stark verehrte:

Hl. Nikolaus, *Panaghia Galaktrofussa* (stillende Gottesmutter) und *Panaghia Pantanassa* (Gottesmutter Königin). Letztere stiftete die Fürstin der Donaufürstentümer, Maria Paläologhina, Ende des 15. Jahrhunderts; sie wird als wundertätig angesehen, weil sie von vielen Bränden verschont blieb; sogar den Brand 1761, der fast das ganze Kloster zerstörte, überstand sie schadlos.

Im *Bema* sind liturgische Geräte, Einrichtungsgegenstände und Reliquien, darunter ein Splitter des Kreuzes Christi, die rechte Hand und der Schädel des hl. Gregor von Nazianz, die Füße und die linke Hand der hl. Anasthasia der Römerin, Reliquien des hl. Dionysios Aeropagita, des hl. Panteleimon und der heiligen Anargyren Kosmas und Damian.

Nördlich des *Katholikons* wurde 1851 die Kapelle (*Parekklission*) des hl. Gregorios angebaut, die dem Klostergründer (*Ktitor*) geweiht ist.

Kapellen und Refektorium

Neben der Kapelle des hl. Gregorios, des Gründers, die in das *Katholikon* integriert ist, besitzt das Kloster zahlreiche weitere Kapellen, darunter die der hl. Anastasia der Römerin (1775) und die allen Heiligen geweihte, die 1724 im Friedhof erbaut und 1739 mit Fresken geschmückt wurde.

Das in den Südflügel des Klosters eingebaute Refektorium (*Trapesa*) hat einen rechteckigen Grundriß und stammt aus den Jahren nach dem Brand von 1761.

Bibliothek

Obwohl sie bei den häufigen Bränden vieler Werke beraubt wurde, umfaßt die Bibliothek (*Vivliotiki*) im Westflügel des Klosters noch 297 Handschriften, davon 11 auf Pergament, und ungefähr 4500 gedruckte Bücher. Erwähnenswert ist die einzige existierende Handschrift des »Hirten Hermas«; sechs der ursprünglich neun Seiten sind vorhanden, die anderen drei wurden von einem gewissen Simonides entwendet und werden jetzt in Leipzig aufbewahrt.

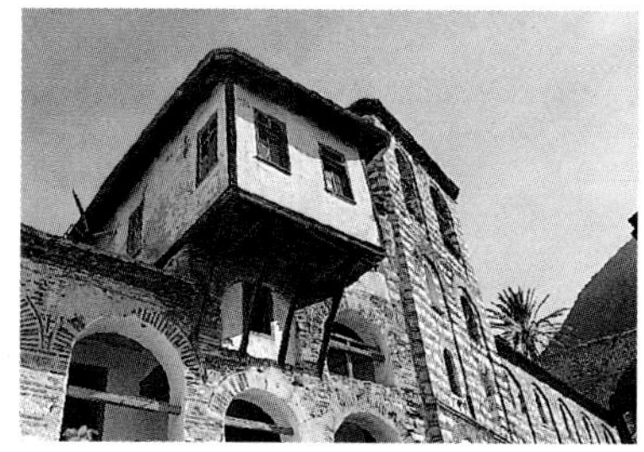

187. Glockenturm (zweite Hälfte 18. Jh.)

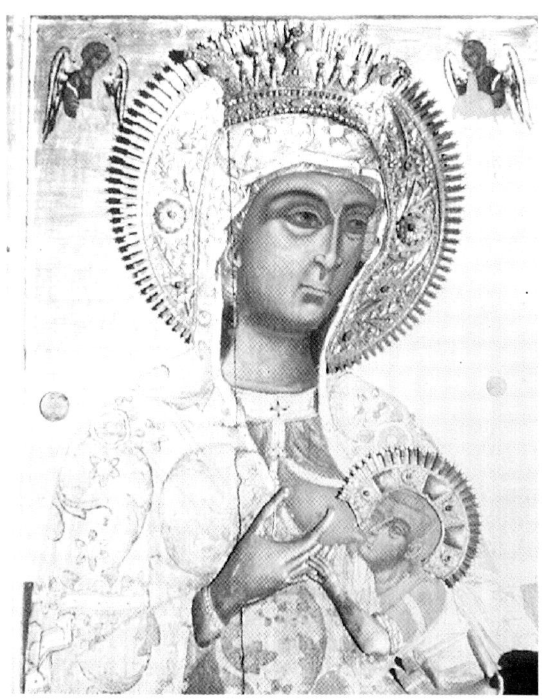

188. Wundertätige Ikone der stillenden Jungfrau, im Katholikon

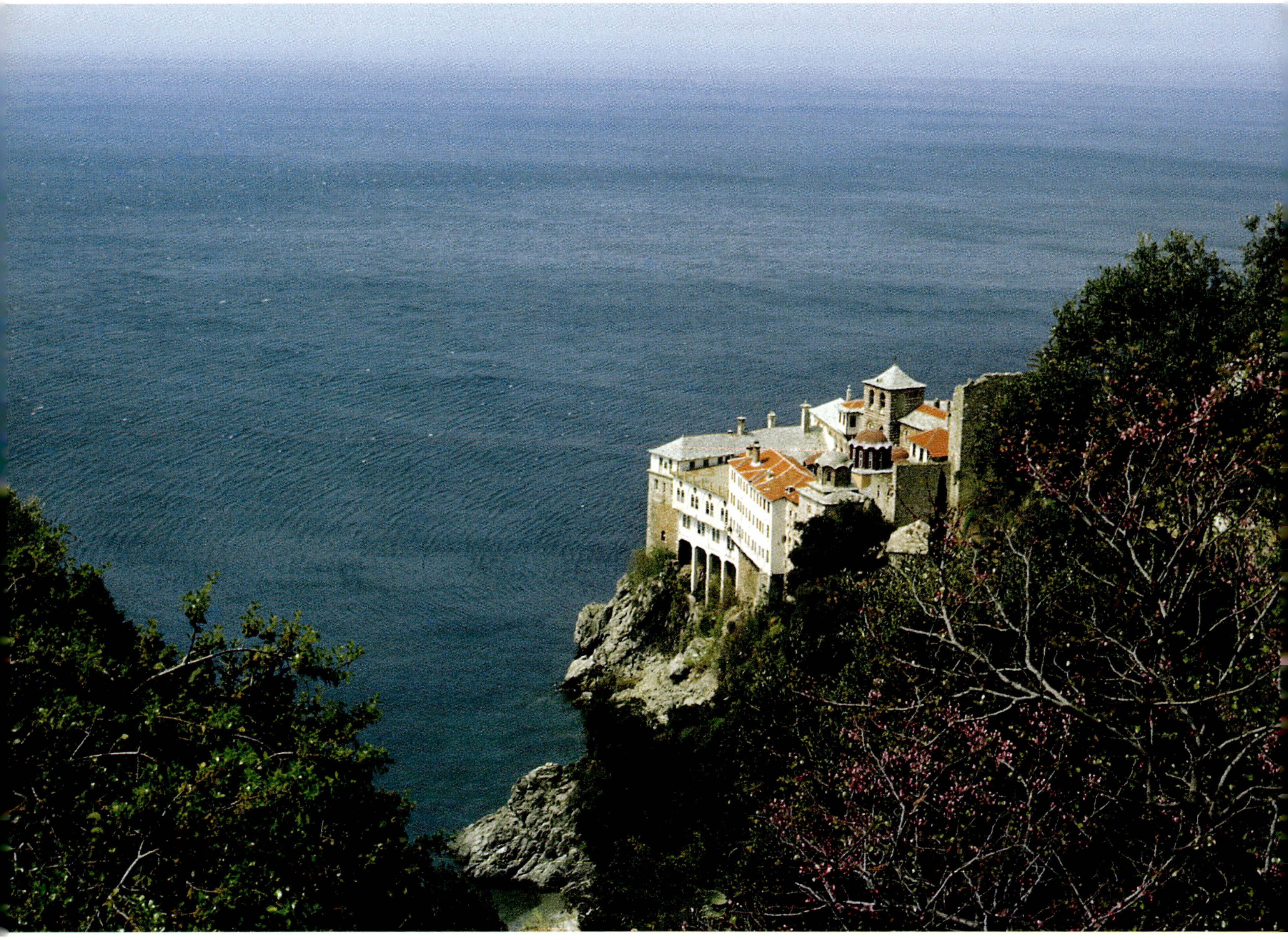

Tafel 96. Kloster Grigoriou

ESPHIGMENOU

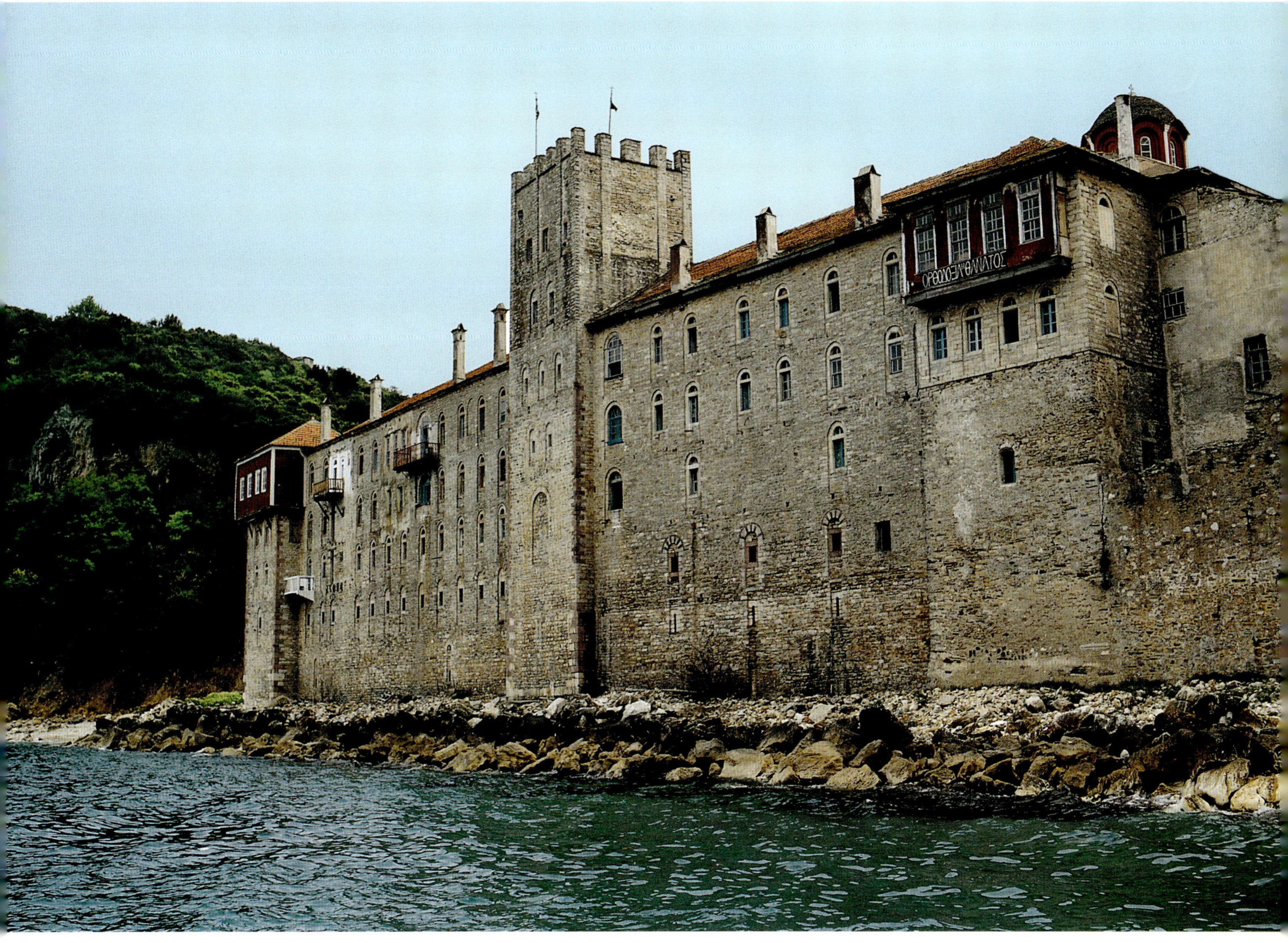

Tafel 97. Kloster Esphigmenou vom Meer her gesehen

An der Nordseite der athonitischen Nordostküste liegt das griechische Kloster Esphigmenou in einer kleinen Bucht. Es ist Christi Himmelfahrt geweiht, die 40 Tage nach Ostern gefeiert wird, und es belegt des achtzehnten Platz in der Hierarchie der Klöster.

Esphigmenou besitzt zwei *Kellia* in Karyes, davon eins als Residenz (*konakia*) des Klostervertreters bei der heiligen Gemeinschaft.

Geschichte

Esphigmenou befindet sich in der Nähe der Stelle, an der in der Antike die pelasgische Stadt Olofixos lag. Der Name, wörtlich »erdrückt«, läßt verschiedene Interpretationen zu. Einige Forscher, darunter Johannes Komnenos (1657-1719), Metropolit von Christa und Verfasser von »*Proskinitarion* des Heiligen Berg Athos«, nehmen an, daß er sich von der geographischen Lage herleitet, da das Kloster zwischen dem Meer und den drei Hügeln Soodochos Pighi, Samaria und Grimbovitsa regelrecht eingesperrt ist. Andere vermuten, daß es der Beiname seines Gründers war, der einen sehr engen Gürtel um die Hüfte trug.

Um seine Ursprünge ranken sich verschiedene Legenden und Überlieferungen. Eine davon wird von Gherassimos Smirnakis, Mönch in Esphigmenou, in seinem Buch »der Heilige Berg« von 1903 und von dem Diakon Kosmas Vlachos in seiner »Halbinsel Athos« wiedergegeben. Diese Überlieferung führt die Gründung des Klosters auf Pulcheria, die Schwester des Kaisers Theodosios II. (408-450) und Frau dessen Nachfolgers Markianos (450-457), zurück, die auch Xeropotamou gegründet haben soll. Ein kleines Erdbeben soll auf einem der umgebenden Hügel 1046 einen Erdrutsch ausgelöst haben, der das erste Kloster zerstört haben soll. Seine Ruinen sollen noch bis in die dreißiger Jahre unseres Jahrhunderts sichtbar gewesen sein, ungefähr fünfzig Meter von dem Ort entfernt, wo das jetzige Esphigmenou liegt. Nach einer anderen Überlieferung soll es auch von einer Pulcheria, aber Schwester des Romano III. Argyros (1028-1034), erbaut sein, was zeitlich wahrscheinlicher ist. Da es sich in Wirklichkeit um zwei Klöster handelte, kann man annehmen, daß es zwei Gründer gab: einen Mönch namens »Esphigmenos« und eine Pulcheria.

Aus einem unveröffentlichten Dokument in Vatopedi soll hervorgehen, daß Esphigmenou schon 998 existierte und einen gewissen Theodoros als Hegumen hatte. Die ersten offiziellen Urkunden, in denen es erwähnt wird, sind die des Protos aus den Jahren 1015 und 1016, in denen es an sechster Stelle der athonitischen Hierarchie liegt. Aus dem auf 1030 datierten Testament des Mönches Demetrio von Chalkis geht als Testamentsvollstrecker ein gewisser Theoktistos hervor, »Mönch und Kathegumen des Klosters von Esphigmenou«; dieser unterschrieb 1034 ein weiteres, heute verschwundenes Dokument, das Esphigmenou den Kauf einiger an das Kloster von Plakion angrenzender Ländereien bestätigte.

Im zweiten *Tipikon* des Berges Athos (1045) findet man die Unterschrift seines Hegumen Kyrillos an sechzehnter Stelle.

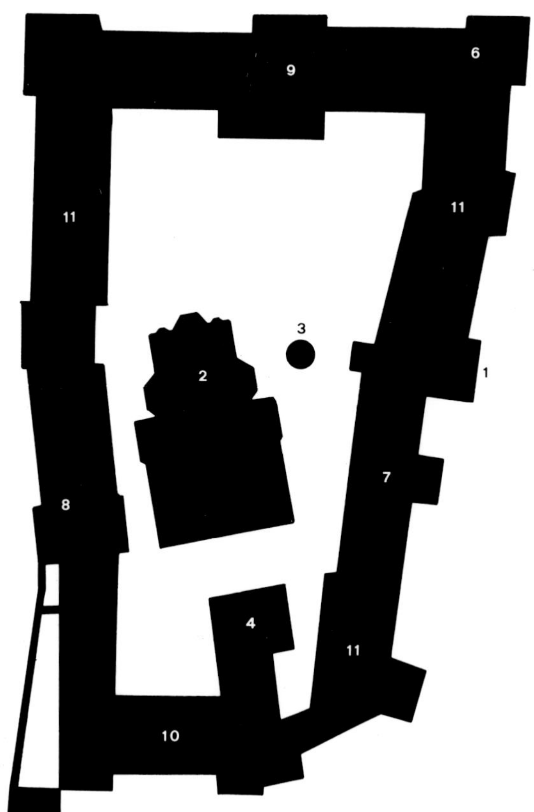

189. KLOSTER
1. Eingang; 2. Katholikon; 3. Phiale; 4. Refektorium; 5. Schlupfpforte; 6. Kapelle des hl. Gregor Palamas; 7. Kapelle der hl. Konstantin und Helena; 8. Kapelle des hl. Nilos; 9. Bibliothek; 10. Gästehäuser; 11. Mönchszellen

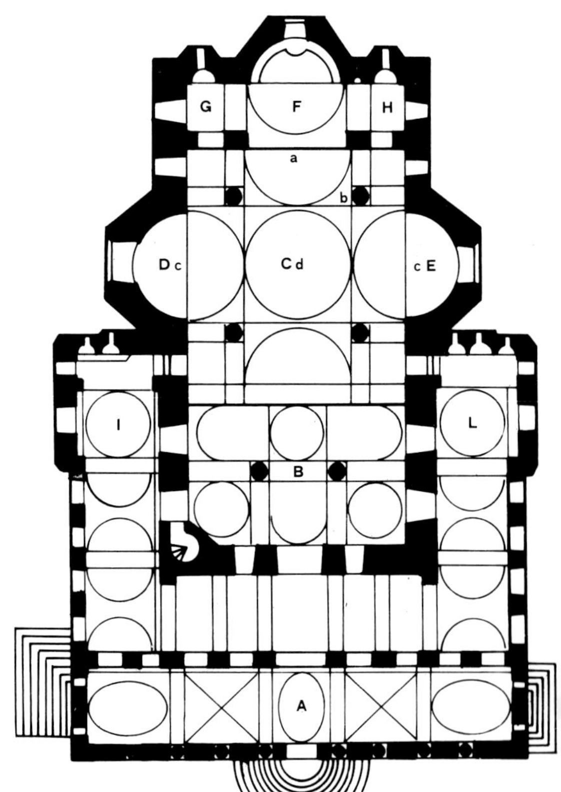

190. KATHOLIKON
Architektonische Elemente
A. Atrium; B. Lite; C. Naos; D. Nordchor; E. Südchor; F. Bema; G. Prothessis; H. Diakonikon; I. Kapelle der Erzengel Michael und Gabriel; L. Kapelle der Darbringung Mariens im Tempel

Liturgische und kultische Elemente
a. Ikonostase (1813); b. Proskinitarion; c. Analoghia; d. Choros

Esphigmenou genoß bis zur Zeit der türkischen Besatzung (15. Jh.) eine lange Zeit wirtschaftlicher Blüte dank der Protektion byzantinischer Kaiser wie Johannes V. Paläologos (1341-1391) und dank der Hilfe serbischer Könige wie Stephan IV. und Bischof Georg Brankowitsch, die einige Besitztümer im Strimontal stifteten. Vom 12. und 13. Jahrhundert existieren keine Dokumente über das Kloster, vielleicht wegen der beiden Brände im 14. Jahrhundert.

Um das Kloster wiederaufzubauen, waren die Mönche gezwungen, das *Metochion* von Provlaka an Mara, Tochter des Georg Brankowitsch und Witwe des Sultans Murad II., zu verkaufen. Im selben Jahrhundert hatte das Kloster den berühmten Theologen Gregorios Palamas als Hegumen. Er war Hauptfigur in der Streitfrage des Hesychasmus, die sich entspann, als er erstmals versuchte, einem Kloster die eremitischen Gebetsmethoden aufzuerlegen. Dieser Streit, der auch politische Kehrseiten hatte, beschäftigte mehrere Jahre lang die verschiedenen Parteien und schloß mit dem Sieg der »palamitischen« Doktrin und mit der Kanonisierung des Gregorios Palamas durch die orthodoxe Kirche. Zu jener Zeit wurde das Kloster für viele interessant; die Zahl der Mönche wuchs auf zweihundert an.

Seine Nähe zum Meer führte zu wiederholten Angriffen durch sarazenische Piraten, über die zwei in der Bibliothek aufbewahrte Pergamente berichten. Das eine spricht von 1533, das andere von 1534. Eins der beiden Dokumente berichtet, daß die Sarazenen das Kloster überfielen und teilweise abbrannten; zehn Tage danach tauchten sie erneut auf, legten das Kloster in Schutt und Asche und nahmen einige Mönche als Geiseln mit.

Bücher und Goldbullen wurden von dem Mönch Akakios aus Kochliara sichergestellt. Nach diesem Angriff war Esphigmenou fast verlassen, die angrenzenden Klöster Chilandari und Zographou versuchten, sich einige Ländereien anzueignen, was zu Streitigkeiten führte.

Auch gegen Territorialansprüche des angrenzenden Vatopedi mußte Esphigmenou einen langen Rechtsstreit führen. Ein Dokument von 1569 spricht dennoch davon, daß seine einundfünfzig Mönche eifrig mit dem Wiederaufbau beschäftigt waren.

Die hohen Abgaben an die Türken schwächten seine finanzielle Lage so sehr, daß es 1634 erneut am Abgrund stand. 1655 aber autorisierte der Zar von Rußland Aleksej Michailovic die Mönche, alle fünf Jahre in seinem Reich Almosen zu sammeln. Auch der Wojwode der Donaufürstentümer, Gabriel Kostakis, unterstützte die Mönche; er stiftete Esphigmenou das moldauwalachische Kloster der Heiligen Apostel, auch Pursutzi genannt, und später auch die Klöster St. Nikolaus und St. Demetrios. Als Gregorios, Metropolit von Melenikos, 1705 von seinem Amt zurücktrat, um als einfacher Mönch in Esphigmenou zu leben, konnte mit seiner Finanzkraft der Wiederaufbau fertiggestellt werden.

In der zweiten Hälfte des 18. Jahrhunderts kam das Kloster erneut in eine wirtschaftliche Krise, die es dank Daniel von Thessaloniki überwand; unter anderem rekonvertierte er es 1796 mit Unterstützung der Heiligen Gemeinschaft und des Patriarchen Gerasimos zur koinobitischen Regel. Der Patriarch und Märtyrer Gregorios V. bestätigte dies 1797 mit einem *Sighillion* und unterstützte 1805 den Wiederaufbau des 1802 eingestürzten Klosterflügels.

Zu erinnern sei auch an die Hegumenen Akakios und Theodoretos, den Lavrioten von Ioannina, der zwischen 1806 und 1810 das *Katholikon* und andere Gebäude errichten ließ und die koinobitische Lebensweise festigte. Der Hegumen Euthymios von Caesarea ließ 1810 das Refektorium und 1815 die Phiale wiederaufbauen; unter dem Hegumen Agathangelos aus Gallipolis wurden zwischen 1832 und 1858 die Ost- und Westflügel und der große Uhrenturm am Klostereingang errichtet. Ihnen verdankt man eigentlich alle jetzigen Bauten. Agatangelos Nachfolger, Lukas aus Ghithion, gründete eine

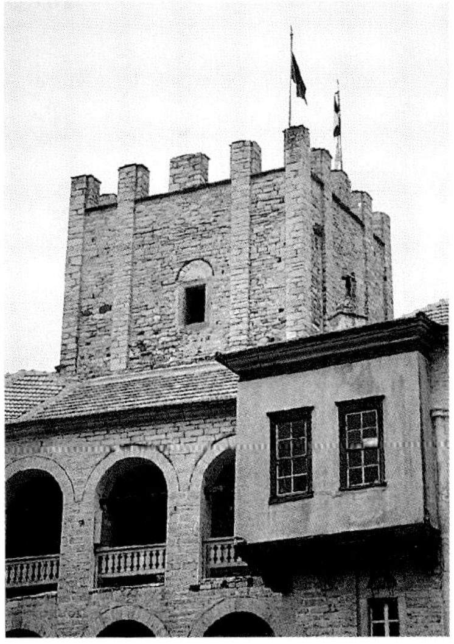

191. Turm des Klosters

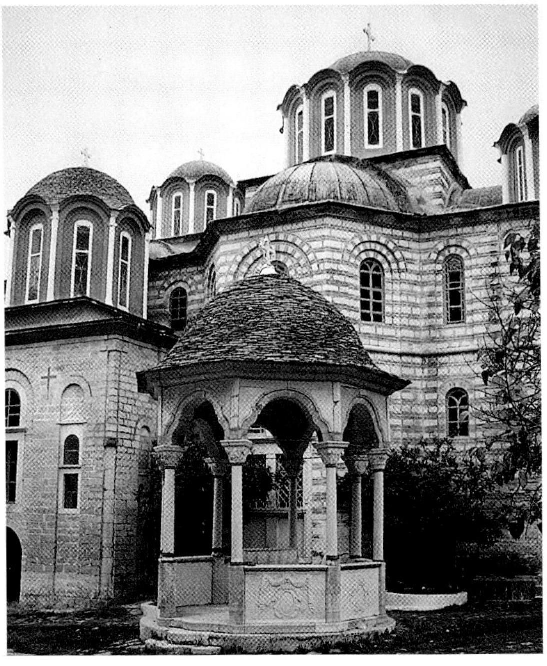

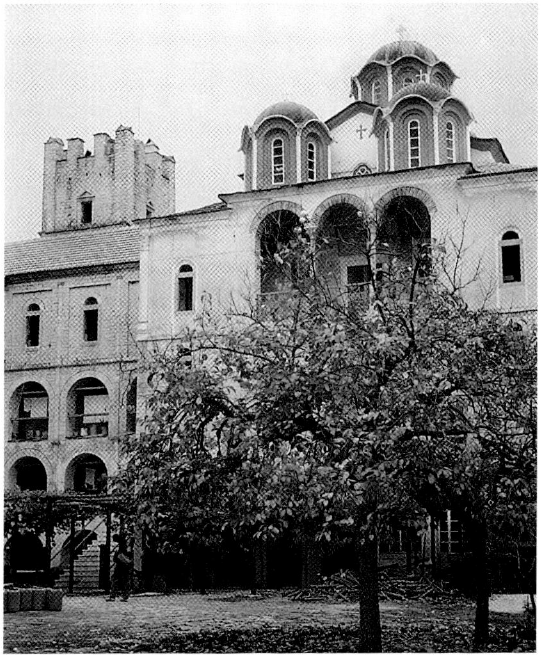

192. Phiale und Katholikon

193. Ostflügel des Klosters

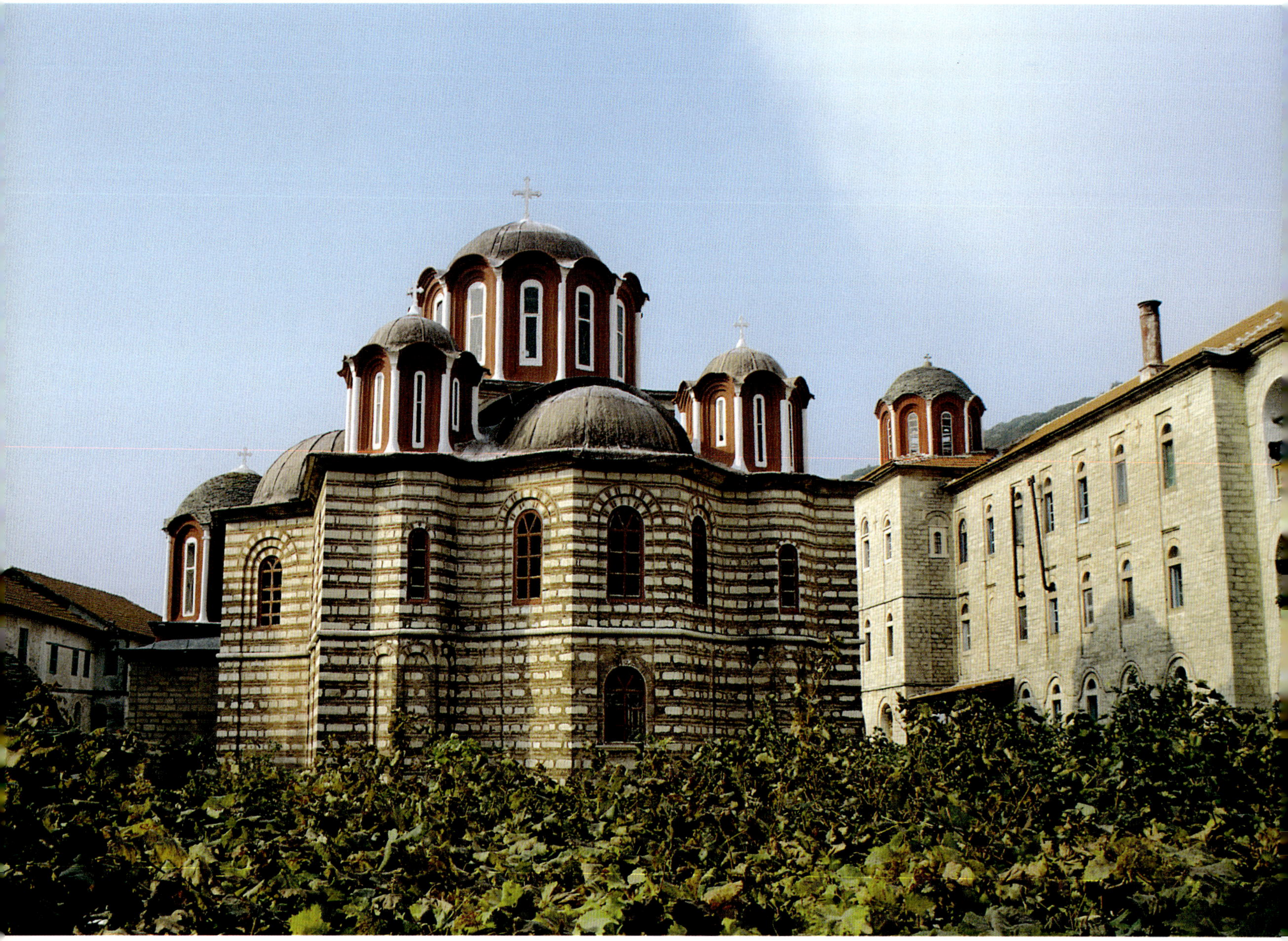

Tafel 98. Ostansicht des Katholikons

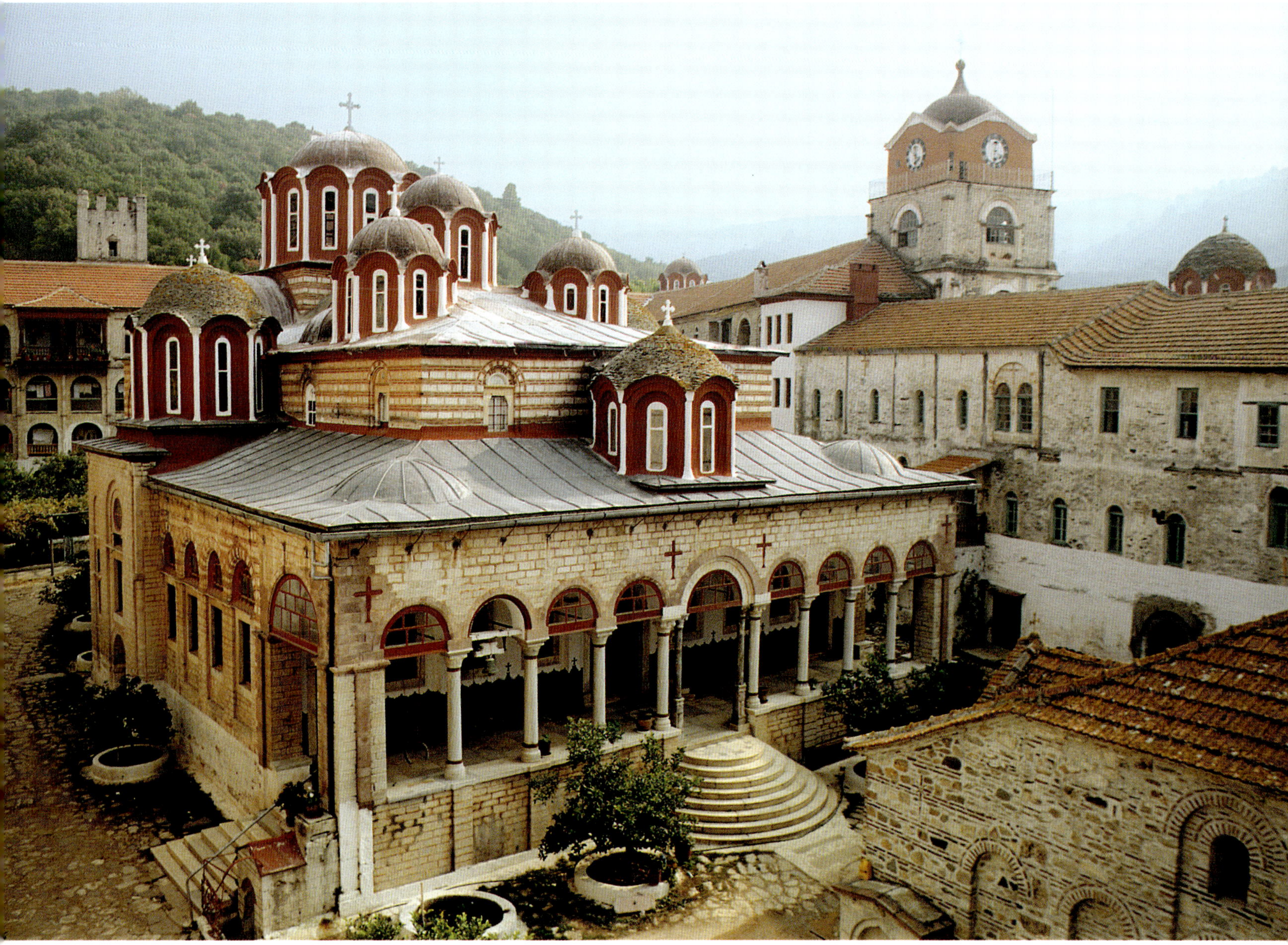

afel 99. Das imponierende Katholikon (Anfang 19. Jh.)

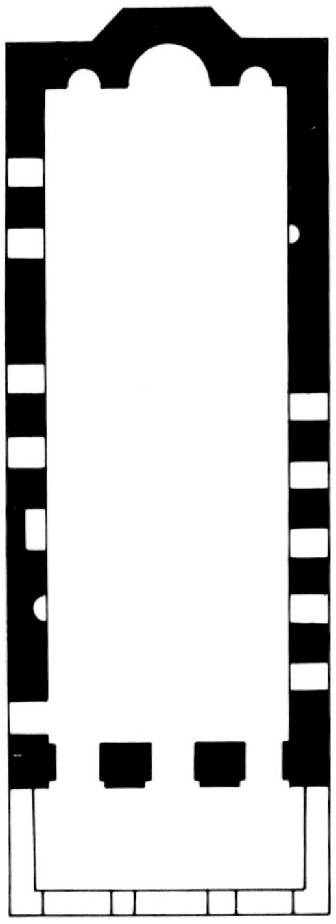

194. REFEKTORIUM

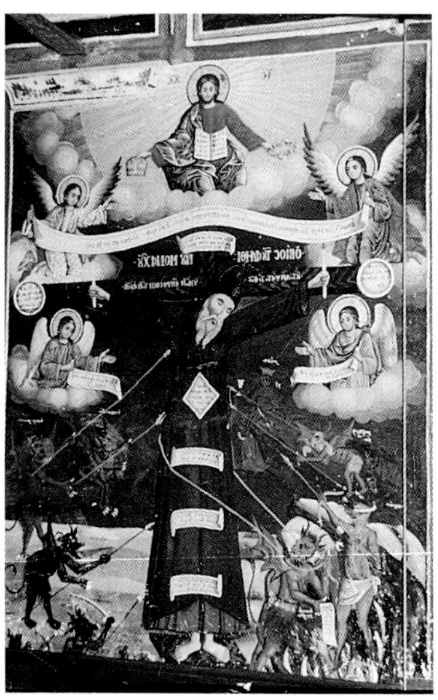

195. Fresko des gekreuzigten Mönchs, Symbol des Martyriums eines asketischen Lebens

in der orthodoxen Welt sehr bekannte hagiographische Schule.

Im griechischen Unabhängigkeitskrieg (1821-1830) wurde das grenznahe Esphigmenou mehr als einmal von türkischen Truppen heimgesucht. Mitte des letzten Jahrhunderts wohnten viele Mönche rumänischer Herkunft dort.

Kunst

Katholikon

Das *Katholikon* wurde vom Hegumen Theodoretos zwischen 1806 und 1810 an der Stelle eines Vorgängerbaus errichtet, ist der Himmelfahrt gewidmet und hat den charakteristisch hagioritischen Grundriß mit Trikonchos und *Lite*.

Der von der Insel Tinos stammende Architekt Paulus entwarf dieses imponierende, majestätische Gebäude und verwendete für die Innendekoration Marmor von seinem Heimatturm. Aus dem Dach sprießen neun Kuppeln, teils in Stein und teils in Blei, die die Architektur gefälliger machen.

Innen wurde die Kirche in der ersten Hälfte des 19. Jahrhunderts mit Fresken versehen. Die Fresken im *Naos* und in der *Bema* sind Werke der Meister Benjamin, Zacharias und Makarios, die sie 1811 und 1818 ausführten; die *Lite* enthält Fresken von 1841, von den Meistern Josef, Nikephoros, Gerasimos und Anthimos.

Aus dem letzten Jahrhundert stammen auch das *Proskinitarion*, die *Analoghia* und die Holzikonostase von 1813, die 1846 vergoldet wurde und mit Szenen aus dem Alten und Neuen Testament geschmückt ist.

In der *Bema* sind zahlreiche liturgische Gegenstände aufbewahrt; besonders kostbar sind die Mosaikikone des Christus *Pantokrator* und das Kreuz der Pulcheria. Der *Pantokrator* ist ein 15 x 7cm kleines Mosaikbild aus dem 14. Jahrhundert, das Christus stehend mit Segensgestus darstellt; der Silberrahmen zeigt die zwölf Apostel und enthält Heiligenreliquien. Beim sogenannten »Kreuz der Pulcheria« handelt es sich um einen Splitter des Kreuzes Christi, den der Überlieferung nach die Schwester des Kaisers Theodosios II. (5. Jh.) dem Kloster gestiftet haben soll; wahrscheinlicher aber handelt es sich bei dieser Pulcheria um die Schwester des Kaisers Romanos III. (11. Jh.).

Der Patriarch Anthimos VI., der lange in Esphigmenou verweilte, ließ 1845 den Portikus, das Vestibül und die zwei Seitenkapellen (*Parekklissia*), Darbringung Marias im Tempel (rechts) und Erzengel Michael und Gabriel (links) erbauen.

Phiale

An der Südostecke des Katholikons steht die *Phiale*, gegenüber dem Haupteingang des Klosters. Sie wurde 1815 von dem Hegumen Euthymios an der Stelle erbaut, an der sich eine ältere aus der Zeit des Kaisers Johannes V. Paläologos (14. Jahrhundert) befand. Wie üblich ist sie kreisförmig; die Kuppel wird von acht Säulen getragen, die durch eine Marmorbrüstung mit Reliefdekoration verbunden sind.

Refektorium

Das Refektorium (*Trapesa*) liegt gegenüber dem Eingang zum *Katholikon*. Auf Veranlassung des Hegumenen Euthymios, der auch die Wände ein Jahr später mit Fresken bemalen ließ, wurde es 1810 erbaut; diese Fresken wurden während des griechischen Unabhängigkeitskrieges schwer beschädigt, als dort türkische Soldatengarnisonen hausten und Feuer entzündeten. Das Refektorium hat einen rechteckigen Grundriß, ist 19 m lang und 8,5 m breit und kann bis zu hundert Personen fassen.

Kapellen

Außer dem *Katholikon* besitzt das Kloster dreizehn Kapellen, acht innerhalb und fünf außerhalb der Mauern. Die acht im Inneren sind die *Parekklissia* im Katholikon, geweiht der Darbringung der Gottesmutter im Tempel und den Erzengeln, sowie die Kapellen der heiligen Anargyren (in der Krankenstation), des hl. Anthimos (bei den Räumen des Hegumenen), des hl. Georg (in der Südostecke), der Heiligen Konstantin und Elena (bei der Eingangstür), des hl. Gregorios Palamas und des hl. Nilus des Weisen, Nilus Mirowlitis und Johannes des Theodosen.

Die Kapellen außerhalb des Klosters sind dem hl. Antonios Pecerski, Gründer des russischen Mönchtums, der Heimholung Mariens, dem hl. Modestos, den heiligen Theodoren und allen Heiligen geweiht.

Bibliothek und Schatzkammer

Die Bibliothek (*Vivliotiki*) und der Schatz (*Skevofilakion*) sind in Räumen über der *Lite* des *Katholikons* untergebracht. Dort findet man 372 handschriftliche Bücher, davon 75 auf Pergament; besonders erwähnt werden sollte ein Menologhion aus dem 11. Jh., das Szenen aus dem Leben und dem Martyrium der Heiligen darstellt. Wegen seiner lebhaften Farbgebung und der lebendigen Bilder wird es als eines der kostbarsten auf Athos angesehen. 2.000 gedruckte Bücher finden sich dort, weitere 6.000 sind in einer zweiten Bibliothek untergebracht.

Der Schatz umfaßt Pektoralen, Priestergewänder und liturgische Objekte. Besonders eigentümlich ist ein Stoff, der mit geometrischen, mythologischen und Pflanzen-Motiven bestickt ist. Nach der Überlieferung soll er zum Zelt des Napoleon gehört haben; er wurde vom Patriarchen Gregorios V. gestiftet und wird jedes Jahr am Himmelfahrtstag, dem Fest des Klosters, als schmückende Draperie benutzt.

ST. PANTELEIMON

An der Südwestküste der athonitischen Halbinsel, zwischen dem Kloster Xenophontos und dem kleinen Hafen Daphni, liegt das russische Kloster St. Panteleimon, auch Rossikon genannt (auf einer Reede).

Es ist dem hl. Panteleimon geweiht (27. Juli), und es belegt den neunzehnten Platz in der Hierarchie der Athosklöster.

Zu St. Panteleimon gehören die russische *Skite* Bogoroditsa, die Ortschaften Chromitsa, Neue Tebiade und Paleomonastirios sowie fünf *Kellia*; von den zwei *Kellia* in Karyes ist eines die Residenz (*Konaki*) des Vertreters bei der heiligen Gemeinschaft.

Geschichte

Gegen Ende des 10. Jh. wurde ein Kloster mit dem Namen des hl. Panteleimon aus Thessaloniki gegründet. Dieses Kloster war nicht das jetzige; es lag eine Wegstunde nordöstlich des heutigen St. Panteleimon an einer»Paleomonastirion« (altes Kloster) genannten Stelle, wo noch heute seine Überreste zu sehen sind.

In der ersten Hälfte des 12. Jahrhunderts wurde es aus unbekanntem Grund verlassen; wie auf Athos üblich, übergaben es Protos Johannes und die Versammlung der siebenundzwanzig damaligen Hegumenen 1169 dem Hegumen des kleinen Klosters *Theotokos* (Gottesmutter), Lorenz. Dieses Kloster wurde wegen der Zimmermannstätigkeit seines Gründers auch »Xylourgous« genannt.

Xylourgos Existenz ist seit 1030 gesichert; es wurde vielleicht von russischen Mönchen oder, so die Ansicht des Forschers Porphyrios Uspenski, von Dalmatiern aus der Ortschaft Rose gegründet; deswegen wurde es auch »Kloster der Russen« genannt. Da es inzwischen zu klein geworden war, verließen es Lorenz und seine Mönche; es wurde auf den Rang einer einfachen Skite degradiert und besteht heute unter dem Namen »Bogoroditsa« (Gottesmutter), den es 1860 bekam.

Lorenz zog also mit seinen Leuten nach St. Panteleimon um. Man weiß leider so gut wie nichts von der Zeit zwischen dem 12. und 14. Jh., denn die Archive aus jener Zeit gingen bei einem Brand verloren, der wahrscheinlich von katalanischen Piraten entfacht wurde.

Sicher ist, daß der Zustrom von Mönchen aus Rußland in Folge der Tatareninvasion ab 1237 versiegte: seitdem wurde das Kloster vornehmlich von serbischen und griechischen Mönchen bewohnt.

Eine im September 1311 von Andronikos II. Paläologos unterzeichnete Goldbulle erneuerte die Privilegien des Klosters und bestätigte seine Besitzungen; dadurch ergibt sich eine klare Vorstellung der damaligen Grenzen. Im Laufe jenes Jahrhunderts wurde es unterstützt von Kaiser Johannes V. Paläologos (1341-1391) und seinem Nachfolger Manuel II. (1391-1425), von den serbischen Königen Stephan Duschan, der 1349 die Aufgabe des Beschützers annahm und es im Gegenzug zu einem »kaiserlichen Kloster« ernannte, und von Georg I. Brankowitsch (1427-1456).

1422 begannen die Mönche mit Genehmigung des Klosters Alipios , zu dem damals dieses Küstenstück gehörte, einen Hafen mit Lager zu bauen.

Während der türkischen Besatzung zeigten sich die Wojwoden der Walachei dem Kloster gegenüber großzügig und spendeten oft und freigebig (1487, 1496, 1502). Bis 1497 unterzeichneten seine Hegumenen auf griechisch oder serbisch, was darauf schließen läßt, daß Mönche jener Nationalitäten vorherrschten, zumindest bis Ordensleute aus Rußland kamen, das inzwischen von der Tatarenherrschaft befreit war. Mit ihnen erreichten sie auch Hilfen von Seiten der Zaren, und seither wurde das Kloster »St. Panteleimon der Russen« genannt oder einfacher »Kloster der Russen«. Mit der türkischen Herrschaft begann für St. Panteleimon und für alle anderen athonitischen Klöster eine Krisenzeit. Trotz finanzieller Unterstützung durch Zar Johannes Vasiliewitsch, der um 1550 viele Klosterbauten erbauen und restaurieren ließ, und durch Zar Theodoros, der mehrmals ansehnliche Geldsummen schickte, verschlimmerte sich die Lage.

Wegen der russisch-türkischen Kriege verschlechterten sich die Beziehungen zwischen dem Kloster und dem russischen Reich; St. Panteleimon

196. KLOSTER
1. Hafen; 2. Eingang; 3. Katholikon; 4. Kappelle der Mariä Heimholung; 5. Kirche St. Skepi (Schutz)*;*
6. Kapelle des hl. Metrophanes;
7. Refektorium; 8. Bibliothek;
9. Gästehaus; 10. Begräbniskapelle

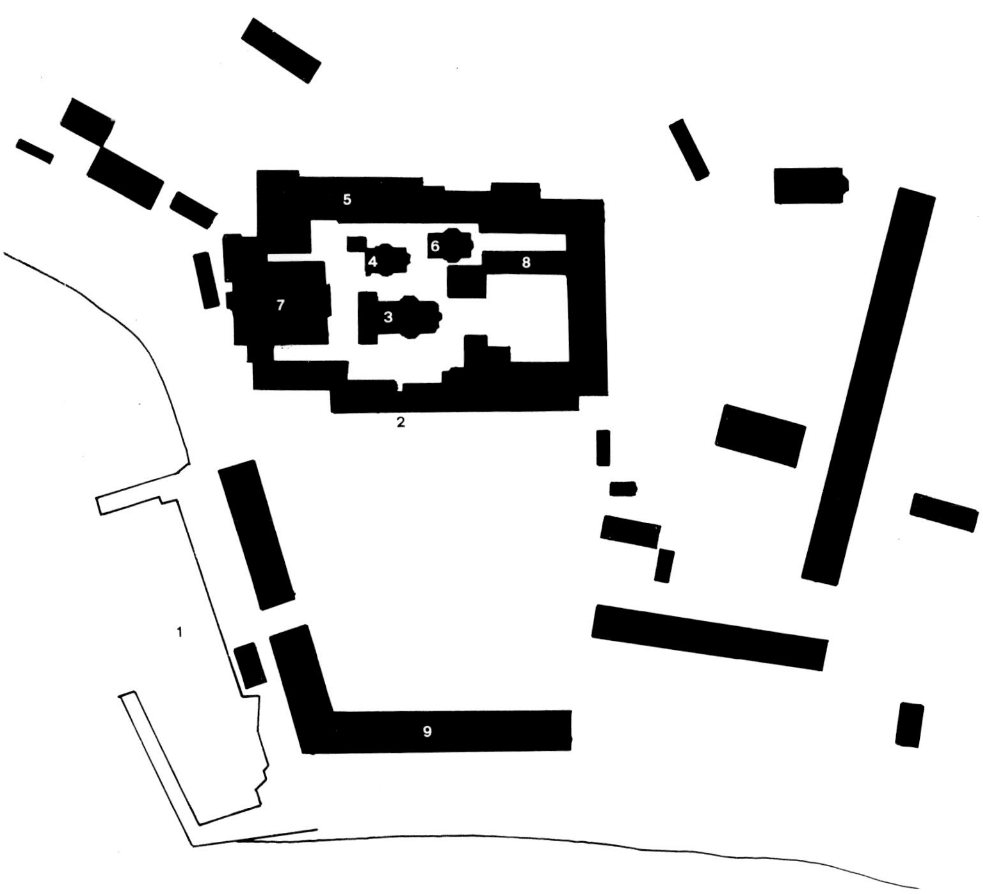

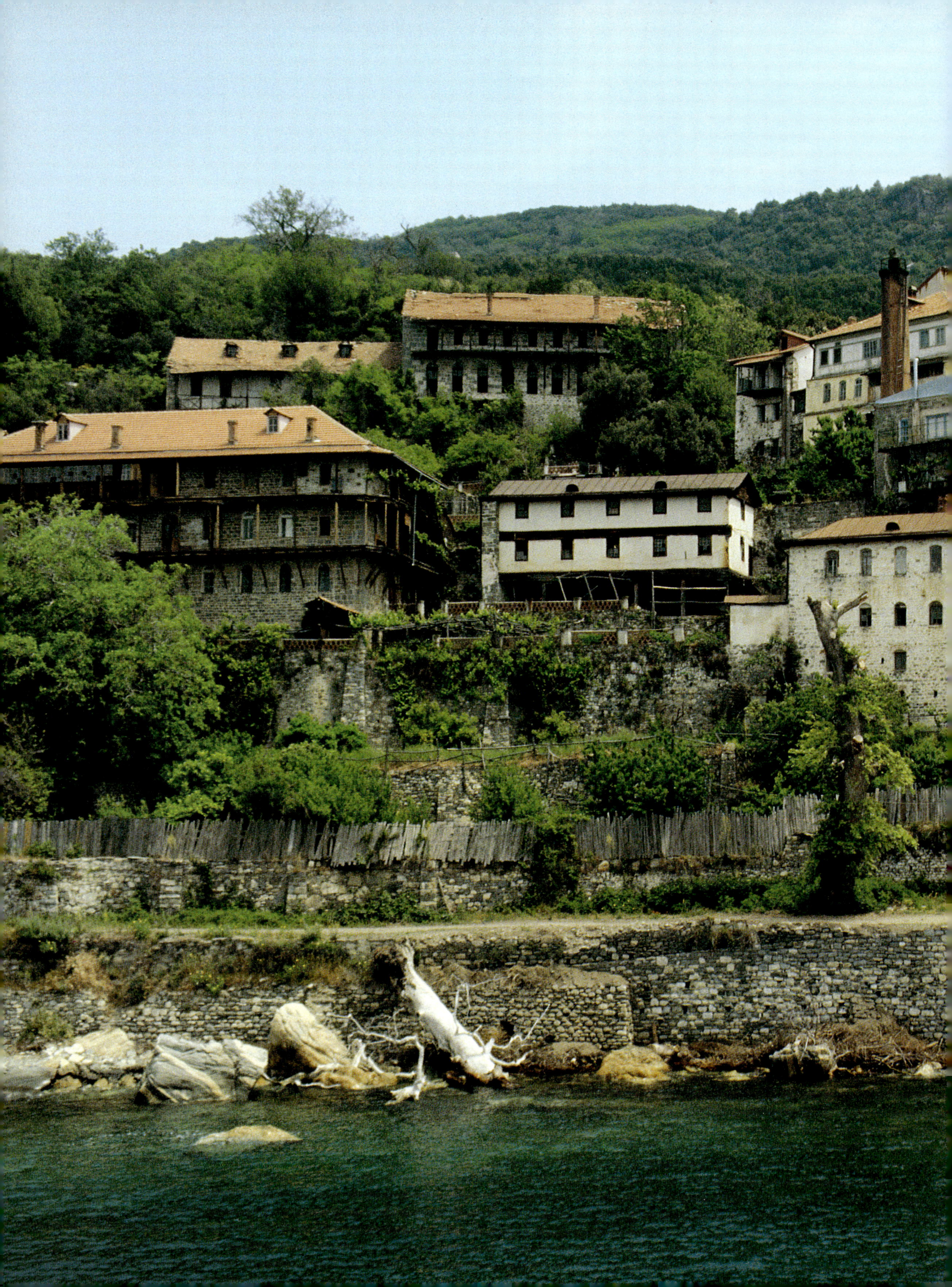

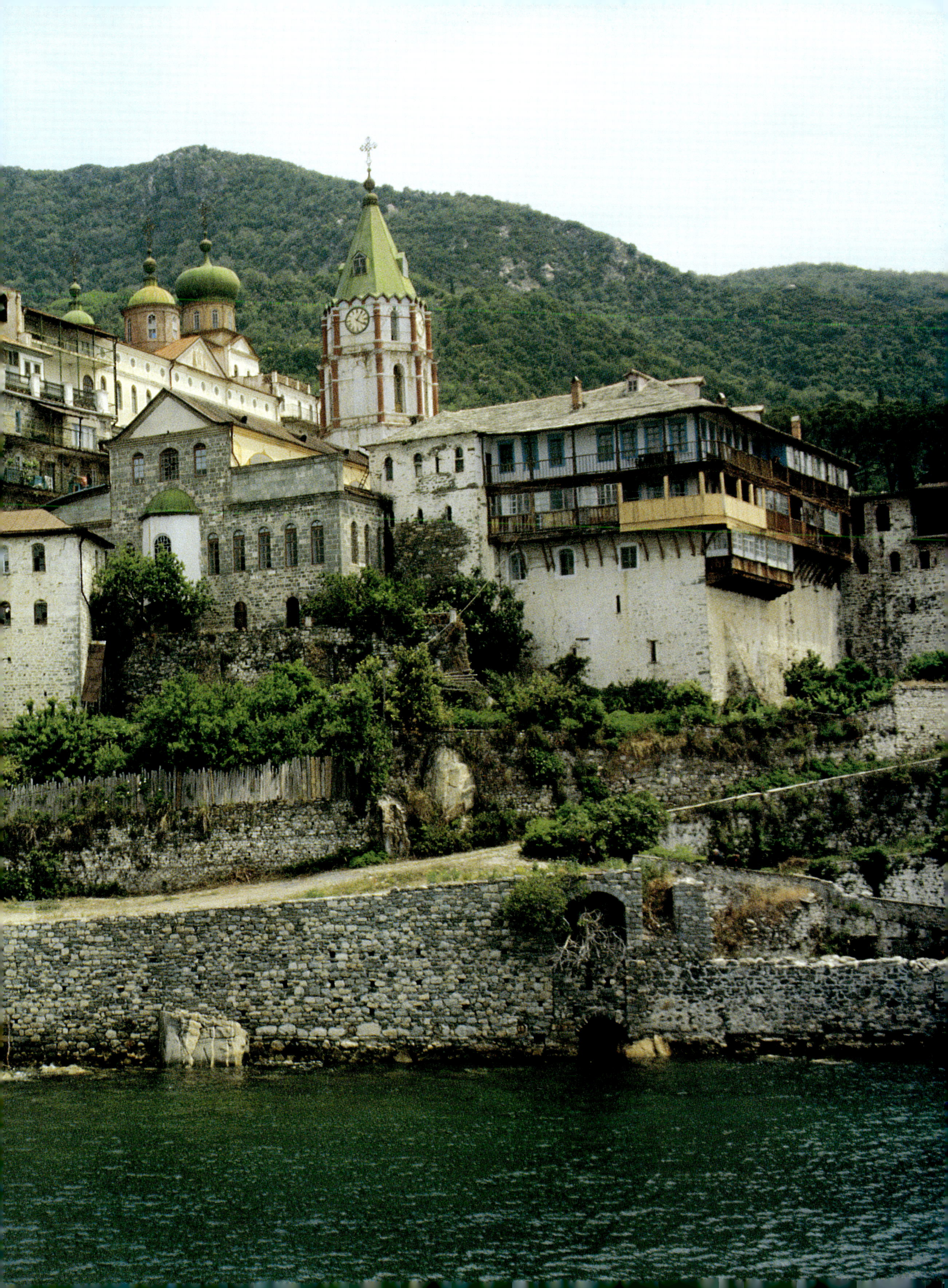

(vorhergehende Seiten)
Tafel 100. Blick vom Meer auf das Kloster St. Panteleimon

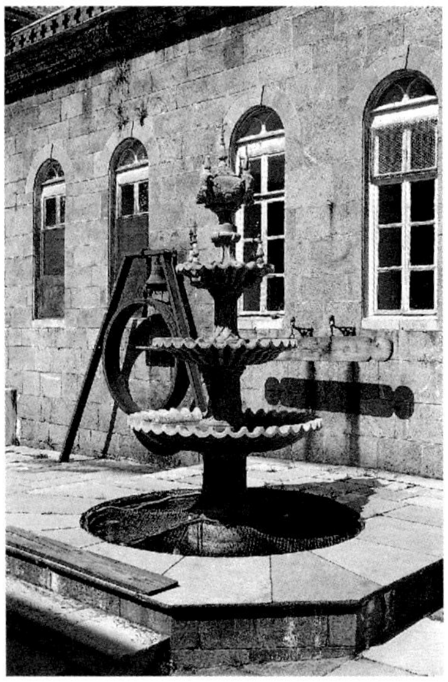

197. Phiale des Klosters

mußte die Tore schließen, wie ein Brief des Protos Pachomios im September 1584 berichtet.

Das Kloster wurde nach verschiedenen Wechselfällen 1626 unter die Rechtsprechung des Protos gestellt. Auf einem seiner ersten Besuche 1725 traf der russische Mönch und Reisende Barski nur zwei russische und zwei bulgarische Mönche an.

In dem Traktat von Belgrad, das den russisch-türkischen Krieg (1734-1739) beendete, wurden unter anderem die Untertanen des Zaren gezwungen, die türkischen Länder zu verlassen, und so traf Barski bei seinem zweiten Besuch im Kloster keinen Landsmann mehr an. St. Panteleimon fiel in die Hände der Griechen zurück, die Hilfe von dem Wojwoden der Donaufürstentümer erbaten.

Die Zeit der Armut hatte jedoch zu lange angedauert, die Mauern waren baufällig geworden, und so sahen sich die Mönche gezwungen, das Kloster 1765 zu verlassen; sie zogen in die nahe gelegene Ortschaft am Meer, wo der Bischof von Hierissos, Christophoros, nach 1660 die kleine Kirche der Auferstehung hatte erbauen lassen. Hier begannen sie nach und nach mit dem Bau eines Kloster, dem der Name »Rossikon« gegeben wurde. Das Besondere an diesem Kloster ist, daß es von keiner Mauer umgeben ist, denn es wurde in einer Zeit erbaut, in der man sich an Pirateneinfälle nur noch entfernt erinnerte. 1803 nahm das neue Kloster auf Veranlassung des Hegumenen Saba und des Patriarchen Kallinikos die koinobitische Regel an. Aufgrund der Finanzhilfen des Wojwoden der Donaufürstentümer, Skarlatos Kallimachis, und seiner Nachfolger konnte es sich beachtlich vergrößern. Den Wojwoden ist auch der Bau des Katholikons (1812-1821) zu verdanken. Ein von Kallinikos V. erlassenes *Sighillion* von 1806 legte fest, daß aus Dankbarkeit diesen Herrschern gegenüber St. Panteleimon »koinobitisches Kloster der Kallimachen« genannt wurde.

Während der Zeit des griechischen Unabhängigkeitskrieges (1821-1830) wurden die Mönche auf der ganzen athonitischen Halbinsel stark dezimiert: einige beteiligten sich aktiv an der Unabhängigkeitsbewegung, andere dagegen bemühten sich aus Angst vor türkischen Repressalien, die Schätze der Klöster anderswo in Sicherheit zu bringen. St. Panteleimon blieb bis 1829 vollkommen unbewohnt.

1834 schickte die griechische Gemeinschaft den russischen Mönchen die formelle Einladung, ins Kloster zurückzukehren, die 1839 wiederholt wurde; nach und nach bevölkerte es sich wieder. Die größte Blütezeit für St. Panteleimon begann, denn zusammen mit den Mönchen kam auch Unterstützung von den Zaren, die zur Vergrößerung des Klosters führte, bis es sogar eines der größten Klöster auf Athos wurde.

1875 war die Zahl russischer Mönche so groß, daß mit dem Archimandriten Makarios erstmals ein russischer Hegumen gewählt wurde. 1892 wurde das riesige Refektorium errichtet, das fast 1000 Plätze umfaßt; 1895 gab es sogar mehr als 1000 Mönche. 1903 wurden 1446 Mönche und 1914 mehr als 2000 Mönche gezählt.

Anfang dieses Jahrhunderts war die russische Bevölkerung auf Athos besonders groß: ungefähr die Hälfte von den siebentausend Einwohnern der athonitischen Theokratie war russischer Herkunft. Als 1917 in Folge der russischen Revolution die Grenzen der Sowjetunion geschlossen wurden, konnten keine Ordensleute, geschweige denn materielle Hilfe mehr kommen. Die Zahl der Mönche von St. Panteleimon begann unerbittlich zu sinken, dies führte zu einem erneuten Verfall. Von 1892 bis 1938 lebte in St. Panteleimon der *Starez* Silvanos. Er war ein großer spiritueller Mystiker, Verfasser von Schriften, die zu den wichtigsten Zeugnissen des

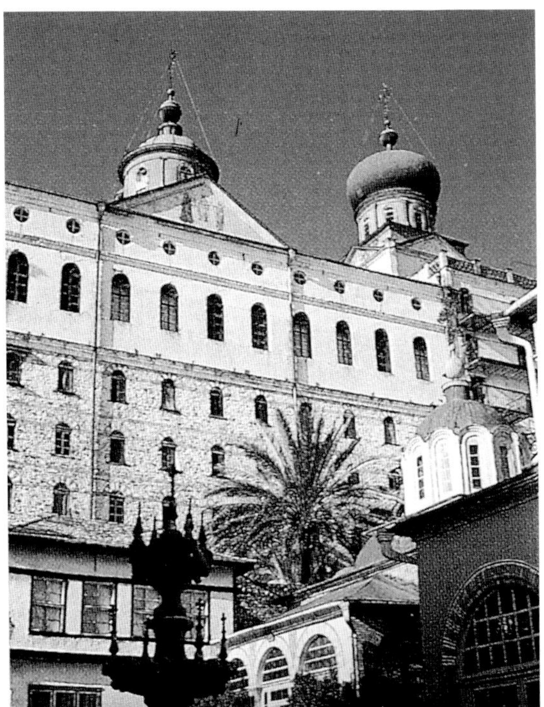

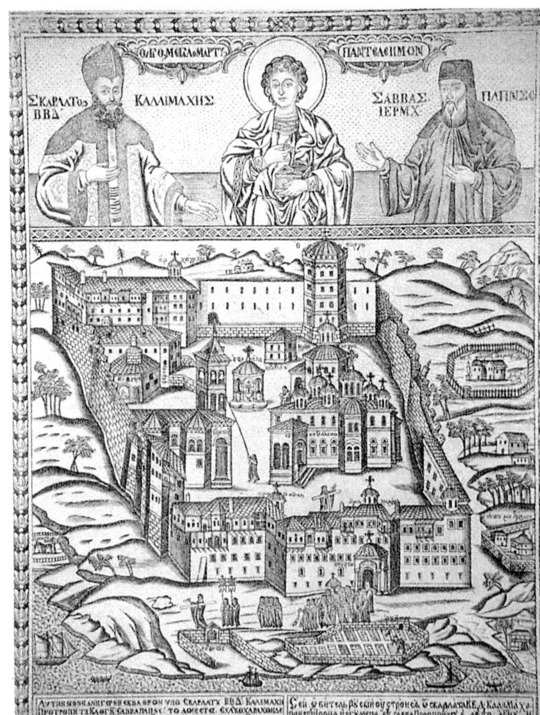

198. Kirche St. Skepi

199. Radierung von St. Panteleimon (19. Jh.)

russischen Christentums gehören. Der Terminus *Starez* ist ein Zeichen von Prestige und Respekt, das im russischen Mönchtum charismatischen Persönlichkeiten zuerkannt wird.

Kunst

KATHOLIKON

Das dem hl. Panteleimon geweihte *Katholikon* wurde zwischen 1812 und 1821 von dem phanariotischen Fürsten der Donaufürstentümer, Skarlatos Kallimachis, nach traditionell hagioritischem Schema mit Trikonchos und *Lite* erbaut. Das Dach wird von acht grünen Kuppeln mit vergoldeten Kreuzen gekrönt.

Die Wände im *Naos* und in der *Lite* wurden im letzten Jahrhundert von russischen Meistern mit Fresken ausgestattet, die die vorhergehenden Fresken aus griechischer Schule ersetzten. Aus derselben Zeit ist die Ikonostase in vergoldetem Holz von Künstlern aus russischer Schule.

1875 wurde festgelegt, daß im *Katholikon* die Liturgie auf griechisch und russisch (kirchenslawisch) zelebriert wird.

REFEKTORIUM

Gegenüber dem *Katholikon* befindet sich das majestätische Refektoriumsgebäude (*Trapesa*), das vom Glockenturm überragt wird. 1892 erbaut und 1897 mit Fresken ausgeschmückt, ist es ein Gebäude auf rechteckigem, dreischiffigen Grundriß, das bis zu 1000 Mönche aufnehmen kann.

Links des Eingangs ist die *Phiale*, die einzige auf Athos, die kein Peristyl, sondern nur einen Brunnen aus übereinanderstehenden Vasen besitzt. Er gehörte zu einem *Kellion* in Kafsokaliwia und wurde dem Kloster Ende des 19. Jahrhunderts gestiftet.

Über dem Eingang zum Refektorium erhebt sich der 1893 erbaute, pyramidenförmig zulaufende Glockenturm. Er ist mit 33 Glocken ausgestattet; die größte ist von den Ausmaßen (2,7 m Durchmesser) und vom Gewicht (13 Tonnen) her die zweitgrößte der Welt.

KAPELLEN

Das Kloster besitzt viele Kapellen, von denen die Mariä Heimholung, St. Metrophanes und die *Aghia Skepi* (hl. Schutz) besonders erwähnenswert sind.

In der 1820 erbauten Kapelle Mariä Heimholung (*kimissis tis theotoku*), nördlich des Katholikons, feiert man den Gottesdienst auf griechisch. In der östlich davon gelegenen Kapelle des hl. Metrophanes dagegen in russischer Sprache (kirchenslawisch).

Die Kirche St. Skepi befindet sich im Obergeschoß des großen Gebäudes im Nordflügel. Sie wurde 1852 dreischiffig erbaut, hat enorme Ausmaße und ist reich dekoriert; sie beherbergt Ikonen, die mit Gold und Silber überzogen sind, und eine großartige Ikonostase aus vergoldetem Holz. Die Liturgie wird dort auf russisch gefeiert.

Im Nordflügel sind auch die Kapellen der Himmelfahrt, des hl. Sergius, des hl. Demetrios, der Erzengel, des hl. Gerasimos, der heiligen Konstantin und Elena, der heiligen Vladimir und Olga und des hl. Alexander Nevski. Im Südflügel befinden sich die Kapelle des hl. Saba und des hl. Nikolaus; sechs Kapellen in diesem Flügel wurden 1968 bei einem großen Brand zerstört.

BIBLIOTHEK

Die Bibliothek (*Vivliotiki*) ist in einem eigens dafür erbauten, zweistöckigen Gebäude östlich des *Katholikons* und der Kapelle des hl. Metrophanes untergebracht. Sie umfaßt 1320 Handschriften auf griechisch und ungefähr 600 auf slawisch, an die hundert davon sind mit kostbaren Miniaturen geschmückt; beachtenswert sind ein Evangelium aus dem 12. Jahrhundert und die Homilie des hl. Gregor von Nazianz, ebenfalls aus dem 12. Jahrhundert.

Außer den Handschriften enthält die Bibliothek auch 25.000 gedruckte Bücher.

SCHATZ

St. Panteleimon besitzt im Inneren des *Katholikons*, in der St. *Skepi* und in seinen zahlreichen Kapellen viele liturgische Wertgegenstände, darunter Ikonen, Kreuze, *Egolpia*, Reliquiare und Priesterparamente. Besonders wertvoll unter den tragbaren Ikonen sind die *Theotokos Ierosolimitis* (Gottesmutter von Jerusalem), der *Prodromos* (hl. Johannes der Täufer), der hl. Panteleimon und die Mosaikikone des hl. Alexander Nevski in der gleichnamigen Kapelle. In der Kirche der Hl. *Skepi* sind ein goldener Kelch und ein kostbares Evangelium erhalten, das 1845 vom Großherzog Konstantin Nicolaiewitsch gestiftet wurde.

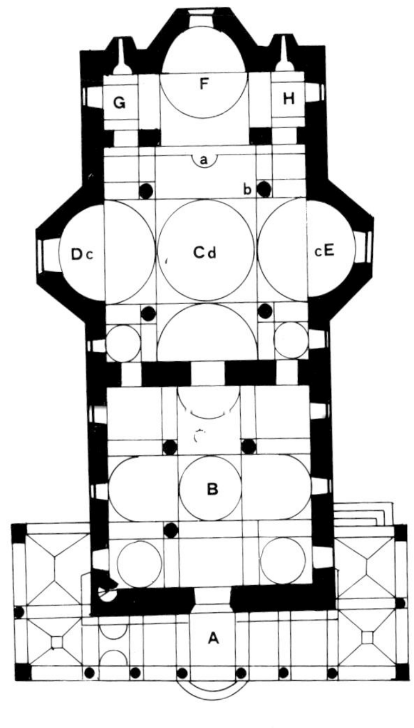

200. KATHOLIKON
Architektonische Elemente
A. Atrium; B. Lite; C. Naos; D. Nordchor; E. Südchor; F. Bema; G. Prothessis; H. Diakonikon

Liturgische und kultische Elemente
a. Ikonostase; b. Proskinitarion; c. Analoghia; d. Choros

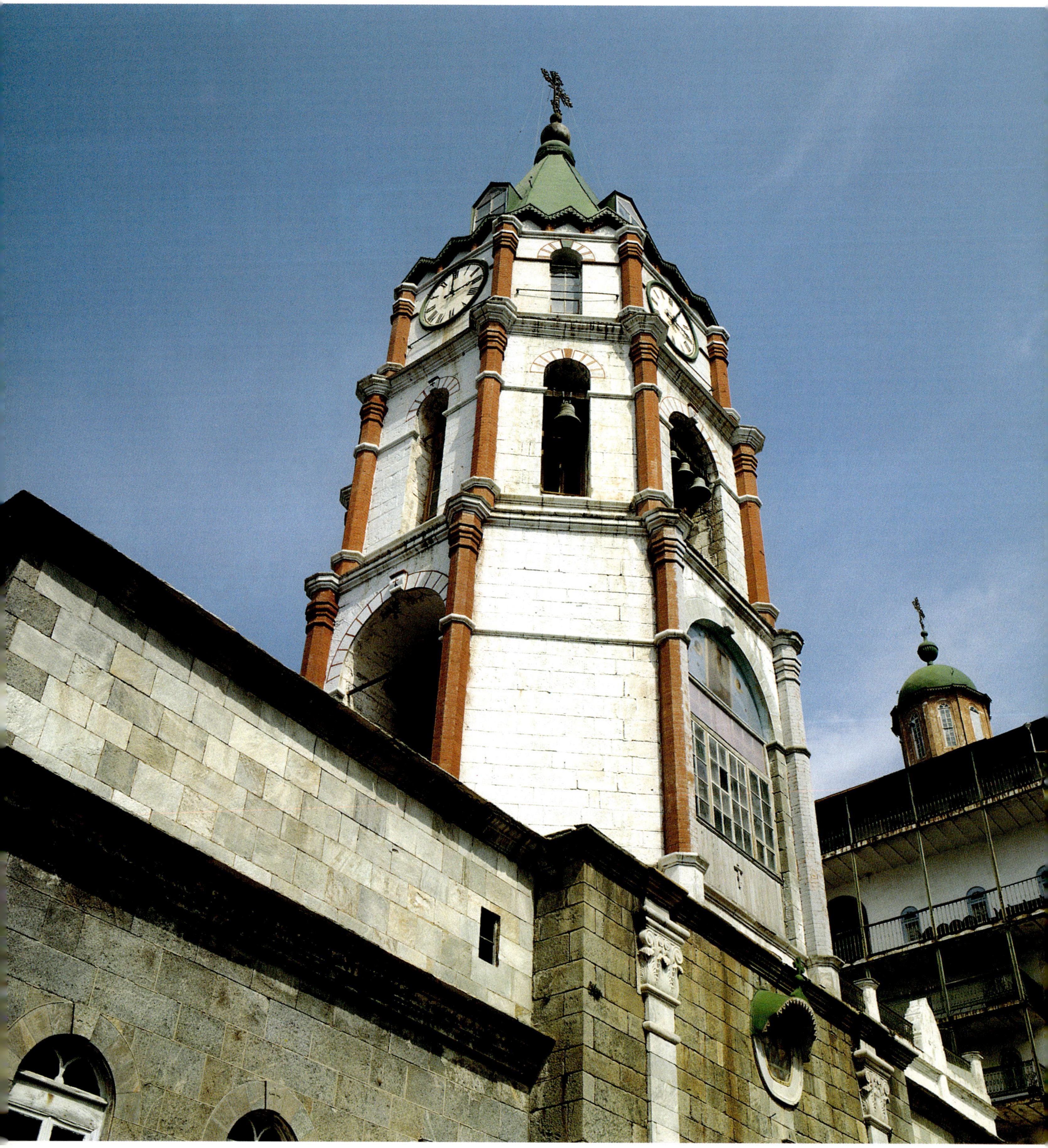

Tafel 101. Glockenturm über dem Eingang zum Refektorium

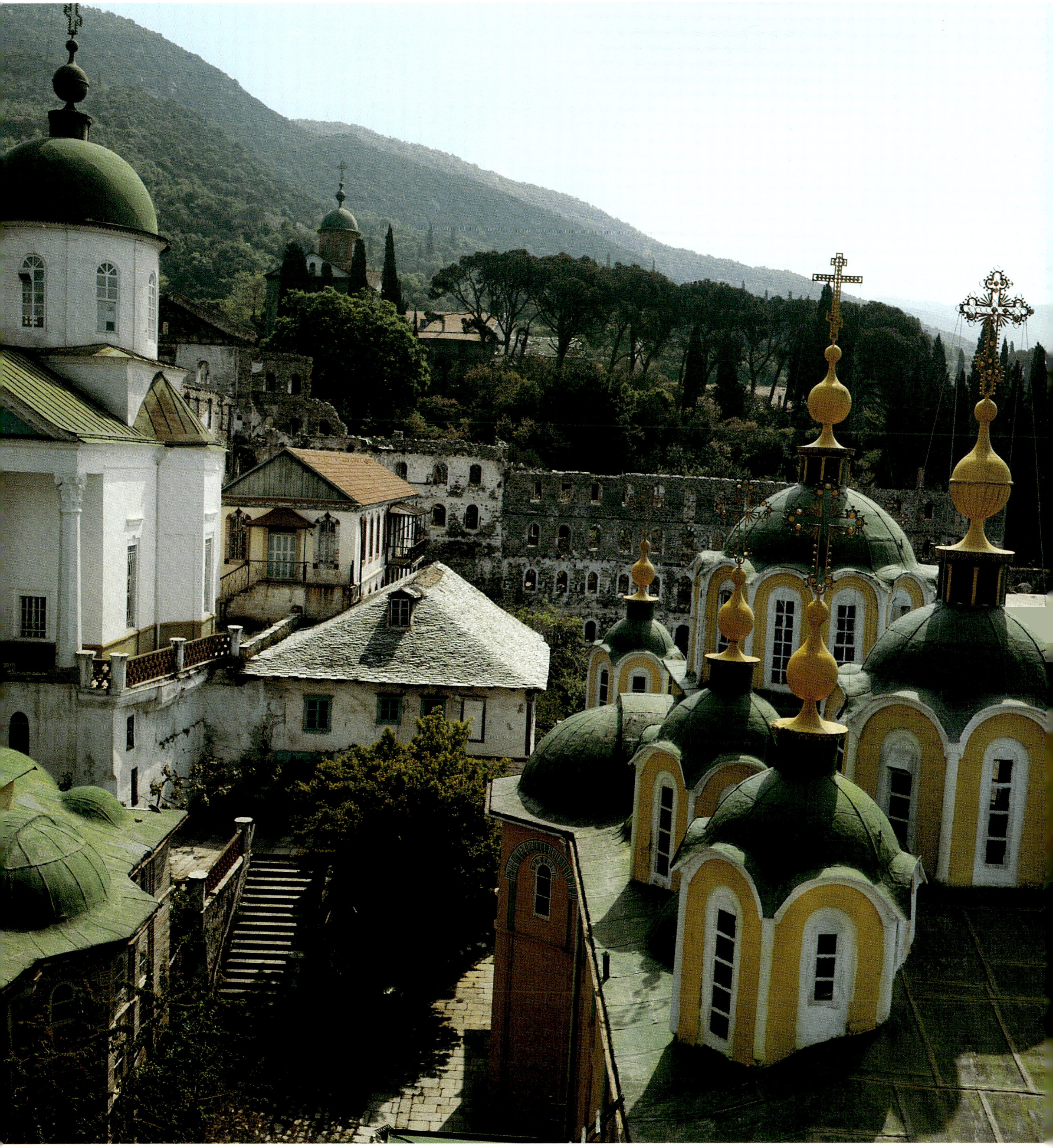

Tafel 102. Gesamtansicht des Klosters, links die Kapelle des hl. Metrophanes, rechts das Katholikon

KONSTAMONITOU

In der Mitte der Südwestküste der athonitischen Halbinsel, auf der Straße zwischen Zographou und Dochiariou, liegt das griechische Kloster Konstamonitou am Südhang eines malerischen Tals.

Es ist dem Protomärtyrer Stefan geweiht (27. Dezember) und belegt den letzten, den zwanzigsten Platz in der Hierarchie der Athosklöster.

Zum Kloster gehört ein *Kellion* in Karyes, das den Heiligen von Athos geweiht ist und als Residenz (*Konaki*) des Vertreters bei der heiligen Gemeinschaft dient.

Geschichte

Nach einer sehr unwahrscheinlichen Legende soll das Kloster von Kaiser Konstantin dem Großen gegründet und die Arbeiten von seinem Sohn Konstans weitergeführt worden sein; daher also der Name »Kostas moni«.

Zu jener Zeit wurde aber wahrscheinlich nur eine Kirche erbaut, ein Vorposten der Christianisierung, die zur Zeit des Julian Apostata niedergerissen wurde und verfiel; viel eher wurde Konstamonitou um das 11. Jahrhundert von einem Mönch gegründet, der vielleicht aus der Stadt Kastamonu in Mittelasien kam, oder aus der adligen und mächtigen byzantinischen Familie Kastamonitis stammte.

Offensichtlich wollten die Gründer wegen der vielen arabischen Pirateneinfälle zur Zeit der Erbauung das Kloster an einem vom Meer her fast nicht sichtbaren Ort erbauen.

Der mit Kaiser Alexios I. Komnenos (1081-1118) verwandte Hegumen Hilarios war an der Vertreibung der aus der Walachei stammenden Familien beteiligt, die gegen Ende des 11. Jahrhunderts friedlich mit Herden, Haustieren und Frauen auf die athonitische Halbinsel gekommen und des öfteren Stein des Anstoßes bei den Mönchsgemeinden waren.

Einige Forscher nehmen an, daß Konstamonitou Anfang des 14. Jahrhunderts von katalanischen Piraten angegriffen und in Brand gesetzt wurde, andere wiederum sind der Ansicht, daß es Leute des Patriarchen Johannes Bekkos waren, Anhänger der *Enossis*, der Union zwischen der lateinischen und griechischen Kirche, die es 1278 zusammen mit dem kleinen Kloster Skamandrenou verwüsteten. Wegen dieser Zerstörung existieren lediglich spärliche Dokumente über die ersten Jahrhunderte seiner Existenz. Es wird erst 1351 erwähnt, nämlich in einer Goldbulle Kaiser Johannes V. Paläologos, die von einigen Forschern für eine Fälschung gehalten wird; in einer Goldbulle von 1407 bestätigt Kaiser Manuel II. dem Kloster seine Ländereien.

Großzügig gegenüber dem Kloster zeigten sich die serbischen Fürsten Georg Brankowitsch und Anna Philantropina, die Konstamonitou sogar das alte, im 10. Jahrhundert gegründete Kloster Neakitu schenkten, das im 14. Jahrhundert verfallen war. Eine andere These dagegen besagt, daß Neakitu ein Geschenk der Witwe des serbischen Königs Stephan Duschan, Elena, war.

Konstamonitou gelangte auch in den Besitz der heute nicht mehr existierenden Klöster St. Ipazio und Skamandrenu. Letzteres stammte aus dem 10. Jahrhundert und war in den ersten Jahrzehnten des 13. Jahrhunderts verlassen worden. Es wurde Konstamonitou vom Protos Kosmas im Jahr 1263-64 übergeben, um es zu restaurieren und erneut bewohnbar zu machen. Im zweiten Jahrzehnt des 15. Jahrhunderts wurde Konstamonitou von einem Brand heimgesucht, so daß sich sein Hegumen Neophitos gezwungen sah, in Serbien um Finanzierungsmitteln zu ersuchen, die er von Raditsch bekam, dem obersten Befehlshaber des serbischen Heeres, der viele Silberminen besaß. Als Anerkennung wurde Raditsch von Neophitos der Titel *Ktitor* verliehen, Gründer, oder besser gesagt zweiter Gründer, von Konstamonitou. Raditsch stand dem Kloster immer sehr nah; 1433 verfaßte er eine interne Regelung, und als seine Frau Domna starb, zog er sich unter dem Namen Romanos als Mönch hinter die Klostermauern zurück. Seinem Beispiel folgten viele slawische Mönche; die Mönchspopulation in Konstamonitou, die bis dahin überwiegend griechisch gewesen war, wuchs an, und einige von ihnen wurden später auch Hegumenen.

1483 begann der Wiederaufbau, und die Mönche, die 1489 mit neunzig Mann gezählt wurden, erhielten 1500 von der türkischen Regierung die Genehmigung, das *Katholikon* zu restaurieren. Wie auch bei allen anderen athonitischen Klöstern führte die Ankunft der Türken zu einer wirtschaftlichen Krise, die sich durch einen weiteren Brand im 16. Jahrhundert verschlimmerte. Der Erzbischof von

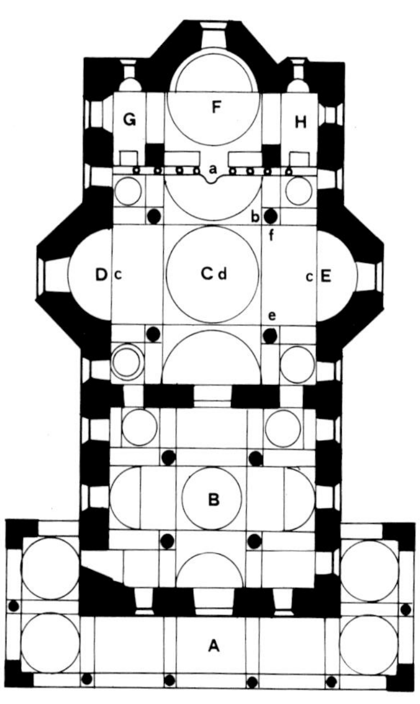

201. KATHOLIKON
Architektonische Elemente
A. Atrium; B. Lite; C. Naos; D. Nordchor; E. Südchor; F. Bema; G. Prothesis; H. Diakonikon

Liturgische und kultische Elemente
a. Ikonostase; b. Proskinitarion; c. Analoghia; d. Choros; e. Ikone der Panaghia Antifonitria; f. Ikone des hl. Stephan

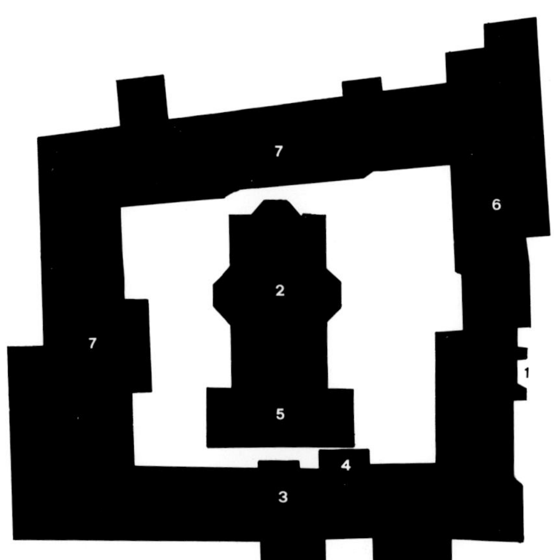

202. KLOSTER
1. Eingang; 2. Katholikon; 3. Refektorium; 4. Glockenturm; 5. Bibliothek; 6. Gästehaus; 7. Mönchszellen

Samos, Josef, der 1666 zu Besuch in Konstamonitou war, fand nur 6 Mönche vor.

Ein erneuter Brand 1717 zerstörte es teilweise, 1728 wurde der Ostflügel von dem Priestermönch wiederaufgebaut, aber das Kloster blieb trotzdem lange geschlossen und drohte einzustürzen.

Der Patriarch von Konstantinopel Neophitos VII. konvertierte das Kloster 1799 im Einvernehmen mit dem Hegumenen Gabriel von der idiorhythmischen zur koinobitischen Regel, aber wegen Armut und Mißorganisation konnte diese Reform erst 1818 mit Hilfe des tatkräftigen Hegumenen Chrisanthos ganz durchgeführt werden. Er veranlaßte Vassiliki, Frau des gefürchteten Ali Tebelen, Pascha von Ioannina und Gouverneur von Epiros, die für den teilweisen Wiederaufbau Konstamonitous nötigen Mittel zwischen 1819 und 1820 zu stiften.

In den darauffolgenden Jahren gab es Grenzstreitigkeiten mit Dochiariou, und 1853 kamen beachtliche Finanzmittel von dem Priestermönch Simeon von Stagira. Dieser verließ zusammen mit Josef, seinem geistlichen Vater, Xenophontos, um sich nach Konstamonitou zurückzuziehen. Sobald er dort Hegumen geworden war, war in Rußland, um Finanzmittel aufzutreiben, und sorgte zwischen 1860 und 1871 für den Wiederaufbau des *Katholikons* und Teilen des Nordflügels. Der Hegumen Meletios führte die Arbeiten fort und vollendete 1885 den Wiederaufbau des Nordflügels. Die jetzigen Bauten sind also alle eher aus jüngerer Zeit; sie gehen auf das 18. und 19. Jahrhundert zurück.

Kunst

Katholikon

Das jetzige *Katholikon*, zwischen 1860 und 1867 erbaut, liegt an der Stelle eines Vorgängerbaus, der im 18. Jahrhunderts zunehmend verfiel. Es ist dem Protomärtyrer Stefan geweiht und hat den charakteristischen hagioritischen Grundriß mit Trikonchos und *Lite*, die Wände in der *Lite* und im *Naos* sind ohne Fresken. Die Fußbodenlegung und die Marmorikonostasis sind besonders kostbar.

Drei wundertätige Ikonen sind erwähnenswert: die der *Panaghia Antifonitria*, die des hl. Stefan und die der *Panaghia Odighitria*. Im Zusammenhang mit der Ikone der *Panaghia Antifonitria* (die, die antwortet) an der Südwestsäule steht eine Legende: Am 2. August 1020, Tag der Wiederauffindung (*Anakomidi*) der Reliquien des hl. Stephans, soll der Küster Agathon während eines Gottesdienstes über die schreckliche Armut des Klosters gejammert haben. Man hätte nicht einmal genügend Öl für die Beleuchtung der Kirche. Die Gottesmutter erschien und bat ihn, die Lampe unter der Ikone zu untersuchen: wundersamerweise war sie bis zum Rand mit Öl gefüllt. Die Ikone des hl. Stefan an der Ostsäule, Protomärtyrer und Patron des Klosters, soll während der ikonoklastischen Zeit durch ein Feuer teilweise zerstört und auf wundersame Weise von Syrien nach Athos gebracht worden sein. Man erinnert sich, daß ein Hirte aus Hadrianopolis 1844 nach Athos kam und vor der Ikone für seine Herde betete. Er wurde erhört und schenkte dem Kloster hundert Ziegenböcke. Die Ikone der *Panaghia Odighitria* (die, die den Weg zeigt), wahrscheinlich aus dem 12. Jh., ist ein Geschenk der serbischen Fürstin Anna Philantropina.

Im *Skevofilakion* befinden sich kostbare Objekte und Einrichtungsgegenstände von besonders künstlerischem Wert, Reliquiare, Evangeliare, Kelche und Priestergewänder; auch ein Splitter des Kreuzes Christi und der Buchdeckel eines Evangeliums in Gold und Silber, der 1820 von Kira Vassiliki, Frau des Ali Tebelen, Pascha von Ioannina, gestiftet wurde.

Kapellen

Zum Kloster gehören neun Kapellen, vier innerhalb und fünf außerhalb der Mauern. Die Kapellen innerhalb des Klosters sind der Gottesmutter *Portaitissa*, den Hl. Konstantin, allen Heiligen und dem hl. Nikolaus geweiht.

In der 1871 erbauten Kapelle der *Panaghia Portaitissa* (die die Tür beschützt) findet man eine wertvolle Ikonostase aus geschnitztem Holz und die gleichnamige Ikone der Gottesmutter, die zahlreiche Wunder vollbracht haben soll.

Die Kapelle des hl. Konstantin wurde in nachbyzantinischer Zeit mit Fresken ausgemalt; sie wurde während des Baus des jetzigen Katholikons als Hauptkirche benutzt.

Die Kapellen außerhalb der Klostermauern sind Erzengel Michael und Gabriel (im Friedhof), Hl. Dreifaltigkeit, Alle Heiligen, St. Antonios (an der Stelle des alten Klosters Neakitu) und St. Nikolaus (im Hafen) gewidmet.

Bibliothek

Die Bibliothek (*Vivliotiki*) liegt über der *Lite* des *Katholikons*. Sie umfaßt 110 Handschriften, davon 14 auf Pergament, Bullen und Goldbullen, außerdem mehr als 1000 gedruckte Bücher.

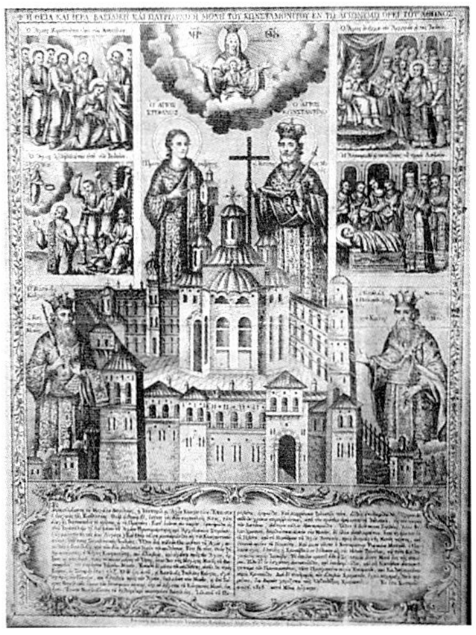

203. Radierung von Konstamonitou (19. Jh.)

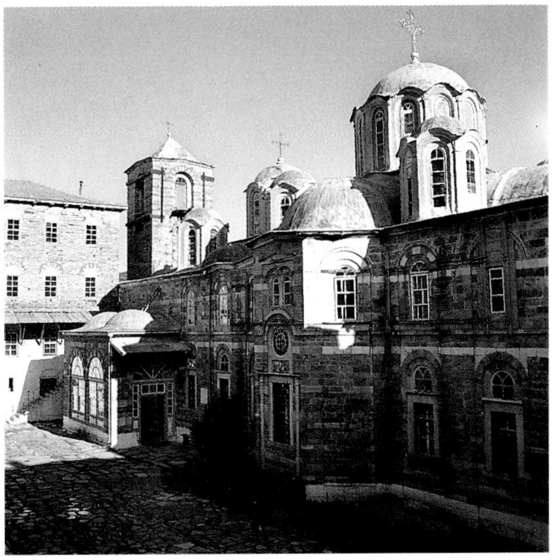

204. Katholikon von Konstamonitou

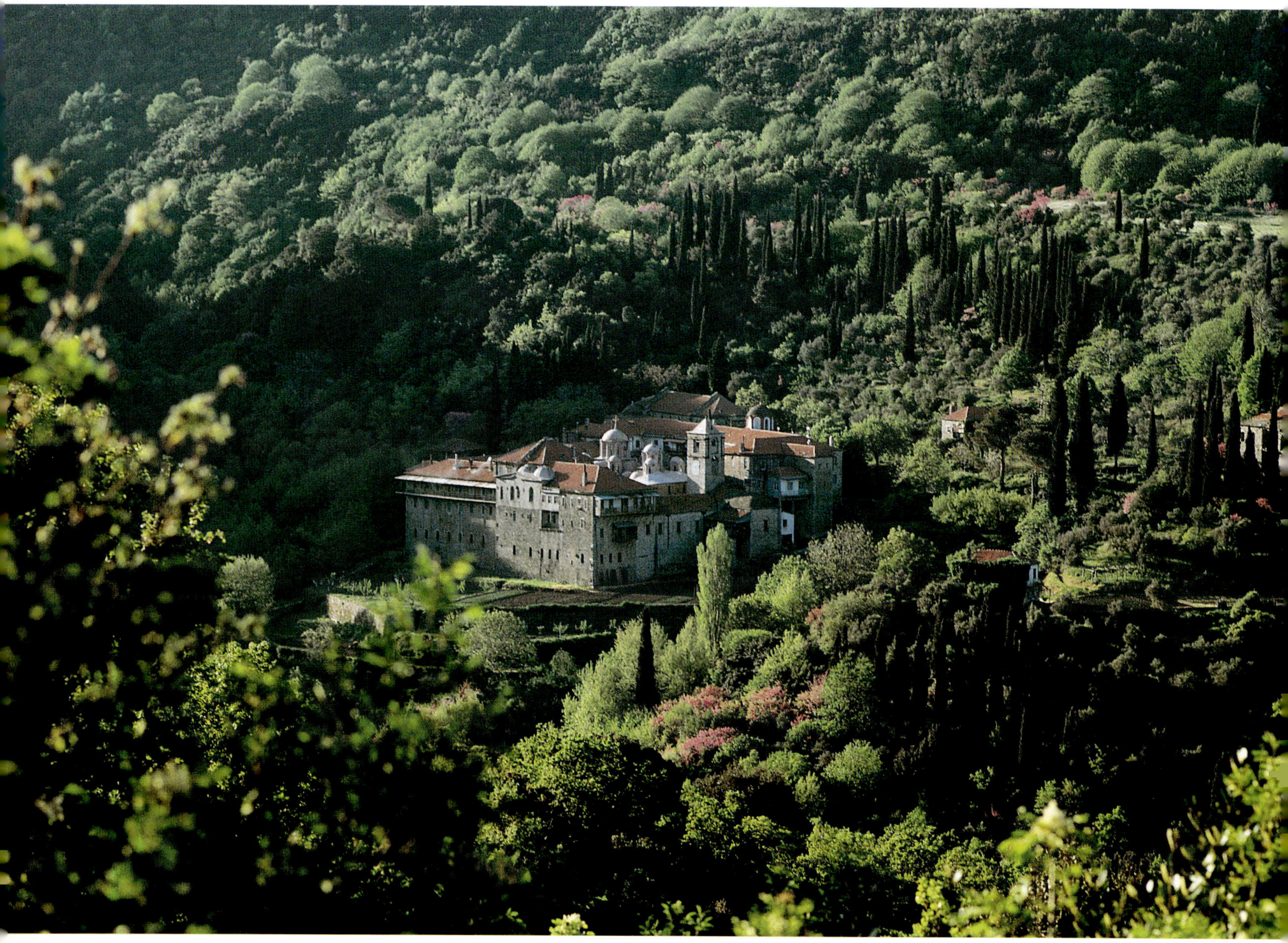

Tafel 103. Kloster Konstamonitou

SKITEN

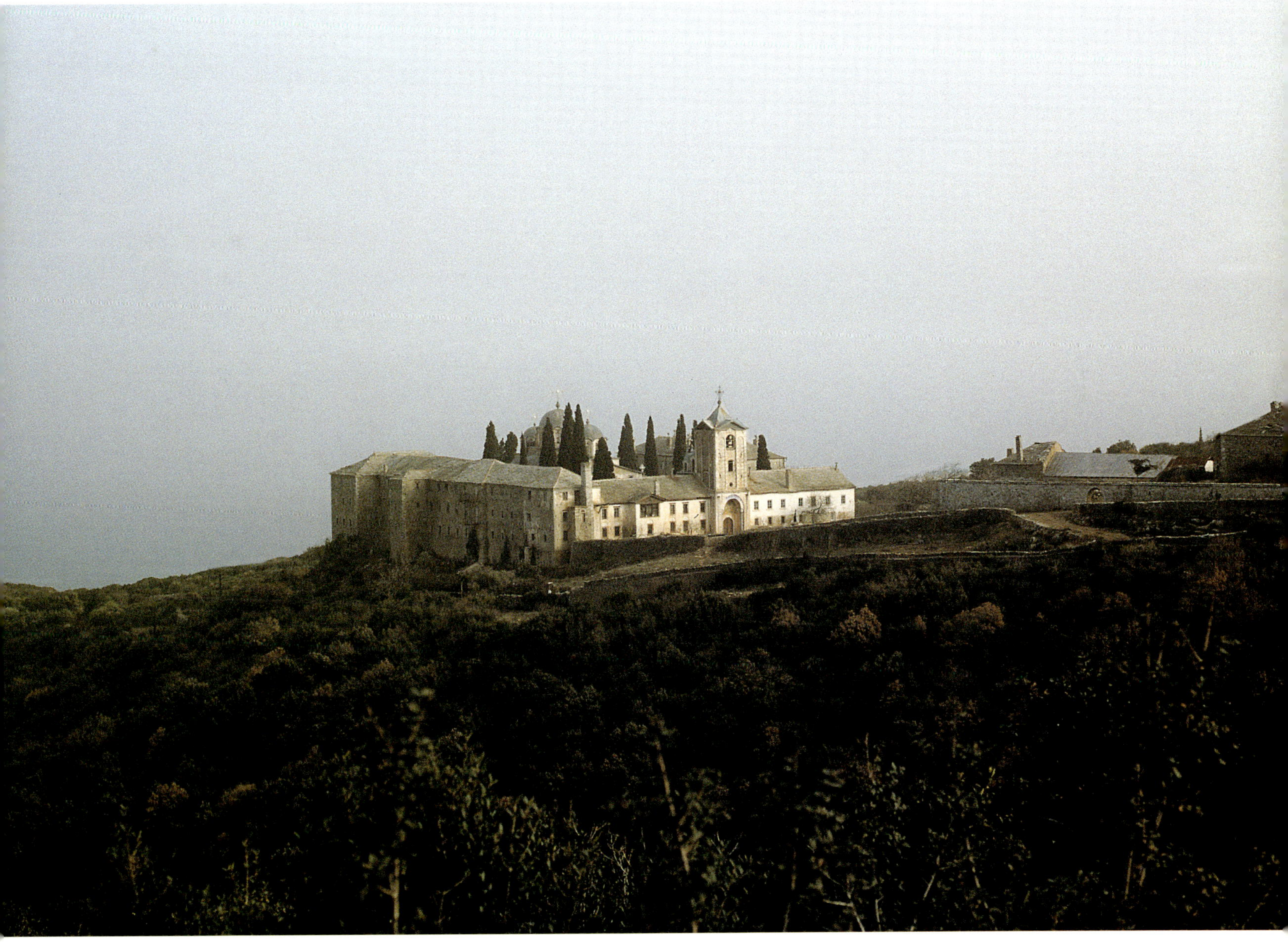

afel 104. Rumänische Skite Prodromos (Hl. Johannes der Wegbereiter)

205. *Mönchsbehausungen in der Skite St. Anna*

206. *Ansicht der Nea Skiti von oben, genannt auch »Skite der Geburt der Jungfrau« oder »Skite des Turms«*

Sankt Andreas

Die *Skite* St. Andreas und ihre imponierende Mole liegen an der befahrbaren Straße nach Daphni, nicht einmal einen Kilometer von Karyes entfernt. Wegen ihres Reichtums und des großartigen Baus wurde sie früher als »Serai« (Palast) bezeichnet. Heute jedoch ist sie, zusammen mit St. Panteleimon, trauriges Zeugnis der tragischen Ereignissen nach der Oktoberrevolution 1917. Ehemaliger Glanz, Reichtum und Größe stehen mit der Baufälligkeit der verlassenen Gebäude im Kontrast. Von den 1914 noch 800 Mönchen waren 1949 nur noch 28 alte und verarmte Mönche anzutreffen, die einzigen Überlebenden der ehemals so glanzvollen Gemeinschaft, die durch Tod unaufhaltsam reduziert wurde; denn nach 1917 kamen keine neuen Mönche aus Rußland mehr, was der *Skite* von St. Andreas zum tragischen Verhängnis wurde.

Heute hängt die *Skite* nominal von Vatopedi ab, in einem ihrer Flügel sitzt das athonitische Seminar, das die Heilige Gemeinschaft 1930 auf Druck der griechischen Regierung zur Ausbildung von Priestern und Diakonen gründete.

Die Ursprünge der *Skite* liegen im Jahr 1761, als Patriarch Serafim II. das *Kellion* S. Antonios erwarb, das damals hier an der Stelle des alten Klosters Xitros lag. Serafim baute das *Kellion* wieder auf und weihte es dem Apostel Andreas. 1842 wurde es dem russischen Mönch Bessarione übergeben; er erweiterte es mit einigen russischen Schülern, errichtete neue Bauten und schuf so die Voraussetzungen für die Umbenennung in eine *Skite*, wie vom Patriarchen Anthimos I. bestätigt wurde.

Die Hauptkirche (*Kiriakon*) ist nicht nur die größte Kirche auf Athos, sondern sogar die zweitgrößte auf dem Balkan, gleich nach der Kathedrale von Sofia. Sie ist 58,5 m lang und 33 m breit (vgl. Katholikon der Großen Lavra: 31 x 26 m). Der Grundstein wurde 1867 von Großherzog Alexios Aleksandrovic gelegt; die Bauarbeiten selbst begannen jedoch erst 1881 unter dem Hegumen Theodoretos und dauerten bis 1899. Am 16. Juni 1900 wurde sie vom Patriarchen Joakim III. in Anwesenheit der Bischöfe, Großherzöge, Generäle und Admirale aus dem zaristischen Rußland in einer prunkvollen Zeremonie geweiht.

Die Kirche ist in Stein und Ziegeln erbaut und wird von neun Kuppeln und einem 37 Meter hohen Glockenturm überragt. 25.000 Goldrubel soll die Ikonostase aus vergoldetem Holz gekostet haben, die ein reicher Russe der *Skite* stiftete; er zog sich später unter dem Namen Innozenz als Mönch dorthin zurück. In der Kirche befinden sich viele gold- und silberüberzogene und mit kostbaren Steinen besetzte Ikonen, wie die des hl. Alexander Nevski, des hl. Alexios, Metropolit von Moskau, des hl. Johannes des Täufers, des hl. Andreas *Protoklitos* (der Erstgerufene), der *Panaghia Eleussa*, der *Panaghia* oder *Theomitora Feodorovskaia*, die Kopie einer wundertätigen Ikone aus Kostroma in Rußland und die Ikone der *Panaghia ton thlivomenon paramithia* (Gottesmutter der Tröstung der Betrübten), die zahlreiche Wunder bewirkt haben soll.

Ein Brand zerstörte 1958 den Westflügel der *Skite*, in dem die Bibliothek lag. So gingen zahlreiche Handschriften und ungefähr 20.000 gedruckte Bücher verloren.

Nachdem sie zwanzig Jahre komplett leerstand, wird die *Skite* in jüngster Zeit wieder von einer Gemeinschaft griechischer Mönche bewohnt.

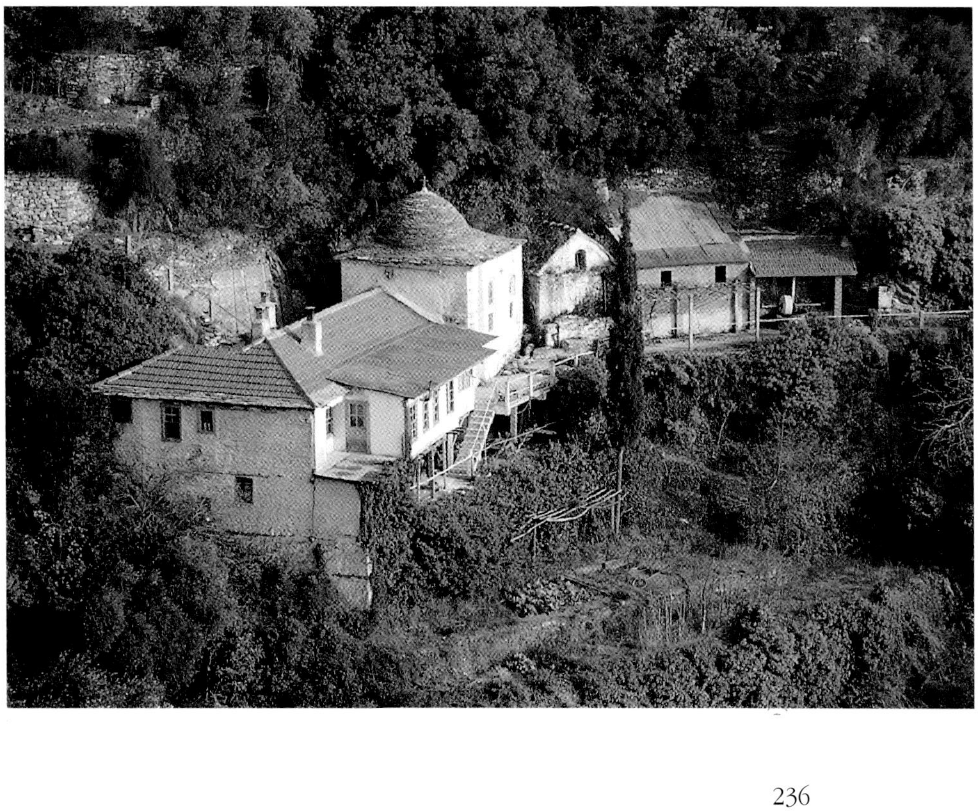

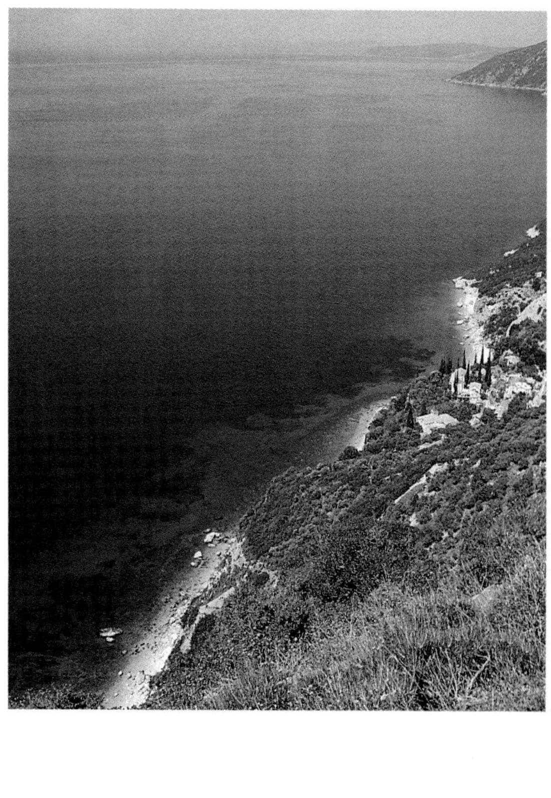

Sankt Anna

Am Fuße des Südwesthangs des Berges Athos liegt die griechische *Skite* der Aghia Anna (hl. Anna), die mit ihren 51 *Kalive* die größte der athonitischen *Skiten* ist. Ihre Mönche widmen sich mit besonderem Eifer der hagiographischen Malerei, der Holzbearbeitung, der Landwirtschaft und dem Fischfang.

Die *Skite* gehört zum Kloster der Großen Lavra, obwohl dieses gut vier Wegstunden davon entfernt auf der gegenüberliegenden Seite des Berges liegt.

Die ersten Mönchsansiedlungen an dieser Stelle fanden sich schon zu Beginn des athonitischen Mönchtums; trotzdem fanden die Mönche erst im 17. Jahrhundert als Kommunität zusammen, als der Patriarch Dionysios Vardalis den Bau des *Kiriakons* (1666) veranlaßte. Es ist der hl. Anna, Mutter Mariens, geweiht und wurde 1754 und 1755 renoviert und erweitert.

Die Fresken an den Innenwänden sind von 1757; im *Bema* werden ein Reliquiar mit dem linken Fuß der hl. Anna, weitere Heiligenreliquien, liturgische Geräte, Ikonen und Priesterparamente aufbewahrt. Die Bibliothek umfaßt an die hundert Handschriften und viele gedruckte Bücher.

Verkündigung

Eine Wegstunde östlich des Klosters Xenophontos liegt die aus 22 Kaliven bestehende griechische *Skite* der Verkündigung, genannt auch »*skite* Xenophontos«. 1760 gründeten die Mönche Silvester, Ephräm und Agapios die *Skite* und erbauten das *Kiriakon*. Im darauffolgenden Jahrhundert wurden die *Lite*, der Exonarthex und der Glockenturm angefügt. In der Bibliothek sind einige Handschriften und zahlreiche gedruckte Bücher aufbewahrt.

Bogoroditsa

In der Nähe der Straße von Pantokrotoros nach Vatopedi liegt die russische *Skite* Bogoroditsa (Muttergottes), genannt auch »*Skite* der Heimholung Mariens«.

Sie gehört zum Kloster St. Panteleimon und ist der Rest von dem alten Kloster der Gottesmutter von Xylourgos, das von den russischen Mönchen verlassen und dann Anfang des vergangenen Jahrhunderts von bulgarischen Mönchen wiederbelebt wurde. In den letzten Jahrzehnten lebten Bulgaren und Russen dort harmonisch zusammen.

Sankt Demetrios

Die griechische *Skite* des hl. Demetrios gehört zum Kloster Vatopedi, das eine halbe Wegstunde in Richtung Nord-Ost liegt.

Sie besteht aus 21 *Kalive* und liegt an der Stelle, an der sich in alter Zeit wahrscheinlich das Kloster Chalkeos befand.

Das *Kiriakon* wurde 1755 mit Fresken bemalt; der Exonarthex von 1796 erhielt 1806 seine Fresken. Die Bibliothek der Skite umfaßt ungefähr achtzig Handschriften und einige hundert gedruckte Bücher.

Kafsokaliwia

Auf den Südausläufern des felsigen Athosmassivs in Hanglage zum Meer erstreckt sich die griechische *Skite* Kafsokaliwia, auch »Skite der Heiligen Dreifaltigkeit« genannt. Sie besteht aus ungefähr vierzig *Kalive* und gehört zur Großen Lavra. Ihren Namen verdankt sie dem berühmten Mönch Maximos, der im 14. Jahrhundert dort weilte; ihm wurde der Beiname »Kafsokaliwit« (Hüttenverbrenner) gegeben, weil er jedesmal, wenn sich irgendein Mönch in seiner Nähe niederließ, seine Hütte anzündete, sich immer weiter an unwegsame, verlassene Stellen zurückzog, um sich in totaler Einsamkeit besser seiner Askese widmen zu können.

Kafsokaliwia stieg gegen Mitte des 18. Jahrhunderts in den Rang einer *Skite* auf; aus dieser Zeit ist das der Verklärung geweihte *Kiriakon* (1745); später kamen der Narthex (1804) und der Glockenturm (1897) dazu. Die Bibliothek umfaßt an die fünfzig Handschriften, eine davon auf Pergament.

Kafsokaliwia und Nea Skite bilden die Hauptzentren der hagiographischen Malerei des Athos.

Lakku

Obwohl zum Kloster Hl. Paulus gehörend, liegt die *Skite* Lakku oder »*Skite* des hl. Demetrios« auf der Ostseite der athonitischen Halbinsel, nahe der Bucht Morphonou und des Turms der Amalfitaner.

Sie besteht aus 25 *Kalive* und wurde nach der natürlichen Schlucht (*Lakkos*) benannt, in der sie liegt. Ihre Bauten und die Kirche (*Kiriakon*) sind hauptsächlich aus dem 18. Jahrhundert.

Nea Skite

Zwischen der *Skite* der hl. Anna und dem Kloster St. Paulus, zu dem sie gehört, erstreckt sich Nea Skite (Neues *Katholikon*), auch »*Skite* der Geburt der Gottesmutter« oder »*Skite* des Turms« genannt, mit seinen 28 *Kalive* auf einem malerischen Hang zum Meer hin. Ihre Mönche widmen sich der hagio-

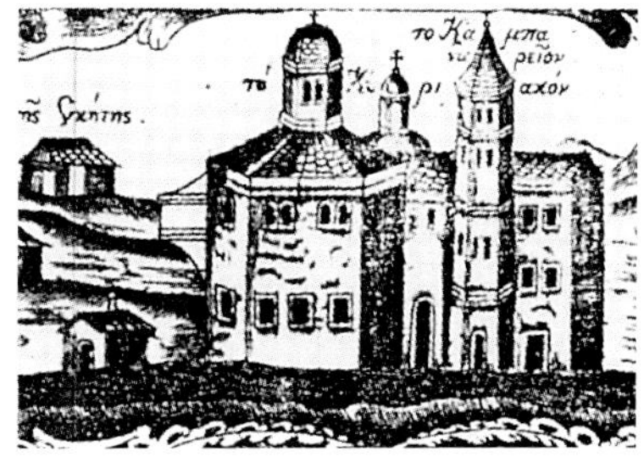

207. Skite St. Demetrios auf einer Radierung (19. Jh.)

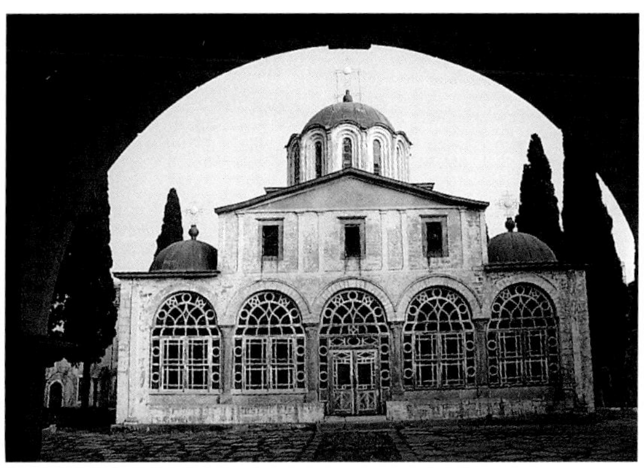

208. Kirche der Skite Prodromos

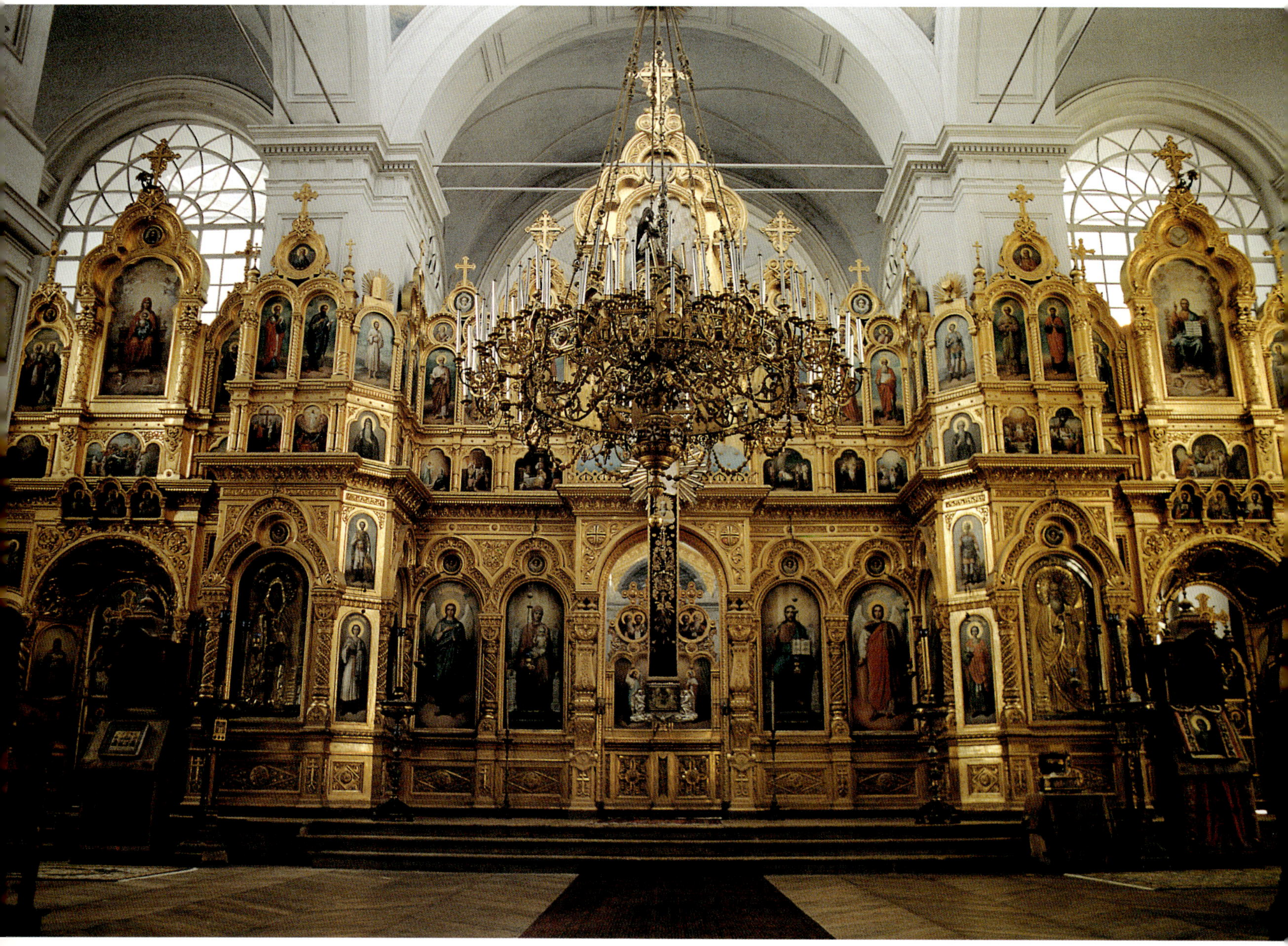

Tafel 105. Prächtige Ikonostase im Kiriakon von St. Andreas

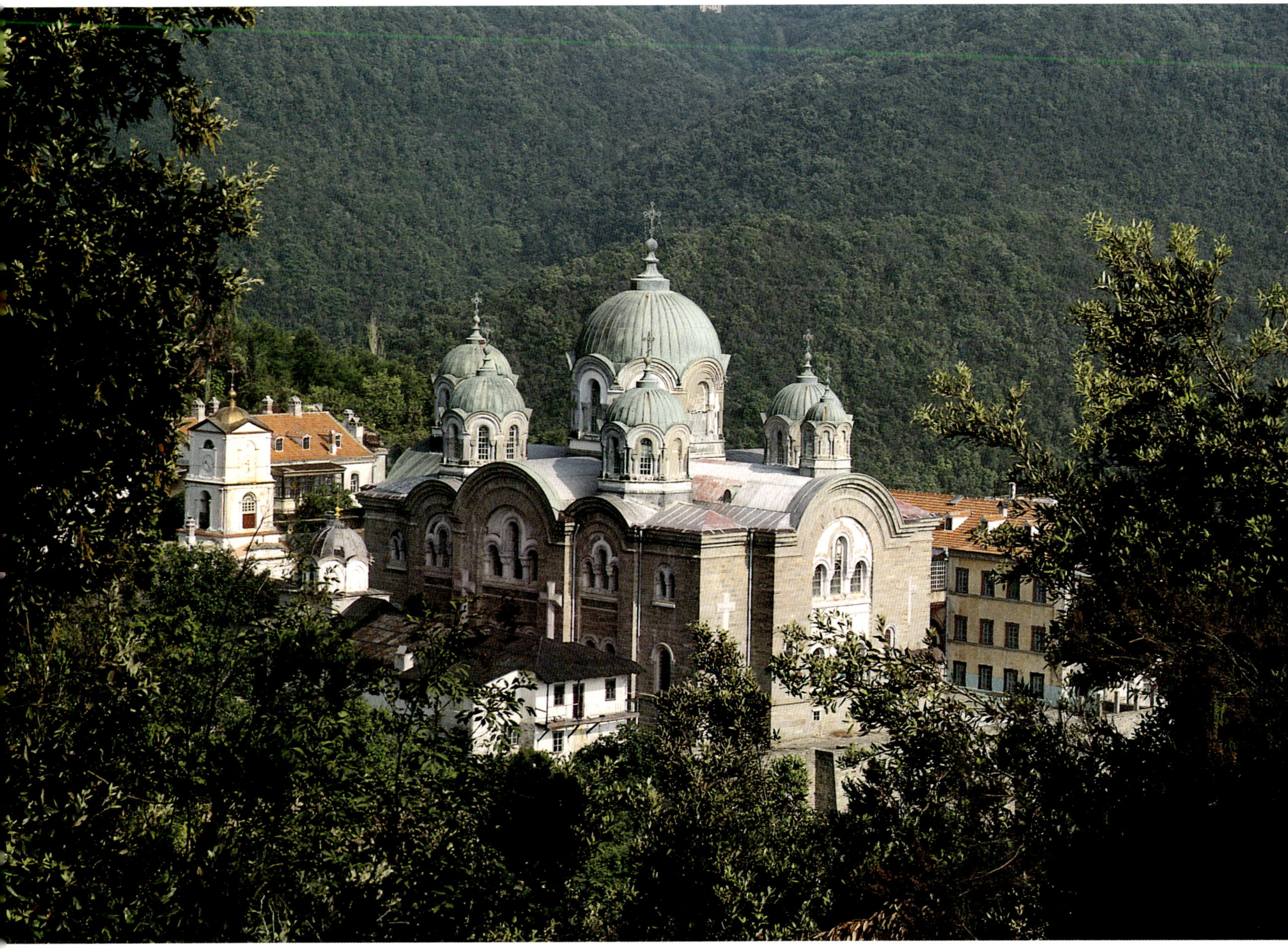

afel 106. Russische Skite des Propheten Elias

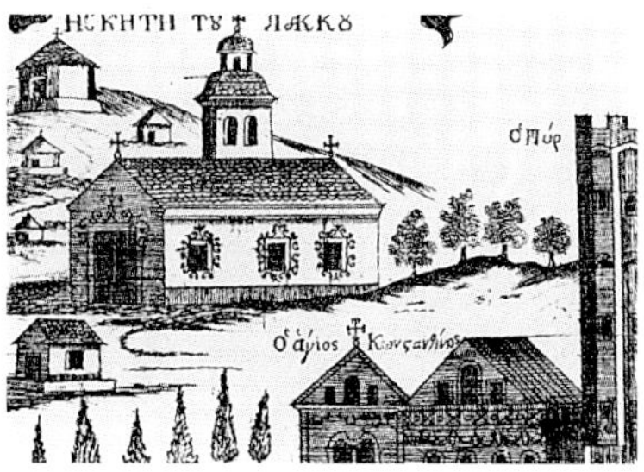

209. Skite St. Demetrios, genannt auch »Lakku« auf einer Radierung (1798)

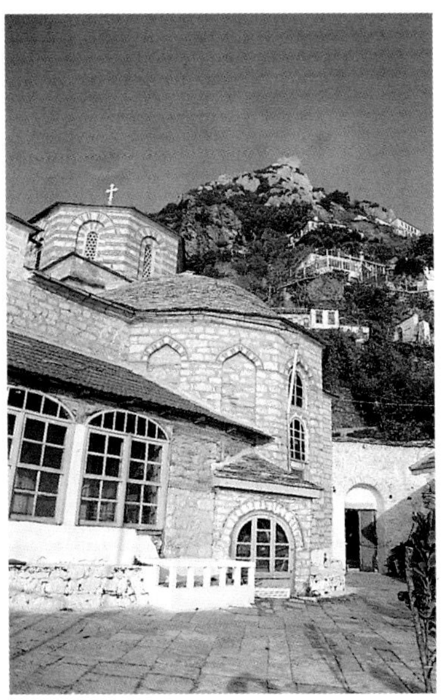

210. Kiriakon von St. Anna

graphischen Malerei, der Holzbearbeitung, der Landwirtschaft und dem Fischfang.

Sie wurden Mitte des 18. Jahrhunderts organisiert, als das *Kiriakon* erbaut wurde, in dem man Ikonen, liturgische Objekte und Priesterparamente findet. Gräber und Münzen, die an dieser Stelle gefunden wurden, weisen auf die Existenz einer menschlichen Siedlung schon in vorchristlicher Zeit hin.

St. Panteleimon

Die griechische *Skite* St. Panteleimon liegt mit seinen 23 *Kalive* an der Straße von Iviron nach Koutloumous, zu dem sie gehört.

Der Mönch Charalampos gründete die *Skite* 1775 und ließ 1790 das *Kiriakon* an der Stelle des alten *Kellions* St. Panteleimon erbauen. Im Innenhof ragen der Glockenturm und eine sehr alte Zypresse in die Höhe.

Die Bibliothek und die Schatzkammer (*Skevofilakion*) umfassen vierzig Handschriften, gedruckte Bücher, Ikonen, Segnungskreuze, Egolpia, Paramente sowie Reliquien von Märtyrern und Heiligen; darunter Reliquien des Gherassimos, der in der *Skite* wohnte und 1812 starb.

Prodromos (Iviron)

Die 1730 gegründete griechische *Skite* des hl. Johannes des Täufers (*Prodromos*) wird auch »iberische *Skite*« genannt, weil sie früher von georgianischen Mönchen bewohnt war. Sie gehört mit ihren 8 *Kalive* zum Kloster Iviron, das eine halbe Wegstunde östlich liegt. Das *Kiriakon* wurde 1779 erbaut und 1799 mit Fresken ausgemalt.

Prodromos

Auf der Südspitze der athonitischen Halbinsel auf einer 250 Meter über dem Meeresspiegel gelegenen Terrasse liegt die rumänische *Skite* Prodromos (hl. Johannes der Täufer), eine gute Wegstunde von der Großen Lavra entfernt, zu der sie gehört.

Sie enstand als *Kellion*, wurde 1851 den zwei moldauischen Mönchen Niphon und Nektarios gegeben, die es mit Geldern und Spenden neu strukturierten konnten, und den jetzigen viereckigen Architekturkomplex ausführten. 1857 wurde es in den Rang einer *Skite* erhoben, was 1890 von seiten des Patriarchen bestätigt wurde.

Die Kirche (*Kiriakon*) im Zentrum des Innenhofs ist dem hl. Johannes dem Täufer geweiht; sie wurde 1864 erbaut und 1866 geweiht. Dort sind zahlreiche Ikonen, davon eine wundertätige, liturgische Objekte und Priestergewänder aufbewahrt.

Prophet Elias

Auf einem Gebirgskamm am Tal, das zur Klosterbucht führt, liegt die *Skite* des Propheten Elias, eine Wegstunde von Pantokratoros entfernt, zu dem sie gehört. Sie steht an der Stelle eines alten *Kellions*, das 1757 dem ukrainischen Mönch und Reformator Paisij Welitschkowskij anvertraut worden war. Sehr bald bildete sich unter seiner Führung eine Kommunität von moldauischen und ukrainischen Mönchen und das *Kellion* wurde in den Rang einer *Skite* erhoben.

Im 19. Jahrhundert vergrößerte sich die *Skite* vor allem durch russische Mönche; sie errichteten große Gebäude, um die immer zahlreicheren Anhänger aufnehmen zu können. Dieses Anwachsen machte das Kloster Pantokratoros besorgt; nach ständigen Streitigkeiten mit seiner *Skite* wurde der Patriarch von Konstantinopel befragt; in einem *Sighillion* von 1892 setzte der Patriarch Neophytos den Streitigkeiten ein Ende, indem er die gegenseitigen Beziehungen genau festlegte. Der viereckige Bau hat in der Mitte des Innenhofs sein *Kiriakon*, das 1910 erbaut wurde und dem Propheten Elias geweiht ist. Die prunkvolle Ikonostase aus vergoldetem Holz steht im Kontrast mit den bloßen Wänden.

An den Seiten der *Bema* öffnen sich zwei Kapellen, links die des hl. Georgs und rechts die des hl. Andreas. Im *Naos* sind zwei wertvolle Ikonen aufbewahrt, *Panaghia Galaktotrofussa* (stillende Gottesmutter) und *Panaghia Dakriroussa* (weinende Gottesmutter).

In der Zeit ihres größten Glanzes, Anfang dieses Jahrhunderts, wohnten in der *Skite* 350 russische Mönche; in jüngerer Zeit wird es von griechischen Mönchen bewohnt.

Glossar und Dokumente

GLOSSAR

ACHIROPITOS: Wörtlich »nicht von Menschenhand gemacht«; wird normalerweise als Beiname für Ikonen gebraucht, die nach der Legende wundersamerweise von Gott oder der Gottesmutter geschickt wurden.

AGRIPNIA: Wörtlich »ohne Schlaf«; Gottesdienst von besonderer Dauer (6 bis 14 Stunden); er wird in der Nacht vor großen Festen gefeiert.

AIR: Wörtlich »Wind«; Tuch, mit dem der Priester Kelch und Hostienteller bedeckt.

AKATHISTOS: Berühmtester Hymnus der orthodoxen Kirche; so genannt, weil er stehend rezitiert wird (*akathistos* = nicht sitzend). Er ist gleichzeitig Verherrlichung der Fleischwerdung des Worts und Lobeshymne auf die Gottesmutter. Höchstwahrscheinlich wurde er früher in einer großen Prozession gesungen. Wird von verschiedenen Forschern Romanos dem Meloden (6. Jh.), dem Patriarchen Sergios (7. Jh.) oder dem Patriarchen Fotios (9. Jh.) zugeschrieben. Besteht aus einem Proömium, in dem Konstantinopel der Gottesmutter dankt und sie bittet, die Stadt vor Gefahren zu schützen, und aus 24 Stanzen (*iki*). Die malerische Umsetzung zeigt meist Episoden aus der Kindheit Christi und Darstellungen der Gottesmutter.

ANACHORET (*Anachoritis*): bezeichnet denjenigen, der ein Mönchsleben in absolut asketischer Isolation gewählt hat (vom Verb *anachorin* = abtrennen, hier im Sinn von »sich zurückziehen«).

ANAGHNOSTIS: Mönch, der in der Kirche und im Refektorium vorliest (*anaghignoskin* = mit lauter Stimme lesen).

ANALOGHION (pl.: *Analoghia*): in der Regel oktagonales Lesepult aus Holz, in der Mitte des Chors, oft mit Elfenbein, Perlmutt und Edelmetallen geschmückt.

ANAPESSON: Bildnis des in trauriger Haltung liegenden Christuskinds, Hinweis auf die Passion.

ANARGYREN: die Heiligen Kosmas und Damian, die sich unentgeltlich um Kranke kümmerten (*a* = ohne; *arghiros* = Geld, Silber).

ANASTASSIS: Bezeichnung für die »Auferstehung« in der orthodoxen Kirche. Etymologisch handelt es sich um das »Wiederaufstehen« der Toten und somit um die Rückkehr ins Leben. Die byzantinische Ikonographie stellt die Auferstehung durch den Abstieg Jesu in das Reich der Toten dar, wo er die Toten zum letzten Gericht holt. In der Regel wird Christus dargestellt, wie er Adam und Eva an die Hand nimmt und ihnen das Leben zurückgibt.

ANTIDORON: Stücke des in der Messe geweihten Brotes; sie werden nach der Liturgie in der Kirche oder nach der Mahlzeit im Refektorium an die verteilt, die die Kommunion nicht erhalten haben (*anti* = als Ersatz; *doron* = Geschenk).

ANTIPROSSOPOS: Mitglied der Heiligen Gemeinschaft

APODIPNON: liturgische Abendfeier (*apo* = nach; *dipnon* = Abendessen); entspricht dem Komplet im lateinischen Ritus.

ARCHARIOS: Novize; wird auch *Dokimos* genannt.

ARCHONTARIKI: Gästehaus des Klosters.

ARCHONTARIS: Mönch, der sich um Kost und Logis der Besucher kümmert.

ARSANARIS: Mönch, der sich um den Hafen (Arsanas) des Klosters kümmert.

ARSANAS (pl.: *arsanades*): Dock oder kleiner Hafen des Klosters

ASKESE (*askissis*): von *askin* = trainieren; die christliche Askese ist in der Tat eine moralische Übung, eine Lebensregel, die durch Abstinenz und Auslöschung der Instinkte die Seele vom Körper befreien will, um sie einer engen Beziehung mit Gott zuzuführen.

ASKET: derjenige, der die Askese praktiziert.

ASKITIRION: Zelle des Asketen (siehe: *Askese*).

BEMA (gr.: *Vima*): Presbyterialzone der byzantinischen Kirche, zwischen der Ikonostase und der Apsis.

CHATLARIS: Mönch, der sich um die Ställe kümmert.

CHELANDARIS: Mönch, der sich um die Schiffe des Klosters kümmert.

CHOROS: Metalleuchter (Kupfer, Bronze oder Messing), der von der Kirchenkuppel hängt; sein Umfang ist manchmal so groß wie der der Kuppel selbst.

CHRYSOBULL: Bulle aus Gold (*chrisos* = Gold); übliche Form kaiserlicher Privilegien.

DEESIS: byzantinischer Bildtypus mit Christus im Zentrum, der Gottesmutter links und dem Täufer rechts. Der Täufer symbolisiert die Fürbitte (*deissis*) der Kirche des Alten Testaments, die Gottesmutter die der Kirche des Neuen Testaments.

DIAKONIKON: Teil des Bema (*Vima*), generell mit Apsis; dieser Raum befindet sich rechts des Allerheiligsten und wird auch *Tipikarion* genannt; übernimmt die Funktion der Sakristei, wo Priestergewänder und liturgische Bücher aufbewahrt sind.

DIAMONITIRION: Aufenthaltsgenehmigung auf Athos (*dia* = durch, hindurch; *moni* = Kloster).

DIAVASTIS: Mönch, der in der Kirche oder im Refektorium vorliest.

DIAVATIKON: Raum zwischen dem äußeren und inneren Klosterportal; meist überdacht.

DIIKITIS: Vertreter des griechischen Staats auf Athos; auch *Nomarchos* genannt.

DIKEOS: Vorsteher einer Skite (wörtlich: Gerechter).

DOCHIARIS: Lagerverwalter.

DOCHION: Lebensmittellager.

DODEKAORTON: Zyklus der zwölf großen Feste des byzantinischen Kirchenjahres (*dodeka* = zwölf; *eorti* = Fest).

DOKIMOS: Novize; auch *Archarios* genannt.

EGOLPION (pl.: *Egolpia*): Brustkreuz (*en* = über; *kolpos* = Brust).

EKKLISSARIS: Mönch, der sich um das *Katholikon* kümmert.

EKKLLISSIASTIKOS: Mönch, der dem Dienst im *Katholikon* zugeteilt ist.

ELEUSSA: Beiname der Gottesmutter; bezeichnet sie als »Barmherzige«; sie wird in zärtlichem Gestus Wange an Wange mit dem Kind dargestellt.

EMVOLOS: siehe: Iliakos.

EPANOKALIMAVCHION: schwarzes Tuch, das die Kappe und Schultern des Mönchs bedeckt; auch *Kukulion* genannt.

EPIGONATION: rautenförmiges Parament hoher kirchlicher Würdenträger.

EPIMANIKIA: Manschetten; Teil des Priestergewands.

EPISTAT: Mitglied der Heiligen Epistassia.

EPITAPH: fein besticktes, liturgisches Tuch, auf dem der tote, von den Engeln bewachte Christus dargestellt ist; es symbolisiert das Schweißtuch und wird in der Liturgie der Karwoche benutzt.

EPITRACHILION: Priesterstola.

EPITROPIA: Regierungs- und Verwaltungsorgan des Klosters.

EPITROPO: Assistent und Berater des Hegumenen.

ERIMITIRION (pl.: *Erimitiria*): Rückzugsort des Eremiten; auch *Issichastirion* genannt.

ESONARTHEX: innerer Narthex

ESPERINOS (wörtlich: Abend): liturgische Nachmittagsfeier; entspricht der »Vesper« im lateinischen Ritus.

ETIMASSIA: Bildnis des leeren, aber bereiteten (*etimassia* = Vorbereitung) Throns, der auf die Rückkehr Christi (*parussia*) wartet, der dann von dort die Lebenden und die Toten richten wird.

EXONARTHEX: äußerer Narthex.

FIALI: siehe Phiale

GALAKTOTROPHOUSA: Beiname der Gottesmutter: »die Stillende« (*gala* = Milch; *trefin* = nähren).

GHERONTIA: Versammlung der Alten (*gheron* = alt); hat die Aufgabe, die Richtung der Klosterverwaltung zu bestimmen.

GHIROKOMOS: Mönch, der sich um die Alten kümmert (*gheron* = alt; *komin* = beistehen, pflegen).

GLYKOPHILOUSA: Beiname der Gottesmutter: »Liebkosende« (*glikis* = süß; *filin* = lieben, küssen); sie wird in zärtlicher, mütterlicher Haltung mit dem Jesuskind dargestellt.

GRAMMATEFS: Sekretär des Hegumenen.

HEGUMEN: Vorsteher eines koinobitischen Klosters.

HEILIGE EPISTASSIA (*Iera Epistassia*): Regierungsorgan des Athos, das aus 4 Mitgliedern (*Epistaten*) besteht, denen die Exekutive obliegt.

HEILIGE GEMEINSCHAFT (*Iera Kinotis*): Oberste Autorität auf Athos in Verwaltung und Rechtsprechung. Sie besteht aus 20 Mitgliedern, stellvertretend für jedes Kloster.

HEILIGE VERSAMMLUNG (*Iera Sinaxis*): Legislative und Judikative auf Athos. Sie besteht aus den Hegumenen der koinobitischen Klöster und den Proistamenen der idiorhythmischen Klöster.

HEIMHOLUNG (*Kimissis*): Damit bezeichnet die östliche Kirche den »*Transitus*« der Gottesmutter. Die Heimholung ist nur eine von drei Phasen der Himmelfahrt Mariens: das Entschlafen (Tod, Übergang oder Heimholung), die Auferstehung und die Auffahrt in den Himmel mit Leib und Seele. Die byzantinische Ikonographie stellte Mariä Himmelfahrt immer in der ersten der drei Phasen dar, in der des Entschlafens. Die westliche Ikonographie dagegen befolgte diese Tradition nur bis zum 14. Jahrhundert, von da an stellte sie die Auffahrt Mariens in den Himmel dar. In der Ikonographie der Heimholung wird Maria auf dem Totenbett dargestellt. Die Apostel sind anwesend und Christus hält ihre Seele in den Armen, die als Neugeborenes dargestellt wird, Symbol der Wiedergeburt neuen Lebens.

HESYCHASMUS: asketische Übung mit dem Ziel einer mystischen Einigung mit Gott; unabdingbare Voraussetzung für das Erlangen der *Issichia* (innere Ruhe, Frieden und Stille).

HESYCHAST: Mönch, der in Einsamkeit kontemplativ und büßend lebt (siehe »Hesychasmus«).

IDIORHYTHMIE: (*idios* = privat; *rithmos* = Takt, Art des Lebens) Mönchsregel, die individuelles Leben vorsieht.

IERA EPISTASSIA: siehe Heilige Epistassia.

IERA KINOTIS: siehe Heilige Gemeinschaft.

IERA SINAXIS: siehe Heilige Versammlung.

IEROMONACHOS: Priestermönch (*ieros* = heilig).

IKONE: heiliges Tafelbild (wörtlich: *ikon* = Bildnis).

IKONOMOS: Mönch, der sich um die wirtschaftliche Verwaltung der Klostergüter kümmert.

IKONOSTASE: architektonische Schranke, auch *Templon* genannt; trennt den *Naos* vom *Bema*; die wörtliche Bedeutung ist »Bildnishalter«, denn sie ist reich mit Ikonen geschmückt.

ILIAKOS: Bogengang, auch *Emvolos* genannt; von ihm aus gelangt man zu den Mönchszellen.

IPOTAKTIKOS: junger Mönch eines idiorhythmischen Klosters, dem *Proistameno* untergeordnet (*ipotaktikos*).

ISSICHASTIRON (pl.: *Issichastiria*) Rückzugsort des Eremiten; auch *Erimitrion* genannt.

ISSICHIA: siehe Hesychasmus.

KAIKCIS: Mönch, der sich um die Schiffe (*kaiki*) des Klosters kümmert.

KALIVI (pl.: *Kalive*): einzelnes Klostergebäude (wörtlich: Hütte), in dem kleine Gruppen von Anachoreten leben.

KAMPANARIO: Glockenturm; auch *Kodonostassion* genannt.

KAMPANARIS: Mönch, der die Glocken und das Simandron betätigt: auch *Kodonokrustis* genannt.

KANON: liturgisches Gedicht, unterteilt in neun »Oden«.

KATICHUMENA: Raum über dem Narthex, ursprünglich für die Katechumen und die Büßer bestimmt.

KATHISMA (pl.: *Kathismata*): Mönchsbehausung, meist komfortabel, vom Kloster für einen oder mehrere Mönche gemietet.

KATHOLIKON (pl.: *Katholika*): Hauptkirche des byzantinischen Klosters; wörtlich »universell«, weil es für alle Mönche bestimmt ist.

KELLE: Mönchszellen; auch *Kellia* genannt.

KELLION (pl.: *Kellia*): einzelne Mönchsbehausung, die einem Kloster untersteht

KIMISSIS: siehe Heimholung.

KIRIAKON: Hauptkirche der Skite, in der an den Festtagen (wörtlich: *Kiriakon* = des Herrn) die Liturgie gefeiert wird.

KODONOSTASSION: siehe *Kampanario*.

KOINOBITISMUS: Mönchsregel, die als Grundlage den Gemeinschaftssinn hat (*kinos* = gemeinsam; *vios* = Leben). Alles in den koinobitischen Klöstern ist gemeinschaftlich: Güter, Gebet, Arbeit, Mahlzeiten.

KOLIVA: liturgisches Gebäck, bestehend aus Weizen, Mehl, Gewürzen, Sultaninen, Haselnüssen und Zucker; es wird zu Ehren eines Heiligen oder Verstorbenen am Ende der Liturgie oder nach der Mahlzeit verteilt.

KOMVOSCHINION: Kordel mit Knoten, ähnlich einem Rosenkranz; wird von den Mönchen benutzt, um die Anrufungen oder Gebete zu zählen.

KONAKI (pl.: *Konakia*): Sitz der Vertretung jeden Klosters in Karyes.

KORDE: Klostergebäude, in denen sich die Mönchszellen befinden.

KUKULION: schwarzes Tuch, das die Kappe und die Schultern des Mönchs bedeckt; wird auch *Epanokalimavchion* genannt.

LAVRA: Komplex von Mönchszellen, die Kirche, Küche, Gästehaus und Vorratslager gemeinsam haben.

LITE: ersetzt in den byzantinischen Katholika den Narthex; wörtlich »Prozession« wegen der besonderen liturgischen Zeremonien dort; sie ist rechteckig und hat meist zwei Säulen und sechs Joche.

MAGHIPAS: Bäckermönch.

MAGHIPION: Brotofen.

MAGHIRAS: Mönch, der sich um die Küche kümmert.

MAGHIRION: Küche.

MANDIAS: weiter, schwarzer Faltenmantel; wird vom *Mikroschimos* während des Gottesdienstes getragen.

MANDILION: Stoff, auf dem sich auf wundersame Weise das Antlitz Christi eingedrückt hat. Nach der Legende soll es 544 n.Chr. während der Belagerung Edessas durch die Perser gefunden worden sein und die Stadt gerettet haben.

MEGALOSCHIMOS (wörtlich: der das große Gewand trägt; *mega* = groß; *schima* = Gewand): Mönch im letzten Stadium der Mönchslaufbahn; auch *Telios Monachos* (vollkommener, perfekter Mönch) genannt.

MENOLOGHION: byzantinisches liturgisches Buch, das die Viten der Heiligen und Märtyrer beschreibt.

MESSONIKITION (wörtlich: *mitternachts*): nächtliche liturgische Feier, in der Kanones und Psalmen gelesen werden.

METAMORFOSSIS: siehe Verklärung

METANIA: liturgische Verbeugung; es existieren zwei Formen: man kann mit gebeugten Knien den Boden mit der Stirn berühren (große *Metania*), oder den Oberkörper neigen und den Boden mit der rechten Hand berühren (kleine *Metania*).

METOCHION (pl.: *Metochia*) Grundbesitz eines Klosters außerhalb des eigenen Territoriums.

MIKROSCHIMOS (wörtlich: der das kleine Gewand trägt: *mikron* = klein; *schima* = Gewand); Mönch im mittleren Stadium der Mönchslaufbahn; wird auch *Stavroforos* genannt.

MISTIKOS DIPNOS: Letztes Abendmahl; wörtlich »mystisches Abendmahl«.

MÖNCH: Das griechische *Monachos* leitet sich von *monos* (allein, einzig) und dem dementsprechenden Verb *monasin* (allein leben, allein sein) ab. Um eine direkte Beziehung mit Gott aufzunehmen, zieht sich der christliche Mönch von der diesseitigen Welt zurück, um sein Leben gänzlich der Askese zu widmen.

MONOFAGHIA: Fastenübung; man nimmt nur einmal am Tag Nahrung zu sich (*monon* = eins; *faghin* = essen).

NAOS: Kern der byzantinischen Kirche; zentraler Grundriß.

NARTHEX: Querliegende Vorhalle vor dem Kircheneingang.

NOMARCHOS: Vertreter des griechischen Staats auf Athos (wörtlich Gouverneur der Provinz); auch als *Diikitis* bezeichnet.

NOSSOKOMOS: Krankenpfleger (*nossos* = Krankheit; *komisin* = beistehen, pflegen).

ODIGHITRIA: Beiname der Gottesmutter: »die Wegweiserin«; mit der rechten Hand zeigt sie auf das im Schoß sitzende Kind, den »Weg« (*odos*).
OMOFORION: mit Kreuzen geschmückter Seidenstreifen; Teil des Priestergewands.
ORARION: Stola des Diakon.
OROLOGHION: liturgisches Buch, das die Organisation des Gottesdienstes und den Kirchenkalender enthält.
ORTHROS (wörtlich: *Morgengrauen*): liturgische Feier in den Morgenstunden; entspricht der »Mattutine« im lateinischen Ritus.

PALAMISMUS: theologische Lehre von Gregorios Palamas (1296-1359) zur Interpretation des mystischen Erlebnisses im Hesychasmus. Die Übung besteht darin, die »Aufmerksamkeit« (*Prosocchi*) zu richten, Voraussetzung für wahres Beten, indem man den Geist »im Herzen« konzentriert; dabei wird der Atem angehalten und im Geiste das Stoßgebet »Herr Jesus Christus, Sohn Gottes, hab Erbarmen mit mir« gesagt.
PANIGHIRIS (wörtlich: feierliche Sitzung): liturgische Wache zum Fest des Klosterpatrons: sie kann bis zu 16 Stunden dauern.
PANTANASSA: Beiname der Gottesmutter: »Königin der Welt« (*pan* = alle, *anassa* = Königin).
PARAMIKROS (wörtlich: der wenig zählt, von niederem Rang): Mönch, der der niedrigsten und demütigsten Klasse angehört.
PARAPILIS: Schlupfpforte oder zweite Pforte des Klosters.
PAREKKLISION (Pl.: *parekklissia*): Kapelle an einer Kirchenseite.
PENDENTIF: sphärische Dreiecke, die einen Raum auf quadratischem Grundriß mit einer Kuppel verbinden.
PHIALE: kleines, im allgemeinen rundes Gebäude mit Kuppel; in ihrer Mitte liegt ein Brunnen (*fiali*), in dem am Tag der Epiphanie und an jedem ersten Sonntag im Monat das Wasser geweiht wird.
PILI: Stoff, der die Tür der Ikonostase bedeckt.
PILOROS: Mönch, der die Besucher empfängt (*Pili* = Tür).
PIRGOS: Turm; *Ochirotikos* Pirgos (Wach- und Verteidigungsturm) oder *Pirgos Kodonostassiu* (Glockenturm).
PLATITERA: Beiname der Gottesmutter: »die Weiteste«: dargestellt in Orantenhaltung mit Medaillon auf der Brust, auf dem Christus Immanuel ist. Die »Weite« (*platis* = weit) bezieht sich auf die Größe dessen, den sie im Schoß trägt.
PORTAITISSA: Beiname der Gottesmutter: »Türwächterin«.
PORTARIS: Mönch, der die Besucher empfängt.
PROESTOS: Vorsteher eines idiorhythmischen Klosters (wörtlich: der darübersteht); wird auch *Proistamenos* genannt.
PROSKINITARION (pl.: *Proskinitaria*): bemalte Holzädikula mit Baldachin vor der Ikonostase; darauf ist das Bildnis des Heiligen oder die Darstellung des Mysteriums ausgestellt, dessen Fest man feiert.
PROSKOMIDI: liturgische Vorbereitung von Brot und Wein für die Eucharistie.
PROTEPISTATE: Vorsitzender der Heiligen Epistassia und der Heiligen Gemeinschaft (wörtlich: Erster unter den Epistari; *protos* = Erster).
PROTHESIS: Raum links des eigentlichen Allerheiligsten; Teil des *Bema*, meist mit Apsis; dient der liturgischen Vorbereitung von Brot und Wein für die Eucharistie.
PROTOS: in der Vergangenheit Bezeichnung des höchsten Regierungsamtes auf Athos (*protos* = erster); heute wird der Protos von einem Kollegium von vier Epistari gesalbt, genannt Heilige Epistassia, deren Präsident der *Protepistatis* ist.
PSALTER: byzantinisches liturgisches Buch der Psalmen.
RASSFOROS (wörtlich: der mit dem *Rasson* gekleidet ist): Mönch im Anfangsstadium der Mönchslaufbahn.
RASSON: schwarze Mönchstunika.

SAKKOS: Pontifikalkasel; den Patriarchen und Metropoliten vorbehalten.
SEIMENIS (pl.: *Seimenides*): Polizei auf Athos mit ständiger Residenz in Karyes.
SERDARIS (pl.: *Serdarides*): Polizei auf Athos, die im ganzen athonitischen Territorium residiert.
SIMANDRON: Schlaginstrument aus Holz oder Eisen; ruft zum gemeinschaftlichen Gebet auf (*smenin* = ein Signal geben).
SIMVULOS: Ratgeber des *Dikeos* (Oberster der Skite).
SINODIKARIS: Mönch, der sich um die Buchhaltung kümmert.
SINTHRONON: im Halbkreis, manchmal stufenweise angeordnete Sitze in der Apsis der byzantinischen Kirche; für den Klerus reserviert.
SKEVOFILAKION: Schatz des Klosters; dort sind die kostbaren Möbel und Gegenstände aufbewahrt.
SKEVOFILAX: Mönch, der sich um den Schatz und die liturgischen Geräte kümmert.
SKITE (pl.: *Skiten*, gr.: *Skiti*): kleines Mönchszentrum; untersteht einem höheren Kloster.
SKUFOS: zylinderförmige, schwarze Kappe des Mönchs.
SOLEAS: halbrunde Stufe vor der Mitteltür der Ikonostase.
SONI: Ledergürtel des Mönchs.
STASSIDION (pl.: *Stassidia*): Holzsitz an der Wand der Kirche, den der Mönch während der Liturgie benutzen kann.
STAVROFOROS (wörtlich: der das Kreuz trägt; *stavros* = Kreuz): Mönch im mittleren Stadium der Mönchslaufbahn; auch *Mikroschimos* genannt.
SYNAXIS: Versammlung

TAMBUR: architektonisches zylinderförmiges Element, auf dem die Kuppel ruht.
TEMPLON: siehe Ikonostase
TIPIKARION: siehe Diakonikon
TIPIKARIS: Mönch, der dem Dienst im Katholikon zugeordnet ist.
TRAPESA: wörtlich »Tisch«; bezeichnet auch das Refektorium; in alter Zeit befand sich in diesem Raum entlang seiner Achse ein einziger, langer, meist rechteckiger Tisch.
TRAPESARIS: Mönch, der dem Refektorium zugeteilt ist.
TRIKONCHOS: Dreikonchenanlage, dreiapsidialer Grundriß (*konchi* = Apsis); charakteristisch auf Athos; der Hauptapsis sind zwei Nebenapsiden beigefügt, die den beiden Transsepten entsprechen.
TROPARION: Gedichtstrophe, wesentliches Element der byzantinischen religiösen Hymnographie.
TYPIKON (pl.: *Typika*): Urkunde, die die Regeln einer Mönchsgemeinschaft festlegt.

VERKLÄRUNG (*Metamorfossis*): bezeichnet das Ereignis auf dem Berg Tabor; im Beisein der Propheten Moses und Elias zeigte sich Jesus dort den Jüngern Petrus, Jakobus und Johannes in seiner doppelten Natur, der menschlichen und der göttlichen.
VIMA: siehe Bema
VIMATARIS: Mönch, der dem Dienst im Sanktuarium (*Bema*) des Katholikons zugeteilt ist.
VIMATARISSA: Beiname der Gottesmutter: »Wächterin des Bema«.
VIVLIOFILAX: Bibliothekar; auch *Vivliotikarios* genannt.
VIVLIOTIKI: Bibliothek
VIVLIOTIKARIOS: Bibliothekar; auch *Vivliofilax* genannt.
VORDONARIS: Mönch, der sich um die Ställe kümmert (*Vordon* = Maulesel).

XIROFAGHIA: Bußübung der »Abstinenz«; dabei ernährt man sich nur von trockenem Gemüse, Obst und Wasser (*Xiros* = Jahrhundert).

ZIBORIUM: Baldachin über dem Altar.

DIE WICHTIGSTEN »TIPIKA« DES BERGES ATHOS

Tipikon (Plural: Tipika) ist die Urkunde, in der die Ordnung und die Regeln einer Mönchsgemeinschaft festgeschrieben werden.
Im folgenden werden die Normative der ersten drei Tipika des Berges Athos wiedergegeben, nämlich die von Johannes I. Tzimiskes (972), von Konstantinos IX. Monomachos (1045) und von Manuel II. Paläologos (1406). Die Übersetzung ist nicht wörtlich, sondern interpretierend und zusammenfassend.

Tipikon des Johannes I. Tzimiskes (972)

1. Ohne Wissen des Protos darf kein Hegumen ein Unrecht gegen die Gemeinschaft ahnden, einen schuldigen Mitbruder verhören, bestrafen, zurechtweisen oder verurteilen. Seinerseits kann der Protos ohne Zustimmung der Hegumenen handeln.
2. Mönche, die außerhalb des Berges Athos die Tonsur erhalten haben, dürfen ohne Genehmigung durch den Protos und die Hegumenen keine Häuser erwerben, sich nicht auf freiem Land einquartieren und kein Kellion leiten.
3. Die Hegumenen müssen die Männer aufnehmen, die die Tonsur erhalten wollen; es kann nicht geduldet werden, daß sich diese als Eremiten außerhalb des Mönchszentrums niederlassen. Die Tonsur erfolgt erst nach einem Jahr Noviziat und nach Zustimmung der Hegumenen. In dringenden Fällen, wenn bei Krankheit vor Ende des Noviziats der Tod droht, darf der Hegumen eine sofortige Tonsur beschließen.
4. Ein Laienbruder, der sechs Monate oder ein Jahr unter der spirituellen Leitung eines Hegumenen war, kann den Oberen wechseln, wenn er gute Gründe für seine Unzufriedenheit vorbringen kann und wenn sein neuer Hegumen würdig ist, einen Schüler aufzunehmen; auf keinen Fall darf er ohne Zustimmung seines früheren Hegumenen weggehen.
5. Dieselbe Freiheit, mit denselben Einschränkungen, wird den Mönchen zugestanden. Es ist den Hegumenen verboten, einen Schüler einzuladen und aufzunehmen, ohne daß es dessen Hegumen weiß.
6. Die Hegumenen dürfen ihre eigene Bleibe an einen Schüler oder an jeden anderen verkaufen, verschenken oder zu Lebzeiten im Testament überschreiben.
7. Diese Erlaubnis gilt nicht für eine Bleibe, die ihm in Obhut gegeben wurde. Er kann diese weder der Großen Lavra noch einer anderen Lavra, noch dem eigenen Mönchszentrum vermachen, sondern er muß sie jemandem verkaufen oder schenken, der sich ihrer würdig erweist und keine eigene besitzt. Dasselbe gilt auch für Güter, die in einer Schenkungsurkunde überlassen wurden.
8. Den Mönchen ist es verboten, ihren geistigen Vater zu verlassen und ein Vagabundenleben zu führen: nach mehrmaligen Ermahnungen müssen die Zuwiderhandelnden unter die Autorität eines geistigen Vaters gestellt werden.
9. Entsprechend der Vorschrifen der Kirchenväter ist es verboten, die während der Beichte offenbarten geheimsten Gedanken dem öffentlichen Spott preiszugeben.
10. Schüler, die zu höchster Spiritualität und Askese gelangt sind, dürfen, wenn sie wollen, Hesychasten werden und sich in die Einsamkeit zurückziehen; allerdings nur mit Zustimmung des betreffenden Hegumen.
11. Priester von außerhalb dürfen nur dann eine Messe feiern, wenn sie ein Empfehlungsschreiben ihres Bischofs oder günstige Referenzen besitzen.
12. Den Hesychasten und Koinobiten wird angeraten, sich während der Großen Fastenzeit nur aus äußerst wichtigen Gründen gegenseitig zu besuchen. Während dieser Zeit dürfen die Hegumenen nur am Samstag Handarbeit anordnen; Fisch darf nur am Tag der Verkündigung oder im Krankheitsfall gegessen werden.
13. Den Mönchen ist es bei Strafe der Ausweisung von Athos verboten, Besitztümer zu erwerben, um sie mit Gewinn weiterzuverkaufen.
14. Den Mönchen ist es verboten, das Territorium von Athos zu verlassen, Freundschaftsbeziehungen mit Laienbrüdern anzuknüpfen, deren Häuser zu betreten und an deren Tisch zu essen.
15. Den Laienbrüdern diesseits des Flusses Sigós ist Wein untersagt, um zu häufige Kontakte zwischen den Mönchen und den Laien zu vermeiden; wenn Wein im Übermaß vorhanden ist, darf Tauschhandel unter den Mönchen betrieben werden oder eventuell kann er gegen von Laienbrüdern angebotene Bedarfsartikel getauscht werden.
16. Den Hegumenen und Kellioten ist es verboten, ohne Zustimmung des Protos und aller Hegumenen in ihren Häusern Knaben, Jünglinge und Eunuchen aufzunehmen und zu tonsurieren. Der Zuwiderhandelnde muß nach mehrmaligen erfolglosen Aufforderungen Athos verlassen.
17. Ungebildete Hegumenen, die aber mit besonderer Spiritualität begnadet sind, dürfen ihre Novizen tonsurieren. Wer sich dieses Recht angemaßt hat, ohne selbst Herr über seine Natur zu sein, soll zu einem geistigen Vater gehen und in der Beichte seine Hilfe bekommen.
18. Wenn ein Besitzer eines Kellion, eines Feldes oder eines Weinbergs diese verlassen will, hat er das Recht auf eine Vergütung, die der Hälfte der Ausgaben entspricht, die er bestritten hat; wenn er auf Veranlassung des Hegumen geht, hat er das Recht auf die gesamte Summe seiner Ausgaben.
19. Wenn ein von einem Hegumen aufgenommener Mönch vor dem vereinbarten Termin weggehen will, muß seine bis dahin getane Arbeit vergütet werden. Wenn der Hegumen dagegen ihn durch sein Verhalten dazu bringen will, ohne Bezahlung zu gehen, hat er das Recht auf das gesamte Gehalt; wenn der Hegumen sich weigert, zu bezahlen, muß die Versammlung das Geld im Namen des Mönchs einfordern.
20. Anstrengende Arbeiten, die die Hegumenen den Kellioten auferlegen, müssen abgeschafft werden, da dies charakteristisch für die Beziehungen zwischen Laien ist. Man darf sich trotzdem gegenseitig helfen.
21. Der Verwalter hat das Recht, Streitende von Méssi zu vertreiben; er ist für jegliche Art Unruhen verantwortlich. Im Falle seiner Abwesenheit muß er einen Mann an seiner Stelle einsetzen, der fähig ist, die Ordnung zwischen den Mönchen aufrechtzuerhalten. Bei einem Streitfall außerhalb von Méssi muß er mit Hilfe von drei oder vier Hegumenen aus der Nähe eine gerechte Lösung finden.
22. Die Tiere des »großen Klosters«, die mit Zustimmung der Lavra in das Territorium von Athos gekommen sind, sollen in Zukunft nur mehr im Notfall zugelassen werden. Es ist der Versammlung anheimgestellt, für die anderen Tiere, die gewohnheitsmäßig über die Grenze kommen, ein eventuelles Verbot zu erlassen.
23. Den Hegumenen ist es verboten, Rinderpaare zu besitzen; eine Ausnahme bildet die Große Lavra, der wegen der großen Zahl ihrer Mönche ein Paar erlaubt ist.
24. Es ist verboten, Laien außerhalb des Berges Holz zu verkaufen, außer im Notfall.
25. Die Maurer und Arbeiter, die zum Arbeiten nach Athos kommen, dürfen keine Knaben als Lehrlinge mitbringen.
26. Der Verwalter muß der Versammlung jährlich, am Tag der Himmelfahrt, über sein Werk Bericht abliefern; wenn der Protos und die Hegumenen zufrieden sind, behält er seine Anstellung.
27. Das durch Abschaffung der beiden Versammlungen gesparte Geld muß zum jährlichen Zuschuß hinzugefügt werden und wird folglich an die Mönche verteilt.
28. Die Wahl des Protos erfolgt ohne jegliche Änderung der Regel, die schon in Kraft ist.

Tipikon des Konstantinos IX. Monomachos (1045)

1. Die Klausel, die Eunuchen und Jünglingen das Betreten der Klöster untersagt, wird nicht mehr respektiert; auf Antrag des Protos Theophilat und der Hegumenen Neophit von der Lavra, Athanasios von Vatopedi und Georg von Iviron wie auch nach Urteil des Schriftleiters wird einstimmig beschlossen, daß die Hegumenen und die Älteren diese Personen von Athos ausweisen müssen.
2. Einige Schiffe des Berges Athos betreiben Handel bis hin zur Hauptstadt. Da das Tipikon in dieser Sache nichts vorsieht, hat man ein geschriebenes und unter der Regierung des Basilieos II. unterzeichnetes Tipikon gesucht und gefunden, das bei Strafe der Ausweisung von Athos diese Art der Bereicherung verbietet und nur den Besitz von kleinen Schiffen erlaubt, um in Thessaloniki und Umgebung überschüssigen Wein zu verkaufen. Zu dieser Anordnung zurückzukehren scheint allen unzulässig: dies würde dazu führen, daß die Mönche Athos noch am selben Tag verlassen. Daher wird beschlossen, den Klöstern das Recht auf kleine Schiffe von zwei- bis dreihundert *módi* einzuräumen, mit denen sie bis nach Thessaloniki und nach Ainos fahren dürfen, um ihre überschüssigen Produkte zu verkaufen und das Nötige mitzubringen; diese Schiffe dürfen während der großen Fastenzeit nicht fahren und keinen Handel betreiben. Bei Zuwiderhandlung dürfen sie vom Protos mit Gewinn für die Gemeinschaft verkauft werden. Die großen Schiffe müssen abgetakelt werden; ausgenommen davon sind diejenigen, die kraft der Goldbullen *sighillia* angeschafft wurden, und das Schiff von Vatopedi, das in einer Urkunde des Protos und der Hegumenen genehmigt wurde.
3. Trotz der Vorschriften der Tipika und der kaiserlichen Anordnungen besitzen viele Klöster Schafe und Ziegen; die Lavra des *Kir* Athanasios besitzt sogar Kühe. Die Aufforderung, sich dieser zu entledigen, wurde von allen angenommen, außer vom Hegumen der Lavra Neophit. Dieser wies darauf hin, daß seine stark bevölkerte Lavra nicht ohne Tiere überleben kann, die zudem vor mehr als fünfzig Jahren mit Zustimmung der Hegumenen eingeführt worden waren. Der Protos und die Hegumene sind übereingekommen, daß die Lavra ihre Schafe aus Athos ausführen muß. Da aber Fisch allein die siebenhundert Mönche nicht zu ernähren vermag, darf sie ihre Kühe behalten, die von den Mönchen allerdings in beträchtlicher Entfernung von anderen Klöstern gehütet werden müssen.
4. Da die Zahl der Mönche der Lavra des *Kir* Athanasios von hundert auf siebenhundert angestiegen ist, gesteht man der Lavra für die Verarbeitung des Brots, nicht aber für das Pflügen, statt einem vier Paar Rinder zu. Auch dem stark bevölkerten Vatopedi wird ein Paar Rinder für diese Arbeit genehmigt.
5. Alle sind einverstanden, daß das Kloster der Amalfitaner ein großes Schiff besitzen darf, das ihnen erlaubt, aus der Hauptstadt die notwendigen Lebensmittel zu transportieren, die ihnen von den Gläubigen dargereicht werden, Handelsverkehr ist ausgenommen.
6. Den Schiffen des Berges Athos ist es bei Strafe der Beschlagnahmung verboten, mit Holz, Reisig oder Fisch Handel zu treiben; der Verkauf dieser Produkte ist nur unter den Mönchen erlaubt, falls ihre Klöster dieser bedürfen.
7. Den Mönchen ist es verboten, ohne Erlaubnis ihres Hegumens von einem Kloster in ein anderes umzuziehen.
8. Der im Testament ausgedrückte letzte Wille der Hegumenen muß befolgt werden. In Übereinstimmung mit dem alten Tipikon wird beschlossen, daß jegliche Urkunde, die gegen diesen Willen gerichtet ist, für ungültig erklärt wird.
9. Ein Hegumen, der einen Verkauf oder eine Schenkung rückgängig machen will, die er freiwillig vereinbart hat und die von ihm und seinen Zeugen unterschrieben worden ist, wird von seinem Amt enthoben. Jegliche neue Anordnungen von seiner Seite werden als nichtig angesehen.
10. Jeder darf Brennholz schlagen, wo er will. Im gemeinschaftlichen Gebiet des Berges darf sich jeder mit Bauholz versorgen; im Gebiet der Klöster muß dagegen um Erlaubnis ersucht werden.
11. Die alten Protoi haben der Gemeinschaft gehörendes Land unvernünftig verteilt; es wird daher einstimmig beschlossen, den Protoi Schenkungen und Verkäufe solcher Ländereien zu untersagen.
12. Die Lavra von Karyes hat sich in einen regelrechten Markt verwandelt, wo die Mönche sogar Artikel verkaufen, deren Gebrauch ihnen untersagt ist. Bei Strafe der Ausweisung des Schuldigen wird diese Praxis verboten.
13. Fast alle Mönche beschweren sich darüber, daß die Hegumenen der großen Lavren mit zahlreichen Dienern zu den Versammlungen kommen, die bei den Zusammenkünften Angst und Unruhe verbreiten und außerhalb dieser streiten. Diese Beschuldigungen richten sich in erster Linie gegen den Hegumen Neophit, der sich bereit erklärt, zu den Klauseln des alten Tipikon zurückzukehren: zwei Diener für ihn, drei für den Protos, kein Diener für die anderen. Da letztere mit dieser Lösung nicht einverstanden sind, wird beschlossen, daß der Protos von drei Dienern begleitet wird, der Hegumen der Lavra von sechs, die Hegumene von Vatopedi und Iviron von einem; auf keinen Fall haben die Diener das Recht, in die Diskussion einzugreifen.
14. Einstimmig wurde beschlossen, daß wichtige Angelegenheiten von Generalversammlungen geregelt werden. Unter dem Vorsitz des Protos sollen möglichst der Hegumen der Lavra und die anderen notablen Hegumene beisitzen sowie alle anderen unparteilichen Alten, die nicht durch Freundschaft oder Sympathie gebunden sind. Angelegenheiten von weniger großer Wichtigkeit werden vor Ort vom Protos entschieden; er wird von fünfzehn Hegumenen begleitet, die nicht immer dieselben sein dürfen.
15. Alle Teilnehmer an der Versammlung haben Protest erhoben gegen Mönche und Hegumenen, die Männer unter zwanzig zu Diakonen oder sogar Priestern weihen, oder ihr Hegumenenamt jungen Männern diesen Alters per Testament überschreiben. Hiermit wird ausdrücklich angeordnet, diese Gewohnheit aufzugeben. In Übereinstimmung mit den Kanones wird das Mindestalter für Diakone auf fünfundzwanzig, für Priester und Hegumene auf dreißig angesetzt.

Tipikon des Manuel II. Paläologos (1406)

1. An erster Stelle sollen die Prinzipien des Verzichts und des Gehorsams bewahrt werden, denn sie sind die Grundlage für die Beziehung zwischen den Mönchen und Gott; ihre Übertretung würde deren Bruch bedeuten. Wer ins Kloster eintritt, kann das auch tun, ohne etwas zu bezahlen und ohne Vereinbarungen zu treffen, aber er muß sich verpflichten, dem Hegumen Gehorsam zu leisten und mit seinen Mitbrüdern in Frieden zu leben. Der neue Mitbruder hat dieselben Rechte wie alle anderen Mönche, daher ist es angebracht, daß er dem Kloster einen Geldbeitrag leistet. Dieser soll entweder als Schenkung erfolgen, damit ihm daraus kein Vorteil erwächst, oder nach den Bestimmungen, die in der jeweiligen Lavra in Kraft sind, ohne jedoch spezielle Vereinbarungen zu treffen. Wenn er ohne Zustimmung des Hegumenen sein Kloster verläßt oder sich in sein Kellion zurückzieht und unter dem Vorwand der *Hesychia* zur Idiorhythmie übergeht, hat er weder das Recht, irgend etwas vom Kloster zu bekommen noch Geld zu verlangen. Ob sein Geldbeitrag in Form einer Schenkung erfolgt oder nach den Bestimmungen seiner Lavra: Das Kloster schuldet ihm nichts, da er seine Versprechen nicht gehalten hat.
2. Gemäß seinem Versprechen verzichtet jeder Mönch auf seine persönlichen Reichtümer. Einige Mönche besitzen aber Güter, aus denen sie Gewinn ziehen; ihnen ist es weiterhin erlaubt, dies bis zu ihrem Tod zu tun, sie müssen diese Güter aber testamentarisch ihrem Kloster hinterlassen, wie es in der Lavra Gepflogenheit ist. In Übereinstimmung mit der *ipotípossis* des Athanasios und mit ihrem Eid dürfen die Mönche in Zukunft nichts besitzen. Diese Regel soll in Kraft bleiben, solange nicht irgendwelche Umstände dazu zwingen, sie zu ändern. Dann soll man zur jetzigen Sitte zurückkehren, nach der beim Tod die Güter auf die

Diener und Schüler übergehen, als Entlohnung für ihre erbrachten Dienste.

3. Wie schon in der *ipotípossis* vorgesehen, wird der Hegumen vom Rat der fünfzehn gewählt. Seine Ernennung ist aber erst dann gültig, wenn sie von den notablen Mönchen gebilligt wird, die nicht in seinem Kloster wohnen; dies wird in Anbetracht der Bedeutung, die die Wahl des geistigen Vaters hat, für notwendig erachtet. Der gewählte Hegumen verteilt mit dem Einverständnis des Rats die verschiedenen Ämter im Kloster und in den Metochien.
4. Die Mönche werden aufgefordert, ihren Hegumen zu lieben und ihm zu gehorchen; der Hegumen wird aufgefordert, die Mönche als Brüder oder Väter zu betrachten, sich um sie zu kümmern und ihnen auf dem Weg zum Heil zu helfen.
5. Den Mönchen und Dienern ist es untersagt, ohne Erlaubnis des Hegumenen oder ihres Oberen nach Belieben in das Kloster zu kommen und zu gehen; der Obere muß nach ihrer Rückkehr die Verfassung ihrer Seele überprüfen.
6. Alles innerhalb des Klosters wird nach vorheriger Absprache zwischen dem Hegumen und den Notablen gemacht. Die blühendsten Städte werden nämlich von den angesehensten Bürgern regiert; sowohl die Demokratie als auch die Tyrannei sind absurde Systeme. Daher müssen die Klöster ebenso wie die besten Städte regiert werden, nämlich vom Hegumen und dem Rat der Notablen. Gemäß der *ipotípossis* werden die fünfzehn Notablen in das Klosterregister eingetragen; wenn einer von ihnen stirbt, wählen die anderen einen neuen, um die Zahl unverändert zu halten.
7. Der Rat der Notablen versammelt sich jeden Tag oder zumindest jeden zweiten Tag; er prüft alle Angelegenheiten des Klosters und beschließt einstimmig oder, falls das nicht möglich ist, nach der Mehrheit. Die Berichte, die von den Inhabern der verschiedenen Ämter dargelegt werden, müssen in die dafür vorgesehenen Bücher geschrieben und vom Rat gegengezeichnet werden, damit sie nicht gefälscht werden können.
8. Den Hegumenen ist es untersagt, Mönche aufzunehmen, die ihr Kloster verlassen haben, vor allem, wenn sie eine Missetat begangen haben oder ohne Erlaubnis weggegangen sind; gemäß den Kanones darf ein Hegumen nur dann einen Mönch aufnehmen, wenn dessen vorheriger Hegumen sich weigert, ihm zu vergeben.
9. Es werden einige Anweisungen für die Zubereitung des eucharistischen Brots gegeben; der Überschuß dieses Brots darf nicht bei Tisch gegessen werden. Den Zuwiderhandelnden wird die Strafe zuteil, die auch Elias und seine Söhne bekamen.
10. Den Mönchen ist es untersagt, den Heiligen Berg zu verlassen und mit Laien brüderliche oder freundschaftliche Bande zu knüpfen; dies ist für Männer, die Kinder und Verwandte verlassen haben, unziemlich. Wenn jemand derartige Beziehungen zu Laien aufgenommen hat, darf er diese Personen nicht mehr besuchen, nicht mit ihnen essen und sie auch nicht in seinem Testament berücksichtigen.
11. Der Hegumen und der Rat müssen diejenigen, denen die Leitung der Metochien anvertraut wird, nach bestem Wissen und Gewissen wählen und nicht nach Freundschaft oder Sympathie; eine falsche Wahl kann das Kloster in den Ruin treiben und Menschen den Tod bringen, was ein verdammenswertes Verbrechen wäre.
12. Es ist ein Sakrileg, Opfergaben zu unterschlagen: gespendete Gegenstände werden in der Kirche aufgestellt, andere Spenden werden den zuständigen Mönchen übergeben und zum Nutzen des Klosters verwendet.
13. Den Mönchen ist es untersagt, Eunuchen oder Jünglinge als Diener oder Novizen aufzunehmen, weil auf diese Weise eine verkleidete Frau das Kloster betreten könnte.
14. Auf dem Heiligen Berg ist es untersagt, Tiere weiblichen Geschlechts zu halten, auch wenn sie von größtem Nutzen sein könnten, damit die Mönche beim Anblick der Weiblichkeit nicht unheilige Gedanken bekommen.
15. Maurer und Arbeiter dürfen zum Arbeiten in die Klöster, aber es ist ihnen aus schon dargelegten Gründen verboten, Jünglinge mitzubringen.

HEILIGE UND PERSONEN AUS DER ATHONITISCHEN IKONOGRAPHIE

AMMONIOS (4. Jh.): Begründer anachoretischer Siedlungen in Nitria und Sketis in Niederägypten.

ANDREAS v. Kreta (~660-740): Diakon in Konstantinopel; Verfasser von Sermones, Hymnen und Kanones.

ANTONIOS, auch Antonios der Große (~250-356): Vater des ägyptischen Eremitentums und Vorbild der Mönchsaskese.

ARSENIUS der Große (4. Jh.): Mönch aus römischer Adelsfamilie; lebte in strenger Askese in der sketischen Wüste in Ägypten.

ATHANASIOS der Große (295-373): Patriarch von Alexandria, Theologe und Kirchengelehrter; eifriger Gegner des Arianismus und Förderer des ägyptischen Mönchstums.

ATHANASIOS Athonites (925-1001): Gründer der Großen Lavra und Begründer des Koinobitentums auf Athos.

BAKKOS (4. Jh.): Syrischer Märtyrer, in Hagiographie und Ikonographie immer zusammen mit Sergios dargestellt.

BASILIEIOS der Große (329-379): Aus Kappadokien stammend, Bischof von Cäsarea; Kirchenvater, Gelehrter und Verfasser der Regeln für das östliche Mönchtum.

CHARITON (4. Jh.): Begründer der palästinensischen Lavras in der Wüste von Judäa.

DEMETRIOS (4. Jh.): Märtyrer und Schutzpatron von Thessaloniki.

ELIAS (9. Jh. v.Chr.): Erster großer Prophet in der Geschichte Israels, Vorläufer der Mönchsaskese.

EPHRÄM der Syrer (306-373): Syrischer Mönch, Schriftsteller und Förderer des Einsiedlertums.

EUAGRIOS Pontikos (345-400): Ägyptischer Mönch in der Einsiedelei Kellia.

EUGENIOS (4. Jh.): Mönch, Schüler von Pachomios; zuerst in Ägypten, später in Syrien bei Nisibis, wo er zahlreiche Klöster gründete.

EUSTATES (4. Jh.): Römischer General, trat zum Christentum über und starb den Märtyrertod.

EUSTATHIOS von Sebaste (~300-~380): Begründer des Asketentums in Kleinasien; Meister von Basileios dem Großen und später dessen Gegner.

EUTHYMIOS der Große (377-473): Vertreter und Organisator des lawriotischen Systems in Palästina.

EUTHYMIOS I. von Konstantinopel (9. Jh.): Einsiedler auf dem Olymp, später auf Athos; dort gründete er eine Lavra, deren Vorsteher er wurde.

GABRIEL, Erzengel: Der Botschafter schlechthin; kündigte Zacharias die Geburt Johannes des Täufers und Maria die Geburt Jesu an.

GEORG (4.-5.J.): Legendärer Märtyrer; seine Verehrung ist in der Ostkirche besonders verbreitet.

GERASIMOS (gest. 475): Palästinensischer Mönch; gründete eine Lavra in der Nähe des Jordans.

GREGOR von Nazianz, genannt der »Theologe« (~330-390): Mystiker aus Kappadokien; Kirchenlehrer, Verfasser von theologischen und asketischen Schriften.

GREGORIOS von Nyssa (~335-394): Bruder Basileios des Großen, Bischof von Nyssa, Theologe und Verfasser dogmatischer, exegetischer und asketischer Schriften.

GREGORIOS Palamas (1296-1359): Philosoph und Theologe, Theoretiker der mystischen Lehre des Hesychasmus, genannt auch »Palamismus«.

HILARION von Gaza (291-371): Begründer des anachoretischen Mönchtums in Palästina.

IGNATIOS von Antiochia (2. Jh.): Bischof von Antiochia; starb unter Kaiser Traian den Märtyrertod.

JAKOB der Perser (4. Jh.): Syrischer Asket; repräsentiert das koinobitische Mönchstum.

JOHANNES der Täufer (Zeitgenosse Christi): Letzter Prophet; unmittelbarer Wegbereiter Christi und Vorbild für die christliche Mönchsasketik (siehe: Prodromos).

JOHANNES Chrysostomos (gest. 407): Syrischer Mönch und Schriftsteller; gab das Mönchsdasein aus Gesundheitsgründen auf und wurde Bischof und Patriarch von Konstantinopel.

JOHANNES Damaskenos (gest. 749): Kirchenlehrer; Verfasser dogmatischer, moralischer und asketischer Schriften; wurde Mönch im Saba-Kloster zu Palästina.

JOHANNES der Hesychast (454-559): Schüler von Saba; lebte in strengster Askese in Palästina, in der Wüste von Judäa.

JOHANNES Klimakos (gest. 649): Mönch auf dem Sinai; Autor der »Paradiesleiter« (auf griechisch klimax=Leiter), Werk über eremitisches und koinobitisches Leben sowie über den Weg, als Mönch vollkommen zu werden.

JOHANNES Kolobos (9. Jh.): Schüler von Euthymios d.J. aus Thessaloniki und Gründer des ersten koinobitischen Klosters auf Athos.

JOHANNES aus Lykopolis (4. Jh.): Asket in Thebais in Mitteläygpten, Vertreter des ägyptischen Eremitentums.

KOSMAS der Alte (7.-8. Jh.): Meister des Johannes Damaskenos, Mönch im Saba-Kloster bei Jerusalem.

KYRILLOS (gest. 444): Patriarch von Alexandria, Theologe und Kirchengelehrter; bekämpfte den Nestorianismus.

LUKAS, Evangelist (1. Jh.): Freund und Begleiter des Paulus, Autor des Dritten Evangeliums.

MAKARIOS der Alexandriner (gest. 394): Ägyptischer Mönch, Vorbild für strengste Askese.

MAKARIOS der Große oder »der Ägypter« (gest. 390): Ägyptischer Mönch und Mystiker, charismatische Persönlichkeit in den anachoretischen Siedlungen in Nitria, Kellia und Sketis.

MARIA Ägyptiaca (4. Jh.): Palästinensische Einsiedlerin, die von der Hagiographie als »Ägypterin« überliefert wird. Nach Ausschweifungen in ihrer Jugend lebte sie 47 Jahre als Büßerin in der Wüste nahe des Jordans.

MARKUS, Evangelist (1. Jh.): Schüler des Apostels Petrus, Verfasser des zweiten Evangeliums.

MATTHÄUS, Evangelist (1. Jh.): Schüler Jesu, Verfasser des ersten Evangeliums.

MERKURIOS (4. Jh.): Römischer Krieger; konvertierte zum Christentum und starb den Märtyrertod.

MICHAEL, Erzengel: Engel, der gegen den Teufel kämpft; nimmt eine Vorrangstellung in der Hierarchie der »Engel« ein.

NIKOLAUS (gest. 343): Bischof von Myra in Lykien (Kleinasien). Seine Verehrung ist sowohl in der byzantinischen Welt als auch in Süditalien sehr verbreitet; im 11. Jahrhundert wurde seine Leiche nach Bari überführt.

NILOS (gest. 430): Mönch in Ancyra; Schüler von Johannes Chrysostomos, Verfasser von Traktaten über Asketik und Moral.

ONUPHRIOS (4. Jh.): Ägyptischer Einsiedler; soll in absoluter Einsamkeit, nackt, lediglich mit seinen langen Haaren bedeckt, gelebt haben.

PACHOMIOS der Ältere (292-346): Begründer des ägyptischen Koinobitentums und Verfasser der gleichnamigen Mönchsregel.

PANAGHIA: Bezeichnung für die Gottesmutter als »Allheilige« (gr.: *pan* = ganz / alle, *aghia* = heilig).

PANTELEIMON: Märtyrer in Nikomedeia; die Legende nennt ihn als Arzt, der alle Krankheiten heilen konnte.

PANTOKRATOR: Bezeichnung für Christus als »Herr der Welt« oder »Allmächtigen« (gr.: *pan* = all, *krator* = Herr).

PAULOS von Theben, der »Ureinsiedler« (228-343): Begründer des ägyptischen Einsiedlertums; lebte in der arabischen Wüste in Mitteläygpten.

PAULOS Xiropotaminos (10. Jh.): Wichtige Figur im athonitischen Mönchstum, Gründer der Klöster Xeropotamou und St. Paulus.

PAULUS, Apostel (1. Jh.): Stärkster Verbreiter des Christentums in der hellenistischen und römischen Welt.

PETROS Athonites (9. Jh.): Begründer des Eremitentums auf Athos.

PETRUS, Apostel (1. Jh.): Römischer Krieger; konvertierte zum Christentum und starb den Märtyrertod.

PRODROMOS: griechische Bezeichnung für Johannes den Täufer, den »Wegbereiter« (*prodromos*) Jesu Christi (siehe: Johannes der Täufer)

PROKOPIOS (3. Jh.): Römischer Krieger; konvertierte zum Christentum und starb den Märtyrertod.

SABA (439-532): Angesehene Persönlichkeit des lawriotischen Mönchstums in Palästina; Gründer der gleichnamigen Lavra in der Wüste von Judäa.

SERGIOS (4. Jh.): Syrischer Märtyrer, in Hagiographie und Ikonographie immer zusammen mit Bakkos dargestellt.

SYMEON Stylites d. Ä., »der Säulenheilige« (389-459): syrischer Mönch, Begründer der Säulenaskese; lebte jahrelang auf einer Säule (*stilos* = Säule).

THEODOROS v. Euchaita, oder Stratelates (3.-4. Jh.): Römischer Offizier (*stratilatis* = Heerführer), konvertierte zum Christentum und starb unter Diokletian den Märtyrertod; in der Ikonographie immer zusammen mit Theodoros Teron dargestellt; die beiden Heiligen sind allerdings nur eine Verdoppelung einer einzigen Person, Ergebnis hagiographischer Überlieferung.

THEODOROS Studites (759-826): Archimandrit des Studion-Klosters in Konstantinopel; Reformator der Ostkirche.

THEODOROS Teron (3.-4.Jh.): Römischer Soldat (*tiron* = Rekrut); konvertierte zum Christentum und starb unter Diokletian den Märtyrertod; in der Ikonografie immer zusammen mit Theodoros Stratelates dargestellt.

THEODOSIOS Koinobiarches (424-529): Palästinensischer Mönch, Oberer der koinobitischen Klöster in Judäa.

THEOTIST (gest. 467): Begründer und Organisator des koinobitischen Mönchstums in Palästina.

THEOTOKOS: Bezeichnung für Maria als »Mutter Gottes«, oder eigentlich als »Gottesgebärerin« (gr.: *Theos* = Gott, *Tokos* = Mutter, Gebärerin); war Gegenstand von Streitigkeiten Gelehrter, die im Konzil von Ephesos (431) gipfelten.

ZOSIMUS (6. Jh.): Palästinensischer Abt und Asket, den die Ikonographie der Maria Ägyptiaca beiordnet, der er die letzte Kommunion gegeben haben soll.